Tolley's
VAT Cases
2021

Thirty-sixth Edition

David Rudling CTA
Edd Thompson ACA CTA

Tolley®

LexisNexis® UK & Worldwide

United Kingdom	RELX (UK) Limited trading as LexisNexis®, 1-3 Strand, London WC2N 5JR
LNUK Global Partners	LexisNexis® encompasses authoritative legal publishing brands dating back to the 19th century including: Butterworths® in the United Kingdom, Canada and the Asia-Pacific region; Les Editions du Juris Classeur in France; and Matthew Bender® worldwide. Details of LexisNexis® locations worldwide can be found at www.lexisnexis.com

First published in 1982

© RELX (UK) Ltd 2021

Published by LexisNexis
This is a Tolley title

All rights reserved. No part of this publication may be reproduced in any material form (including photocopying or storing it in any medium by electronic means and whether or not transiently or incidentally to some other use of this publication) without the written permission of the copyright owner except in accordance with the provisions of the Copyright, Designs and Patents Act 1988 or under the terms of a licence issued by the Copyright Licensing Agency Ltd, Saffron House, 6–10 Kirby Street, London EC1N 8TS. Applications for the copyright owner's written permission to reproduce any part of this publication should be addressed to the publisher.
Warning: The doing of an unauthorised act in relation to a copyright work may result in both a civil claim for damages and criminal prosecution.

Crown copyright material is reproduced with the permission of the Controller of HMSO and the Queen's Printer for Scotland. Parliamentary copyright material is reproduced with the permission of the Controller of Her Majesty's Stationery Office on behalf of Parliament. Any European material in this work which has been reproduced from EUR-lex, the official European Communities legislation website, is European Communities copyright.

LexisNexis® and the Knowledge Burst logo are registered trademarks of RELX Group plc, used under license. Butterworths® and Tolley® are registered trademarks of RELX (UK) Ltd. Matthew Bender® is a registered trademark of Matthew Bender & Company Inc. Other products and services may be trademarks or registered trademarks of their respective companies.
A CIP Catalogue record for this book is available from the British Library.

ISBN for this volume: 9780754557616

Printed and bound by CPI Group (UK) Ltd, Croydon, CR0 4YY

Visit LexisNexis at www.lexisnexis.co.uk

About This Book

VAT was introduced in the UK in 1973. The thousands of appeal decisions form an essential commentary on many aspects of the legislation. They also show the impact of the tax on an increasing range of business and private circumstances.

This thirty-sixth edition of Tolley's VAT Cases contains entries for more than 4,000 cases, comprising public court and tribunal decisions, decided up to 1 January 2021, which are relevant to current VAT legislation. The book is one of the Tolley annuals and is updated to 1 January each year. Where possible, 'postscripts' have been added where later decisions bear directly on relevant entries.

The digest of decisions is in 69 chapters arranged alphabetically by subject, together with an introductory survey of the leading decisions reached in 2020. Tables of cases, statutes, statutory instruments and European Community Directives and a detailed subject index are provided.

Many of the cases in this edition relate to periods before *Value Added Tax Act 1994* came into force. References marked with an asterisk (*) are to legislation which has replaced that involved in the case summarised.

If it is desired to refer to a particular case, the parties to which are not known, or to cases dealing with a particular subject, the book provides three ways of obtaining the information required. First, there is the Contents list at the beginning of the book, which lists the chapters and the main headings in them. The longer chapters are also headed by their own contents lists, which contain any subheadings as well as the main headings. Second, there is a table of statutes. In accordance with the method of citing legislation described at the head of the Abbreviations and References (to which particular attention is drawn), the cases are listed by reference to current legislation where the legislation in force at the time of the case has been replaced. Third, there is an extensive general subject index at the end of the book.

The summaries of cases are published with kind permission of the Tribunals Service.

Whilst reasonable care has been taken to ensure the accuracy of the text at the time it was written, no responsibility for loss or damage occasioned to any person acting or refraining from action as a result of any statement in it can be accepted by the authors, editors or publishers.

Status of CJEU case law post-IP completion day

The UK left the European Union on 31 January 2020, subject to an 11-month implementation period which ended at 23:00 GMT on 31 December 2020 (IP completion day). Judgments of the CJEU made before IP completion day are binding on the First-tier Tribunal, the Upper Tribunal and the High Court, in relation to disputes about the validity, meaning or effect of retained EU law. There is an exception if the law has been modified since IP completion day and it would be inconsistent with the intention of the modifications for the court or tribunal to follow the EU judgment. The Supreme Court, and the UK's higher appeals courts including the Court of Appeal in England and Wales, the Court of Appeal in Northern Ireland, and the Inner House of the Court of Session (in Scotland), are not bound by any judgments of the CJEU, whether made before or after IP completion day. In deciding whether to depart from a pre-IP completion day EU judgment, these courts must apply the same test as the Supreme Court applies in deciding whether to depart from its own case law, namely, whether it appears right to do so. Judgments of the Court of Justice made after IP completion day are not binding on UK tribunals or courts, but they may 'have regard' to those judgments if they are relevant to the matter being litigated.

LEXISNEXIS

Contents

About This Book	iii
Abbreviations and References	xix
Glossary of Latin & Old French Phrases	xxiv
Survey of Leading Decisions in 2020	xxvii
Table of Statutes	xxxiii
Table of Statutory Instruments	xxxix
Table of European Community Directives	xliii
Table of Cases	xlvii

Chapter

1 Agents

Definition of agency	1.1
Whether acting as agent or principal	1.2
Supplies through agents acting in own name (VATA 1994, s 47(2A), (3))	1.80
'Disbursements'	1.87
Estate agents	1.92
Nursing agencies	1.94
'Party plan' and direct selling	1.97

2 Appeals

The making of the appeal	2.1
Matters within the discretion of the Commissioners	2.66
Estoppel and allied matters	2.89
The requirements of VATA 1994, s 84(3)	2.107
Allocation of cases to categories (SI 2009/273, rule 23)	2.115
Statements of Case, etc. (SI 1986/590, rules 7–9; SI 2009/273, rule 25)	2.119
Applications for the admission of late appeals	2.136
Application to amend grounds of appeal	2.165
Whether HMRC can raise a new question of fact	2.166
New point argued on appeal	2.167
Settlement of appeals by agreement (VATA 1994, s 85)	2.168
Applications for adjournments	2.178

Contents

The hearing of the appeal before the tribunal (*SI 2009/273, rules 29-33*)	**2.202**
The tribunal decision (*SI 2009/273, rules 34-42*)	**2.285**
Applications for reinstatement of appeals (*SI 2009/273, rule 17(3)*)	**2.290**
Resurrecting the appeal	**2.303**
Applications for judicial review	**2.304**
The award of costs (*SI 1986/590, rule 29; SI 2009/273, rule 10*)	**2.331**
The award of interest (*VATA 1994, s 85A*)	**2.427**
Miscellaneous—appeals	**2.444**
Alternative Dispute Resolution	**2.449**
3 **Assessment**	
Whether assessment made to best of Commissioners' judgment (*VATA 1994, s 73(1)*)	**3.1**
Time limit for assessment (*VATA 1994, s 73(6)*)	**3.40**
Assessment where purchases cannot be reconciled with sales (*VATA 1994, s 73(7)*)	**3.119**
The validity of the assessment	**3.120**
The amount of the assessment	**3.155**
Miscellaneous—assessment	**3.180**
4 **Bad debts**	
The 'outstanding amount' (*VATA 1994, s 36(2)(3)*)	**4.1**
Miscellaneous—bad debts	**4.16**
5 **Books, etc.**	
Books and booklets (*VATA 1994, Sch 8, Group 3, Item 1*)	**5.1**
Brochures, pamphlets and leaflets (*VATA 1994, Sch 8, Group 3, Item 1*)	**5.60**
Newspapers, journals and periodicals (*VATA 1994, Sch 8, Group 3, Item 2*)	**5.99**
Music (*VATA 1994, Sch 8, Group 3, Item 4*)	**5.117**
Maps, charts etc. (*VATA 1994, Sch 8, Group 3, Item 5*)	**5.118**
6 **Buildings and land**	
The option to tax land (*VATA 1994, Sch 10, paras 1-34*)	**6.1**
Sale and leaseback transactions	**6.61**
Beneficial interests (*VATA 1994, Sch 10, para 40*)	**6.62**
Supplies between landlord and tenant	**6.65**
7 **Business**	
Court decisions	**7.1**

Tribunal decisions	**7.17**
8 **Business entertainment**	
Cases held to constitute 'business entertainment'	**8.1**
Cases where the input tax was apportioned	**8.28**
Cases held not to constitute 'business entertainment'	**8.35**
9 **Capital goods scheme**	
EC legislation	**9.1**
UK legislation	**9.4**
10 **Cash accounting scheme**	
Termination of authorisation	**10.1**
Other matters—cash accounting scheme	**10.11**
11 **Charities**	
Supplies to charities—whether zero-rated (*VATA 1994, Sch 8, Group 15*)	**11.1**
Fund-raising events—whether exempt (*VATA 1994, Sch 9, Group 12*)	**11.34**
Apportionment of input tax	**11.43**
Miscellaneous—charities	**11.65**
12 **Clothing and footwear**	
Whether a supply of articles 'designed as clothing'	**12.1**
Whether articles 'not suitable for older persons'	**12.11**
Miscellaneous—clothing and footwear	**12.26**
13 **Clubs, associations and organisations**	
Whether *VATA 1994, s 94(2)(a)* applicable	**13.1**
The taxation of the receipts of a club, etc.	**13.18**
Other matters—clubs, associations and organisations	**13.40**
14 **Collection and enforcement**	
Power to require security (*VATA 1994, Sch 11 para 4*)	**14.1**
Recovery of VAT (*VATA 1994, Sch 11 para 5(1)–(3)*)	**14.52**
Distraint (*VATA 1994, Sch 11 para 5(4)*)	**14.59**
Duty to keep records (*VATA 1994, Sch 11 paras 6, 6A*)	**14.67**
Statutory records (*VAT Regulations 1995 (SI 1995/ 2518), reg 31(1)(a)*)	**14.68**
Furnishing of information (*VATA 1994, Sch 11 para 7*)	**14.69**
Entry and search of premises (*VATA 1994, Sch 11 para 10*)	**14.76**
Order for access to recorded information (*VATA 1994, Sch 11 para 11*)	**14.80**
Restraint orders	**14.84**

Miscellaneous—collection and enforcement | **14.86**

15   **Construction of buildings, etc.**

Definition of 'person constructing a building' (*VATA 1994, Sch 8, Group 5, Item 1(a); VATA 1994, s 35(1)(1A)*) | **15.1**

Definition of 'building designed as a dwelling' (*VATA 1994, Sch 8, Group 5, Items 1(a), 2(a); VATA 1994, s 35(1A)(a)*) | **15.41**

Definition of 'relevant residential purpose' (*VATA 1994, Sch 8, Group 5, Items 1, 2(a); VATA 1994, s 35(1A)(b)*) | **15.94**

Definition of 'relevant charitable purpose' (*VATA 1994, Sch 8, Group 5, Items 1, 2(a); VATA 1994, s 35(1A)(b)*) | **15.109**

Residential conversions (*VATA 1994, Sch 8, Group 5, Item 1(b); VATA 1994, s 35(1A)(c), (1D)*) | **15.159**

Definition of 'major interest in building, dwelling or site' (*VATA 1994, Sch 8, Group 5, Item 1*) | **15.202**

Whether services supplied 'in the course of construction' (*VATA 1994, Sch 8, Group 5, Item 2*) | **15.209**

Supplies to relevant housing associations (*VATA 1994, Sch 8, Group 5, Item 3*) | **15.281**

Construction of garages (*VATA 1994, Sch 8, Group 5, Note 3*) | **15.284**

Building materials (*VATA 1994, Sch 8, Group 5, Item 4; VATA 1994, s 35(1B)*) | **15.287**

Miscellaneous—construction of buildings, etc. | **15.332**

16   **Cultural services**

Eligible bodies (*VATA 1994, Sch 9, Group 13, Note 2*) | **16.1**

Miscellaneous—cultural services | **16.11**

17   **Default interest**

Appeals (*VATA 1994, s 84(6)*) | **17.1**

Calculation of interest | **17.6**

Miscellaneous—default interest | **17.13**

18   **Default surcharge**

The surcharge liability notice (*VATA 1994, s 59(2, 3)*) | **18.1**

Computation of the surcharge (*VATA 1994, s 59(4, 5)*) | **18.12**

Despatch of return and payment to Customs (*VATA 1994, s 59(7)(a)*) | **18.33**

Whether a 'reasonable excuse' (*VATA 1994, s 59(7)(b)*) | **18.57**

Material defaults (*VATA 1994, s 59(8)*) | **18.553**

Validity of the surcharge | **18.555**

19   **Drugs, medicines, aids for the handicapped, etc.**

Supplies of goods by registered practitioner (*VATA 1994, Sch 8, Group*

12, Items 1, 1A)	**19.1**
Supplies to handicapped people (*VATA 1994, Sch 8, Group 12, Items 2, 2A, 3*)	**19.12**
Supplies of widening doorways, etc. (*VATA 1994, Sch 8, Group 12, Items 8, 9*)	**19.86**
Supplies of bathrooms, washrooms, etc. (*VATA 1994, Sch 8, Group 12, Items 10–12*)	**19.96**
Supplies of lifts (*VATA 1994, Sch 8, Group 12, Items 16–18*)	**19.105**

20 EC Directive 2006/112/EC

Scope of the Directive (*Articles 1–4*)	**20.1**
Taxable persons (*Articles 9–13*)	**20.9**
Taxable transactions (*Articles 14–30*)	**20.32**
Place of taxable transactions (*Articles 31–61*)	**20.53**
Chargeable event (*Articles 62–71*)	**20.84**
Taxable amount (*Articles 72–92*)	**20.88**
Rates (*Articles 93–130*)	**20.102**
Exemptions (*Articles 131–166*)	**20.118**
Deductions (*Articles 167–192*)	**20.195**
Obligations of taxable persons, etc. (*Articles 193–280*)	**20.239**
Special schemes (*Articles 281–369*)	**20.257**
Derogations (*Articles 370–396*)	**20.275**
Miscellaneous (*Articles 397–401*)	**20.280**

21 Education

Provision of education by an 'eligible body' (*VATA 1994, Sch 9, Group 6, Item 1(a)*)	**21.1**
The provision of research (*VATA 1994, Sch 9, Group 6, Item 1(b)*)	**21.17**
Vocational training (*VATA 1994, Sch 9, Group 6, Items 1(c), 5, 5A*)	**21.19**
Private tuition (*VATA 1994, Sch 9, Group 6, Item 2*)	**21.27**
Examination services (*VATA 1994, Sch 9, Group 6, Item 3*)	**21.40**
Incidental goods and services (*VATA 1994, Sch 9, Group 6, Item 4*)	**21.41**
Youth club facilities (*VATA 1994, Sch 9, Group 6, Item 6*)	**21.48**

22 European Community law

EC Treaty	**22.1**
EC Directives—general principles	**22.13**
Status of ECJ decisions	**22.40**
Time limits	**22.44**

Contents

The principle of 'abuse'	**22.59**
EC Sixth VAT Directive (77/388/EEC)	**22.84**
EC Eighth VAT Directive (79/1072/EEC)	**22.619**
EC Thirteenth VAT Directive (86/560/EEC)	**22.636**
Miscellaneous—European Community law	**22.639**

23 European Union: single market

Zero-rating of removals from UK (VATA 1994, s 30(8))	**23.1**
Miscellaneous—European Union: Single Market	**23.25**

24 Exemptions: miscellaneous

Group 3—Postal services	**24.1**
Group 4—Betting, gaming and lotteries	**24.11**
Group 8—Burial and cremation	**24.29**
Group 10—Sport, sports competitions and physical education	**24.34**
Group 16—Supplies of services by a group involving cost sharing	**24.61**

25 Exports

Notice No 703	**25.1**
Retail export schemes (Notice No 704)	**25.17**
Miscellaneous—exports	**25.28**

26 Farming

Flat-rate scheme for farmers (VATA 1994, s 54)	**26.1**
Miscellaneous—farming	**26.4**

27 Finance

Dealings with money (VATA 1994, Sch 9, Group 5, Item 1)	**27.1**
Granting of credit (VATA 1994, Sch 9, Group 5, Item 2)	**27.16**
The provision of instalment credit finance (VATA 1994, Sch 9, Group 5, Items 3, 4)	**27.22**
Intermediary services (VATA 1994, Sch 9, Group 5, Item 5)	**27.25**
Dealings with securities (VATA 1994, Sch 9, Group 5, Item 6)	**27.57**
Arrangements for dealings with securities (VATA 1994, Sch 9, Group 5, Item 7)	**27.68**
Operation of current, deposit or savings accounts (VATA 1994, Sch 9, Group 5, Item 8)	**27.70**
Management of authorised unit trust scheme (VATA 1994, Sch 9, Group 5, Item 9)	**27.73**
Management of scheme property of open-ended investment company (VATA 1994, Sch 9, Group 5, Item 10)	**27.74**
Supplies relating to credit or charge cards (VATA 1994, Sch 9, Group 5,	

Note 4) — **27.75**

Miscellaneous—finance — **27.80**

28 Flat-rate scheme (*VATA 1994, s 26B*)

Relevant supplies and turnover (*VATA 1994, s 26B(2)*) — **28.1**

Regulatory provisions (*VAT Regulations, regs 55A-55V*) — **28.3**

Miscellaneous—flat-rate scheme (VATA 1994, s 26B) — **28.26**

29 Food

Supplies in the course of catering (*VATA 1994, Sch 8, Group 1(a)*) — **29.1**

Whether 'food of a kind used for human consumption' (*VATA 1994, Sch 8, Group 1, General Item 1*) — **29.88**

Animal feeding stuffs (*VATA 1994, Sch 8, Group 1, General Item 2*) — **29.116**

Means of propagation of plants (*VATA 1994, Sch 8, Group 1, General Item 3*) — **29.129**

Live animals (*VATA 1994, Sch 8, Group 1, General Item 4*) — **29.130**

Ice cream, etc. (*VATA 1994, Sch 8, Group 1, Excepted Item 1*) — **29.136**

Confectionery, etc. (*VATA 1994, Sch 8, Group 1, Excepted Item 2*) — **29.140**

Beverages (*VATA 1994, Sch 8, Group 1, Excepted Item 4*) — **29.179**

Potato crisps, etc. (*VATA 1994, Sch 8, Group 1, Excepted Item 5*) — **29.197**

Pet food, etc. (*VATA 1994, Sch 8, Group 1, Excepted Item 6*) — **29.203**

Foodstuffs for human and animal consumption (*Directive 2006/112/EC, Annex III*) — **29.214**

30 Fuel and power

Standard-rated supplies — **30.1**

Supplies qualifying for reduced rate (*VATA 1994, Sch 7A, Group 1*) — **30.13**

31 Gold

32 Groups of companies

Group registration — **32.1**

Avoidance schemes — **32.19**

Miscellaneous—groups of companies — **32.23**

33 Health and welfare

Supplies of services by registered practitioners, etc. (*VATA 1994, Sch 9, Group 7, Item 1*) — **33.1**

Dental services (*VATA 1994, Sch 9, Group 7, Item 2*) — **33.34**

Provision of care, etc. in hospital or similar institution (*VATA 1994, Sch 9, Group 7, Item 4*) — **33.42**

Provision of deputy for registered practitioner (*VATA 1994, Sch 9, Group 7, Item 5*) — **33.67**

Contents

Human blood, organs and tissue (*VATA 1994, Sch 9, Group 7, Items 6–8*)	**33.69**
Supplies of welfare services (*VATA 1994, Sch 9, Group 7, Item 9*)	**33.70**
Supplies of transport services (*VATA 1994, Sch 9, Group 7, Item 11*)	**33.90**
Imported goods (*VAT (Imported Goods) Relief Order (SI 1984/746), Sch 2 Group 5*)	**33.91**

34 Human rights

35 Imports

Imports from outside EU (*VATA 1994, ss 15-17*)	**35.1**
Value of imported goods (*VATA 1994, s 21*)	**35.21**
Miscellaneous—imports	**35.25**

36 Input tax

Whether supplies made to the appellant	**36.1**
Whether supplies used for the purposes of the business	**36.211**
Whether supplies intended for use in future business	**36.604**
Pre-registration input tax	**36.641**
Advance payments	**36.674**
Compensation and damages payments	**36.692**
Post-cessation input tax	**36.698**
Disputed repayment claims	**36.703**
Other matters—input tax	**36.720**

37 Insolvency

Company liquidation and receivership	**37.1**
Bankruptcy and personal insolvency	**37.24**

38 Insurance

The provision of insurance and reinsurance (*VATA 1994, Sch 9, Group 2, Item 1*)	**38.1**
Services of an insurance intermediary (*VATA 1994, Sch 9, Group 2, Item 4*)	**38.15**
Superseded legislation	**38.39**

39 International services

Zero-rating (*VATA 1994, Sch 8, Group 7*)	**39.1**
Reverse charge on services received from abroad (*VATA 1994, s 8, Sch 5*)	**39.4**
Place of supply of services	**39.24**

40 Invoices and credit notes

Whether documents to be treated as VAT invoices (*VAT Regulations*

1995, reg 14)	**40.1**
Input tax reclaimed without invoices *(VAT Regulations 1995, reg 29)*	**40.68**
Rounding of VAT on invoices	**40.88**
Credit notes	**40.91**

41   Land

Whether a licence to occupy land *(VATA 1994, Sch 9, Group 1, Item 1)*	**41.1**
Hotel accommodation, etc. *(VATA 1994, Sch 9, Group 1, Item 1(d))*	**41.95**
Holiday accommodation *(VATA 1994, Sch 9, Group 1, Item 1(e))*	**41.120**
Caravan facilities *(VATA 1994, Sch 9, Group 1, Item 1(f))*	**41.132**
Parking facilities *(VATA 1994, Sch 9, Group 1, Item 1(h))*	**41.141**
Mooring facilities *(VATA 1994, Sch 9, Group 1, Item 1(k))*	**41.154**
Sports grounds, etc. *(VATA 1994, Sch 9, Group 1, Item 1(l))*	**41.158**
Facilities for playing sport *(VATA 1994, Sch 9, Group 1, Item 1(m))*	**41.161**
Miscellaneous—land	**41.170**

42   Local authorities and statutory bodies

Refunds of VAT *(VATA 1994, s 33)*	**42.1**
Miscellaneous—local authorities and statutory bodies	**42.12**

43   Management services

44   Motor cars

The definition of 'motor car' *(Cars Order, Article 2)*	**44.1**
Treatment of specific transactions *(Cars Order, Article 4)*	**44.52**
Self-supplies *(Cars Order, Article 5)*	**44.54**
Relief for second-hand motor cars *(Cars Order, Article 8)*	**44.60**
Disallowance of input tax *(Input Tax Order, Article 7)*	**44.100**
Fuel for private use *(VATA 1994, ss 56, 57)*	**44.144**
Miscellaneous—motor cars	**44.158**

45   Overseas traders

Repayments of VAT *(VATA 1994, s 39)*	**45.1**
Other cases	**45.10**

46   Partial exemption

Non-business input tax *(VAT Regulations 1995, reg 100)*	**46.1**
Attribution of input tax to taxable supplies *(VAT Regulations 1995, reg 101)*	**46.2**
Special methods *(VAT Regulations 1995, reg 102)*	**46.112**
Attribution of input tax to foreign and specified supplies *(VAT Regula-*	

Contents

tions 1995, reg 103)	**46.178**
Attribution of input tax on self-supplies (*VAT Regulations 1995, reg 104*)	**46.187**
Treatment of input tax attributable to exempt supplies as being attributable to taxable supplies (*VAT Regulations 1995, reg 106*)	**46.188**
Adjustments of attributions (*VAT Regulations 1995, regs 107–110*)	**46.199**
Exceptional claims for VAT relief (*VAT Regulations 1995, reg 111*)	**46.226**

47 Partnership

Partnership assessments	**47.1**
Partnership appeals	**47.12**
Partnership registration	**47.13**
Whether a partnership exists	**47.17**
Associated partnerships	**47.65**
Miscellaneous—partnership	**47.70**

48 Payment of tax

Payment of VAT and credit for input tax (*VATA 1994, s 25*)	**48.1**
Repayment of tax (*VATA 1994, s 80*)	**48.20**
Repayment supplement (*VATA 1994, s 79*)	**48.92**
Interest payable in cases of official error (*VATA 1994, s 78*)	**48.113**
Miscellaneous—payment of tax	**48.148**

49 Penalties: criminal offences

Offences under *VATA 1994, s 72*	**49.1**
Offences under *Proceeds of Crime Act 2002*	**49.18**
Common law offences	**49.25**

50 Penalties: evasion of tax

Computation of the penalty	**50.1**
The assessment of the penalty (*VATA 1994, s 76*)	**50.3**
Liability of directors (*VATA 1994, s 61*)	**50.14**
Other cases	**50.72**
Miscellaneous—penalties: evasion of tax	**50.167**

51 Penalties: failure to notify, etc.

Failure to register	**51.1**
Definition of 'relevant VAT' (*VATA 1994, s 67(1)*)	**51.2**
Relevant period (*VATA 1994, s 67(3); FA 2008, Sch 41 para 7(7)*)	**51.6**
Whether a reasonable excuse (*FA 2008, Sch 41 para 20*)	**51.14**
Unauthorised issue of invoices (*VATA 1994, s 67(1)(c); FA 2008, Sch*	

41 para 2)	**51.141**
Mitigation of penalties *(VATA 1994, s 70; FA 2008, Sch 41 paras 12, 13)*	**51.148**
Personal liability notice issued to company's manager	**51.195**

52 Penalties: misdeclaration and errors

Definition of 'prescribed accounting period' *(VATA 1994, s 63(1))*	**52.1**
Whether a return has been 'made' *(VATA 1994, s 63(1)(a))*	**52.2**
Inadequate estimated assessment *(VATA 1994, s 63(1)(b); FA 2007, Sch 24 para 2)*	**52.5**
Definition of 'tax which would have been lost' *(VATA 1994, s 63(2))*	**52.24**
Whether return corrected by subsequent return *(VATA 1994, s 63(8))*	**52.27**
Whether 'nil rate tax' concession applied	**52.31**
Whether a 'reasonable excuse' *(VATA 1994, s 63(10)(a); FA 2008, Sch 41 para 20)*	**52.32**
Whether error 'voluntarily disclosed' *(VATA 1994, s 63(10)(b); FA 2007, Sch 24 para 9(2)(a))*	**52.381**
Mitigation of penalties *(VATA 1994, s 70)*	**52.396**
Penalties for errors: amount of penalty *(FA 2007, Sch 24 paras 4–12)*	**52.455**
Penalties for errors: procedure *(FA 2007, Sch 24 paras 13–17)*	**52.465**
Validity of the penalty	**52.466**

53 Penalties: sales statements and regulatory provisions

Failure to submit EC sales statement *(VATA 1994, s 66)*	**53.1**
Breaches of regulatory provisions *(VATA 1994, s 69)*	**53.19**

54 Pension funds

Input tax cases	**54.1**
Output tax cases	**54.12**

55 Protected buildings

Definition of 'protected building' *(VATA 1994, Sch 8, Group 6, Note 1)*	**55.1**
Whether a 'substantial reconstruction' *(VATA 1994, Sch 8, Group 6, Item 1, Note 4)*	**55.19**
Whether an 'approved alteration' *(VATA 1994, Sch 8, Group 6, Item 2, Note 6)*	**55.28**
Whether a supply of services *(VATA 1994, Sch 8, Group 6, Item 2)*	**55.90**
Miscellaneous—protected buildings	**55.95**

56 Reduced-rate supplies: miscellaneous (*VATA 1994, Sch 7A*)

Group 2—Energy-saving materials	**56.1**
Group 5—Children's car seats	**56.10**

Contents

Group 6—Residential conversions	**56.12**
Group 7—Residential renovations and alterations	**56.18**
Group 13—Cable-suspended passenger transport systems	**56.22**

57 Registration

Liability to be registered (*VATA 1994, Sch 1 para 1*)	**57.1**
Registration of associated persons as a single taxable person (*VATA 1994, Sch 1 para 2*)	**57.36**
Notification of liability and registration (*VATA 1994, Sch 1 para 5*)	**57.84**
Entitlement to be registered (*VATA 1994, Sch 1 paras 9, 10*)	**57.104**
Cancellation of registration (*VATA 1994, Sch 1 para 13*)	**57.119**
Exemption from registration (*VATA 1994, Sch 1 para 14*)	**57.172**
The person by whom the business is carried on	**57.175**
Miscellaneous—registration	**57.224**

58 Retailers' special schemes

What supplies are within the schemes	**58.1**
Retrospective changes of scheme	**58.13**
Transitional matters	**58.25**
Gross takings	**58.34**
Expected selling prices	**58.46**
Point of Sale scheme	**58.48**
Apportionment schemes	**58.51**
Direct Calculation schemes	**58.53**
Miscellaneous—retailers' special schemes	**58.58**

59 Returns

Accounting periods	**59.1**
Making of returns (*VAT Regulations 1995, reg 25*)	**59.8**
Correction of errors (*VAT Regulations 1995, regs 34, 35*)	**59.26**
Miscellaneous—returns	**59.39**

60 Second-hand goods

Records and accounts	**60.1**
Works of art, etc.	**60.7**
Miscellaneous—second-hand goods	**60.16**

61 Self-supply

Self-supplies of goods (*VATA 1994, s 5(5)*)	**61.1**
Self-supplies of services (*VATA 1994, s 5(6)*)	**61.8**

62 Supply

Whether there has been a supply	62.1
By whom the supply was made	62.238
To whom the supply was made	62.403
The time of the supply (VATA 1994, s 6)	62.406
The place of the supply (VATA 1994, s 7)	62.504
Single or multiple supplies	62.583
Miscellaneous—supply	62.612

63 Tour operators and travel agents

Definition of 'tour operator' (VATA 1994, s 53(3))	63.1
Tour Operators' Margin Scheme	63.9

64 Trade unions, professional and public interest bodies

Associations held to be within VATA 1994, Sch 9, Group 9	64.1
Associations held not to be within VATA 1994, Sch 9, Group 9	64.13
Miscellaneous—trade unions, professional and public interest bodies	64.38

65 Transfers of going concerns

Cases held to fall within Special Provisions Order, Article 5(1)	65.1
Cases held not to fall within Special Provisions Order, Article 5(1)	65.40
Land and buildings (Special Provisions Order, Article 5(2))	65.90
Liability to register (VATA 1994, Sch 1 para 1(2))	65.95
Liability to account for tax (VAT Regulations 1995, reg 6)	65.115
Miscellaneous—transfers of going concerns	65.126

66 Transport

Supply and maintenance of ships (VATA 1994, Sch 8, Group 8, Item 1)	66.1
Transport of passengers (VATA 1994, Sch 8, Group 8, Item 4)	66.12
Transport of goods (VATA 1994, Sch 8, Group 8, Item 5)	66.41
Handling services (VATA 1994, Sch 8, Group 8, Item 6)	66.42
The 'making of arrangements' (VATA 1994, Sch 8, Group 8, Item 10)	66.45
Handling or storage of goods (VATA 1994, Sch 8, Group 8, Item 11)	66.51

67 Valuation

Transactions between connected persons (VATA 1994, Sch 6 paras 1, 1A)	67.1
Whether agreed price to be treated as exclusive or inclusive of VAT	67.4
Supplies of goods	67.11
Supplies of services	67.94

Contents

Face value vouchers (*VATA 1994, Sch 10A*)		67.163
68	**Warehoused goods and free zones**	
69	**Zero-rating: miscellaneous**	
Group 2—Sewerage services and water		69.1
Group 9—Caravans and houseboats		69.5
Ambulance services		69.19
Index		

Abbreviations and References

References throughout the book to numbered sections and schedules are to the Value Added Tax Act 1994 unless otherwise stated. An asterisk (*) added to a statutory reference indicates that it has replaced, but is similar or identical to, the relevant legislation involved in the case. References to VAT Tribunals Rules, VAT Regulations and Special Provisions Order are respectively to The Value Added Tax Tribunals Rules 1986 (SI 1986/590), The Value Added Tax Regulations 1995 (SI 1995/2518) and The Value Added Tax (Special Provisions) Order 1995 (SI 1995/1268). A reference to Notice No 700 is to HM Revenue & Customs Notice No 700 and similarly for other numbered Notices. Some of these Notices, or parts of them, have statutory force.

Abbreviations

Adm Ct	Administrative Court
Art	Article
C & E	Customs & Excise
CA	Court of Appeal
Ch D	Chancery Division
CIR	Commissioners of Inland Revenue
CJEC	Court of Justice of the European Communities
CJEU	Court of Justice of the European Union
col.	column
Comm Ct	Commercial Court
Commissioners	Commissioners of C & E, or Her Majesty's Revenue & Customs
Commrs	Commissioners of C & E, or Her Majesty's Revenue & Customs
CS	Court of Session (Scotland)
DC	Divisional Court
EC	European Community
ECHR	European Court of Human Rights
ECJ	European Court of Justice

Abbreviations and References

EEC	European Economic Community
ex p.	ex parte
FA	Finance Act
F(No 2) A	Finance (No 2) Act
FC(A)	Federal Court (Australia)
FTC	Finance and Tax Chamber (of the First-Tier Tribunal)
FTT	First-Tier Tribunal
HCJ (S)	High Court of Justiciary (Scotland)
HL	House of Lords
HMRC	Commissioners of Her Majesty's Revenue & Customs
ICAEW	Institute of Chartered Accountants in England and Wales
ICTA	Income and Corporation Taxes Act
KB	King's Bench Division
NI	Northern Ireland
NIQB	Northern Ireland Queen's Bench Division
NSW	New South Wales
oao	on the application of
p	page
PC	Privy Council
PCC	Parochial Church Council
PCTA	Provisional Collection of Taxes Act 1968
QB	Queen's Bench Division
r	rule
Reg	Regulation
RSC	Rules of the Supreme Court
s	section
SC	Supreme Court
Sch	Schedule
SI	Statutory Instrument
t/a	trading as
TC	Tax Chamber (First-Tier Tribunal)
TCC	Tax & Chancery Chamber (Upper Tribunal)

UKSC	United Kingdom Supreme Court
UKUT	United Kingdom Upper Tribunal
UT	Upper Tribunal
VATA	Value Added Tax Act

REFERENCES (*denotes a series accredited for citation in court)

AC	*Law Reports, Appeal Cases, (Incorporated Council of Law Reporting for England and Wales, 3, Stone Buildings, Lincoln's Inn, WC2A 3XN)
All ER	*All England Law Reports, (LexisNexis, Halsbury House, 35 Chancery Lane, London WC2A 1EL).
All ER (Comm)	*All England Law Reports (Commercial Cases), (Lexis Nexis, as above).
All ER (D)	All England Reporter Direct, (LexisNexis, as above).
All ER (EC)	*All England Law Reports: European Cases, (LexisNexis, as above).
ALR	Argus Law Reports, Victoria.
BCLC	Butterworths' Company Law Cases, (LexisNexis, as above).
BMLR	Butterworths' Medico-Legal Reports, (LexisNexis, as above).
BPIR	Bankruptcy and Personal Insolvency Reports (Jordan Publishing Ltd, 21 St Thomas Street, Bristol BS1 6JS).
BTC	British Tax Cases, (CCH Editions Ltd, Telford Road, Bicester, Oxon OX6 OXD).
BVC	British Value Added Tax Cases, (CCH Editions Ltd, as above).
CBNS	Common Bench New Series Reports.
Ch	*Law Reports, Chancery Division.
CMLR	Common Market Law Reports (European Law Centre, South Quay Plaza, 183 Marsh Wall, London E14 9FT).
Cr AR	Criminal Appeal Reports.
CSIH	*Court of Session, Inner House Cases.

xxi

Abbreviations and References

CSOH	*Court of Session, Outer House Cases.
D	Session Cases, 2nd Series (Dunlop).
DLR	Dominion Law Reports.
E & E	Ellis & Ellis's Reports.
ECCD	European Commission Collection of Decisions.
ECDR	European Commission Decisions and Reports.
ECHR	European Court of Human Rights Reports.
ECR	European Community Reports.
EG	Estates Gazette.
EHRR	European Human Rights Reports.
EWCA Civ	*England & Wales Court of Appeal Civil Cases.
EWCA Crim	*England & Wales Court of Appeal Criminal Cases.
EWHC Admin	*England & Wales High Court (Administrative Court).
FCR	Federal Court Reports (Australia).
H & N	*Hurlstone & Norman's Reports.
ICR	Industrial Cases Reports.
IEHC	Irish High Court Decisions.
IESC	Supreme Court of Ireland Decisions.
ITLR	International Tax Law Reports, (LexisNexis, as above).
LR Ind App	*Law Reports, Indian Appeals.
LTR	*Law Times Reports.
OJ	Official Journal of the European Communities.
QBD	Queen's Bench Decisions.
SC	Court of Session Cases.
SCLR	Scottish Civil Law Reports.
SFTD	Simon's First-Tier Tax Decisions, (Lexis Nexis, as above).
SR (NSW)	Session Reports (New South Wales).
STC	*Simon's Tax Cases, (LexisNexis, as above).
STI	Simon's Tax Intelligence, (LexisNexis, as above).
SWTI	Simon's Weekly Tax Intelligence, (LexisNexis, as above).
TC	*Official Reports of Tax Cases, (The Stationery Office, 49 High Holborn, WC1V 6HB).
TTC	Tolley's Tax Cases, (LexisNexis, as above).

Abbreviations and References

UKHL	*UK House of Lords Cases.
VATDR	Value Added Tax and Duties Reports, (HM Stationery Office, as above).
VATTR	Value Added Tax Tribunal Reports, (HM Stationery Office, as above).
VTD	VAT Tribunal Decision, (Tribunals Service (Tax), 2nd Floor, 54 Hagley Road, Birmingham, B16 8PE).
WLR	*Weekly Law Reports, (Incorporated Council of Law Reporting, as above).

Court cases. The first number in the citation refers to the volume, and the second to the page, so that [1985] 1 All ER 15 means that the report is to be found on page fifteen of the first volume of the All England Law Reports for 1985. Where no volume number is given, only one volume was produced in that year.

In English cases, Scottish and Northern Irish decisions (unless there is a difference of law between the countries) are generally followed but are not binding.

In the text, citation where appropriate is of Simon's Tax Cases, the official court judgment number (either the Law Reports or the Weekly Law Reports for cases before 2001), and the All England Reports. For ECJ cases, the official case reference is given together with citations for the Common Market Law Reports, the European Community Reports, and (where appropriate) Simon's Tax Cases and the All England Reports. Only in default of these are other series referred to. The citation is preceded by the Court and the month and year of the decision.

Tribunal cases. Where a decision is reported in the Value Added Tax Tribunals Reports (VATTR) or Value Added Tax and Duties Reports (VATDR) published by HM Stationery Office by the direction of the President of the VAT and Duties Tribunals, the citation is the VATTR or VATDR reference followed by the number assigned to the decision by the VAT Tribunals Headquarters [e.g. [1989] VATTR 199 (VTD 4137)]. In other VAT Tribunal cases, the citation is the tribunal centre reference followed by the number assigned to the decision by the VAT and Duties Tribunals Headquarters [e.g. MAN/77/247 (VTD 537)]. The letters in the tribunal centre reference are the first three letters of the tribunal [e.g. EDN = Edinburgh, LON = London, MAN = Manchester]. In all tribunal cases only the appellant or applicant is named.

For decisions of the Upper Tribunal, the citation is to Simon's Tax Cases followed by the official citation of the Upper Tribunal, e.g. UT [2009] STC 2485; [2009] UKUT 175 (TCC).

For decisions of the First-tier Tribunal, the citation is to the official citation of the First-tier Tribunal, followed by Simon's First–tier Decisions (where available), and the official citation of the Tax Chamber, e.g. [2009] UKFTT 184 (TC); [2009] SFTD 590, TC00139.

Where legal decisions are very recent and in the lower courts or the tribunals, it must be remembered that they may be reversed on appeal.

Glossary of Latin & Old French Phrases

acte claire	so obvious as to leave no scope for any reasonable doubt.
causa causans	the immediate cause; the last link in the chain of causation.
causa sine qua non	an essential link in the chain of causation, but not the immediate cause.
certiorari	a writ commanding a lower court to certify a matter to the High Court.
eiusdem generis	of the same type.
estoppel	rule of evidence which stops a person from denying the truth of a statement previously made by him to, and relied on by, another person.
estoppel per rem judicatum	rule of evidence which stops a person from contesting an issue decided by the Court in previous litigation between the same parties.
ex gratia	voluntarily, without accepting legal liability.
ex parte	an application made to the court by one party without giving notice to the other party.
in re	in the matter of, concerning.
inter alia	among other things.
mandamus	a writ ordering the performance of a specific duty.
obiter dictum / obiter dicta	opinion(s) expressed by a judge in passing, on issues which do not form part of the essential reasoning of the decision in the case (and thus carry little authority as precedents).
per incuriam	where a court overlooks relevant authorities (so that the decision may be considered doubtful or unreliable).
prima facie	at first sight.
ratio decidendi	reason for deciding; the principle of law on which a case is decided.

re	in the matter of; concerning.
res judicata	an issue which a court has decided in an action between parties and cannot be questioned in a later action between the same parties.
sic	thus (used, for example, to show that a grammatical mistake was that of the original authority being cited, and is not a mistake made by the editor or typesetter).
sine die	indefinitely.
sub nomine	under the name of.
sui generis	of its own type.
ultra vires	outside the powers recognised by law as belonging to the person or body in question; without authority.

Survey of Leading Decisions in 2020

Summarised below are the most significant decisions reached by the courts and tribunals in 2020.

Finance/insurance exemption: as always, some interesting cases in this category; in *United Biscuits (Pensions Trustees) Limited and another v HMRC*, **20.150** EC DIRECTIVE 2006/112/EC, the trustees of two pension funds sought to recover VAT paid to investment managers. These managers included (a) companies authorised to conduct insurance business ('insurers') and (b) companies not so authorised ('non-insurers'). Pension fund management services had been treated by HMRC as exempt when provided by insurers but as standard-rated when provided by non-insurers.

The trustees' case was that the supplies made by non-insurers were exempt insurance transactions under the *Principal VAT Directive* and its predecessor. However, UK legislation had failed to provide for the exemption required by the VAT Directives and the trustees had paid VAT which was not due. They claimed that their directly enforceable right to the exemption meant that they were entitled to recover the VAT wrongly paid. HMRC contended that the supplies by the non-insurers were not exempt insurance transactions within the meaning of the VAT Directives.

The CJEU considered that it was settled case law that 'insurance' involved the insurer undertaking, in return for prior payment of a premium, to provide the insured, in the event of materialisation of the risk covered, with the service agreed. It was common ground that, since the terms specifying exemption were to be interpreted strictly, and since the services of pension fund management excluded any such indemnification from risk, those services fell outside the scope of the exemption. However, the CJEU had previously held that the scope of the VAT exemption for 'insurance' must be aligned with the scope of 'insurance' in the wider European insurance directives. The Court noted that the purpose of the insurance directives was to create a legal framework for the authorisation of persons undertaking insurance and related activities. To that end, the directives divided the activities covered between 'insurance' and 'operations'; it was the 'operations' category which covered the management of group pension funds. Thus the fact that such management was an 'operation' for the purposes of the directive did not make it insurance. As a result, the management of group pension funds did not fall within the exemption for insurance.

In *Safestore Ltd v HMRC*, **38.38** INSURANCE, the appellant provided storage facilities in the UK. It required its domestic customers to take out insurance for stored goods, and this was facilitated by an agreement (the 'Customer Goods Policy') between the appellant and its sister company (A), a Guernsey-based insurance company. Under the terms of this agreement, the appellant would collect premiums from its customers and pass 70% of the premium to A.

The appellant argued that the 30% of the premium which it retained was consideration for the provision of intermediary services to A. The effect of this was that input tax on costs relating to such activities was recoverable under the *Specified Supplies Order, SI 1991/3121* which provides for the recovery of input tax in relation to insurance intermediary services supplied to a person who belongs outside the EU. HMRC argued, however, that the entire premium related to an exempt supply of insurance made by the appellant to its customer in the UK, with the result that the related input tax was irrecoverable.

The First-tier Tribunal had earlier held that the Customer Goods Policy, in the light of the way it had come about (ie to meet certain regulatory requirements) meant that the appellant (i) was a holder of a block insurance policy under which its customers were the insured and (ii) procured cover for its customers for payment, in its own name and on its own account. This, as a result of the decision in *Card Protection Plan*, **38.39** INSURANCE was a supply of insurance. The Upper Tribunal, despite the strenuous efforts of the appellant to distinguish *Card Protection Plan*, agreed with the First-tier Tribunal. There was an exempt supply of insurance by the appellant and the related input tax was irrecoverable.

The single/multiply supply issue is always a popular one, despite the once-held view that *Card Protection Plan* had given definitive guidance. In *BlackRock Investment Management (UK) Ltd v HMRC*, **20.163** EC DIRECTIVE 2006/112/EC, the appellant received supplies of investment management services, in the form of a software platform known as Aladdin, from its US parent. These services were used for the management of various investment funds, including Special Investment Funds ('SIFs'). The management of SIFs is exempt under *Article 135(1)(g)* of *Directive 2006/11/2EC*; the management of other funds is taxable.

The parties agreed that there was a single supply of investment management services; however, Blackrock argued that only the element of the supply which related to the management of other funds should be taxable (by means of the reverse charge). This element should be calculated according to the value of the other funds to the value of all funds.

The Court held:
- a single supply must be the subject of a single tax treatment;
- this was not a case where one element of the supply could be regarded as ancillary to the principal supply (with the result that the entire supply followed the liability of the principal supply);
- exemption was an exception to the general principle that VAT should be levied on all services supplied for consideration by a taxable person, and therefore should be interpreted strictly. An interpretation which led to the benefit of exemption being accorded to other funds was contrary to that principle;
- the principle of fiscal neutrality (under which businesses should be able to choose their form of operation without suffering adverse tax consequences) was not superior to the provisions of *Directive 2006/112/EC*, and could not therefore have the effect of extending the scope of an exemption.

Consequently the Court concluded that a single supply of management services in the form of a software platform used for the management of both SIFs and other funds did not qualify for exemption.

In *HMRC v The Ice Rink Company Ltd and another*, **62.608** SUPPLY, the appellants operated ice rinks which were open to the public. Customers could pay an amount which gave admission to the rink, using skates provided by the appellants ('skating with skates'). Alternatively customers could pay a lower price and use their own skates ('rink admission only'), or pay for skate hire only. The appellant claimed that, in the case of 'skating with skates' it was making separate supplies of access to the rink (standard-rated) and the hire of skates (zero-rated in the case of children's skates). HMRC considered that there was a single supply of a standard-rated skating package.

The case had already been heard by an earlier tribunal which had allowed the appeal. HMRC appealed to the Upper Tribunal, which held that the First-tier Tribunal had erred in considering all customers as 'typical customers' when considering what was supplied, rather than limiting its consideration to customers who were recipients of the supplies to which the appeal related. It remitted the case to the First-tier Tribunal for a second hearing.

The First-tier Tribunal applied the findings in *Middle Temple*, **62.588** SUPPLY to the effect that the question of whether the customer had 'genuine contractual freedom' to purchase the elements of a supply from different sources was a relevant factor in determining whether (a) there was a single supply or (b) there were multiple supplies. The First-tier Tribunal considered that such freedom undoubtedly existed; customers could opt to purchase skates outright – either from the rink shop or from a third party – as an alternative to the skating with skates option. Furthermore, most customers, according to statistics provided by the appellant, were aware of the option before they arrived at the rink. HMRC argued, on the basis of *Levob*, **22.194** EUROPEAN COMMUNITY LAW, that the option was not a realistic one; the statistics indicated that a skater with even the cheapest skates would have to skate more than 17 times to make purchase an economically viable option. Few child skaters fell into that category. The elements were so closely linked that they formed a single economic supply which it would be artificial to split.

The First-tier Tribunal considered that the economic consideration was not the only one in play. Customers might be swayed by the fact that the skates available for hire were not of high quality; the initial purchase cost could be offset by selling the skates at a later date; and the economic argument did not take into account 'pester power' (unexplained, but presumably children's persuasive powers over their parents). It held that a typical consumer of the 'skating with skates' package would not regard the purchase as a single supply. There were therefore multiple supplies of (a) admission to the rink, and (b) the hire of skates.

There was a surprisingly strong showing this year from cases involving the DIY builder's scheme; a number of cases, some with apparently conflicting decisions, highlighted the difficulty in determining the date on which a building is 'completed' (a claim for repayment must be made within six months of completion). See, for example, *Profitt v HMRC*, **15.361** CONSTRUCTION OF BUILDINGS, ETC. and *Wedgebury and another v HMRC*, **15.362** CONSTRUCTION OF BUILDINGS, ETC.

Another good performance was put in by public bodies; in *HMRC v Northumbria Healthcare NHS Foundation Trust*, **36.752** INPUT TAX, the Trust leased motor cars which it subleased to its employees under a salary sacrifice scheme. Employees could use the cars for both business and work purposes. This arrangement brought into play various pieces of VAT legislation:

- *VATA 1994, ss 24 and 26*, which define input tax as being VAT incurred by a taxable person in the course or furtherance of a business, and permit its recovery insofar as it relates to taxable business activities;
- *SI 1992/3222* ('the blocking order'), which excludes from recovery 50% of the input tax incurred on the lease of a car unless it is intended for use wholly for business purposes;
- *VATA 1994, s 41*, which permits, inter alia, NHS Trusts to recover VAT on services to be used for non-business purposes; and
- *SI 1992/630* ('the de-supply order'), which treats the provision by an employer to an employee under a salary sacrifice scheme of a motor car for private use as neither a supply of goods nor a supply of services.

The questions for the Court of Appeal were:

- Were the car leasing activities of the Trust in respect of its employees business activities (in which case the VAT incurred on the leased cars was input tax, and hence restricted to 50% recovery by virtue of the blocking order)?
- Did the de-supply order have the effect of making the sub-leases to employees a non-business activity, in which case the VAT incurred on the leased cars was recoverable in full under *VATA 1994, s 41*?

HMRC accepted that the effect of the de-supply order was that there was no supply, but contended that the absence of a supply did not mean that there was no business activity. As a deeming provision, the interpretation of the de-supply order should be limited to what was necessary to achieve its objective. The Trust, however, considered that a supply was a prerequisite of a business activity; if there was no supply, there was no business.

Following a review of the case law, the Court considered that 'it is not possible under the general scheme of the VAT legislation to decouple the carrying on of an economic [ie business] activity from the making of taxable supplies'. Thus the sub-leasing of motor cars to employees was not a business activity and the VAT on the leasing of the cars from suppliers was recoverable under *VATA 1994, s 41*.

The Court also considered the fact that the Trust had business activities in the wider sense (ie it also leased motor cars to local authorities). It held, however, that the Upper Tribunal had earlier concluded that the employee car scheme was not an economic activity in its own right, nor part of an economic activity of the Trust. It was entitled to have come to that decision.

The case of *NHS Lothian Health Board v HMRC*, **48.90** CONSTRUCTION OF BUILDINGS, ETC. focused on the difficulty of determining the amount of a claim which stretched over many years; most of the supplies made by the appellant (L) were non-business activities (and therefore no input tax was recovered in respect of them). However, a small proportion of its supplies between 1974 and 1997 were business supplies on which L did not reclaim the input tax (in accordance with general practice at the time). Once the law was clarified LHB made a *Fleming* claim for the under-recovered input tax. There was no dispute that LHB had a valid claim for this input VAT. However, the First-tier Tribunal concluded that the evidence available was inadequate to permit a proper calculation of the claim.

The Court of Session considered the principle of effectiveness, namely that if a legal right exists, a practical remedy should be available to enforce that right, and the *San Giorgio* principle that any requirements of proof must not make it excessively difficult to enforce that right. The Court concluded that this principle is not limited to legal rules, such as the burden of proof, but also extended to the 'practical attitude' taken by a court or tribunal to the evidence available, in particular, that if too strict an approach is taken to the drawing of inferences from primary evidence, that may well render a remedy 'excessively difficult' or even 'practically impossible', so that the principle of effectiveness is undermined. The Court of Session allowed the appeal and then remitted it to a differently constituted First-tier Tribunal for rehearing. In so doing, it provided guidance to the First-tier Tribunal on how it should conduct itself.

The case of *Vodafone Portugal – Comunicações Pessoais SA v Autoridade Tributária e Aduaneira*, **62.156** SUPPLY, led HMRC to reconsider its position on termination payments. The taxpayer (V) entered into agreements with its customers for the provision of telephone services. One such agreement involved a 'tie in period' under which customers committed to a certain period in return for benefits (eg discounts and 'free' installation services). The agreement provided that, should a customer fail to comply with the tie-in period for reasons of its own, it would be required to pay an amount provided for in the contract (which was not the same as the customer would have had to pay in the normal course of events). The taxpayer argued that the amount payable in such circumstances was outside the scope of VAT as compensation. The Court held that the fact that there was a difference between the amount which would have been due had the tie-in period been completed and the amount which was actually payable did not alter the fact that V had committed to providing to its customers with the agreed services, and its customers had committed to paying for those services – and also, if necessary, the amounts due where the agreement was terminated early. The economic reality was that the taxpayer had set a price for the provision of its service, and integral to that price was an amount in the event of early termination. Thus the early termination payment, where it arose, was consideration for a taxable supply. Following this decision, HMRC issued HMRC Brief 12/20 dated 2 September 2020, in which it stated that 'these charges are normally considered as being for the supply of goods or services for which the customer has been contracted for. Most early termination and cancellation fees are therefore liable for VAT. This is the case even if they are described as compensation or damages.' The Brief then indicates that 'errors' should be corrected retrospectively, although it is understood that this policy is now under further consideration.

Table of Statutes

1890 Partnership Act
  s 10 .... 50.107
  s 12 .... 50.11
  s 16 .... 50.11

1925 Law of Property Act
  s 109(8) 37.12

1958 Recreational Charities Act
  s 1 .... 15.109, 15.115, 15.142

1968 Theft Act
  s 32(1) 49.25, 49.26

1972 European Communities Act
  .... 22.25
  article 28 .... 22.659

1975 Litigants in Person (Costs & Expenses) Act . 2.384, 2.385, 2.393, 2.394

1979 Customs and Excise Management Act
  s 6 .... 3.129
  s 68 .... 36.245
  s 147(3) 14.104
  s 152 .... 2.174
  s 170 .... 36.276
  s 171 .... 14.49

1980 Limitation Act
  s 32 .... 48.145

1981 Contempt of Court Act
  ss 9, 19 .... 2.268

1981 Supreme Court Act
  s 35A 2.442, 2.443

1985 Companies Act
  s 196 .... 37.10
  s 458 .... 36.287

1986 Insolvency Act
  s 135 .... 37.5, 37.6
  s 175 .... 37.10
  s 267 .... 47.70
  s 271(3) 37.24
  s 375(1) 37.25
  s 423 .... 37.15
  Sch 6 .... 32.42

1988 Income and Corporation Taxes Act
  s 402 .... 43.8

1989 Finance Act
  s 182 .... 2.356

1989 Water Act
  s 79(2) 22.654

1992 Tribunals and Inquiries Act
  s 11 .... 2.136, 2.310

1994 Value Added Tax Act
  s 4(1) 62.157–62.170, 62.483
  s 5(2) 11.60, 54.12, 62.143, 62.195
  s 6 .... 62.406–62.503
  s 6(2) 62.406–62.420

1994 Value Added Tax Act – *cont.*
  s 6(2)(a) 62.418
  s 6(2)(c) ... 62.414, 62.418, 62.420
  s 6(3) 62.421–62.435
  s 6(4) 32.19, 62.91, 62.94, 62.437–62.491
  s 6(6) 62.179
  s 6(14) 67.3
  s 7 .... 62.504–62.581
  s 7(3) 23.36
  s 7(7) 62.504
  s 7(10) 62.509–62.524
  s 8 .... 39.4–39.21, 67.159
  s 9(2) 62.509–62.524, 62.531–62.534
  s 9(3) 62.528–62.530
  s 9(4) 62.536, 62.537
  s 9(5) 62.541, 62.571
  s 10 .... 23.25–23.28
  s 13 .... 20.194, 23.31
  s 15 .... 35.19, 35.20
  s 18 .... 20.194, 68.1–68.4
  s 19 .... 44.88
  s 19(2) 13.47, 65.104, 67.5, 67.110
  s 19(3) 67.42
  s 21 .... 35.21
  s 21(5) 35.22
  s 24 .... 7.89, 36.665
  s 24(1) 35.15, 36.228, 36.365, 36.720
  s 24(2) 15.158
  s 24(3) 36.374–36.384
  s 24(5) 11.55, 32.21, 36.443, 46.202, 48.133
  s 24(6) 52.174
  s 25 .... 48.1, 48.2, 59.26
  s 25(6) 36.608, 36.629
  s 25(7) 42.10
  s 26 .... 36.94, 46.32
  s 26(2) 11.60, 62.530, 62.561
  s 26(3) 46.132
  s 26A 36.731, 36.732
  s 26B 28.1, 28.2, 28.9, 28.12
  s 26B(5) 28.27
  s 28 .... 18.415, 18.493
  s 29A 30.14, 62.595
  s 29A(1) 56.6
  s 30 .... 23.9, 55.95
  s 30(5) 11.60
  s 30(6) 25.28, 25.29, 52.207–52.213
  s 30(8) 22.606, 23.1–23.22, 23.38, 23.39, 50.88
  s 33 ...... 42.1–42.5, 46.161, 48.51
  s 33(1) 42.1, 42.4, 42.10
  s 33(3) 42.7–42.9

xxxiii

Table of Statutes

1994 Value Added Tax Act – *cont.*

s 33(6)	42.10
s 33A	48.93
s 35	15.1–15.199, 15.200, 15.201, 15.273, 15.334–15.353, 52.461
s 35(1)	15.1–15.35
s 35(1)(b)	15.334–15.344
s 35(1)(c)	15.352, 15.353
s 35(1A)(a)	15.41–15.89
s 35(1A)(b)	15.94–15.154
s 35(1B)	15.287–15.329
s 35(1C)	15.349
s 35(1D)	15.171–15.198
s 36	4.1–4.24
s 36(1)	4.24, 4.34
s 36(2)(3)	4.1–4.15
s 36(4)	4.35
s 39	45.1–45.9
s 41(2)	33.57
s 41	36.752
s 4A(1)	20.31
s 42	42.12, 62.217
s 43	32.11–32.23, 32.30, 32.34, 32.40, 43.12, 54.7, 62.536
s 43(1)	32.19, 32.20, 32.24, 46.157
s 43B	32.7, 32.15
s 43C	32.16
s 45	47.1–47.6, 47.13
s 45(2)	47.71, 47.74, 50.11
s 45(3)	50.11
s 47(2A), (3)	1.80–1.85
s 49(3)	65.127
s 53(3)	22.571, 63.1–63.8
s 54	26.1, 26.3
s 55	31.1
s 56	44.144–44.157
s 56(1)	44.147
s 57	44.144–44.157
s 59	18.307
s 59(2)	18.1–18.11
s 59(3)	18.1, 18.7, 18.11
s 59(4)	18.12–18.31
s 59(5)	18.12–18.31
s 59(7)	18.6–18.10
s 59(7)(a)	18.33–18.56
s 59(7)(b)	18.57–18.552
s 59(8)	18.553, 18.554
s 60	50.1–50.161
s 60(1)	3.105, 50.1, 50.137, 60.21
s 60(3)	50.1
s 60(7)	50.146
s 61	50.3–50.69
s 63(1)	52.1–52.21
s 63(1)(a)	52.2–52.4
s 63(1)(b)	52.5–52.21, 52.435
s 63(2)	52.24–52.26
s 63(8)	52.27–52.30
s 63(10)(a)	52.32–52.380
s 63(10)(b)	52.381–52.395

1994 Value Added Tax Act – *cont.*

s 66	53.1–53.18
s 66(2)	53.16
s 66(3)	53.16
s 67	51.1
s 67(1)	51.2–51.5
s 67(1)(c)	51.141–51.147
s 67(3)	51.6–51.13
s 67(8)	51.14–51.140
s 69	53.19–53.23
s 70	50.72–50.161, 51.148–51.194, 52.396–52.454, 57.207
s 70(2)	50.46
s 70(4)	52.453
s 71(1)(a)	18.270–18.340
s 71(1)(b)	18.67, 18.245, 18.352, 18.534, 51.84–51.103, 52.59–52.72, 52.279
s 72	49.1–49.17
s 73(1)	3.1–3.39, 3.150, 57.46
s 73(2)	3.44, 3.141, 3.186
s 73(6)	3.189
s 73(6)(a)	3.40–3.46, 3.116
s 73(6)(b)	3.47–3.87, 3.116
s 73(7)	3.119
s 73(9)	2.159, 37.2
s 74	17.1–17.17
s 74(3)	17.16
s 76	3.60, 18.13, 18.563, 50.3–50.12
s 76(3)	3.163, 50.3
s 76(9)	18.3, 18.29
s 77(1)	3.90–3.104
s 77(4)	3.105–3.115
s 77(6)	3.116
s 77A	22.549
s 78	2.437–2.439, 48.113–48.145
s 78(1)	48.113–48.121, 48.128
s 78(1A)	48.143
s 78(2)	48.131, 48.144
s 78(5)	48.141
s 78(11)	48.117, 48.124
s 78A(2)	3.117
s 79	48.48, 48.92–48.111
s 79(1)	59.10
s 79(2)(b)	48.92, 48.93, 48.97
s 79(2)(c)	48.94
s 79(2A)	48.97
s 79(3)(a)	48.96–48.105
s 79(4)	48.101–48.105
s 80	20.59, 32.38, 40.109, 40.118, 44.58, 48.20–48.87, 48.91, 48.164
s 80(1)	48.21–48.34, 48.91
s 80(2)	48.20, 48.65, 48.80, 48.82
s 80(2A)	48.91, 48.164
s 80(3)	48.35–48.47, 22.654
s 80(4)	2.19, 22.56, 48.3, 48.48–48.77, 48.164
s 80(4ZA)	48.77

Table of Statutes

1994 Value Added Tax Act – *cont.*
s 80(4A) 3.44, 3.117, 48.80–48.86
s 80(4B) 48.49
s 80(6) 48.87
s 80(7) 22.418
s 81 .... 48.155
s 81(3) 48.51, 48.91, 48.152
s 81(3A) ... 48.91, 48.153, 48.154
s 82(2) 2.1–2.39
s 83 .... 2.1–2.39, 2.66, 2.113, 18.563
s 83(1) 2.303
s 83(1)(a) .. 2.8, 57.163, 59.2, 59.3
s 83(1)(b) 2.6, 2.77
s 83(1)(c) 48.1
s 83(1)(p) 2.14, 2.98, 2.162
s 83(1)(t) 2.18–2.21
s 83(1)(zc) 2.31, 59.24
s 83A 51.1
s 84(3) 2.107–2.115
s 84(3A) 2.107–2.109
s 84(3B) 2.110–2.115
s 84(3C) 2.110
s 84(4) 36.211–36.214, 36.522
s 84(4ZA) 28.3, 28.4
s 84(5) 3.17, 3.178, 3.179
s 84(6) 17.1–17.4
s 84(8) 2.427–2.441
s 84(10) ... 2.68–2.77, 2.98, 25.36, 60.2
s 85 .. 2.168–2.177, 2.361, 57.148
s 85A 2.427–2.443
s 85B 2.448
s 94(1) 7.1–7.111
s 94(2) 13.1–13.17, 15.143
s 94(4) 62.172–62.175
s 94(6) 62.157
s 95(3) 23.25, 23.27
s 96 .... 15.202
s 98 .... 3.72, 47.2
Sch A1 .... 30.1–30.15
  Item 5(b) 30.8
Sch 1
  para 1(1)(a) 57.1–57.11
  para 1(1)(b) 57.12–57.16
  para 1(2) 65.95–65.114
  para 1(3) .. 57.20–57.32, 65.104
  para 1(4) 57.34
  para 1(7) 57.35
  para 1A 57.83
  para 2 .... 52.306, 57.36–57.83
  para 4 .... 65.104
  para 5 .... 57.84–57.103
  para 9 .... 32.9, 57.104–57.116, 57.131
  para 10 .... 8.41, 45.10
  para 10(2) 57.108
  para 13(1) 7.84, 57.119–57.144
  para 13(2) 57.146–57.171

1994 Value Added Tax Act – *cont.*
  para 14 .... 57.172–57.174
Sch 4
  para 1 .... 62.89–62.96
  para 2 .... 12.8
  para 5 .... 58.1, 62.97–62.119, 67.11–67.17
  para 5(1) 62.99, 62.100, 62.104, 62.113, 62.116–62.119, 62.123, 67.11
  para 5(2) 62.102, 62.103, 62.119, 67.166
  para 5(4) 62.113, 67.19
  para 5(4A) 2.407
  para 6(1) 23.36
  para 7 .... 14.99, 62.344
  para 8 .... 52.294, 62.120, 67.22–67.27, 67.149
Sch 4A ....
  para 8 .... 2.328
  para 10 .... 62.552
  para 16 .... 39.24, 39.25
Sch 5 .... 39.4–39.21
  para 2 .... 39.4, 62.522, 62.548, 62.561, 62.562
  para 3 .... 39.8, 39.9, 39.12, 62.510–62.513, 62.524–62.547, 62.567, 62.568, 62.571
  para 5 .... 62.573, 62.574
  para 6 .... 62.533, 62.576
  para 7 .... 62.578
  para 7A 67.185
  para 7C 62.580
Sch 6
  para 1 .... 67.1, 67.2
  para 1A 67.3
  para 2 ... 22.552, 67.29–67.39
  para 4 .... 67.94, 67.95
  para 5 .... 67.169–67.174
  para 6 .... 62.101, 67.14, 67.17
  para 7 .... 67.19
  para 9 .... 67.97–67.100
  para 10 .... 62.13
Sch 7A
  Group 1 .... 30.1–30.8
  Item 5 .... 30.8
  Group 2 .... 56.1–56.11
  Note 1 .... 56.2, 56.5
  Group 5 .... 56.10
  Group 6 .... 56.12–56.17
  Item 1 .... 56.16
  Note 2 .... 56.12, 56.13
  Note 3 .... 56.14
  Note 6 .... 56.13
  Group 7 .... 56.18–56.21
  Note 3 .... 56.21
  Group 13
  Item 1 .... 56.22
Sch 8
  Group 1(a) .. 29.1–29.75, 29.86

xxxv

Table of Statutes

1994 Value Added Tax Act – *cont.*
General Item 1 .... 29.88–29.115
General Item 2 .... 29.116–29.128
General Item 3 .... 29.129
General Item 4 .... 29.130–29.135
Excepted Item 1 .... 29.136–29.139
Excepted Item 2 .... 29.140–29.178
Excepted Item 4 ...... 29.114, 29.179–29.196
Excepted Item 5 .... 29.197–29.202
Excepted Item 6 .... 29.203–29.213
Overriding Item 1 .... 29.138, 29.139
Overriding Item 4 .... 29.91, 29.190–29.192
Overriding Item 6 .... 29.114, 29.193–29.195
Note 1 .... 29.98
Note 3(a) 29.20–29.55
Note 3(b) 29.56–29.84
Note 5 .... 29.148, 29.166
Group 2 .... 69.1–69.4
Group 3 .... 5.25
Item 1 .... 5.1–5.98
Item 2 .... 5.99–5.116
Item 4 .... 5.117
Item 5 .... 5.118
Group 5
Item 1 .... 15.1–15.208
Item 1(a) 15.1–15.89
Item 1(b) 15.175–15.198
Item 2 .... 15.41–15.280
Item 2(a) 15.41–15.154
Item 3 .... 15.281–15.283
Item 4 .... 15.287–15.308, 55.90–55.94
Note 2 ... 15.42, 15.176–15.178
Note 2(a) 6.5, 15.44
Note 2(c) 15.45–15.58, 15.62–15.81
Note 2(d) 15.83–15.87
Note 3 .... 15.284, 15.286
Note 4 ... 15.94–15.101, 15.107
Note 6 .. 15.110–15.153, 15.157
Note 6(a) 15.121, 15.126, 15.130, 15.142, 15.146, 15.148, 15.150, 15.153
Note 6(b) 15.110–15.116, 15.134–15.138, 15.148, 15.152, 55.16
Note 7 .. 15.175–15.188, 15.281
Note 7A 15.162, 15.190
Note 8 .... 15.163, 15.196

1994 Value Added Tax Act – *cont.*
Note 9 . 15.159, 15.161, 15.177, 15.192
Note 10 .... 15.134
Note 11 .... 15.239
Note 13 .... 15.60, 15.90–15.93
Note 16 .... 15.210, 15.214, 15.221, 15.225, 15.239, 15.241, 15.250, 15.258, 15.259, 15.269, 15.276
Note 17 .... 15.210, 15.241, 15.242, 15.260–15.264
Note 18 .... 15.228, 15.229, 15.267, 15.269, 15.271, 15.276
Note 22 .... 15.287–15.329
Note 22(a) 15.287–15.299
Note 22(b) 15.290
Note 22(c) 15.300–15.306
Group 6 .... 55.1–55.97
Item 1 .... 55.19–55.26
Item 2 .... 55.28–55.94
Item 3 .... 55.96
Note 1 ...... 55.1–55.18, 55.82
Note 2(c) 55.3–55.10, 55.82
Note 4 .... 55.19–55.26
Note 6 .... 55.28–55.89
Note 10 ... 55.42, 55.52, 55.54, 55.55
Group 7 .... 39.1–39.3
Item 1 .... 39.1
Item 2 .... 39.2, 39.3
Group 8
Item 1 .... 66.1–66.9
Item 4 .... 66.12–66.39
Item 5 .... 66.41
Item 6 .... 66.42–66.44
Item 10 .... 66.45–66.50
Item 11 .... 66.43
Note A1 .... 66.3–66.7
Note 1 .... 66.10
Note 4A ... 66.22, 66.37, 66.40
Group 9 .... 69.5–69.18
Item 1 .... 69.7
Item 3 .... 69.7, 69.18
Note (a) 22.591
Note (b) 69.18
Item 4 .... 69.10
Group 11
Item 1 .... 27.77
Group 12
Item 1 .... 19.1–19.8
Item 1A 19.9, 19.10
Item 2
Item 2(a) 19.13–19.15
Item 2(b) 19.16–19.18
Item 2(f) 19.19–19.27
Item 2(g) 19.31–19.78
Item 2(h) 19.79–19.82
Item 2(i) 19.83
Item 2A 19.28

Table of Statutes

1994 Value Added Tax Act – *cont.*

Item 3	....	19.84, 19.85
Item 7	....	19.15
Items 8, 9	....	19.86–19.95
Item 10	...	19.88, 19.96–19.104
Item 11	....	19.96–19.104
Item 12	....	19.102
Item 13	....	19.92
Item 17	....	19.107–19.109
Note 3	.....	19.34, 19.36, 19.67
Note 5B	....	19.77
Note 5D	....	19.77
Group 13	....	25.31
Group 15	....	11.1–11.31
Item 1	....	11.1–11.3
Item 4	....	11.5–11.25
Item 5	....	11.5–11.25
Item 8	....	11.26–11.31
Item 9	....	11.32, 11.33
Note 3	....	11.5–11.16
Note 4	....	11.17–11.22
Note 5	....	11.23–11.25
Note 9	....	11.18
Note 11	....	11.32
Group 16	....	12.1–12.24
Item 1	....	12.4
Note 1	....	12.5
Sch 9		
Group 1		
Item 1	......	15.332, 41.1–41.94
Item 1(d)	....	41.95–41.119
Item 1(e)	....	41.120–41.131
Item 1(f)	....	41.132–41.140
Item 1(h)	....	41.141–41.153
Item 1(k)	....	41.154–41.157
Item 1(l)	....	41.158–41.160
Item 1(m)	....	41.161–41.169
Note 4	....	41.126, 62.120
Note 9	....	41.96, 41.97
Note 11	....	41.131
Note 12	....	41.126
Note 14	....	41.134–41.138
Note 16	....	41.162, 41.167–41.169
Group 2		
Item 1	....	38.1–38.14
Item 4	.....	2.445, 38.15–38.37, 39.23
Note 1	....	38.28, 38.30
Notes 4, 5	....	38.24
Group 3	....	24.1–24.9
Group 4	....	24.11–24.29
Note 1(b)	...	24.11, 24.13–24.16
Note 1(d)	..	24.20, 24.23, 24.26, 49.29
Note 2(c)	....	24.18
Note 3	....	24.22
Group 5		
Item 1	......	27.1–27.10, 27.14, 27.15, 62.19
Item 2	....	27.16

1994 Value Added Tax Act – *cont.*

Item 3	....	27.22–27.24
Item 5	....	27.25–27.53
Item 6	....	27.57–27.67
Item 7	....	22.406, 27.69
Item 8	....	27.70, 27.72
Item 9	....	27.42, 27.73
Item 10	....	22.416
Note 2	....	15.39
Note 4	....	27.75, 27.76
Group 6	....	21.44
Item 1(a)	....	21.1–21.16
Item 1(b)	....	21.17
Item 1(c)	....	21.19–21.25
Item 2	....	21.27–21.37
Item 3	....	21.40
Item 4	.....	21.15, 21.41–21.46
Item 5	....	21.19–21.24
Item 5A	....	21.26
Item 6	....	21.48–21.52
Note 1	....	21.9–21.15
Note 2	....	21.16
Group 7		
Item 1	....	33.1–33.33
Item 1(c)	....	33.1
Item 1(d)	......	33.2, 33.3, 33.4, 33.18, 33.24
Item 2	....	33.34–33.41
Item 2(c)	....	33.35
Item 4	....	33.42–33.65
Item 5	....	33.67
Items 6–8	....	33.69
Item 9	.....	33.64, 33.70–33.83, 33.87, 33.89
Item 11	....	33.90
Note 1	....	33.19
Note 2	.....	33.5, 33.26–33.32
Note 6	.....	33.75–33.77, 33.81
Note 7	.....	33.71, 33.78, 33.79
Group 8	....	24.29–24.33
Item 1	....	24.29
Item 2	....	24.30–24.33
Group 9		
Item 1	....	64.1–64.37
Item 1(b)	.....	64.1, 64.2, 64.13, 64.23
Item 1(c)	.....	64.3–64.7, 64.13, 64.28
Item 1(d)	....	64.8
Item 1(e)	....	64.9–64.11, 64.27, 64.32, 64.39
Note 4	....	64.13, 64.37
Note 5	....	64.8
Group 10	....	24.34–24.60
Item 3	....	24.35–24.57, 41.168, 46.73
Note 2A	....	24.59
Group 12	....	11.34–11.42
Note 3	....	11.42, 20.143
Group 13	....	16.1–16.14
Item 2(a)	....	16.11, 16.12

Table of Statutes

1994 Value Added Tax Act – *cont.*
    Item 2(b) 16.13
    Note 2 .... 16.1–16.10
    Group 15 .... 31.3
    Group 16 .... 24.61
    Sch 10
        para 5 .... 6.1
        para 6 .... 6.2–6.5
        para 7 .... 6.6, 6.7
        para 10 .... 6.8
        para 12 .... 6.9–6.14, 6.16
        para 14 .... 6.9, 6.16
        para 15 .... 6.11, 6.12, 6.16
        paras 16, 17 .... 6.16
        para 18(1) 6.17–6.21
        para 18(2) 6.22
        para 19 .... 6.24–6.50
        para 20 .... 65.94
        para 28 .... 6.53
        para 30 .... 6.64
        para 36 .... 6.61
        para 40 .... 6.62
    Sch 10A 1.33, 62.620,
                            67.163–67.190
        para 3 .... 62.581, 67.185
    para 4 .... 62.581, 67.185
    para 7A 67.184
    Sch 11
        para 1 .... 14.86, 46.184
        para 2(1) 3.185, 52.2
        para 2(12) 14.99
        para 4 .... 2.36, 14.1–14.51
        para 5 .... 1.33, 14.52
        para 5(2) 14.53–14.58
        para 5(3) 14.57
        para 5(4) 14.59–14.66
        para 6A 14.67
        para 7 ..... 14.69–14.75, 14.79,
                          53.19, 53.20
        para 7A 67.188
        para 10 .... 14.76–14.79
        para 11 .... 14.79–14.83
    Sch 12
        para 5(2) 2.285
        para 10 .... 2.124–2.126

1995 Pensions Act
    s 25(6) 54.8
1997 Finance Act
    s 39 .... 4.35, 4.37
    s 47 .... 2.19, 22.56, 48.49
1998 Data Protection Act
    .... 14.86
1998 Human Rights Act
    .... 34.9
2000 Care Standards Act
    .... 33.61
2002 Proceeds of Crime Act
    .... 49.18–49.21
    s 6 .... 49.19
2005 Commissioners for Revenue and Customs Act 49.18–49.20
    s 17(1) 14.86
    s 18 .... 14.87
2007 Finance Act
    Sch 24 ..... 52.23, 52.294, 52.324,
                        52.455–52.465
    Sch 24 para 2 .... 52.23
    Sch 24 para 9 ..... 52.381–52.395
    Sch 24 para 10 .... 52.457
    Sch 24 para 11 .... 52.457
    Sch 24 para 17 .... 52.465
2008 Finance Act
    s 121 .... 36.748
    s 124 .... 2.110
    Sch 41 .... 51.1–51.195
    Sch 41 para 2 ..... 51.141–51.147
    Sch 41 para 7 .... 51.6–51.13
    Sch 41 paras 12, 13
        .... 51.148–51.194
    Sch 41 para 20 ..... 51.14–51.140,
                        52.58, 52.184
    Sch 41 para 22 .... 51.195
2009 Finance Act
    s 108 ..... 18.295, 18.304, 18.339,
                            18.340
    Sch 46 .... 14.114
2010 Finance Act
    Sch 6 .... 15.143, 15.157
2011 Charities Act
    ss 1, 6 .... 15.157,

Table of Statutory Instruments

1984/746 VAT (Imported Goods) Relief Order
  Sch 2 Group 5 .... 33.91, 35.26
  Sch 2 Group 6 .... 35.28

1986/590 VAT Tribunals Rules
  r 3(2) 2.50
  r 7 .... 2.119–2.135
  r 8 .... 2.120–2.135, 2.249
  r 9 .... 2.133
  r 11 .... 2.51, 2.110–2.115
  r 13 .... 2.55, 2.272, 2.273
  r 14 .... 2.55
  r 18(2) 2.206
  r 19(1) 2.160–2.163
  r 19(3) 2.58, 2.60, 2.102
  r 19(4) 2.124, 2.213–2.216, 2.243, 2.248
  r 20(2) 2.119
  r 20(3) 2.227–2.234
  r 21(4) 2.248
  r 22 .... 2.277
  r 23 .... 2.280
  r 25 .... 2.379
  r 26 .... 2.160
  r 26(1) 2.293
  r 26(2) 2.292
  r 27 .... 2.281
  r 28 .... 2.249–2.262
  r 29 .... 2.337, 2.362, 2.379

1986/1925 Insolvency Rules
  r 4.218 .... 37.1

1987/1427 VAT (Cash Accounting) Regulations 10.1–10.12

1987/1806 VAT (Tour Operators) Order
  .... 63.1–63.13
  Article 2 .... 63.5
  Article 3 .... 63.5, 63.9, 63.10
  Article 3(1) 63.2, 63.3
  Article 7 .... 22.577, 63.11

1989/2248 VAT (Accounting & Records) Regulations
  r 57 .... 59.32

1992/630 VAT (Treatment of Transactions) Order 1992 .... 36.752

1992/3121 VAT (Place of Supply of Services) Order
  Article 3 .... 62.530
  Article 5 .... 62.544–62.549
  Article 13 .... 62.550, 62.552
  Article 14 .... 62.554
  Article 15 .... 62.556–62.560
  Article 16 ... 2.408, 41.54, 46.179, 62.520, 62.522, 62.524, 62.548, 62.561–62.581
  Article 21 .... 62.581, 67.186

1992/3122 VAT (Cars) Order
  Article 2 .... 44.1–44.51
  Article 2(b) ... 44.11, 44.26, 44.39, 44.45
  Article 2(i) 44.48
  Article 2(iv) 44.49
  Article 2(vi) .. 44.36, 44.38, 44.45, 44.50
  Article 4(1) 44.52, 44.53
  Article 5 .... 44.54–44.59
  Article 5(3) 44.59
  Article 8 .... 20.34, 22.75
  Article 8(1) 44.60–44.67
  Article 8(2) 44.68–44.76
  Article 8(5) 44.78–44.99

1992/3193 Customs & Excise Duties (Personal Reliefs for Goods Permanently Imported) Order
  Article 11 .... 35.25

1992/3220 VAT (Flat-Rate Scheme for Farmers) (Designated Activities) Order
  .... 26.1

1992/3222 VAT (Input Tax) Order
  Article 5 .... 8.1–8.49
  Article 6 .. 15.286, 15.291, 15.292, 15.295, 15.312, 15.314, 15.323, 15.327
  Article 7 .. 22.501, 44.100–44.143
  Article 7(1) 46.108
  Article 7(2) 44.16
  Article 7(2A) 44.107
  Article 7(2C) 44.107
  Article 7(2E) 44.109–44.143
  Article 7(2F) 44.128
  Article 7(2G) 44.109–44.143

1993/1507 VAT (Supply of Services) Order
  Article 3 ..... 62.15, 62.16, 62.620

1993/2001 VAT (Payments on Account) Order 48.146

1994/687 VAT (Sport, Physical Education and Fund-Raising Events) Order
  .... 13.47

1995/1268 VAT (Special Provisions) Order
  Article 4 .... 60.20
  Article 5(1) 58.29, 62.85, 65.1–65.88
  Article 5(2) 65.90–65.93
  Article 5(2A)(a) 65.94
  Article 5(3) 65.92
  Article 12 ..... 2.67, 22.106, 60.1, 60.18
  Article 12(2) 60.8
  Article 12(3) 60.21
  Article 13 .... 60.3, 60.4

1995/2518 VAT Regulations
  r 4 .... 47.1

Table of Statutory Instruments

1995/2518 VAT Regulations – *cont.*

r 5	57.116
r 5(2)	3.72, 47.8
r 6	65.115–65.125, 65.127
r 13	40.5, 62.498
r 14	36.122, 40.1–40.67
r 14(1)(e)	40.55
r 14(1)(g)	2.446, 36.122, 40.56, 40.58
r 14(1)(h)	36.122
r 24	37.14, 40.106, 40.117
r 25	18.401, 52.1, 52.2, 57.96, 59.8–59.25
r 25(1)	3.123, 3.153, 59.1, 59.3, 59.13–59.18
r 25(1)(b)	59.14
r 25(1)(c)	3.123, 3.153, 59.3, 59.15–59.18
r 25(5)	59.20
r 25A	2.31, 59.21–59.24
r 29	18.231, 22.210, 40.68–40.87, 48.3
r 29(1A)	48.4–48.10
r 29(2)	2.447, 35.13, 36.84, 36.751
r 31(1)(a)	14.68
r 31A	31.3
r 34	11.57, 46.202, 59.26–59.34
r 34(1A)	59.33, 59.34
r 35	48.66, 59.20, 59.36
r 37	48.16, 48.20, 48.66
r 38	2.303, 3.186, 37.14, 40.106–40.110, 40.117, 40.118, 59.32
r 38(1A)	40.115, 59.38
r 38(6)	37.14
r 40(3)	18.401, 18.403
r 55B	28.3–28.10
r 55E	28.11
r 55JB	28.12
r 55K	28.13–28.16
r 55L	28.1, 28.21, 28.22
r 55M	28.17
r 55N	28.17
r 55P	28.21, 28.22
r 55Q	28.21–28.25
r 60(1)	10.10
r 63(2)	10.13
r 64	10.6
r 67	58.30, 58.34, 58.35
r 68	58.36, 58.54
r 81(1)	67.3
r 86	62.492
r 90	37.21, 43.20, 62.483, 62.493–62.499
r 90(1)	43.2, 43.8, 52.115, 62.495
r 90(2)	52.98
r 91	62.500, 62.501
r 92	62.502
r 93	62.503
r 99	46.193–46.195

1995/2518 VAT Regulations – *cont.*

r 99(1)	46.189, 46.195, 46.196, 46.201, 46.203
r 100	46.1
r 101	46.2–46.111, 46.119
r 101(2)	32.20, 46.2–46.104
r 101(2)(b)	46.2–46.13
r 101(2)(c)	46.16–46.44
r 101(2)(d)	46.45–46.104, 46.179
r 101(3)(a)	46.107, 46.108
r 101(3)(b)	46.109–46.111
r 102	46.112–46.174
r 102(1)	46.112–46.122
r 102(3)	46.123–46.137
r 102(4)	46.138–46.140
r 102A	46.141
r 102B	46.142, 46.143
r 102C	46.142, 46.143
r 103	46.178–46.186
r 104	46.187
r 106	46.188–46.198
r 107	43.20, 46.199–46.205
r 107(1)	3.101, 46.203
r 107B	2.403, 46.144, 46.206–46.208
r 107C	46.206
r 108	46.199, 46.210–46.216
r 109	46.217–46.225
r 111	36.667, 36.669, 46.226–46.239, 52.103
r 111(1)	36.667, 36.670
r 111(2)	36.643–36.655
r 111(3)	46.238
r 111(5)	46.239
r 112	9.6
r 112(2)	6.10
r 113(b)	9.4
r 113(e)	6.10
r 114(4)	6.10
r 115	9.10, 22.541
r 117	25.19
r 121A	35.29–35.32
r 123	35.34
r 129	25.5, 25.6, 25.15, 25.32
r 131	25.17, 25.24
r 134	23.1, 23.3–23.5, 23.16, 23.18, 23.22
r 155	23.30
r 158	4.16
r 165	4.39
r 165A	4.25, 4.26
r 166A	4.28, 52.246, 52.434
r 167	4.30
r 170	4.31
r 172D	4.32
r 179(1)	23.33–23.35
r 186	45.2
r 192	25.34, 25.35, 45.4
r 201	15.358–15.363

Table of Statutory Instruments

1998/1461 Air Passenger Duty and Other Indirect Taxes (Interest) Rate Regulations
   r 5 .... 2.442

1998/3132 Civil Procedure Rules
   .... 2.137
   r 25.1 .... 36.706
   r 25.12 .... 2.334
   Part 36 .... 2.405

1999/3121 VAT (Input Tax) (Specified Supplies) Order 46.183
   Article 3 .... 25.39, 36.738

2009/56 Transfer of Tribunal Functions and Revenue & Customs Appeals Order
   .... 2.110

2009/273 Tribunal Procedure (First-Tier Tribunal) (Tax Chamber) Rules
   r 5(3) 2.235

2009/273 Tribunal Procedure (First-Tier Tribunal) (Tax Chamber) Rules – *cont.*
   r 8 .... 2.148, 2.217
   r 9 .... 2.274
   r 10 ... 2.337, 2.342, 2.373, 2.415
   r 10(1)(c) 2.118
   r 17(1) 2.54
   r 17(3) 2.290–2.302
   r 20 .... 2.50–2.51
   r 22 .... 2.110–2.114
   r 23 .... 2.115–2.118
   r 25 .... 2.119–2.135
   r 32 .... 2.219–2.225
   r 35 .... 2.238

2011/2085 Postal Services Act 2011 (Consequential Modifications and Amendments) Order
   .... 24.9

Table of European Community Directives

EC Sixth VAT Directive (77/388/EEC)
Article 2	22.84–22.111, 62.79
Article 2(1)	22.84–22.106
Article 2(2)	22.108–22.111
Article 4	22.112–22.160
Article 4(1)	1.50, 22.112–22.117, 36.604
Article 4(2)	22.119–22.129, 42.12, 62.217
Article 4(3)	22.132–22.134
Article 4(4)	22.135, 32.17, 57.40, 62.536
Article 4(5)	22.138–22.160, 42.12, 55.15, 62.520
Article 5	22.161–22.187
Article 5(1)	22.162
Article 5(3)	22.170
Article 5(4)	1.84
Article 5(6)	22.172, 22.173, 22.177, 67.168
Article 5(7)	22.179, 22.180
Article 5(8)	15.22, 22.182–22.186, 22.491, 65.92
Article 6(1)	22.188–22.194, 27.63
Article 6(2)	22.124, 22.198–22.210
Article 6(3)	22.179
Article 6(4)	22.212
Article 7(1)	22.213
Article 7(3)	22.214, 22.215
Article 8	22.216, 44.18
Article 8(1)	22.191, 22.217, 23.36, 62.508
Article 9	22.221–22.252, 62.515, 62.545
Article 9(1)	22.191, 22.221–22.228, 62.514, 62.515
Article 9(2)	22.228–22.251, 62.514, 62.516, 62.520, 62.545
Article 9(2)(a)	22.229–22.231
Article 9(2)(b)	22.232–22.235
Article 9(2)(c)	22.237–22.239, 62.558, 62.559
Article 9(2)(e)	22.241–22.251, 62.520, 62.571
Article 9(3)	22.252
Article 10	22.253–22.255
Article 10(2)	22.253, 22.254
Article 10(3)	22.255
Article 11	22.256–22.287, 22.580, 22.582, 58.37
Article 11 A1	22.256–22.279, 62.37, 62.140
Article 11 A1(a)	22.256–22.274, 67.75

EC Sixth VAT Directive (77/388/EEC) – cont.
Article 11 A1(b)	22.276, 22.277, 44.58
Article 11 A1(c)	22.124, 22.278
Article 11 A2(b)	44.102
Article 11 A3(b)	22.172, 22.280, 22.282, 67.61
Article 11 A3(c)	22.284, 22.285, 62.37
Article 11 B1	22.72
Article 11 C1	3.186, 22.282, 22.287–22.289, 22.292, 40.117, 59.38, 67.61, 67.134
Article 12	22.293–22.301
Article 13 A1	22.303–22.364
Article 13 A1(a)	22.305, 22.306
Article 13 A1(b)	22.307–22.312, 22.334, 33.62
Article 13 A1(c)	22.314–22.320
Article 13 A1(d)	22.322
Article 13 A1(e)	22.324, 22.325
Article 13 A1(f)	22.326, 22.328
Article 13 A1(g)	22.329–22.339, 33.78
Article 13 A1(h)	22.337, 22.338, 33.64, 33.81
Article 13 A1(i)	21.42, 22.341, 22.342, 22.343
Article 13 A1(j)	21.39, 22.345–22.347
Article 13 A1(l)	22.350, 64.19, 64.21, 64.22
Article 13 A1(m)	22.331, 22.352–22.354, 24.54, 24.57
Article 13 A1(n)	22.357–22.359
Article 13 A1(o)	11.34, 22.360
Article 13 A2	22.362, 24.35
Article 13 B	22.365–22.434, 62.204
Article 13 B(a)	22.365–22.368
Article 13 B(b)	22.374–22.392, 41.63, 41.73, 41.131, 41.136
Article 13 B(c)	22.395, 22.396, 44.172
Article 13 B(d)	22.398–22.420, 27.5, 27.54, 27.55, 27.69, 27.73, 48.164
Article 13 B(f)	22.424–22.428, 24.23, 49.29
Article 13 B(g)	22.432, 22.433
Article 13 B(h)	22.134, 22.596
Article 13 C	6.9, 6.24, 22.435–22.438, 22.539
Article 14	22.439–22.441

xliii

Table of European Community Directives

EC Sixth VAT Directive (77/388/EEC) – *cont.*
Article 15	.. 22.442–22.452, 25.15, 63.22
Article 15(2)	.... 22.443
Article 15(4)	...... 22.444, 22.445
Article 15(5)	...... 22.446, 22.447
Article 15(6)	...... 22.448, 22.449
Article 15(7)	.... 22.448
Article 15(8)	.... 22.450
Article 15(9)	.... 66.46
Article 15(10)	.... 62.524
Article 16	.... 22.453
Article 17	... 6.29, 22.455–22.510, 22.585, 36.319, 36.353, 36.547, 46.18, 46.210, 48.133
Article 17(2)	...... 22.461–22.487, 32.20, 36.44, 36.720
Article 17(3)	.... 22.489
Article 17(5)	.... 11.57, 22.491–22.498, 46.113, 46.179
Article 17(6)	.... 22.469, 22.499–22.508
Article 17(7)	...... 22.509–22.511
Article 18	. 22.512–22.519, 46.227, 46.229
Article 18(1)	.... 22.512, 40.72
Article 18(2)	.... 22.514
Article 18(3)	.... 46.227
Article 18(4)	...... 22.516–22.519
Article 19	. 22.520–22.527, 46.125
Article 19(1)	...... 22.520, 22.521, 22.533
Article 19(2)	...... 22.525, 22.527, 22.530, 22.531
Article 20	. 22.438, 22.535–22.541, 46.217
Article 20(1)	...... 22.174, 22.535, 22.536, 46.215
Article 20(2)	...... 22.538, 22.539
Article 20(3)	.... 22.541
Article 21(1)	...... 22.542–22.548
Article 21(1)(c)	.... 22.548
Article 21(3)	...... 22.549, 22.550
Article 22	.... 22.552, 22.553
Article 22(3)	.... 22.554–22.557
Article 22(4)	.... 22.54
Article 22(5)	.... 22.560
Article 22(8)	.... 57.92, 22.601
Article 24	.... 22.563, 46.229
Article 24(6)	.... 32.9
Article 25	.... 22.566–22.568
Article 26	... 22.569–22.576, 63.2, 63.3, 63.19
Article 26(1)	.... 63.3
Article 26(2)	...... 22.576, 22.577
Article 26(3)	.... 63.22
Article 26a	.. 22.578, 44.68, 44.73, 44.172
Article 27	.. 22.580–22.588, 58.41, 67.2

EC Sixth VAT Directive (77/388/EEC) – *cont.*
Article 27(1)	.... 22.581
Article 27(5)	.... 22.582
Article 28	.... 22.589
Article 28(2)	...... 22.590–22.593
Article 28(3)	...... 22.595–22.598
Article 28a(1)	.... 23.27
Article 28a(5)	.... 23.36
Article 28b	.. 22.471, 22.603, 44.69
Article 28c	.. 22.605–22.611, 23.1, 23.36–23.39
Article 29	.... 22.510, 22.511
Article 33	.... 22.614–22.618
Article 98	.... 56.9
Annex F2	.... 22.593, 62.526
Annex H	.... 22.299

EC Eighth VAT Directive (79/1072/EEC)
Article 1	.... 22.619, 22.620
Article 2	.... 22.622–22.624
Article 3	.... 22.627–22.629
Article 5	.... 22.622, 22.625
Article 7(1)	... 22.631, 23.33, 45.5
Article 7(4)	.... 22.61, 22.633
Annex A	.... 22.635

EC Thirteenth VAT Directive (86/560/EEC)
	.... 25.21, 45.1
Article 1	.... 22.637
Article 2	.... 22.636

Directive 77/799/EEC
	.... 22.659

Directive 2006/112/EC
Article 2	. 20.2, 20.4, 20.7, 20.129, 22.84–22.111, 23.27
Article 9	...... 20.9–20.16, 22.97, 22.112–22.126
Article 11	.... 20.24, 20.25, 32.17, 57.40, 62.536
Article 12	.... 22.132–22.134
Article 13	.... 20.11, 20.29, 20.31, 22.138–22.160, 22.323, 30.12
Article 14	... 20.33, 20.34, 22.161, 22.162, 62.413
Article 15	.... 22.170
Article 16	.... 20.2, 22.172–22.177
Article 17	.... 23.36
Article 18	.... 20.42, 22.179
Article 19	.... 22.182–22.185
Article 20	.... 20.47
Article 24	.... 22.188–22.190
Article 26	.. 20.49, 22.198–22.208
Article 27	.... 22.179
Article 30	.... 22.213
Articles 32–36	.... 22.216
Article 37	.... 22.217
Article 43	.... 22.65
Article 44	.... 20.57, 20.59
Article 45	.. 20.59, 22.226–22.230
Article 46	.... 22.603
Article 47	... 20.64–20.67, 22.229, 22.230

Table of European Community Directives

Directive 2006/112/EC – *cont.*
Article 48	22.232–22.235
Article 52	20.71, 20.74
Article 54	22.237–22.239
Article 56	20.75, 20.77, 22.65, 22.241–22.251
Article 59	39.24, 39.25
Article 61	22.214
Article 63	20.84
Article 66	20.85, 22.253, 22.254
Article 70	22.255
Article 73	20.88, 22.256–22.275
Article 75	22.278
Article 78	20.93
Article 79	22.280–22.282
Article 80	20.96
Article 90	20.97, 20.101, 22.287–22.289
Article 96	20.102, 20.103
Articles 98–101	20.102–20.104, 22.293–22.297
Article 102	22.301
Article 110	22.589–22.591
Article 118	22.593
Article 131	22.303, 22.304
Article 132	20.120–20.143, 21.14, 22.307–22.359, 24.62, 33.8, 33.87, 33.89
Article 133	20.141, 20.143, 22.362, 22.363
Article 134	20.141
Article 135	20.67, 20.130, 20.148–20.170, 22.365–22.389, 22.398–22.427, 27.11, 38.34, 62.404
Article 136	22.395, 22.396, 38.36
Article 137	22.435–22.437
Article 138	20.175, 20.178, 22.605–22.610
Article 139	20.178
Article 140	22.439–22.441
Article 141	20.180
Article 143	20.182, 35.34
Article 146	20.183, 22.442
Article 148	20.188, 20.189, 22.444–22.450
Article 151	20.193
Article 154–166	20.194
Articles 167–172	20.195, 20.196, 20.203–20.206, 22.455–22.484
Article 168	20.198–20.201, 20.204, 24.10, 36.547

Directive 2006/112/EC – *cont.*
Article 173	20.213, 20.210, 22.464, 22.466, 22.491
Article 174	22.520–22.529
Article 175	20.213
Article 176	20.200, 22.469, 22.499–22.501
Article 177	22.509–22.511
Article 179	20.218, 22.514
Article 180	46.227
Article 183	20.221–20.225, 22.516, 22.519
Article 184	9.2, 20.229, 22.535
Article 185	9.2, 20.231–20.233
Article 186	9.2, 20.230
Article 187	9.2, 20.235, 20.236, 22.538–22.540
Article 188	22.541
Articles 193–205	20.238–20.243, 22.542–22.549
Article 199	20.240
Article 203	20.241–20.243
Articles 206–212	22.560
Articles 213–216	20.246
Articles 217–240	20.247, 22.553, 22.555
Article 242	20.252, 20.253
Article 252	3.124, 45.5
Article 273	20.252
Article 281	22.563
Article 283	20.258
Article 290	32.9
Articles 295–305	20.260, 20.263, 22.566–22.568
Article 306	20.264–20.268, 22.569–22.573
Article 307	22.576
Article 308	22.577
Articles 311–343	22.578
Article 314	20.271, 20.272, 20.273
Article 320	20.271
Article 371	22.596, 22.597
Article 394	22.580–22.584
Article 395	20.279, 22.585
Article 398	22.510, 22.511
Article 401	20.281, 20.283, 22.614–22.617
Annex III	29.214

Directive 2008/9/EC
Article 20	36.728

Table of Cases — A to J

The table is referenced to the paragraph number.

A

A & B Motors (Newton-le-Willows) Ltd, [1981] VATTR 29 (VTD 1024) 44.55
A & D Stevenson (Trading) Ltd, [2003] VATDR 82 (VTD 17979) 44.160
A & E Mechanical Services Ltd (VTD 1069) 36.390
A & M Insulations Ltd (VTD 7498) 52.40
A & R Robertson & Black, [2013] UKFTT 457 (TC), TC02848 .... 59.21
A & S Services (VTD 16025) 33.26
A & T Barr (Electrical) Ltd (VTD 13848) 2.196
A Better Choice Ltd (VTD 9048) 18.395
A Oy, re, ECJ Case C-33/11; 19 July 2012 unreported 22.449
A Oy, Veronsaajien oikeudenvalvontayksikkö v CJEU Case C-215/19 .... 20.67
A Partnership, [2015] UKFTT 161 (TC), TC04358 .... 36.181
A Russell Heating (VTD 20681) 48.62
A1 Construction (Derby) Ltd, [2011] UKFTT 178 (TC), TC01047 .... 40.57
A1 Distribution (UK) Ltd, UT [2011] UKUT 496 (TCC); [2012] STC 912 .... 36.141
A1 Lofts Ltd, [2010] UKFTT 581 (TC), TC00831 .... 1.72
A1 Rushmoor Radio Taxis Ltd (VTD 17634) 27.16
A2B Radio Cars (VTD 15145) 67.129
A5 Television Ltd (VTD 12181) 67.51
AA Insurance Services Ltd, [1999] VATDR 361 (VTD 16117) 41.74
Aardvark Excavations Ltd (VTD 20468) 18.553
AB Gee of Ripley Ltd, [1991] VATTR 217 (VTD 5948) 52.30
AB SKF, Skatteverket v, ECJ Case C-29/08; [2010] STC 419 .... 22.412
AB Transport (VTD 12481) 52.71
ABB Power Ltd, [1992] VATTR 491 (VTD 9373) 62.440
Abbarchi (R) (VTD 17444) 59.16
Abbasford Ltd (t/a Watford Electronics) (VTD 10229) 52.318
Abbey Life Japan Trust (VTD 11205) 2.300
Abbey National plc, ECJ Case C-408/98, [2001] STC 297; [2001] 1 WLR 769;
  [2001] All ER (EC) 385 .... 22.491
Abbey National plc (No 2), ECJ Case C-169/04; [2006] STC 1136 .... 22.416
Abbey National plc (No 3), Ch D 2005, [2006] STC 1; [2005] EWHC 1187 (Ch) 4.31
Abbey National plc (No 4), CA [2006] STC 1961; [2006] EWCA Civ 886 .... 6.63
Abbeygate Holdings Ltd (VTD 17046) 52.318
Abbeytrust Homes Ltd, [2011] UKFTT 150 (TC), TC01024 .... 15.86
Abbeyview Bowling Club (VTD 20661) 46.206
Abbotsley Golf & Squash Club Ltd, [1997] VATDR 355 (VTD 15042) 41.166
Abbotsley Ltd and others, [2018] UKUT 191 (TCC) 24.40
Abbott v Philbin, HL 1960, 39 TC 82; [1961] AC 352; [1960] 2 All ER 763 .... 3.23
Abbott International Trading Ltd, [2013] UKFTT 504 (TC), TC02893 .... 2.235
Abdullah (AA) (t/a Aladdin's Cave Kebab House) (VTD 16774) 51.159
Abedin (KJ) (VTD 19149) 50.61
Abedin (Z), QB 1978, [1979] STC 426 .... 2.181
Abel (G) (t/a Abel Guest House) (VTD 17409) 51.150
Abenheim, Re, LT 1913, 109 LT 219 .... 7.7
Abercromby Motor Group Ltd (No 1) (VTD 19015) 48.30
Abercromby Motor Group Ltd (No 2) (VTD 20092) 48.31
Abercych Village Association (VTD 20746) 15.262

xlvii

Table of Cases — A to J

Abercynon Rugby Football Club, [1982] VATTR 166 (VTD 1286) 13.36
Aberdeen (CW) (VTD 7027) 18.531
Aberdeen (CW) (t/a Smithfield Electronics) (VTD 9944) 18.388
Aberdeen Chamber of Commerce (VTD 3622) 36.161
Aberdeen Estates Ltd (VTD 13622) 48.24
Aberdeen Sports Village Ltd, [2012] UKFTT 80 (TC), TC01776 .... 62.230
Aberystwyth Cliff Railway Co Ltd (VTD 6449) 67.124
Able Foods Ltd (VTD 11317) 8.4
Able UK Ltd (No 1), ECJ Case C-225/11; [2013] STC 1550 .... 20.193
Able UK Ltd (No 2), UT [2013] UKUT 318 (TCC); [2013] STC 1959 .... 20.193
Ablefame Ltd (VTD 5560) 62.347
Ablessio SIA, Valsts ieņēmumu dienests v, ECJ Case C-527/11; 14 March 2013 unreported 20.246
Abrook (PB) (VTD 11473) 51.61
Absolute Bond Ltd (No 1), [2012] UKFTT 603 (TC), TC02280 .... 2.188
Absolute Bond Ltd (No 2), [2012] UKFTT 672 (TC); [2013] SFTD 122, TC02343 .... 68.2
AC Newline Cabs (VTD 19343) 62.34
AC Tours, [2010] UKFTT 363 (TC), TC00645 .... 62.523
AC (Wholesale) Ltd, [2017] UKUT 191 (TCC) 36.151
ACC American Car Centre Ltd (VTD 5883) 52.26
Accenture Services Ltd, QB [2009] STC 1503; [2009] EWHC 857 (Admin) 2.323
Accountancy Executive Appointments (VTD 5891) 18.58
Accounting Alliance Ltd (VTD 17741) 18.260
Ace Estates Ltd (VTD 6216) 46.52
Ace Telecom Ltd (VTD 19214) 57.16
Acer Engineering Ltd (VTD 7536) 18.9
ACH Transport Ltd (VTD 6006) 52.127
Achim Kollroß, Finanzamt Dachau v, CJEU Case C 660/16 .... 20.230
ACL Engineering Ltd (VTD 18788) 18.492
ACL Leasing & Finance Ltd (VTD 18808) 44.125
Acorn Management Services Ltd (VTD 17338) 41.97
Acorn Origination Ltd (VTD 5517) 18.254
Acorne Sports Ltd (VTD 18009) 62.485
Acoustiolox Suspended Ceilings (VTD 9049) 52.138
ACP Technical Services Ltd (VTD 10332) 52.21
Acquisitions (Fireplaces) Ltd (VTD 10097) 52.9
Acre Friendly Society, [1992] VATTR 308 (VTD 7649) 6.25
Acrefirst Ltd, [1985] VATTR 133 (VTD 1857) 65.15
Acrejean Ltd (VTD 12262) 36.456
Acrol UK Ltd (VTD 20338) 53.10
Acrylux Ltd, [2009] SFTD 763; UKFTT 223 (TC), TC00173 .... 41.116
ACT Construction Ltd, HL 1981, [1982] STC 25; [1981] 1 WLR 1542; [1982] 1 All ER 84 .... 56.19
Actegy Ltd, [2019] UKFTT 139 (TC), TC07005 .... 19.42
Actinic plc (VTD 18044) 27.64
Active Clothing Ltd (VTD 11363) 40.47
Active Handling (UK) Ltd (VTD 5273) 18.66
Activ8 Alarms Ltd, [2010] UKFTT 48 (TC), TC00361 .... 50.85
AD High & Sons Ltd (VTD 13399) 18.333
Ad Hoc Property Management Ltd, [2019] UKFTT 315 (TC), TC07143 .... 2.412
AD Motors (Woodford) (VTD 1449) 44.63
Adam, ECJ Case C-267/99; [2003] BTC 5240 .... 22.593
Adam Geoffrey & Co (Management) Ltd (VTD 16074) 3.107
Adam Smith Ltd (VTD 16282) 52.427
Adams (AW) (Mrs) (VTD 18054) 55.53
Adams (J), Woskett (AC) & Partners (VTD 9647) 30.13
Adams (PC) (VTD 5665) 18.508
Adams (RW) (VTD 175) 7.75
Adams (SE) (t/a Windows by Wise) (VTD 19218) 40.104
Adams Foods Ltd, [1983] VATTR 280 (VTD 1514) 29.159

Adath Yisroel Synagogue (VTD 20809) 15.272
Adcon Holdings Ltd (VTD 10324) 52.261
Adecco UK Ltd and others (No 1), [2018] EWCA Civ 1794 .... 1.18
Adecco UK Ltd and others (No 2), [2017] UKUT 113 (TCC); [2017] STC 787 .... 1.19
Adelekun (A), [2014] UKFTT 102 (TC), TC03242 .... 7.115
ADI Driving School (VTD 11469) 62.246
ADI Driving School 'A' (VTD 11469) 62.246
ADI School of Motoring (VTD 11469) 62.246
Adkin (JM) (VTD 18645) 18.488
Adland Group Co Ltd (VTD 10397) 5.93
Adler Properties Ltd (VTD 4088) 57.91
ADM Glass Ltd, [2011] UKFTT 339 (TC), TC01199 .... 18.488
ADM (North East) Ltd (VTD 12640) 18.324
Administración del Estado, Campsa Estaciones de Servicio SA v, ECJ Case C-285/10; [2011] STC 1603 .... 22.587
Administración del Estado, Navicon SA v, ECJ Case C-97/06; [2008] STC 2693 .... 22.446
Administraţia Sector 3 a Finanţelor Publice prin Direcţia Generală Regională a Finanţelor Publice Bucureşti, Administraţia Sector 3 and others, Cabinet de avocat UR v 20.16
Administration de l'Enregistrement et des Domaines v Eurodental SARL, ECJ Case C-240/05; [2007] STC 275 .... 22.324
Administration de l'Enregistrement et des Domaines v Feltgen, ECJ Case C-116/10; [2011] STC 994 .... 22.447
Administration de l'Enregistrement et des Domaines v Vermietungsgesellschaft Objekt Kirchberg SARL, ECJ Case C-269/03; [2005] STC 1345 .... 22.436
Administration de l'Enregistrement et des Domaines, Adam v, ECJ Case C-267/99; [2003] BTC 5240 .... 22.593
Administration de l'Enregistrement et des Domaines, Zita Modes SARL v, ECJ Case C-497/01; [2005] STC 1059 .... 22.183
Administration des Douanes v Société Anonyme Gondrand Freres, ECJ Case 169/80; [1981] ECR 1931 .... 22.639
Administration des Impôts, Deville v, ECJ Case 240/87; [1988] ECR 3513; [1989] 3 CMLR 611 .... 22.45
Adó-és Pénzügyi Ellenőrzési Hivatal Hatósági Főosztály Észak-magyarországi Kihelyezett Hatósági Osztály, Parat Automotive Cabrio Textiltetőket Gyártó Kft v, ECJ Case C-74/08; 23 April 2009 unreported 22.470
Adrian Laflin Estate Agents (VTD 3811) 18.139
ADSITS Balkan & Sea Properties v Direktor na Direktsia Obzhalvane i upravlenie, ECJ Case C-621/10; [2012] STC 1819 .... 20.96
Adstock Ltd (VTD 10034) 7.102
ADV Allround Vermittlungs AG v Finanzamt Hamburg-Bergedorf, ECJ Case C-218/10; [2012] STC 708 .... 22.249
Advanced Business Technology Ltd (VTD 1488) 65.8
Advanced Security Installations Ltd (VTD 14297) 18.556
Advansys plc (VTD 4427) 36.739
AE Hamlin & Co, Ch D [1983] STC 780; [1983] 3 All ER 654 .... 14.70
AE Pipework Services Ltd (VTD 10724) 52.259
AE Technical Services (VTD 5931) 18.63
AE Walker Ltd, [1973] VATTR 8 (VTD 3) 5.1
AEG (UK) Ltd (VTD 10944) 67.134
AEG (UK) Ltd (No 2), [1993] VATTR 379 (VTD 11428) 4.10
Aegis Technology Ltd (VTD 13588) 36.655
Aer Lingus plc, [1992] VATTR 438 (VTD 8893) 36.738, 63.2
Aeresta Ltd & C & E Commrs, Schwarz and Others v, QB 1988, [1989] STC 230 .... 2.55
AES-3C Maritza East 1 EOOD v, Direktor na Direktsia Obzhalvane i upravlenie na izpalnenieto, ECJ Case C-124/12; 18 July 2013 unreported 20.200
AF Ross & Sons (VTD 17525) 44.138
African Consolidated Resources plc, [2014] UKFTT 580 (TC), TC03705 .... 20.18
Afro-Caribbean Housing Association Ltd (The), [2006] VATDR 124 (VTD 19450) 67.99

Table of Cases — A to J

Afzal (M) (t/a Kingston Furniture), [2012] UKFTT 211 (TC), TC01906 .... 2.348
Age Concern Leicestershire & Rutland (VTD 20762) 33.73
Agentevent Ltd (VTD 17764) 38.32
Agenţia Naţională de Administrare Fiscală v SC Rafinăria Steaua Romana SA, ECJ Case C-431/12; 24 October 2013 unreported 20.224
Agenţia Naţională de Administrare Fiscală – Direcţia Generală Regională a Finanţelor Publice Bucureşti and Agenţia Naţională de Administrare Fiscală – Direcţia Generală Regională a Finanţelor Publice, ITH Comercial Timişoara SRL, CJEU Case C-734/19 .... 20.229
Agenţia Naţională de Administrare Fiscală (ANAF), Direcţia Generală Regională a Finanţelor Publice Ploieşti, World Comm Trading Gfz SRL v CJEU Case C-684/18 .... 36.750
Agenţia Naţională de Administrare Fiscală, SC Gran Via Moineşti SRL v, ECJ Case C-257/11; 29 November 2012 unreported 20.233
Agenţia Naţională de Administrare Fiscală, Tulică v, ECJ Case C-249/12; 7 November 2013 unreported 20.88
Agenzia Entrate Ufficio Genova 3, Ecotrade SpA v, ECJ Cases C-95/07 and C-96/07; [2008] STC 2626 .... 22.512
Agentmode Ltd (VTD 18024, VTD 18101) 40.46
Agenzia delle Entrate Direzione Provinciale Roma 3, Mercedes Benz Italia SpAv, CJEU Case C-378/15 .... 22.533
Agenzia delle Entrate Ufficio di Roma 2, EGN BV Filiale Italiana v, ECJ Case C-377/08; [2009] STC 2544 .... 22.489
Agenzia delle Entrate Ufficio di Trento, Stradasfalti Srl v, ECJ Case C-228/05; [2007] STC 508 .... 22.511
Agenzia Entrate Ufficio Genova 3, Ecotrade SpA v, ECJ Cases C-95/07 and C-96/07; [2008] STC 2626 .... 22.512
AGP (2001) Ltd (VTD 20020) 62.501
Agrichem International Holdings Ltd, Hammond Suddard Solicitors v, CA [2001] All ER (D) 258 (Dec) 2.334
Agrobet CZ, s.r.o. v Finanční úřad pro Středočeský kraj, CJEU Case C-446/18 ...... 36.711
Agudas Israel Housing Association Ltd (VTD 18798) 15.44
Agurdino Srl v Moldova, ECHR Case 7359/06; [2012] STC 1 .... 34.23
Ahluwalia (HS & KK) (t/a Kings Headlines) (VTD 15258) 50.147
Ahmad (S), [2014] UKFTT 548 (TC), TC03674 .... 35.35
Ahmed (G) (t/a Lister Fisheries), QB [1999] STC 468 .... 3.7
Ahmed (M) (VTD 15399) 65.104
Ahmed (M) (t/a New Touch) (VTD 20119) 40.42
Ahmed (S & C) (VTD 16998) 57.39
Ahmed (SZ) (VTD 20187) 51.176
Ahmed (S) & Haque (SA) (t/a Taj Tandoori Restaurant) (VTD 16262) 50.76
Ahmed (JU) & Wahab (JA) (VTD 10120) 50.48
Ahsan v Ward, HL [2007] UKHL 51 .... 2.103
Aikman v White, CS 1985, [1986] STC 1 .... 59.8
Aimia Coalition Loyalty UK Ltd (No 1), SC [2013] UKSC 15; [2013] STC 784; [2013] 2 All ER 719 .... 22.164
Aimia Coalition Loyalty UK Ltd (No 2), SC [2013] UKSC 42; [2013] STC 1476; [2013] 4 All ER 94 .... 22.164
Ainsleys of Leeds Ltd (VTD 19694) 29.62
Air France–KLM and another company v Ministère des Finances et des Comptes publics, CJEU Case C-250/14 and C-289/14; [2016] All ER (D) 65 (Jan) 22.107
Aircall Export Ltd (VTD 19185) 36.91
Airdre Ltd v Isle of Man Treasury (VTD 20591) 57.151
Airline Computer Services Ltd (VTD 4311) 18.154
Airmaster Southern Ltd (VTD 20335) 18.487
Airspeed Aviation Ltd (VTD 11544) 50.157
Airtours Holiday Transport Ltd, [2016] UKSC 21; [2016] All ER (D) 73 (May) 36.205
Airtours plc, ECJ Case C-291/03; [2005] STC 1617 .... 22.572
Aisereigh Investments Ltd (VTD 15988) 62.344
AK Optical Ltd (t/a Hale Eyecare), [2012] UKFTT 372 (TC), TC02056 .... 2.415
Akar (C) (t/a Akar Kebabs), [1994] VATTR 176 (VTD 11873) 2.293

Akbar (GK, RK, GK, M, F & K) (t/a Mumtaz Paan House), [1998] VATDR 52 (VTD 15386) 50.7
Akbar (GK, RK, GK, M, F & K) (t/a Mumtaz Paan House), QB [2000] STC 237 .... 50.77
AK Bray for Gardens Ltd, [2014] UKFTT 234 (TC), TC03374 .... 28.15
Aken, CIR *v*, CA [1990] STC 497 .... 2.162
Akhtar (M & ZP) (t/a Ruwaz Knitwear) (VTD 17824) 50.106
Åkerberg Fransson, Åklagaren *v*, ECJ Case C-617/10; [2013] STC 1905 .... 34.13
Akester, [2017] UKUT 404 (TCC) 15.344
Åklagaren *v* Åkerberg Fransson, ECJ Case C-617/10; [2013] STC 1905 .... 34.13
Akritidis, Finanzamt Herne-West *v*, ECJ Case C-462/02; [2008] STC 1069 .... 22.426
Aktiebolaget NN *v* Skatteverket, ECJ Case C-111/05; [2008] STC 3203 .... 22.218
AL Currie & Brown (VTD 14678) 18.485
AL Davis & Co (VTD 17802) 44.168
Al Faham (NA) (t/a Express Food Supplies), [2010] UKFTT 466 (TC), TC00728 ... 52.455
AL Yeoman Ltd (VTD 4470) 44.43
Alakor Gabonatermelő es Forgalmazó Kft *v* Nemzeti Ado-es Vámhivatal Észak-alföldi Regionális Ado Főigazgatósága, ECJ Case C-191/12; 16 May 2013 unreported 22.651
Alam (SS) & Ahmed (SU) (t/a Anarkali Tandoori Restaurant) (VTD 14584) 50.115
Alan Davison (Construction) Ltd (VTD 14531) 18.254
Alan Franks Group (VTD 10146) 52.42
Alan Franks Group (VTD 13731) 18.101
Alan Glaves International Ltd (VTD 16151) 48.123
Alan Roper & Sons Ltd (VTD 15260) 55.87
Alan Wright & Partners (VTD 6114) 52.218
Alarmond Ltd (VTD 19324) 4.28
Alba Motor Homes Ltd (VTD 12853) 48.119
Albany Building Services Ltd (VTD 11294) 52.379
Alberni String Quartet, [1990] VATTR 166 (VTD 5024) 21.2
Albert (Mr & Mrs JG & Mr SJ) (t/a The Groves Hotel) (VTD 11651) 62.316
Alberto-Culver UK Ltd, [2011] UKFTT 832 (TC), TC01688 .... 48.8
Albion Taxis Ltd, [2010] UKFTT 389 (TC), TC00671 .... 62.254
Alcatel Business Systems Ltd (VTD 11411) 52.299
Aldam (JC) (t/a John Charles Associates) (VTD 15851) 44.133
Alden (GJ) (VTD 461) 25.19
Aldford Aluminium Products (VTD 2190) 62.454
Aldon Engineering (Yorkshire) Ltd (VTD 743) 4.5
Aleena Electronics Ltd, [2010] UKFTT 608 (TC), TC01451 .... 36.714
Aleris Recycling (Swansea) Ltd, [2010] UKFTT 341 (TC), TC00623 .... 17.18
Alert Security Supplies Ltd (VTD 12677) 18.58
Alexander (EM), [1976] VATTR 107 (VTD 251) 36.226
Alexander (MW) (VTD 7208) 36.505
Alexander (RAS) (VTD 4560) 15.334
Alexander (Mrs SM) (VTD 12810) 57.19
Alexander Designs Ltd (VTD 3325) 18.58
Alexander MacRobert (Sir) Memorial Trust, [1990] VATTR 56 (VTD 5125) 36.199
Alexander (LWM) Oliver Bennett Partnership (VTD 9153) 18.384
Alexandra Countrywide Investments Ltd, [2013] UKFTT 348 (TC), TC02751 ...... 15.161
Alexandrou (P) (VTD 2944) 51.108
Alexis Modes Ltd (VTD 4780) 18.327
Alfred Crompton Amusement Machines Ltd (No 2), HL 1972, [1974] AC 405; [1972] 2 All ER 353 .... 2.253
ALH Interiors Ltd, [2009] UKFTT 234 (TC), TC00183 .... 51.155
Ali (A) (VTD 17565) 51.168
Ali (A & A) (t/a Dos Tandoori & Balti House Restaurant) (VTD 16803) 52.454
Ali (L) (t/a Vakas Balti), CA 2006, [2007] STC 618; [2006] EWCA Civ 1572 .... 50.12
Ali (M) (t/a The Candy Bar) (VTD 3441) 51.105
Ali (S) (t/a The Bengal Brasserie) (VTD 16952) 3.64
Ali (Y) (t/a HAR Fashions) (VTD 17814) 40.45
Ali (N) & Begum (S) (t/a Shapla Tandoori Restaurant), [2002] VATDR 71 (VTD 17681) 34.16
Ali (J) & Rahman (F) (VTD 16277) 52.454

Table of Cases — A to J

Ali Baba Tex Ltd, QB [1992] STC 590 .... 12.4
Align Technology UK Ltd (VTD 18426) 2.4
Alito Colour Ltd (VTD 7504) 36.402
Alkhatib (MS) (t/a Roxana Takeaway) (VTD 18514) 65.116
All Answers Ltd, [2020] UKUT 236 (TCC) 1.79
All England Film Caterers Ltd (VTD 20183) 18.267
All Saints Church (Tilsworth) Parochial Church Council (VTD 10490) 55.31
All Saints Commercial Ltd (VTD 5798) 18.96
All Saints Garage Ltd (VTD 5798) 18.96
All Saints with St Nicholas Church Icklesham (VTD 16321) 55.38
Allan Water Developments Ltd (VTD 19131) 15.225
Allard (M), [1984] VATTR 157 (VTD 1566) 36.641
Allclean Cleaning Services (VTD 9885) 18.187
Allegra Strategies Ltd (VTD 20539) 18.410
Allen (CJ) (VTD 17342) 15.347
Allen (LC & P) (VTD 12547) 18.207
Allen (P, C & J) (VTD 12209) 57.78
Allen (SH, HA, BP & D) (t/a The Shovel) (VTD 16906) 62.314
Allen (WD) (VTD 11000) 57.7
Allen Carr's Easyway (International) Ltd, [2009] SFTD 523; [2009] UKFTT 181 (TC); TC00136 .... 33.6
Allen-Fletcher (J) (VTD 12898) 50.124
Allergycare (Testing) Ltd (VTD 18026) 33.31
Allerton Motors (VTD 9427) 57.59
Alliance & Leicester plc, [2007] VATDR 240 (VTD 20094) 48.101
Allied Carpets Group plc, QB [1998] STC 894 .... 58.42
Allied Domecq plc, ECJ Case C-305/97; [1999] STC 998; [2000] 1 WLR 1151; [1999] All ER (EC) 908 .... 22.501
Allied Lyons plc, [1994] VATTR 361 (VTD 11731) 62.4
Allied Medicare Nursing Services Ltd (VTD 5485) 33.2
Allied Schools Agency Ltd, [1973] VATTR 155 (VTD 36) 7.69
Allied Windows (South Wales) Ltd, [1973] VATTR 3; QB 1973 (unreported) 2.1
Allman Holdings Ltd (VTD 11285) 52.40
Allseal Gasket & Engineering Services Ltd (VTD 17358) 53.17
Allt-Yr-Yn & Caerleon Enterprises & Services Ltd, [1997] VATDR 417 (VTD 15280) 11.1
Allum (BC) (VTD 12646) 36.6
Alm (GE) (VTD 15863) 2.35, 51.143
Almond (K), [2009] UKFTT 177 (TC), TC00132 .... 15.230
Almos Agrárkülkereskedelmi Kft, ECJ Case C-337/13; 15 May 2014 unreported ... 20.100
Alpha Engineering Services Ltd (VTD 5775) 52.279
Alpha International Coal Ltd (VTD 9795) 1.87
Alpha International Coal Ltd (VTD 11441) 2.380
Alpha Leisure (Scotland) Ltd (VTD 18199) 4.11
Alpha Numeric Ltd (VTD 5519) 18.533
Alpro Ltd (VTD 19911) 29.195
Alstom Power Hydro v Valsts ieņēmumu dienests, ECJ Case C-472/08; [2010] STC 777 .... 22.518
Alsuna Ltd (VTD 3845) 18.363
Alternative Investment Strategies Ltd v HMRC, [2020] UKFTT 19 (TC) 62.403
Altman Blane & Co (VTD 12381) 41.8
Alucast (Diecastings) Ltd (VTD 10291) 18.323
Alvabond Ltd (VTD 10598) 36.688
Alzheimer's Society (The) (VTD 18318) 15.262
AM Autos (VTD 3698) 51.26
Amana Books Ltd (VTD 19541) 36.575
Ambrose (CH) (VTD 2303) 51.138
Ambrose (EW) Ltd (VTD 5766) 36.423
Ambulanter Pflegedienst Kügler GmbH v Finanzamt fur Körperschaften, ECJ Case C-141/00; [2002] All ER (D) 40 (Sept) 22.335
Ambu-Medics Ltd (VTD 5697) 67.23

Amengual Far (J) v Amengual Far (M), ECJ Case C-12/98; [2002] STC 382 .... 22.381
Americana Europe Ltd (VTD 6712) 52.71
American Express Bank Ltd (VTD 9748) 48.113
American Express Europe Ltd, [2019] UKFTT 548 (TC), TC07342 .... 62.404
American Express Services Europe Ltd, Ch D [2010] STC 1023; [2010] EWHC 120 (Ch) 62.509
American Institute of Foreign Study (UK) Ltd (VTD 13886) 62.576
American Real Estate (Scotland) Ltd, [1980] VATTR 80 (VTD 947) 41.122
Amicus Group Ltd (VTD 17693) 15.282
Amiji (MS) (VTD 16552) 50.128
AML Consulting Ltd, [2012] UKFTT 474 (TC), TC02151 .... 28.16
Amministrazione delle Finanze dello Stato v San Giorgio SpA, ECJ Case C-199/82; [1983] ECR 3513; [1985] 2 CMLR 658 .... 22.648
Amministrazione delle Finanze dello Stato v Simmenthal SpA, ECJ Case 106/77; [1978] ECR 629; [1978] 3 CMLR 263 .... 22.23
Amministrazione delle Finanze dello Stato, Aprile Srl v, ECJ Case C-228/96, 17 November 1998 unreported 22.52
Amministrazione delle Finanze dello Stato, Dilexport Srl v, ECJ Case C-343/96, 9 February 1999 unreported 22.649
Amministrazione dell'Economia e delle Finanze v Fallimento Olimpiclub Srl, ECJ Case C-2/08; 3 September 2009 unreported 22.647
Almos Agrárkülkereskedelmi Kft, ECJ Case C-337/13; 15 May 2014 unreported ... 20.100
Ampafrance SA, ECJ Case C-177/99; [2002] BTC 5520 .... 22.585
Ampleaward Ltd, [2020] UKUT 170 (TCC) 20.194
Ampleforth Abbey Trust (VTD 15763) 46.116
Ampliscientifica Srl & Amplifin SpA v Ministero dell'Economia e delle Finanze, ECJ Case C-162/07; [2011] STC 566 .... 22.136
Amspray Ltd (t/a Champion Tools & Supplies) (VTD 10888) 52.75
Amsterdam Bulb v Produktsckap voor Sietegewassen, ECJ [1977] ECR 137 .... 52.466
Amusement Solutions Ltd (VTD 20838) 24.59
AN Checker Heating and Service Engineers, [2018] UKUT 292 (TCC) 56.6, 62.596
Anacomp Ltd (VTD 7824) 52.267
Analog & Numeric Devices Ltd (VTD 9340) 52.167
Anchor Foods Ltd, QB 1998, [1999] VATDR 425 .... 22.6
Anchor Foods Ltd, Ch D [1999] 1 WLR 1139; [1999] 3 All ER 268 .... 14.93
Anchor Foods Ltd, CA [2000] BTC 8035 .... 14.93
Anderson (CAM), [2010] UKFTT 432 (TC), TC00701 .... 15.351
Anderson (CJ), [2007] VATDR 137 (VTD 20255) 28.3
Anderson (IT) (VTD 13226) 2.302
Anderson (J) (t/a R Boa Ironmonger) (VTD 15717) 44.100
Anderson (RNM) (VTD 11776) 44.145
Anderson, Mullan v, CS [1993] SLT 835 .... 50.82
Andreucci (G, A & C) (t/a Joe's Chip Shop) (VTD 11223) 50.153
Andrew Hillas Ltd (VTD 18671) 67.68
Andrew S Campbell Associates (VTD 7262) 18.187
Andrews (GA & P) (VTD 1310) 65.98
Andrews Kent & Stone (VTD 7753) 18.399
Angel Foundation Ltd (The) (VTD 18818) 5.104
Anglia Building & Decorating Contractors (VTD 16852) 52.347
Anglia Energy Conservation Ltd (VTD 14216) 2.2
Anglia Energy Conservation Ltd (VTD 14620) 67.117
Anglia Regional Co-Operative Society Ltd, [2005] VATDR 100 (VTD 18991) 48.75
Anglian Farming Contracts Ltd (VTD 7928) 18.391
Anglian Water Services Ltd, [2018] UKUT 431 (TCC) 22.654
Anglo-German Breweries Ltd, Ch D [2002] EWHC 2458(Ch) 37.2
Anglo-German Breweries Ltd, re, Forrester (N) v Hooper (RAJ) (VTD 18008) 2.423
Anglo Persian Emporium Trading Co Ltd, [2010] UKFTT 296 (TC), TC00584 ..... 52.169
Anglodent Company (The) (VTD 16891) 11.6
Angus Alliance Painters Ltd, [2013] UKFTT 453 (TC), TC02845 .... 18.459
Angus MacKinnon Ltd (VTD 18015) 44.73
Angus Modelmakers Ltd (VTD 10655) 18.66

Table of Cases — A to J

Anholt (A) (VTD 4215) 36.551
Animal Virus Research Institute, [1988] VATTR 56 (VTD 2692) 2.98
Anker, Arthur v, CA 1996, [1997] QB 564; [1996] 3 All ER 783 .... 62.211
Annabel's Casino Ltd, QB 1994, [1995] STC 225 .... 24.24, 46.82
Annova Ltd, [2014] UKUT 28 (TCC) 36.144
Anozinc Ltd (VTD 12695) 18.504
Anrich North West Ltd (VTD 18996) 18.488
Ansari (Dr A) (t/a Northside House Hotel) (VTD 11093) 52.21
Antiques Within Ltd, [2013] UKFTT 89 (TC), TC02507 .... 41.30
Anti-Sonics Ltd (VTD 7196) 52.40
Anti-Static Technology Ltd (VTD 5065) 18.262
António Jorge Lda v Fazenda Pública, ECJ Case C-536/03; [2008] STC 2533 .... 22.521
Antoniou (C) (t/a Cosmos Patisserie) (VTD 15781) 50.76
Antoniou (K & D) (t/a Sackville Fisheries) (VTD 17165) 59.13
Antoniou-Savva (TC) (t/a Game Atronics) (VTD 11982) 67.74
Antrobus Farm Ltd (VTD 16029) 52.286
Anwar (R) (VTD 12748) 36.269
Anycom Ltd, [2011] UKFTT 654 (TC), TC01496 .... 28.6
AOC International Ltd (VTD 11139) 52.40
AP, MP & TP v Switzerland, ECHR Case 19958/92, 26 EHRR 541 .... 34.5
APD Insulations (Group) Ltd, [1987] VATTR 26 (VTD 2292) 62.427
APEH Kozponti Hivatal Hatósági Fooosztály, Uszodaépíto Kft v, ECJ Case C-392/09;
    30 September 2010 unreported 20.196
APEH Központi Hivatal Hatósági Főosztály Dél-dunántúli Kihelyezett Hatósági Osztály,
    Pannon Gép Centrum v, ECJ Case C-368/09; [2010] STC 2400 .... 20.195
Apex Denim & Fabric Finishers (VTD 10989) 52.21
Aplin (CJ, JD & EN) (VTD 14660) 36.351
Apple & Pear Development Council (The), ECJ Case 102/86; [1988] STC 221;
    [1988] ECR 1443; [1988] 2 CMLR 394; [1988] 2 All ER 922 .... 22.86
Apple Contractors (Northern) Ltd (VTD 7853) 52.60
Appleby (D) (VTD 14580) 44.32
Appleby Bowers, Ch D 2000, [2001] STC 185 .... 5.70
Appleyard Lees & Co (VTD 2928) 18.230
Appleyard Vehicle Contracts Ltd (VTD 20891) 23.22
Applied Cutting Technology (VTD 6489) 18.386
Applied Software Control Ltd (VTD 17675) 52.351
Appropriate Technology Ltd, [1991] VATTR 226 (VTD 5696) 52.32
Aprile Srl v Amministrazione delle Finanze dello Stato, ECJ Case C-228/96,
    17 November 1998 unreported 22.52
APS-Centriline Ltd, [2009] UKFTT 149 (TC), TC00117 .... 36.31
APUK Ltd (VTD 15796) 18.20, 18.213
Apuzzo (Ms F) (t/a Casamia Restaurant) (VTD 19962) 18.445
Aquability Partnership (VTD 10635) 18.314
Aquakraft Ltd (VTD 2215) 19.13
Aquarium Entertainments Ltd, [1994] VATTR 61 (VTD 11845) 22.388
Arachchige (PKS), CA [2010] EWCA Civ 1255; [2011] STC 33 .... 62.581
Aramark Ltd (VTD 20515) 1.41
Arbib (M), QB [1995] STC 490 .... 55.42
Arbroath Herald Ltd (VTD 182) 5.78
Archdiocese of Southwark Commission for Schools and Colleges (The) (VTD 18883)
    .... 15.262
Archer (RA) (No 2), [1975] VATTR 1 (VTD 134) 62.6
Archibald & Co Ltd, [2010] UKFTT 21 (TC), TC00336 .... 28.14
Archus Trading Limited, [2020] UKFTT 61 (TC) TC07557 .... 33.7
Archway (Shoes) Ltd (VTD 4250) 18.395
Arco British Ltd (VTD 7041, 7806) 52.33
Arctrend Ltd (VTD 10011) 52.171
Ardenglen Developments Ltd (VTD 19906) 15.127
Ardmore Direct (VTD 7055) 52.260
Arena Corporation Ltd, Ch D [2003] EWHC 3032 (Ch) 37.3
Arendal Smelterwork AS (VTD 11427) 52.160

Areva T & D Protection et Controle, [2010] UKFTT 134 (TC), TC00443 .... 45.5
Argent (I), [2013] UKFTT 272 (TC), TC02680 .... 51.149
Argents Nurseries Ltd (VTD 20045) 41.63
Argos Distributors Ltd, ECJ Case C-288/94; [1996] STC 1359; [1996] 1 ECR 5311;
   [1996] 3 CMLR 569; [1997] 2 WLR 477 .... 22.260
Argosy Co Ltd *v* Guyana Commissioner of Inland Revenue, PC [1971] 1 WLR 514
   .... 3.1, 58.40
Argyle Park Taxis Ltd (VTD 20277) 62.258
Argyll Developments Ltd, CS [2009] STC 2698; [2009] CSOH 131 .... 46.231
Aria Technology Ltd, [2014] UKFTT 271 (TC), TC03410 .... 14.31
Aria Technology Ltd (No 2), [2020] EWCA Civ 182 .... 3.142
Aries (DM) (VTD 12172) 15.347
Arif (M) (t/a Trinity Fisheries) (VTD 19296) 2.281
Arif (M) (t/a Trinity Fisheries), Ch D [2006] STC 1989; [2006] EWHC 1262 (Ch)
   .... 50.108
Arkeley Ltd (No 2), [2013] UKFTT 188 (TC), TC02603 .... 25.12
Arkeley Ltd (No 3), UT [2013] UKUT 393 (TCC) 25.12
Arm Inc (VTD 20238) 25.33
Armbrecht, Finanzamt Ülzen *v*, ECJ Case C-291/92; [1995] STC 997; [1995] 1 ECR
   2775; [1995] All ER (EC) 882 .... 22.100
Armsarmah (A) (VTD 19988) 50.21
Armstrong (JA) (VTD 5262) 18.551
Armstrong (M), [1984] VATTR 53 (VTD 1609) 29.22
Armstrong (W) (t/a Armstrong Stone Quarries) (VTD 17072) 52.422
Armstrongs Transport (Wigan) Ltd (VTD 7464) 18.66
Arnaoutis (P & F) (t/a Trafford Chip Shop) (VTD 13829) 57.87
Arnold (A) (VTD 19511) 19.78
Arnold (SH), QB [1996] STC 1271 .... 2.74
Arnold Clark Automobiles Ltd (VTD 1058) 44.56
Arnold Clark Automobiles Ltd (No 2), [1985] VATTR 90 (VTD 1858) 67.48
ARO Lease BV *v* Inspecteur der Belastingdienst Grote Ondernemingen Amsterdam, ECJ
   Case C-190/95; [1997] STC 1272; [1997] 1 ECR 4383 .... 22.222
Arora (RM) & Others (t/a Angela), [1976] VATTR 53 (VTD 244) 3.155
Around the Clock Ltd (VTD 7157) 18.347
Arrowfinch (VTD 10413) 52.142
Arrowin Ltd (VTD 10575) 52.286
Arsenal Football Club plc (The), [1996] VATDR 5 (VTD 14011) 67.151
Art Store (British Isles) Ltd (The) (VTD 6938) 52.74
Artful Dodger (Kilmarnock) Ltd, CS [1993] STC 330 .... 18.306
Arthritis Care (VTD 13974) 19.72
Arthro Vite Ltd (VTD 14836) 29.97
Arthur (MAR), [2012] UKFTT 738 (TC), TC02398 .... 15.71
Arthur *v* Anker, CA 1996, [1997] QB 564; [1996] 3 All ER 783 .... 62.211
Arthur Andersen & Co, Staatssecretaris van Financiën *v*, ECJ Case C-472/03; [2005]
   STC 508 .... 22.368
Arthur's (VTD 13650) 57.100
Artic Shield Ltd (VTD 3789) 18.355
Artinville Ltd (VTD 5515) 18.34
Artistic Ironworkers Supplies Ltd (VTD 11228) 52.40
Arts Council of Great Britain (The), [1994] VATTR 313 (VTD 11691) 7.65
Asda Stores Ltd, FTT 2009, [2010] SFTD 175; [2009] UKFTT 267 (TC), TC00211
   .... 29.174
Ash Fibre Processors Ltd (VTD 12201) 36.252
Ashbolt Ltd (VTD 11019) 52.348
Ashby Catering Ltd (VTD 4220) 29.29
Ashcroft (JNE & SA) (VTD 17476) 47.28
Ashe Construction Southern Ltd (VTD 7075) 52.219
Ashfield District Council, Ch D [2001] STC 1706 .... 42.3
Ashmall & Parkinson Ltd (VTD 1387) 44.67
Ashmore (P) (VTD 6910) 62.283
Ashton (GL) (t/a Country Hotel Narrowboats) (VTD 14197) 66.18

Ashtree Holdings Ltd, QB [1979] STC 818 .... 36.409
Ashvail Services Ltd (VTD 14440) 18.133
Ashwell House (St Albans) Ltd (VTD 12483) 46.26
ASI Glass Processing Ltd (VTD 12631) 18.398
Asif, R v, CA Criminal Division 1985, 82 Cr AR 123; [1985] CLR 679 .... 49.3
Asif & Others, ex p., R v City of London Magistrates, QB [1996] STC 611 .... 14.81
Asington Ltd (VTD 18171) 41.104
ASJ Manufacturing Ltd (VTD 2832) 18.392
Asker (G) (VTD 16753) 18.103
Aslam (M) (VTD 18775) 50.26
Aslan Imaging Ltd, [1989] VATTR 54 (VTD 3286) 33.19
Aslanbeigi (A) & Kanani (M) (t/a Cuccina) (VTD 18382) 51.132
Asparuhovo Lake Investment Company OOD v Direktor na Direktsia 'Obzhalvane i danachno-osiguritelna praktika' Varna pri Tsentralno upravlenie na Natsionalnata agentsia za prihodite, CJEU Case C-463/14; [2015] All ER (D) 65 .... 22.196
Aspen Advisory Services Ltd (VTD 13489) 62.547
Aspex Visual Arts Trust (VTD 16419) 19.108
Aspiro SA, Minister Finansow v, CJEU Case C-40/15 .... 20.149
ASP Inns Ltd (The Selbourne Arms), [2014] UKFTT 147 (TC), TC03287 .... 18.475
Aspro Travel Ltd, QB 1996, [1997] STC 151 .... 63.22
ASR Consultants Ltd (VTD 18600) 36.22
Assets Recovery Agency (Director) v Creaven, QB [2005] EWHC 2726 (Admin); Times 4.10.2006 .... 49.17
Associated Cab Co Ltd (VTD 3394) 44.91
Associated Concrete Repairs Ltd (VTD 15963) 36.184
Associated Newspapers Ltd, [2017] EWCA Civ 54 .... 62.620
Associated Nursing Services plc (VTD 11203) 15.220
Associated Provincial Picture Houses v Wednesbury Corporation, CA 1947, [1948] 1 KB 223; [1947] 2 All ER 680 ...... 3.30, 14.13, 14.21, 47.42, 52.468, 52.469, 57.149, 57.160
Association of Payroll & Superannuation Administrators (VTD 7009) 64.23
Association of Reflexologists (The) (VTD 13078) 64.28
Assurandør-Societetet (on behalf of Taksatorringen) v Skatteministeriet, ECJ Case C-8/01; [2006] STC 1842 .... 22.367
Astim Ltd (VTD 19521) 6.36
Aston (AA), [1991] VATTR 170 (VTD 5955) 48.92
Astor (Sir John), [1981] VATTR 174 (VTD 1030) 62.379
Astoria Properties Ltd, [2012] UKFTT 76 (TC), TC01772 .... 52.458
Astra Zeneca UK Ltd, ECJ Case C-40/09; [2010] STC 2298 .... 22.98
Astral Construction Ltd, [2015] UKUT 21 (TCC) 15.226
Astral Marine Services Ltd, [2014] UKFTT 269 (TC), TC03408 .... 62.604
Astral Print Ltd (VTD 12837) 14.39
Asylum Distributions Ltd, [2013] UKFTT 281 (TC), TC02687 .... 36.140
AT & T Rentals Ltd (VTD 10790) 18.308
AT Warner & Sons Ltd (VTD 19605) 18.101
Atchem Ltd, [2012] UKFTT 380 (TC), TC02064 .... 6.28
ATEC Associates Ltd, UT [2010] STC 1882 .... 2.296
Athenaeum Club (The), [2010] UKFTT 583 (TC), TC00833 .... 52.324
Athesia Druck Srl v Ministero dell'Economia e delle Finanze, ECJ Case C-1/08; [2009] STC 1334 .... 22.252
Athol Street Auctioneers Ltd v Isle of Man Treasury (VTD 12478) 1.45
Atkins (Mrs PJ) (VTD 4142) 18.435
Atkins Macreadie & Co (VTD 2381) 29.42
Atkinson (Ms JR) (VTD 309) 57.87
Atkinson (MR) (VTD 12763) 62.80
Atkinson (S) (VTD 6989) 52.382
Atlantic Electronics Ltd (No 1) (VTD 19250) 23.39
Atlantic Electronics Ltd (No 3), UT [2012] UKUT 45 (TCC); [2012] STC 931 .... 2.338
Atlantic Electronics Ltd (No 4), CA [2013] EWCA Civ 651; [2013] STC 1632 .... 2.242
Atlantic Holidays Ltd (VTD 20011) 63.18
Atlas Economy Hire Ltd (VTD 20472) 44.63
Atlas Interlates Ltd (VTD 7904) 52.1

Atlas Marketing (VTD 1905) 36.452
Atlas Property London Ltd, [2014] UKFTT 674 (TC), TC03797 .... 41.102
ATP Pension Service A/S, ECJ Case C-464/12; 13 March 2014 unreported 22.420
Atrium Club Ltd (The), Ch D [2010] STC 1493; [2010] EWHC 970 (Ch) 22.76
Attorney-General v Milliwatt Ltd, KB [1948] 1 All ER 331 .... 19.12
Attorney-General's Reference No 7 of 2000, CA [2001] EWCA Crim 888 .... 2.254
Attwater (A) (VTD 15496) 57.110
Auchterarder Golf Club (VTD 19907) 46.145
Auchtertyre Farmers (VTD 2822) 65.62
Audiostore Ltd (t/a Stagestruck) (VTD 11827) 17.4
Augusta Extrusions Ltd (VTD 8892) 65.24
Auld (SR) (VTD 11956) 2.34
Aura Trading Ltd (VTD 16534) 52.21
Austin (J) (VTD 7668) 18.363
Austin Company of UK Ltd (The) (VTD 7981) 52.84
Austin (F) (Leyton) Ltd, Ch D [1968] 2 All ER 13; [1968] Ch D 529 .... 15.287
Austria, Meidl v, ECHR Case 33951/05; 12 April 2011 unreported 34.30
Austrian National Tourist Office (VTD 15561) 36.538, 62.522
Austrian Republic, European Commission v, ECJ Case C-128/05; [2008] STC 2610
.... 22.563
Austrian Republic, T-Mobile Austria GmbH and Others v, ECJ Case C-284/04; [2008]
  STC 184 .... 22.128
Auto Bodies (Hemel) Ltd (VTD 4184) 18.220
Auto-Factors Ltd (VTD 3055) 18.451
Auto Lease Holland BV v Bundesamt für Finanzen, ECJ Case C-185/01; [2005] STC
  598 .... 22.162
Auto Nikolovi OOD, Direktsia Obzhalvane I upravlenie na izpalnenieto Varna v, ECJ
  Case C-203/10; [2011] STC 1294 .... 20.274
Auto-Plas (International) Ltd (VTD 8860) 52.80
Autocraft Motor Body Repairs (VTD 15077) 4.2
Autolease (UK) Ltd (VTD 19136) 44.97
Automobile Association (The), QB [1974] STC 192; [1974] 1 WLR 1447; [1974]
  1 All ER 1257 .... 13.18
Automotive Parts Distributions Ltd (VTD 17261) 18.486
Autoridade Tributária e Aduaneira, Barlis 06 – Investimentos Imobiliários e Turísticos
  SA v, CJEU Case C-516/14 .... 20.250
AutoridadeTributária e Aduaneira, Portugal v, CJEU Case C-661/18 .... 20.210
Autoridade Tributária e Aduaneira, Sonaecom SGPS SA v, CJEU Case C-42/19 ..... 22.480
Autoridade Tributária e Aduaneira, TGE Gas Engineering GmbH — Sucursal em
  Portugal v, CJEU Case C-16/17 .... 20.204
Autoridade Tributária e Aduaneira, Vodafone Portugal - Comunicações Pessoais SAv,
  CJEU Case C-43/19 .... 62.156
Autotag Ltd (VTD 17126) 53.2
Ava Knit Ltd (VTD 1461) 36.514
Avantgo Ltd (VTD 17363) 2.366
Avco Trust plc (VTD 16251) 48.121
Avery's of Bristol Ltd (VTD 1252) 3.160
Avis (DJ) (t/a Property Alterations) (VTD 10664) 19.88
Aviss Holdings Ltd (VTD 3982) 18.531
Aviva Towarzystwo Ubezpieczeń na Życie S.A. w Warszawie, Minister Finansow v CJEU
  Case C-605/15 .... 20.130
Avon Cosmetics Ltd, [2014] UKFTT 172 (TC), TC03311 .... 67.40
Avondale Management Ltd (VTD 18144) 5.76
Avonline Communications (Bristol) Ltd (VTD 9204) 52.107
Avonwave Ltd (t/a Gatewood Joinery) (VTD 17509) 18.474
Award Framers International Ltd, [2014] UKFTT 225 (TC), TC03365 .... 18.521
AW Mawer & Co, [1986] VATTR 87 (VTD 2100) 4.8
AW Mills Engineering Ltd (VTD 13196) 36.558
Awnhail Ltd (VTD 11465) 18.351
AWTS Transportation International Ltd (VTD 11089) 17.3
Axa UK plc (No 1), ECJ Case C-175/09; [2010] STC 2825 .... 22.408

Table of Cases — A to J

Axa UK plc (No 2), CA [2011] EWCA Civ 1607; [2012] STC 754	22.408
AV Concepts Ltd, [2013] UKFTT646 (TC), TC03030	67.79
Ayr Pavilion Ltd (VTD 19119)	52.424
Ayrton (WM) & Co (Holdings) Ltd (VTD 9195)	52.284
Ayuntamiento de Sevilla v Recaudadores de las Zonas Primera y Segunda, ECJ Case C-202/90; [1991] 1 ECR 4247; [1993] STC 659; [1994] 1 CMLR 424	22.142
Ayurveda Ltd (VTD 3860)	29.90
AZ Cleaning Services (South West) Ltd (VTD 182008)	18.487
A-Z Electrical (VTD 10718)	10.12
Azo-Maschinenfabrik Adolf Zimmerman (No 2), [1987] VATTR 25 (VTD 2296)	22.216
Aztec Computer Products Ltd (VTD 7127)	18.376

B

B & B Packaging (VTD 18792)	40.40
B & H Carpentry & Joinery (VTD 12791)	4.3
B Fairall Ltd (in liquidation), [2010] UKFTT 305(TC), TC00592	2.163
BAA Ltd, CA [2013] EWCA Civ 112; [2013] STC 752	32.33
BAA plc, CA 2002, [2003] STC 35; [2002] EWCA Civ 1814	27.27
Baba Cash & Carry Ltd (VTD 20416)	40.55
Babber (HR) (t/a Ram Parkash Sunderdass & Sons) [1992] VATTR 268 (VTD 5958)	3.63, 67.63
Babergh District Council, [2011] UKFTT 341 (TC); [2011] SFTD 709, TC01201	2.116
Babytec Ltd (VTD 12391)	65.54
Back (LR) (VTD 1306)	2.161
Back In Health Ltd (VTD 10003)	19.62
Bacon Empire (Publishing) Ltd (The) (VTD 1688)	36.583
Badge Sales (VTD 17388)	53.8
Badman (R) (t/a Gardener & Badman) (VTD 15938)	18.76
BAG Building Contractors (VTD 18638)	56.1
Bagel Nash Ltd, [2015] UKFTT 72 (TC), TC04279	29.50
Bagshawe (JNS) & Walker (CAE) (VTD 1762)	1.2
Bagshawe (WN) (t/a Bagshawes) (VTD 14103)	62.431
Bahd (PS) (t/a Kingsbury Liquor Mart) (VTD 11688)	17.3
Baildon Rugby Union Football Club (VTD 3239)	13.39
Bailes (P) (VTD 12459)	11.42
Bailey (P) (VTD 2851)	51.28
Bailey (R) (VTD 9677)	18.103
Bailey (RF) (t/a Llancillo Hall Farm) (VTD 18719)	36.570
Bailey (TN) (VTD 1587)	36.420
Bailiwick Ltd (VTD 7802)	7.51
Baines & Ernst Ltd (VTD 18516)	2.126
Baines & Ernst Ltd (No 2), CA [2006] STC 1632; [2006] EWCA Civ 1040	48.45
Baines (PF) & McDonough (J) (VTD 4921)	18.318
Bairstow & Harrison, Edwards v, HL 1955, 36 TC 207	3.6, 36.113, 62.112, 62.340, 67.64
Baker (R) (VTD 11634)	52.288
Baker (R & M) Ltd (t/a Castle Designs) (VTD 1695)	36.479
Bakcsi v Finanzamt Fürstenfeldbruck, ECJ Case C-415/98; [2002] STC 802; [2002] 2 WLR 1188	22.101
Baldwin (Mr & Mrs) (t/a Ventnor Towers Hotel), [2014] UKFTT 631 (TC), TC03755	20.61
Balhousie Holdings Ltd, [2019] CSIH 7	6.61
Ball (B) (VTD 18708)	22.363
Ball (I & L) (VTD 9251)	1.106
Ball (W) (VTD 3865)	36.307
Ball (W) (VTD 17648)	52.176
Ballygrant Inn (VTD 15683)	18.108
Balma Time Ltd (VTD 3585)	18.156
Balmain (J) (t/a Glenrothes Motor Factors) (VTD 16678)	65.86

Table of Cases — A to J

Balmoral Ltd (No 1) (VTD 19233) 14.46
Balmoral Ltd (No 2) (VTD 20677) 40.80
Balocchi (M) *v* Ministero delle Finanze dello Stato, ECJ Case C-10/92; [1993] 1 ECR
   5105; [1997] STC 640; [1995] 1 CMLR 486 .... 22.560
Baltex Clothing Manufacturers (VTD 12606) 50.149
Baltex Clothing Manufacturers (VTD 13777) 3.92
Baltic Leasing Ltd, [1986] VATTR 98 (VTD 2088) 65.17
Balton Ltd (VTD 5980) 18.197
Bambers Frozen Meats Ltd (VTD 17626) 29.209
Bamford (Mr & Mrs FJ) (t/a FJ Hardy Tilers) (VTD 11584) 18.132
Bammi (SC) & Dhir (BK) (t/a The Last Viceroy) (VTD 17660) 34.7
Banbridge District Enterprises Ltd (VTD 6406) 52.87
Banbury (RN) (t/a Creative Impressions) (VTD 15047) 52.367
Banbury Visionplus Ltd (and related appeals), Ch D [2006] STC 1568; [2006] EWHC
   1024 (Ch) 46.136
Banco Antoniana Popolare Veneta SpA *v* Ministero dell' Economia e delle Finanze, ECJ
   Case C-427/10; [2012] STC 526 .... 22.55
Banco Mais SA, ECJ Case C-183/13; [2014] STC 2325 .... 22.496
Banham Patent Locks Ltd, [2012] UKFTT 235 (TC), TC01929 .... 18.480
Bank Austria Trade Services Gesellschaft mbH (VTD 16918) 2.439
Bank of Ireland (Governor & Company of), [2008] VATDR 352 (VTD 20824) 38.27
Bank of Scotland (Governor & Company of) (VTD 13854) 46.163
Banks (Mrs E) (VTD 12004) 15.347
Banner Management Ltd, [1991] VATTR 254 (VTD 5678) 46.45
Banque Bruxelles Lambert SA *v* Belgian State, ECJ Case C-8/03; [2004] STC 1643
   .... 22.116
Banstead Downs Golf Club, [1974] VATTR 219 (VTD 229) 41.77
Banstead Manor Stud Ltd, [1979] VATTR 154 (VTD 816) 29.123, 39.1
Banwell (DJ & Mrs SA) (VTD 13944) 44.29
BAPP Industrial Supplies Ltd (VTD 10632) 18.216
Barber (JH), [1992] VATTR 144 (VTD 7727) 3.37
Barber *v* Guardian Royal Exchange Assurance Group, ECJ Case 262/88; [1990] 1 ECR
   1889; [1990] 2 CMLR 513; [1990] 2 All ER 660 .... 22.41
Barber (DE) & Bayly (PA) (t/a The Pitts Head) (VTD 17856) 47.2
Barbour (K) (VTD 2651) 44.21
Barclays Bank Ltd *v* Quistclose Investments Ltd, HL [1970] AC 567 .... 37.9
Barclays Bank plc (No 1), [1988] VATTR 23 (VTD 2622) 27.31
Barclays Bank plc (No 2), [1991] VATTR 115 (VTD 5616) 46.87
Barclays Bank plc (No 3), [1991] VATTR 466 (VTD 6469) 38.40
Barclays Bank plc (No 4), CA [2001] STC 1558; [2001] EWCA Civ 1513 .... 32.17
Barclays Bank plc (No 5) (VTD 18410) 48.34
Barclays Bank plc (No 6), HL [2006] UKHL 28; [2006] 3 WLR 1; [2006] 4 All ER
   256 .... 14.96
Barclays Bank plc (No 7) (VTD 19302) 25.39
Barclays Bank plc (No 8), [2008] VATDR 107 (VTD 20528) 27.53
Barclays Bank plc *v* Visa International Service Association [1992] VATTR 229 (VTD
   7911, 9059) 2.58
Barclays Bros Ltd (VTD 17507) 18.21
Bardetti (R & A) (t/a Obertelli Quality Sandwiches) (VTD 16758) 29.8, 58.34
Bardon Environmental Services Ltd (VTD 6504) 18.384
Bardsley (GP, D & A) (t/a Bardsley Car Sale), [1984] VATTR 171 (VTD 1718) 44.64
Barhale Construction plc, [1992] VATTR 409 (VTD 9137) 52.197
Barkas (A), [2014] UKUT 558 (TCC) 15.58
Barker (Mr & Mrs E) (VTD 4589) 62.12
Barker (Mrs JG), [1984] VATTR 147 (VTD 1671) 21.4
Barker (RJ & Mrs GD) (VTD 7952) 18.131
Barking Vehicle Rentals Ltd (VTD 4934) 18.551
Barkworth (JR), QB [1988] STC 771 .... 33.25
Barlin Associates Ltd, [2014] UKFTT 956 (TC), TC04069 .... 40.111
Barlis 06 – Investimentos Imobiliários e Turísticos SA *v* Autoridade Tributária e
   Aduaneira, CJEU Case C-516/14 .... 20.250

Table of Cases — A to J

Case	Ref
Barmor Engineering Ltd (VTD 2214)	51.123
Barnard (IM) (VTD 3741)	18.73
Barnard (J) (t/a Baron Security) (VTD 14206)	51.171
Barnard (KV) (VTD 13865)	44.50
Barnes (D) (t/a The Haven) (VTD 16371)	65.96
Barnes (RG) (VTD 14463)	52.346
Barnes (KC & HM) (t/a Sidlesham Common Carriage Co) (VTD 14090)	36.52
Barnes (Mr & Mrs) (VTD 19407)	40.26
Barnett (E) (t/a Barnett Motor Services) (VTD 6868)	44.80
Barnett (LA) (VTD 3245)	36.38
Barnett (PG) & Larsen (TB) (VTD 11056)	52.306
Barnett (Mrs P) & Read (Mrs L) (T/a Burghill Valley Golf Club), FTT 2009, TC00087	24.51
Barnett Gray Ltd (VTD 11155)	52.172
Barnett Lawson (Trimmings) Ltd (VTD 4400)	18.171
Barney & Freeman, [1990] VATTR 119 (VTD 4849)	18.406
Barnfinds Ltd (C198)	60.11
Barr (LE) (VTD 14529)	29.123
Barraclough (BD) (VTD 2529)	55.21
Barras (Garages) Ltd (VTD 6913)	40.96
Barratt (DR), QB [1995] STC 661	69.11
Barratt Construction Ltd, [1989] VATTR 204 (VTD 4230)	3.90
Barratt Goff & Tomlinson, [2011] UKFTT 71 (TC); [2011] SFTD 334, TC00949	62.63
Barratt Homes Ltd (and associated appeals) (VTD 16533)	48.132
Barrett (AJ) (as provisional liquidator for Rafidain Bank) (VTD 11016)	46.139
Barrett (D) (t/a The Carib Takeaway) (VTD 15389)	51.5
Barrie (GC) (VTD 11470)	51.61
Barron (P) (VTD 6370)	62.61
Barrowcliffe (P) (VTD 18855)	50.37
Barrs (W & J) Ltd (VTD 2564)	36.476
Barry (J) (VTD 11281)	18.434
Barton, QB [1974] STC 200; [1974] 1 WLR 1447; [1974] 3 All ER 337	13.19
Barton (M) Consultancy Ltd (VTD 18233)	44.123
Bartram Planned Preventative Maintenance Ltd (VTD 12418)	52.256
Barugh (R) (VTD 18725)	55.92
Basdring Ltd (VTD 13263)	62.184
Base Interactive Ltd, [2007] VATDR 463 (VTD 20437)	40.46
Basebuy Ltd (VTD 12088)	24.6
Bashir (T) (VTD 19295)	57.191
Basicflex Ltd (t/a Proline Engineering) (VTD 13370)	18.268
Basingstoke & District Sports Trust Ltd, [1995] VATDR 405 (VTD 13347)	24.35
Basnet (EP) (t/a EB Roofing Services) (VTD 3795)	18.456
Basran (N & M) (VTD 1312)	57.7
Bass plc, QB 1992, [1993] STC 42	62.95
Bassi (VP) (t/a Imperial Wines) (VTD 16449)	17.3
Bassimeh (N), CA 1996, [1997] STC 33	50.3
Basslabs Ltd, [2013] UKFTT 383 (TC), TC02780	57.226
Batchwood Hall Bowling Club (VTD 19797)	19.103
Bateman (GF) (VTD 9344)	52.77
Bates (P & M) (VTD 20948)	15.354
Bates (TR) (VTD 2925)	55.22
Bath Festivals Trust Ltd (VTD 20840)	42.20
Bath Taxis (UK) Ltd (VTD 20974)	62.258
Battersea Leisure Ltd, QB [1992] STC 213	67.143
Batty (KM) (VTD 2199)	44.37
Bawaria Motors sp zoo v Minister Finansow, ECJ Case C-160/11; [2012] STC 2088	20.272
Baxendale Ltd (D), [2009] EWHC 162 (Ch); [2009] STC 825	62.600
Baxi Group Ltd, ECJ Case C-55/09; 7 September 2010 unreported	22.165
Baxter (GW) (VTD 9152)	51.61
Baxter Healthcare Ltd (VTD 14670)	33.69

Benning (P) (t/a PB Cars) (VTD 19557) 44.168
Benridge Care Homes Ltd, UT [2012] UKUT 132 (TCC); [2012] STC 1920 .... 48.2
Benrose Ltd (t/a Multi-Stock Ltd) (VTD 15783) 12.25
Bent (R) (t/a Bay Tree Trading Co) (VTD 17139) 3.68
Bentley & Bentley Ltd (VTD 18917) 19.24
Benton (G), [1975] VATTR 138 (VTD 185) 62.406
Berbrooke Fashions, [1977] VATTR 168 (VTD 426) 36.2
Berck Ltd (VTD 20051) 4.12
Bercor Ribbon Co Ltd (VTD 14025) 18.254
Beresford (B) (VTD 9673) 29.211
Beresfors (SCS) (t/a Elidaprint) (VTD 11555) 62.31
Bergandi *v* Directeur Général des Impôts, ECJ Case 252/86; [1988] ECR 1343; [1991] STC 529; [1989] 2 CMLR 933 .... 22.614
Bergen Transport Ltd (VTD 4481) 18.181
Berginvest SA *v* Belgian State, ECJ Case C-142/99; [2000] STC 1044; [2001] All ER (EC) 37 .... 22.526
Bergonzi (GME) (t/a Beppi's Buffet Service) (VTD 12122) 29.54
Berkholz (G) *v* Finanzamt Hamburg-Mitte-Altstadt, ECJ Case C-168/84; [1985] 3 CMLR 667; [1985] ECR 2251 .... 22.221, 22.450
Berkley *v* Poulett, [1976] 241 EG 911 .... 15.313
Berkshire Golf Club and others (The), [2015] UKFTT 627 (TC), TC04774 .... 48.42
Bernard & Smith (VTD 2607) 18.511
Bernstein (R) (VTD 4816) 18.425
Berry (DC) (VTD 13380) 18.18
Berry (J) (t/a Automotive Management Services) (VTD 16664) 44.135
Bertelsmann AG v Finanzamt Wiedenbrück, ECJ Case C-380/99; [2001] STC 1153 .... 22.268
Bertram & Co, QB [1974] STC 142; [1975] QB 465; [1974] 1 All ER 1041 .... 57.1
Berwick (M & C) (VTD 17686) 7.37
BES Holdings Ltd (VTD 6405) 52.26
Best Buys Supplies Ltd, UT [2012] UKUT 44 (TCC); [2012] STC 885 .... 40.2
Best Electrical Factors Ltd (VTD 15508) 50.53
Best Images Ltd, [2010] UKFTT 175 (TC), TC00480 .... 41.61
Best Selling Ltd (VTD 17766) 23.12
Best Travel Ltd (VTD 15753) 63.23
Bestuur van de Bedriffsvereniging voor Detailhandel, Ambachten en Huisvrouwen, Steenhorst-Neerings *v*, ECJ Case C-338/91; [1993] 1 ECR 5475; [1995] 3 CMLR 323 .... 22.47
Betar Aluminium Fixings Ltd (VTD 9432) 51.11
Beteiligungsgesellschaft Larentia + Minerva mbH & Co. KG *v* Finanzamt Nordenham, Case C-108/14; [2015] All ER (D) 312 .... 22.476
Beth Johnson Housing Association Ltd (The), [2001] VATDR 167 (VTD 17095) 15.149
Bethway & Moss Ltd (VTD 2667) 62.471
Betterware Products Ltd, QB [1985] STC 648 .... 1.102
Betterweigh Leicester (VTD 19551) 18.488
Betty Foster (Fashion Sewing) Ltd, [1976] VATTR 229 (VTD 299) 5.61
Bevan (RM) (VTD 14016) 44.145
Beveridge (W) (VTD 16205) 52.431
Beverley Properties Ltd (VTD 18232) 57.167
Beverley Video (VTD 3550) 51.105
Bevington (JD) (VTD 282) 66.41
Beynon (Doctor) & Partners, HL 2004, [2005] STC 55; [2004] UKHL 53; [2004] 4 All ER 1091 .... 19.10
BG Supplies (Birmingham) Ltd (VTD 11633) 12.7
BGM Ltd (VTD 11793) 15.300
BGZ Leasing sp zoo *v* Dyrektor Izby Skarbowej w Warszawie, ECJ Case C-224/11; [2013] STC 2162 .... 20.148
Bhachu (GS), [2013] UKFTT 498 (TC), TC02887 .... 56.21
Bhalla (GS & DS) (t/a Pinehurst Hotel) (VTD 11284) 18.66
Bhambra (BS) (VTD 15503) 50.21
Bhanderi (H), Ch D [2004] EWHC 1765 (Ch); [2005] 1 BCLC 388 .... 37.4

Table of Cases — A to J

Bhanderi (H) (E814) 2.56
Bhetcha, Jefferson Ltd v, CA [1979] 1 WLR 898; [1979] 2 All ER 1108 .... 2.184
Bidco Impex Ltd (VTD 7406) 52.71
Big Pit (Blaenafon) Trust Ltd (VTD 6705) 66.38
Bilal Jamia Mosque, [2013] UKFTT 324 (TC), TC02727 .... 52.460
Bill Hennessy Associates Ltd (VTD 2656) 3.171, 18.12
Bills (B & SA) (VTD 14715) 57.37
Bilton (PF) (VTD 2324) 36.297
Binder Hamlyn, [1983] VATTR 171 (VTD 1439) 62.531
Bindman (SL) (VTD 7340) 18.66
Bing Transport & Trading (VTD 9688) 18.140
Bingley (AJ) Ltd (VTD 1597) 36.397
Binof Construction Ltd (VTD 5113) 36.14
Binof Construction Ltd (VTD 7404) 52.351
Bio Oil Research Ltd (VTD 12252) 19.6
Bioconcepts Ltd (VTD 11287) 29.180
Birch (DV) (t/a Robert Gibbons & Son) (VTD 15762) 44.145
Birchall Blackburn (VTD 9547) 18.402
Birchforest Ltd (VTD 6046) 41.7
Birchview Ltd (VTD 15275) 36.682
Birchwatt Productions Ltd (VTD 4182) 18.531
Bird (RJ) (VTD 6715) 52.77
Bird, Lancaster v, CA 19 November 1998 unreported 67.4
Bird Racing (Management) Ltd (VTD 11630) 7.84
Bird Semple & Crawford Herron, [1986] VATTR 218 (VTD 2171) 36.34
Birkdale School Sheffield, Ch D [2008] STC 2002; [2008] EWHC 409 (Ch) 21.8
Birketts, [2002] VATDR 100 (VTD 17515) 62.174
Birkin (PM) (VTD 6113) 52.346
Birkinshaw (JK) (t/a JB Plant) (VTD 10648) 18.143
Birks (B) (VTD 2201) 51.105
Birmingham & Solihull Learning Exchange Ltd (The) (VTD 19310) 7.100
Birmingham City Football Club plc, [2007] VATDR 149 (VTD 20151) 36.176
Birmingham Council for Old People (VTD 15437) 15.297
Birmingham Hippodrome Theatre Trust, CA [2014] STC 2222 .... 48.154
Bishop (A) (VTD 17267) 57.7
Bishop (J) & Elcocks (P) (VTD 17620) 29.36
Bishop & Knight Ltd (VTD 9315) 43.3
Bissell Homecare (Overseas) Inc (VTD 18217) 48.68
Bissmire (RR) (VTD 7303) 51.3, 57.127
Bistro Inns Ltd (VTD 15613) 51.130
BJ Executive Services (VTD 2048) 62.180
BJ Group Ltd (VTD 18234) 41.111
BJ Kershaw Transport Ltd (VTD 1785) 36.515
BJ Rice & Associates, CA [1996] STC 581 .... 62.483
BJ Rice & Associates (VTD 14659) 2.385
Bjellica (V), CA [1995] STC 329 .... 51.4, 57.92
Black (A) (VTD 7919) 52.335
Black Eagle Ltd (VTD 7682) 52.227
Black Pearl Entertainments Ltd, [2011] UKFTT 368 (TC), TC01223 .... 2.151
Blackburn (G) (VTD 8845) 18.167
Blackburn (GA & A), [2013] UKFTT 525 (TC), TC02913 .... 59.22
Blackburn (RC) (VTD 13798) 62.85
Blackburn & District Group Training Association Ltd (VTD 2735) 18.508
Blackburn Bros Cattle Co Ltd, [2014] UKFTT 047 (TC), TC03187 .... 2.297
Blackie & Sons Ltd (VTD 7632) 62.87
Blacklock (RD), [2007] VATDR 225 (VTD 20171) 15.164
Blackpool Pleasure Beach Co, QB [1974] STC 138; [1974] 1 WLR 540; [1974] 1 All ER 1011 .... 66.35
Blackpool Pleasure Beach (Holdings) Ltd (VTD 19014) 67.180
Blackqueen Ltd (VTD 17680) 22.68

BlackRock Investment Management (UK) Ltd, CJEU Case C-231/19; [2020] STC 1445	20.163
Blackwell (J) (VTD 18523)	50.95
Blair (J) (VTD 16767)	62.554
Blake (DB & Mrs JP) (VTD 3515)	51.19
Blake Paper Ltd (VTD 9829)	52.284
Bland (G) (VTD 17395)	50.33
Blandy (Mrs G) (VTD 13123)	7.28
Blanks (RJ & CA) (VTD 14099)	67.128
Blasi v Finanzamt München I, ECJ Case C-346/95; [1998] STC 336; [1998] All ER (EC) 211	22.380
Blaydon Rugby Football Club, [1996] VATDR 1 (VTD 13901)	11.37
BLC Baumarkt GmbH & Co KG, Finanzamt Hildesheim v, ECJ Case C-511/10; [2013] STC 521	22.493
Blendhome Ltd (t/a Stanhill Court Hotel) (VTD 16048)	41.115
Bleyer Hair Clinic Ltd (VTD 1947)	36.184
BLM SA, Belgian State v, ECJ Case C-436/10; [2012] STC 1564	22.384
Blom-Cooper (Lady), CA [2003] STC 669; [2003] EWCA Civ 493	15.177
Blomfield (RJ) (VTD 5759)	36.294
Blomfield (T) (VTD 1177)	47.52
Bloomsbury Wealth Management Llp, [2012] UKFTT 379 (TC), TC02063	27.41
Bloxwich Engineering Ltd (VTD 3396)	18.63
BLP Group plc, ECJ Case C-4/94; [1995] STC 424; [1995] 1 ECR 983; [1996] 1 WLR 174; [1995] All ER (EC) 401	22.457
BLP Group plc, ex p., R v C & E Commrs, QB 1993, [1994] STC 41	2.309
Blue Boar Computers Ltd (VTD 6416)	52.26
Blue Boar Property & Investment Co Ltd, [1984] VATTR 12 (VTD 1579)	32.5
Blue Chip Hotels Ltd, [2017] UKUT 204 (TCC)	41.114, 62.590
Blue Sphere Global Ltd (No 1) (VTD 20694)	2.130
Blue Sphere Global Ltd (No 2), CA [2010] STC 1436; [2010] EWCA Civ 517	36.97
Blue Sphere Global Ltd (No 3), CA [2010] EWCA Civ 1448; [2011] STC 547	2.405
Blue Sphere Global Ltd (No 4), QB [2011] EWHC 90217 (Costs)	2.405
Bluejay Mining Plc [2020] UKFTT 473 (TC), TC07947	20.21
Blusins Ltd (VTD 15119)	57.177
Blyth Elfords, [1985] VATTR 204 (VTD 1939)	2.200
Blyth-Palk (E & S) (t/a John Baxter Hair Fashions) (VTD 718)	36.216
Blyth Valley Borough Council (VTD 6417)	52.60
Blythe Limited Partnership, [1999] VATDR 112 (VTD 16011)	6.18
Blythswood Motors Ltd (VTD 14203)	36.164
BMS Medical Manufacturer & Supplies Ltd (VTD 7836)	18.197
BMW AG, oao, R v HMRC, CA [2009] STC 963; [2009] EWCA Civ 77	59.4
BMW (GB) Ltd, QB [1997] STC 824	8.33
BMW (GB) Ltd (No 2) (VTD 14823)	46.133
BMW Finance (GB) Ltd (VTD 13131)	46.131
BMW Financial Services (GB) Ltd (VTD 17913)	36.224
BNR Company Services Ltd (VTD 13783)	5.96
Boakes (A & Mrs T), [2013] UKFTT 334 (TC), TC02737	15.187
Board of Governors of the Robert Gordon University (The), CS [2008] CSIH 22	21.7
Bobacre Ltd (t/a Geary Drive Hire) (VTD 12829)	52.302
BOC International Ltd, [1982] VATTR 84 (VTD 1248)	54.7
Bockemühl, Finanzamt Gummersbach v, ECJ Case C-90/01; [2005] STC 934	22.543
Boden (VTD 377)	58.15
Body Shop Supply Services Ltd, [1984] VATTR 233 (VTD 1752)	67.165
Bodyguard Workwear Ltd (VTD 20949)	62.53
Boffey (A), [2008] VATDR 395 (VTD 20865)	52.392
Bog, Finanzamt Burgdorf v, ECJ Case C-497/09; [2011] STC 1221	22.168
Boggeln (J) (t/a Divine Fireplaces) (VTD 18965)	51.56
Bokor (A), [2009] UKFTT 322 (TC), TC00265	19.57
Bolinge Hill Farm (VTD 4217)	44.42
Bolton Consultants Ltd (VTD 6611)	52.219
Bolukbasi (M & F) (VTD 11293)	50.50

Table of Cases — A to J

Bomanite (Southeast) (VTD 13745)	52.195
Bonanni (Mr & Mrs P) (VTD 11823)	48.117
Bond (ACH) (VTD 4722)	36.317
Bond (S) & Baxter (Ms S), [2010] UKFTT 242 (TC), TC00539	15.335
Bond House Systems Ltd, [2003] VATDR 210 (VTD 18100)	36.118
Bondcloak Ltd (VTD 4858)	18.308
Bondi (F) (VTD 173)	41.142
Boni Faccenda Ltd, [1975] VATTR 155 (VTD 196)	29.141
Bonik EOOD *v* Direktor na Direktsia Obzhalvane i upravlenie na izpalnenieto, ECJ Case C-285/11; [2013] STC 773	22.484
Bonnet to Boot Ltd (VTD 13466)	65.44
Bonusclass Ltd (VTD 17528)	44.72
Boodle & Dunthorne Ltd (VTD 18429)	67.17
Book Club Associates, [1983] VATTR 34 (VTD 1363)	5.23
Bookit Ltd, [2014] UKFTT 856 (TC), TC03972	20.156
Bookit Ltd, CJEU Case C-607/14; [2016] All ER (D) 78 (Jun)	27.54
Book People Ltd (The) (VTD 18240)	5.13
Bookmakers' Protection Association (Southern Area) Ltd, [1979] VATTR 215 (VTD 849)	64.14
Boon (A) (t/a Allan Boon Haulage) (VTD 9952)	18.346
Booth (AL), [1977] VATTR 133 (VTD 385)	40.7
Booth (R) (t/a Discovery Trading Co) (VTD 12778)	18.524
Bootle Transfer Station Ltd (VTD 17051)	65.96
Boots Co plc (The), ECJ Case 126/88; [1990] STC 387; [1990] 1 ECR 1235; [1990] 2 CMLR 731	22.280
Boots Co plc (No 2), CA 2009, [2010] STC 637; [2009] EWCA Civ 1396	58.12
Bophutatswana National Commercial Corporation Ltd, CA [1993] STC 702	39.2
Bord (MD) (VTD 9824)	60.5
Border Flying Co, [1976] VATTR 132 (VTD 300)	7.41
Bordergem Ltd (VTD 2887)	44.63
Bornfleet Forwarding Ltd (VTD 9704)	52.74
Bornoosh (M) (VTD 18493)	50.164
Borough Council of King's Lynn & West Norfolk, [2012] UKFTT 671 (TC), TC02342	67.146
Boscawen, Mason *v*, Ch D 2008, [2009] STC 624; [2008] EWHC 3100 (Ch)	6.59
Botanical Catering Ltd, [2009] UKFTT 265 (TC), TC00212	48.62
Bott (Mrs M) (t/a Clothesline) (VTD 10267)	52.77
Bounds Green Supermarket Ltd (No 1), [2012] UKFTT 493 (TC), TC02170	50.13
Bounds Green Supermarket Ltd (No 2), [2013] UKFTT 44 (TC), TC02464	50.13
Bourne (SA) (VTD 16023)	52.217
Bourne (W) (TC00582)	15.340
Bourne Vehicle Hire (VTD 15267)	50.79
Bournemouth Indoor Bowls Centre Ltd (VTD 14335B)	52.114
Bournemouth Symphony Orchestra, CA 2006, [2007] STC 198; [2006] EWCA Civ 1281	16.7
Bowcombe Shoot, [2011] UKFTT 64 (TC), TC00942	2.411
Bowden Associates Ltd (VTD 7449)	18.348
Bowe (J) (VTD 6748)	52.316
Bowen (J) (VTD 11167)	52.189
Bowen (M), [1987] VATTR 255 (VTD 2535)	18.85
Bower (JF) (t/a Bean Bower & Co), [1995] VATDR 294 (VTD 13224)	18.556
Bowles (JA) (t/a Oakey Bros Butchers) (VTD 12422)	44.145
Bowles (P), RCPO *v*, Oxford Crown Court 7 December 2009, Times 9.12.2009	49.32
Bowley (B) [2015] UKFTT 683 (TC), TC04800	15.169
Bowthorpe Community Trust (Trustees of the) (VTD 12978)	42.19
Boxmoor Construction Ltd, [2016] UKUT 91 (TCC)	15.269
Boyce (JE) (t/a Glenwood), [2017] UKUT 177 (TCC)	36.751
Boyd (G & G) (t/a Boyd Motors) (VTD 20034)	53.10
Boyd (GA) Building Services Ltd, [1993] VATTR 26 (VTD 9788)	2.393
Boys' and Girls' Welfare Society (VTD 15274)	19.44, 19.99
Boz Ltd (VTD 9353)	52.71

Bozdaq (M) (VTD 17787)	57.184
BP Supergas Anonimos Etairia Geniki Emporiki-Viomichaniki kai Antiprossopeion v Greece, ECJ Case C-62/93; [1995] STC 805; [1995] 1 ECR 1883; [1995] All ER (EC) 684	22.650
BPF Tanks Ltd, [2019] UKFTT 621 (TC), TC07405	14.50
BPH Equipment Ltd (VTD 13914)	62.578
BPP Holdings Ltd, [2017] UKSC 55	2.218
Bracegirdle (MJ) (VTD 20889)	15.80
Bradbury (M) (VTD 17596)	3.151
Bradfield (JH), [1991] VATTR 22 (VTD 5339)	55.76
Bradley (S) (VTD 18735)	2.234
Bradshaw (K) (VTD 20498)	40.27
Bradshaw & Others (as Trustees for Taylor Dyne Ltd Pension Fund), [1992] VATTR 315 (VTD 6964)	6.25
Braes (J) (t/a Aquarius) (VTD 11951)	51.118
Brailsford (Mrs LJ) (VTD 13472)	19.56
Brainstormers Web Factory Ltd (VTD 15761)	18.384
Brakel Ltd (VTD 9685)	18.66
Brambletye School Trust Ltd, [2002] VATDR 265 (VTD 17688)	6.11
Bramley (DR) & Bradley (MA), [1987] VATTR 72 (VTD 2349)	57.165
Bramley Caterers (VTD 6385)	29.55
Brammer (G) (t/a Talking Heads) (VTD 17761)	62.277
Brammer plc (VTD 6420)	41.24
Brand (Mrs DM) (Racket Sports for Children with Special Needs) (VTD 14080)	19.93
Branded Garden Products Ltd, [2017] UKFTT 86 (TC), TC05604	29.115
Brandenstein, Finanzamt Düsseldorf-Mettman v, ECJ Case C-323/99, [2001] STC 1356; [2002] 2 WLR 1207	22.175
Brannan (GA) (t/a G Brannan Builders) (VTD 5939)	51.100
Brasserie du Pêcheur SA v Federal Republic of Germany, ECJ Case C-46/93; [1996] 1 ECR 1029; [1996] 1 CMLR 889; [1996] 2 WLR 506; [1996] All ER (EC) 301	22.32
Brasplern (Group Services) Ltd (VTD 1558)	46.16
Bratt Autoservices Company Ltd, CA [2018] EWCA Civ 1106	48.20
Bray (DB) (VTD 5538)	36.315
Bray Walker (VTD 18339)	62.175
Brayfal Ltd, Ch D 4 March 2008 unreported	2.256
Brayfal Ltd (No 4), UT [2011] STC 1338	36.95
Brayfal Ltd (No 5), Ch D [2011] EWHC 407 (Ch); [2011] STC 1482	2.353
Brayfal Ltd, oao, R v, QB [2007] EWHC 521 (Admin)	36.708
Brayfal Ltd, oao, R v HMRC (No 2), QB [2009] EWHC 3354 (Admin)	59.5
Brays of Glastonbury Ltd (VTD 650)	12.14
Breach (DV) (t/a Neath Mailing Services) (VTD 17279)	5.56
Brearley Townsend Painters Ltd (VTD 3126)	18.182
Brechin Motor Co Ltd (VTD 9525)	52.127
Brecon Brewery Ltd (VTD 3053)	18.546
Breese Brick Ltd (VTD 6009)	52.123
Breezes Patisserie (VTD 10081)	29.49
Breitsohl, Finanzamt Goslar v, ECJ Case C-400/98; [2001] STC 355	22.133
Bremen Fitted Furniture (VTD 17676)	48.82
Bremner (AB) (VTD 6112)	18.103
Brennan (J) (VTD 11657)	51.107
Brennan (TA) (VTD 19982)	2.302
Brennan (Thomas), [2015] UKFTT 557 (TC), TC04709	15.200
Brentwood Construction & Development Ltd (VTD 16073)	50.58
Brewhurst Health Food Supplies (VTD 8928)	29.112
Brian Perkins & Co Ltd (VTD 3885)	19.106
Brian Yeardley Continental Ltd (VTD 2035)	36.400
Briana Electronics (VTD 4629)	18.164
Briararch Ltd, QB [1992] STC 732	46.217
Brice (N) (VTD 6376)	55.60
Brice (V) (VTD 9721)	52.107
Bridge Book Co Ltd (The) (VTD 935)	36.416

Table of Cases — A to J

Bridge Metal Services (Thurrock) Ltd (VTD 7971) 18.287
Bridgeman (JP) (VTD 1206) 47.53
Bridgeman (RM) (t/a Bridgeman Building & Public Works Contractors) (VTD 6563)
.... 52.109
Bridges (JR) (t/a Plastering Contractors Ltd) (VTD 9653) 52.21
Bridgewater (PJ) (VTD 10491) 29.73
Bridgnorth Golf Club, [2009] UKFTT 126 (TC), TC00094 .... 46.72
Bridport & West Dorset Golf Club Ltd, ECJ Case C-495/12; [2014] STC 663 .... 2.148, 20.141
Briggs (I), [1995] VATDR 386 (VTD 13603) 3.34
Briggs 'Palm Shoes' Ltd (VTD 9840) 18.508
Bright (BH) (No 1) (VTD 3924, VTD 4577) 67.126
Brims Construction Ltd, [2013] UKFTT 35 (TC), TC02455 .... 55.11
Brind, ex p., R v Secretary of State for the Home Department, HL [1991] 2 WLR 588;
[1991] 1 All ER 720 .... 52.466
Brinkard (M), [2013] UKFTT 611 (TC), TC02998 .... 6.42
Brisbane (GT) (VTD 16691) 50.60
Bristol Bathroom Co (VTD 5340) 62.474
Bristol Bloodstock Ltd (VTD 11955) 36.654
Bristol Cathedral (Dean & Chapter) (VTD 14591) 36.601
Bristol Churches Housing Association (VTD 10515) 46.56
Bristol City Council (VTD 17665) 62.225
Bristol City Football Supporters Club, [1975] VATTR 93 (VTD 164) 29.37
Bristol Engineering & Hydraulics Ltd (VTD 15431) 65.47
Bristol Street Motors (Bromley) Ltd (VTD 6381) 52.60
Bristow & Darlington Ltd (VTD 6961) 52.351
Britannia Building Society (VTD 14886) 46.83
Britannia Steel Ltd (VTD 11675) 52.384
British & Foreign Bible Society (VTD 10149) 11.47
British Airports Authority (No 1), CA 1976, [1977] STC 36; [1977] 1WLR 302; [1977]
1 All ER 497 .... 41.1
British Airports Authority (No 2), [1975] VATTR 43 (VTD 146) 41.33, 66.48
British Airports Authority (No 3) (VTD 147) 41.34
British Airports Authority (No 4) (VTD 148) 66.42
British Airports Authority (No 5) (VTD 447) 15.307
British Airways Board (VTD 663) 62.24
British Airways Board (VTD 846) 32.3
British Airways Housing Trust Ltd (VTD 663) 62.24
British Airways plc (No 1), CA [1990] STC 643 .... 66.13
British Airways plc (No 2), QB [1996] STC 1127 .... 36.195
British Airways plc (No 3), [2000] VATDR 74 (VTD 16446) 36.163
British American Tobacco International Ltd v Belgian State, ECJ Case C-435/03; [2006]
STC 158 .... 22.94
British Association for Counselling (The) (VTD 11855) 64.4
British Association for Shooting & Conservation Ltd (The) (No 2), [2010] SFTD 993;
[2010] UKFTT 258 (TC), TC00562 .... 24.43
British Association of Leisure Parks, Piers & Attractions Ltd (The), UT [2013] UKUT
130 (TCC); [2013] STC 1410 .... 64.36
British Broadcasting Corporation, [1974] VATTR 100 (VTD 73) 36.15
British Car Auctions Ltd, [1978] VATTR 56 (VTD 522) 36.410
British Credit Trust Ltd, [2014] UKUFTT 744 (TC), TC03863 .... 36.563
British Dental Association, [2010] UKFTT 176 (TC); [2010] SFTD 757, TC00481
.... 46.3
British Disabled Flying Association (The), UT [2013] UKUT 162 (TCC); [2013] STC
1677 .... 19.40
British European Breeders Fund (The Trustees of), [1985] VATTR 12 (VTD 1808)
.... 7.61
British Eventing Ltd, [2010] UKFTT 382 (TC); [2011] SFTD 18, TC00664 .... 6.58
British Field Sports Society, CA [1998] STC 315; [1998] 1 WLR 962; [1998] 2 All ER
1003 .... 13.10
British Film Institute, CJEU Case C-592/15 .... 22.358

British Gas plc, Foster & Others *v*, ECJ Case C-188/89; [1990] ECR 3313; [1990] 3 All ER 897	22.17
British Hardware Federation, [1975] VATTR 172 (VTD 216)	27.25
British Horse Society Ltd (VTD 16204)	38.45
British Iberian International Transport Ltd (VTD 2101)	36.723
British Institute of Cleaning Science Ltd (The) (VTD 1981)	64.17
British Institute of Management (No 1), [1978] VATTR 101 (VTD 565)	57.208
British Institute of Management (No 2), [1980] VATTR 42 (VTD 900)	2.370
British Jewellery & Giftware Federation Ltd (VTD 12194)	65.83
British Nursing Co-operation Ltd (VTD 8816)	33.21
British Olympic Association, [1979] VATTR 122 (VTD 779)	13.14
British Organic Farmers, [1988] VATTR 64 (VTD 2700)	64.15
British Printing Industries Federation, [2014] UKFTT 150 (TC), TC03288	20.139
British Railways Board, CA [1976] STC 359; [1976] 1 WLR 1036; [1976] 3 All ER 100	54.1
British Railways Board (No 2), CA [1977] STC 221; [1977] 1 WLR 588; [1977] 2 All ER 873	66.12
British Sky Broadcasting Group plc, [1999] VATDR 283 (VTD 16220)	5.103, 62.598
British Sky Broadcasting Group plc (oao), R *v* C & E, CA [2001] STC 437; [2001] EWHC Admin 127	2.317
British Sky Broadcasting Ltd, [1994] VATTR 1 (VTD 12394)	62.514
British Steel Exports Ltd (VTD 7562)	48.106
British Telecommunications plc, CA [1996] STC 818; [1996] 1 WLR 1309	62.484
British Telecommunications plc (No 2), HL [1999] STC 758; [1999] 1 WLR 1376; [1999] 3 All ER 961	44.102
British Telecommunications plc (No 3) (VTD 14669)	40.117
British Telecommunications plc (No 4) (VTD 14830)	62.209
British Telecommunications plc (No 5) (VTD 16244)	41.13
British Telecommunications plc, [2014] EWCA Civ 433	4.36
British Telecommunications plc, ex p., R *v* HM Treasury, ECJ Case C-392/93; [1996] 1 ECR 1631; [1996] 2 CMLR 217; [1996] 3 WLR 303; [1996] All ER (EC) 401	22.35
British Telecommunications plc, oao, R *v* HMRC, QB [2005] STC 1148; [2005] EWHC 1043(Admin)	48.50
British Teleflower Service Ltd, [1995] VATDR 356 (VTD 13756)	3.56, 40.63
British Tenpin Bowling Association, [1989] VATTR 101 (VTD 3213, 3552)	64.21
British United Provident Association Ltd, CA [1997] STC 445	19.15
British United Provident Association Ltd (No 2) (VTD 17286)	62.521
British Vita Co Ltd (VTD 322)	12.3
Britton (RTG) (VTD 445)	36.309
Britton (VJ), [1986] VATTR 209 (VTD 2173)	47.47
Britwood Toys Ltd (VTD 2263)	36.284
Broadbent (CM) (VTD 15809)	51.157
Broadgate Software Ltd (VTD 5662)	18.313
Broadhead Peel & Co, [1984] VATTR 195 (VTD 1737)	36.218
Broadhurst (Mr & Mrs) (t/a RMS Heating) (VTD 2007)	62.104
Broadley (LW & A) (t/a Professional Haircare) (VTD 16643)	41.87
Broadley (LW & A) (t/a Professional Haircare) (No 2), [2001] VATDR 271 (VTD 17153)	2.105
Broadside Colours & Chemicals Ltd (VTD 6994)	52.71
Broadwell Land plc, [1993] VATTR 346 (VTD 10521)	36.691
Brockenhurst College, CJEU Case C-699/15; [2017] STC 1112	21.25
Brockholes Electrics Co Ltd (VTD 6519)	18.549
Brodrick Wright & Strong Ltd (VTD 2347)	62.544
Brogden (M) (VTD 19827)	7.96
Bromley Training & Development Ltd, [2012] UKFTT 30 (TC), TC01728	62.444
Brollies Ltd (VTD 11966)	6.33
Brook Leisure Holdings Ltd (VTD 19156)	67.183
Brooker (RD) (VTD 15164)	3.115
Brookes (A), [1994] VATTR 35 (VTD 11752)	2.38
Brookes (PA), [2016] UKUT 214 (TCC)	50.66
Brookfields (VTD 577)	58.15

Table of Cases — A to J

Brooks (LVJ) (VTD 1722)	36.222
Brooks (N) (VTD 4784)	18.128
Brooks (SR) (VTD 12754)	36.276
Brooks Histograph Ltd, [1984] VATTR 46 (VTD 1570)	5.118
Brough (W & B) (t/a Chaddy Cars) (VTD 16700)	47.29
Brough, Smith v, CA [2005] EWCA Civ 261	2.139
Brough Bros (Kitchens & Bathrooms) Ltd (VTD 7915)	18.193
Brown (BJ) (VTD 6552)	36.228
Brown (G) (VTD 7718)	2.101
Brown (G & C) (VTD 7430)	36.700
Brown (J) (VTD 7747)	10.5
Brown (JW), [2009] UKFTT 359 (TC), TC00297	65.96
Brown (KS) (VTD 9614)	51.45
Brown (LP & CG) (VTD 16109)	44.110
Brown (ME) (VTD 11429)	62.312
Brown (N), [2014] UKFTT 497 (TC), TC03623	41.68
Brown (S) (VTD 19884)	15.278
Brown (T) (VTD 1020)	3.169
Brown & Frewer Ltd (VTD 15209)	50.155
Brown & Rochester (VTD 9751)	44.152
Browne (Dr NDF) (VTD 11388)	55.57
Browsers Bookshop (VTD 2837)	44.22
BRS Automotive Ltd, CA [1998] STC 1210	44.107
Bruce (AC) & Hull (ML) (VTD 2248)	19.52
Bruce (CS) (VTD 11861)	51.76
Bruce (ED), [1991] VATTR 280 (VTD 6326)	15.7
Bruce (M) (VTD 16660)	18.23
Bruce (PS) (VTD 12484)	57.98
Bruce Banks Sails Ltd, [1990] VATTR 175 (VTD 4896)	62.473
Bruce Miller & Co (VTD 9402)	52.60
Bruce Weir & Co (VTD 7620)	18.140
Brucegate Ltd (VTD 4903)	36.57
Brundrit (DB) (VTD 17952)	50.4
Brunel Motor Co Ltd, UT [2013] UKUT 6 (TCC); [2013] STC 1426	37.14
Brunswick (Mr & Mrs) (t/a The Bull Inn) (VTD 20357)	18.108
Brunswick Properties Ltd, [2014] UKFTT 601 (TC), TC03726	55.27
Brunt (WJ), QB 10 November 1998 unreported	14.104
Bryan Keenan & Co (VTD 17407)	18.21
Bryan Markwell & Co Ltd (VTD 4358)	58.23
Bryant (J) (VTD 11212)	36.301
Bryant Glass Ltd (VTD 3431)	18.58
Bryce (D) (t/a The Barn), UT [2011] STC 903; [2010] UKUT 26 (TCC)	41.62, 62.589
Brydon (WW) (VTD 20740)	51.167
BS Design & Management Ltd, [2014] UKFTT 496 (TC), TC03622	15.231
BS Electrical (VTD 9199)	18.161
BSN (Import & Export) Ltd, [1980] VATTR 177 (VTD 998)	24.5
BTR Industries Ltd (VTD 11828)	8.46
Buck (L) (t/a Idealogic) (VTD 20082)	18.473
Buckingham Bingo Ltd v HMRC, [2019] UKUT 140 (TCC)	2.303
Buckley (Mr & Mrs) (t/a Wheelcraft Centre & Original Homes) (VTD 7150)	46.53
Buckley (JR) (VTD 7644)	58.23
Buckley Jewellery Ltd (VTD 18178)	65.55
Bugeja (A), CA [2001] EWCA Civ 1542; [2001] STC 1568	67.78
Bugg (AA) (VTD 15123)	15.17
Bugmile Ltd (VTD 12574)	50.27
Building Societies Ombudsman Co Ltd, ex p., R v C & E, CA [2000] STC 892	48.49
Bulgaria, Bulves AD v, ECHR Case 3991/03; [2009] STC 1161	34.27
Bulgaria, Business Support Centre v, ECHR Case 6689/03; 18 March 2010 unreported	34.28
Bulgin Powersource plc (VTD 13915)	18.455
Bulkhaul Ltd (VTD 5725)	52.120

Bulkliner Intermodal Ltd, [2010] UKFTT 395 (TC), TC00677 ...... 2.373
Bull (N), [2013] UKFTT 92 (TC), TC02510 ...... 15.48
Bullimore (M) (VTD 2626) 41.81
Bulthuis-Griffioen *v* Inspector der Omzetbelasting, ECJ Case C-453/93; [1995] STC 954; [1995] 1 ECR 2341 ...... 22.333
Bulves AD *v* Bulgaria, ECHR Case 3991/03; [2009] STC 1161 ...... 34.27
Bundesamt für Finanzen, Auto Lease Holland BV *v* ECJ Case C-185/01; [2005] STC 598 ...... 22.162
Bundesamt für Finanzen, Denkavit International BV & Others *v*, ECJ Case C-283/94; [1996] STC 1445; [1996] 1 ECR 5063 ...... 22.36
Bundesamt für Finanzen, Řízení Letového Provozu ČR sp *v*, ECJ Case C-335/05; [2007] STC 1509 ...... 22.636
Bundesamt für Finanzen, Société Générale des Grandes Sources d'Eaux Minérales Françaises *v*, ECJ Case C-361/96; [1998] STC 981 ...... 22.628
Bundeszentralamt für Steuern, Planzer Luxembourg Sàrl *v*, ECJ Case C-73/06; [2008] STC 1113 ...... 22.629
Bundeszentralamt für Steuern, Yaesu Europe BV *v*, ECJ Case C-433/08; [2010] STC 809 ...... 22.635
Bunning (DG & CD) (t/a Stafford Land Rover), [2012] UKFTT 32 (TC); [2012] SFTD 679; TC01730 ...... 19.22
BUPA Nursing Services Ltd (VTD 10010) 62.331
BUPA Hospitals Ltd, ECJ Case C-419/02; [2006] STC 967; [2006] 2 WLR 96 ...... 22.254
BUPA Purchasing Ltd, Ch D [2003] STC 1203; [2003] EWHC 195 7(Ch) 32.21
BUPA Purchasing Ltd (No 2), CA 2007, [2008] STC 101; [2007] EWCA Civ 542 ... 3.189
Burdett (DC) (VTD 9695) 52.138
Burford *v* Durkin, CA 1990, [1991] STC 75 ...... 3.98
Burgess (MEJ) & Holmes (AP) (t/a Cards'N Cuddles) (VTD 14475) 36.643
Burgess Detective Agency Ltd (VTD 2685) 44.40
Burgess *v* Stafford Hotels Ltd, [1990] 3 All ER 222 ...... 2.396
Burghill Valley Golf Club (VTD 18878) 14.74
Burgin (R) Ltd (VTD 5916) 18.148
Burke (DE), Ch D [2009] EWHC 2587 (Ch); [2011] STC 625 ...... 28.4
Burke (Ms J), [2009] UKFTT 87 (TC), TC00055 ...... 33.60
Burley Estates Ltd (VTD 7937) 52.42
Burmese Cat Benevolent Fund (The) (VTD 20015) 11.33
Burnham Logistics Ltd (VTD 18005) 40.115
Burnham Radio Recreational & Welfare Club (VTD 518) 29.40
Burns (Dr KP & Mrs LM) (t/a Sheffield Clinic of Complementary Medicine) (VTD 12046) 51.37
Burns (Dr KP & P) (t/a North Ferriby Chiropractic Clinic) (VTD 12046) 51.37
Burns (PE) (VTD 3151) 18.420
Burntisland Golf Club (VTD 6340) 36.555
Burr (M & EJ) (t/a Penny's Place) (VTD 16486) 57.25
Burrell (RJ) (t/a The Firm), QB [1997] STC 1413 ...... 47.42
Burridge (RT) (VTD 3723) 18.430
Burrows (S), [2007] VATDR 478 (VTD 20454) 62.558
Burton, [2016] UKUT 20 (TCC); [2016] All ER (D) 188(Jan) 15.49
Burton (B), [2013] UKFTT 401 (TC), TC02797 ...... 15.194
Burton (R), [2013] UKFTT 104 (TC), TC02522 ...... 15.48
Burton Group plc (The) (VTD 15046) 58.33
Bushby (DW & MJ), QB 1978, [1979] STC 9 ...... 29.122
Bushell (BCW) (VTD 15094) 36.321
Business Enterprises (UK) Ltd, [1988] VATTR 160 (VTD 3161) 41.6
Business Post Holdings Ltd (VTD 5002) 18.398
Business Support Centre *v* Bulgaria, ECHR Case 6689/03; 18 March 2010 unreported 34.28
Butcher (PC) (t/a Ashley Motor Services) (VTD 17423) 44.75
Butchwick (AJ) (VTD 12782) 18.351
Butland (P) (t/a Harrogate Site Services) (VTD 6531) 55.1
Butler (DJ), [2016] UKFTT 666 (TC), TC05392 ...... 57.207
Butler (S) (VTD 3067) 51.45

Table of Cases — A to J

Butler & Tanner Ltd, [1974] VATTR 72 (VTD 68)	5.31
Butler Newall Ltd (VTD 12292)	52.213
Butler Question Method School of Languages Ltd (No 1) (VTD 5677)	36.194
Butler Question Method School of Languages Ltd (No 2) (VTD 7178)	67.105
Butt, CA [2019] EWCA Civ 554	50.98
Butterfield (J), [1977] VATTR 152 (VTD 404)	2.198
Butterworth (CR) (VTD 1395)	36.312
Button Eventures Ltd (VTD 5995)	18.181
Buxhall Ltd (VTD 20075)	18.525
Buxton (MP) (VTD 10108)	3.187
Buxton & District Civic Association Ltd (VTD 3380)	21.5
Buy As You View Ltd, [2010] UKFTT 182 (TC), TC00486	60.20
Buyagift Ltd (VTD 19856)	1.61
Buyagift Ltd (No 2) (VTD 20774)	1.61
By Storm Ltd (VTD 17249)	18.400
Byrd (GN) (t/a GN Byrd & Co) (VTD 12675)	46.229
Byrne (JC) (VTD 4202)	18.436
Byrt (AG), [2011] UKFTT 600 (TC), TC01443	48.62
Byrom, Kane & Kane (t/a Salon 24), Ch D [2006] STC 992; [2006] EWHC 111 (Ch)	41.94

C

C & C Engineering (WGC) Ltd (VTD 6605)	18.498
C&D Foods Acquisition ApS v Skatteministeriet, CJEU Case C-502/17	22.422
C & G Developments Ltd (VTD 2384)	2.97
C & N Hollinrake Ltd, [2014] UKFTT 203 (TC), TC03343	28.6
C & P Building & Welding (Wantage) Ltd (VTD 2062)	36.393
C & S Cladding Ltd (VTD 11102)	18.504
C & S Glaziers (North Wales) Ltd (VTD 6247)	52.281
C & V (Advice Line) Services Ltd, [2001] VATDR 446 (VTD 17310)	38.19
C & W Clothiers Ltd (VTD 1756)	36.480
C Bond Ltd (VTD 15515)	57.129
C Cohen (Furriers) Ltd (VTD 4933)	65.49
C Hesketh & Sons Ltd (VTD 16963)	44.96
C, V v, CA [2001] EWCA Civ 1509	2.187
Cabinet de avocat UR v Administraţia Sector 3 a Finanţelor Publice prin Direcţia Generală Regională a Finanţelor Publice Bucureşti, Administraţia Sector 3 and others, CJEU Case C-424/19	20.16
Cabinet Diot (SA) v France, ECHR Case 49217/99; 22 July 2003 unreported	34.25
Cable (F) (VTD 13845)	36.41
Cable & Wireless plc, [2009] VATDR 538; [2009] UKFTT 32 (TC); TC00004	48.10
Cabvision Ltd, [2013] UKFTT 721 (TC), TC03101	67.150
Cadbury (W), [2013] UKFTT 97 (TC), TC02515	19.83
Cadbury Ireland Trust Ltd v Revenue Commrs (Ireland), HC(I) [2007] IEHC 179	54.13
Caddey (RJ) (C154)	35.22
Caernarfonshire Fatstock Group Ltd (VTD 5033)	4.3
Café Da Vinci & Da Vinci Too (VTD 7298)	50.110
Caine (MH & ST) (VTD 2398)	62.468
Caira (R) (t/a The Ambassador Leisure Club) (VTD 7625)	52.71
Cairngorm Mountain (VTD 17679)	66.27
Caithness Rugby Football Club, [2016] UKUT 354 (TCC)	15.112
Cake (BD) (VTD 10272)	52.99
CAL Ingot Manufacturers (VTD 12298, 13069)	52.371
Calabar Developments Ltd, [1976] VATTR 1 (VTD 218)	62.21
Calam Vale Ltd (VTD 16869)	15.178
Calderprint (VTD 4541)	18.508
Caledonia Motor Group Ltd (VTD 20021)	67.19
Caledonian Paper plc (VTD 6139)	52.257
Callaghan (LF) (VTD 6445)	57.7

Calland (J) (VTD 2627)	62.425
Callaway (C) (VTD 12039)	3.30
Callison (BR) (VTD 810)	66.1
Calltell Telecom Ltd (No 1), Ch D [2008] STC 3246; [2008] EWHC 2107 (Ch)	2.334
Calltell Telecom Ltd (No 2), CA [2010] STC 1436; [2010] EWCA Civ 517	36.123
Calor Gas Ltd, [1973] VATTR 205 (VTD 47)	30.1
Calpeel Ltd (VTD 4194)	18.82
Calscot Stocktaking (VTD 15573)	18.101
Calver Weir Restoration Project, [2011] UKFTT 460 (TC); [2011] SFTD 1001; TC01310	55.13
Câmara Municipal do Porto, Fazenda Pública v, ECJ Case C-446/98; [2001] STC 560	22.148
Camberwell Cars Ltd (VTD 10178)	62.264
Camberwell Cars Ltd (No 2) (VTD 17376)	67.131
Camberwell Cars Ltd (No 3) (VTD 17566)	2.417
Cambrian Hydro Power Ltd, [2012] UKFTT 764 (TC); [2013] SFTD 302, TC02423	57.113
Cambridge (JV) (VTD 5104)	25.15
Cambridge Connectivity Ltd (VTD 13046)	18.380
Cambridge University (Chancellor, Masters & Scholars) (No 1), Ch D [2009] EWHC 434 (Ch)	30.12
Cambridge University Local Examination Syndicate (VTD 15015)	61.5
Cambuslang Athletic Club (VTD 1592)	13.41
Camden (Hardchrome) Ltd (VTD 3724)	18.548
Camden (London Borough of) (VTD 6123)	52.60
Camden (London Borough of), [1993] VATTR 73 (VTD 10476)	17.6
Camden Motors (Holdings) Ltd, [2008] VATDR 245 (VTD 20674)	46.207
Camelot Cars Couriers Ltd (VTD 1474)	62.64
Cameron (Dr AJ), [1973] VATTR 177 (VTD 41)	33.57
Cameron (CJ) (VTD 15779)	14.16
Cameron (R) (t/a RC Bookmakers) (E00096)	3.23
Cameron Black (London) Ltd, [2012] UKFTT 257 (TC), TC01950	15.85
Cameron New Homes Ltd (VTD 17309)	15.20
Camford Ltd (t/a The Cotswold Collection) (VTD 13339)	37.35
Camilla Enterprises Ltd (VTD 10426)	41.109
Camp (BR) (VTD 3605)	18.244
Campbell (D) (VTD 14410)	62.86
Campbell (DC) (VTD 14723)	18.434
Campbell (DS) (VTD 15051)	62.69
Campbell (J), [2017] UKFTT 104 (TC), TC05621	15.52
Campbell (M) (VTD 6269)	18.141
Campbell (MJ) (VTD 17425)	50.39
Campbell (SC) (Plastics) Ltd (VTD 6086)	18.533
Camping & Caravanning Club (The) (VTD 20679)	64.34
Campsa Estaciones de Servicio SA v Administración del Estado, ECJ Case C-285/10; [2011] STC 1603	22.587
Campus Martius Ltd (VTD 7199)	52.60
Canadian Airlines International Ltd, QB [1995] STC 341	66.15
Canaltime Developments Ltd (VTD 18561)	69.18
Canary Wharf Ltd, [1996] VATDR 323 (VTD 14513)	43.12
Candy (G), [2013] UKFTT 146 (TC), TC02544	50.69
Candy Maid Confections Ltd, Ch D [1968] 3 All ER 773	29.140
Cannings-Knight (BH) (VTD 11291)	19.91
Cannon (DE) (VTD 2486)	57.21
Cannon Express & Logistics Ltd, [2009] UKFTT 116 (TC), TC00084	28.13
Canotec Ltd, [2011] UKFTT 661 (TC), TC01503	36.36
Cant (CI), [1976] VATTR 237 (VTD 317)	21.1
Canterbury Amateur Operatic Society (VTD 5709)	51.98
Canterbury Hockey Club (VTD 19086)	2.45
Canterbury Hockey Club (No 2), ECJ Case C-253/07; [2008] STC 3351	22.355
Canterbury Ladies Hockey Club (VTD 19086)	2.45

Table of Cases — A to J

Cantor Fitzgerald International, ECJ Case C-108/99; [2001] STC 1453 .... 22.376
Cantors plc, [1993] VATTR 367 (10834) 3.185
Cantrell & Cantrell (t/a Foxearth Lodge Nursing Home), Ch D [2003] STC 486; [2003] EWHC 404 (Ch) 15.221
Capaldi & Company (VTD 18330) 17.3
Capernwray Missionary Fellowship of Torchbearers, [2014] UKFTT 626 (TC), TC03750 .... 15.155
Capernwray Missionary Fellowship of Torchbearers (No 2), [2015] UKUT 368 (TCC) 2.444
Capewell, HL [2007] UKHL 2; [2007] 2 All ER 370 .... 14.85
Capital Accommodation (London) Ltd (oao), R v HMRC, UT [2012] UKUT 276 (TCC); [2013] STC 303 .... 59.36
Capital Air Services Ltd (No 1), UT [2010] UKUT 373 (TCC); [2010] STC 2726 .... 2.115
Capital Air Services Ltd (No 2), UT [2011] STC 617 .... 2.115
Capital Computers Ltd (VTD 9095) 52.272
Capital Cranfield Trustees Ltd, [2008] VATDR 123 (VTD 20532) 54.8
Capital One Bank (Europe) plc (VTD 19238, VTD 19556) 46.164
Capital One Developments Ltd (No 1), Ch D [2002] STC 479; [2002] EWHC 197 (Ch) 36.706
Capital One Developments Ltd (No 2) (VTD 18642) 22.70
Capper (RMO & RCO) (VTD 18116) 52.419
Car Factors Ltd, [2011] UKFTT 465 (TC), TC01315 .... 57.108
Capricorn Business Services Ltd (VTD 4802) 18.237
Card Protection Plan Ltd, ECJ Case C-349/96; [1999] STC 270; [1999] 3 WLR 203; [1999] All ER (EC) 339 .... 22.365
Card Protection Plan Ltd, HL [2001] STC 174; [2001] UKHL 4; [2001] 2 WLR 329; [2001] 2 All ER 143 .... 38.39
Cardholder Services Ltd, CA [1989] STC 407; [1989] 2 All ER 385 .... 27.75
Cardiff City Council, oao, R v C & E, CA 2003, [2004] STC 356; [2003] EWCA Civ 1456 .... 48.51
Cardiff Community Housing Association Ltd, [2000] VATDR 346 (VTD 16841) ... 15.126
Cardpoint GmbH, Finanzamt Trier v, CJEU Case C-42/18 .... 20.157
Care @ Ltd (VTD 20316) 33.74
Carew (MM) & Son Marble Co Ltd (VTD 11681) 18.275
Carey (D) (VTD 7619) 52.71
Cargill (A) & McWilliams (K) (t/a Pende Café), [2009] UKFTT 381 (TC), TC00316 .... 65.113
Cargo Express (UK) Ltd (VTD 9779) 52.261
Carless (FG), QB [1993] STC 632 .... 62.260
Carlton Clubs Ltd, [2011] UKFTT 542 (TC); [2011] SFTD 1209, TC01389 .... 40.108
Carlton Lodge Club Ltd, QB [1974] STC 507; [1975] 1 WLR 66; [1974] 3 All ER 798 .... 13.30
Carmichael Jennifer May Ltd (VTD 3159) 18.451
Caro (D) (VTD 3284) 18.401
Caroline General Services Ltd (VTD 12048) 52.310
Carpenter (AP) (VTD 15253) 5.68
Carpenter (A) & Hayles (S) (t/a Carpenter Catering) (No 1) (VTD 17851) 29.15
Carpenter (A) & Hayles (S) (t/a Carpenter Catering) (No 2) (VTD 18148) 29.30
Carr v CIR, CA [1944] 2 All ER 163 .... 64.15, 64.23
Carr (DH) (VTD 19267) 55.39
Carr (PM) (t/a P & L Packaging) (VTD 6726) 52.5
Carr (R) (VTD 15411) 36.54
Carr (RA) (VTD 20690) 52.441
Carr (T) (t/a The Princess Royal Public House) (VTD 20507) 65.106
Carrick (J) (VTD 7664) 18.86
Carrophil Ltd (VTD 10190) 15.209
Carson Contractors Ltd, [2015] UKFTT 530 (TC), TC04679 .... 55.82
Cartagena (G) (VTD 19454) 15.69
Carter (AR) (VTD 13828) 15.332
Carter (AR) (VTD 14217) 50.137
Carter (NCD) (VTD 17288) 29.135

Case	Reference
Carter (RH) (t/a Protheroe Carter & Eason Ltd) (VTD 12047)	41.52
Carter Morris Roofing Ltd (VTD 7229)	52.138
Cartlidge (QJ) (VTD 7152)	62.103
Carville (R), [2011] UKFTT 763 (TC), TC01600	62.535
Casa Frattini Ltd (VTD 20645)	57.185
Casban (MJ & Mrs G) (t/a Lounge) (VTD 20469)	57.143
Cascade Amusements Ltd, [2012] UKFTT 259 (TC), TC01952	2.141
Casey Flooring (Contracts) Ltd (VTD 10205)	14.39
Casselson (RV) (VTD 17164)	50.38
Cassidy (Mrs V) (t/a Balou) (VTD 5760)	12.5
Casson (J) (VTD 16535)	7.104
Castle (LD) (t/a Langford Building Supplies) (VTD 12813)	36.633
Castle Caereinion Recreation Association (VTD 18303)	15.241
Castlegate Holdings Ltd (VTD 11579)	3.54
Castrue Ltd (VTD 12681)	2.34
Caswell (SP) (VTD 4176)	18.361
Catchlord Ltd, [1985] VATTR 238 (VTD 1966)	40.88
Catchpole (M), [2012] UKFTT 309 (TC), TC01995	15.43
Cater Clark Ltd (VTD 20546)	52.115
Catering Solutions (North East) Ltd, [2013] UKFTT 440 (TC), TC02832	15.93
Catholic Care Consortium Ltd (VTD 17315)	33.50
Cauillez (UK) Ltd (VTD 11031)	52.162
Caunt (EJ) (t/a Edward James Confectionery) (VTD 1561)	65.41
Cavenbridge, [2015] UKFTT 536 (TC), TC04690	62.606
Cavenco Ltd (VTD 11700)	35.15
Cavendish Aviation Ltd (VTD 1471)	7.42
Cavendish Constructors plc (VTD 6957)	52.65
Cavendish Green Ltd, [2018] UKUT 66 (TCC)	15.208
Cavner (SB & JM) (VTD 7714)	36.611
Cawley Hotels & Leisure Ltd (VTD 5812)	52.121
Cawthorne (TR) (VTD 7877)	52.21
CB Group Ltd (VTD 5841)	18.197
CBA Enterprises Ltd (VTD 4741)	18.531
CBR Systems Ltd (VTD 5871)	18.379
CCA Distribution Ltd, [2013] UKFTT 253 (TC), TC02667	36.102
CDA Fasteners Ltd (VTD 6389)	18.244
CDN Property Services Ltd (VTD 12275)	18.400
CE Kinsella Traction (VTD 10130)	3.71
CEB Ltd (VTD 17054)	46.201
Cedac Structures Ltd (VTD 3307)	65.63
Cedar Court Business Centre Ltd (VTD 6976)	41.76
Cedar House Hotel Co Ltd (The) (VTD 20012)	18.302
Ceiling Services (VTD 6289)	18.188
Celahurst Ltd (VTD 13502)	46.19
Celikyay (C) (VTD 11491)	50.51
Cell Ltd (VTD 13942)	18.486
Cellcom Ltd, Ch D [2010] EWHC 1799 (Ch)	37.15
Celltec Computers Ltd, [2013] UKFTT 155 (TC), TC02571	36.119
Cellular Solutions (T Wells) Ltd (VTD 19903)	48.96
Celtic Football & Athletic Club Ltd, CS [1983] STC 470	8.35
Celtic Football & Athletic Co Ltd (No 2) (VTD 14898)	27.61
Celtic plc (No 1), [1997] VATDR 111 (VTD 14762)	62.463
Celtic plc (No 2) (VTD 14898)	27.61
Celtic Trading (Midlands) (VTD 2194)	51.105
Center Parcs (UK) Group plc (VTD 19848)	56.10
Central Blasting & Painting Ltd (VTD 18294)	50.136
Central Capital Corporation Ltd (VTD 13319)	41.73
Central Catering Equipment Ltd (VTD 14605)	14.9
Central Cleaning Contractors Ltd (VTD 20869)	18.554
Central Council of Physical Recreation (The) (VTD 17803)	62.49
Central Roadways Ltd (VTD 3576)	18.115

Table of Cases — A to J

Central Sussex College, [2014] UKFTT 1058 (TC), TC04151 ...... 15.275
Central Trains Ltd (VTD 17475) 29.19
Central YMCA, [1994] VATTR 146 (VTD 12425) 22.331
Central Young Men's Christian Association (The) (VTD 9318) 18.555
Centralan Property Ltd, ECJ Case C-63/04; [2006] STC 1542 ...... 22.541
Centrax Ltd, [1998] VATDR 369 (VTD 15743) 23.36
Century Life plc, CA 2000, [2001] STC 38 ...... 38.15
CF Dale Ltd (VTD 7385) 18.74
CF Leisure Mobility Ltd (VTD 16790) 19.69
CGI Group (Europe) Ltd (No 1), [2010] SFTD 1001; [2010] UKFTT 224 (TC), TC00525 ...... 2.270
CGI Group (Europe) Ltd (No 2), [2010] SFTD 1178; [2010] UKFTT 396 (TC), TC00678 ...... 62.40
CGI Pension Trust Ltd (VTD 15926) 48.134
CH Beazer (Holdings) plc, QB [1989] STC 549 ...... 46.109
CHA Ltd (VTD 6618) 52.127
Chacombe Park Development Services Ltd (VTD 19414) 15.222
Chain Telecommunications Ltd, [2012] UKFTT 330 (TC), TC02016 ...... 36.69
Chalk Springs Fisheries (VTD 2518) 29.132
Chalegrove Properties Ltd, [2001] VATDR 316 (VTD 17151) 65.93
Chalmers (JR) (VTD 1433) 29.130
Chalmers (JW & MW) (VTD 1354) 62.239
Chamberlain (JO), QB [1989] STC 505 ...... 57.36
Chamberlain Domestic Services Ltd (VTD 12492) 62.202
Chamberlin (M), CA [2011] EWCA Civ 271; [2011] STC 1237 ...... 37.27
Chambers (Homefield Sandpit) Ltd (VTD 9012) 36.463, 52.360
Chamelon Mirrors Ltd (VTD 20640) 55.37
Champion (MB) (VTD 13307) 48.120
Chan (HO), [2012] UKFTT 155 (TC), TC01850 ...... 59.31
Chance (JF) (VTD 17623) 2.277
Chancellor (D) (VTD 9051) 18.436
Chancellor, Masters & Scholars of the University of Cambridge, Ch D [2009] EWHC 434 (Ch) 30.12
Chancellor, Masters & Scholars of the University of Cambridge (No 2), [2015] UKUT 305 (TCC) 46.151
Chancellor, Masters and Scholars of the University of Cambridge (The), CJEU Case C-316/18 ...... 20.205
Chandanmal (A) & Others (t/a C Narain Bros), [2012] UKFTT 188 (TC), TC01883 ...... 2.239
Chandler (MJ) (Treasurer of the Bee Farmers' Association) (VTD 1565) 64.16
Chandler Forest Products Ltd (VTD 2612) 18.509
Chandlers Garage Holdings Ltd (VTD 16610) 44.168
Chantrey Vellacott, [1992] VATTR 138 (VTD 7311) 62.532
Chapeltown Baths Community Business Ltd (VTD 18142) 57.129
Chapman (B) (VTD 17932) 44.163
Chapman (GW), [1992] VATTR 402 (VTD 7843) 51.88
Chapman (K & D) (VTD 1209) 36.329
Chapman & Frearson Ltd (VTD 4428) 29.116
Chapman Roofing Co (VTD 4186) 18.140
Chappel & Co Ltd v Nestlé Co Ltd, HL 1959, [1960] AC 87; [1959] 2 All ER 701 ...... 67.166
Chappell (DE), [1977] VATTR 94 (VTD 352) 44.61
Chappell v United Kingdom, ECHR 1989, 12 EHRR 1 ...... 14.70
Chard Bowling Club (No 1) (VTD 13575) 24.38
Chard Bowling Club (No 2), [1997] VATDR 375 (VTD 15114) 46.70, 46.140
Charity People Ltd (VTD 18283) 18.260
Charles (EWA) (VTD 596) 58.15
Charles (I) (t/a Boston Computer Group Europe), [2014] UKUT 328 (TCC) 36.148
Charles (JA & SL) (VTD 17922) 21.35
Charles & Charles-Tijmens v Staatssecretaris van Financiën, ECJ Case C-434/03; [2006] STC 1429 ...... 22.203

Charles Bell (BD) Ltd (VTD 4887)	18.63
Charles Church Spitfires Ltd (VTD 9512)	52.351
Charles Dominic Ltd (VTD 17830)	46.69
Charles F Hunter Ltd (VTD 11619)	2.125
Charles Forrington & Partners Ltd (VTD 5540)	62.200
Charles Gray (Builders) Ltd, CS [1990] STC 650	15.249
Charles-Greed (P) (VTD 7790)	36.661
Charles Oliver Enterprises Ltd (VTD 268)	44.63
Charles Osenton & Co *v* Johnston, HL [1941] 2 All ER 245	32.5
Charles Owen & Co (Bow) Ltd, [1993] VATTR 514 (VTD 11267)	12.24
Charlton (NP) (VTD 18268)	15.184
Charman (BJ) (VTD 2270)	62.454
Charnwood Holdings Ltd (VTD 7099)	52.44
Chartcliff Ltd (No 1), [1976] VATTR 165 (VTD 262)	44.1, 44.35
Chartercoach Holidays Ltd (VTD 11193)	52.85
Chartered Institute of Bankers (The) (VTD 15648)	48.130
Chartered Society of Physiotherapy (The) (VTD 15108)	46.128
Charterhall Marketing Ltd (VTD 19050)	5.77
Charterhouse Mercantile Properties Ltd (VTD 17835)	6.20
Chartridge Construction Ltd (VTD 9449)	52.127
Chasekey Personnel Ltd (VTD 9101)	18.457
Chaseside Shopfitters Ltd (VTD 2023)	14.39
Chatfield Applied Research Laboratories Ltd (VTD 11117)	3.54
Chatha (S & Mrs R) (VTD 20135)	51.147
Chattin (FW) (VTD 1226)	44.7
Chau (SY) (t/a Oriental Fry) (VTD 17263)	65.96
Chau (TTM) (VTD 7244)	18.212
Chaudhry (EA) *v* RCPO, QB 2007, [2008] STC 2357; [2007] EWHC 1805 (Admin)	14.49
Chauhan (N & S) (VTD 17160)	36.542
Chaussures Bally SA *v* Ministry of Finance (Belgium), ECJ Case C-18/92; [1993] 1 ECR 2871; [1997] STC 209	22.262
Chavda (GN) (t/a Hare Wines) (VTD 9895)	40.11
Chea (Mrs MM) (VTD 6357)	18.388
Checkstatus Ltd, [1996] VATDR 81 (VTD 13168)	50.55
Cheek (AJP) (t/a Swanley Contractors) (VTD 13456)	51.21
Cheeseman (B) (VTD 5133)	55.59
Cheeseman (G) (t/a Well In Tune), Ch D [2000] STC 1119	3.87
Cheesman (DL & Mrs LE) (t/a Kraft E) (VTD 10347)	52.355
Chef de Service Interregional des Douanes, Bergeres-Becque *v*, ECJ [1986] 2 CMLR 143	22.287
Chelham Ltd, [2013] UKFTT 418 (TC), TC02812	52.351
Chelms (S) (t/a Central Consultancy & Training Services) (VTD 10489)	18.76
Chelmsford City Council, [2020] UKFTT 432 (TC), TC07909	7.67
Cheltenham & Gloucester College of Higher Education Students Union (VTD 15727)	11.38
Cheltenham College Enterprises Ltd, [2010] SFTD 696; [2010] UKFTT 118 (TC), TC00429	55.20
Cheltenham Countryside Race Day (The) (VTD 12460)	1.44
Cheltenham Old People's Housing Society Ltd (VTD 18795)	19.66
Chemical Corporation (UK) Ltd (VTD 2750)	18.162
Chequepoint (UK) Ltd (VTD 16754)	46.169
Cherry (CA) (VTD 13861)	62.317
Cheruvier (A) (t/a Fleur Estelle Belly Dance School), [2014] UKFTT 007 (TC), TC03148	21.27
Cheshire (C & G) (t/a Jeeves of Hampshire) (VTD 15624)	18.66
Cheshire Mushroom Farm, [1974] VATTR 87 (VTD 71)	29.129
Cheshire Racing Ltd, [2007] VATDR 345 (VTD 20283)	46.98
Cheshire Securities Ltd (VTD 3240)	8.17
Cheshire Trafford Estates Ltd (VTD 15495)	27.48

Chester Rural District Council, North of England Zoological Society v, CA [1959] 1 WLR 773; [1959] 3 All ER 116	21.6
Chester Swimming Association (VTD 10969)	46.192
Chesterfield Borough Council (VTD 7104)	52.263
Chestergage Ltd (VTD 6179)	18.97
Cheung (D) (VTD 18276)	50.26
Cheung (KL) (t/a K Yuen Chinese Takeaway) (VTD 17635)	50.112
Cheung (TS) (t/a May Wah Takeaway) (VTD 16670)	2.279
Cheverton Construction Ltd (VTD 3254)	19.55
Chewton Glen Hotels Ltd (VTD 20686)	41.61
Cheyne Motors Ltd (VTD 5854)	52.60
Chi Drinks Ltd, [2013] UKFTT 94 (TC), TC02512	29.182
Chicago Board of Trade (The City of) (VTD 9114)	8.41
Chichester Cinema at New Park Ltd (VTD 19344)	16.13
Chichester Plant Contractors Ltd (VTD 6575)	44.41
Chief Adjudication Officer, Johnson v (No 2), ECJ Case C-410/92; [1994] 1 ECR 5483; [1994] 1 CMLR 725; [1995] All ER (EC) 258	22.48
Chief Constable of South Wales Police, O'Brien v, HL [2005] 2 WLR 1038	2.242
Chief Constable of Warwickshire Constabulary, R v (ex p. Fitzpatrick & Others), QB [1998] 1 All ER 65	14.77
Child (GM) (t/a Child & Co) (VTD 6827)	44.144, 36.281
Childs (D) (VTD 1373)	15.28
Childs (D) (VTD 7328)	18.425
Childs (RP) (VTD 6120)	62.111
Chilli Club Restaurant Ltd (VTD 20043)	36.649
Chiltern Windows Ltd (VTD 12208)	62.430
Chinese Channel (Hong Kong) Ltd (The), QB [1998] STC 347	62.515
Ching (KH), Yi (HB) & Yong (HC) (t/a Chef Peking-on-Thames) (VTD 14079)	18.225
Chiplen (DLR & Mrs LM) (VTD 12280)	36.327
Chipping Sodbury Golf Club, [2012] UKFTT 557 (TC), TC02234	22.595
Chipping Sodbury Town Trust (VTD 16641)	15.284
Chitolie (DL), CA 30 November 1999 unreported	2.367
Chitolie (DL), Ch D [2002] STC 1532; [2002] EWHC 2323(Ch)	68.1
Chiverton (EA) (VTD 6130)	52.62
Chobham Golf Club, [1997] VATDR 36 (VTD 14867)	24.36
Cholerton Ltd v The Isle of Man Treasury (VTD 13387)	66.8
Choudhary Trading Co Ltd (VTD 20251)	23.5
Choudhury (BA) (VTD 2490)	65.117
Choudhury (SM) (t/a Eastcheap Tandoori) (VTD 15003)	52.449
Choudhury, R v, CA Criminal Division [1996] STC 1163	49.4
Chowdhury (SA), CS 1997, [1998] STC 293	50.29
Christian Art Ltd (VTD 5940)	5.90
Chrsitodolou (G), [2013] UKFTT 425 (TC), TC02819	47.24
Christofi (A) (VTD 550)	3.145
Christon (CJ) (t/a Christon Davies Advertising) (VTD 17953)	50.129
Christoph-Dornier-Stiftung für Klinische Psychologie v Finanzamt Gießen, ECJ Case C-45/01; [2005] STC 228	22.315
Christopher Gibbs Ltd, [1992] VATTR 376 (VTD 8981)	2.68, 60.2
Christ's Hospital, [2005] VATDR 442 (VTD 19126)	15.298
CHS Publications Ltd (VTD 15191)	18.167
Chubb Cars Ltd (VTD 20368)	62.251
Chubb Ltd, [2013] UKFTT 579 (TC), TC02968	32.34
Church (NB) (t/a Milton Antique Restoration) (VTD 12427)	55.25
Church Lane Developments Ltd, [2013] UKFTT 469 (TC), TC02859	36.140
Church of Christ the King (VTD 12783)	2.2
Church of England Children's Society, Ch D [2005] STC 1644; [2005] EWHC 1692 (Ch)	11.49
Church of Scientology of California (No 1), CA [1980] 3 CMLR 114, [1981] STC 65; [1981] 1 All ER 1035	7.4
Church of Scientology of California (No 2) [1981] VATTR 130 (VTD 1134)	7.4
Church of Scientology Religious Education College Inc (VTD 19673)	48.59

Table of Cases — A to J

Church of Scientology Religious Education College Inc (No 2), Ch D [2007] STC 1196; [2007] EWHC 1329 (Ch) 2.139
Church of Scientology Religious Education College Inc, [2014] UKFTT 1064 (TC), TC04157 .... 62.605
Church Schools Foundation Ltd, CA [2001] STC 1661; [2001] EWCA Civ 1745 .... 62.48
Churchill Express (London) Ltd (VTD 9726) 18.508
Churchill Radio Cars Ltd (VTD 11658) 52.284
Churchview Ltd (VTD 17919) 65.91
Churchway Crafts Ltd (No 1) (VTD 782) 1.98
Churchway Crafts Ltd (No 2) (VTD 1186) 67.43
CI Cruises International SA, [2011] UKFTT 761 (TC), TC01598 .... 8.12
Cibenze Services plc (VTD 20637) 18.486
Cibo Participations SA v Directeur régional des impôts du Nord-Pas-de-Calais, ECJ Case C-16/00, [2002] STC 160 .... 22.123
Cicero Languages International (VTD 4286) 62.300
Cicero Languages International (No 2) (VTD 15246) 63.17
Cilfaoglu (T) (VTD 18409) 2.233
Cimber Air A/S v Skatteministeriet, ECJ Case C-382/02; [2005] STC 547 .... 22.448
Cindason (VTD 6749) 52.138
CIR v Aken, CA [1990] STC 497 .... 2.162
CIR v Pearlberg, [1953] 1 All ER 388 .... 2.162
CIR, R v (ex p. Preston), HL [1985] STC 282 .... 2.320
CIR v Sempra Metals Ltd, HL [2007] STC 1559 .... 2.432
CIR v Soul, CA 1976, 51 TC 86 .... 2.162
CIR, Carr v, CA [1944] 2 All ER 163 .... 64.15, 64.23
Circa Ltd (VTD 9908) 46.54
Circare Ltd (VTD 6903) 18.148
Cirdan Sailing Trust, Ch D 2005, [2006] STC 185; [2005] EWHC 2999 (Ch) 66.19
Cirencester Rugby Football Club, [2010] UKFTT 453 (TC), TC00718 .... 46.76
Ciro Citterio Menswear plc (VTD 16336) 18.66
Cirrus Reynolds & Co Ltd (VTD 4951) 18.498
Ciss Ltd (VTD 18839) 4.23
Citistar (UK) Ltd (VTD 18967) 52.436
Citroen UK Ltd, Ch D [2003] STC 1438; [2003] EWHC 2304 (Ch) 38.46
Citrone (C & J), R v, CA 1998, [1999] STC 29 .... 49.12
Citrone (GM & CW) (VTD 15702) 2.175
City Cabs (Edinburgh) Ltd (VTD 928) 64.15
City Centre Commercials Ltd (VTD 20166) 36.636
City Centre Ticketline Ltd (VTD 7553) 52.329
City College of Higher Education Ltd (VTD 2500) 62.385
City Cycles (VTD 5699) 52.59
City Fresh Services Ltd, [2015] UKFTT 364 (TC), TC04548 .... 33.40
City Industries Ltd (VTD 6097) 18.504
City of Belfast Warehousing Ltd (VTD 20196) 36.249
City of London Corporation, [2003] VATDR 504 (VTD 17892) 22.157
City of London Magistrates, R v (ex p. Asif & Others), QB [1996] STC 611 .... 14.81
City of London Magistrates' Court, C & E v, QB [2000] STC 447; [2000] 1 WLR 2020; [2000] 4 All ER 763 .... 14.83
City of London Magistrates Court, R v (ex p. Peters), QB 1996, [1997] STC 141 .... 14.82
City of Sunderland College Supplies Ltd (VTD 15701) 2.50
City Rentals Ltd (VTD 4806) 18.66
City Research Associates Ltd, [1984] VATTR 189 (VTD 1745) 5.15
City Shredding Services Ltd (VTD 9329) 18.551
Civil Service Motoring Association, CA 1997, [1998] STC 111 .... 27.26
Civil Service Pensioners' Alliance (No 1), [1995] VATDR 228 (VTD 13024) 64.25
Civil Service Pensioners' Alliance (No 2) (VTD 18911) 64.26
Civilscent Ltd, [2009] SFTD 233; [2009] UKFTT 102 (TC), TC00070 .... 41.152
CJ Williams' Funeral Service of Telford, [1999] VATDR 318 (VTD 16261) 24.30
CJW Manufacturing Ltd (VTD 16417) 53.7
CK Formwork Ltd (VTD 17791) 18.466
CL Dyer & Co (VTD 16053) 48.27

Table of Cases — A to J

Claim 13 plc (VTD 19122)	46.115
Clamp (D & L), [1999] VATDR 520 (VTD 16422)	55.4
Clamp & Son, MacGregor v, KB [1914] 1 KB 288	14.60
Claremont Construction (London) Ltd (VTD 7016)	52.296
Claremont Executive Services Ltd, [2012] UKFTT 416 (TC), TC02093	18.339
Clarina Live-In Care Service (VTD 16434)	1.50
Clark (D), [2011] UKFTT 256 (TC), TC01120	18.478
Clark (D) (t/a Clark Electrical Services) (VTD 15927)	36.243
Clark (J) (No 1), [2010] UKFTT 258 (TC), TC00552	15.171
Clark (J) (No 2), [2010] UKFTT 458 (TC), TC00723	15.172
Clark (R) (t/a Norblast) (VTD 7043)	52.377
Clark (RD), QB 1995, [1996] STC 263	62.269
Clark (TR) (VTD 1370)	62.308
Clarke (A & H) (VTD 15201)	21.36
Clarke (C & E) (VTD 15201)	21.36
Clarke (LO) (VTD 457)	41.142
Clarke (LJB) (t/a Snips & Snips Hair & Beauty Salon) (VTD 14227)	62.276
Clarke (PC) (VTD 13728)	18.500
Clarke (S & H) (VTD 18859)	57.19
Clarke Street Joinery (t/a Clarke Street Building Services) (VTD 16805)	57.5
Clark's Cereal Products Ltd, QB 1965, [1968] 3 All ER 778	29.157
Classic Driveways (UK) Ltd (VTD 15521)	67.54
Classic Furniture (Newport) Ltd (VTD 16977)	6.45
Classicmoor Ltd, [1995] VATDR 1 (VTD 13336)	3.65
Claughton Office Equipment Ltd, [2012] UKFTT 152 (TC), TC01847	18.488
Clayton (JH & M) (VTD 6207)	65.81
Claytons Upholstery Ltd (VTD 18253)	38.20
Clean Car Company Ltd (The) [1991] VATTR 234 (VTD 5695)	52.86
Cleary & Cleary (t/a Mobile X-Rays) (VTD 7305)	33.1
Cleckheaton Holdings Ltd, [2015] UKFTT 686 (TC), TC04803	9.12
Cleco Ltd (VTD 7084)	52.144
Clees (U) v Hauptzollamt Wuppertal, ECJ Case C-259/97, 3 December 1998 unreported	60.9
Clements (MJ) (VTD 19216)	57.30
Cleshar Contract Services Ltd (VTD 7621)	18.359
Cleshar Contract Services Ltd (VTD 8803)	52.284
Cliff College (VTD 12000)	46.66
Cliff College Outreach (VTD 17301)	46.135
Clifford Construction Ltd (VTD 3929)	18.16
Clinkscale Radio & Musical Ltd (VTD 4279)	18.247
Close (NP) (VTD 20801)	2.297
Cloth Development Co Ltd (The) (VTD 5985)	18.384
Cloud Electronics Holdings Ltd, [2012] UKFTT 699 (TC), TC02368	36.170
Cloudmead Ltd (VTD 3290)	18.455
Clovelly Estate Co Ltd, [1991] VATTR 351 (VTD 6353)	46.51
Clover Asphalte (IOM) Ltd v The Isle of Man Treasury (VTD 6645)	52.280
Clowance Holdings Ltd (VTD 17289)	22.285
Clowance Owners Club Ltd (VTD 18787)	62.73
Clowance plc (VTD 2541)	62.459
Club Taxis (VTD 20179)	44.173
Clwb Rygbi Nant Conwy (VTD 16376)	13.8
Clycan Management Ltd (VTD 16651)	52.399
Clycol Precious Metals Ltd, [1993] VATTR 425 (VTD 11543)	40.14
Clydesdale Bank Plc, [2019] UKFTT 419 (TC), TC07234	27.77
CMC (Preston) Ltd (VTD 3858)	30.7
CMS Peripherals Ltd (No 1) (VTD 19234)	18.272
CMS Peripherals Ltd (No 2), Ch D 2007, [2008] STC 985; [2007] EWHC 1128(Ch)	18.449
Coach House Property Management Ltd (VTD 7564)	6.32
Coast Telecom Ltd, [2012] UKFTT 307 (TC), TC01993	2.191
Coastal Design (VTD 9001)	52.129

Table of Cases — A to J

Case	Reference
Coastrider Holidays Ltd (VTD 5289)	63.1
Coates (IG) (VTD 20682)	24.3
Cobb McCallum & Co (VTD 19668)	18.380
Cobb's Croft Service Station Ltd, [1976] VATTR 170 (VTD 269)	36.619
Cobojo Ltd (VTD 4055)	40.93
Cobol Ltd (VTD 20976)	6.50
Cobra Consultancy Ltd (VTD 17615)	51.164
Cobrabrook Ltd (VTD 3185)	51.105
Cockroft (RW) & Co (Travel) Ltd (VTD 11800)	8.18
Coe (DJ & Mrs PA) (VTD 10911)	57.50
Coe (NG & BE) (VTD 165)	58.2
Coffee Republic plc (VTD 20150)	29.82
Coffeeshop Siberië vof, Staatssecretaris van Financiën v, ECJ Case C-158/98; [1999] STC 742; [1999] All ER (EC) 560	22.89
COGEP Srl, Ministero delle Finanze v, ECJ Case C-174/06; [2008] STC 2744	22.387
Cohen (DG) (VTD 16074)	50.15
Cohen (M), [2010] UKFT 631 (TC), TC00870	25.11
Cohen (MB), [1994] VATTR 290 (VTD 12732)	51.151
Cohen, ex p., R v C & E, QB 3 December 1998 unreported	2.307
Cohen and others (ex p.), R v VAT Tribunal, QB [1984] STC 361	2.304
Coinstar Ltd, [2016] UKFTT 610 (TC), TC05346	27.14
Colaingrove Ltd, FTC/20/2013	15.330
Colaingrove Ltd (No 1), CA [2004] STC 712; [2004] EWCA Civ 146	41.136
Colaingrove Ltd (No 2) (VTD 16981)	2.22
Colaingrove Ltd (No 4), [2013] UKFTT 295 (TC); [2013] SFTD 1110, TC02701	69.13
Colaingrove Ltd (No 5), [2015] UKUT 2 (TCC)	69.14
Colaingrove Ltd (No 6), [2015] UKUT 80 (TCC)	62.595
Colaingrove Ltd (No 7), [2017] EWCA Civ 332	30.14
Colby (K) (VTD 16387)	57.199
Colchester (S), [2014] UKUT 83 (TCC)	15.250
Colchester School of Gymnastics (VTD 15370)	41.168
Colchester Sixth Form College (VTD 16252)	15.262
Colegate (TK) (t/a Shrewsbury English School) (VTD 10329)	18.508
Coleman (BM) (t/a D & A Newsagents) (VTD 1013)	58.3
Coleman (KG), [1976] VATTR 24 (VTD 242)	7.29
Coleman (MJ) (VTD 10512)	33.58
Coleman Machines Ltd (VTD 3196)	18.5
Colin Maynard Builders (VTD 10895)	52.199
Collection Guns GmbH v Hauptzollamt Koblenz, ECJ [1985] ECR 3387	60.8
Collée v Finanzamt Limburg an der Lahn, ECJ Case C-146/05; [2008] STC 757	22.607
College of Estate Management (The), HL [2005] STC 1597; [2005] UKHL 62; [2005] 4 All ER 933	5.39, 62.599
College Street Market Gardens (VTD 14115)	36.522
Coller Paper Co (VTD 7890)	52.71
Collie (JM) (VTD 6144)	36.234
Collier, R v, CA Criminal Division 1997 STI 474	49.11
Collins (A), [2012] UKFTT 347 (TC), TC02033	15.328
Collins (A) (t/a Inta Colour Brochures) (VTD 6491)	40.28
Collins (AC) (VTD 19564)	15.66
Collins (S) (t/a Unique Vehicles), [2012] UKFTT 220 (TC), TC01915	44.128
Collins (WA) (VTD 13579)	3.82
Collins (WJ) (t/a Triangle TVs) (VTD 6804)	62.82
Collins, Uratemp Ventures Ltd v, HL [2001] 3 WLR 806	15.282
Collins & Beckett Ltd (VTD 19212)	55.55
Collinson (MA & DJ) (t/a Megazone) (VTD 15942)	50.130
Collyer (R) (VTD 2628)	18.497
Colorlam Ltd (VTD 9412)	52.101
Colour Offset Ltd, QB 1994, [1995] STC 85	5.48
Colson & Kay Ltd (VTD 6148)	52.112
Columbia Veneering Co Ltd (VTD 5907)	18.421
Commercial Union Assurance Co plc (VTD 14195)	36.74

Table of Cases — A to J

Commercials Trading Co Ltd (The) (VTD 3962) 18.455
Commission of the European Communities, see European Commission
Commissioners for Local Administration, R v (ex p. Croydon London Borough Council), CA [1989] 1 All ER 1033 .... 2.317
Committee of Directors of Polytechnics, QB [1992] STC 873 .... 64.22
Commonwealth Telecommunications Bureau (VTD 189) 62.45
Communication Consultants Ltd (VTD 8973) 52.44
Communications & Leisure Group of Companies Ltd (The) (VTD 7788) 52.318
Community Housing Association Ltd, Ch D [2009] STC 1324; [2009] EWHC 455 (Ch) 46.224
Company of Proprietors of Whitchurch Bridge, oao, R v HM Treasury, QB [2012] EWHC 3579 (Admin) 42.9
Company Registrations Online Ltd (VTD 19461) 5.45
Compaq Computer Manufacturing Ltd (VTD 10354) 35.13
Compass Contract Services UK Ltd, CA [2006] STC 1999; [2006] EWCA Civ 730 .... 29.31
Compass Contract Services UK, CJEU Case C-38/16; [2017] STC 1358 .... 48.79
Compassion in World Farming Ltd, [1997] VATDR 281 (VTD 15204) 13.17
Complete Maintenance Ltd (VTD 4669) 18.182
Composite Technics Ltd (VTD 4683) 18.508
Compton (S) (t/a Stan Compton Electrical Engineers & Contractors) (VTD 10259) 44.20
Compton & Woodhouse Ltd (VTD 20551) 62.490
Computeach International Ltd, [1994] VATTR 237 (VTD 12115) 67.127
Computech Development Ltd (VTD 9798) 65.46
Computer Aided Systems (UK) Ltd (VTD 3729) 18.308
Computer Cave Ltd (VTD 15212) 14.20
Computer Equipment Investors Ltd (VTD 10092) 59.41
Computer Minicabs Ltd (VTD 15614) 67.130
Computer Presentations Ltd (VTD 3039) 18.504
Computer Technology Solutions Ltd (VTD 12721) 18.348
Comune di Carpaneto Piacentino & Others v Ufficio Provinciale Imposta sul Valore Aggiunto di Piacenza, ECJ Case C-4/89; [1990] 1 ECR 1869; [1990] 3 CMLR 153 .... 22.141
Comune di Carpaneto Piacentino, Ufficio Distrettuale delle Imposte Dirette di Fiorenzuola d'Arda v, ECJ Case 231/87; [1989] ECR 3233; [1991] STC 205 .... 22.140
Comune di Rivergaro & Others, Ufficio Provinciale Imposta sul Valore Aggiunto di Piacenza v, ECJ Case 231/87; [1989] ECR 3222; [1991] STC 205 .... 22.140
Comveen Ltd, [2012] UKFTT 408 (TC), TC02085 .... 36.140
Concept Direct Ltd (VTD 19721) 27.3
Concept Multi Car Ltd, [2014] UKFTT 110 (TC), TC03250 .... 19.29
Conde Nast Publications Ltd, HL [2008] STC 324; [2008] UKHL 2; [2008] 1 All ER 1061 .... 48.7
Condon (SLE) (VTD 19837) 51.187
Conference Staging Ltd (VTD 11434) 18.15
Conlin (J) (t/a Cottage Art & Frames) (VTD 17550) 62.163
Conlon (JA) (VTD 2343) 7.80
Conlon (P) (VTD 20877) 50.95
Connect Global Ltd, UT [2010] UKUT 372 (TCC); [2011] STC 51 .... 2.260
Connell (J), [2009] UKFTT 34 (TC), TC00003 .... 52.406
Connors (B) (VTD 17666) 44.76
Conoco Ltd, CA July 1995 unreported 2.136
Conoco Ltd, QB [1995] STC 1022 .... 2.288
Conoco Ltd (No 1), [1997] VATDR 47 (VTD 14679) 67.167
Conoco Ltd (No 2), [1997] VATDR 47 (VTD 14814) 2.350
Conoco Ltd, ex p., R v VAT Tribunal, CA July 1995 unreported 2.310
Conroy (KA) (VTD 1916) 19.105
Conroy, Woodworth v, CA [1996] 1 All ER 107 .... 40.81
Conservators of Ashdown Forest (VTD 18796) 42.7
Consolidated Holdings Ltd (VTD 13483) 18.47
Consolidated Holdings Ltd (VTD 13875, 14352) 18.486

Table of Cases — A to J

Consortium Communications International Club (VTD 824) 2.222
Consortium International Ltd (VTD 824) 2.222
Constructive Solutions (Contracts) Ltd (VTD 18930) 48.5
Constantine (P) (t/a The Red Lion Inn) (VTD 15792) 57.128
Continuum (Europe) Ltd, ECJ Case C-235/00, [2002] STC 57; [2002] 1 WLR 2200; [2002] All ER (EC) 289 .... 22.406
Contrast Graphic Supplies Ltd, [2010] UKFTT 289 (TC), TC00578 .... 28.27
Control Computers & Telecommunications Ltd (VTD 3461) 18.194
Control Ltd (VTD 16973) 14.34
Conway (ME) (VTD 11725) 44.145
Cook (LG) (t/a Ellon Plant Hire) (VTD 12302) 36.303
Cook (P & J) (t/a Blacksmiths Arms) (VTD 16770) 18.265
Cook (PW) (VTD 12571) 55.94
Cooke (WJ) (VTD 1844) 62.424
Cookies World Vertriebsgesellschaft mbH iL v Finanzlandesdirektion für Tirol, ECJ Case C-155/01; [2004] STC 1386 .... 22.226
Coolbreeze Ltd (VTD 18933) 3.109
Coombe (RS) (VTD 11154) 18.246
Coombes (K) (VTD 9417) 18.400
Coombes Transport (VTD 11275) 52.290
Cooper (DG & LM) (VTD 19179) 27.37
Cooper (GAG) (VTD 9719) 52.318
Cooper (M) (VTD 2665) 29.27
Cooper (PA) (t/a Bits of PCs) (VTD 17927) 52.434
Cooper & Chapman (Builders) Ltd, QB 1992, [1993] STC 1 .... 46.210
Cooper Chasney Ltd (VTD 4898) 62.143
Cooper-Cocks (T) (VTD 9062) 18.400
Cooperatieve Vereniging 'Cooperatieve Aardappelenbewaarplaats GA', Staatssecretaris van Financiën v, ECJ [1981] ECR 445; [1981] 3 CMLR 337 .... 22.84
Co-Operative Insurance Society Ltd (No 1), [1992] VATTR 44 (VTD 7109) 62.5
Co-Operative Insurance Society Ltd (No 2), [1997] VATDR 65 (VTD 14862) 36.19
Co-Operative Retail Services Ltd, [1992] VATTR 60 (VTD 7527) 22.281
Co-Operative Wholesale Society Ltd (No 1), QB [1995] STC 983 .... 58.29
Co-Operative Wholesale Society Ltd (No 2) (VTD 15633) 46.121
Co-Operative Wholesale Society Ltd (No 3), CA [2000] STC 727 .... 24.32
Coopers Fire Ltd, [2013] UKFTT 154 (TC), TC02570 .... 15.320
Cope (BH), QB [1981] STC 532 .... 29.45
Copeland (CL) (VTD 13325) 50.145
Copes Service Station Ltd (VTD 17934) 67.171
Coppard (EJ), CA [2003] EWCA Civ 511; [2003] 2 WLR 1618; [2003] 3 All ER 351 .... 37.31
Copperfields Restaurant (The), [2012] UKFTT 286 (TC), TC01974 .... 18.295
Copson (J) (t/a Compressors & Air Equipment) (VTD 13335) 59.32
Copthorn Holdings Ltd (No 1), [2013] UKFTT 190 (TC); [2014] SFTD 1, TC02605 .... 32.7
Copthorn Holdings Ltd (No 2), [2015] UKFTT 405 (TC), TC04582 .... 32.8
Copthorne Village Golf Club (VTD 17426) 24.54
CopyGene A/S v Skatteministeriet, ECJ Case C-262/08; [2010] STC 1799 .... 22.311
Cordery Build Ltd, [2012] UKFTT 384 (TC), TC02068 .... 15.183
Core Swindon Ltd (The) [2020] UKUT 301 (TCC) 29.196
Corke (NR) (VTD 16832) 46.238
Corkteck Ltd, oao, R v HMRC, QB [2009] STC 1681; [2009] EWHC 785 (Admin) 2.322
Corn Exchange Newbury (The) (VTD 20268) 16.14
Cornforth (RB) (VTD 4532) 14.15
Cornhill Management Ltd, [1991] VATTR 1 (VTD 5444) 1.8
Corporate Risk Associates Ltd (VTD 17872) 18.402
Corps of Commissionaires Management Ltd (VTD 14593) 18.535
Corriform Ltd, [2010] UKFTT 52 (TC), TC00365 .... 53.10
Corrigan (SD), FTT [2016] UKFTT 180 (TC) 48.105
Corston (A) (VTD 19991) 3.135

Table of Cases — A to J

Corte Diletto UK Ltd, [2020] UKFTT 75 (TC), TC075710	29.178
Cortellesa (F & M) (VTD 16333)	62.321
Corthine (WJ), [1988] VATTR 90 (VTD 3012)	51.2
Corton Bashforth Screenprint Ltd (VTD 3232)	18.362
Corvi (B) (t/a Corvi Seaside Cafe), [2011] UKFTT 758 (TC), TC01595	48.62
Cosalt Coolair Ltd (VTD 1908)	65.16
Cosham, [2019] UKFTT 119 (TC), TC06985	15.345
Cosmogen Ltd (VTD 3347)	51.103
Costa (D) (VTD 10761)	50.19
Costa v ENEL, ECJ Case 6/64; [1964] ECR 585; [1964] CMLR 425	22.22
Coster (ME) (VTD 1057)	36.77
Costello v Somerset County Council, CA [1993] 1 WLR 256	2.150
Cotel Developments Ltd (VTD 9149)	52.229
Cotswold Computer Components Ltd (No 1) (VTD 19833)	2.12
Cotswold Computer Components Ltd (No 2), [2006] VATDR 202 (VTD 19909)	2.273
Cottage Holiday Associates Ltd, QB 1982, [1983] STC 278	15.203
Cottam (S) (VTD 20036)	15.163
Cotterell (WH) (VTD 4573)	29.164
Cotton, [2020] UKFTT 57 (TC), TC07553	15.360
Coudrat, CA [2005] STC 1006; [2005] EWCA Civ 616	49.16
Cough & Candy Ltd (VTD 5952)	36.592
Coughlan, ex p., R v North & East Devon Health Authority, CA [2001] 1 QB 213	22.643
Coules (E) & Son Ltd (VTD 9608)	52.181
Countgold Ltd (VTD 2894)	51.141
Country Manor Manufacturing Ltd (VTD 6518)	51.11
Country Wide Property Investments Ltd, ECJ Case C-255/02; [2006] STC 919; [2006] 2 WLR 90	22.61
Countrywide Insurance Marketing Ltd, [1993] VATTR 277 (VTD 11443)	38.42
County Telecommunications Systems Ltd (VTD 10224)	44.8
Courage Ltd (VTD 8808)	58.39
Court Barton Property plc [1985] VATTR 148 (VTD 1903)	41.124
Courts plc (No 1), CA 2004, [2005] STC 27; [2004] EWCA Civ 1527	3.46
Courts plc (No 2), [2004] VATDR 316 (VTD 18746)	67.73
Coventry (PV) (t/a Vincent James of Bath) (VTD 9617)	44.85
Coventry City Council, Hytec Information Systems Ltd v , CA [1997] 1 WLR 1666	2.213
Coventry Motors & Sundries Co Ltd (VTD 7378)	52.87
Coward (G) (VTD 13542)	65.98
Cowdy (PA) (t/a Berriewood Farm) (VTD 18599)	48.36
Cowley (A) (VTD 16073)	50.58
Co-Work Camphill Ltd (VTD 17636)	15.151
Cowx (W) (VTD 10037)	17.3
Cox (BE) (VTD 18709, VTD 18990)	48.62
Coxhill Electronics Ltd (VTD 6433)	52.43
Cox's Cars Ltd (VTD 19855)	3.54
Coxshall (A) (VTD 14317)	25.26
Cozens (JA), CA [1999] BPIR 252	2.159
Cozens (JA) (VTD 16545)	2.159
CP Textiles (VTD 11031)	52.162
CPA Environmental Control Associates Ltd (VTD 2953)	18.167
CPG Logistics Ltd, [2010] UKFTT 345 (TC), TC00627	4.15
CR Construction (VTD 7737)	67.11
CR Investments SRO (VTD 15474)	45.1
CR Smith Glaziers (Dunfermline) Ltd, HL [2003] STC 419; [2003] UKHL 7; [2003] 1 WLR 656; [2003] 1 All ER 801	38.24
Crabb (RG) (VTD 9091)	18.388
Craddock (GM) & Walker (BM) (t/a Warwick Garages) (VTD 16513)	38.30
Craig Security Services Ltd (VTD 11484)	14.39
Craiglands Hotel Ltd (The) (VTD 17931)	18.475
Cranmer (SV) (VTD 17037)	41.88

Dalesid Ltd (VTD 9147)	40.25
Dallas (L) (VTD 3620)	36.465
Dallas Knitwear (Manchester) Ltd (VTD 14653)	52.208
Daltry (Mr & Mrs J) (VTD 2277)	51.111
D'Ambrosio (Dr J) (VTD 15)	33.55
d'Ambrumenil (PL), ECJ Case C-307/01; [2005] STC 650; [2004] 3 WLR 174	22.317
d'Ambrumenil (PL) (No 2), [2004] VATDR 134 (VTD 18551; VTD 18581)	22.318
Danebridge Group Practice (VTD 18610)	67.156
Danesmoor Ltd, [2015] UKFTT 294 (TC), TC04487	36.189
Danfoss A/S v Skatteministeriet (No 1), ECJ Case C-371/07; [2009] STC 701	22.208
Dangeville (SA) v France, ECHR Case 36677/97; [2003] STC 771; 5 ITLR 604	34.24
Dangol (t/a The Great Kathmandu Tandoori), ex p., R v C & E, QB 1999, [2000] STC 107	2.305
Danielon (F) (VTD 19244)	65.109
Daniels (GG & Mrs HK) (t/a Group Montage) (VTD 12014)	41.82
Daniels (S) & Stevenson (S) (t/a Homeforce), [2003] VATDR 591 (VTD 17948)	57.134
Danish Firma Center plc (VTD 6196)	52.47
Dankowski v Dyrektor Izby Skarbowej w Lodzi, ECJ Case C-438/09; 22 December 2010 unreported	22.556
Dankroy Ltd (VTD 7743)	18.159
Daňové riaditeľstvo Slovenskej republiky v Profitube spol sro, ECJ Case C-165/11; [2013] STC 538	22.103
Daňové riaditeľstvo Slovenskej republiky, Tanoarch sro v, ECJ Case C-504/10; [2012] STC 410	22.64
Daňové úrad Košice V, Mihal (K) v, ECJ Case C-456/07; 21 May 2008 unreported	22.139
Dansk Denkavit ApS & Others v Skatteministeriet, ECJ Case C-200/90; [1992] 1 ECR 2217; [1994] 2 CMLR 377; [1994] STC 482	22.42, 22.615
Dant (MJ) (VTD 16043)	36.513
Darci Shoes Ltd (VTD 13228)	18.27
Darker (F) (VTD 15771)	50.35
Darker (TE) (t/a Fig Tree Coffee Shop) (VTD 16620)	57.122
Darlington Borough Council, [1980] VATTR 120 (VTD 961)	29.104
Darlington Finance Ltd, [1982] VATTR 233 (VTD 1337)	44.81
Daron Motors Ltd (VTD 11695)	44.82
Darragh House Ltd, [2012] UKFTT 423 (TC), TC02105	36.557
Dart (JL) (VTD 9066)	3.70, 52.366
Dart Major Works Ltd (VTD 18781)	15.215
Dartford Borough Council (VTD 20423)	65.35
Dartford Golf Club Ltd (VTD 1576)	13.43
Darvill (JT) (VTD 9299)	52.374
Daryanani (M) & Others (t/a Teletape), [2012] UKFTT 319 (TC), TC02005	2.192
Dashmore Clothing Ltd (VTD 17776)	3.69
Data Select Ltd, UT [2012] UKUT 187 (TCC); [2012] STC 2195	2.152
Datapoint Global Services Ltd (VTD 20971)	18.490
Datoo (R) & Others (t/a The Datoo Partnership), [2011] UKFTT 595 (TC), TC01438	18.531
Daunter (KR) (VTD 20120)	62.549
Dauntgate Ltd (VTD 11663)	12.7, 12.20
Dave (M), Ch D [2002] STC 900; [2002] EWHC 969 (Ch)	2.365
Davencroft Brickwork Ltd (VTD 10692)	55.33
Davey (AP) (VTD 17427)	2.302
Davey (EG) (t/a EG Davey & Co) (VTD 13538)	36.55
David Geddes (Commodities) Ltd (VTD 2664)	67.56
David Graham & Associates (VTD 11068)	5.16
David Jacobs UK Ltd (in liquidation), [2009] UKFTT 106 (TC), TC00074	36.511
David John (Papers) Ltd (VTD 10084)	52.238
David Leslie (Hairfashions) Ltd (VTD 3446)	18.251
David Lewis Centre (The), QB [1995] STC 485	11.10, 19.43
David Love Marketing Ltd, [2015] UKFTT 506 (TC), TC04664	57.163
David Morris Homes Ltd (VTD 7081)	52.193

Table of Cases — A to J

Case	Reference
David Peters Ltd, [2012] UKFTT 124 (TC), TC01819	36.684
David Taylor Tool Hire Ltd (VTD 4969)	18.290
David Wickens Properties Ltd, [1982] VATTR 143 (VTD 1284)	7.48
Davidson (AD) (VTD 9537)	57.129
Davidson (DR) (VTD 18721)	48.144
Davidson (M) (VTD 16207)	18.310
Davidson (M & R) (VTD 12908)	48.118
Davidsons (VTD 12120)	18.146
Davies (B) (VTD 12023)	62.313
Davies (BJ) (VTD 10676)	18.444
Davies (G) (VTD 2126)	51.36
Davies (GS) (VTD 5182)	51.92
Davies (JJ), QB 1974, [1975] STC 28; [1975] 1 WLR 204; [1975] 1 All ER 309	67.163
Davies (KP) (VTD 831)	44.36
Davies (Dr M) (VTD 219)	36.304
Davies (PG) (VTD 11456)	18.544
Davies (M) (t/a Special Occasions 2XL Limos), UT [2012] UKUT 130 (TCC); [2012] STC 1978	66.33
Davies (PR & Mrs HK) (t/a Lymington Power Boat Charter) (VTD 20032)	7.33
Davies & Davies Ltd (VTD 9692)	52.21
Davis & Dann Ltd and another, [2016] EWCA Civ 142; [2016] All ER (D) 139 (Mar)	36.107
Davis (IJ) (VTD 15508)	50.53
Davis (R & M) (t/a El Shaddai Private Nursing Home) (VTD 16275)	57.111
Davis Advertising Service Ltd, [1973] VATTR 16 (VTD 5)	2.66
Davison (AI) (VTD 17130)	15.83
Davison (JB), [2012] UKFTT 89 (TC), TC01785	44.77
Daws (NS) (VTD 7643)	36.741
Dawson (BW) (VTD 5216)	51.55
Dawson, Furniss v, HL [1984] STC 153	36.533
Dawson Strange Photography Ltd (VTD 15967)	18.395
Day (DC) (VTD 7764)	52.266
Day (L) (formerly Leigh Day & Co), [2014] UKFTT 425 (TC), TC03554	40.114
Dayani (J) (VTD 3491)	36.414
Dayrich Bookmakers (VTD 14638)	52.350
Dayrich Bookmakers (VTD 15492)	46.191
Daytona Surf Ltd, [2011] UKFTT 383 (TC), TC01238	36.732
Dazmonda Ltd (t/a Sugar & Spice), [2014] UKFTT 337 (TC), TC03473	41.67
DCA Industries Ltd, [1983] VATTR 317 (VTD 1544)	29.20
DCB Mouldings (VTD 7522)	52.154
DCM Leisure Ltd (VTD 16966)	57.149, 67.26
DD Group Ltd (VTD 19405)	52.310
DD Jewellers Ltd, [2013] UKFTT 462 (TC), TC02852	36.140
DDR Distribution Ltd (No 1) (VTD 20694)	2.130
DDR Distribution Ltd (No 2), [2012] UKFTT 443 (TC); [2012] SFTD 1249, TC02124	2.267
De Danske Bilimportører v Skatteministeriet, ECJ Case C-98/05; [2006] 1 ECR 4945	22.284
De Ferranti (MZ), [2011] UKFTT 435 (TC), TC01288	36.559
De Fruytier, Belgian State v, ECJ Case C-237/09; [2010] STC 1792	22.322
De Jong (P) v Staatssecretaris van Financiën, ECJ Case C-20/91; [1992] 1 ECR 2847; [1992] 3 CMLR 260; [1995] STC 727	22.177
DE Siviter (Motors) Ltd (VTD 3556)	44.94
De Vere Golf & Leisure Ltd (VTD 18078)	24.46
De Vere Group plc (VTD 18078)	24.46
Dealy, R v, CA Criminal Division 1994, [1995] STC 217	49.10
Dean (Mr & Mrs AF) (VTD 1455)	36.579
Dean (MP & Mrs EM) (t/a Hartlebury Store) (VTD 12116)	58.18
Dean (PS) (VTD 4314)	51.10
Dean & Canons of Windsor (VTD 15703)	16.6
Dean & Chapter of the Cathedral Church of Christ (VTD 15068)	46.120

Dean & Chapter of the Cathedral Church of St Peter (VTD 3591) 46.125
Deans Ltd (VTD 13935) 44.157
Dear (I), [2010] UKFTT 111 (TC), TC00422 .... 48.62
Dearwood Ltd, QB [1986] STC 327 .... 65.12
Debenhams Retail plc, CA [2005] STC 1155; [2005] EWCA Civ 892 .... 27.17
Debenhams Retail plc v Sun Alliance & London Assurance Co Ltd, CA [2005] STC
  1443; [2005] EWCA Civ 868 .... 67.9
Debouche v Inspecteur der Invoerrechten en Accijnzen Rijswijk, ECJ Case C-302/93;
  [1996] STC 1406; [1996] 1 ECR 4495; [1997] 2 CMLR 511 .... 22.627
Debt Management Associates Ltd (VTD 17880) 27.36
Debtor, re (No 8 of 1997), Ch D 1998 .... 37.25
Decal Co Ltd (The) (VTD 16274) 53.11
Deeds Ltd (VTD 1500) 40.19
Deepblue Ltd (VTD 4126) 18.372
Deeside Welding Co (VTD 9238) 52.286
Defrenne v SA Belge de Navigation Aerienne Sabena, ECJ Case 43/75; [1976] ECR 455;
  [1976] 2 CMLR 98; [1981] 1 All ER 122 .... 22.40
DEKA Getreideprodukte GmbH & Co KG iL v EEC, ECJ Case 250/78; [1983] ECR
  421 .... 22.40
Delaney (PA) (VTD 6105) 18.387
Deliverance Ltd, [2011] UKUT 58 (TCC); [2011] STC 1049 .... 29.69
Dellastreet Systems Ltd (VTD 11965) 18.370
Deloitte LLP, [2016] UKFTT 479 (TC), TC05231 .... 2.445
Delta House Installations Ltd (VTD 12151) 36.434
Delta Newsagents Ltd, [1986] VATTR 260 (VTD 2220) 65.80
Deltaview Ltd (VTD 1832, 1876) 14.12
Delton Central Services Ltd (VTD 3904) 18.63
Delton Electric Ltd (VTD 3904) 18.63
Deluni Mobile Ltd (VTD 19205) 2.401
Deluni Mobile Ltd (No 2) (VTD 19301) 36.111
Delves (JF) (No 2) (VTD 157) 57.120
Demack (H) (VTD 5534) 57.218
Demazda International UK Ltd, [2012] UKFTT 615 (TC), TC02291 .... 14.67
Demor Investments Ltd, [1981] VATTR 66 (VTD 1091) 36.391
Dempster (N) (t/a Boulevard), Ch D [2008] STC 2079; [2008] EWHC 63 (Ch) 36.156
Dempster (WM) (VTD 1316) 2.333
Denbrae Ltd, [2010] UKFTT 195 (TC), TC00497 .... 36.250
Denby (C) (VTD 9668) 36.447
Denholmegate Engineering Ltd (VTD 17350) 51.131
Denimode Ltd (VTD 11952) 14.39
Denizil (I) & Karaca (N) (VTD 14644) 50.151
Denkavit International BV & Others v Bundesamt für Finanzen, ECJ Case C-283/94;
  [1996] STC 1445; [1996] 1 ECR 5063 .... 22.36
Denman College [1998] VATDR 399 (VTD 15513) 15.95
Dennett (MP) (VTD 18763) 57.129
Dennis (V) (t/a Lynden Property Co) (VTD 11299) 6.28
Dennis Rye Ltd (VTD 4545) 36.285
Dennis Rye Ltd, QB 1995, [1996] STC 27 .... 46.90
Dennis Rye Ltd (VTD 15848) 46.122
Dennison (LA) (VTD 18619) 19.89
Dennison (LA) (No 2) (VTD 18733) 19.90
Dennison Commercials Ltd (VTD 20334) 23.7
Dent (CD & JMR) (VTD 18500) 19.45
Dental IT Ltd, [2011] UKFTT 128 (TC), TC01002 .... 18.398
Dentith v The Treasury of the Isle of Man Government (VTD 4272) 18.398
Denton (CJW) (t/a Denton Auto Repairs) (VTD 20627) 44.171
Denyer (CJ), Ch D 2007, [2008] STC 633; [2007] EWHC 2750 (Ch) 41.89
Denyer (CJ) (No 2) (VTD 20691) 51.34
Depot Corner Car Sales (VTD 16907) 44.99
Depot (The) Ltd, FTT [2009] UKFTT 51 (TC); TC00030 .... 18.490
Derby Plating Services Ltd (VTD 11352, 12018) 18.455

Derby YMCA (VTD 16914) 15.283
Derbyshire (CB) (VTD 12963) 52.451
Derbyshire Building Society (VTD 14026) 46.104
Derbyshire Security Services (VTD 14809) 65.85
Derek Collins t/a Engineering Unlimited, [2015] UKFTT 81 (TC), TC04288 .... 1.81
Derrick A Knightley & Associates (VTD 4972) 18.147
Derry Brothers (VTD 17701) 62.519
Desai (M) (t/a Regency Garments) (VTD 16036) 3.18
Design Concept SA v Flanders Expo SA, ECJ Case C-438/01; [2003] STC 912 ..... 22.244
Desmond Manifold (A) t/a Easy Living Meals on Wheels, [2016] UKFTT 676 (TC),
  TC05406 .... 29.75
Desouza (R) (VTD 11819) 44.145
Deutsche Bank AG, Finanzamt Frankfurt am Main-V Höchst v, ECJ Case C-44/11;
  [2012] STC 1951 .... 20.160
Deutsche Olivetti GmbH, Hauptzollamt Frankfurt am Main-Ost v, ECJ Case C-17/89;
  [1990] 1 ECR 2301; [1992] 2 CMLR 859 .... 22.250
Deutsche Ruck UK Reinsurance Co Ltd, QB [1995] STC 495 .... 46.5
Deva Trading Co Ltd (The) (VTD 3421) 18.249
Deville v Administration des Impôts, ECJ Case 240/87; [1988] ECR 3513;
  [1989] 3 CMLR 611 .... 22.45
Devine (J) (VTD 15312) 41.58
Devoirs Properties Ltd (VTD 6646) 6.30
Devonshire Hotel (Torquay) Ltd (The) (VTD 14448) 63.14
Devoti (DP) (t/a Belmont Associates) (VTD 11868) 27.34
Devro Ltd (VTD 7570) 29.96
Dewar (L) (VTD 7899) 52.358
Dewar Associates Ltd (VTD 18748) 18.461
Dewsbury Road Social Club (VTD 17168) 3.95
Dexter Brent & Patterson Ltd (VTD 3136) 18.182
DFDS A/S, ECJ Case C-260/95; [1997] STC 384; [1997] 1 ECR 1005; [1997] 1 WLR
  1037; [1997] All ER (EC) 342 .... 22.576
DFS Furniture Co Ltd (No 3), [2010] SFTD 195; [2009] UKFTT 204 (TC), TC00157
  .... 46.117
DFS Furniture Co plc (No 1), CA 2002, [2003] STC 1; [2002] EWCA Civ 1708 ..... 48.80
DFS Furniture Co plc (No 2), CA [2004] STC 559; [2004] EWCA Civ 243; [2004] 1
  WLR 2159 .... 3.117, 3.141
DH Commercials (Leasing) Ltd (VTD 14115) 41.148
DH Curtis (Builders) Ltd, Re, [1978] 2 All ER 183 .... 37.18
DHL Hub Leipzig GmbH v Hauptzollamt Braunschweig, CJEU Case C-228/14;
  [2016] All ER (D) 136 (Jun) 22.215
Dhillo (SS), [2013] UKFTT 563 (TC), TC02952 .... 15.36
Di Resta (F & D) (t/a Bottoms Up) (VTD 18641) 62.297
Di Rienzo (F) (t/a Franco's Fish Bar) (VTD 15599B) 62.320
Di Tondo (L) (t/a Partners Associates) (VTD 18858) 17.18
Diacutt Concrete Drilling Services Ltd (VTD 9728) 52.261
Diaform Ltd (VTD 11069) 62.414
Diagnostiko & Therapeftiko Kentro Athinon-Ygeia AE v Ipourgos Ikonomikon, ECJ
  Case C-394/04; [2006] STC 1349 .... 22.309
Dial-a-Phone Ltd, CA [2004] STC 987; [2004] EWCA Civ 603 .... 46.92
Diamond GoGo Bar v Fylkesskattesjefen, Lagmannsrett 6 December 2006; Times
  7.12.2006 .... 22.359
Diamond Investigations Ltd (VTD 15176) 18.457
Dickins Ltd (VTD 1477) 36.396
Dickinson (R) (VTD 6309) 50.159
Dickinson (WF) (Dorset) Ltd (VTD 2778) 1.3
Dicksmith Properties Ltd (VTD 13136) 52.19
Dickson (JAJ) (VTD 2560) 51.46
Diesel Generating (Tetbury) Ltd (VTD 2702) 36.585
Different Kettle Ltd, [2011] UKFTT 540 (TC), TC01387 .... 36.562
Digbeth Cash & Carry Ltd (VTD 13180) 52.308
Diggor Gaylord Ltd (VTD 11380) 62.493

Table of Cases — A to J

Digi Systems (Ireland) Ltd, [2009] UKFTT 183 (TC), TC00138 .... 23.35
Digit Digital Experience Ltd (VTD 17553) 18.491
Digital Albums Ltd (VTD 20783) 5.33
Digital Intelligence Systems Ltd (VTD 6500) 18.254
Digva (SS & Mrs GRK) (t/a International Marketing) (VTD 17684) 52.433
Digwa (TS) [1978] VATTR 119 (VTD 612) 2.160
Dilawri (VK & Mrs U) (t/a East & West Textiles) (VTD 11409) 40.82
Dilexport Srl v Amministrazione delle Finanze dello Stato, ECJ Case C-343/96, 9 February 1999 unreported 22.649
Dillenkofer & Others v Federal Republic of Germany, ECJ Case C-178/94; [1996] 1 ECR 4845; [1996] 3 CMLR 469; [1996] All ER (EC) 917 .... 22.34
Dillon (C) (VTD 10681) 52.277
Din (AK & AR) (t/a Indus Restaurant) [1984] VATTR 228 (VTD 1746) 3.126
Dinaro Ltd (t/a Fairway Lodge) (VTD 17148) 41.101
Diners Club Ltd (The), CA [1989] STC 407; [1989] 2 All ER 385 .... 27.75
Dinglis Property Services Ltd (VTD 15159) 52.351
Diputacion Foral de Alava v European Commission, ECJ Case T-346/99; [2002] All ER(D) 338(Oct) 22.10
Diputacion Foral de Guipuzcoa v European Commission, ECJ Case T-269/99; [2002] All ER(D) 337(Oct) 22.9
Direct Cosmetics Ltd (No 1), ECJ Case 5/84; [1985] STC 479; [1985] ECR 617; [1985] 2 CMLR 145 .... 22.580
Direct Cosmetics Ltd (No 2), ECJ Case 138/86; [1988] STC 540; [1988] ECR 3937 .... 22.581
Direct Drilling (VTD 11071) 40.39
Direct Link Couriers (Bristol) Ltd (VTD 2105) 44.7
Direct Marketing Bureau (VTD 16696) 5.69
Direct Valeting Ltd (VTD 7118) 18.510
Directeur des Services Fiscaux de Maine-et-Loire, Ampafrance SA v, ECJ Case C-177/99; [2002] BTC 5520 .... 22.585
Directeur des Services Fiscaux du Val-de-Marne, Sanofi Synthelabo v, ECJ Case C-181/99; [2002] BTC 5520 .... 22.585
Directeur Général des Douanes et droits indirects, Société Comateb & Others v, ECJ Case C-192/95; [1997] STC 1006; [1997] 1 ECR 165; [1997] 2 CMLR 649 .... 22.652
Directeur général des finances publiques, Mapfre Warranty SpA v Mapfre asistencia compania internacional de seguros y reaseguros, Directeur général des finances publiques, ECJ Case C-584/13 .... 22.372
Directeur Général des Impôts, Bergandi v, ECJ Case 252/86; [1988] ECR 1343; [1991] STC 259; [1989] 2 CMLR 333 .... 22.614
Directeur régional des impôts du Nord-Pas-de-Calais, Cibo Participations SA v, ECJ Case C-16/00; [2002] STC 160 .... 22.123
Directia Generala Regionala a Finantelor Publice Timisoara SC Terracult SRL, SC Terracult SRL v CJEU Case C-835/18. .... 20.239
Direction des Services Fiscaux du Pas-de-Calais, Roquette Frères SA v, ECJ Case C-88/99; [2000] All ER (D) 2008 .... 22.53
Director of Assets Recovery Agency v Creaven, QB [2005] EWHC 2726 (Admin); Times 4.10.2006 .... 49.17
Director of Border Revenue, Glaisyer (Venerable H) v, [2012] UKFTT 276 (TC), TC01964 .... 35.28
Director of Border Revenue, System Fabricators Ltd v, [2011] UKFTT 436 (TC), TC01289 .... 57.156
Direktsia Obzhalvane i danachno-osiguritelna praktika' — Sofia v Iberdrola Inmobiliaria Real Estate Investments EOOD, CJEU Case C-132/16 .... 20.203
Direktor na Direktsia Obzhalvane i upravlenie, ADSITS Balkan & Sea Properties v, ECJ Case C-621/10; [2012] STC 1819 .... 20.96
Direktor na Direktsia Obzhalvane i upravlenie na izpalnenieto, Bonik EOOD v, ECJ Case C-285/11; [2013] STC 773 .... 22.484
Direktor na Direktsia Obzhalvane i upravlenie na izpalnenieto, Eon Aset Menidjmunt OOD v, ECJ Case C-118/11; [2012] STC 982 .... 20.198
Direktor na Direktsia Obzhalvane i upravlenie na izpalnenieto, Klub OOD v, ECJ Case C-153/11; [2012] STC 1129 .... 20.199

Table of Cases — A to J

Direktor na Direktsia Obzhalvane i upravlenie na izpalnenieto grad Burgas v Orfey Bulgaria EOOD, ECJ Case C-549/11; [2013] STC 1239 .... 20.84
Direktor na Direktsia Obzhalvane i upravlenie na izpalnenieto grad Varna pri Tsentralno, Marinov v, ECJ Case C-142/12; 8 May 2013 unreported 20.42
Direktor na Direktsia Obzhalvane i upravlenie na izpalnenieto Plovdiv, AES-3C Maritza East 1 EOOD v, ECJ Case C-124/12; 18 July 2013 unreported 20.200
Direktor na Direktsia Obzhalvane i upravlenie na izpalnenieto Plovdiv, EMS-Bulgaria Transport OOD v, ECJ Case C-284/11; [2012] STC 2229 .... 20.218
Direktor na Direktsia Obzhalvane i upravlenie na izpalnenieto Sofia, Evita-K EOOD v, ECJ Case C-78/12; 18 July 2013 unreported 20.253
Direktor na Direktsia Obzhalvane i upravlenie na izpalnenieto Varna, Kostov v, ECJ Case C-62/12; 13 June 2013 unreported 20.15
Direktor Obzhalvane i upravlenie na izpalnenieto NAP, Enel Maritsa Iztok 3AD v, ECJ Case C-107/10; 12 May 2011 unreported 20.221
Direktsia Obzhalvane i upravlenie na izpalnenieto Varna v Auto Nikolovi OOD, ECJ Case C-203/10; [2011] STC 1294 .... 20.274
Direktsia Obzhalvane i upravlenie na izpalnenieto Varna, LVK-56 EOOD v, ECJ Case C-643/11; 31 January 2013 unreported 20.242
Direktsia Obzhalvane i upravlenie na izpalnenieto Varna, PIGI–Pavleta Dimova PT v, ECJ Case C-550/11; [2013] STC 272 .... 20.231
Direktsia Obzhalvane i upravlenie na izpalnenieto Varna, Rusedespred OOD v, ECJ Case C-138/12; 11 April 2013 unreported 20.243
Direktsia Obzhalvane i upravlenie na izpalnenieto Varna, Serebryannay vek EOOD v, ECJ Case C-283/12; [2014] STC 427 .... 20.4
Direktsia Obzhalvane i upravlenie na izpalnenieto Varna, Stroy Trans EOOD v, ECJ Case C-642/11; 31 January 2013 unreported 20.241
Direktsia Obzhalvane i upravlenie na izpalnenieto Varna, TETS Haskovo AD v, ECJ Case C-234/11; [2013] STC 243 .... 20.232
Discount Window Systems Ltd (VTD 10159) 18.258
Discover Travel & Tours International Ltd (VTD 18665) 2.171
Discovery Housing Association Ltd (VTD 8847) 52.348
Dispute Resolution Services Ltd, ECJ Case C-307/01; [2003] All ER (D) 281 (Nov) 22.317
Dispute Resolution Services Ltd (No 2) (VTD 18551) 22.318
Ditchfield (TJ) v The Isle of Man Treasury (VTD 6533) 52.136
Divers (J) (VTD 12525) 51.83
Diversified Agency Services Ltd, QB 1995, [1996] STC 398 .... 62.520
Dixon (J & J), [2010] UKFTT 281 (TC), TC00570 .... 48.15
Dixons (VTD 4053) 18.372
Dixons Carphone Plc, [2018] UKFTT 557 (TC), TC06731 .... 36.173
Dixons Group plc (VTD 9604) 67.133
Dixons Retail plc, ECJ Case C-494/12; [2014] STC 375 .... 20.33
DIY Conservatory Centre Ltd (VTD 19290) 36.68
DJ Electrical Contractors (VTD 3916) 18.426
D'Jan (H) (VTD 19045) 50.21
DK Wright & Associates Ltd, [1975] VATTR 168 (VTD 203) 59.25
DL Marketing (Direct Link) Ltd (VTD 17006) 5.71
DM Builders (Chichester) Ltd (VTD 7618) 55.18
DNB BANKA v Valsts ienemumu dienests, CJEU Case C-326/15 .... 20.130
Dobson (EW) v UK Border Agency, [2012] UKFTT 391 (TC), TC02075 .... 35.24
Dockett (C), [2012] UKFTT 727 (TC), TC02391 .... 3.72
Docutex Business Solutions Ltd (VTD 18138) 53.13
Dodaine Ltd (t/a ToucanBox), [2019] UKFTT 748 (TC), TC07505 .... 5.110
Dodds (GK), [1989] VATTR 98 (VTD 3383) 44.83
Dodson Bros (Thatchers) Ltd (VTD 13734) 55.29
Doherty (J) (VTD 6609) 52.77
Doherty (K) (VTD 13075) 51.183
Doherty (P) and another, [2016] UKFTT 672 (TC), TC05408 .... 2.17
Dollar Land (Feltham) Ltd, QB [1995] STC 414 .... 18.563
Dollar Financial Uk Ltd, [2016] UKFTT 598 (TC), TC05334 .... 27.42
Dollard (S) (VTD 18656) 65.96

Dollond & Aitchison Ltd, ECJ Case C-491/04; 23 February 2006 unreported	35.26
Dolmetsch Foundation Inc (VTD 5876)	52.362
Dolomite Double Glazing Ltd, [1985] VATTR 184 (VTD 1922)	62.449
Dolphin Fish Bar Ltd (VTD 18993)	65.96
Dom Buckley IRS Ltd, [2011] UKFTT 5 (TC), TC00882	23.3
Domestic Service Care Ltd (VTD 11869)	38.44
Domino's Pizza Group Ltd (No 1) (VTD 18010)	29.78
Domino's Pizza Group Ltd (No 2) (VTD 18866)	29.79
Don Aldridge Associates (VTD 11452)	52.145
Don Bosco Onroerend Goed BV v Staatssecretaris van Financiën, ECJ Case C-461/08; [2010] STC 476	22.432
Donaghy (R) (VTD 19802)	15.64
Donald (GD & AY) (VTD 17894)	18.486
Donaldson (JW) (VTD 3668)	44.65
Donaldson's College (VTD 19258)	7.70
Doncaster Borough Council (VTD 12458)	42.2
Doncaster Skillshop Ltd (VTD 17433)	21.23
Dong Yang Electronics sp z oo v Dyrektor Izby Administracji Skarbowej we Wroclawiu, CJEU Case C-547/18; [2020] STC 2012	20.57
Donnison & Smith Engineering Ltd (VTD 5651)	18.356
Doran Bros (London) Ltd v HMRC, [2017] UKFTT 829 (TC), TC05554	36.545
Dorfman (S) (VTD 18816)	1.56
Dori (F) v Recreb Srl, ECJ Case C-91/92; [1994] 1 ECR 3325; [1994] 1 CMLR 665; [1995] All ER (EC) 1	22.21
Doris (D) (t/a Gardiners of Denny), [2011] UKFTT 142 (TC), TC01016	67.88
Dormers Builders (London) Ltd, CA [1989] STC 539; [1989] 2 All ER 938	62.457
Dos Santos Tavares (A) (VTD 4956)	18.248
Dotter v Willimaier, ECJ Case C-384/98; [2002] STC 1200	22.314
Double D Freight Services Ltd (VTD 3987)	18.330
Double Luck Restaurant Ltd (VTD 578)	3.167
Double Shield Window Co Ltd (VTD 1771)	62.448
Dougall, Ch D 2000, [2001] BPIR 269	37.24
Douros (T) (t/a Olympic Financial Services) (VTD 12454)	46.227
Dove Services (Manchester) Ltd (VTD 5510)	18.271
Doveton (RM) (VTD 4164)	18.436
Dow Chemical Co Ltd, [1996] VATDR 52 (VTD 13954)	18.29
Dow Engineering (VTD 5771)	18.8
Dow-Nell Construction Co Ltd (VTD 16871)	36.52
Downes Crediton Golf Club Ltd (VTD 868)	13.24
Downey Ltd (VTD 11862)	52.160
Dowse (AJ) (VTD 46)	41.141
Doyle (JPS) (VTD 13742)	44.80
Doyle (PJ) (VTD 8811)	51.39
DPA (Market Research) Ltd (VTD 14751)	8.48
DPAS Ltd, CJEU Case C-5/17	27.11
DR Auto Repair Tech (VTD 7489)	52.326
Dragon Futures Ltd (No 2) (VTD 19186)	36.110
Dragon Futures Ltd (No 3), [2006] VATDR 348 (VTD 19831)	36.135
Dragon Futures Ltd (No 4) (VTD 20868)	36.135
Draper (DA) (VTD 1107)	5.32
Draxtech Ltd (VTD 6432)	52.41
Dreams plc, [2012] UKFTT 614 (TC); [2013] SFTD 111, TC02290	2.117
Dreestone Ltd (VTD 1900)	14.37
DresserRand SA, ECJ Case C-606/12; 6 March 2014, unreported	20.40
Dresswell (Newtownards) Ltd (VTD 3568)	18.63
Drexlodge Ltd (VTD 5614)	1.53
Drillfact (VTD 3009)	18.221
Drinks Stop Cash & Carry Ltd, [2016] UKFTT 730 (TC), TC05459	14.68
Drosden Plantruck Ltd, [2009] UKFTT 115 (TC), TC00083	57.111
Drumkinnon Joinery & Building Ltd, [2013] UKFTT 416 (TC), TC02810	18.26
Drummond (P) (VTD 13100)	19.64

Drummond (R), [2013] UKFTT 36 (TC), TC02456	15.78
Drumtochty Castle Ltd, [2012] UKFTT 429 (TC), TC02111	52.231
Drury (Mrs J) (VTD 6030)	19.100
Drury (NP), [2009] UKFTT 50 (TC), TC00029	57.28
DS Supplies Ltd (VTD 13559)	7.35
DS Talafair & Sons (VTD 16144)	6.19
D'Souza, Ch D 27 February 2001 unreported.	2.179
DT Engineering Ltd (VTD 7912)	18.254
DTA Ross & Son (VTD 10755)	17.3
DTC (CTC) Ltd v Gary Sargent & Co, Ch D [1996] BCC 290	40.81
DTZ Zadelhoff v Staatssecretaris van Financiën, ECJ Case C-259/11; [2012] STC 2271	22.414
Du Beau Ltd (VTD 7667)	52.317
Dudda v Finanzamt Bergisch Gladbach, ECJ Case C-327/94; [1996] STC 1290; [1996] 1 ECR 4595; [1996] 3 CMLR 1063	22.237
Dudman Group Ltd, [2009] UKFTT 52 (TC), TC00031	18.492
Duffree (MG) (VTD 15793)	57.141
Duffy (JJ) (VTD 15343)	57.7
Duffy & Carr Group plc (VTD 11728)	36.725
Dugdale (L) & Son (VTD 5431)	51.29
Duke v GEC Reliance Ltd, HL [1988] 1 AC 718; [1988] 1 All ER 626	22.25
Dulay (Mr & Mrs) (t/a Star Fisheries) (VTD 16443)	65.101
Dullaghan (M), [2000] VATDR 188 (VTD 16407)	35.2
Duncan (G) (t/a G Duncan Motor Services), [2007] VATDR 114 (VTD 20100)	44.169
Dundee & Angus Dyslexic Association (Mrs J Smith for) (VTD 12909)	11.25
Duncan (A) & Bascalliwhite Ltd, [2014] UKFTT 1013 (TC), TC04109	4.38
Dunelm (Castle Homes) Ltd (VTD 16052)	52.415
Dunham (IF) (VTD 13359)	36.673
Dunhill (J) (VTD 13313)	57.129
Dunholme Decorators Ltd (VTD 16484)	14.25
Dunkirk Panel Services Ltd (VTD 12834)	18.136
Dunlop (VA), [2014] UKFTT 1054 (TC), TC04147	15.173
Dunn & Dyer (Electrical) Ltd, [2013] UKFTT 597 (TC), TC02984	18.411
Dunn (Dr) & Others (VTD 14788)	46.196
Dunning (TL) (VTD 12739)	2.302
Dunster (WR), [2010] UKFTT 462 (TC), TC00727	15.33
Dunston (C) (VTD 5705)	18.436
Dunwood Travel Ltd, CA [2008] STC 959; [2008] EWCA Civ 174	3.102
Dureau (CB) (VTD 9355)	52.142
Dureau (CB) (No 2) (VTD 14643)	36.266
Durham Aged Mineworkers' Homes Association, QB [1994] STC 553	62.47
Durham City Car Co Ltd (VTD 3604)	18.66
Durham River Trips Ltd (VTD 17328)	66.24
Durkin, Burford v, CA 1990, [1991] STC 7	3.98
Durnell Marketing Ltd (VTD 17813)	36.365
Durrant (P) (VTD 17430)	51.174
Durwin Banks (No 1) (VTD 18904)	29.106
Durwin Banks (No 2), [2008] VATDR 429 (VTD 20695)	29.100
Dust Extraction (International) Ltd (VTD 3175)	18.238
Duval (F) (t/a L'Ecluse Restaurant) (VTD 12082)	18.508
Duvan Estates Ltd (VTD 7040)	52.74
Duwel (D) (VTD 3483)	57.192
DVK Executive Hotels (VTD 4786)	18.333
Dwek (M & N) & Co Ltd (VTD 7082)	52.284
Dwyer Property Ltd, QB [1995] STC 1035	46.63
Dyball (D) & Son (VTD 4863)	36.324
Dyer (P & G) (VTD 390)	57.87
Dyer (T) (VTD 5356)	36.422
Dyer (T) (VTD 16359)	53.22
Dyer (T) (No 3), CS [2005] STC 715	57.34
Dynamic Construction Ltd (VTD 12079)	40.48

Dynamic Corner Ltd, [2013] UKFTT 271 (TC), TC02679 .... 36.106
Dynamic People Limited, [2016] UKFTT 229 (TC), TC05003 .... 46.158
Dynic (UK) Ltd (VTD 7412) 52.207
Dyrektor Izby Administracji Skarbowej we Wroclawiu, Dong Yang Electronics sp z oo v, CJEU Case C-547/18; [2020] STC 2012 .... 20.57
Dyrektor Izby Skarbowej w Bialymstoku v Profaktor Kulesza Frankowski Józwiak Orlowski sp j, ECJ Case 188/09; 29 July 2010 unreported 22.561
Dyrektor Izby Skarbowej w Krakowie, Magoora sp zoo v, ECJ Case C-414/07; 22 December 2008 unreported 22.503
Dyrektor Izby Skarbowej w Lodzi, Dankowski v, ECJ Case C-438/09; 22 December 2010 unreported 22.556
Dyrektor Izby Skarbowej w Lublinie, Kozak v, ECJ Case C-557/11; 25 October 2012 unreported 20.264
Dyrektor Izby Skarbowej w Poznaniu, Kopalnia Odkrywkowa Polski Trawertyn P Granatowicz, M Wąsiewicz spółka jawna v, ECJ Case C-280/10; [2012] STC 1085 .... 20.201
Dyrektor Izby Skarbowej w Rzeszowie, Kronospan Mielec sp zoo v, ECJ Case C-222/09; [2011] STC 80 .... 22.246
Dyrektor Izby Skarbowej w Warszawie, BGZ Leasing sp zoo v, ECJ Case C-224/11; [2013] STC 2162 .... 20.148
Dyrektor Izby Skarbowej w Warszawie, Kuc v, ECJ Case C-181/10; [2011] STC 2230 .... 20.9
Dyrektor Izby Skarbowej we Wroclawiu Osrodek Zamiejscowy w Walbrzychu, Sosnowska v, ECJ Case C-25/07; 10 July 2008 unreported 22.517
Dyrham Park Country Club Ltd, [1978] VATTR 244 (VTD 700) 13.32
Dysart Developments Ltd (VTD 17333) 36.556
Dyslexia Institute Ltd (The) (VTD 12654) 11.24

E

E & G Catering Services Ltd (VTD 15552) 29.16
E Goozeberry Ltd (VTD 20088) 18.488
E Moss Ltd (VTD 19510) 33.17
E Stringer (Paints) Ltd (VTD 16319) 62.338
Eadon (Mr & Mrs) (t/a Motaelectrics) (VTD 1692) 36.478
Eagle Capital Corporation Ltd (VTD 7447) 52.351
Eagle Trust plc (VTD 12871) 36.201
Ealing London Borough Council, CJEU Case C-633/15; [2017] All ER (D) 92 (Jul) 20.143
Earlsferry Thistle Golf Club, [2014] UKUT 250 (TCC) 2.49
EAP Ltd (VTD 12089) 18.395
Earlswood Environmental Systems Ltd (VTD 2605) 51.99
Earthshine Ltd (No 1), [2010] UKFTT 67 (TC), TC00379 .... 2.257
Earthshine Ltd (No 2), [2010] UKFTT 314 (TC), TC00601 .... 2.410
Earthshine Ltd, [2014] UKUT 271 (TCC) 36.147
Easden Manufacturing Co Ltd (VTD 10116) 4.16
East India Devonshire Sports & Public Schools Club Ltd, [2010] UKFTT 627 (TC), TC00866 .... 18.384
East Kent Medical Services Ltd (VTD 16095) 6.10
East Kilbride Golf Club (VTD 5503) 62.447
East London Fancy Goods Ltd (VTD 5542) 25.24
East Norfolk Sixth Form College (VTD 20816) 15.262
Eastbourne Borough Council, Wren v, ECJ [1993] 3 CMLR 166 .... 22.28
Eastbourne Town Radio Cars Association, HL [2001] STC 606; [2001] UKHL 19; [2001] 1 WLR 794; [2001] 2 All ER 597 .... 62.33
Eastbridge Joiners & Shopfitters (VTD 4229) 18.187
Eastgate Christian Bookshop Ltd (VTD 16766) 59.14
Eastwell Manor Ltd, [2011] UKFTT 293 (TC), TC01155 .... 18.558
Eastwood (dec'd), Re, CA [1974] 3 All ER 603 .... 2.381
Eastwood Care Homes (Ilkeston) Ltd, CA [2001] STC 1629 .... 32.9

Table of Cases — A to J

Eastwood Care Homes (Ilkeston) Ltd, QB 18 January 2000, Times 7.3.2000 .... 2.137
EasyJet plc, [2003] VATDR 559 (VTD 18230) 46.180
Easyway Productions Ltd (VTD 14938) 33.28
Eat Ltd, [2019] UKFTT 67 (TC), TC06953 .... 29.87
Eaton (Dr CJ) (VTD 2315) 11.9
Eaton (SM) & Grove (SL) (VTD 16575) 18.189
Eaton Mews Trust (Trustees), [2012] UKFTT 249 (TC), TC01943 .... 15.230
EB Central Services Ltd, CA [2008] STC 2209; [2008] EWCA Civ 486 .... 66.43
EBA Systems Ltd (VTD 4770) 18.181
Ebley House Ltd, [2013] UKFTT 422 (TC), TC02816 .... 6.1
Eccles (PC) (VTD 13372) 3.130
Eccleston (PAJ) (VTD 16037) 44.29
Eckels (AD & JR) (VTD 15593) 58.3
Eco-Hygiene Ltd, [2011] UKFTT 754 (TC); [2012] SFTD 510, TC01591 .... 18.558
Ecotrade SpA v Agenzia Entrate Ufficio Genova 3, ECJ Cases C-95/07 and C-96/07;
 [2008] STC 2626 .... 22.512
ECU Group plc (The), [2010] SFTD 1108; [2010] UKFTT 297 (TC), TC00585 ...... 27.10
Eddie Stobart Group Ltd (VTD 18873) 5.26
Eddystone Computers Ltd (VTD 11018) 36.501
Eden District Council (VTD 10245) 52.265
Edgecox (AGH) (VTD 5334) 18.34
Edgemond Group Ltd (VTD 11620) 46.46
Edgeskill Ltd, [2014] UKUT 38 (TCC) 36.145
Edgewater Motel Ltd v New Zealand Commissioner of Inland Revenue, PC [2004] STC
 1382; [2004] UKPC 44 .... 14.99
Edgley Management Ltd (VTD 17410) 36.184
Edilizia Industriale Siderurgica Srl v Ministero delle Finanze, ECJ Case C-231/96; [1998]
 1 ECR 4951 .... 22.51
Edinburgh Leisure, [2004] VATDR 394 (VTD 18784) 42.21
Edinburgh Piano Co Ltd (The) (VTD 16132) 52.420
Edinburgh Telford College, CS [2006] STC 1291; [2006] CSIH 13 .... 22.158
Edmond Homes Ltd (VTD 11567) 15.295
Education & Jobs Fairs Ltd (VTD 15231) 7.107
Edwards (A) (VTD 16849) 51.35
Edwards (CW) (VTD 16245) 50.18
Edwards (PJ & ML) (VTD 15533) 57.111
Edwards v Bairstow & Harrison, HL 1955, 36 TC 207 . 3.6, 36.113, 62.112, 62.340, 67.64
Edwards, Metford v, KB [1915] 1 KB 172 .... 13.30
Edwick (DC) (VTD 10962) 18.66
Eftekhari (J) (VTD 10271) 52.21
Egan (JT) (VTD 7528) 50.103
Egerton Transplant Ltd (VTD 6505) 18.260
Eggleton (M) (VTD 18287) 50.102
Eggleton (R) (VTD 7932) 52.71
Eglas Ltd, [2019] UKFTT 749 (TC), TC07506 .... 18.92
Egleton & Others, Ch D [2006] EWHC 2313 (Ch); [2007] 1 All ER 606 .... 14.94
Eglington DIY Ltd (VTD 9858) 18.380
EGN BV Filiale Italiana v Agenzia delle Entrate Ufficio di Roma 2, ECJ Case C-377/08;
 [2009] STC 2544 .... 22.489
Eidographics Ltd, [1991] VATTR 449 (VTD 6788) 18.9
Einberger v Hauptzollamt Freiburg (No 2), ECJ Case 294/84; [1984] ECR 1177;
 [1985] 1 CMLR 765 .... 22.108
Einfuhr- und Vorratsstelle für Getriede und Futtermittel, Internationale
 Handelsgesellschaft mbH v, ECJ [1970] ECR 1145; [1972] CMLR 255 .... 18.555
El Al Israel Airlines Ltd (VTD 12750) 66.39
El-Baghdadi (M), [2017] UKFTT 171 (TC), TC05663 .... 3.193
EL Davis & Co Ltd (VTD 1477) 36.395
EL Flood & Sons Partnership, [2012] UKFTT 147 (TC), TC01842 .... 55.34
Eland (Mr & Mrs G) (VTD 5716) 18.108
Elanders (UK) Ltd (VTD 6137) 52.71
Elbrook (Cash & Carry) Ltd, [2017] UKUT 181 (TCC) 2.111

Table of Cases — A to J

Elcomatic Ltd (VTD 14456) 18.95
Elder (RD & SM) (VTD 15881,15882) 57.82
Elder Home Care Ltd (VTD 11185) 33.4
Eleanor Cleaning Services (VTD 11353) 47.2
Electric Tool Repair Ltd, [1986] VATTR 257 (VTD 2208) 51.110
Electricity Commission (Balmain Electric Light Co), NSW CA [1957] SR(NSW) 100
.... 65.48
Electritec Ltd (VTD 12423) 18.291
Electronic Data Systems Ltd, CA [2003] STC 688; [2003] EWCA Civ 492 .... 22.407
Eleftheriou (L & A) (t/a Picnic Kebab House) (VTD 16659) 57.188
Elegant Clothing (Blackburn) Ltd (VTD 14739) 40.84
Elesa Ltd (VTD 10308) 17.2
Elga & Askar Co Ltd and Another, QB [1983] STC 628 .... 67.97
Elgar Hotel Worcester Ltd (VTD 19579) 51.130
Elgindata, Re (No 2), CA [1992] 1 WLR 1207; [1993] 1 All ER 232 .... 2.350
Elias Gale Racing, QB 1998, [1999] STC 66 .... 3.178
Elida Gibbs Ltd, ECJ Case C-317/94; [1996] STC 1387; [1996] 1 ECR 5339; [1997] 2 WLR 477; [1997] All ER (EC) 53 .... 22.259
Elim Church Tamworth (Trustees) (VTD 19190) 15.266
Elite Mobile plc, oao, R v C & E, QB 2004, [2005] STC 275; [2004] EWHC 2923 (Admin) 2.442
Elizabethan Banquets (VTD 1795) 8.29
Ellen Garage (Oldham) Ltd, [1994] VATTR 392 (VTD 12407) 40.12
Ellicott (Mrs V) (VTD 11472) 21.32
Ellinas (CT, C & P) (t/a Hunts Cross Supper Bar) (VTD 15346) 2.253
Ellinas (CT, C & P) (t/a Hunts Cross Supper Bar) (VTD 16105) 50.135
Ellinas (PA) (VTD 16576) 50.78
Elliniko Dimosio (Greek State) v Karageorgou & Others, ECJ Cases C-78/02 to C-80/02; [2006] STC 1654 .... 22.547
Elliott (AJ & A) (VTD 4926) 15.352
Elliott (K) (t/a Harbourne Engineering) (VTD 16010) 18.530
Elliott (Mr & Mrs), QB [1993] STC 369 .... 15.254
Elliott (S) (VTD 13432) 14.32
Ellis (CK) (VTD 18279) 50.163
Ellis (N, J & N) (VTD 18460) 52.446
Elm Milk Ltd, CA [2006] STC 792; [2006] EWCA Civ 164 .... 44.142
Elmec (Blackburn) Ltd (VTD 9222) 52.382
Elmeka NE v Ipourgos Ikonomikon, ECJ Case C-181/04; 14 September 2006 unreported 22.445
Elsacom NV, Ministero dell'Economia e delle Finanze v, ECJ Case C-294/11; [2012] STC 2053 .... 22.631
Elscint (GB) Ltd (VTD 1654) 69.5
Else Refining & Recycling Ltd, [2014] UKUT 8 (TCC) 36.143
Elsham Golf Club Ltd (VTD 18107) 46.71
Elstead (Thursley Road) Recreational Trust (VTD 18852) 2.3
Eltham Park Insurance Brokers Ltd (VTD 14306) 46.194
Elton (RD) (VTD 11590) 36.308
Eltraco (UK) Ltd (VTD 9089) 52.157
Elvington Ltd (VTD 14537) 63.24
EMAG Handel Eder OHG v Finanzlandesdirektion für Kärnten, ECJ Case C-245/04; [2007] STC 1461 .... 22.605
EMAP Consumer Magazines Ltd (VTD 13322) 5.101
EMAP MacLaren Ltd, QB [1997] STC 490 .... 67.112
Emberson (Mr & Mrs R) (VTD 17604) 15.188
Emblaze Mobility Solutions Ltd, [2014] UKFTT 679 (TC), TC03801 ...... 2.428
Emblaze Mobility Solutions Ltd (No 1), [2010] UKFTT 410 (TC), TC00680 .... 36.99
Emblaze Mobility Solutions Ltd (No 2), Ch D [2012] EWHC 1344 (Ch) 37.20
Embleton Ltd (VTD 12897) 52.227
Emery (DJ) (VTD 187) 5.60
EMI Group plc, ECJ Case C-581/08; [2010] STC 2609 .... 22.178
EMI Records v Spillane and Others, Ch D [1986] STC 374 .... 14.71

xcvii

Table of Cases — A to J

Emir 8 Petroleum plc (VTD 17400)	68.4
EMIS National User Group (VTD 19645)	64.6
Emmabee Fashions Ltd (VTD 5077)	18.197
Emmanuel Church Northwood Parochial Church Council (DC Morgan), [1973] VATTR 76 (VTD 21)	2.2
Emmaus Ltd (VTD 11679)	36.536
Emmott *v* Minister for Social Welfare & Another, ECJ Case C-208/90; [1991] 1 ECR 4269; [1991] 3 CMLR 894	22.46
Emperor Enterprises Ltd (VTD 11038)	19.26
Emphasis Ltd, [1995] VATDR 419 (VTD 13759)	29.14
Empire Contracts Ltd (VTD 7200)	36.516
Empire Stores Ltd, ECJ Case C-33/93; [1994] STC 623; [1994] 1 ECR 2329; [1994] 1 CMLR 751; [1994] 2 All ER 90	22.258
Empowerment Enterprises Ltd, CS 2006, [2008] STC 1835; [2006] CSIH 46	22.345
Empresa de Desenvolvimento Mineiro SGPS *v* Fazenda Pública, ECJ Case C-77/01; [2005] STC 65	22.527
Empress Car Company (Abertillery) Ltd (VTD 4832)	14.105
Empress of India Restaurant, [1997] VATDR 242 (VTD 15087)	2.294
EMS-Bulgaria Transport OOD *v* Direktor na Direktsia Obzhalvane i upravlenie na izpalnenieto Plovdiv, ECJ Case C-284/11; [2012] STC 2229	20.218
Emsland-Stärke GmbH *v* Hauptzollamt Hamburg-Jonas, ECJ Case C-110/99, [2001] All ER (D) 34 (Jan)	22.60
Enderby Transport Ltd (VTD 1607)	4.1
Endersby (Mrs B) (VTD 5754)	51.90
ENEL, Costa *v*, ECJ Case 6/64; [1964] ECR 585; [1964] CMLR 425	22.22
Enel Maritsa Iztok 3AD *v* Direktor Obzhalvane i upravlenieto na izpalnenieto NAP, ECJ Case C-107/10; 12 May 2011 unreported	20.221
Enersys Holdings UK Ltd, [2010] SFTD 387; [2010] UKFTT 20 (TC), TC00335	18.560
Enever (Mrs WB) (VTD 1537)	41.47
Engineering Building Services Ltd (VTD 10875)	52.255
Engineering Quality Consultants (VTD 16634)	36.523
Engineering Services (Bridgend) Ltd (VTD 17556)	4.7
England (BA) (VTD 5292)	18.179
English Bridge Union Ltd, CJEU Case C-90/16; [2017] All ER (D) 169 (Oct)	20.144
English (J) (VTD 15879)	36.628
English-Speaking Union of the Commonwealth (The), [1980] VATTR 184 (VTD 1023)	13.5
Enkler *v* Finanzamt Homburg, ECJ Case C-230/94; [1996] STC 1316; [1996] 1 ECR 4517; [1997] 1 CMLR 881	22.124
Enron Europe Ltd (No 1), Ch D [2006] STC 1339; [2006] EWHC 824 (Ch)	62.492
Enron Europe Ltd (No 2) (VTD 20436)	3.84
Entertainment Group of Companies Ltd (The), [2000] VATDR 447 (VTD 16639)	8.26
Enterprise Inns plc, UT [2012] UKUT 240 (TCC); [2012] STC 2313	6.57
Enterprise Safety Coaches Ltd, [1991] VATTR 74 (VTD 5391)	52.83
Enviroengineering Ltd (No 2), [2011] UKFTT 366 (TC), TC01221	2.14
Envirotech Denmark ApS v Skatteministeren, CJEU Case C-550/14; [2016] All ER (D) 76 (Jun)	20.238
Envoygate (Installations) Ltd, [2014] UKFTT 221 (TC), TC03361	56.7
Eon Aset Menidjmunt OOD *v* Direktor na Direktsia Obzhalvane i upravlenie na izpalnenieto, ECJ Case C-118/11; [2012] STC 982	20.198
E ON Global Commodities SE, ECJ Case C-323/12; 6 February 2014 unreported	22.621
EP Mooney Ltd (VTD 6418)	52.325
Epsom Justices, R *v* (ex p. Bell & Another), QB 1988, [1989] STC 169	14.80
Equal Opportunities Commission, ex p., R *v* Secretary of State for Employment, HL [1994] 1 All ER 910	22.37
Equiname Ltd (VTD 7592)	52.89
Equitable Life Assurance Society, [2003] VATDR 523 (VTD 18072)	38.28
Equoland Soc. coop. arl, ECJ Case C-272/13; [2014] STC 2487	22.453
ERF Ltd, UT [2012] UKUT 105 (TCC); [2012] STC 1738	50.93
Eric Ladbroke (Holbeach) Ltd (VTD 1557)	65.56
Eric Taylor Testimonial Match Committee (The), [1975] VATTR 8 (VTD 139)	7.74

Erich Wirtl, Finanzamt Göppingen, v, CJEU Case C 661/16	20.230
Ericsons Fashions Ltd (VTD 6241)	52.165
Erinmore Homes Ltd (VTD 17233)	15.301
Ernest George Ltd (VTD 1760)	36.486
Ernest Lee (Electrical Services) Ltd (VTD 3584)	18.515
Ernest Platt (Bury) Ltd (VTD 13208)	18.166
Ernest William (Drums) Ltd (VTD 4278)	18.500
Ernst & Young, [1997] VATDR 183 (VTD 15100)	8.23, 8.43
Erotic Center BVBA, Belgische Staat v, ECJ Case C-3/09; [2010] STC 1018	22.299
Errey's Furnishing Ltd (VTD 4110)	18.308
Erskine (Messrs WB) (VTD 6310)	52.76
Esporta Ltd, UT [2013] UKUT 173 (TCC); [2013] STC 2139	62.155
ESS International Ltd, [1992] VATTR 336 (VTD 7771)	62.92
Essex (A & S) (t/a Essex Associates) (VTD 15072)	57.61
Essex International College, [2018] UKFTT 85 (TC), TC06343	21.14
État Belge v Henfling & Others (administrators of Tiercé Franco-Belge SA), ECJ Case C-464/10; [2011] STC 1851	22.212
État Belge v Medicom SPRL, ECJ Case C-210/11; 18 July 2013 unreported	22.202
État Belge, Jardins de Jouvence SCRL (Les) v, CJEU C-335/14; [2016] All ER (D) 212 (Jan)	22.339
État Belge, Mydibel SA v, CJEU Case C-201/18	20.227
État Belge, Petroma Transports SA v, ECJ Case C-271/12; [2013] STC 1466	22.557
ETB (2014) Ltd, [2016] UKUT 424 (TCC); [2016] All ER (D) 12 (Oct)	18.321
ETC (East Anglia) Ltd, [2014] UKFTT 098 (TC), TC03238	18.296
Ethical Trading Initiative, [2010] UKFTT 423 (TC), TC00690	64.11
ETP Card Processing Ltd, [2013] UKFTT 243 (TC), TC02657	53.15
ETS (Scotland) Ltd (VTD 6987)	52.348
EU Council, European Commission v, ECJ Case C-533/03; [2007] STC 1121	22.660
Euphony Communications Ltd, Ch D 2003, [2004] STC 301; [2003] EWHC 3008 (Ch)	67.61
Eureka! The Children's Museum (VTD 15710)	5.65
Euro Properties (Scotland) Ltd (VTD 15291)	6.49
Euro Stock Shop Ltd, UT [2010] SFTD 2454; [2010] UKUT 259 (TCC)	36.136
Euro Tyre Holding BV v Staatssecretaris van Financiën, ECJ Case C-430/09; [2011] STC 798	22.611
Eurobait Ltd (VTD 17252)	29.119
Eurocare Impex Trading Ltd (VTD 17516)	52.400
Eurodental Sàrl, Administration de l'Enregistrement et des Domaines v, ECJ Case C-240/05; [2007] STC 275	22.324
Eurogate Distribution GmbH v Hauptzollamt Hamburg-Stadt, CJEU Case C-226/14; [2016] All ER (D) 136 (Jun)	22.215
Euromech Ltd (VTD 17429)	18.531
Euromer Stevedores Ltd (VTD 11755)	52.286
Euromove International Movers Ltd (VTD 1710)	65.58
Europa Plaza Developments Ltd (VTD 19196)	52.447
Europcar Group UK Ltd, [2020] UKFTT 249 (TC)	56.11
European Commission v Austria (Republic of), ECJ Case C-128/05; [2008] STC 2610	22.563
European Commission v Belgium (Kingdom of), ECJ Case 324/82; [1984] ECR 1861; [1985] 1 CMLR 364	22.582
European Commission v EU Council, ECJ Case C-533/03; [2007] STC 1121	22.660
European Commission v Finland, ECJ Case C-169/00; [2004] STC 1232	22.104
European Commission v Finland, ECJ Case C-495/01; [2004] All ER (D) 265 (Jul)	22.275
European Commission v Finland, ECJ Case C-246/08; 29 October 2009 unreported	22.143
European Commission v French Republic (No 1), ECJ Case 50/87; [1988] ECR 4797; [1989] 1 CMLR 505	22.455
European Commission v French Republic (No 2), ECJ Case C-30/89; [1990] 1 ECR 691	22.233

Table of Cases — A to J

European Commission v Spain (Kingdom of), ECJ Case C-360/11; [2013] STC 2236	20.107
European Commission v Sweden, ECJ Case C-463/02; [2004] All ER (D) 267 (Jul)	22.275
European Commission v Sweden (No 2), ECJ Case C-480/10; 25 April 2013 unreported	20.24
European Commission v Sweden (No 3), ECJ Case C-114/14; [2015] All ER (D) 158	22.306
European Commission v United Kingdom, ECJ Case C-353/85; [1988] STC 251; [1988] ECR 817	22.304
European Commission v United Kingdom (No 2), ECJ Case C-416/85; [1988] STC 456; [1988] ECR 3127	22.589
European Commission v United Kingdom (No 3), ECJ Case C-359/97; [2000] STC 777	22.145
European Commission v United Kingdom (No 4), ECJ Case C-33/03; [2005] STC 582	22.463
European Commission v United Kingdom (No 5), ECJ Case C-305/03; [2007] STC 1211	22.106
European Commission v United Kingdom (No 6), ECJ Case C-349/03; [2006] STC 1944	22.659
European Commission v United Kingdom (No 7), ECJ Case C-582/08; [2010] STC 2364	22.637
European Commission v United Kingdom (No 8), ECJ Case C-86/11; [2013] STC 2076	20.26
European Commission v United Kingdom (No 9), ECJ Case C-161/14; [2015] STC 1767	56.9
European Commission v United Kingdom (No 10), CJEU Case C-276/19; [2020] STC 2036	20.279
European Commission, Diputacion Foral de Alava v, ECJ Case T-346/99; [2002] All ER (D) 338 (Oct)	22.10
European Commission, Diputacion Foral de Guipuzcoa v, ECJ Case T-269/99; [2002] All ER (D) 337 (Oct)	22.9
European Commission, Germany (Federal Republic of) v, ECJ Case 332/85; [1985] ECR 5143	22.640
European Commission, Territorio Historico de Alava v, ECJ Case T-346/99; [2002] All ER (D) 338 (Oct)	22.10
European Commission, Territorio Historico de Guipuzcoa v, ECJ Case T-269/99; [2002] All ER (D) 337 (Oct)	22.9
European Computer Centre Ltd (VTD 7220)	52.153
European Independent Purchasing Co Ltd (VTD 20697)	29.83
European Lift Services Ltd (VTD 15551)	52.454
European Publishing Consultants Ltd (VTD 13841)	5.102
European Tour Operators Association, [2014] UKFTT 213 (TC), TC03353	64.8
Europeans Ltd (No 1) (VTD 20796)	2.244
Europeans Ltd (No 2) (VTD 20883)	36.124
Europeans Ltd (No 3), Ch D [2011] EWHC 948 (Ch); [2011] STC 1449	2.336
Europhone International Ltd v Frontel Communications Ltd, Ch D [2001] STC 1399	62.498
Europlex Technologies (UK) Ltd (VTD 18042)	18.535
Eurospray Midlands Ltd (VTD 16775)	53.12
Euroware Fashions Ltd (VTD 3600, 4012)	18.330
Euroweb Ltd (VTD 6843)	52.284
Evangelical Movement of Wales [2004] VATDR 138 (VTD 18556)	33.77
Evans (AL) (VTD 7639)	18.350
Evans (Dr AR), [1976] VATTR 175 (VTD 285)	33.18
Evans (CE, EM & PC) (t/a Coney Leasing) (VTD 17510)	10.10
Evans (CN) (VTD 4415)	55.28
Evans (CP) (VTD 4717)	18.250
Evans (DR) (VTD 13290)	57.193
Evans (EM, PG & CP) (VTD 10532)	57.60
Evans (MJ) (t/a ATC) (VTD 14665)	52.430

Evans (P) (VTD 17264) 15.267
Evans (RV) (t/a Britannia Services), [2011] UKFTT 439 (TC), TC01292 .... 57.28
Evans (S), [1979] VATTR 194 (VTD 836) 14.13
Evans (S) (t/a EPS Plant & Safety Services) (VTD 18644) 52.346
Evans (Mrs S), [2011] UKFTT 464 (TC), TC01314 .... 51.177
Evans (VW) (VTD 14662) 36.282
Evans (WB) (t/a BSEC) (VTD 18432) 19.102
Evans & Marland Ltd (t/a Greyform Publications), [1988] VATTR 125 (VTD 3158)
 .... 5.100
Evans & Others, QB 1981, [1982] STC 342 .... 47.1, 50.7
Evans (DR) & Rees (GL) (t/a L & R Building Contractors) (VTD 15738) 52.397
Evans Brothers (Glass & Glazing) Ltd (VTD 14333) 50.132
Evans Transport (VTD 2974) 18.57
Evensis Ltd (VTD 17218) 8.25
Eventful Management Ltd (VTD 20300) 28.11
Everest Ltd, [2010] UKFTT 621 (TC); [2011] SFTD 217, TC00863 .... 67.158
Everett (A & A) (VTD 3669) 18.78
Everett (DF & A) (VTD 1606) 36.347
Everett (Mrs DG) (VTD 11736) 66.3
Everitt (A) (t/a Reading Lasses) (VTD 17408) 15.192
Eversleigh Investments & Property Co Ltd (VTD 9646) 52.71
Everything Everywhere Ltd, ECJ Case C-276/09; [2011] STC 316 .... 22.409
Evita-K EOOD *v* Direktor na Direktsia Obzhalvane i upravlenie na izpalnenieto Sofia,
 ECJ Case C-78/12; 18 July 2013 unreported 20.253
Evolution Export Trading Ltd, oao, R *v* HMRC, QB [2007] EWHC 521 (Admin) .. 36.708
EW (Computer Training) Ltd (VTD 5453) 5.38
Excel Shopfitting Ltd (VTD 16270) 18.384
Excell Consumer Industries Ltd, [1985] VATTR 94 (VTD 1865) 36.740
Exchange Club Ltd (VTD 3031) 18.58
Excip Ltd, [2014] UKFTT 339 (TC), TC03475 .... 35.33
Executive Security (Wentworth) Ltd (VTD 15052) 18.315
Exeter Estates Ltd, [2013] UKFTT 218 (TC), TC02632 .... 6.21
Exmoor Coast Boat Cruises, [2014] UKFTT 1103 (TC), TC04191 .... 59.23
Expert Systems Design Ltd (VTD 7974) 2.33
Expert Witness Institute (The), CA 2001, [2002] STC 42; [2001] EWCA Civ 1882;
 [2002] 1 WLR 1674 .... 22.350
Express Computers UK Ltd, [2011] UKFTT 572 (TC), TC01415 .... 36.90
Express Medicare Ltd, [2000] VATDR 377 (VTD 16969) 1.84
Express Pipework Co (VTD 12108) 2.302
Express Vending Ltd (VTD 13252) 18.260
Extrastable Services Ltd (VTD 13911) 14.23
Eydmann (JL), [2011] UKFTT 732 (TC), TC01569 .... 52.410
Eye-Tech Opticians, [2001] VATDR 468 (VTD 17498) 33.10
Eyears Ltd (VTD 20167) 1.48
Eyedial Ltd, UT [2013] UKUT 432 (TCC) 36.139
Eyin (BS) (No 2), [2013] UKFTT 442 (TC), TC02834 .... 52.443
Eynsham Cricket Club, [2019] UKUT 47 (TCC) 2.167
Eynsham Cricket Club (No 2), [2019] STC 2021 .... 15.157
Eyre (K) (VTD 5200) 18.451

F

F & I Services Ltd, CA [2001] STC 939 .... 2.313, 67.174
F Machin & Sons Ltd (VTD 17906) 36.596
F Options Ltd (No 2) (VTD 19033) 2.189
F Troop & Son (VTD 18957) 48.72
F1 Promotions Ltd, [2010] UKFTT 159 (TC), TC00464 .... 40.57
F2 Leisure Ltd (VTD 19253) 2.63
Faaborg-Gelting Linien A/S *v* Finanzamt Flensburg, ECJ Case C-231/94; [1996] STC
 774; [1996] 1 ECR 2395; [1996] 3 CMLR 535; [1996] All ER (EC) 656 .... 22.191

Table of Cases — A to J

Fabbri & Partners Ltd, [1973] VATTR 49 (VTD 9) 5.28
Fabco Ltd (VTD 9739) 53.19
Faccenda Chicken Ltd, [1992] VATTR 395 (VTD 9570) 2.124
Facet Holding BV, Staatssecretaris van Financiën v, ECJ Case C-539/08; [2010] STC 1701 .... 22.471
Facthaven Incentive Marketing Ltd (VTD 6443) 66.49
Facthaven Incentive Marketing Ltd, QB [1992] STC 839 .... 2.138
Factortame Ltd & Others v Secretary of State for Transport (No 2), ECJ Case C-213/89; [1990] 1 ECR 2433; [1990] 3 CMLR 375; [1991] 1 All ER 70 .... 22.27
Factortame Ltd & Others, ex p., R v Secretary of State for Transport, R v (No 3), ECJ Case C-48/93; [1996] 1 ECR 1029; [1996] 1 CMLR 889; [1996] 2 WLR 506; [1996] All ER (EC) 301 .... 22.32
Faimana Properties Ltd (VTD 14600) 57.133
Fairbairn (SP & A) (t/a Ruffles) (VTD 12825) 3.136
Fairclough, R v, CA Criminal Division, 25 October 1982 unreported 49.2
Fairford Group plc & Fairford Partnership Ltd, [2014] UKUT 329 (TCC) 2.16
Fairhome Ltd (VTD 11314) 52.228
Fairmatch Ltd (VTD 14194) 65.27
Fairpay Ltd (VTD 20455) 62.511
Fairview Windows Ltd (VTD 3619) 18.384
Fairway Lakes Ltd, [2016] UKUT 340 (TCC) 15.356
Fairway Lubricants Ltd (VTD 1577) 36.4
Faith Clothing Ltd, [2008] VATDR 379 (VTD 29854) 52.369
Faith Construction Ltd, CA [1989] STC 539; [1990] 1 QB 905; [1989] 2 All ER 938 .... 62.450
Fallimento Olimpiclub Srl, Amministrazione dell'Economia e delle Finanze v, ECJ Case C-2/08; 3 September 2009 unreported 22.647
Fakenham Conservative Association Bingo Club (VTD 76) 24.11
Falcon Plastics Ltd (VTD 13050) 18.225
Falcon Sportswear Ltd (VTD 2019) 12.19
Families for Children (No 2) (VTD 19857) 33.81
Family Car Centre Ltd (VTD 16141) 44.98
Fanfield Ltd, [2011] UKFTT 42 (TC); [2011] SFTD 324, TC00919 .... 28.2
Fantasia (Knutsford) (VTD 12515) 36.178
Fantask A/S & Others v Industriministeriet, ECJ Case C-188/95; [1998] 1 CMLR 473; [1998] All ER (EC) 1 .... 22.50
Fareham Borough Council, [2014] UKFTT 1033 (TC), TC04129 .... 41.69
Farley (J) (VTD 6558) 18.45
Farley (PA) (VTD 2567) 36.290
Farm Facilities (Fork Lift) Ltd, [1987] VATTR 80 (VTD 2366) 65.18
Farm Services (Gillingham) Ltd (VTD 9514) 17.2
Farnglobe Ltd (t/a Tooto's The Club) (VTD 6582) 52.127
Farnham Physiotherapy & Sports Clinic (VTD 20004) 46.146
Farnocchia (A & B), CS [1994] STC 881 .... 3.5
Farrey (M) (VTD 6709) 52.91
Farrimond (RJ & JM) (VTD 10831) 1.107
Farrington (JA) (VTD 5456) 51.102
Farrington (K) (VTD 2177) 36.314
Farrow (D) (VTD 6410) 51.75
Farrow (R) (VTD 10612) 25.36
Fashanu (JA) (VTD 13137) 25.2, 40.48
Fast Bunkering Klaipeda UAB v Valstybinė mokesčių inspekcija prie Lietuvos Respublikos finansų ministerijos, CJEU Case C-526/13 .... 20.185
Fast Technology Ltd (VTD 9974) 52.74
Faststar Ltd (VTD 4707) 18.457
Fat Sam's American Food & Beverage Co Ltd (VTD 5785) 18.291
Fattal v Walbrook Trustee (Jersey) Ltd, CA [2008] EWCA Civ 427 .... 2.258
Fawson (R) (VTD 9724) 57.23
Faxlink Communications (VTD 7766) 18.323
Faxworld Vorgründungsgesellschaft Peter Hünninghausen und Wolfgang Klein GbR, Finanzamt Offenbach am Main-Land v, ECJ Case C-137/02; [2005] STC 1192 ..... 22.184

Fazenda Pública v Câmara Municipal do Porto, ECJ Case C-446/98; [2001] STC 560 .... 22.148
Fazenda Pública, António Jorge Lda v , ECJ Case C-536/03; [2008] STC 2533 ..... 22.521
Fazenda Pública, Empresa de Desenvolvimento Mineiro SGPS v, ECJ Case C-77/01; [2005] STC 65 .... 22.527
Fazenda Pública, Lidl & Companhia v, ECJ Case C-106/10; [2011] STC 1979 .... 20.93
Fazenda Pública, Portugal Telecom v, ECJ Case C-496/11; [2013] STC 158 .... 22.494
Fazenda Pública, TVI Televisão Independente SA v, ECJ Case C-618/11; 5 December 2013 unreported 22.270
Fazenda Pública, Varzim Sol-Turismo, Jogo & Animaçao SA v, ECJ Case C-25/11; [2012] STC 971 .... 22.522
FC Milnes (Bradford) Ltd (VTD 478) 3.122
FCE Bank plc, Ministero dell'Economia e delle Finanze v, ECJ Case C-210/04; [2007] STC 165 .... 22.224
FD Todd & Sons Ltd (VTD 14731) 36.375
FDR Ltd, CA [2000] STC 672 .... 27.5
FEA Briggs Ltd (VTD 12804) 23.1
Feal & Oats (VTD 6706) 52.138
Federal Republic of Germany v European Commission, ECJ Case 332/85; [1985] ECR 5143 .... 22.640
Federal Republic of Germany, Brasserie du Pêcheur SA v, ECJ Case C-46/93; [1996] 1 ECR 1029; [1996] 1 CMLR 889; [1996] 2 WLR 506; [1996] All ER (EC) 301 .... 22.32
Federal Republic of Germany, Dillenkofer & Others v, ECJ Case C-178/94; [1996] 1 ECR 4845; [1996] 3 CMLR 469; [1996] All ER (EC) 917 .... 22.34
Federal Republic of Germany, European Commission v (No 1), ECJ Case C-74/91; [1992] 1 ECR 5437; [1996] STC 843 .... 22.570
Federal Republic of Germany, European Commission v (No 2), ECJ Case C-427/98; [2003] STC 301 .... 22.261
Federal Republic of Germany, European Commission v (No 3), ECJ Case C-287/00; [2002] STC 982 .... 22.341
Federal Republic of Germany, European Commission v (No 4), ECJ Case C-109/02; [2006] STC 1587 .... 22.296
Federal Republic of Germany, European Commission v (No 5), ECJ Case C-144/02; [2004] All ER (D) 264 (Jul) 22.275
Federal Republic of Germany, European Commission v (No 6), ECJ Case C-401/06; [2008] STC 2906 .... 22.248
Federated Pensions Services Ltd, [1992] VATTR 358 (VTD 8932) 38.41
Federation of Technological Industries & Others, ECJ Case C-384/04; [2006] STC 1483 .... 22.549
Fee (RJ) (t/a Swiftcraft Boats) (VTD 20489) 66.7
Feehan (MJ), QB 1994, [1995] STC 75 .... 24.23
Felix Quinn Enterprises Ltd (VTD 12411) 36.520
Feltgen, Administration de l'Enregistrement et des Domaines v, ECJ Case C-116/10; [2011] STC 994 .... 22.447
Feltham (I), [2011] UKFTT 612 (TC), TC01455 .... 23.28
Femco Engineering Co Ltd (VTD 7454) 18.254
Fencing Supplies Ltd, [1993] VATTR 302 (VTD 10451) 6.43
Fengate Developments, CA 2004, [2005] STC 191; [2004] EWCA Civ 1591 .... 62.358
Fenning (LH) (VTD 19297) 57.133
Fenstone (Quarries) Ltd (VTD 7236) 36.406
Fenwick Builders Ltd (VTD 5801) 36.467
Fenwood Developments Ltd, Ch D 2005, [2006] STC 644; [2005] EWHC 2954 (Ch) 15.98
Ferguson (RJ) (VTD 1578) 36.296
Ferrazzini v Italy, ECHR Case 44759/88; [2001] STC 1314 .... 34.16
Ferrero UK Ltd, CA [1997] STC 881 .... 29.149
Ferris & Budd (t/a Z Cars) (VTD 412) 41.37
Feuerbestattungsverein Halle eV, Finanzamt Eisleben v, ECJ Case C-430/04; [2006] STC 2043 .... 22.149
Fforestfach Medical Centre (VTD 16587) 6.38
Fibreglass Direct (Ireland) Ltd (VTD 20751) 17.3

Table of Cases — A to J

Fida Interiors Ltd (VTD 8907) 52.219
Fidelity International Management Holdings Ltd (VTD 7323) 46.157
Fidler (RW & JR) (t/a Holt Manor Farm Partners) (VTD 12892) 29.125
Field Fisher Waterhouse Llp, ECJ Case C-392/11; [2013] STC 136 .... 22.390, 62.587
Fielder & Sons (Enfield) Ltd (VTD 7017) 52.87
Fiesta Fashions Ltd (VTD 1975) 14.39
Finnamore (D) (t/a Hanbridge Storage Services), [2014] UKUT 336 (TCC) 41.65
Finance and Business Training Ltd (No 2), [2016] EWCA Civ 7; [2016] All ER (D) 136 (Jan) 21.12
Financial & General Print Ltd (VTD 13795) 36.695
Finančné riaditeľstvo Slovenskej republiky v Weindel Logistik Service SR spol. s ro, CJEU Case C-621/19 .... 35.12
Finanční ředitelství Hradci Kralove, Město Žamberk v, ECJ Case C-18/12; [2014] STC 1703 .... 20.142
Finanční ředitelství Ústí nad Labem, RLRE Tellmer Property sro v, ECJ Case C-572/07; [2009] STC 2006 .... 22.389, 62.586
Finanční úřad pro Středočeský kraj, Agrobet CZ s.r.o. v, CJEU Case-446/18 .... 36.711
Finanzamt Arnberg v Stadt Sundern, ECJ Case C-43/04; 26 May 2005 unreported 22.568
Finanzamt Augsburg-Land, Maierhofer v, ECJ Case C-315/00; [2003] STC 564 .... 22.379
Finanzamt Augsburg-Stadt v Marktgemeinde Welden, ECJ Case C-247/95; [1997] STC 531; [1997] 1 ECR 779; [1997] All ER (EC) 665 .... 22.144
Finanzamt Bad Neuenahr-Ahrweiler, HF v, CJEU Case C-374/19 .... 20.236
Finanzamt Bad Segeberg, Mohr v, ECJ Case C-215/94; STC 328; [1996] 1 ECR 959; [1996] All ER (EC) 450 .... 22.189
Finanzamt Bayreuth, GfBk Gesellschaft für Börsenkommunikation mbH v, ECJ Case C-275/11; 7 March 2013 unreported 22.419
Finanzamt Bergisch Gladbach v HE, ECJ Case C-25/03; [2007] STC 128 .... 22.466
Finanzamt Bergisch Gladbach v Igor Butin, CJEU Case C-375/16 .... 20.251
Finanzamt Bergisch Gladbach v Skripalle, ECJ Case C-63/96; [1997] STC 1035; [1997] 1 ECR 2847 .... 22.584
Finanzamt Bergisch Gladbach, Dudda v, ECJ Case C-327/94; [1996] STC 1290; [1996] 1 ECR 4595; [1996] 3 CMLR 1063 .... 22.237
Finanzamt Bochum-Mitte, L.u.P GmbH v, ECJ Case C-106/05; [2008] STC 1742 .. 22.310
Finanzamt Borken, Schmeink & Cofreth AG & Co KG v, ECJ Case C-454/98; [2000] STC 810 .... 22.482
Finanzamt Brandenburg, Landkreis Potsdam-Mittelmark v, CJEU Case C-400/15 ... 22.485
Finanzamt Buchholz in der Nordheide, Leo Libera GmbH v, ECJ Case C-58/09; [2010] STC 1950 .... 20.164
Finanzamt Burgdorf v Bog, ECJ Case C-497/09; [2011] STC 1221 .... 22.168
Finanzamt Burgdorf v Fischer, ECJ Case C-322/99, [2001] STC 1356; [2002] 2 WLR 1207 .... 22.174
Finanzamt Calau, Landboden-Agrardienste GmbH & Co KG v, ECJ Case C-384/95; [1998] STC 171 .... 22.190
Finanzamt Charlottenburg, KapHag Renditefonds 35 Spreecenter Berlin-Hellersdorf 3 Tanche GbR v, ECJ Case C-442/01; [2005] STC 1500 .... 22.96
Finanzamt Dachau v Achim Kollroß, CJEU Case C 660/16 .... 20.230
Finanzamt Deggendorf v Stoppelkamp (Raab's Administrator), ECJ Case C-421/10; [2011] STC 2358 .... 22.544
Finanzamt Detmold, Fleischerei Nier GmbH & Co KG v, ECJ Case C-502/09; [2011] STC 1221 .... 22.193
Finanzamt Donaueschingen, Fischer v, ECJ Case C-283/95; [1998] STC 708; [1998] All ER (EC) 567 .... 22.424
Finanzamt Göppingen v Erich Wirtl, CJEU Case C 661/16 .... 20.230
Finanzamt Dortmund-West v Klinikum Dortmund GmbH, ECJ Case C-366/12, [2014] STC 2197 .... 22.312
Finanzamt Dresden I, Ingenieurbüro Eulitz GbR Thomas und Marion Eulitz v, ECJ Case C-473/08; 28 January 2010 unreported 22.347
Finanzamt Düsseldorf-Mettman v Brandenstein, ECJ Case C-323/99, [2001] STC 1356; [2002] 2 WLR 1207 .... 22.175

Finanzamt Düsseldorf-Mitte v Ibero Tours GmbH, ECJ Case C-300/12, [2014] STC 991 .... 22.271
Finanzamt Düsseldorf-Nord, Köhler v, ECJ Case C-58/04; [2006] STC 469 .... 22.217
Finanzamt Düsseldorf-Süd v SALIX Grundstücks-Vermietungsgesellschaft mbH & Co. Objekt Offenbach KG, ECJ Case C-102/08; [2009] STC 1607 .... 22.151
Finanzamt Eisleben v Feuerbestattungsverein Halle eV, ECJ Case C-430/04; [2006] STC 2043 .... 22.149
Finanzamt Essen Nord-Ost v GFKL Financial Services AG, ECJ Case C-93/10; [2012] STC 79 .... 22.102
Finanzamt Esslingen, Strobel v, ECJ Case C-454/98; [2000] STC 810 .... 22.482
Finanzamt Flensburg, Faaborg-Gelting Linien A/S v, ECJ Case C-231/94; [1996] STC 774; [1996] 1 ECR 2395; [1996] 3 CMLR 535; [1996] All ER (EC) 656 .... 22.191
Finanzamt Frankfurt am Main-V Höchst v Deutsche Bank AG, ECJ Case C-44/11; [2012] STC 1951 .... 20.160
Finanzamt Freistadt Rohrbach Urfahr v Unabhängiger Finanzsenat Außenstelle Linz, ECJ Case C-219/12; [2014] STC 114 .... 22.130
Finanzamt Freital, Minerva Kulturreisen GmbH v, ECJ Case C-31/10; [2011] STC 532 .... 22.574
Finanzamt fur Körperschaften, Ambulanter Pflegedienst Kügler GmbH v, ECJ Case C-141/00; [2002] All ER (D) 40 (Sept) 22.335
Finanzamt für Körperschaften Hamburg, RA Grendel GmbH v, ECJ Case 255/81; [1982] ECR 2301; [1983] 1 CMLR 379 .... 22.399
Finanzamt Fürstenfeldbruck, Bakcsi v, ECJ Case C-415/98, [2002] STC 802; [2002] 2 WLR 1188 .... 22.101
Finanzamt Fürstenfeldbruck, Lange v, ECJ Case C-111/92; [1993] 1 ECR 4677; [1994] 1 CMLR 573; [1997] STC 564 .... 22.442
Finanzamt Gießen, Christoph-Dornier-Stiftung für Klinische Psychologie v, ECJ Case C-45/01; [2005] STC 228 .... 22.315
Finanzamt Gladbeck v Linneweber, ECJ Case C-453/02; [2008] STC 1069 .... 22.425
Finanzamt Goslar v Breitsohl, ECJ Case C-400/98; [2001] STC 355 .... 22.133
Finanzamt Göttingen, Securenta Göttinger Immobilienanlagen und Vermögensmanagement AG v, ECJ Case C-437/06; [2008] STC 3473 .... 22.492
Finanzamt Graz-Stadt, Firma Hans Bühler KGv, CJEU Case C-580/16 .... 20.180
Finanzamt Groß-Gerau v MKG-Kraftfahrzeuge-Factoring GmbH, ECJ Case C-305/01; [2003] STC 951; [2004] All ER (EC) 454 .... 22.410
Finanzamt Graz-Stadt, Heger Rudi GmbH v, ECJ Case C-166/05; [2008] STC 2679 .... 22.229
Finanzamt Gummersbach v Bockemühl, ECJ Case C-90/01; [2005] STC 934 .... 22.543
Finanzamt Hamburg-Barmbek-Uhlenhorst, HJ Glawe Spiel und Unterhaltungsgeräte Aufstellungsgesellschaft mbH & Co KG v, ECJ Case C-38/93; [1994] STC 543; [1994] 1 ECR 1679; [1995] 1 CMLR 70 .... 22.263
Finanzamt Hamburg-Bergedorf, ADV Allround Vermittlungs AG v, ECJ Case C-218/10; [2012] STC 708 .... 22.249
Finanzamt Hamburg-Bergedorf, Metropol Spielstätten Unternehmergesellschaft v, ECJ Case C-440/12; [2014] STC 505 .... 20.281
Finanzamt Hamburg-Eimsbüttel, Hamann v, ECJ Case C-51/88; [1989] ECR 767; [1990] 2 CMLR 377; [1991] STC 193 .... 22.225
Finanzamt Hamburg-Eimsbüttel, Velvet & Steel Immobilien und Handels GmbH v, ECJ Case C-455/05; [2008] STC 922 .... 22.402
Finanzamt Hamburg-Mitte v Marenave Schiffahrts AG, ECJ Case C-109/14; [2015] All ER (D) 312 .... 22.476
Finanzamt Hamburg-Mitte-Altstadt, Berkholz v, ECJ Case C-168/84; [1985] 3 CMLR 667; [1985] ECR 2251 .... 22.221, 22.450
Finanzamt Hannover-Nord, Senatex GmbH v, ... 20.249
Finanzamt Heidelberg v IST Internationale Sprach- und Studienreisen GmbH, ECJ Case C-200/04; [2006] STC 52 .... 22.573
Finanzamt Herne-West v Akritidis, ECJ Case C-462/02; [2008] STC 1069 .... 22.426
Finanzamt Hildesheim v BLC Baumarkt GmbH & Co KG, ECJ Case C-511/10; [2013] STC 521 .... 22.493
Finanzamt Homburg, Enkler v, ECJ Case C-230/94; [1996] STC 1316; [1996] 1 ECR 4517; [1997] 1 CMLR 881 .... 22.124

Table of Cases — A to J

First Base Properties Ltd (VTD 11598)	41.27
First Choice Holidays plc, ECJ Case C-149/01; [2003] STC 934; [2003] All ER (EC) 705	22.577
First Choice Holidays plc, CA [2004] STC 1407; [2004] EWCA Civ 1044	63.11
First Class Communications Ltd (No 1) (VTD 20779)	2.12
First Class Communications Ltd (No 2), [2013] UKFTT 90 (TC), TC02508	2.217
First Class Communications Ltd (No 3), [2013] UKFTT 342 (TC), TC02745	2.61
First Class Communications (Sales) Ltd (VTD 19950)	43.4
First Contact Ltd, [2012] UKFTT 84 (TC); [2012] SFTD 799, TC01780	62.530
First de Parys (Dry Cleaners) Ltd (VTD 12178)	18.86
First Indian Cavalry Club Ltd, CS 1997, [1998] STC 293	50.75
First International Conference on Emergency Medicine (VTD 2881)	51.53
First Medical Ltd (VTD 17847)	19.77
First National Bank of Chicago, ECJ Case C-172/96; [1998] STC 850; [1998] All ER (EC) 744; [1999] 2 WLR 230	22.95
First National Telecom Services Ltd (VTD 19681)	36.718
First Talk Mobile Ltd, [2011] UKFTT 423 (TC), TC01276	2.64
First-Tier Tribunal, R v (oao Totel Ltd), CA [2012] EWCA Civ 1401; [2013] STC 1557	2.110
Firstpoint (Europe) Ltd, [2011] UKFTT 708 (TC); [2012] SFTD 480, TC01545	62.552
Fiscale Eenheid Koninklijke Ahold NV v Staatssecretaris van Financiën, ECJ Case C-484/06; [2009] STC 45	22.656
Fiscale Eenheid PPG Holdings BV v Inspecteur van de Belastingdienst, ECJ Case C-26/12; [2014] STC 175	22.468
Fischer v Finanzamt Donaueschingen, ECJ Case C-283/95; [1998] STC 708; [1998] All ER (EC) 567	22.424
Fischer, Finanzamt Burgdorf v, ECJ Case C-322/99, [2001] STC 1356; [2002] 2 WLR 1207	22.174
Fisher (DC) (VTD 12356)	15.348
Fisher (JW) (VTD 179)	41.154
Fisher (NJ) (VTD 11238)	18.528
Fisher (Lord), QB [1981] STC 238; [1981] 2 All ER 147	7.6
Fisher & Others, R v, CA Criminal Division, [1989] STI 269	49.28
Fisher Educational Ltd (VTD 17902)	5.54
Fishguard Bay Developments Ltd (VTD 3225, 4549)	46.18
Fishwick (AG) (VTD 3642)	18.529
Fitch (KC), [2006] VATDR 196 (VTD 19914)	2.236
Fitch (MW) & Slade (B) (t/a Michael W Fitch Antiques) (VTD 16880)	53.4
Fitton (K) (VTD 13844)	57.7
Fitzgerald (S) (VTD 18662)	18.105
Fitzgerald (SN) & Robinson (DP) (t/a Autozone) (VTD 18168)	36.523
Fitzpatrick (E) (VTD 5247)	18.309
Fitzpatrick (PJ), [1996] VATDR 81 (VTD 13168)	50.55
Fitzpatrick & Others, ex p., R v Chief Constable of Warwickshire Constabulary, QB [1998] 1 All ER 65	14.77
Five Steps Community Nursery (VTD 16684)	52.315
Fivegrange Ltd (VTD 5338)	47.57
FJ Chalke Ltd, CA [2010] STC 1640; [2010] EWCA Civ 313	48.145
FJ Meaden Ltd (VTD 13215)	36.379
Flame Cheater International Ltd (VTD 14288)	18.101
Flame Cheater Ltd (VTD 5685)	18.34
Flan-Form Ltd (VTD 9415)	18.323
Flanaghan (GJ & GM) (VTD 4648)	51.108
Flanders Expo SA, Design Concept SA v, ECJ Case C-438/01; [2003] STC 912	22.244
Flashlight Photography Ltd (VTD 9088)	67.57
Flashshine Ltd (VTD 11433)	65.32
Flather (G) (VTD 11960)	19.92
Flax Bourton Magistrates' Court, R v (ex p. C & E Commrs), QB 1996 unreported	49.9
Fleet School of Motoring (VTD 7299)	62.245

Fleischerei Nier GmbH & Co KG*v* Finanzamt Detmold, ECJ Case C-502/09; [2011] STC 1221 .... 22.193
Fleming (M) (t/a Bodycraft), HL [2008] STC 324; [2008] UKHL 2; [2008] 1 All ER 1061 .... 2.148, 48.6
Fleming Agri-Products Ltd, [2014] UKFTT 965 (TC), TC04077 .... 23.23
Fletcher (JE & JB) (VTD 2356) 51.133
Flip Cards (Marine) Ltd (VTD 14483) 5.117
Flipcards Ltd (VTD 13916) 5.52
Flitcroft (D) (VTD 2328) 1.34
Floridienne SA *v* Belgian State, ECJ Case C-142/99; [2000] STC 1044; [2001] All ER (EC) 37 .... 22.526
Floris Merchandise Ltd (VTD 7437) 52.125
Flowers (GM & EA) (VTD 13889) 3.83
Floyde Brothers (VTD 6765) 40.76
Fluff Ltd (t/a Mag-It), QB 2000, [2001] STC 674 .... 29.118
Flynn (HW) (VTD 16930) 15.336
FMCG Home Services Ltd (VTD 18377) 65.86
FOD Financiën, Vlaamse Oliemaatschappij NV *v*, ECJ Case C-499/10; 21 December 2011 unreported 22.550
Foley (CN) (VTD 13496) 55.44
Folknoll Ltd (VTD 4022) 51.115
Folkestone Harbour, [2015] UKFTT 101 (TC), TC04306 .... 36.577
Fondbane Motors (VTD 2813) 65.21
Fonden Marselisborg Lystbådehavn, ECJ Case C-428/02; [2006] STC 1467 .... 22.385
Fonderie 2A, ECJ Case C-446/13; 2 October 2014 unreported 22.220
Fonecomp Ltd, [2015] STC 2254 .... 36.150
Foneshops Ltd, [2013] UKFTT 675 (TC), TC03057 .... 2.302
Fong (TK), [1978] VATTR 75 (VTD 590) 57.172
Food Concepts International Ltd (VTD 19484) 18.524
Food Engineering Ltd, [1992] VATTR 327 (VTD 7787) 52.468
Food-Wrap Ltd (VTD 10817) 18.205
Football Association Ltd (The) (VTD 1845) 2.128
Football Association Ltd (The), [1985] VATTR 106 (VTD 1860) 8.36
Football Mundial Ltd, [2016] UKFTT 736 (TC), TC05464 .... 2.426
Force One Training Ltd (VTD 13619) 5.7
Ford (C & A) (VTD 837) 3.159
Ford (DS) (VTD 16271) 55.3
Ford (Mrs P) (t/a Children's Riding Stables) (VTD 6855) 51.18
Ford Fuels Ltd (VTD 7213) 52.84
Ford Motor Company Ltd (No 1), [2006] VATDR 114 (VTD 19424) 2.5
Ford Motor Company Ltd (No 2), CA 2007, [2008] STC 1016; [2007] EWCA Civ 1730 .... 38.31
Ford Motor Company Ltd (No 3) (VTD 20028) 44.159
Ford Motor Company Ltd (No 4), [2007] VATDR 475 (VTD 20315) 52.418
Foreman (FC) & Partners (VTD 11894) 18.108
Forestmead Ltd (VTD 15852) 47.58
Forever Living Products Ltd (VTD 16263) 29.111
Forexia (UK) Ltd (VTD 16041) 5.114
Forman Hardy (N), [1994] VATTR 302 (VTD 12776) 55.40
Formstone (TE) (VTD 3693) 2.302
Formtax Plastics Ltd (VTD 11605) 18.180
Forrest (FFJ & FK) (VTD 10576) 52.320
Forrester (N) *v* Hooper (RAJ) (re Anglo-Breweries Ltd) (VTD 18008) 2.423
Försäkringsaktiebolaget Skandia, ECJ Case C-240/99; [2001] STC 754; [2001] 1 WLR 1617; [2001] All ER (EC) 822 .... 22.366
Forster (A, D & J), [2011] UKFTT 469 (TC), TC01319 .... 57.77
Forster (P) (VTD 9367) 52.298
Forsters School & Leisurewear Ltd (VTD 20758) 12.22
Fort Vale Engineering Ltd (VTD 17456) 52.246
Forth Dry Dock & Engineering Co Ltd, Litster *v*, HL 1989, [1990] 1 AC 546; [1989] 1 All ER 1134 .... 63.11

Forth Wines Ltd, [2012] UKFTT 74 (TC), TC01770	35.30
Fortyseven Park Street Ltd, [2019] EWCA Civ 849	41.119
Förvaltnings AB Stenholmen v Riksskatteverket, ECJ Case C-320/02; [2004] STC 104; [2004] All ER (EC) 870	22.578
Fosberry (KAJ & Mrs BM) (VTD 19189)	2.406
Foster (D & J) (t/a David Foster Associates) (VTD 14820)	5.86
Foster (Mr & Mrs I) (VTD 6787)	52.113
Foster (N & T) (t/a Foster Leisure) (VTD 16617)	52.421
Foster (RA & Mrs JC) (t/a The Watersplash Hotel) (VTD 12723)	3.129
Foster (SR) (VTD 17241)	47.72
Foster & Others v British Gas plc, ECJ Case C-188/89; [1990] ECR 3313; [1990] 3 All ER 897	22.17
Foster Cars (Rotherham) Ltd (VTD 3586)	18.508
Foster Penny Ltd (VTD 7716)	52.373
FourDistribution Ltd (No 1) (VTD 20931)	36.126
FourDistribution Ltd (No 2), [2009] UKFTT 242 (TC), TC00191	36.126
Fourth Road Consultants Ltd (VTD 13626)	18.380
Fowle (F) (VTD 9174)	10.5
Fox, Ch D 11 May 2006 unreported	50.21
Fox (T), [2012] UKFTT 264 (TC), TC01957	15.166
Foxer Industries (VTD 13817)	19.68
Foxer Industries (No 2) (VTD 14469)	19.84
Foxmead Services (Northern) Ltd (VTD 1625)	36.183
Fox-Pitt Kelton Ltd (VTD 11556)	46.57
FPS (UK) Ltd (VTD 15716)	18.47
FPV Ltd (VTD 15666)	40.53
Frambeck Ltd, CA [1989] STC 395	46.20
Framesouth Ltd (VTD 15270)	5.95
France, Bendenoun v, ECHR 1994, 18 EHRR 54	34.5
France, SA Cabinet Diot v, ECHR Case 49217/99; 22 July 2003 unreported	34.25
France, SA Dangeville v, ECHR Case 36677/97; [2003] STC 771; 5 ITLR 604	34.24
France, SA Gras Savoye v, ECHR Case 49218/99; 22 July 2003 unreported	34.25
France, see also French Republic	
Franchise Development Services Ltd (VTD 14295)	5.42
Francis (G & Mrs H) [2006] VATDR 487 (VTD 19919)	57.74
Francis (M), [2012] UKFTT 359 (TC), TC02045	15.56
Francis (RG) (VTD 9063)	52.71
Francis Jackson Homes Ltd (VTD 6352)	36.58
Francis John (VTD 3447)	62.271
Francis John Hair Studio (VTD 3447)	62.271
Francis John (Saltcoats) Ltd (VTD 3447)	62.271
Franck & Tobiesen (UK) Ltd, [2013] UKFTT 648 (TC), TC03032	35.34
Franco F'Lli Ltd (VTD 13153)	46.211
Francovich v Italian State, ECJ Case C-6/90; [1991] 1 ECR 5357; [1993] 2 CMLR 66	22.31
Frank A Smart & Son Ltd, [2016] UKUT 121 (TCC)	7.89
Frank A Smart & Son Ltd (No 2), [2019] UKSC 39; [2019] STC 1549	36.544
Frank Coleman (Luton) Ltd (VTD 6653)	18.254
Frank Galliers Ltd, QB 1992, [1993] STC 284	52.68
Frank Haslam Milan & Co Ltd (VTD 3857)	15.314
Frankenberg v Famous Lasky Film Service, [1931] 1 Ch 428	2.359
Fraser (AE & Mrs ME) (VTD 16761)	47.28
Fraser (TW) (VTD 18753)	18.434
Fraser Bruce Group Ltd (The) (VTD 17763)	2.34
Fraserburgh Harbour Commissioners (VTD 15797)	8.11
Fred's Newsagents Ltd (VTD 2815)	18.178
Freelance Door Services Ltd (VTD 1384)	36.483
Freeland (DJ) (VTD 11358)	3.134
Freeman & Another (re Margaretta Ltd), Ch D [2005] STC 610	37.9
Freeman Box & Co (VTD 3524)	18.63
Freemans plc, ECJ Case C-86/99; [2001] STC 960; [2001] 1 WLR 1713	22.282

Table of Cases — A to J

Freemans plc (No 2) (VTD 17019) 48.137
Freer (DJ & Mrs AP) (t/a Shooting & Fishing) (VTD 18921) 62.81
Freer (DL) (VTD 7648) 52.269
Freeserve.com plc, oao, R v C & E, QB 2003, [2004] STC 187; [2003] EWHC
  2736(Admin) 2.318
Freeway Marketing Ltd (VTD 5905) 18.384
Freewheeler Co Ltd (VTD 4544) 18.14
Freezerman (UK) Ltd (VTD 2061) 29.204
Freight Transport Leasing Ltd (No 1), [1991] VATTR 142 (VTD 5578) 27.22
French (DA) (t/a Adept Architectural Aluminium) (VTD 9706) 14.38
French & Co (Solicitors) Ltd, [2012] UKFTT 6 (TC), TC01705 .... 18.488
French Connection Ltd, [2015] UKFTT 173 (TC), TC04367 .... 62.101
French Education Property Trust, [2015] UKFTT 620 (TC), TC04762 .... 15.131
French Polish Ltd, [2014] UKFTT 091 (TC), TC03231 .... 18.341
French Republic, European Commission v (No 1), ECJ Case 50/87; [1988] ECR 4797;
  [1989] 1 CMLR 505 .... 22.455
French Republic, European Commission v (No 2), ECJ Case C-30/89; [1990] 1 ECR
  691 .... 22.233
French Republic, European Commission v (No 3), ECJ Case C-68/92; [1993] 1 ECR
  5881; [1997] STC 684; [1995] 2 CMLR 1 .... 22.241
French Republic, European Commission v (No 4), ECJ Case C-43/96; [1998] STC 805;
  [1998] All ER (EC) 951 .... 22.499
French Republic, European Commission v (No 5), ECJ Case C-60/96; [1997] 1 ECR
  3827; [1999] STC 480 .... 22.378
French Republic, European Commission v (No 6), ECJ Case C-276/97; 12 September
  2000 unreported 22.146
French Republic, European Commission v (No 7), ECJ Case C-429/97; [2001] STC
  156 .... 22.623
French Republic, European Commission v (No 8), ECJ Case C-481/98; [2001] STC
  919 .... 22.590
French Republic, European Commission v (No 9), ECJ Case C-76/99; 11 January 2001
  unreported 22.307
French Republic, European Commission v (No 10), ECJ Case C-345/99; 14 June 2001
  unreported 22.500
French Republic, European Commission v (No 11), ECJ Case C-404/99; 29 March 2001
  unreported 22.266
French Republic, European Commission v (No 12), ECJ Case C-40/00; 14 June 2001
  unreported 22.469
French Republic, European Commission v (No 13), ECJ Case C-384/01; 8 May 2003
  unreported 22.301
French Republic, European Commission v (No 14), ECJ Case C-243/03; [2006] STC
  1098 .... 22.529
French Republic, European Commission v (No 15), ECJ Case C-492/08; 17 June 2010
  unreported 20.102
French Republic (No 16), European Commission v, ECJ Case C-94/09; 6 May 2010
  unreported 20.103, 62.592
Fresh Pasta Products, [1993] VATTR 238 (VTD 9781) 3.29
Fresh Sea Foods (Barry) Ltd, [1991] VATTR 388 (VTD 6658) 29.33
Freshgro (Bicester) Ltd (VTD 7250, 7832) 36.443
Friary Electrical Co Ltd (The) (VTD 7554) 40.97
Friary Leasing Ltd (VTD 3893) 36.528
Frid, Secretary of State for Trade & Industry v, HL [2004] UKHL 24; [2004] All ER (D)
  180 (May) 37.19
Friel (P), [1977] VATTR 147 (VTD 396) 3.26
Friendly Loans Ltd, FTT 2009, [2010] SFTD 96; [2009] UKFTT 247 (TC), TC00196
  .... 27.39
Friends of the Elderly, [2008] VATDR 169 (VTD 20597) 19.109
Friends of the Ironbridge Gorge Museum, [1991] VATTR 97 (VTD 5639) 13.15
Fritz Bender Metals (UK) Ltd, [1991] VATTR 80 (VTD 5426) 52.24, 52.35
Frizzell, Kenmir Ltd v, QB [1968] 1 WLR 329; [1968] 1 All ER 414 .... 65.10, 65.11
From (Miss CDA) (VTD 5605) 51.20

Frontel Communications Ltd, Europhone International Ltd v, Ch D [2001] STC 1399 .... 62.498
Frost (A) (VTD 5813) 52.77
Frost (J) [2010] UKFTT 344 (TC), TC00626 .... 15.351
Frost (Dr & Mrs P) (VTD 13045) 36.594
Frozen Fruit Company Ltd (The), [2016] UKFTT 12 (TC), TC04819 .... 29.137
Fryer (L & P) (VTD 14265) 58.21
Fu (JHK) (VTD 11718) 50.123
Fulcrum Electronics Ltd, ECJ Case C-355/03; [2006] STC 419; [2006] 2 WLR 456 .... 22.125
Full Force Marketing Ltd (VTD 15270) 5.95
Funding Corporation Ltd (The) (VTD 19525) 2.403
Fundmain Ltd (VTD 1493) 36.477
Funeral Planning Services Ltd (VTD 19975) 24.33
Funky End (The), [2009] UKFTT 110 (TC), TC00078 .... 24.33
Furby (AJ) (VTD 622) 62.407
Furness Vale Yacht Hire Ltd (VTD 12628) 36.612
Furniss (RJ & JW) (t/a Newspoint) (VTD 14758) 3.54
Furniss v Dawson, HL [1984] STC 153 .... 36.533
Furniture Finders of Winsford Ltd, [2010] UKFTT 426 (TC), TC00691 .... 11.73
Fusion Electronics Ltd, [2011] UKFTT 529 (TC), TC01376 .... 36.140
Future Components Ltd, [2010] UKFTT 101 (TC), TC00412 .... 48.102
Future Health Technologies Ltd, ECJ Case C-86/09; [2010] STC 1836 .... 20.120
Futures Restaurants Ltd (VTD 5717) 18.174
Fyfe & Fyfe Ltd (VTD 1199) 3.170
Fyffe (RLO) (VTD 9686) 52.129
Fylkesskattesjefen, Diamond GoGo Bar v, Lagmannsrett 6 December 2006; Times 7.12.2006 .... 22.359

G

G, re, QB 2001, [2002] STC 391; [2001] EWHC Admin 606 .... 14.84
G Draper (Marlow) Ltd (VTD 2079) 65.3
G Wilson (Glaziers) Ltd (No 1), [2011] UKFTT 731 (TC), TC01568 .... 18.402
G Wilson (Glaziers) Ltd (No 2), [2012] UKFTT 387 (TC); [2012] SFTD 1117, TC02071 .... 2.340
GA Security Systems Ltd (VTD 1527) 44.7
Gabalfrisa SL & Others v Agencia Estatal de Administracion Tributaria, ECJ Cases C-110/98 to C-147/98; [2002] STC 535 .... 22.460
Gabbitas Educational Consultants Ltd, [2009] UKFTT 325 (TC), TC00268 .... 62.512
Gableglade Ltd (VTD 9597) 18.323
Gables Nursing Home (The) (VTD 15456) 57.116
Gables Farm Dogs & Cats Home (VTD 20519) 11.2
Gabrielson (PS) (VTD 606) 44.63
Gagliardi (KJ) (VTD 667) 2.370
Gala 1 Ltd, [2016] UKUT 564 (TCC) 48.78
Gala Leisure Ltd, [2015] UKFTT 516 (TC), TC04674 .... 32.38
Galaxy Equipment (Europe) Ltd (VTD 11415) 40.61
Gale (JF), [1986] VATTR 185 (VTD 2138) 51.6
Gale & Daws Ltd (VTD 11126) 4.3
Gallagher (JJ & Mrs BM) (VTD 12140) 46.60
Gallaher Ltd (VTD 14827, VTD 16395) 67.168
Gallo (B) (VTD 7686) 50.144
Gallo (R) (t/a The Fun Pub) (VTD 11502) 52.271
Gallucci (AP) (VTD 19830) 50.21
Gambro Hospital Ltd, [2004] VATDR 21 (VTD 18588) 33.48
Game Conservancy Trust (The), [2001] VATDR 422 (VTD 17394) 64.10
Gamefishing Publications Ltd (VTD 12553) 18.504
Games Workshop Ltd (VTD 16975) 5.43
Gandalf IT Ltd, [2012] UKFTT 573 (TC), TC02250 .... 2.192

Gandesha (P) (VTD 5111)	25.22
Gandhi Tandoori Restaurant, [1989] VATTR 39 (VTD 3303)	50.73
Gandhum (SS) (VTD 18848)	48.62
Gandy (AS) (VTD 1029)	58.25
Garage Door Co (The) (VTD 11144)	18.237
Garage Molenheide BVBA & Others *v* Belgian State, ECJ Case C-286/94; [1998] STC 126; [1998] 1 CMLR 1186; [1998] All ER (EC) 61	22.516
Garavand (A) (t/a Caspian Kebab & Pizza) (VTD 11847)	3.64
Garcha Group (VTD 13130)	58.23
Gardens Entertainments Ltd (The) (VTD 8972)	18.322
Gardiner (Mr & Mrs S), [2012] UKFTT 726 (TC), TC02390	15.342
Gardner (MR) (t/a Gardner & Co), [2014] UKFTT 82 (TC), TC03222	15.342
Gardith Construction Ltd (VTD 6959)	52.284
Gardner (JJ), [1989] VATTR 132 (VTD 3687)	62.172
Gardner (M) (t/a Gardner & Co), [2011] UKFTT 470 (TC), TC01320	57.160
Gardner (MC) (VTD 588)	44.6
Gardner Lohman Ltd, [1981] VATTR 76 (VTD 1081)	62.573
Garland Hoff, [2015] UKFTT 141 (TC), TC04345	18.307
Garlick (MJG) (t/a John Moreton Photography) (VTD 17672)	48.5
Garner (CW & JA) (VTD 1476)	41.39
Garnham (Mr & Mrs) (t/a Pro-Mac Surfacing) (VTD 15918)	62.142
Garrard (TJD) (VTD 5447)	18.398
Garraway (PA) (VTD 6479)	18.436
Garret (PT) & Sons (Contractors) Ltd (VTD 7073)	52.107
Garrett (A) (VTD 10798)	51.23
Garsington Opera Ltd, [2009] UKFTT 77 (TC), TC00045	46.95
Gartland (JJ) (VTD 7331)	36.299
Garton (S) & Davies (J) (t/a The Dolly Tub) (VTD 16260)	57.8
Gary Sargent & Co, DTC (CTC) Ltd *v*, Ch D [1996] BCC 290	40.81
Gas & Chemicals Ltd (VTD 18160)	29.113
Gasus Dosier und Fördertechnik GmbH *v* Netherlands, ECHR Case 15375/89; 20 EHRR 403	34.1
Gateacre Park Motor Co Ltd (VTD 17921)	57.204
Gateshead Jewish Nursery, [2014] UKFTT 685 (TC), TC03807	15.265
Gateshead Talmudical College, [2011] UKUT 131 (TCC); [2011] STC 1593	9.10
Gateway Leisure (Caravan Sales) (VTD 7943)	52.338
Gateway Leisure (Caravan Sales) (VTD 9689)	17.3
Gatherchoice Holdings Ltd (VTD 5804)	3.50
Gauntlett (MV), [1996] VATDR 138 (VTD 13921)	3.16
Gavacan (JW) (VTD 13670)	40.29
Gayle (NN) (VTD 20982)	57.154
GB Capital Ltd (VTD 6138)	52.348
GB Express Ltd (VTD 6822)	52.111
GB Housley Ltd, [2016] EWCA Civ 1299; [2016] All ER (D) 110 (Dec)	2.447
GB Housley Ltd (No 2), [2015] UKUT 71 (TCC)	2.7
GB Techniques Ltd, [1988] VATTR 95 (VTD 3121)	18.13
GC Parts Ltd (VTD 7545)	52.53
GD Searle & Co Ltd (VTD 13439)	19.67
GDI Game Domain International plc (VTD 20962)	36.673
Gean House Hotel Ltd (VTD 6687)	52.387
Geary (SJ) (VTD 2314)	51.44
GEC Reliance Ltd, Duke *v*, [1988] 1 AC 718; [1988] 1 All ER 626	22.25
Gee (NSR) (VTD 5687)	18.508
Gee (SA) (VTD 5656)	18.361
Geelen (LW), Staatssecretaris van Financiën *v*, CJEU Case C-568/17	20.71
Geistlich Sons Ltd (VTD 11468)	25.29
Geller (A), [2013] UKFTT 123 (TC), TC02552	48.62
Gemeente Borsele *v* Staatssecretaris van Financiën, CJEU Case C-520/14; [2016] All ER (D) 166 (May)	20.12
Gemeente Emmen *v* Belastingsdienst Grote Ondernemingen, ECJ Case C-468/93; [1996] STC 496; [1996] 1 ECR 1721; [1996] All ER (EC) 372	22.134

Gemeente's-Hertogenbosch, ECJ Case C-92/13, 10 September 2014 unreported 22.181
Gemeente Leusden v Staatssecretaris van Financiën, ECJ Case C-487/01; [2004] STC 776 .... 22.539
Gemeente Vlaardingen, Staatssecretaris van Financiën v, ECJ Case C-299/11; [2013] STC 478 .... 22.180
Gemini Cars (Egham) Ltd (VTD 20035) 62.259
Gemini Fashion Accessories Ltd (VTD 3262) 18.63
Gemini Riteway Scaffolding Ltd, [2012] UKFTT 369 (TC), TC02053 .... 62.615
General Healthcare Group Ltd (No 1), [2001] VATDR 328 (VTD 17129) 15.97
General Healthcare Group Ltd (No 2), [2016] UKUT 315 (TCC) 19.5
General Metals (Glasgow) Ltd (VTD 9399) 52.281
General Mills UK Ltd (VTD 20905) 29.169
General Motors Acceptance Corporation (UK) plc (No 1), [1999] VATDR 456 (VTD 16137) 27.23
General Motors Acceptance Corporation (UK) plc (No 2), Ch D [2004] STC 577; [2004] EWHC 192 (Ch) 40.106, 44.52
General Motors Acceptance Corporation (UK) plc (No 3) (VTD 19989) 48.63
General Motors Acceptance Corporation (UK) plc (No 4), UT [2012] UKUT 279 (TCC); [2012] STC 2349 .... 4.35
General Motors (UK) Ltd, [2015] UKUT 605 (TCC) 44.58
General Trading Stores Ltd (VTD 17591) 60.19
Generalbundesanwalt beim Bundesgerichtshof, R v, ECJ Case C-285/09; [2011] STC 138 .... 22.609
Genesis Hair & Beauty Ltd (VTD 17177) 57.122
Genie Financial Services Europe Ltd (VTD 20367) 3.186
Genius Holding BV v Staatssecretaris van Financiën, ECJ Case 342/87; [1989] ECR 4227; [1991] STC 239 .... 22.481
Genrey (PT) (VTD 20929) 28.10
Gent (Mrs E) (t/a Elizabeth Corke Catering) (VTD 14438) 36.320
Gent (Mrs L) (VTD 13227) 51.163
Genuine Car Services (VTD 18141) 44.168
Geoffrey Clarke Grain Co Ltd (VTD 7142) 52.74
Geoffrey Davis (Menswear) Ltd (VTD 12576) 18.516
Geomatrix Ltd (VTD 10701) 10.5
Georgalakis Partnership (VTD 10083) 3.93
George (G) (t/a Top Six Hairdressing) (VTD 16971) 57.94
George (PS) (VTD 20400) 15.296
George (TW) (VTD 3974) 18.94
George & George (VTD 4562) 18.254
George Hammond plc, [2007] VATDR 383 (VTD 20353) 66.44
George Hamshaw (Golf Services) Ltd, [1979] VATTR 51 (VTD 722) 62.445
George Kerr Enterprises Ltd (VTD 18079) 57.212
George Kuikka Ltd, [1990] VATTR 185 (VTD 5037) 62.504
Georghiou (K) (VTD 14970) 50.30
Georgiou (M & A) (t/a Mario's Chippery), CA [1996] STC 463 .... 3.6
Georgiou (M & A) v United Kingdom, ECHR 2000; [2001] STC 80; 3 ITLR 145 ..... 34.1
Germany (Federal Republic of) v European Commission, ECJ Case 332/85; [1985] ECR 5143 .... 22.640
Germany (Federal Republic of), Brasserie du Pêcheur SA v, ECJ Case C-46/93; [1996] 1 ECR 1029; [1996] 1 CMLR 889; [1996] 2 WLR 506; [1996] All ER (EC) 301 .... 22.32
Germany (Federal Republic of), Dillenkofer & Others v, ECJ Case C-178/94; [1996] 1 ECR 4845; [1996] 3 CMLR 469; [1996] All ER (EC) 917 .... 22.34
Germany (Federal Republic of), European Commission v (No 1), ECJ Case C-74/91; [1992] 1 ECR 5437; [1996] STC 843 .... 22.570
Germany (Federal Republic of), European Commission v (No 2), ECJ Case C-427/98; [2003] STC 301 .... 22.261
Germany (Federal Republic of), European Commission v (No 3), ECJ Case C-287/00; [2002] STC 982 .... 22.341
Germany (Federal Republic of), European Commission v (No 4), ECJ Case C-109/02; [2006] STC 1587 .... 22.296

Germany (Federal Republic of), European Commission v (No 5), ECJ Case C-144/02;
  [2004] All ER (D) 264 (Jul) 22.275
Germany (Federal Republic of), European Commission v (No 6), ECJ Case C-401/06;
  6 December 2007 unreported 22.248
Germany (Federal Republic of), European Commission v (No 7), CJEU Case C-616/15
  .... 20.130
Germany (Federal Republic of), European Commission v (No 8), CJEU Case C-360/18
  .... 20.268
Gevroeders Benedik Abattoir CV, Spijkers v, ECJ Case C-24/85; [1986] ECR 1119;
  [1986] 2 CMLR 296 .... 22.144
GF Mercer Ltd, [2011] UKFTT 539 (TC), TC01386 .... 48.62
GfBk Gesellschaft für Börsenkommunikation mbH v Finanzamt Bayreuth, ECJ Case
  C-275/11; 7 March 2013 unreported 22.419
GFKL Financial Services AG, Finanzamt Essen Nord-Ost v, ECJ Case C-93/10; [2012]
  STC 79 .... 22.102
GGN Builders Ltd, [2010] UKFTT 184 (TC), TC00488 .... 55.62
Ghafoor (B) (VTD 13329) 57.210
Ghaidan v Godin-Mendoza, HL [2004] 2 AC 557 .... 67.185
Ghaus (MR) (t/a Ghaus & Co) (VTD 4999) 62.481
Ghaus (MR) (t/a Ghaus & Co) (No 2) (VTD 10419) 62.482
Ghent Coal Terminal NV, Belgium (Kingdom of) v, ECJ Case C-37/95; [1998] STC 260;
  [1998] All ER (EC) 223 .... 22.465
Ghosh, R v, CA [1982] 3 WLR 110; [1982] 2 All ER 689 .... 50.30
Gibb (A) (t/a Business Post Fife) (VTD 11166) 18.530
Gibbs (A) (VTD 18270) 50.21
Gibbs (RW) (VTD 5596) 55.71
Gibbs Travel (VTD 18472) 62.252
Giblin (MJ) (VTD 20352) 15.75
Gibson (Mrs S) (t/a Miss Toner) (VTD 13293) 57.47
Giddian Ltd, [1984] VATTR 161 (VTD 1706) 14.36
Gielly Green Ltd, [2013] UKFTT 509 (TC), TC02898 .... 18.488
Giffenbond Ltd (VTD 13481) 36.382
GIL Insurance Ltd, ECJ Case C-308/01; [2004] STC 961 .... 22.617
Gilberts Motors Ltd (VTD 3424) 18.455
Gilbourne (B), [1974] VATTR 209 (VTD 109) 2.43
Gilder (GD) (VTD 18143) 15.18
Giles (G), [2009] UKFTT 109 (TC), TC00077 .... 62.282
Giles (JT) (VTD 6789) 62.68
Giles (Mr & Mrs) (VTD 5449) 62.282
Giles v Thompson, HL 1993, [1994] 1 AC 142; [1993] 3 All ER 321 .... 2.272
Gill (MS) (VTD 4904) 15.227
Gillamoor Ltd v Isle of Man Treasury (VTD 20591) 57.151
Gillan (J & M) (t/a Gracehill Golf Course), [2010] UKFTT 8 (TC), TC00327 .... 41.35
Gillan Beach Ltd, Ministre de l'Économie, des Finances et de l'Industrie v, ECJ Case
  C-114/05; [2006] STC 1080 .... 22.239
Gillard (WJS) (VTD 5040) 51.45
Gillaroo Ltd (VTD 8889) 18.83
Gillespie (G) (VTD 11504) 51.29
Gilmour (S) (VTD 5305) 57.126
Gingell (KAG) (VTD 5168) 18.427
GJ Bennett & Co (Builders) Ltd (VTD 6457) 52.249
GK Electrical UK Ltd (VTD 2861) 25.23
GL Motor Services Ltd (VTD 2413) 36.488
Glaisyer (Venerable H) v Director of Border Revenue, [2012] UKFTT 276 (TC),
  TC01964 .... 35.28
Glamorgan Prestige Developments Ltd, [2010] UKFTT 237 (TC), TC00536 ...... 36.652
Glasgow City Council (No 1), [1998] VATDR 407 (VTD 15491) 42.6
Glasgow City Council (No 2) (VTD 16613) 48.53
Glasgow Indoor Bowling Club (VTD 14889) 46.134
Glasgow School of Art, [2019] UKUT 173 (TCC) 41.171
Glasgow Vending Services (VTD 943) 62.410

Table of Cases — A to J

Glasgow's Miles Better Mid-Summer 5th Anniversary Ball (VTD 4460) 67.142
Glassborow & Another, QB [1974] STC 142; [1975] QB 465; [1974] 1 All ER 1041 .... 57.1
Glasse Brothers, [1989] VATTR 143 (VTD 3716) 36.44
Glassiron Ltd, [1989] VATTR 245 (VTD 4592) 62.66
Glastonbury Abbey (VTD 14579) 16.1
Glawe (HJ) Spiel und Unterhaltungsgeräte Aufstellungsgesellschaft mbH & Co KG *v* Finanzamt Hamburg-Barmbek-Uhlenhorst, ECJ Case C-38/93; [1994] STC 543; [1994] 1 ECR 1679; [1995] 1 CMLR 70 .... 22.263
GlaxoSmithKline Services Unlimited, [2011] UKUT 432 (TCC); [2012] STC 10 ..... 29.188
Gleeds Chartered Quantity Surveyors (VTD 9770, VTD 10069) 52.71
Glen-Jones (Ms A), [2011] UKFTT 141 (TC), TC01015 .... 41.92
Glen & Padden (t/a Shieldfield Processors and Refiners) (VTD 917) 2.161
Glencore Agriculture Hungary *v* Nemzeti Adó- és Vámhivatal Fellebbviteli Igazgatóság, CJEU Case C-254/16; [2017] All ER (D) 38 (Jul) 20.225
Glendale Social Club, [1994] VATTR 372 (VTD 12869) 62.114
Glendinning (R) (VTD 5245) 57.7
Glendower Cutting Tools Ltd (VTD 3564) 18.318
Gleneagles Hotel plc, [1986] VATTR 196 (VTD 2152) 62.131
Glenfall House Trust (VTD 16657) 21.42
Glengate KG Properties Ltd (VTD 14236) 43.18
Glenshane Construction Services Ltd (VTD 14160) 37.21
Glenshee Chairlift Co Ltd (VTD 18162) 66.31
Glinski (C) (t/a Redcliffe Precious Metals) (VTD 11300) 40.78
Global Active Holdings Ltd, [2006] VATDR 190 (VTD 19715) 2.186
Global Active Technologies Ltd (VTD 19715) 2.186
Global Foods Ltd & ors, [2014] UKFTT 1112 (TC), TC04200 .... 48.112
Global Games International Ltd, [2005] VATDR 246 (18912) 5.53
Global Master Ltd (VTD 20476) 57.107
Global Self Drive Ltd, [2005] VATDR 284 (VTD 19162) 38.3
Global Trade Centre Ltd (VTD 14866) 51.145
Global Vehicle Imports (UK) Ltd (VTD 18546) 18.414
Globalbis Distribution Ltd, [2010] UKFTT 567 (TC), TC00808 .... 2.238
Globalised Corporation Ltd, [2012] UKFTT 556 (TC), TC02233 .... 2.302
Glossop Sectional Buildings Ltd (VTD 4100) 18.253
GMAC UK plc (No 1), [2015] UKUT 0004 (TCC) 4.35
GMAC (UK) plc (No 2), CA [2016] EWCA Civ 1015 .... 4.37
GNP Booth Ltd (VTD 17555) 5.64
Goals Soccer Centres plc, [2012] UKFTT 576 (TC), TC02253 .... 41.162
Goddard (A & A) (VTD 11983) 55.91
Goddard (A & D), Ch D [2001] STC 725 .... 2.123
Goddard & Phillips Ltd (VTD 3218) 18.422
Godfrey (AS) (VTD 14648) 65.45
Godin-Mendoza, Ghaidan *v*, HL [2004] 2 AC 557 .... 67.185
Godiva Bearings (Southern) Ltd (VTD 9778) 52.33
Godlin Ltd (VTD 4416) 7.20
Gohil (Mr & Mrs M) (t/a Gohil Fashions) (VTD 15435) 44.14
Gold (K) (VTD 11939) 50.52
Gold Star Publications Ltd, QB [1992] STC 365 .... 67.33
Goldcrest Transport Services Ltd (VTD 18722) 57.129
Golden Cloud Solarium (VTD 6761) 52.71
Golden Echo Productions (VTD 11747) 52.358
Golden Oak Partnership (The) (VTD 7212) 36.605
Golden Wonder Ltd (VTD 18650) 29.176
Goldfinch Blinds Ltd (VTD 2671) 18.451
Goldfinch Transport Ltd, [1996] VATDR 484 (VTD 14145) 18.7
Goldhaven Ltd (VTD 14675) 14.41
Goldmax Resources Ltd (VTD 18219) 46.31
Goldsborough Developments Ltd, ECJ Case C-419/02; [2006] STC 967; [2006] 2 WLR 96 22.199
Goldsmith Foundation for European Affairs, [2000] VATDR 97 (VTD 16544) 62.565

Goldsmiths (Jewellers) Ltd, ECJ Case C-330/95; [1997] STC 1073; [1997] 1 ECR 3801;
  [1997] 3 CMLR 520 .... 22.287
Goldstar Distribution Ltd (VTD 20467) 57.106
Goliath International (Tools) Ltd (VTD 4737) 18.181
Goni (A) & Ali (A) (t/a Curry Centre Tandoori Restaurant) (VTD 15840) 57.93
Good (FVE), [1974] VATTR 256 (VTD 119) 62.222
Good Law Project Ltd, [2019] EWHC 3125 .... 14.87
Good Marriott & Hursthouse Ltd (VTD 6633) 52.34
Good Roofing (Devon) (VTD 7845) 52.76
Goodfellow (RW & MJ), [1986] VATTR 119 (VTD 2107) 62.13
Goodfellow & Steven Ltd (VTD 2453) 29.145
Goodhew (KWG) & Others, [1975] VATTR 111 (VTD 170) 3.165
Goodluck Employment Services Ltd (VTD 19766) 40.48
Goodman Equine Ltd, [2012] UKFTT 565 (TC), TC02243 .... 7.56
Goodpass Ltd (VTD 14088) 36.184
Goodrich (N) (t/a Uye Tours) (VTD 17707) 57.132
Goodrich Corporation & Rosemount Aerospace Ltd, [2014] UKFTT 1029 (TC),
  TC04125 .... 25.30
Goodshelter Holdings Ltd (VTD 19219) 62.50
Goodwin & Unstead, R v, ECJ Case C-3/97; [1998] STC 699; [1998] 3 WLR 565;
  [1998] All ER (EC) 500 .... 22.88
Gordon Lye, [2015] UKFTT 206 (TC), TC04407 .... 47.74
Gorringe Pine (VTD 14036) 44.12
Gosling Leisure Ltd, [2012] UKFTT 170 (TC), TC01866 .... 40.57
Götz, Landesanstalt für Landwirtschaft v, ECJ Case C-408/06; 13 December 2007
  unreported 22.150
Gould & Co (VTD 4773) 59.11
Gould & Cullen, [1993] VATTR 209 (VTD 10156) 65.82
Goulds of Glasgow (VTD 14264) 2.437
Gourmet Sandwich Ltd (The) (VTD 5505) 36.590
Gow (CD & MD) (VTD 16272) 47.19
Gow (JW) (t/a Falkirk Building Company) (VTD 2983) 19.55
GPC Properties Ltd (VTD 7044) 52.127
Grace (I), [1998] VATDR 86 (VTD 15323) 44.132
Grace Baptist Church (VTD 16093) 15.210
Gracechurch Management Services Ltd, Ch D 2007, [2008] STC 795; [2007] EWHC
  755(Ch) 32.22
Graden Builders Ltd (VTD 12637) 15.253
Graffiti Busters Ltd, [2014] UKFTT 061 (TC), TC03201 .... 18.305
Graham (B) (t/a Excel Tutoring Services) (VTD 16814) 21.34
Graham (J&E), [2014] UKUT 75 (TCC) 2.153
Graham (KJ) (VTD 4350) 51.90
Graham (W) (t/a Sunlover Sunbeds) (VTD 10148) 52.378
Graham Leisure Ltd (VTD 1304) 5.34
Granada plc, [1993] VATTR 94 (VTD 9782) 38.10
Granada Group plc (No 1), [1991] VATTR 104 (VTD 5565) 62.203
Granada Group plc (No 2) (VTD 14803) 66.37
Grand Entertainments Company, [2014] UKFTT 610 (TC), TC03735 .... 48.64
Grand Entertainments Company, [2016] UKUT 209 (TCC) 48.67
Grange Builders (Quainton) Ltd, [2005] VATDR 147 (VTD 18905) 55.6
Grange (S) (VTD 15706) 36.180
Grange Farm (The) (VTD 2344) 36.336
Granmore Ltd (VTD 5253) 18.181
Grant Melrose & Tennant Ltd, [1985] VATTR 90 (VTD 1858) 67.48
Grantham (W & D) (VTD 853) 24.17
Grantham Cricket Club (No 1) (VTD 12287, VTD 12863) 41.75
Granton Advertising BV, ECJ Case C-461/12; 12 June 2014 unreported 22.415
Granton Marketing Ltd (No 1), CA [1996] STC 1049 .... 67.178
Granton Marketing Ltd (No 2), [1999] VATDR 383 (VTD 16118) 62.434
Grants of St James's Ltd (VTD 427) 62.10
Graphic Eye Ltd (VTD 6249) 18.88

Table of Cases — A to J

Graphic Procédé v Ministère du Budget, des Comptes publics et de la Fonction publique, ECJ Case C-88/09; [2010] STC 918	22.195
Graphicad Ltd (VTD 6503)	18.384
Gras Savoye (SA) v France, ECHR Case 49218/99; 22 July 2003 unreported	34.25
Grattan plc (No 1), QB [1995] STC 651	58.37
Grattan plc (No 2) (VTD 19515)	62.489
Grattan plc (No 3), Ch D [2009] STC 882; [2009] EWHC 364 (Ch)	2.280
Grattan plc (No 5), ECJ Case C-310/11; [2013] STC 502	22.290
Grattan plc (No 6), ECJ Case C-606/11; 2 October 2012 unreported	2.434
Grattan plc (No 7), [2013] UKFTT 488 (TC), TC02872	22.290
Gravity Productions Ltd (VTD 7068)	18.195
Gray & Farrar International LLP, [2019] UKFTT 684 (TC), TC07457	39.24
Gray (JG) (t/a William Gray & Son), Ch D [2000] STC 880	57.27
Gray (RN) (t/a RN Gray & Co) (VTD 12661)	40.40
Great American Bagel Factory Ltd (The) (VTD 17018)	29.60
Great Central Railway (1976) plc (VTD 11402)	66.16
NHS Greater Glasgow and Clyde Health Board, [2017] UKUT 19 (TCC)	36.716
Greater London Council, [1982] VATTR 94 (VTD 1224)	41.45
Greater London Red Cross Blood Transfusion Service, [1983] VATTR 241 (VTD 1495)	7.90
Greater Manchester Police Authority ex p., R v C & E, CA [2001] STC 406	42.10
Greater World Association Trust (Trustees), [1989] VATTR 91 (VTD 3401)	62.426
Greece, BP Supergas Anonimos Etairia Geniki Emporiki-Viomichaniki kai Antiprossopeion v, ECJ Case C-62/93; [1995] STC 805; [1995] 1 ECR 1883; [1995] All ER (EC) 684	22.650
Greece, Louloudakis v, ECJ Case C-262/99, [2001] 1 ECR 5547	18.559
Greece, *see also* Hellenic Republic *and* Elliniko Dimosio	
Green (GW & Mrs JA) (VTD 9016)	7.25
Green (J) (t/a CMOS) (VTD 19265)	36.630
Green (MWJ) (VTD 14844)	48.25
Green Business Co Ltd (VTD 10523)	18.402
Green Cook Ltd (VTD 5781)	18.365
Greenall (DN) (VTD 2362, 2520)	36.679
Greener Solutions Ltd, UT [2012] UKUT 18 (TCC); [2012] STC 1056	36.131
Greengate Furniture Ltd, [2003] VATDR 178 (VTD 18280)	18.557
Greenhalgh's Craft Bakery Ltd (VTD 10955)	3.42, 29.57
Greenhouse Stirton & Co (VTD 5481)	18.204
Greenisland Football Club, [2018] UKFTT 43 (TC), TC06321	15.113
Greenisland Football Club, [2018] UKUT 43 (TCC)	15.156
Greenpeace Ltd (VTD 16681)	46.202
Greenspace (UK) Ltd v HMRC [2020] UKFTT 349 (TC)	56.3
Greenspear Products Ltd (VTD 2124)	59.28
Greenwich Property Ltd (oao), R v C & E, Ch D [2001] STC 618; [2001] EWHC Admin 230	2.77
Greenwood (GE, PI & DL) (t/a Blinkers of South Lane) (VTD 12534)	18.187
Greer (FW) (VTD 6070)	51.101
Gregg (J & M), ECJ Case C-216/97; [1999] STC 934; [1999] All ER (EC) 775	22.334
Gregorio (D) & Sons (VTD 9105)	57.56
Gregory (JMG) (VTD 7979)	18.348
Greig (WJ & L) & Son (VTD 2918)	36.338
Grenane Properties Ltd, [2010] UKFTT 192 (TC), TC00494	6.39
Grendel (RA) GmbH v Finanzamt fur Körperschaften Hamburg, ECJ Case 255/81; [1982] ECR 2301; [1983] 1 CMLR 379	22.399
Greves (JE) & Son [1993] VATTR 127 (VTD 9777)	41.14
Grey Marlin, re, Ch D [1999] 3 All ER 429	37.5
Greyhound Transport (UK) Ltd (VTD 13216)	14.3
Greystone Export Trading Ltd, oao, R v HMRC, QB [2007] EWHC 521 (Admin)	36.708
Grieco (S) (t/a Globetrotters Fish Bar) (VTD 13194)	65.96
Grieve (J) (VTD 20149)	66.4
Griffin (RP) & Griffin (DM), [2010] UKFTT 220 (TC), TC00521	18.554

Table of Cases — A to J

Griffin-Woodhouse Ltd (VTD 8942)	36.432
Griffiths (RT) (t/a Action for Business) (VTD 17404)	5.73
Griffiths & Another, Hayman v, QB [1987] STC 649	59.9
Griffiths & Goddard Restorations Ltd (VTD 6523)	18.211
Grimsby College Enterprises Ltd, UT [2010] SFTD 2009	36.81
Grimshaw Properties Ltd, [2014] UKFTT 160 (TC), TC03298	36.47
Grisdale (G & Mrs W), [1989] VATTR 162 (VTD 4069)	57.67
Grogan (N & A) (t/a Valet Plus) (VTD 16084)	57.129
Groom (CR) (VTD 1630)	36.313
Gross (MI) (VTD 14454)	44.145
Grosvenor Commodities Ltd (VTD 7221)	29.107
Groundwork Cheshire, [2012] UKFTT 750 (TC); [2013] SFTD 292, TC02407	62.169
Group Topek Holdings Ltd (VTD 13146)	18.173
Groupment des Hauts Fourneaux et Acieres Belges v High Authority of the European Coal and Steel Community, ECJ [1958] ECSC 245	41.131
Grove Fresh Ltd (VTD 19241)	29.183
Groves Garage (VTD 5895)	18.168
Grovewood (1988) Ltd (VTD 17125)	41.7
Grundstückgemeinschaft Schloßstraße GbR v Finanzamt Paderborn, ECJ Case C-396/98; 8 June 2000 unreported	22.456
Grundig Italiana SpA v Ministero delle Finanze, ECJ Case C-255/00; [2003] All ER (EC) 176	22.58
Grunwick Processing Laboratories Ltd, CA [1987] STC 357	2.202, 3.62
GSM Export (UK) Ltd & Sprint Cellular Division Ltd, [2014] UKUT 529 (TCC)	36.149
GSM Intertrade Ltd, [2014] UKFTT 399 (TC), TC03528	40.60
GST- Sarviz AG Germania v Direktor na Direktsia 'Obzhalvane I danachno-osiguritelna praktika', ECJ Case C-111/14; [2015] All ER (D) 217	22.545
GSTS Pathology Llp, oao, R v HMRC (No 1), QB [2013] EWHC 1801 (Admin); [2013] STC 2017	2.325
GSTS Pathology Llp, oao, R v HMRC (No 2), QB 21 June 2013 unreported	2.327
GSTS Pathology Services LLP, [2014] UKFTT 211 (TC), TC03351	33.49
GT Collins & Son (VTD 3738)	44.92
GT Marketing (Clacton) Ltd (VTD 18167)	18.52
GT Scaffolding Ltd (VTD 18226)	15.235
Guardian Building Services (VTD 11050)	52.40
Guardian Royal Exchange Assurance Group, Barber v, ECJ Case 262/88; [1990] 1 ECR 1889; [1990] 2 CMLR 513; [1990] 2 All ER 660	22.41
Guernsey (States of), oao, R v HM Treasury, QB [2012] EWHC 718 (Admin); [2012] STC 1113	20.182
Guide Dogs for the Blind Association, [2012] UKFTT 687 (TC), TC02358	48.8
Gulf Trading & Management Ltd (VTD 16847)	46.213
Gulland Properties Ltd (VTD 13955)	46.233
Gulliver's Travel Agency Ltd, [1994] VATTR 210 (VTD 12494)	63.5
Gunlab Ltd (VTD 19026)	18.488
Gunn (R) & Davies (MJ) (VTD 16927)	18.66
Guntert (PJ) (t/a Abingdon Scaffolding Co) (VTD 10604)	52.198
Guntert (PJ) (t/a Abingdon Scaffolding Co) (VTD 12127)	2.357
Gura (NA) (t/a Vincent Footwear) (VTD 18416)	12.15
GUS Catalogue Order Ltd (VTD 2958)	5.11
GUS Merchandise Corporation Ltd (No 1), [1978] VATTR 28 (VTD 553)	2.93
GUS Merchandise Corporation Ltd (No 2), CA [1981] STC 569; [1981] 1 WLR 1309	58.1
GUS Merchandise Corporation Ltd (No 4), QB [1992] STC 776	2.255
GUS Merchandise Corporation Ltd (No 5), CA 1994, [1995] STC 279	58.51
GUS Merchandise Corporation Ltd (No 3) VTD 2958)	5.11
Gutherie (P), [1980] VATTR 152 (VTD 986)	3.119
Guttenburg & Sons (VTD 3392)	14.39
Guy Butler (International) Ltd (No 1) [1974] VATTR 199 (VTD 106A)	2.219
Guyana Commissioner of Inland Revenue, Argosy Co Ltd v, PC [1971] 1 WLR 514	3.1, 58.40
Gwent County Council (VTD 6153)	52.2

cxxi

Table of Cases — A to J

Gwent Technical Mouldings Ltd (VTD 7939) 18.151
Gymer (JC) (VTD 16007) 50.36
Gynn (RJ) (VTD 15360) 48.128
Gyte (AC & PS), [1999] VATDR 241 (VTD 16031) 58.22

H

H & B Motors (Dorchester) (VTD 11209) 2.396
H & M Hennes Ltd, Ch D [2005] STC 1749; [2005] EWHC 1383 (Ch) 12.23
H & V Commissioning Services (VTD 17461) 18.486
H & W Staff Sports & Recreation Association, [2013] UKFTT 166 (TC), TC02582
.... 48.62
H Griffiths Engineering Ltd (VTD 19098) 18.468
H James Builders (Wolverhampton) Ltd (VTD 7102) 52.107
H Tempest (Cardiff) Ltd, [1993] VATTR 482 (VTD 11210) 67.30, 67.58
H Tempest Ltd (No 1), [1975] VATTR 161 (VTD 201) 21.52, 67.29
H Tempest Ltd (No 2), [1993] VATTR 482 (VTD 11210) 67.30, 67.58
H5 Ltd (t/a High Five) (VTD 20821) 29.171
Haden & Son (VTD 2209) 15.322
Haderer (W) v Finanzamt Wilmersdorf, ECJ Case C-445/05; [2008] STC 2171 ..... 22.346
Hadfield (GI) & Son Ltd (VTD 6421) 36.372
Hadi (F) (t/a Avionics Maintenance) (VTD 14677) 67.25
Hadjigeorgiou (I) (VTD 18246) 50.21
Hadley (C) (VTD 10663) 51.90
Hague (Mrs J) (VTD 1159) 36.217
Hague Farms Ltd (VTD 13722) 44.29
Hague Shaw (Marketing) Ltd (VTD 11445, 11474) 5.20
Hagyard (P) & Gardiner (A) (VTD 5240) 18.187
Haigh (Dr DT) (VTD 20934) 55.88
Haines (H) (VTD 13986) 51.185
Haines (PJ & AL) (VTD 13834) 33.52
Hair by John Oliver [1987] VATTR 239 (VTD 2532) 18.329
Håkansson & Sturesson v Sweden, ECHR 1991, 13 EHRR 1 .... 2.221
Halcove Ltd (VTD 6935) 18.66
Halcro-Johnston (J) [2001] VATDR 335 (VTD 17147) 15.185
Halifax plc (No 1) (VTD 16697) 46.223
Halifax plc (No 2), ECJ Case C-255/02; [2006] STC 919; [2006] 2 WLR 90 .... 22.61
Halil (E) [1992] VATTR 432 (VTD 9590) 2.203
Hall (C) (VTD 14131) 52.200
Hall (G & I) (VTD 623) 2.161
Hall (PJ) (VTD 6722) 52.60
Hall (R), [2009] UKFTT 58 (TC), TC00037 .... 15.268
Hall (WM) (VTD 16989) 19.39
Hall of Names Ltd (The) (VTD 8806) 5.47
Hall Park Garage Ltd (VTD 1185) 44.57
Halladale Group plc [2003] VATDR 551 (VTD 18218) 46.49
Hallborough Properties Ltd (VTD 10849) 65.25
Hallé Concerts Society [2016] UKFTT 294 (TC), TC05067 .... 64.12
Halliwell (MJA) (VTD 17743) 66.6
Halloran (P) & Hollingsworth (M) (VTD 14412) 18.186
Halls Dry Cleaning Co Ltd (VTD 15069) 57.37
Halpern & Woolf (VTD 10072) 62.495
Halsall Riding & Livery Centre (VTD 19342) 48.76
Halsey (JH) [1996] VATDR 508 (VTD 14313) 36.615
Halstead Motor Company [1995] VATDR 201 (VTD 13373) 18.38
Halt Garage (VTD 3749) 18.531
Ham Enterprises Ltd (VTD 19908) 52.97
Hamann v Finanzamt Hamburg-Eimsbuttel, ECJ Case 51/88; [1989] ECR 767;
  [1990] 2 CMLR 377; [1991] STC 193 .... 22.225
Hamer (DG & SE) (VTD 17669) 48.62

Table of Cases — A to J

Hamid (A) (VTD 18802)	51.132
Hamiltax (VTD 8948)	62.248
Hamilton (BH) (VTD 2460)	7.81
Hamilton (I & J) (VTD 15556)	58.23
Hamilton (LR) (VTD 16020)	15.65
Hamilton (W) & Son (VTD 14812)	44.48
Hamlet's (Radio & TV) Ltd (VTD 12716)	36.509
Hammersmith & West London College (VTD 17540)	6.34
Hammond Suddard Solicitors *v* Agrichem International Holdings Ltd, CA [2001] All ER (D) 258 (Dec)	2.334
Hamore Ltd (VTD 15061)	50.28
Hampden-Smith (MR) (VTD 7468)	52.95
Hamperbay Ltd (VTD 3048)	18.382
Hampson (S) (VTD 3402)	18.455
Hampton (JPR) (VTD 2196)	36.289
Hampton (RA & BD) (t/a Tongue Electrics) (VTD 15171)	62.52
Hamptons (VTD 3883)	36.446
Hamstead Holdings Ltd (VTD 19867)	1.32
Han (GK) & Yau (D) (t/a Murdishaw Supper Bar), CA [2001] STC 1188; 3 ITLR 873; [2001] 1 WLR 2253; [2001] 4 All ER 687	34.5
Hanbury Charity (VTD 20126)	15.118
Hanby, Walker *v*, QB [1987] STC 649	59.9
Hancock *v* Austin, 1863, 14 CBNS 634	14.62
Hancock & Wood Ltd (VTD 6691)	52.60
Hands (T) (VTD 20788)	52.312
Handyside (AJ) (t/a Stratagem International) (VTD 13182)	36.254
Hannah Auto Electronics Ltd (VTD 15429)	18.398
Hannan (WE) & Associates Ltd (VTD 5343)	18.63
Hanover Company Services Ltd, [2010] SFTD 1047; [2010] UKFTT 256 (TC), TC00550	22.643
Hansen (P) (VTD 1154)	36.675
Happy Place Ltd (t/a The Munch Box) (VTD 17654)	29.6
Haque (M) (VTD 20296)	51.130
Haque (M) & Company (VTD 4517)	18.184
Harber (AT) (VTD 12979)	65.97
Harbig Leasing Two Ltd, [2000] VATDR 469 (VTD 16843)	57.35
Harbs, Finanzamt Rendsburg *v*, ECJ Case C-321/02; [2006] STC 340	22.567
Harbury Estates Ltd (VTD 8851)	18.451
Hardlife Ladder Co Ltd (VTD 2715)	65.48
Harding (RC & R) (t/a Tolcarne Motors) (VTD 11809)	17.15
Hardwick (RL) (VTD 5961)	18.125
Hardwill (PH) (VTD 13958)	52.110
Hardy (S) (VTD 289)	15.11
Hardy (Dr TSR) (VTD 5521)	18.116
Hardys of Telford (VTD 6791)	52.346
Hare (A) (t/a Imperial Dry Cleaners) (VTD 14202)	57.22
Hare (S) (t/a Ican Finance), [2011] UKFTT 81 (TC), TC00958	57.7
Hare Wines Ltd (VTD 6721)	52.33
Haresfield Court Tenants Association (VTD 20133)	55.62
Harewood (Lord) (t/a The Harewood Estate), [2012] UKFTT 93 (TC), TC01789	46.11
Hargreaves Lansdown Asset Management Ltd (VTD 12030)	27.49
Hargreaves (P) , [2017] UKFTT 213 (TC), TC05704	15.174
Hargreaves (UK) plc (VTD 20382)	36.719
Haringey Borough Council, QB [1995] STC 830	42.1
Harland Machine Systems Ltd, [2015] UKFTT 280 (TC), TC04472	35.36
Harlech Estates Ltd (VTD 9548)	40.49
Harley (JD & J) (t/a The Treasure Chest) (VTD 13533)	57.7
Harley-Davidson Europe Ltd, [2017] UKFTT 873 (TC), TC06268	62.609
Harley Engineering Ltd (VTD 3271)	18.394
Harleyford Estate Ltd (VTD 7741)	18.42
Harleyford Golf Club Ltd (No 1) (VTD 14466)	67.152

Table of Cases — A to J

Harleyford Golf Club Ltd (No 2), [2011] UKFTT 634 (TC), TC01476	27.65
Harman (JH) (VTD 18415)	18.396
Harmer (DJ) (VTD 9581)	18.70
Harnas & Helm CV v Staatssecretaris van Financiën, ECJ Case C-80/95; [1997] STC 364; [1997] 1 ECR 745; [1997] 1 CMLR 649; [1997] All ER (EC) 267	22.122
Haroun (M) (t/a Prince of Bengal Restaurant) (VTD 14232)	65.101
Harpcombe Ltd, QB [1996] STC 726	46.27
Harper (D & KL) (t/a Tee Time Catering) (VTD 20176)	65.96
Harper Collins Publishers Ltd (VTD 12040)	46.59
Harpur (JR) (VTD 2930)	18.433
Harpur Group Ltd, [1994] VATTR 180 (VTD 12001)	27.44
Harrid (GN & Mrs AV) (VTD 18132)	18.530
Harrier Llc, [2011] UKFTT 725 (TC); [2012] SFTD 348, TC01562	5.27
Harrier Shoes Ltd (VTD 3814)	18.250
Harriet's House Ltd (VTD 16315)	23.13
Harrild (D) (VTD 19604)	65.106
Harrington (M) & Jones (M) (t/a The Station) (VTD 20336)	18.487
Harrington Construction Ltd (VTD 3470)	15.291
Harris (A & J) (t/a Gribbens Taxis & Wedding Cars) (VTD 4882)	57.55
Harris (AE & Mrs JM) (VTD 18822)	15.70
Harris (AW, JE & AO) (t/a the Marcia Inn) (VTD 19221)	18.137
Harris (D) (t/a Fellows Sandwich Bar) (VTD 20235)	47.23
Harris (D) & Harris (DA), QB [1989] STC 907	51.89
Harris (EVW) (VTD 11925)	3.94
Harris (GM) (VTD 9069)	52.77
Harris (J & E) (VTD 373)	57.2
Harris (JLH) (VTD 6019)	51.95
Harris (Mrs M) (t/a Fellows Bistro) (VTD 20235)	47.23
Harris, ex p., R v C & E, QB [1999] STC 1016	14.77
Harrison (EG), [2011] UKFTT 345 (TC), TC01025	7.103
Harrison (GA), [1981] VATTR 164 (VTD 1125)	3.27
Harrison (GA), [1982] VATTR 7 (VTD 1182)	2.386
Harrison (L & R) (VTD 13544)	58.3
Harrison (LS) (VTD 20392)	65.106
Harrison (Mrs B) (VTD 12351)	51.33
Harrison (RJ) (VTD 4908)	51.97
Harrison (T) (VTD 3078)	18.236
Harrison-Devereux (S), [2010] UKFTT 267 (TC), TC00561	15.348
Harrison Meillam Construction Ltd (VTD 5875)	52.127
Harrison Priddey & Co (VTD 14089)	6.17
Harrod (ML) (t/a Roadcraft UK) (VTD 19644)	1.37
Harrods (UK) Ltd (VTD 19318)	2.402
Harrogate Business Development Centre Ltd, [1998] VATDR 466 (VTD 15565)	21.22
Harry (D) (t/a Principal Financial Associates) (VTD 15747)	57.25
Harry B Litherland & Co Ltd, [1978] VATTR 226 (VTD 701)	62.176
Harry Friar Partnership (VTD 9395)	44.152
Hartley Engineering Ltd (VTD 12385)	65.53
Hartridge (P) (t/a Hartridge Consultancy) (VTD 15553)	36.616
Hartwell plc, CA [2003] STC 396; [2003] EWCA Civ 130	44.88, 67.179
Harvey (N) (t/a Green Express Railtours) (VTD 15608)	63.10
Harvey (RE & EM) (VTD 4899)	57.125
Harz & Power, HL 1966, [1967] 1 All ER 177	14.69
Hashash, R v, CA Criminal Division 2006, [2008] STC 1158; [2006] EWCA Crim 2518	49.13
Haslen (D) (t/a Racer MX), [2013] UKFTT 658 (TC), TC03040	60.21
Hassan (MK) (VTD 17949)	59.17
Hastings & Rother YMCA (VTD 2329)	21.49
Hastings Borough Council (VTD 8934)	52.142
Hastings Insurance Services Ltd, [2018] UKFTT 27 (TC), TC06306	39.23
Hatfield (R & Mrs MR) (VTD 11677)	18.514
Hatt (WJ) Ltd (VTD 10762)	18.195

Hatton Garden Agency Ltd (VTD 13285)	18.58
Haugh (D) (VTD 15055)	36.657
Haulfryn Estates Co Ltd (VTD 16145)	69.12
Hauptzollamt Braunschweig, DHL Hub Leipzig GmbH v, CJEU Case C-228/14; [2016] All ER (D) 136 (Jun)	22.215
Hauptzollamt Emmerich, Wiener SI GmbH v, ECJ Case C-338/95; [1997] 1 ECR 6495; [1998] 1 CMLR 1110	22.5
Hauptzollamt Frankfurt am Main-Ost v Deutsche Olivetti GmbH, ECJ Case C-17/89; [1990] 1 ECR 2301; [1992] 2 CMLR 859	22.250
Hauptzollamt Freiburg, Einberger v (No 2), ECJ Case 294/82; [1984] ECR 1177; [1985] 1 CMLR 765	22.108
Hauptzollamt Hamburg-Jonas, Emsland-Stärke GmbH v, ECJ Case C-110/99, [2001] All ER (D) 34 (Jan)	22.60
Hauptzollamt Hamburg-Stadt, Eurogate Distribution GmbHv, CJEU Case C-226/14; [2016] All ER (D) 136 (Jun)	22.60
Hauptzollamt Koblenz, Collection Guns GmbH v, ECJ [1985] ECR 3387	60.8
Hauptzollamt München-Mitte, Witzemann v, ECJ Case C-343/89; [1993] STC 108; [1991] 1 ECR 4477	22.110
Hauptzollamt Reutlingen, Daiber (E) v, ECJ Case 200/84; [1985] ECR 3363	60.8
Hauptzollamt Wuppertal, Clees (U) v, ECJ Case C-259/97, 3 December 1998 unreported	60.9
Havant Borough Council (VTD 6080)	52.67
Hawes & Curtis Ltd, [2012] UKFTT 758 (TC), TC02415	36.25
Hawkeye Communications Ltd (No 1), [2010] UKFTT 636 (TC); [2011] SFTD 250, TC00875	2.337
Hawkeye Communications Ltd (No 2), [2011] UKFTT 720 (TC), TC01557	2.247
Hawthorn v Smallcorn, Ch D [1998] STC 591	47.73
Haycock (T) (VTD 6850)	51.78
Haydn Welch Jewellers (VTD 14428)	18.113
Haydon-Baillie (WG), [1986] VATTR 79 (VTD 2072)	36.610
Hayes (S & SJ) (VTD 4693)	51.11
Hayhoe (AG) (for Watchet Bowling Club and Watchet Indoor Bowling Club) (VTD 1026)	13.40
Hayhoe (PD) (VTD 568)	58.3
Hayman v Griffiths & Another, QB [1987] STC 649	59.9
Haynes (MR), [2013] UKFTT 160 (TC), TC02576	51.179
Haynes (RC) (VTD 2948)	29.133
Hays Personnel Services Ltd (VTD 14882)	1.47
Hayter Brothers Ltd (VTD 9378)	52.36
Hayward Gill & Associates Ltd, [1998] VATDR 352 (VTD 15635)	48.26
Hazel Grove Timber & Building Supplies Ltd (VTD 13801)	18.308
Hazel Street Ltd (VTD 6229)	52.359
Hazell (M) (VTD 5574)	51.137
Hazelwood Caravans & Chalets Ltd, [1985] VATTR 179 (VTD 1923)	30.6
HBOS plc, CS 2008, [2009] STC 486; [2008] CSIH 69	27.52
HC Motors Ltd , [2011] UKFTT 129 (TC), TC01003	48.62
HDG Harbour Development Group Ltd (VTD 9386)	46.33
HE, Finanzamt Bergisch Gladbach v , ECJ Case C-25/03; [2007] STC 128	22.466
Head (AD) (VTD 4828)	57.54
Head (M) (VTD 1119)	3.75
Headlam (Floorcovering Distributor) Ltd (t/a Florco) (VTD 16478)	18.50
Headley Enterprises (VTD 1295)	62.380
Headline & Just Hair (VTD 4089)	62.272
Headway Commercial Ltd (VTD 15535)	6.6
Healan (AT) (VTD 9351)	18.402
Heald Green Social Club & Institute Ltd, [2013] UKFTT 209 (TC), TC02623	2.142
Health Response UK Ltd, [2010] UKFTT 123 (TC), TC00434	33.33
Healthcare at Home Ltd, [2007] VATDR 511 (VTD 20379)	19.8
Healthcare Leasing Ltd, [2007] VATDR 494 (VTD 20260)	62.518
Heanor Motor Company Ltd, [2014] UKFTT 1074 (TC), TC04163	36.733
Heard (RA) (VTD 20102)	18.488

Table of Cases — A to J

Hearn (PJ & J) (t/a Hennerton Golf Club), [2014] UKFTT 1115 (TC), TC04203 .... 24.56
Heart of Variety [1975] VATTR 103 (VTD 168) 62.20
Heath (JA) (t/a Heath Private & Commercial Vehicles) (VTD 16212) 44.111
Heath House Charter Ltd, [2010] SFTD 245; [2009] UKFTT 305 (TC), TC00249
.... 7.36
Heath Plastering Co Ltd (VTD 10680) 62.615
Heather (AP) Ltd (VTD 4376) 18.41
Heathill Developments Ltd (VTD 2412) 19.96
Heating & Management Services Ltd (VTD 4200) 18.67
Heating & Ventilating Contractors' Association (VTD 20887) 64.35
Heating Plumbing Supplies Ltd, [2016] UKFTT 753 (TC), TC05480 .... 32.35
Heatley (AG) (t/a AGH Shopfitting) (VTD 18836) 4.30
Heaton (B & A) (t/a Freshmaid Sandwiches Take Away) (VTD 16661) 50.147
Heckingbottom (T), [2016] UKFTT 733 (TC), TC05462 .... 15.51
Hedges & Mercer [1976] VATTR 146 (VTD 271) 27.43
Hedley (Mrs BD) (t/a Birtle Riding Centre) 48.62
Hedley Lomas (Ireland) Ltd, ex p., R *v* Ministry of Agriculture, Fisheries & Food, ECJ
  Case C-5/94; [1996] 1 ECR 2553; [1996] 2 CMLR 391; [1996] All ER (EC) 493 .... 22.33
Heerma, Staatssecretaris van Financiën *v*, ECJ Case C-23/98; [2001] STC 1437 ..... 22.117
Heffernan (DRM) (VTD 10735) 18.245
Heger Rudi GmbH *v* Finanzamt Graz-Stadt, ECJ Case C-166/05; [2008] STC 2679
.... 22.229
Heights of Abraham (Matlock Bath) Ltd (VTD 1914) 66.32
Heijn (Dr A) (VTD 15562) 55.84
Heiser *v* Finanzamt Innsbruck, ECJ Case C-172/03; [2005] All ER(D) 66(Mar) 22.11
Helgor Furs Ltd (VTD 728) 25.20
Helianthus (London) Ltd, [2014] UKFTT 052(TC), TC03192 .... 2.146
Hellaby (MJ) (VTD 4790) 29.52
Hellenic Republic, European Commission *v*, ECJ Case C-331/94; [1996] STC 1168;
  [1996] 1 ECR 2675 .... 22.234
Hellenic Republic, European Commission *v*, ECJ Case C-260/98; 12 September 2000
  unreported 22.147
Hellenic Republic, European Commission *v*, ECJ Case C-13/06; [2007] STC 194 ... 22.370
Hellenic Republic, *see also* Elliniko Dimosio
Hellesdon Developments Ltd (VTD 16833) 46.67
Hellewell (M & A) (VTD 1274) 3.162
Helmbridge Ltd, [2014] UKFTT 732 (TC), TC03853 .... 36.188
Help the Aged, QB [1997] STC 406 .... 11.19
Helping Hand Asset Management Ltd (VTD 20408) 1.49
Helsby (Mrs S) (VTD 6066) 18.214
HEM Construction Ltd (VTD 12449) 53.20
HEM Construction Ltd (No 2) (VTD 13203) 53.21
Hempsons [1977] VATTR 73 (VTD 361) 14.53
Hemsworth Town Council (VTD 14985) 62.361
Henderson (GJ) (VTD 17294) 44.136
Henderson (MA & JS) (t/a Tony's Fish and Chip Shop), Ch D 2000, [2001] STC 47
.... 3.10
Henderson (RG) (t/a La Coupe) (VTD 13469) 57.128
Henderson *v* Henderson, 1843, 3 Hare 100 .... 2.105
Henfling & Others (administrators of Tiercé Franco-Belge SA), État Belge *v*, ECJ Case
  C-464/10; [2011] STC 1851 .... 22.212
Henley Glass Centre Ltd (VTD 5236) 18.192
Henley Picture House Ltd (VTD 895) 41.144
Henn & Darby, R *v*, HL 1980, [1981] AC 850; [1980] 2 All ER 166 .... 22.2
Henriksen, Skatteministeriet *v*, ECJ Case 173/88; [1989] ECR 2763; [1990] STC 768;
  [1990] 3 CMLR 558 .... 22.374
Henry Moss of London Ltd & Another, CA 1980, [1981] STC 139; [1981] 2 All ER
  86 .... 25.1
Henshaws Society for Blind People (VTD 19373) 15.262
Herbert (PM) (VTD 2350) 36.185
Herbert Berry Associates Ltd *v* CIR, HL 1977, 52 TC 113 .... 14.66

Herbert of Liverpool (Hair Design) Ltd (VTD 15949)	41.85
Hereford Cathedral (The Dean and Chapter of) (VTD 11737)	36.364
Heritage of London Trust Operations Ltd (VTD 18545)	62.168
Heritage Venture Enterprises Ltd (VTD 10741)	36.79
Herling Ltd, [2009] UKFTT 257 (TC), TC00205	15.91
Herman (R & R) (t/a Retell) (VTD 16591)	18.386
Hermolis & Co Ltd, [1989] VATTR 199 (VTD 4137)	29.179
Herrod-Taylor & Co (VTD 1475)	36.330
Herst s.r.o. *v* Odvolací finanční ředitelství, CJEU Case C-401/18	20.179
Hesketh (C) & Sons Ltd (VTD 16963)	44.96
Heslop (AA) (VTD 3862)	15.5
Heslop (AA) (VTD 3862)	15.5
Het Oudeland Beheer BV, Staatssecretaris van Financiën *v* CJEU Case C-128/14; [2016] All ER (D) 45 (May)	22.277
Hewett (D), [2013] UKFTT 439 (TC), TC02831	15.359
Hewitt (JE) (VTD 9910)	52.21
Hewitt (JE) (t/a James E Hewitt Associates) (VTD 11177)	18.228
Hewitt (K), [2011] UKFTT 571 (TC), TC01414	15.348
Hewitt (N) (VTD 1149)	2.161
Hewitt Overall Associates (VTD 9374)	19.54
Hewlett Packard Ltd, [2013] UKFTT 39 (TC); [2013] SFTD 409, TC02459	2.342
Hexham Steeplechase Co Ltd (VTD 10481)	52.350
Heyfordian Travel Ltd, [1979] VATTR 139 (VTD 774)	3.121
Heyrod Construction Ltd (VTD 7882)	36.424
H5 Hotels Ltd (VTD 20662)	18.558
HF *v* Finanzamt Bad Neuenahr-Ahrweiler, CJEU Case C-374/19	20.236
HHT Ltd (VTD 19169)	18.470
Hi-Wire Ltd (VTD 6204)	6.27
Hickey (KG) (VTD 18711)	2.24
Hickford (D) (VTD 6290)	18.544
Hicking (N & J) (VTD 17117)	15.189
Hickling & Squires Ltd (VTD 2287)	36.401
Hicks (BA) (VTD 11215)	44.145
Hicks (TF & H) (t/a Parc Golf Centre) (VTD 18121)	3.99
Hickson (C) & Others (t/a Flury's) (VTD 11455)	14.19
Higgins (A) (VTD 6205)	41.12
Higgins (MJ) (VTD 18354)	18.50
High Peak Theatre Trust Ltd (VTD 13678)	67.111
High Range Developments Ltd (VTD 8989)	18.66
High Street Vouchers Ltd, QB [1990] STC 575	67.172
Highacre (Cambridge) Ltd (VTD 12060)	2.302
Higher Education Statistics Agency Ltd, QB [2000] STC 332	65.92
Highfire Ltd (t/a School Dinners) (VTD 2399)	14.39
Highland Council (The), CS 2007, [2008] STC 1280; [2007] CSIH 36	42.25
Highsize Ltd (VTD 7098)	40.102
Highview Ltd (VTD 9564)	52.245
Higson (P) (VTD 6826)	7.53
Hi-Life Promotions Ltd (VTD 13033)	18.455
Hilden Park, [2017] UKFTT 217 (TC), TC05707	2.205
Hill (A) (VTD 4973)	51.113
Hill (AG) (VTD 3809)	18.372
Hill (Dr A) (VTD 5658)	33.45
Hill (Dr J) (VTD 15543)	57.112
Hill (Mrs E) (VTD 17307)	18.293
Hill (ER) (VTD 5001)	18.74
Hill (JE) (VTD 10967)	18.380
Hill (MRK) (t/a Marcus Builders) (VTD 13235)	18.70
Hill (TJ), [1982] VATTR 134 (VTD 1225)	15.4
Hill (JK) & Mansell (SJ) (t/a JK Hill & Co), QB [1988] STC 424	1.6, 36.229
Hill & Son (Manor Park) Ltd (VTD 1629)	36.485
Hill Ash Developments, [2000] VATDR 366 (VTD 16747)	55.41

Hill Welsh (VTD 6828)	52.110
Hillas (S) (VTD 12630)	50.22
Hillfoots Drystone Dyking (VTD 8966)	18.112
Hillingdon Legal Resources Centre Ltd, [1991] VATTR 39 (VTD 5210)	11.51
Hillingdon Shirt Co Ltd (VTD 678)	36.386
Hillis (J), [2013] UKFTT 196 (TC), TC02611	51.180
Hills and another, [2016] UKUT 189 (TCC); [2016] All ER (D) 01 (May)	6.64
Hills Diecasting Co Ltd (VTD 4399)	18.195
Hilltop Assistance Ltd, [2009] UKFTT 200 (TC), TC00153	62.51
Hilton-Foster (B), [2012] UKFTT 33 (TC); [2012] SFTD 695; TC01731	2.274
Hinckley Golf Club Ltd, [1992] VATTR 259 (VTD 9527)	13.16
Hindi Picture Ltd (VTD 4490)	18.252
Hindforce Ltd (VTD 18920)	36.109
Hindle (D & A) (t/a DJ Baker Bar), Ch D 2003, [2004] STC 412; [2003] EWHC 1665 (Ch)	3.12
Hipisol Ltd, [2010] UKFTT 392 (TC), TC00388	18.397
Hira Co Ltd (No 1), [2011] UKFTT 450 (TC), TC01302	36.100
Hira Co Ltd (No 2), [2012] UKFTT 610 (TC), TC02287	2.427
Hiross Ltd (VTD 10630)	18.116
Hislop (MP) (t/a Dorchester Productions) (VTD 2258)	51.105
Historic Motorsport Ltd (VTD 19048)	25.10
Hitchen (ED), [2013] UKFTT 149 (TC), TC02547	48.62
Hitchcock v Post Office, EAT [1980] ICR 100	7.92
HJ Banks & Co Ltd, [2010] UKFTT 33 (TC), TC00347	46.208
HJ Berry & Sons Ltd (VTD 1324)	44.16
HJ Glawe Spiel und Unterhaltungsgeräte Aufstellungsgesellschaft mbH & Co KG v Finanzamt Hamburg-Barmbek-Uhlenhorst, ECJ Case C-38/93; [1994] STC 543; [1994] 1 ECR 1679; [1995] 1 CMLR 70	22.263
HJF Enterprises Ltd (VTD 13788)	25.25
HKS Coachworks Ltd (VTD 1124)	44.39
HM Advocate, Singh (M & J) v, HCJ(S) [2001] STC 790	14.79
HM Treasury, R v (ex p. British Telecommunications plc), ECJ Case C-392/93; [1996] 1 ECR 1631; [1996] 2 CMLR 217; [1996] 3 WLR 303; [1996] All ER (EC) 401	22.35
HM Treasury, R v (oao Company of Proprietors of Whitchurch Bridge), QB [2012] EWHC 3579 (Admin)	42.9
HM Treasury, R v (oao States of Guernsey), QB [2012] EWHC 718 (Admin); [2012] STC 1113	20.182
HM Treasury & Another, R v (ex p. Service Authority for the National Crime Squad and Others), QB [2000] STC 638	42.8
HMG Europe BV (VTD 9814)	51.49
Ho (CK) (t/a New Lucky Ho) (VTD 15605)	62.325
Ho (PN) (VTD 18315)	14.33
Ho (R & YL) (t/a Robert's Golden Cod Fish Bar) [1996] VATDR 423 (VTD 14252)	3.17
Hobson (R) (t/a Windmill Dental Suite), [2013] UKFTT 689 (TC), TC03071	18.412
Hobson (WHD, PM & AD) (VTD 14671)	52.445
Hocking (CJ), [2014] UKFTT 1034 (TC), TC04130	21.28
Hodge (AC & Y) (t/a Priory Kitchen) (VTD 16185)	29.13
Hodge Servicing Ltd (VTD 11561)	17.3
Hodges (EL, CM, KC & E) (VTD 16983)	57.215
Hodges (RJ & AS), QB [2000] STC 262	62.340
Hodgkins (JR) (t/a Clifton Books) (VTD 6496)	36.316
Hodgkiss (P) (VTD 6825)	18.384
Hodgson (KJ) (VTD 7138, 7159)	52.346
Hodgson (RA & E) (VTD 5052)	18.363
Hodgson (RW & J) (VTD 15165)	50.79
Hodgson Martin Ltd (VTD 9108)	18.165
Hodson (D & Mrs C) (t/a Bordercraft Workshops) (VTD 13897)	15.321
Hodson (K) (VTD 4709)	62.201
Hoffmann, ECJ Case C-144/00; [2004] STC 740	22.357
Hoi Shan Chinese Restaurant (VTD 2368)	47.6

Case	Reference
Holborn Commrs, R v (ex p. Rind Settlement Trustees), QB [1974] STC 567	52.24, 52.25
Holden (ARR & JE), [2012] UKFTT 357 (TC), TC02043	15.81
Holden Plant Hire Ltd (VTD 10685)	52.382
Holder (C) & Holder (GP), QB [1989] STC 327	3.3
Holder (P) (VTD 6446)	36.404
Holding (GR & JM) (VTD 19573)	41.104
Holdproud Ltd (VTD 15589)	18.216
Holdsworth & Co v Isle of Man Treasury (VTD 12480)	17.14
Holiday Inns (UK) Ltd [1993] VATTR 321 (VTD 10609)	62.148
Holin Groep BV cs v Staatssecretaris van Financiën, ECJ Case C-7/02; [2004] STC 776	22.539
Holland (A) (t/a The Studio Hair Company), Ch D 2008, [2009] STC 150; [2008] EWHC 2621 (Ch)	41.90
Holland (ME) [1978] VATTR 108 (VTD 580)	62.223
Holland (P) (VTD 15996)	65.96
Holland Studio Craft Ltd (VTD 3771)	18.360
Hollick (DP) (VTD 3956)	18.222
Hollier (J) (VTD 3758)	55.56
Hollies Discount Furniture Centre Ltd (VTD 5243)	51.108
Hollinger Print Ltd v HMRC, [2013] UKFTT 739 (TC), TC03117	5.98
Hollosi (M & TEJ) (VTD 13757)	57.7
Holloway (RJ) (VTD 7493)	52.345
Hollybourne Hotels Ltd (VTD 17486)	62.478
Holman Kelly Paper Co Ltd (VTD 6899)	52.71
Holmen Paper AB (VTD 7628)	52.33
Holmes (NM) (t/a The Chicken Shop) (VTD 16264)	29.67
Holmes (Mrs R), [2011] UKFTT 347 (TC), TC01207	21.31
Holmwood House School Developments (VTD 18130)	41.10
Holt (M) (Manchester) Ltd (VTD 6312)	52.73
Holvey, QB 1977, [1978] STC 187; [1978] QB 310; [1978] 1 All ER 1249	2.158
Holy Cow! Ice Cream Company Ltd, [2019] UKFTT 616 (TC), TC07400	28.9
Holy Spirit Association for the Unification of World Christianity (VTD 1777)	7.79
Holy Trinity Church (Heath Town Wolverhampton) PCC (VTD 13652)	55.49
Holywell International (Engineering) Ltd (VTD 1470)	36.3
Home Or Away Ltd (VTD 17623)	2.277
Home Or Away Ltd (No 2) (VTD 18195)	62.265
Homecraft Manufacturing Ltd (VTD 9300)	32.6
Hometex Trading Ltd (VTD 13012)	36.693
Honduras Wharf Ltd, [2014] UKFTT 581 (TC), TC03706	6.40
Honeyfone Ltd (VTD 20667)	36.112
Hong Kong Trade Development Council, Staatssecretaris van Financiën v, ECJ Case 89/81; [1982] ECR 1277; [1983] 1 CMLR 73	22.85
Hood (AG) (VTD 7994)	18.436
Honourable Society of Middle Temple (The), UT [2013] UKUT 250 (TCC); [2013] STC 1998	69.2, 62.588
Hood & Others, Silversafe Ltd v, Ch D 2006, [2007] STC 871; [2006] EWHC 1849 (Ch)	22.661
Hookcroft Ltd (VTD 8870)	52.138
Hooper (C) (VTD 19276)	36.507
Hooper (D & S) (t/a Masterclass) (VTD 16764)	62.285
Hooper (RAJ), Forrester (N) v (re Anglo-Breweries Ltd) (VTD 18008)	2.423
Hooton (Mr & Mrs BJ) (t/a BJH Supplies & Services) (VTD 10118)	36.433
Hopcraft (B) (VTD 18590)	41.149
Hopcraft (B) (No 2) (VTD 19220)	59.18
Hope Barton Owners Association Ltd (VTD 20410)	18.477
Hope In The Community Ltd, [2012] UKFTT 498 (TC), TC02175	11.80
Hopewell-Smith (N) (VTD 16725)	15.68
Hopkins (GD & M) (t/a Marianne's Hair Salon) (VTD 11587)	51.70
Hopkins (I) (VTD 18572)	39.9
Hopkins (J & B), [2017] UKFTT 410 (TC), TC05874	48.39
Hopkins (JJ), [2012] UKFTT 260 (TC), TC01953	15.80

Table of Cases — A to J

Hopkins (KJ) (VTD 8890)	51.76
Hordern (ACS), [1992] VATTR 382 (VTD 8941)	36.608
Horizon College (Stichting Regionaal Opleidingen Centrum Noord-Kennemerland/West-Friesland t/a) *v* Staatssecretaris van Financiën, ECJ Case C-434/05; 13 June 2007 unreported	22.342
Horlick (Mr & Mrs T) (VTD 17977)	55.75
Horn (BS) (VTD 1250)	15.27
Hornby (WW & JH) (VTD 155, 227)	2.157
Horrox (N) (VTD 6270)	18.434
Horsman (D & Mrs LM), [1990] VATTR 151 (VTD 5401)	57.75
Horstead (AM) (VTD 19697)	19.20
Horton (JC) (VTD 7258)	40.85
Hosepower Ltd (VTD 12594)	14.39
Hoskin (PR & NA) (t/a Parsons & Son) (VTD 5306)	18.519
Hosmer (ME) (VTD 7313)	62.273
Hospital of St John & St Elizabeth (VTD 19141)	15.99
Hospitality Resource Ltd (VTD 16526)	67.100
Hospitality Training Foundation (VTD 18359)	11.54
Hossain (H) (t/a Balti House Tandoori), Ch D [2004] STC 1672; [2004] EWHC 1898(Ch)	3.13
Hostgilt Ltd *v* Megahart Ltd, Ch D 1998, [1999] STC 141	67.5
Hotchkiss (RH) (t/a Roger Herbert Hotchkiss Car Sales) (VTD 17207)	44.99
Hotel Booking Service Ltd (VTD 10606)	62.433
Hotel Scandic Gasaback AB *v* Riksskatteverket, ECJ Case C-412/03; [2005] STC 1311	22.207
Hotels Abroad Ltd (VTD 13026)	63.6
Hotels4U.com Ltd, [2016] UKFTT 718 (TC), TC05447	1.76
Hough (R) (VTD 488)	36.549
Hounslow Sweet Centre (VTD 10026)	52.216
Housden (Mrs AL), [1981] VATTR 217 (VTD 1178)	58.28
House (PJ) (t/a P & J Autos), CA 1995, [1996] STC 154	3.133
House (AE) & Son (VTD 2620)	36.387
House of Goodness Ltd (VTD 19880)	36.689
Housiaux & Housiaux, CA [2003] EWCA Civ 257; [2003] BPR 858	37.30
Hout van Eijnsbergen *v* Staatssecretaris van Financiën, ECJ Case C-444/04; [2007] STC 71	22.319
Hovan (T), UT [2012] UKUT 361 (TCC)	62.527
Howard (L) (VTD 19838)	57.99
Howard (P) (VTD 1106)	36.685
Howard-Williams (RB) (VTD 14474)	23.26
Howards Way Cleaning (VTD 10458)	10.5
Howarth (CL) (VTD 2363)	44.63
Howarth (R) (VTD 632)	44.7
Howe (M), [2009] UKFTT 73 (TC), TC00041	51.71
Howe-Davies (AJ) (t/a D & B Contracts) (VTD 5609)	18.544
Howells (FWK) (t/a Buckingham Commercial Motor Co) (VTD 16488)	44.30
Howells (Mr and Mrs), [2015] UKFTT 412 (TC), TC04589	15.199
Howes (KR) [2001] VATDR 263 (VTD 17196)	36.697
Howroyd (PG) (VTD 5582)	50.14
Hoylake Cottage Hospital Charitable Trust, [2011] UKFTT 48 (TC), TC00925	50.14
HP Bulmer Ltd & Another *v* J Bollinger SA & Others, CA [1974] Ch 401; [1974] 2 All ER 1226	22.1
HP Lansdown (Linguistickers) Ltd (VTD 14714)	5.79
HPAS Ltd (t/a Safestyle UK) (VTD 18701)	27.18
HR Transport Services Ltd, [2014] UKFTT 090 (TC), TC03230	18.54
HSM Law Ltd, [2014] UKFTT 830 (TC), TC03948	65.79
HS Tank Ltd, [2012] UKFTT 777 (TC), TC02428	36.140
HT Purser Ltd, [2011] UKFTT 860 (TC), TC01694	36.101
Hua (Dr X) (VTD 13811)	29.91
Hubbard (BA), [2013] UKFTT 78 (TC), TC02496	1.26
Hubbard (WG) (VTD 2913)	51.29

Case	Reference
Hubbard & Houghton Ltd (VTD 1028)	36.466
Hubbard Foundation Scotland, CS [1981] STC 593	2.107
Hubbard Foundation Scotland (VTD 1194)	2.298
Huckridge (R) (VTD 1969)	4.2
Huczek (EJ) (VTD 8850)	29.170
Hudson (D) (VTD 15618)	40.83
Hudson (R) (t/a 21st Century Demolition & Plant Hire) (VTD 9666)	36.722
Hughes (A & J) (t/a Pennine Boat Trips of Skipton) (VTD 15680)	66.21
Hughes (A) & Son (Skellingthorpe) Ltd (VTD 1301)	36.428
Hughes (A) & Sons Ltd (t/a The Derby House) (VTD 13504)	36.206
Hughes (DP & C) (VTD 17700)	47.22
Hughes (JE) (VTD 552)	62.75
Hughes (NCJ) (VTD 8916)	62.429
Hughes (PG) (VTD 5223)	51.45
Hughes Bros (VTD 450)	44.63
Hulme Trust Educational Foundation [1978] VATTR 179 (VTD 625)	15.21
Hulse (A) (VTD 13896)	65.105
Hulsta Furniture (UK) Ltd (VTD 16289)	19.18
Humatt Holdings Ltd (VTD 10236)	52.315
Humphrey (J) & Smith (AG) (t/a Abacus Jewellery & Antiques) (VTD 13561)	57.80
Humphreys (CAM & P) (t/a Wilmington Trading Co) (VTD 13007)	57.3
Hundsdoerfer (HD & Mrs DM) [1990] VATTR 158 (VTD 5450)	57.76
Hungary (Republic of), European Commission v, ECJ Case C-274/10; 28 July 2011 unreported	20.222
Hunmanby Bowling Club (VTD 12136)	15.142
Hunt (DT), [1992] VATTR 255 (VTD 10147)	37.32
Hunt (PC), [2013] UKFTT 268 (TC), TC02676	15.348
Hunt (RC & CH) (VTD 9135)	52.286
Hunt v RM Douglas (Roofing) Ltd, HL [1990] 1 AC 398	48.142
Hunter (J) (VTD 4566)	18.70
Hunter (JK) (VTD 13099)	18.455
Hunter (C), Kiernan (A), Wigglesworth (M) & Wright (LA) (VTD 16558)	47.60
Hunter Ridgeley Ltd (VTD 13662)	29.109
Hunter Saphir plc (VTD 10770)	52.391
Hunters Hereditaments Ltd (VTD 14748)	52.454
Huntley (CJ) & Brookes (RJ) (t/a Brimar Guest House) (VTD 5847)	62.407
Huntley Hair Transplants Ltd (VTD 823)	33.59
Hurd (WD), [1995] VATDR 128 (VTD 12985)	36.319
Hurley (F) & Sons Ltd (VTD 6719)	52.34
Hurley (GA) Ltd (VTD 3510)	36.699
Hurley Robinson Partnership (VTD 750)	62.141
Hurlingham Club, QB [1976] STC 122; [1976] 1 WLR 932; [1976] 2 All ER 199	41.78
Hurlingham Club, [2015] UKFTT 76 (TC), TC04283	46.150
Hurlstone (AG) (VTD 6167)	18.274
Hurndalls, [2014] UKFTT 404 (TC), TC03533	4.27
Hurst (A & Mrs K) (VTD 9756)	62.305
Hurst (Mr & Mrs M) (t/a Park Fisheries) (VTD 19546)	2.284
Hurstbourne Properties Ltd, [2010] UKFTT 38 (TC), TC00352	40.43
Hussain (A) (t/a Crossleys Private Hire Cars) (VTD 16194)	62.257
Hussain (A) (t/a Villa Bombay) (VTD 11961)	40.40
Hussain (AT) (t/a Al Ameer) (VTD 15668)	41.107
Hussain (K) (VTD 15830)	67.72
Hussain (M) (VTD 17217)	57.221
Hussain (Z) (t/a Zabar Hosiery) (VTD 6895)	52.93
Hussain (M) & Ghazenfer (M) (t/a Central Taxis) (VTD 17526, 17559)	3.152
Hussein (TAZ) & Asim (M) (t/a Pressing Dry Cleaners) [2003] VATDR 440 (VTD 18341)	47.7
Hutchings (PHV) & Liggett (JH) (t/a Cashlandoo Inn) [1987] VATTR 58 (VTD 2313)	51.122
Hutchinson (M) (t/a Clifton Fisheries), [2009] UKFTT 252 (TC), TC00200	48.62

Table of Cases — A to J

Hutchinson (PA) (VTD 20898) 18.372
Hutchinson Locke & Monk (VTD 5212) 62.134
Hutchison 3G UK Ltd (No 1), ECJ Case C-369/04; [2008] STC 218 .... 22.129
Hutchison 3G UK Ltd (No 2), [2018] UKFTT 289 (TC), TC06519 .... 62.436
Hutchvision Hong Kong Ltd (VTD 10509) 62.513
Hydewood Ltd (VTD 14828) 18.486
Hydrabell Ltd (VTD 3519) 18.343
Hydril UK Ltd (VTD 16508) 18.460
Hylands (Q) (VTD 18560) 19.28
Hytec Information Systems Ltd v Coventry City Council, CA [1997] 1 WLR 1666 .... 2.213
Hytex Clothing (VTD 10700) 50.148

I

I & S Ward Roofing and Cladding, [2016] UKFTT 732 (TC), TC05461 .... 51.124
Ian Flockton Developments Ltd, QB [1987] STC 394 .... 36.385
Ian Fraser & Partners Ltd (VTD 6931) 52.183
Iansyst Ltd, [2016] UKFTT 372 (TC), TC05126 .... 19.41
IB Construction Ltd (VTD 17702) 15.148
Iberdrola Inmobiliaria Real Estate Investments EOOD, Direktor na Direktsia 'Obzhalvane i danachno-osiguritelna praktika' — Sofia v, CJEU Case C-132/16 .... 20.203
Ibero Tours GmbH, Finanzamt Düsseldorf-Mitte v, ECJ Case C-300/12, [2014] STC 991 .... 22.271
Ibstock Building Products Ltd, [1987] VATTR 1 (2304) 36.16
IC Blue Ltd, [2009] UKFTT 40 (TC); TC00018 .... 35.32
ICB Ltd (VTD 1796) 65.61
Ice Rink Company Ltd and another (The), [2019] UKUT 108 (TCC) 62.608
Ice Rink Company Ltd; Planet Ice (Milton Keynes) Ltd [2020] UKFTT 350 (TC) ... 62.608
Iceland Foodstores Ltd, [1998] VATDR 498 (VTD 15833) 58.32
Icon Construction Services Ltd (VTD 16416) 36.683
Iconeyewear Distribution Ltd (VTD 20213) 18.488
Iconeywear Distributions Ltd (VTD 19566) 18.250
Ideal Shopping Direct plc, [2009] UKFTT 136 (TC), TC00104 .... 18.30
Idéal Tourisme SA v Belgium, ECJ Case C-36/99; [2001] STC 1386 .... 22.597
Idess Ltd, [2014] UKFTT 511 (TC), TC03638. .... 28.18
Idexx Laboratories Italia Srl, ECJ Case-590/13; 11 December 2014 unreported 22.488
IDS Aircraft Ltd (VTD 12452) 62.517
IDT Card Services Ireland Ltd, CA [2006] STC 1252; [2006] EWCA Civ 29 .... 67.185
IIFX Investment Company Ltd and others, [2016] EWCA Civ 436 .... 24.18
Igor Butin, Finanzamt Bergisch Gladbach v CJEU Case C-375/16 .... 20.251
IHD Security Ltd (VTD 12359) 65.70
Ike, R v, CA Criminal Division 1995, [1996] STC 391 .... 49.5
Il Pozzo Restaurant (VTD 5195) 18.111
Ilford Cellular Ltd, [2013] UKFTT 435 (TC), TC02829 .... 36.140
Iliffe (M & J) (t/a Otterton Post Office) (VTD 18446) 36.354
Iliffe (N) & Holloway (DC), [1993] VATTR 439 (VTD 10922) 62.139
Ilott (TJ) (VTD 10942) 57.51
Imagebase Technology Ltd (VTD 6720) 52.71
Immanuel Church, [2019] UKFTT 601 (TC), TC07384 .... 15.211
Imperial College of Science, Technology & Medicine, [2016] UKUT 278 (TCC) 46.155
Imperial War Museum, [1992] VATTR 346 (VTD 9097) 46.2
Impetus Engineering (International) Ltd (VTD 10596) 18.556
IMO Precision Controls Ltd (VTD 7948) 36.675
Impress Music Ltd (VTD 18086) 4.25
In Good Taste (VTD 2956) 29.162
In Health Group SA, [2006] VATDR 281 (VTD 19593) 33.20
In Tandem Resources Ltd, [2019] UKFTT 615 (TC), TC07399 .... 62.370
Inchcape Management Services Ltd, [1999] VATDR 397 (VTD 16256) 59.20
Independent Coach Travel (Wholesaling) Ltd, [1993] VATTR 357 (VTD 11037) 63.3

Independent Community Care Ltd (VTD 7735) 4.3
Independent Thinking Ltd (VTD 20884) 36.489
Indigo Global Trading Ltd, QB [2009] EWHC 3126 (Admin) 2.414
Industcool Engineering Ltd (VTD 15196) 18.315
Industrial Doors (Scotland) Ltd (VTD 12656) 36.517
Industrial Fabrication Systems Ltd (VTD 4219) 18.261
Industriministeriet, Fantask A/S & Others v, ECJ Case C-188/95; [1998] 1 CMLR 473; [1998] All ER (EC) 1 .... 22.50
Industry Northwest Publications (1983) Ltd (VTD 9425) 10.5
Infinite Mind Ltd (VTD 16980) 46.216
Infinity Holdings Ltd, [2014] UKFTT 417 (TC), TC03546 .... 4.26
Infinity Distribution Ltd, Ch D [2010] STC 2258; [2010] EWHC 1393 (Ch) 36.713
Infinity Distribution Ltd (in Administration), CA [2016] EWCA Civ 1014 ..... 2.446
Infocall Universal Ltd (t/a The Psychic Centre) (VTD 16909) 62.362
Infocard (VTD 5732) 5.88
Ingenieurbüro Eulitz GbR Thomas und Marion Eulitz v Finanzamt Dresden I, ECJ Case C-473/08; 28 January 2010 unreported 22.347
Inger (M) (VTD 9522) 52.187
ING Intermediate Holdings Ltd, [2017] EWCA Civ 2111 .... 62.221
Ingram (GG) (t/a Ingram & Co) (VTD 4605) 36.60
Innings Telecom Europe Ltd (VTD 17335) 62.442
Innocent Ltd (No 1), [2010] UKFTT 516 (TC); [2011] SFTD 111, TC00771 .... 29.185
Innova Inc (UK) Ltd (VTD 18989) 57.150
Inscape Investment Fund, ECJ Case C-169/04; 4 May 2006 unreported 22.416
Insite Associates Ltd (VTD 19102) 18.455
Insley (SR) & Clayton (Ms L) (t/a S & L Caterers) (VTD 13677) 62.324
Inspecteur der Belastingdienst Grote Ondernemingen Amsterdam, ARO Lease BV v, ECJ Case C-190/95; [1997] STC 1272; [1997] 1 ECR 4383 .... 22.222
Inspecteur der Belastingdienst/Ondernemingen Roermond, Maatschap MJM Linthorst & Others v, ECJ Case C-167/95; [1997] STC 1287 .... 22.228
Inspecteur der Invoerrechten en Accijnzen, Debouche v, ECJ Case C-302/93; [1996] STC 1406; [1996] 1 ECR 4495; [1997] 2 CMLR 511 .... 22.627
Inspecteur der Invoerrechten en Accijnzen, Mol v, ECJ Case 269/86; [1988] ECR 3627; [1989] BVC 205; [1989] 3 CMLR 729 .... 22.87
Inspecteur der Invoerrechten en Accijnzen, Polysar Investments Netherlands BV v, ECJ Case C-60/90; [1991] 1 ECR 3111; [1993] STC 222 .... 22.115
Inspecteur der Invoerrechten en Accijnzen, Roders BV & Others v, ECJ Case C-367/93; [1995] 1 ECR 2229 .... 22.43
Inspecteur der Invoerrechten en Accijnzen, Verbond van Nederlandse Ondernemingen v, ECJ Case 51/76; [1977] ECR 113; [1977] 1 CMLR 413 .... 22.509
Inspecteur der Omzetbelasting, Vereniging Happy Family Rustenburgerstrat v, ECJ Case 289/86; [1988] ECR 3655; [1989] BVC 216; [1989] 3 CMLR 743 .... 22.87
Inspecteur der Omzetbelasting Leeuwarden, Tolsma v, ECJ Case C-16/93; [1994] STC 509; [1994] 1 ECR 743; [1994] 2 CMLR 908 .... 22.90
Inspecteur der Omzetbelasting Utrecht, Beheersmaatschappij Van Ginkel Waddinxveen BV & Others v, ECJ Case C-163/91; [1992] 1 ECR 5723; [1996] STC 825 .... 22.569
Inspecteur van de Belastingdienst, Fiscale Eenheid PPG Holdings BV v, ECJ Case C-26/12; 18 July 2013 unreported 22.468
Inspecteur van de Belastingdienst, Van der Steen v, ECJ Case C-355/06; [2008] STC 2379 .... 22.135
Inspecteur van de Belastingdienst Haaglanden, Granton Advertising BV v, ECJ Case C-461/12; 24 October 2013 unreported 22.415
Inspecteur van de Belastingdienst Utrecht-Gooi, Oracle Nederland v, ECJ Case C-33/09; [2010] STC 1221 .... 22.506
Inspection Equipment Ltd (VTD 10237) 52.113
Inspector der Omzetbelasting, Bulthuis-Griffioen v, ECJ Case C-453/93; [1995] STC 954 .... 22.333
Instamech Ltd (VTD 20596) 48.62
Institute of Biomedical Science (VTD 20609) 46.101

Institute of Chartered Accountants in England & Wales (The), HL [1999] STC 398; [1999] 1 WLR 701; [1999] 2 All ER 449 .... 62.166
Institute of Chartered Foresters (VTD 16884) 13.20
Institute of Chartered Shipbrokers (VTD 15033) 64.2
Institute of Directors, CA 2002, [2003] STC 35; [2002] EWCA Civ 1814 .... 27.29
Institute of EAV and Bio-Energetic Medicine (The) (VTD 1667) 11.5
Institute of Employment Consultants Ltd (The) (VTD 2309) 64.20
Institute of Information Security Professionals, [2009] UKFTT 365 (TC), TC00303 .... 64.7
Institute of Legal Cashiers and Administrators (VTD 12383) 64.24
Institute of Leisure & Amenity Management, QB [1988] STC 602; [1988] 3 CMLR 380 .... 64.19
Institute of Purchasing & Supply, [1987] VATTR 207 (VTD 2533) 36.17
Institute of the Motor Industry, ECJ Case C-149/97; [1998] STC 1219 .... 22.349
Institute of the Motor Industry (No 2), [2000] VATDR 62 (VTD 16586) 64.31
Insurancewide.com Services Ltd, CA [2010] STC 1572; [2010] EWCA Civ 422 ...... 38.25
Insured Vehicle Coatings Ltd, [2009] UKFTT 97 (TC), TC00065 .... 46.39
Integral Resources (UK) Ltd, [2010] UKFTT 167 (TC), TC00472 .... 23.15
Integrated Allied Industries (VTD 7947) 14.39
Integrated Furniture Systems (VTD 6549) 52.74
Intelligent Managed Services Ltd v HMRC, [2015] UKUT 341 (TCC) 65.78
Inter City Motor Auctions Ltd (VTD 2319) 41.145
Inter-Mark Group sp. z o.o. sp. komandytowa v Minister Finansów, ECJ Case C-530/09; [2012] STC 156 .... 20.75
Interbet Trading Ltd (No 2), [1978] VATTR 235 (VTD 696) 62.541
Interchem (Chemists Wholesale) Ltd (VTD 13952) 18.130
Intercommunale voor Zeewaterontzilting v Belgian State, ECJ Case C-110/94; [1996] STC 569; [1996] 1 ECR 857 .... 22.120
Intercraft UK Romania (VTD 13707) 44.31
Interflex Data Systems Ltd (VTD 9578) 18.197
Interglow Ltd (VTD 15200) 67.118
Interhouse Ltd (VTD 4782) 18.531
Interior Design & Construction Ltd (VTD 3484) 18.404
Interleasing Ltd, [2002] VATDR 372 (VTD 17819) 14.73
Interleisure Club Ltd (VTD 7458) 5.35
Interlude Houses Ltd (VTD 12877) 41.127
International Advisory Co Ltd (VTD 12186) 62.27
International Bible Students Association, QB 1987, [1988] STC 412; [1988] 1 CMLR 491 .... 22.330
International Bingo Technology SA v Tribunal Economico-Administrativo Regional de Cataluna, ECJ Case C-377/11; [2013] STC 661 .... 22.265
International Corporate Restructuring & Insolvency Ltd (VTD 20331) 10.8
International Correspondence Schools Ltd (VTD 17662) 5.4
International Gymnastic School Ltd (VTD 6550) 21.51
International Institute for Strategic Studies, [1992] VATTR 245 (VTD 6673) 3.183
International Institute for Strategic Studies (VTD 13551) 5.57
International Language Centres Ltd, QB [1983] STC 394 .... 3.41
International Language Centres Ltd (No 2), QB [1986] STC 279 .... 14.52
International Life Leisure Ltd (VTD 19649) 63.8
International Master Publishers Ltd (No 1) (VTD 8807) 5.30, 5.91
International Master Publishers Ltd (No 2), CA 2006, [2007] STC 153; [2006] EWCA Civ 1455 .... 5.44
International News Syndicate Ltd (VTD 14425) 5.3
International Planned Parenthood Federation, [2000] VATDR 396 (VTD 16922) 11.60
International Student House (VTD 14420) 41.96
International Supplier Auditing Ltd (t/a MNGP Food Technology) (VTD 18111) 65.76
International Trade & Exhibitions J/V Ltd, [1996] VATDR 165 (VTD 14212) 62.561
Internationale Handelsgesellschaft mbH v Einfuhr- und Vorratstelle für Getriede und Futtermittel, ECJ [1970] ECR 1145; [1972] CMLR 255 .... 18.555
Internet for Business Ltd (VTD 16266) 18.63
Internoms Ltd (VTD 16527) 41.146

Table of Cases — A to J

Intersport Manchester Ltd (VTD 3625)	18.239
Intertrade (GB) Ltd (VTD 9610)	18.290
Inter Trading Sports Associates Ltd (VTD 12344)	18.135
Introbond Ltd (VTD 19976)	53.10
Inventive Tax Strategies Ltd (in liquidation) and other companies, [2019] UKUT 221 (TCC)	40.118
Investment Chartwork Ltd, [1981] VATTR 114 (VTD 1093)	2.389
Investment Trust Companies (No 1), [2015] EWCA Civ 82	22.418
Investment Trust Companies (No 2), [2017] UKSC 29	48.164
Investrand BV *v* Staatsecretaris van Financiën, ECJ Case C-435/05; [2008] STC 518	22.467
Inward Treasure (UK) Ltd (VTD 19047)	57.133
IPMC Ltd (VTD 2797)	18.257
Ipourgos Ikonomikon, Diagnostiko & Therapeftiko Kentro Athinon-Ygeia AE *v*, ECJ Case C-394/04; [2006] STC 1349	22.309
Ipourgos Ikonomikon, Elmeka NE *v*, ECJ Case C-181/04; 14 September 2006 unreported	22.445
Iqbal Jaurah & Sons (VTD 12501)	62.355
Ireland, Republic of, European Commission *v*, ECJ Case C-358/97; 12 September 2000 unreported	22.146
Ireland, Republic of, European Commission *v* (No 2), ECJ Case C-554/07; 16 July 2009 unreported	20.29
Ireland, Republic of, European Commission *v* (No 3), ECJ Case C-85/11; [2013] STC 2336	20.25
Ireland, Republic of, European Commission *v* (No 4), ECJ Case C-108/11; 14 March 2013 unreported	20.105
Irish Roofing Felts Ltd (VTD 11425)	52.286
Irrepressible Records Ltd (VTD 2947)	4.3
Irving (R) (t/a Rosemary Irving Contracts) (VTD 15188)	55.74
I/S Fini H *v* Skatteministeriet, ECJ Case C-32/03; [2005] STC 903	22.114
Isaac (CS & JM) (VTD 14656)	15.202
Isabel Medical Charity (VTD 18209)	11.22
Isfa Management Ltd (VTD 14999)	50.24
Isis Specialist Office Supplies Ltd (VTD 13389)	18.352
Island Trading Co Ltd (The), [1996] VATDR 245 (VTD 13838)	46.199
Islam (N) & Others (t/a India Garden Tandoori Restaurant) (VTD 17834)	50.9
Isle of Wight Council and others [2015] EWCA Civ 1303; [2015] All ER (D) 192 (Dec)	22.159
Ismail (ME) (VTD 16423)	50.76
IST Internationale Sprach- und Studienreisen GmbH, Finanzamt Heidelberg *v*, ECJ Case C-200/04; 13 October 2005 unreported	22.573
Italian Republic, European Commission *v*, ECJ 1988, [1989] 3 CMLR 748	22.566
Italian Republic, European Commission *v* (No 2), ECJ Case 257/86; [1988] ECR 3249; [1990] 3 CMLR 718; [1991] BTC 5104	22.441
Italian Republic, European Commission *v* (No 3), ECJ Case 122/87; [1988] ECR 2919; [1989] BVC 232; [1989] 3 CMLR 844	22.303
Italian Republic, European Commission *v* (No 4), ECJ Case C-45/95; [1997] STC 1062; [1997] 1 ECR 3605	22.395
Italian Republic, European Commission *v* (No 5), ECJ Case C-78/00; [2003] BTC 5255	22.519
Italian Republic, European Commission *v* (No 6), ECJ Case C-381/01; [2004] All ER (D) 271 (Jul)	22.275
Italian Republic, European Commission *v* (No 7), ECJ Case C-132/06; 17 July 2008 unreported	22.552
Italian Republic, European Commission *v* (No 8), ECJ Case C-174/07; 11 December 2008 unreported	22.553
Italian Republic, European Commission *v* (No 9), ECJ Case C-244/08; 16 July 2009 unreported	22.619
Italian State, Francovich *v*, ECJ Case C-6/90; [1991] 1 ECR 5357; [1993] 2 CMLR 66	22.31

Italittica SpA, Ufficio IVA di Trapani v, ECJ Case C-144/94; [1995] STC 1059; [1995] 1 ECR 3653	22.253
Italpaving Ltd (VTD 7807)	52.219
Italy, Ferrazzini v, ECHR Case 44759/88; [2001] STC 1314	34.16
Itchen Sash Window Renovation Ltd, [2014] UKFTT 518 (TC), TC03645	56.8
ITH Comercial Timișoara SRL v Agenția Națională de Administrare Fiscală – Direcția Generală Regională a Finanțelor Publice București and Agenția Națională de Administrare Fiscală – Direcția Generală Regională a Finanțelor Publice, CJEU Case C-734/19	20.229
Iveco Ltd, [2017] EWCA Civ 1982	22.292
Ivory & Sime Trustlink Ltd, CS [1998] STC 597	27.67
Ivy Cafe Ltd (VTD 288)	29.39
Ivychain Ltd (VTD 5627)	62.330

J

J & G Associates (VTD 13471)	18.63
J & S Glass & Mirror Centre (VTD 6117)	18.384
J & S Joiners & Builders (Paisley) Ltd (VTD 16892)	18.486
J & T Blacksmith Ltd (VTD 16710)	18.84
J & V Printing Services Ltd (VTD 6136)	52.34
J & W Plant & Tool Hire Ltd, [2003] VATDR 350 (VTD 18069)	32.11
J & W Waste Management Ltd, [2003] VATDR 350 (VTD 18069)	32.11
J Boardmans Ltd (VTD 2025)	36.399
J Bollinger SA & Others, HP Bulmer Ltd & Another v, CA [1974] Ch 401; [1974] 2 All ER 1226	22.1
J Drennan Partnership (VTD 15190)	18.248
J McArdle (Haulage) Ltd (VTD 5779)	18.201
J Walter Thompson UK Holdings Ltd, [1996] VATDR 145 (VTD 14058)	2.150
J3 Building Solutions Ltd, [2017] UKUT 253 (TCC)	15.276
Jabat Ltd (VTD 18752)	57.28
Jack Camp Productions (VTD 6261)	25.34
Jackson (B) (t/a Suite Sixe) (VTD 469)	57.123
Jackson (G) (VTD 2314)	51.44
Jackson (I & H) (VTD 16001)	57.38
Jackson (RD & Mrs SL) (VTD 1959)	47.44
Jackson (TF), Ch D 2003, [2004] STC 164; [2003] EWHC 3219 (Ch)	2.120
Jackson (TF) (No 2) (VTD 19225)	50.21
Jackson & Padgett Ltd (VTD 3435)	18.361
Jacobs (E) (Batchwood Hall Bowling Club) (VTD 19797)	19.103
Jacobs (I), CA [2005] STC 1518; [2005] EWCA Civ 930	15.159
Jacobs (RE) (VTD 18367)	15.32
Jacobson (D) & Sons Ltd, [2016] UKFTT 530 (TC), TC05279	4.40
Jag Communications (Plymouth) Ltd, [2007] VATDR 251 (VTD 20002)	67.80
Jahansouz (AK), [2010] UKFTT 355 (TC), TC00637	15.168
Jalf (KK) (VTD 5767)	40.34
Jalota (HR) (VTD 2684)	40.81
James (AC & GC) (VTD 16988)	57.217
James (BF) (VTD 5078)	51.47
James (Ms C) (t/a Ilkley Dress Agency), [2011] UKFTT 693 (TC), TC01535	57.129
James (GA) (VTD 2207)	51.129
James (MP) (VTD 10474)	52.163
James (Mr & Mrs) (VTD 20426)	15.237
James A Laidlaw (Dunfermline) Ltd (VTD 1376)	44.84
James A Laidlaw (Edinburgh) Ltd (VTD 1376)	44.84
James Ashworth Waterfoot (Successors) Ltd (VTD 13851)	50.91
James Paget Industries Ltd (VTD 18436)	48.5
James Pringle Ltd (VTD 3945)	18.195
James Trevor Ltd (VTD 1425)	36.4
James Watt College (VTD 15916)	46.129

Case	Ref
James Watts Transport Southwark Ltd (VTD 11067)	18.63
James Yorke (Holdings) Ltd (VTD 9583)	52.237
Jamestown Concrete Co Ltd (VTD 5722)	52.104
Jamie plc (VTD 11962)	17.3
Jamieson (H) (VTD 16476)	52.412
Jamieson (MP) (t/a Martin Jamieson Motor Repairs) (VTD 20269)	44.170
Jamieson (Mrs), Ch D 2001, [2002] STC 1418	47.71
Jamil (K) (VTD 16795)	58.23
Jan (M), [2012] UKFTT 605 (TC), TC02282	2.302
Jan Mateusiak, Minister Finansów v CJEU Case C-229/15; [2016] All ER (D) 106 (Jul)	20.43
Jandu (D) (VTD 4475)	14.14
Jane Montgomery (Hair Stylists) Ltd, CS [1994] STC 256	62.270
Janice Traders Ltd, [2010] UKFTT 513 (TC), TC00768	2.302
Janmohamed (S) (t/a Sauf Enterprises), [2012] UKFTT 346 (TC), TC02032	48.62
Janwear Ltd (VTD 15460)	14.20
Japan Executive Chauffeur (VTD 11836)	52.301
Japan Racing Association (VTD 11489)	46.178
Jardin Trim Ltd (VTD 7695)	18.357
Jardins de Jouvence SCRL (Les) v État Belge, CJEU C-335/14; [2016] All ER (D) 212 (Jan)	22.339
Jarmain (MH), [1979] VATTR 41 (VTD 723)	5.74
Jarman (S & DE) (VTD 11637)	48.140
Jarrett (RM & DJ), [1991] VATTR 435 (VTD 6670)	2.359
JARS (VTD 13451)	62.251
Jayhard Ltd (VTD 15306)	18.486
Jaymarke Developments Ltd v Elinacre Ltd (in liquidation) and others, CS [1992] STC 575	6.51
Jaymix (VTD 1526)	65.5
JC Lewis Partnership (VTD 7368)	52.107
JCB Electronics Ltd (VTD 5004)	18.361
JCM Beheer BV v Staatssecretaris van Financiën, ECJ Case C-124/07; [2008] STC 3360	22.369
JD Classics Holdings Ltd, [2010] UKFTT 259 (TC), TC00553	60.12
JD Trading Ltd, [2012] UKFTT 642 (TC), TC02309	36.98
JD Fox Ltd (VTD 1012)	62.467
JD Wetherspoon plc, ECJ Case C-302/07; [2009] STC 1022	22.657
JDI International Leasing, [2018] UKUT 214 (TCC)	36.547
JDL Ltd, Ch D 2001, [2002] STC 1	46.108
JDs (VTD 13703)	65.96
JE Beale plc (VTD 15920)	36.166
Jeancharm Ltd (t/a Beaver International), Ch D [2005] STC 918; [2005] EWHC 839(Ch)	36.48
Jeanfield Swifts Football Club (VTD 20689)	15.111
Jebb (SC) (VTD 17811)	53.13
Jefferson Ltd v Bhetcha, CA [1979] 1 WLR 898; [1979] 2 All ER 1108	2.184
Jeffrey Green & Co Ltd, [1974] VATTR 94 (VTD 69)	12.11
Jeffries (SJ) (t/a Stu's Fruit & Convenience Store), [2011] UKFTT 724 (TC), TC01561	44.145
Jeffs (MD & RW) (t/a J & J Joinery), QB [1995] STC 759	15.319
Jelley (GJ) (VTD 6790)	57.87
Jenkin & Son (C) [2017] UKUT 239 (TCC)	69.7
Jenkins (M) (t/a Lifetime Financial Services) (VTD 14784)	46.228
Jenkinson (KE), [1988] VATTR 45 (VTD 2688)	51.84
Jenks (RJ) (VTD 10196)	7.59
Jennings (Mrs IS) (No 1), [2010] UKFTT 49 (TC), TC00362	15.60
Jennings (Mrs IS) (No 2), [2010] UKFTT 298 (TC), TC01160	15.60
Jennings (S) (VTD 14372)	4.3
Jenny Braden Holidays Ltd (ex p.), R v VAT Tribunal, QB March 1994 unreported	2.306
Jenny Braden Holidays Ltd (VTD 10892, VTD 12860)	63.9

Table of Cases — A to J

Case	Reference
Jepp (AJ & R) (VTD 19065)	50.131
Jersey Minister for Economic Development, oao, R *v* HMRC, QB [2012] EWHC 718 (Admin); [2012] STC 1113	20.182
Jersey Telecoms (VTD 13940)	45.4
Jervis (P & RJ) (VTD 3920)	57.49
Jerzynek (D) (VTD 18767)	36.667
Jet Across Ltd (VTD 12541, VTD 13526)	36.600
Jetair NV, ECJ Case C-599/12; [2014] STC 1088	22.599
Jet Rod (Franchising) Ltd (VTD 4502)	18.157
Jeudwine (WRH), [1977] VATTR 115 (VTD 376)	3.144
Jeunehomme (L) & Société Anonyme d'Etude et de Gestion Immobilière 'EGI' *v* Belgian State, ECJ Case 123/87; [1988] ECR 4517	22.554
Jeyes Ltd (VTD 10513)	52.273
Jeynes (t/a Midland International (Hire) Caterers), QB [1984] STC 30	44.17
JFD Cartons Ltd (VTD 10293)	18.531
JG Brolly & Bros Ltd (VTD 13762)	18.37
JH Corbitt (Numismatists) Ltd, HL [1980] STC 231; [1981] AC 22; [1980] 2 All ER 72	60.1
JIB Group Ltd, [2012] UKFTT 547 (TC), TC02224	54.9
Jigsaw Medical Services Ltd, [2018] UKUT 222 (TCC)	69.19
Jin-Xu (H) (t/a Wong Kok Fish & Chips) (VTD 16520)	52.308
Jivelynn Ltd (VTD 1092)	62.262
JJ Foggon Ltd (VTD 789)	57.88
JJ Komen en Zonen Beheer Heerhugoward BV *v* Staatssecretaris van Financiën, ECJ Case C-326/11; [2012] STC 2415	22.433
JJ Manpower Services (VTD 9405)	4.3
JJH (Building Developments) Ltd (VTD 6651)	52.33
JLG Industries (UK) Ltd (VTD 5814)	52.343
JM Associates (VTD 18624)	15.246
JMC Electronics Ltd, [2013] UKFTT 325 (TC), TC02728	36.140
JMD Group plc (VTD 9129)	52.60
JN Electrical Units (VTD 3346)	18.64
JND Ltd (VTD 13719)	18.47
JNK 2000 Ltd, [2013] UKFTT 221 (TC), TC02635	36.504
Joannides (JR) (VTD 11373)	36.475, 62.507
Job Creation (UK) Ltd (VTD 12186)	62.27
Jocelyn Feilding Fine Arts Ltd (No 1), [1978] VATTR 164 (VTD 652)	60.7
Joe Pole Construction Co (VTD 7101)	52.84
Joel (GE) (VTD 3925)	15.329
Johanson Ltd (VTD 1730)	36.12
John Beharrell Ltd, [1991] VATTR 497 (VTD 6530)	44.46
John Clark (Holdings) Ltd (VTD 19327)	48.54
John Compass Ltd (VTD 3163)	15.216
John Dee Ltd, CA [1995] STC 941	14.22
John E Buck & Co Ltd (VTD 1525)	38.9
John F Stott Ltd (VTD 19406)	67.86
John Harrison (Gatesby) Ltd (VTD 5581)	5.66
John Lanham Watts (Carpets) Ltd (VTD 8846)	52.156
John McMillan & Son Ltd (VTD 1610)	36.473
John Martin Group (The) (VTD 19257)	2.21
John Martin Holdings Ltd (VTD 14264)	2.437
John Martin Holdings Ltd, [2013] UKFTT 714 (TC), TC03094	19.25
John Mills Ltd (VTD 20526)	18.416
John Oliver Haircutters, [1987] VATTR 239 (VTD 2532)	18.329
John Pargeter & Sons Ltd (VTD 3318)	18.523
John Pimblett & Sons Ltd, CA 1987, [1988] STC 358	29.56
John Price Business Courses Ltd, [1995] VATDR 106 (VTD 13135)	36.211
John Slough of London (VTD 1427)	44.18
John Turner & Smith Ltd (VTD 124)	15.318
John Village Automotive Ltd, [1998] VATDR 340 (VTD 15540)	62.562

John Wilkins (Motor Engineers) Ltd, CA [2011] EWCA Civ 429; [2011] STC 1371	2.432
John Willment (Ashford) Ltd, Re, Ch D 1978, [1979] STC 286	37.11
John Wilson Cars Ltd (VTD 16655)	44.95
Johnson (A), [2014] UKFTT 956 (TC), TC04069	15.331
Johnson (A & T) (VTD 20506)	15.190
Johnson (E), QB [1980] STC 624	1.1
Johnson (GV) (VTD 16672)	19.94
Johnson (J) (t/a London Angling Supplies) (VTD 9898)	52.365
Johnson (L) (t/a The Point Night Club), [2012] UKFTT 100 (TC), TC01796	48.62
Johnson (LH) (VTD 14955)	41.165
Johnson (R) (Chairman of Shalden Millennium Committee) (VTD 17897, VTD 18670)	19.95
Johnson (RK) (VTD 15868)	50.134
Johnson (SJ) (VTD 1367)	36.310
Johnson v Chief Adjudication Officer (No 2), ECJ Case C-410/92; [1994] 1 ECR 5483; [1994] 1 CMLR 725; [1995] All ER (EC) 258	22.48
Johnson v Walden, CA 1995, [1996] STC 382	2.60
Johnson, Lord Advocate v, CS [1985] STC 527	14.103
Johnstone, Charles Osenton & Co v, HL [1941] 2 All ER 245	32.5
Johnstone (P) (VTD 211)	25.18
Joiner Cummings, [2010] UKFTT 606 (TC), TC00847	27.40
Joint Post Ltd (The) (VTD 20089)	18.488
Joint Scaffolding Ltd, [2012] UKFTT 341 (TC), TC02027	50.151
Jointstock Ltd (VTD 4236)	14.39
Jolly Tots Ltd (VTD 13087)	46.230
Jomast Trading and Developments Ltd, [1984] VATTR 219 (VTD 1735)	36.192
Jonathan Berry Ltd, [2011] UKFTT 652 (TC), TC01494	15.18
Jones (A) (t/a Jones Motors of Ynysybwl) (VTD 15861)	52.278
Jones (ATB & Mrs SDL) (VTD 11410)	36.335, 36.435
Jones (B) (t/a Beejay Enterprises) (VTD 17036)	1.31
Jones (BO) (VTD 6141)	65.22
Jones (DB) (VTD 16796)	57.41
Jones (DJ) (VTD 19570)	36.52
Jones (DL) (VTD 11430)	36.580, 52.205
Jones (EH) (VTD 17558)	57.105
Jones (EN) (VTD 5023)	36.524
Jones (F) & Sons (Cheltenham) Ltd (VTD 4511)	36.624
Jones (GDG) (t/a Jones & Son) (VTD 14535)	44.109
Jones (HG) & Associates (VTD 10399)	52.8
Jones (I) (VTD 232)	44.63
Jones (JE, JH & AG) (t/a S Jones & Son) (VTD 13308)	47.3
Jones (K) (Mr & Mrs), [2012] UKFTT 108 (TC), TC01804	15.85
Jones (L) (Mr & Mrs) (VTD 15595)	46.239
Jones (Mrs M) (VTD 13313)	57.129
Jones (MF) (VTD 17512)	23.28
Jones (PT) (VTD 1401)	44.19
Jones (R) (VTD 5753)	59.11
Jones (RA) (VTD 4664)	18.206
Jones (RJ) (VTD 5701)	36.46
Jones (S), [2012] UKFTT 503 (TC), TC02180	15.57
Jones (TDO) (t/a Evan Jones & Son) (VTD 365)	36.306
Jones (WG) & Son (VTD 117)	12.13
Jones & Attwood Ltd (VTD 7046)	52.382
Jones Executive Coaches Ltd (VTD 6870)	52.93
Joppa Enterprises Ltd, CS [2009] STC 1279; [2009] CSIH 17	62.292
Jordan (E) (t/a Eddie Jordan Racing) (VTD 11310)	62.415
Jordan (SD) (VTD 5071)	36.256
Jordan (TR), [1994] VATTR 286 (VTD 12616)	51.152
Jordans Plumbing Merchants Ltd (VTD 7822)	52.60

cxxxix

Keeley (MJ) (VTD 16219) 15.256
Keen (A & D) (VTD 11824) 48.118
Keeping Newcastle Warm, ECJ Case C-353/00; [2002] STC 943; [2002] All ER (EC)
  769 .... 22.274
Keesing (UK) Ltd (VTD 16840) 5.109
Keith Motors (Christchurch) Ltd (VTD 17592) 50.162
Kellpak Ltd (VTD 14018) 40.40
Kelly and another (t/a Ludbrook Manor Partnership) v HMRC, [2017] UKUT 326
  (TCC) 36.85
Kelly (DA) (VTD 7941) 17.1
Kelly (D & D) (VTD 2452) 1.103
Kelly (GWH) (VTD 598) 7.44
Kelly (J) (VTD 18220) 18.436
Kelly (JJ) (VTD 15637) 50.32
Kelly (JM & MC) (VTD 4139) 58.56
Kelly (R) (VTD 5026) 51.108
Kelvingold Ltd (VTD 2110) 51.7
Kenco Spares Ltd, [2012] UKFTT 180 (TC), TC01875 .... 23.6
Kendricks Planning Ltd & JLB Kendrick, [2014] UKFTT 767 (TC), TC03887 .... 50.67
Kenealy (P) (VTD 466) 67.113
Kenkay Ltd (VTD 6923) 52.40
Kenmir Ltd v Frizzell, QB [1968] 1 WLR 329; [1968] 1 All ER 414 .... 65.10
Kennedy (CB) (VTD 16068) 4.14
Kennedy (T & D), [1991] VATTR 157 (VTD 5880) 52.372
Kennell (KB), [1977] VATTR 265 (VTD 487) 15.2
Kennemer Golf & Country Club v Staatsecretaris van Financiën, ECJ Case C-174/00;
  [2002] STC 502; [2002] 3 WLR 829; [2002] All ER (EC) 480 .... 22.354
Kenney (RC) & Stiles (BJ) (t/a AD Fine Art) (VTD 14969) 44.13
Kenny (WE) (t/a Scruples) (VTD 2039) 47.26, 47.59
Kent (CJ) (t/a Market Integration) (VTD 13214) 36.561
Kenwood Appliances Ltd, [1996] VATDR 127 (VTD 13876) 36.42
Kenwyn Management Services Ltd (VTD 13765) 17.3
Kernahan (AJ & L) (VTD 15203) 55.81
Kernot Cases & Cartons Ltd (VTD 11564) 52.245
Kerr (J), Lloyd (E) and Flatman (R) (VTD 2193) 62.106
Kerrutt & Another v Finanzamt Monchengladbach-Mitte, ECJ Case 73/85; [1986] ECR
  2219; [1987] BTC 5015; [1987] 2 CMLR 221 .... 22.132
Keswick Golf Club, [1998] VATDR 267 (VTD 15493) 20.141
Keswick Motor Co Ltd (VTD 18831) 44.168
Kewpost Ltd (VTD 14664) 18.155
Key (WEH) (VTD 15354, VTD 15794) 46.24
Key Finance Ltd (VTD 19148) 52.423
Key Kitchens Ltd (VTD 2261) 62.455
Key Personnel (Midlands) Ltd (VTD 9833) 18.400
Key Properties Ltd (VTD 11778) 36.502, 41.126, 52.284
Keydon Estates Ltd (VTD 4471) 47.56
Khan (AU) (VTD 6450) 50.105
Khan (K) (VTD 17790) 47.35
Khan (M) (t/a Jesmond Tandoori Takeaway Ltd) (VTD 12336) 50.25
Khan (MR), CA 3 May 2000 unreported 37.26
Khan (MS) (t/a Greyhound Dry Cleaners), CA [2006] STC 1167; [2006] EWCA Civ
  89 .... 50.96
Khan (MT) (VTD 6860) 18.103
Khan (P) & Parvez (M) (t/a On Time Cars) (VTD 14293) 51.192
Khan (SN) (VTD 19513) 47.50
Khawaja v Secretary of State for the Home Department, HL 1983, [1984] AC 74; [1983]
  1 All ER 765 .... 50.73
Khoshaba (Ms A) (t/a Cinnamon Cafe), [2013] UKFTT 481 (TC), TC02864 .... 36.646
Kiddicare Ltd (VTD 17349) 46.200
Kidease Ltd (VTD 20793) 52.348
Kids Church (VTD 18145) 15.262

Kids of Wilmslow Ltd (VTD 12341)	33.70
Kidz R Us Children Centre Ltd (VTD 20882)	3.58
Kieran Mullin Ltd, Ch D [2003] STC 274; [2003] EWHC 4 (Ch)	62.281
Kilburn (EA) (VTD 3937)	36.550, 62.199
Killingbeck (Mr & Mrs MAR) (VTD 14592)	58.21
Kilroy Television Co Ltd (The), QB [1997] STC 901	8.47
Kimber (M) (VTD 10469)	44.147
Kimberley-Clark Ltd, Ch D 2003, [2004] STC 473; [2003] EWHC 1623 (Ch)	12.26
King (E) (VTD 19208)	55.9
King (G), [2012] UKFTT 64 (TC), TC01761	44.145
King (GD) (Mr & Mrs) (VTD 15961)	15.186
King (J) (Mr & Mrs) (t/a Barbury Shooting School) (No 2), [2003] VATDR 471 (VTD 18313)	2.339
King (JA), [1980] VATTR 60 (VTD 933)	41.42
King (R) (VTD 7201)	62.348
King Engineering Ltd (VTD 19432)	62.145
Kingdom Amusements (VTD 8872)	18.34
Kingdom Sports Ltd, [1991] VATTR 55 (VTD 5442)	25.9
Kingfisher Events Ltd, [2011] UKFTT 140 (TC), TC01014	67.139
Kingfisher plc, QB 1993, [1994] STC 63	32.30
Kingfisher plc, Ch D [2000] STC 992	67.164
Kingfisher plc (No 3), [2004] VATDR 206 (VTD 18668)	67.176
Kingpin European Ltd (VTD 18695)	2.243
King's Lynn & West Norfolk Borough Council, [2012] UKFTT 671 (TC), TC02342	67.146
King's Lynn Motor Co Ltd (VTD 5312)	38.2
King's Norton Carpet Centre Ltd (VTD 4749)	14.39
Kings Leisure Ltd, [2016] UKFTT 84 (TC), TC04877	36.531
Kingscastle Ltd (VTD 17777)	15.181
Kingscrest Associates Ltd & Montecello Ltd (t/a Kingscrest Residential Care Homes), Ch D [2002] STC 490; [2002] EWHC 410 (Ch)	33.65
Kingscrest Associates Ltd & Montecello Ltd (t/a Kingscrest Residential Care Homes) (No 2), ECJ Case C-498/03; [2005] STC 1547	22.337
Kingsley Holidays Ltd (VTD 13487)	36.408
Kingsnorth Developments Ltd (VTD 12544)	36.287
Kingston Craftsmen (1981) Ltd (VTD 3838)	18.504
Kingston Craftsmen (1981) Ltd (VTD 5409)	18.279
Kingston Hospital (League of Friends of) (VTD 12764)	15.145
Kinnell (I) (t/a Berkshire Diet Clinic) (VTD 18073)	33.15
Kinney (G), [2009] UKFTT 273 (TC), TC00219	62.560
Kinnon (DH) (t/a Henderson Associates) (VTD 14461)	18.434
Kinsella (CE) Traction (VTD 10130)	3.71
Kirbas (H) (VTD 12329)	50.21
Kirby (RW) (VTD 5092)	47.54
Kircher (JR) (VTD 7352)	52.142
Kirk (D) (VTD 14042)	57.87
Kirkby (BJ) (VTD 6545)	51.30
Kirkcroft Skips Ltd (VTD 7560)	18.349
Kirkham (MJ) (VTD 18640)	50.34
Kirklees Developments Ltd (VTD 6785)	52.125
Kirkman (DR) (VTD 17651)	41.88
Kirkton Investment Ltd (VTD 15096)	18.93
Kirkwood (LW & PE) (VTD 564)	44.63
Kirsopp (HN) (VTD 1236)	15.13
Kirtley (MJ) (t/a Encore International) (VTD 12471)	62.477
Kirton Designs Ltd (VTD 2374)	19.31
Kirton Healthcare Group Ltd (The) (VTD 17062)	19.46
Kitchen (H) (VTD 397)	44.63
Kitchens For You Ltd (VTD 10802)	18.254
Kitchin (HA & DB) Ltd (VTD 9513)	52.42
Kitson (A) (VTD 2030)	36.564

Table of Cases — K to Z

Kittel v Belgian State, ECJ Case C-439/04; [2008] STC 1537 .... 22.483
Kleanthous (A) (t/a AK Building Services) (VTD 9504) 55.95
Kleen Technologies International Ltd (VTD 970) 40.69
Klinikum Dortmund GmbH, ECJ Case C-366/12, [2014] STC 2197 .... 22.312
Klockner Ferromatik Desma Ltd (VTD 7061) 36.9
Kloppenburg (G) v Finanzamt Leer, ECJ Case 70/83; [1984] ECR 1075; [1985] 1 CMLR 205 .... 22.399
Klub Ltd (VTD 18352) 18.413
Klub OOD v Direktor na Direktsia Obzhalvane i upravlenie na izpalnenieto, ECJ Case C-153/11; [2012] STC 1129 .... 20.199
Knapp (TW) (VTD 778) 44.11
Knight v CIR, CA [1974] STC 156 .... 52.24
Knight (R) (VTD 13769) 57.7
Knight Guard Security Ltd (VTD 5788) 18.498
Knights (RJ) & Wendon (WC) (VTD 5165) 57.72
Knockhatch Leisure Ltd (VTD 10518) 52.390
Knowles (AD) (VTD 3393) 21.19
Knowles (J) (t/a Rainbow Taxis) (VTD 13913) 62.249
Knowles Food Services Ltd (VTD 17674) 48.5
Knowsley Associates Ltd (VTD 18180) 15.262
Koca (V & S), QB 1995, [1996] STC 58 .... 3.31
Kocaman (A) (VTD 11730) 50.20
Kohanzad (A), QB [1994] STC 967 .... 40.77
Kohanzad (R & N) (VTD 19013) 48.131
Köhler v Finanzamt Düsseldorf-Nord, ECJ Case C-58/04; [2006] STC 469 .... 22.217
Kollektivavtalsstiftelsen TRR Trygghetsrådet v Skatteverket, ECJ Case C-291/07; [2009] STC 526 .... 20.77
Koolmove Ltd, [2019] UKFTT 502 (TC), TC07305 .... 36.670
Koon Chung and Yuk Fong Lam t/a Lake Avenue Fish Bar and others, [2016] UKFTT 215 (TC), TC04991 .... 29.85
Kopalnia Odkrywkowa Polski Trawertyn P Granatowicz, M Wąsiewicz spółka jawna v Dyrektor Izby Skarbowej w Poznaniu, ECJ Case C-280/10; [2012] STC 1085 ...... 20.201
Korberg (BTG) (VTD 2966) 51.48
Korner (J) and Others (VTD 2008) 36.333
Kostov v Direktor na Direktsia Obzhalvane i upravlenie na izpalnenieto Varna, ECJ Case C-62/12; 13 June 2013 unreported 20.15
Koundakjian (J), [2009] UKFTT 89 (TC), TC00057 .... 48.62
K Oy, ECJ Case C-219/13, 11 September 2014 unreported 20.110
Kozak v Dyrektor Izby Skarbowej w Lublinie, ECJ Case C-557/11; 25 October 2012 unreported 20.264
Kpack (UK) Ltd (VTD 20109) 18.53
KPL Contracts Ltd (VTD 19629) 36.459
KPMG Peat Marwick McLintock, [1993] VATTR 118 (VTD 10135) 8.42
KPMG (No 2), [1997] VATDR 192 (VTD 14962) 8.34
Kraft Foods Polska SA, Minister Finansów v, ECJ Case C-588/10; [2012] STC 787 .... 20.97
KrakVet Marek Batko sp. K. v Nemzeti Adó- és Vámhivatal Fellebbviteli Igazgatósága, CJEU Case C-276/18 .... 20.54
Kreissparkasse Wiedenbrück v Finanzamt Wiedenbrück, CJEU Case C-186/15; [2016[All ER (D) 37 (Aug) 20.213
Kretztechnik AG v Finanzamt Lenz, ECJ Case C-465/03; [2005] STC 1118; [2005] 1 WLR 3755 .... 22.97
Kreuzmayr GmbH v Finanzamt Linz, CJEU Case C-628/16 .... 20.178
KRG Designs Ltd (VTD 11348) 52.21
KRG Precision Ltd (VTD 17414) 18.462
Kronospan Mielec sp zoo v Dyrektor Izby Skarbowej w Rzeszowie, ECJ Case C-222/09; [2011] STC 80 .... 22.246
KS & P (VTD 17548) 52.175
KTS Fashions Ltd (VTD 6782) 2.395
Kubota (UK) Ltd (VTD 6960) 52.60
Kuchick Trading (VTD 12131) 36.268

Kuc v Dyrektor Izby Skarbowej w Warszawie, ECJ Case C-181/10; [2011] STC 2230 ...... 20.9
Kudhail (VS) (VTD 18161) 50.112
Kudmany (H) (t/a The Kasbah) (VTD 17198) 50.145
Kuhne v Finanzamt München III, ECJ Case 50/88; [1989] ECR 1925; [1990] STC 749; [1990] 3 CMLR 287 ...... 22.198
Kulka (A) (t/a Kulka Models) (VTD 9753) 51.144
Kumar (R) (VTD 16893) 23.12
Kumon Educational UK Co Ltd (No 1), [2014] UKFTT 109 (TC), TC03249 ...... 62.401
Kumon Educational UK Co Ltd (No 2), [2015] UKFTT 84 (TC), TC04291 ...... 67.155
Kunz (BC) (VTD 13514) 44.28
Kushoom Koly Ltd, [1998] VATDR 363 (VTD 15591) 14.42
Kuwait Petroleum (GB) Ltd, ECJ Case C-48/97; [1999] STC 488; [1999] All ER (EC) 450 ...... 22.172
Kuwait Petroleum (GB) Ltd (No 2), Ch D 2000, [2001] STC 62 ...... 22.173
Kuwait Petroleum (GB) Ltd (No 3), CA [2001] EWCA Civ 1542; [2001] STC 1568 ...... 22.288
Kwiatkowski (FJ) (VTD 5457) 51.11
Kwik Fit (GB) Ltd (No 1), [1992] VATTR 427 (VTD 9383) 40.95
Kwik-Fit (GB) Ltd (No 2), CS 1997, [1998] STC 159 ...... 32.41
Kwik Move UK Ltd (VTD 20842) 18.62
Kwik Save Group plc, [1994] VATTR 457 (VTD 12749) 65.84
Kyffin (R), [1978] VATTR 175 (VTD 617) 2.156
Kyriacou (JO) (t/a Niki Taverna) (VTD 11537) 50.122
Kyriacou (JO) (VTD 12003) 2.349

L

L & B Scaffolding Ltd (VTD 4543) 18.89
L & N Tiles (VTD 5120) 18.107
La Comercial Internacional de Alimentacion SA, Marleasing SA v, ECJ Case C-106/89; [1990] 1 ECR 4135 ...... 22.16
La Cucaracha (VTD 9988) 18.108
LA Leisure Ltd (VTD 20648) 48.77
La Reine (Limoges Porcelain) Ltd (VTD 10468) 18.36
La Roche (Miss DL), [2013] UKFTT 356 (TC), TC02758 ...... 57.136
Labour Party (The), [2001] VATDR 39 (VTD 17034) 46.173
Lacara Ltd, ex p., R v C & E Commrs, QB [1998] STI 576 ...... 36.705
Lacy Simmons Ltd (VTD 11211) 52.190
Ladbroke (Palace Gate) Property Services Ltd (VTD 16666) 7.108
Lady & Kid A/S v Skatteministeriet, ECJ Case C-398/09; [2012] STC 854 ...... 22.653
Lady Blom-Cooper, CA [2003] STC 669; [2003] EWCA Civ 493 ...... 15.177
Lady Di (London) Ltd (VTD 17618) 36.30
Lady Jane (London) Ltd (VTD 7143) 18.376
Lady Nuffield Home (VTD 19123) 19.101
Lafferty (RF & SC), [2014] UKFTT 358 (TC), TC03493. ...... 1.25
Lafferty (WE) (t/a Bell Transport), [2010] UKFTT 12 (TC), TC00331 ...... 62.65
Lagumina (S) & Bottiglieri (A) (t/a La Piazza) (VTD 15542) 65.98
Lai (K & M) (t/a The Rice Bowl) (VTD 20531) 36.649
Lai (YL & MY), [2003] VATDR 570 (VTD 17739) 2.227
Laing (G), [2012] UKFTT 862 (TC), TC01696 ...... 48.16
Laing The Jeweller Ltd (VTD 18841) 48.153
Lai's Ltd, [2014] UKFTT 212 (TC), TC03352 ...... 36.640
Lait (TH & PG) (t/a The Lait Dance Club), [2001] VATDR 159 (VTD 17038) 62.363
Lajvér Meliorációs Nonprofit Kft and another v Nemzeti Adó- és Vámhivatal Dél-dunántúli Regionális Adó Főigazgatósága (NAV), CJEU Case C-263/15; [2016] All ER (D) 135 (Jun) 20.13
Lake (M) (VTD 1388) 36.429
Lal Jewellers Ltd, [2010] UKFTT 594 (TC), TC00844 ...... 31.3
Lam (KW) (t/a Dragon Inn Chinese Restaurant) (VTD 14974) 50.145

Table of Cases — K to Z

Lam (PK), [2014] UKFTT 079 (TC), TC03219	2.355
Lam Cash & Carry Ltd (VTD 3400)	18.129
Lam Watson & Woods (VTD 7307)	52.71
Lamb (DJF & PE) (t/a D & R Services) (VTD 13802)	44.29
Lamb (PJ) (t/a Footloose) (VTD 15136)	41.55
Lamb (S), RCPO v, CA [2010] EWCA Civ 285	49.24
Lambert (IK), [2016] UKFTT 658 (TC), TC05384	36.598
Lambert (AS), [2009] UKFTT 208 (TC), TC00151	52.450
Lamberts Construction Ltd (VTD 8882)	15.238
Lambourne (RP) (VTD 4771)	51.11
Lamdec Ltd, [1991] VATTR 296 (VTD 6078)	2.168
Lamming (K), [2009] UKFTT 44 (TC); TC00022	15.64
Lamming (S) (VTD 6635)	52.214
Lancashire County Council, [1996] VATDR 550 (VTD 14655)	62.386
Lancashire County Cricket Club (VTD 1244)	8.7
Lancaster (M) (t/a Airport Cars) (No 1), [2009] UKFTT 155 (TC), TC00121	62.266
Lancaster (M) (t/a Airport Cars) (No 2), [2010] UKFTT 559 (TC), TC00810	48.152
Lancaster (S) (VTD 9261)	52.38
Lancaster v Bird, CA 19 November 1998 unreported	67.4
Lancaster Fabrications Ltd (VTD 1317)	14.55
Lancaster Insurance Services Ltd (VTD 5455)	38.7
Lancer UK Ltd, [1986] VATTR 112 (VTD 2070)	11.8
Land (AJ) (t/a Crown Optical Centre) (VTD 15547)	33.5
Land Nordrhein-Westfalen, Von Colson v, ECJ Case 14/83; [1984] ECR 1891	22.14
Landboden-Agrardienste GmbH & Co KG v Finanzamt Calau, ECJ Case C-384/95; [1998] STC 171	22.190
Landels (TA) & Sons Ltd (VTD 521)	62.614
Landene Investments Ltd (VTD 9510)	52.349
Landesanstalt für Landwirtschaft v Götz, ECJ Case C-408/06; 13 December 2007 unreported	22.150
Landkreis Potsdam-Mittelmark v Finanzamt Brandenburg, CJEU Case C-400/15	22.485
Landlinx Estates Ltd, [2020] UKFTT 220 (TC), TC07706	20.167
Landmark Cash and Carry Group Ltd (The), [1980] VATTR 1 (VTD 883)	62.195
Landowner Liquid Fertilisers Ltd (VTD 6692)	52.74
Landscape Management Construction Ltd (VTD 17131)	62.466
Landschaftsverband Westfalen-Lippe & Others, Kampelmann & Others v, ECJ Cases C-253/96 & C-258/96; [1997] 1 ECR 2771	22.18
Landseer Film & Television Productions Ltd (VTD 10812)	18.175
Landwirtschaftskammer für das Saarland, Rewe-Zentralfinanz eG & Rewe-Zentral AG v, ECJ Case 33/76; [1976] ECR 1989; [1977] 1 CMLR 533	22.44
Lane (PJI) (VTD 13583)	23.25
Lane (RM) (VTD 5038)	44.65
Lane (W), [2013] UKFTT 521 (TC), TC02909	1.52
Lange v Finanzamt Fürstenfeldbruck, ECJ Case C-111/92; [1993] 1 ECR 4677; [1994] 1 CMLR 573; [1997] STC 564	22.442
Langhorne (D), [2014] UKFTT 533 (TC), TC03660	50.71
Langhorst, Finanzamt Osnabrück-Land v, ECJ Case C-141/96; [1997] STC 1357; [1997] 1 ECR 5073; [1998] 1 WLR 52; [1998] All ER (EC) 178	22.542
Langley House Trust (VTD 19749)	51.43
Langran (G) (VTD 20969)	36.66
Langrick (G) & Coe (DG) (VTD 18205)	48.28
Langstane Housing Association Ltd (VTD 19111)	6.8
Languard New Homes Ltd; DD & DM MacPherson v HMRC, [2017] UKUT 307 (TCC)	15.179
Largs Golf Club, Lord Advocate v, CS [1985] STC 226	13.6
Larkfield Ltd v RCPO, CA [2010] STC 1506; [2010] EWCA Civ 521	49.23
Lasrado (AF) (VTD 10656)	18.520
Latchmere Properties Ltd, Ch D [2005] STC 731; [2005] EWHC 133 (Ch)	41.21
Late Editions Ltd, [2009] SFTD 488; [2009] UKFTT 166 (TC), TC00128	36.128
Latimer (B & Mrs E) (VTD 6486)	33.63
Laughlin (JF) (VTD 10499)	18.256

Laughtons Photographs Ltd, ECJ Case 138/86; [1988] STC 540; [1988] ECR 3937 .... 22.581
Launderette Investments Ltd (VTD 2360) 62.28
Laura Anderson Ltd (VTD 20743) 46.148
Laura Ashley, Ch D 2003, [2004] STC 635; [2003] EWHC 2832(Ch) 3.44
Laurels Nursing Home Ltd (The) (VTD 15259) 46.64
Laurels Nursing Home Ltd (The) (VTD 16092) 52.315
Laurence Scott Ltd, [1986] VATTR 1 (VTD 2004) 40.92
Laurentian Management Services Ltd (VTD 16447) 62.567
Laurie (AD) (t/a Betterwater Systems) (VTD 7889) 62.561
Laurie (J & H) (t/a The Peacock Montessori Nursery) (VTD 17219) 62.167
Lavelle (JF) (VTD 18023) 50.95
Law (SK & KN) (t/a Happy Valley) 3.173
Lawrence (P) (t/a PLC) (VTD 13092) 39.4
Lawson (PJ and LJ) (t/a Country Fayre) (VTD 14903) 29.9
Lawson (WA) (VTD 5823) 18.391
Lawson Mardon Group Pension Scheme (VTD 10231) 6.29
Lawson-Tancred (RT), QB [1988] STC 326 .... 29.131
Lawton (D) (VTD 576) 2.368
Laycock (JL) (VTD 1887) 36.677
Lazard Brothers & Co Ltd (VTD 13476) 3.81
Le Bistingo Ltd, [2013] UKFTT 524 (TC), TC02912 .... 2.31
Le Rayon d'Or SARL, ECJ Case C-151/13; [2014] STC 1165 .... 20.91
Le Rififi Ltd, CA [1994] STC 383 .... 2.416
Le Rififi Ltd, CA 1994, [1995] STC 103 .... 3.91
Lea (J & L) (VTD 2018) 62.59
Leach (A) (t/a Carlton Catering) (VTD 17767) 29.68
Lead Asset Strategies (Liverpool) Ltd, [2009] UKFTT 122 (TC), TC00090 .... 57.111
Leaders (North East) Ltd (VTD 9004) 52.339
Leadstar Ltd (VTD 7153) 36.593
Leadx (VTD 20904) 38.34
Lea-Francis Cars Ltd (VTD 1166) 44.59
League of Friends of Kingston Hospital (VTD 12764) 15.145
Lean & Rose, [1974] VATTR 7 (VTD 54) 62.378
Leander International Pet Foods Ltd (t/a Arden Grange) (VTD 18870) 41.44
Leander Shellfish Ltd (VTD 18227) 53.9
Leapmagic Ltd (VTD 6441) 62.296
Learning Centre (Romford) Ltd (The), [2017] UKFTT 492, TC05946 .... 20.133
Lease Plan Luxembourg SA v Belgium, ECJ Case C-390/96; [1998] STC 628 .... 22.633
Leather Fashions Ltd (VTD 15016) 35.10
Leavesley (JD) (VTD 2987) 36.587
Lebara Ltd, ECJ Case C-520/10; [2012] STC 1536 .... 22.99
Leberl Advertising Ltd (VTD 10599) 52.239
LEBS Services Ltd (VTD 15550) 14.11
Lecht Ski Co Ltd (The) (No 1) (VTD 18163) 66.31
Lecht Ski Co Ltd (The) (No 2) (VTD 20886) 66.34
Leckwith Engineering Ltd (VTD 7702) 52.16
Ledamaster Ltd (VTD 344) 36.1
Ledbury Amateur Dramatic Society (VTD 16845) 15.116
Ledger (JM & CE) (t/a Lewis Carpets) (VTD 18756) 62.353
Ledoux, Ministère Public & Ministre des Finances du Royaume de Belgique v, ECJ Case 127/86; [1988] ECR 3741; [1991] STC 553 .... 22.440
Lee (AA) (VTD 15205) 38.13
Lee (ADJ) (VTD 5887) 55.23
Lee (CM) (VTD 10662) 55.80
Lee (EM) (VTD 16750) 62.71
Lee (FJ) (t/a Gladrags) (VTD 16028) 18.434
Lee (I & AJ) (VTD 2640) 57.44
Lee (K) (t/a Euro Impex) (VTD 15427) 50.101
Lee (P), [2010] UKFTT 520 (TC), TC00775 .... 57.157
Lee (PDJ) (VTD 14127) 52.452

Table of Cases — K to Z

Lee (WG) & Sarrafan (N) (t/a The Regal Sporting Club) (VTD 15563) 24.16
Lee *v* Lee's Air Farm Ltd, PC [1961] AC 12 .... 44.142
Leeds & Holbeck Building Society (VTD 15356) 46.187
Leeds Beckett Students' Union, [2020] UKFTT 430 (TC), TC07907 .... 11.39
Leeds City Council, [2015] EWCA Civ 1293; [2016] All ER (D) 52 (Jan) 48.58
Leeds Kashrut Commission & Beth Din Administration Committee (VTD 465) 7.78
Leeds Permanent Development Services Ltd, ECJ Case C-255/02; [2006] STC 919; [2006] 2 WLR 90 .... 22.61
Lee-Kemp (PW) & O'Brien (PM) (t/a Sevenoaks Hi-Fi & Video) (VTD 7772) 65.42
Lee's Air Farm Ltd, Lee *v*, PC [1961] AC 12 .... 44.142
Lees Heginbotham & Sons Ltd (VTD 4533) 18.123
Leeside Leisure Ltd (VTD 18688) 46.75
Lees of Scotland Ltd & Thomas Tunnock Ltd, [2014] UKFTT 630 (TC), TC03754 .... 29.153
Leesportfeuille 'Intiem' CV *v* Staatssecretaris van Financiën, ECJ Case 165/86; [1988] ECR 1471; [1989] 2 CMLR 856; [1989] 4 BVC 180 .... 22.461
Leez Priory (VTD 18185) 41.60
Legal & Contractual Services Ltd, [1984] VATTR 85 (VTD 1649) 43.1
Legge (C) (VTD 20964) 56.17
Leicester City Council (VTD 18108) 42.24
Leichenich *v* Peffekoven & Horeis, ECJ Case C-532/11; [2013] STC 846 .... 22.392
Leigh (JG) (t/a Moor Lane Video), [1990] VATTR 59 (VTD 5098) 67.144
Leighton-Jones & Craig (t/a Saddletramps) (VTD 597) 47.17
Leighton Park School (VTD 9392) 15.130
Leightons Ltd, QB [1995] STC 458 .... 33.9
Leightons Ltd (No 2), [2001] VATDR 468 (VTD 17498) 33.10
Leisure Circle Ltd (The) (VTD 1362) 5.22
Leisure Contracts Ltd (VTD 19392) 15.305
Leisure Karts (UK) Ltd (VTD 19403) 19.70
Leisure Pass Group Ltd (No 1), Ch D [2008] STC 3340; [2008] EWHC 2158 (Ch) 67.181
Leisure Pass Group Ltd (No 2) (VTD 20910) 67.182
Leisure West Clothing Ltd (VTD 5930) 18.195
Lenihan (MA), QB [1992] STC 478 .... 36.440, 62.77
Lennartz *v* Finanzamt München III, ECJ Case C-97/90; [1991] 1 ECR 3795; [1993] 3 CMLR 689; [1995] STC 514 .... 22.538
Lennick Precision Engineering Ltd (VTD 3342) 18.317
Lennie (JC & VR), [2012] UKFTT 669 (TC), TC02340 .... 28.6
Lennie (M) & Co Ltd, [2015] UKFTT 296 (TC), TC04488 .... 15.270
Leo Libera GmbH *v* Finanzamt Buchholz in der Nordheide, ECJ Case C-58/09; [2010] STC 1950 .... 20.164
Leofabs Ltd (VTD 6632) 52.168
Leogem Ltd (VTD 19829) 36.104
Leon (S) (t/a Custom Bedrooms) (VTD 13200) 15.290
Leonidas (PC & VL), [2000] VATDR 207 (VTD 16588) 47.21, 59.15
LEP Luma Ltd (VTD 11490) 52.286
Leslie (DC & LM) (VTD 3294) 50.72
Leslie Wise Ltd (VTD 13354) 18.47
Lester Aldridge, [2004] VATDR 292 (VTD 18864) 36.35
Letchworth Polishing & Plating Co Ltd (VTD 13675) 18.533
Leukaemic Disorders Trust (VTD 16783) 11.31
Leung (CS) (t/a Driffield Tasty House) (VTD 13862) 50.147
Levell (K & G) (VTD 6202) 55.79
Levi Solicitors Llp, [2011] UKFTT 727 (TC), TC01564 .... 18.304
Levob Verzekeringen BV *v* Staatssecretaris van Financiën, ECJ Case C-41/04; [2006] STC 766 .... 22.194, 62.584
Lewis (Mr & Mrs AA) (VTD 11596) 62.407
Lewis (AS) (VTD 3329) 57.45
Lewis (GD & Mrs D) (t/a Russell Francis Interiors), [2011] UKFTT 107 (TC), TC00983 .... 52.457
Lewis (L & J) [1996] VATDR 541 (VTD 14085) 58.20

Lewis (MJ) (VTD 4150)	51.121
Lewis (NL) (t/a Care Design) (VTD 19210)	44.149
Lewis (RA) (VTD 9845)	36.512
Lewis-Cox (FL) (t/a The Hair Emporium) (VTD 14349)	57.132
Lewis's Group Ltd (The) (VTD 4931)	29.65
Lewsey (P) (VTD 10784)	52.182
Lex Services plc, HL 2003, [2004] STC 73; [2003] UKHL 67; [2004] 1 WLR 1; [2004] 1 All ER 434	44.86
Leyton Sixth Form College, [2013] UKFTT 660 (TC), TC03042	15.262
LH Bishop Electric Co Ltd, [2013] UKFTT 522 (TC), TC02910	59.24
LHA Ltd (VTD 11911)	36.286, 36.613
LHA-Asra Group Ltd, [2010] UKFTT 177 (TC), TC00482	42.23
Li (SW & XM) (t/a Summer Palace Restaurant) (VTD 15133)	50.147
Liakat (SH) (t/a Banaras Tandoori Restaurant) (VTD 3300)	51.128
Liam Findlay Architects (VTD 15568)	52.348
Libdale Ltd, [1993] VATTR 425 (VTD 11543)	40.14
Liberexim BV v Staatsecretaris van Financiën, ECJ Case C-371/99; [2002] All ER(D) 178 (Jul)	22.214
Licensed Establishments Management Services Ltd (VTD 11777)	18.61
Lidl & Companhia v Fazenda Pública, ECJ Case C-106/10; [2011] STC 1979	20.93
Lieder (ND) (VTD 10400)	52.299
Life Education Centre (Nottinghamshire) Ltd (VTD 16499)	62.36
Lifeline Europe Ltd, [2014] UKUT 135 (TCC)	36.146
Lifestyles Healthcare (Europe) Ltd (VTD 19300)	33.32
Light Wire Ltd (VTD 7967)	18.513
Lilac Property Services Ltd (VTD 17876)	2.420
Lilias Graham Trust (The), [2019] UKFTT 552 (TC), TC07346	33.87
Lilley, Morris Motors Ltd v, [1959] All ER 737	44.66
L'Image Ltd (VTD 12028)	65.96
Lime Avenue Sales & Services Ltd [2007] VATDR 55 (VTD 20140)	22.73
Lincars Radio Taxis (VTD 1118)	2.101
Lincoln Assurance Ltd (No 1) (VTD 16447)	62.567
Lincoln Assurance Ltd (No 2) (VTD 20619)	46.183
Lincoln Oak Co Ltd (VTD 18503)	56.16
Lincoln Street Motors (Birmingham) Ltd [1981] VATTR 120 (VTD 1100)	44.66
Lincoln Yurts Ltd [2020] UKFTT 418 (TC), TC07895	2.149
Linda Sherrat, [2015] UKFTT 83 (TC), TC004290	29.71
Lindley (D) (VTD 12037)	62.178
Lindsay (HA) (VTD 9530)	18.291
Lindsay (JT) (t/a Galloway Design & Inspection Services) (VTD 9151)	18.144
Lindsay Cars Ltd [2005] VATDR 21 (VTD 18970)	38.21
Lindum Resources Ltd (VTD 12445)	27.35
Lineham (MG) (t/a MG Lineham Homes & Improvements) (VTD 7410)	52.219
Lineham, Ward-Lee v, CA [1993] 1 WLR 754, [1993] 2 All ER 1006	2.150
Ling (SR) (VTD 3099)	51.29
Linguarama Ltd (VTD 4011)	18.181
Linham (MC) (VTD 11359)	1.43
Link Housing Association Ltd, CS [1992] STC 718	15.1
Link Industrial Services Ltd (VTD 5663)	18.195
Linn Motor Group Ltd (No 1) (VTD 19015)	48.30
Linn Motor Group Ltd (No 2) (VTD 20092)	48.31
Linneweber, Finanzamt Gladbeck v , ECJ Case C-453/02; [2008] STC 1069	22.425
Linotype & Machinery Ltd [1978] VATTR 123 (VTD 594)	54.2
Linward (AI) (VTD 20942)	36.322
Linzi Dresses, Samuels v, CA [1980] 2 WLR 836; [1980] 1 All ER 803	2.294
Lipjes, Staatssecretaris van Financiën v, ECJ Case C-68/03; [2004] STC 1592	22.603
Liquatek Ltd (VTD 17912)	18.492
Lister (K) (VTD 13044)	36.248
Lister (M & RJ) (VTD 9972)	36.20
Lister (H) (Slippers) Ltd (VTD 1747)	36.421
Lite Ltd (VTD 15223)	21.21

Table of Cases — K to Z

Litster *v* Forth Dry Dock & Engineering Co Ltd, HL 1989, [1990] 1 AC 546; [1989] 1 All ER 1134 .... 63.11
'Litdana' UAB *v* Valstybinė mokesčių inspekcija prie Lietuvos Respublikos finansų ministerijos, CJEU Case C-624/15 .... 60.22
Little Bradley Farm Partnership (VTD 18420) 46.197
Little Rock Ltd (VTD 424) 12.2
Little Spain Club Ltd, QB 1978, [1979] STC 170 .... 41.79
Littlejohn (A) (t/a Carpet Trades) (VTD 1716) 4.6
Littlemoss Preservation Ltd, [2011] UKFTT 692 (TC), TC01534 ...... 18.303
Littler Machinery Ltd, [2009] UKFTT 131 (TC), TC00099 .... 23.8
Littlewoods Home Shopping Group Ltd, ex p., R *v* C & E, CA [1998] STC 445 ..... 58.37
Littlewoods Organisation plc [1997] VATDR 408 (VTD 14977) 62.418
Littlewoods Organisation plc (No 2), CA [2001] EWCA Civ 1542; [2001] STC 1568 .... 67.46
Littlewoods Retail Ltd (No 1), QB 2008, [2009] STC 22; [2008] EWHC 2622 (QB) 2.180
Littlewoods Retail Ltd (No 2), ECJ Case C-591/10; [2012] STC 1714 ...... 22.658
Littlewoods Retail Ltd and others, [2017] UKSC 70 .... 2.436
Littley (R), [2010] UKFTT 616 (TC), TC00858 .... 50.37
Livebrace Ltd (VTD 5957) 52.26
Liverpool Commercial Vehicles Ltd (Re), Ch D [1984] BCLC 587 ..... 36.735
Liverpool Institute for Performing Arts, HL [2001] STC 891; [2001] UKHL 28; [2001] 1 WLR 1187 .... 46.179
Liverpool Muslim Society, [2014] UKFTT 1080 (TC), TC04169 .... 57.162
Livewire Telecom Ltd, Ch D [2009] STC 643; [2009] EWHC 15 (Ch) 36.93
Livingstone (A) (VTD 17642) 19.73
Livingstone Homes UK Ltd (VTD 16649) 15.90
LJ Harvey & Associates (Bournemouth) Ltd (VTD 10389) 18.533
Llandaff Athletic Rugby Club (VTD 4143) 18.223
Llandudno Cabinlift Co Ltd [1973] VATTR 1 (VTD 1) 66.30
Llanfyllin Group Practice (VTD 16156) 57.174
Lledo (London) Ltd (VTD 3590) 18.63
Lloyd (HW) (VTD 11307) 51.108
Lloyd (PK & Mrs PM) (VTD 13562) 58.4
Lloyd (RN & BA) (VTD 15786) 57.140
Lloyd Scotter Electrical Ltd (VTD 4482) 18.252
Lloyds Bank plc (VTD 14181) 62.149
Lloyds Banking Group, [2017] UKFTT 835 (TC), TC06230 .... 67.159
Lloyds Banking Group, CA [2019] EWCA Civ 485 .... 48.88
Lloyds TSB Group Ltd, QB [1998] STC 528 .... 27.32
Lloyds TSB Group plc (No 2) [2005] VATDR 405 (VTD 19330) 14.75
LM & R Food Stores (VTD 1936) 58.23
LMB Holdings Ltd (VTD 15739) 36.33
Loach (R & D) (t/a Micronet Showroom) (VTD 19560) 36.727
Loadstone Ltd (VTD 7878) 18.158
Loch Tay Highland Lodges Ltd (VTD 18785) 15.90
Lock (AW) (VTD 6768) 18.443
Lock (Dr) & Partners (VTD 10946) 51.25
Lock (JC) (VTD 9720) 50.47
Lock (MA) (t/a MAL Carpenters & Joiners) (VTD 14427) 44.27
Lockerbie Meat Packers Ltd (VTD 13826B) 18.216
Lockwood (B & SE) (t/a Northern Carpet Group) (VTD 18235) 62.352
Lockwood (SE) (t/a Cash & Carry Carpets) (VTD 18235) 62.352
Lofthouse (J), QB [1997] STC 800 .... 50.6
Loftus (I) & Son Ltd (VTD 12678) 52.286
Loftus (ME) (VTD 18435) 51.161
Logic Ltd (VTD 13934) 24.25
Logmoor Ltd (VTD 14733) 55.47
Lois Engineering Ltd (VTD 7327) 18.380
Lok'n Store Group plc, [2014] UKUT 288 (TCC) 46.147
Lombard Guildhouse plc (VTD 12974) 1.28

Table of Cases — K to Z

Lombardelli (AP) (t/a Century 21 Lombard Estates) (VTD 17016)	51.160
Lomond Services Ltd (VTD 15451)	14.42
London & Exmoor Estates Ltd (VTD 16707)	46.32
London & Newcastle Holdings plc (VTD 16042)	52.286
London & Quadrant Housing Trust (VTD 19206)	62.38
London & West Riding Investments Ltd, Snook v, CA [1967] 2 QB 786; [1967] 1 All ER 518	10.6
London Art College (VTD 20657)	5.40
London Board for Shechita (The), [1974] VATTR 24 (VTD 52)	29.88
London Borough of Camden (VTD 6123)	52.60
London Borough of Camden (No 2), [1993] VATTR 73 (VTD 10476)	17.6
London Borough of Camden (No 3) (VTD 17211)	42.5
London Borough of Haringey (Mayor & Burgesses of), QB [1995] STC 830	42.1
London Bridge Cycles (VTD 2550)	18.326
London Building Co plc (VTD 9971)	18.214
London College of Computing Ltd, UT [2013] UKUT 404 (TCC)	21.10
London Cyrenians Housing (VTD 14426)	5.17
London Federation of Clubs for Young People (The), [2001] VATDR 501 (VTD 17079)	15.137
London International College (VTD 10886)	52.234
London International Financial Futures Exchange (Administration & Management), [1993] VATTR 474 (VTD 11611)	40.119
London Mob (Great Portland Street) Ltd (The), CA 1980, [1981] STC 139; [1981] 2 All ER 86	25.1
London Regeneration Project Services Ltd (VTD 12062)	43.17
London School of Economics and Political Science, [2015] UKFTT 291 (TC), TC04484	3.141
London Tideway Harbour Co Ltd (The) (VTD 11736)	66.3
London Wiper Co Ltd, [2011] UKFTT 445 (TC), TC01298	40.21
Lonergan (MP) (VTD 13305)	40.65
Long v Clark, QB [1894] 1 QB 119	14.64
Longborough Festival Opera, Ch D [2006] STC 818; [2006] EWHC 40 (Ch)	16.8
Longbow (VTD 551)	7.30
Longparish Church of England Primary School (VTD 20464)	15.242
Longridge on the Thames (No 1), [2014] UKUT 504 (TCC)	15.125
Longridge on the Thames (No 2), [2016] EWCA Civ 930, [2016] All ER (D) 24 (Sep)	15.139
Long's Supermarket Ltd (VTD 9309)	52.339
Longstone Ltd, [2001] VATDR 213 (VTD 17132)	18.281
Lonie (SR) (VTD 19901)	19.75
Lonsdale Travel Ltd (VTD 12113)	1.70
Look Ahead Housing & Care Ltd (VTD 17613)	33.79
Look Ahead Housing Association (VTD 16816)	15.281
Lookers Ellesmere Port Ltd (VTD 18770)	50.86
Lookers Motor Group Ltd, [2009] UKFTT 215 (TC), TC00165	67.3
Lord (P) (t/a PML Building Services), [2012] UKFTT 489 (TC), TC02166	3.113
Lord (V) (t/a Lords Electrical and Fancy Goods) (VTD 320)	3.73
Lord Advocate v Johnson, CS [1985] STC 527	14.103
Lord Advocate v Largs Golf Club, CS [1985] STC 226	13.6
Lord Advocate v McKenna, CS [1989] STC 485	3.154
Lord Advocate v Meiklam, 1860, 22 D 1427	2.100
Lord Advocate v Shanks, Sheriff Court, CS [1992] STC 928	2.162
Lord and Lady Watson of Richmond (VTD 18903)	55.8
Lord Fisher, QB [1981] STC 238; [1981] 2 All ER 147	7.6
Lord Mayor & Citizens of the City of Westminster, [1989] VATTR 71 (VTD 3367)	22.153
Lordsregal Ltd (VTD 18535)	55.19
Louca (L) (t/a Gardner's Cafe) (VTD 13186)	65.26
Loucaides (M) (No 1) (VTD 7707)	18.103
Loucaides (M) (No 2) (VTD 9307)	18.105
Loughborough Students Union (No 1), UT [2013] UKUT 517 (TCC)	22.360

cli

Table of Cases — K to Z

McGeoghan Plant Hire & Excavations Ltd (VTD 3246)	18.63
McGinty (JJ) (t/a Alton Transport) (VTD 12671)	2.361
McGinty (JJ) (t/a Alton Transport) [1995] VATDR 193 (VTD 13463)	2.362
McGleish (SRJ) (VTD 5318)	14.39
McGowan (J) (VTD 11967)	40.40
McGowan-Kemp (Printing Machines) Ltd (VTD 16553)	3.182
McGrath (Mrs RI), QB [1992] STC 371	41.106
McGrath Brothers (Engineering) Ltd (VTD 5551)	18.451
McGready (Mrs J) (t/a Abbey Flowers) (VTD 13993)	18.121
MacGregor (AS) (VTD 7840)	52.323
MacGregor *v* Clamp & Son, KB [1914] 1 KB 288	14.60
MacGregor Nash & Co (VTD 7873)	18.425
McGuckin (M) (VTD 12659)	57.223
McGuire (APG) (VTD 1305)	57.176
McHarg (RJ) (VTD 7254)	62.107
MacHenrys (Hairdressers) Ltd, QB [1993] STC 170	62.280
MacHenrys II, QB [1993] STC 170	62.280
Machin (F) & Sons Ltd (VTD 17906)	36.596
McInroy & Wood Ltd (VTD 20780)	46.149
McIntosh, R *v*, CA [2011] EWCA Crim 1501; [2011] STC 2349	49.22
McIver (Mr & Mrs ABC) (t/a Alan's School of Motoring) (VTD 5315)	62.244
McKay (EP) (VTD 3406)	51.134
Mackay (GA) (VTD 5547)	18.549
Mackay (PRC) & Correll (SJ) (t/a The Black Horse) (VTD 20928)	52.308
McKean Smith & Co Ltd (VTD 10334)	52.110
McKenna, Lord Advocate *v*, CS [1989] STC 485	3.154
MacKenzie (D) (VTD 11597)	17.8
McKenzie Bain Ltd (VTD 5994)	18.226
Macklin Services (Vending) West Ltd, [1979] VATTR 31 (VTD 688)	3.40, 29.41
McLaren (RV) (VTD 4117)	51.12
McLaughlin (JG) (t/a The Hip Flask) (VTD 10920)	65.65
McLaughlin (R) (VTD 7514)	52.79
McLean (Mrs LD) (VTD 6920)	18.179
MacLean (Linda) (VTD 5350)	65.120
McLean & Gibson (Engineers) Ltd (VTD 17500)	62.546
McLean Homes East Anglia Ltd, [1992] VATTR 460 (VTD 7748)	15.327
McLean Homes Midland Ltd (No 1) (VTD 5010)	36.8
McLean Homes Midland Ltd (No 2), QB [1993] STC 335	15.292
McLeod (S) (t/a Sally McLeod Associates) (VTD 12886)	36.259
McLintock (RK) (VTD 2102)	36.623
MacMahon (B) (t/a Irish Cottage Trading Co), UT [2012] UKFTT 106 (TCC); [2012] STC 1859	23.18
McMahon (NB) (VTD 12904)	18.391
McMahon (PJ) (VTD 11308)	18.508
McMaster (WR) (t/a Delta Bar) (VTD 12109)	18.214
McMenemy (G) (VTD 13878)	57.133
Macmillan Cancer Trust, [1998] VATDR 289 (VTD 15603)	33.78
McMullan (MK) (VTD 4917)	18.530
McMullen Holdings Ltd, [2011] UKFTT 327 (TC), TC01187	51.13
McMurray (J) (a Governor of Allen Hall), [1973] VATTR 161 (VTD 39)	41.95
McNally & Waite (t/a Macray Motor Bodies) (VTD 1109)	44.63
Macnamara (BT), [1999] VATDR 171 (VTD 16039)	15.261
McNaughton (M & P) (VTD 7438)	52.315
McNeil Consumer Nutritionals Ltd (VTD 17736)	29.167
McNicholas Construction Co Ltd (No 1), [1997] VATDR 73 (VTD 14975)	2.184
McNicholas Construction Co Ltd (No 2), [1998] VATDR 220 (VTD 15575)	2.220
McNicholas Construction Co Ltd (No 3), QB [2000] STC 553	3.106
McNicholas Construction Co Ltd & Others, ex p., R *v* C & E, QB [1997] STC 1197	14.76
MacNiven *v* Westmoreland Investments Ltd, HL [2001] STC 237	46.154
McNulty (E), [2009] UKFTT 111 (TC), TC00079	23.16

cliv

McNulty Offshore Services Ltd (VTD 14824) 2.170
McPhee (J) (VTD 15606) 14.17
McPhee (J) (t/a K2 Interiors) (VTD 16158) 14.29
McPherson (JV) & Weather (N) (VTD 4800) 18.177
McPherson (N) (VTD 9580) 51.15
MacPhie & Co (Glenbervie) Ltd, CS [1992] STC 886 .... 29.95
MacQueen (A) (VTD 20386) 18.400
Macrae (PA) (VTD 7849) 19.86
McRandal (T) (VTD 9860) 52.186
McSorley (F) (VTD 1938) 36.675
Maddermarket Theatre Trust Ltd (VTD 10393) 18.241
Made To Measure, [2011] UKFTT 154 (TC), TC01028 .... 19.63
Made To Order Ltd (VTD 20959) 29.24
Maden (AJ) [1996] VATDR 449 (VTD 14603) 35.21
Madgett (TP) & Baldwin (RM) (t/a Howden Court Hotel), ECJ Cases C-308/96 &
  C-94/97; [1998] STC 1189 .... 22.571
Madgett, Baldwin & Madgett (t/a Howden Court Hotel) (No 2), [2006] VATDR 214
  (VTD 19719) 63.16
Madinatul Uloom Al Islamiya, [2019] UKFTT 658 (TC), TC07433 .... 15.140
Madisons (VTD 2516) 62.425
Madysen Ltd, 21st Century Logistic Solutions Ltd (in liquidation) v, QB [2004] STC
  1535; [2004] EWHC 231 (QB) 62.185
Magic Memories Group (UK) Ltd, [2013] UKFTT 730 (TC), TC03107 .... 5.24
Magill Business Associates Ltd (VTD 7855) 18.531
Magma Bars Ltd (VTD 20329) 18.471
Magna Kansei Ltd (VTD 19905) 18.488
Magnum Craft Ltd (VTD 11316) 52.367
Magnumcraft Technology Ltd (VTD 20733) 18.380
Magoora sp zoo v Dyrektor Izby Skarbowej w Krakowie, ECJ Case C-414/07;
  22 December 2008 unreported 22.503
Magor Products Engineering Ltd (VTD 6532) 44.153
Magpie Court Ltd (VTD 6166) 18.388
Magright Ltd (VTD 6925) 52.242
Magstack Ltd (t/a Brixton Academy) (VTD 12009) 18.63
Maguire (C) (t/a TC Autos) (VTD 7056) 52.47
Maguire (S) (t/a Skian Mhor), [2004] VATDR 288 (VTD 18667) 53.18
Mahagében kft v Nemzeti Adó- és Vámhivatal Dél-dunántúli Regionális Adó
  Főigazgatósága, ECJ Case C-80/11; [2012] STC 1934 .... 20.197
Maharani Restaurant (VTD 15088) 2.297
Maharani Restaurant, QB [1999] STC 295 .... 2.60
Maharani Restaurant (No 3) (VTD 16537) 50.79
Mahmood (MF) (t/a Mahmood Mobile Service), [2010] UKFTT 166 (TC), TC00471
  .... 52.311
Mahon (W & B) (VTD 5335) 18.187
Mahoney (M) (VTD 12063) 52.308
Maidstone Sailing Club (DG Oliver) (VTD 511) 57.96
Maierhofer v Finanzamt Augsburg-Land, ECJ Case C-315/00; [2003] STC 564 ..... 22.379
Mail Brokers International (VTD 14188) 1.46
Main Pine Company (The) (VTD 6384) 52.76
Maine Distribution Ltd (Nos 1 & 2) (VTD 20284, VTD 20823) 23.6
Mainline Fabrications (VTD 7010) 10.4
Mainpay Limited, [2020] UKFTT 204 (TC), TC07690 .... 33.68
Mainstream Productions Ltd (VTD 5301) 18.425
Major Micros Ltd, [2010] UKFTT 105 (TC), TC00417 .... 48.98
Majid & Partners, QB 1998, [1999] STC 585 .... 3.14
Majid (Dr AA), [2012] UKFTT 144 (TC), TC01839 .... 7.93
Makebrite Ltd (VTD 5490) 18.531
Makespace Architects Ltd, [2012] UKFTT 160 (TC), TC01855 .... 18.488
Maks Pen EOOD, ECJ Case C-18/13; 13 February 2014 unreported 20.217
Malburg (H), ECJ Case C-204/13; [2014] STC 1916 .... 22.474
Maliha Group Ltd, [2011] UKFTT 10 (TC), TC00887 .... 40.16

Table of Cases — K to Z

Malik, [2019] UKFTT 370 (TC), TC07198	51.195
Malik (MA), QB [1998] STC 537	29.74
Malik (MTR & MKR) (t/a Attractions) (VTD 17021)	23.12
Malik (PA) (VTD 15711)	65.96
Malik (SA) (VTD 18091)	50.31
Malik (T) (VTD 18891)	57.28
Malin (J & E) (VTD 10085)	51.31
Malin (Mrs K) (VTD 7623)	52.37
Mallalieu v Drummond, HL [1983] STC 665	36.385
Mallinson (WE) & Woodbridge (M) (t/a The Hair Team) (VTD 19087)	41.88
Malloch (D) (VTD 5811)	52.77
Mallon (GE) (t/a Phoenix Agency Services) (VTD 18222)	44.72
Maloney (JD) (VTD 14754)	40.83
Maltby Motors Ltd (VTD 7026)	18.533
Management Consult Ltd (VTD 9228)	18.197
Management Facilities (Northern) Ltd (VTD 18191)	10.7
Management Services Ltd (VTD 2503)	36.431
Managerial Problem Solving Ltd (VTD 2826)	51.58
Manatlantic Ltd, [2011] UKFTT 527 (TC), TC01374	36.140
Manchester Corporation, Twyford v, Ch D [1946] Ch 236; [1946] 1 All ER 621	2.47
Manchester Scaffolding Ltd (VTD 2855)	18.150
Manchester Ship Canal Co, QB [1982] STC 351	54.6
Manchester United plc (VTD 17234)	5.83
Manchester Young Men's Christian Association (VTD 9215)	52.56
Mancumi & Sons Ltd (VTD 1213)	40.51
Mandarin Consulting Limited, [2020] UKFTT 228 (TC), TC07714	39.25
Mander Laundries Ltd, [1973] VATTR 136 (VTD 31)	69.1
Mandelberg (CA) (t/a Andrew Mandelberg & Co) (VTD 7114)	18.254
Mann (CC) (VTD 15182)	50.154
Mann (CW) (VTD 14004)	55.54
Mann (E) (t/a Black & Gold Taxis) (VTD 204)	62.247
Mann (SS & MK) (t/a Chaucer Fish Bar) (VTD 16442)	50.120
Mannin Shipping Ltd, [1979] VATTR 83 (VTD 738)	32.2
Manor Forstal Residents Society Ltd, [1976] VATTR 63 (VTD 245)	13.1
Mansell McTaggart, [2013] UKFTT 528 (TC), TC02916	18.316
Mantio (S) (t/a Zazzera Hair Salon) (VTD 17190)	51.71
Manvik Plant & Hire Ltd, [2009] UKFTT 144 (TC), TC00112	18.275
Manx International Rally Ltd v The Isle of Man Treasury (VTD 6711)	46.80
Maple Network Consultancy Ltd (VTD 11488)	52.346
Maplefine Ltd (VTD 15499)	52.321
Maranello Concessionaires Ltd (VTD 14211)	18.191
Marbourne Ltd (VTD 12670)	41.72
Marcantonio Foods Ltd (VTD 15486)	29.143
March (S), [2009] UKFTT 94 (TC), TC00062	28.23
Marchant (J) (VTD 11026)	51.108
Marcus Webb Golf Professional, UT [2012] UKUT 378 (TCC); [2013] STC 574	21.37
Marczak (S & J) (t/a Suzanne's Riding School) (VTD 13141)	29.126
Marfleet Refining Co Ltd, [1974] VATTR 289 (VTD 129)	29.105
Margaretta Ltd, re, Ch D [2005] STC 610	37.9
Margrie Holdings Ltd (EDN/85/69 unreported)	2.429
Marguerita Hoare School of Dancing (VTD 18906)	48.71
Marian Macikowski v Dyrektor Izby Skarbowej w Gdansku, ECJ Case C-499/13; [2015] All ER (D) 333 (Mar)	37.13
Marine & General Print Holdings Ltd (VTD 2120)	32.10
Marine Caravan Park (VTD 12342)	52.117
Marine Confectioners & Tobacconists Ltd (VTD 5435)	58.15
Marine Electronic Services Ltd (VTD 15172)	52.417
Marinello (PE) (VTD 15915)	36.526
Marinov (H) vDirektor na Direktsia Obzhalvane i upravlenie na izpalnenieto grad Varna pri Tsentralno, ECJ Case C-142/12; 8 May 2013 unreported	20.42
Maritime Housing Association Ltd (VTD 16232)	41.19

Maritsan Developments Ltd, [2012] UKFTT 283 (TC), TC01971	62.234
Mark Saggers Media Ltd, [2013] UKFTT 421 (TC), TC02815	28.17
Markdome Ltd (VTD 6007)	52.135
Market & Opinion Research International Ltd (No 1) (VTD 18422)	18.558
Market & Opinion Research International Ltd (No 3), [2015] UKUT 12 (TCC)	2.376
Marketing Lounge Partnership, [2015] UKFTT 219 (TC), TC04411	43.21
Marketing Middle East Ltd (VTD 15666)	10.6
Marks (A) (t/a Marks Cameron Davies & Co) (VTD 15541)	62.532
Marks (HD) (VTD 11381)	36.264
Marks (PE) (VTD 4515)	18.142
Marks & Spencer plc (No 1) (VTD 4510)	29.146
Marks & Spencer plc (No 2), [1998] VATDR 93 (VTD 15302)	2.19
Marks & Spencer plc (No 3), CA 1999, [2000] STC 16	48.40
Marks & Spencer plc (No 4), ECJ Case C-62/00; [2002] STC 1036; [2003] 1 WLR 665	22.56
Marks & Spencer plc (No 5), ECJ Case C-309/06; [2008] STC 1408	22.57
Marks & Spencer plc (No 6), HL [2009] STC 452; [2009] UKHL 8; [2009] 1 All ER 939	22.57
Marks & Spencer plc (No 7), [2019] UKUT 182 (TCC)	67.93
Marktgemeinde Welden, Finanzamt Augsburg-Stadt v, ECJ Case C-247/95; [1997] STC 531; [1997] 1 ECR 779; [1997] All ER (EC) 665	22.144
Marleasing SA v La Comercial Internacional de Alimentacion SA, ECJ Case C-106/89; [1990] 1 ECR 4135	22.16
Marlico Ltd, (2015) TC04678	48.99
Marlow & Hind (VTD 407)	62.293
Marlow Gardner & Cooke Ltd Directors' Pension Scheme, Ch D [2006] STC 2014; [2006] EWHC 1612 (Ch)	6.47
Marlow Rowing Club, [2020] UKUT 20 (TCC); [2020] STC 564	52.184
Marner (P & V) (VTD 443)	47.43
Marquez (J) (t/a Kwick Chick Barbecue) (VTD 15767)	50.125
Marquiss of Scotland (VTD 7161)	52.146
Marriott Rewards LLC and another (No 1), [2017] UKFTT 140 (TC), TC05634	22.166
Marriott Rewards LLC and another (No 2), [2018] UKUT 129 (TCC)	22.192
Marsden, R v, CA [2011] EWCA Crim 1501; [2011] STC 2349	49.22
Marsdens Caterers of Sheffield, [2016] UKUT 88 (TCC); [2016] All ER (D) 242 (Feb)	48.146
Marsh (LP) (VTD 9810)	51.69
Marsh (PR) (VTD 20091)	18.284
Marshall (AJD), [1975] VATTR 98 (VTD 166)	62.83
Marshall (GL) (VTD 9321)	18.48
Marshall (PA) (t/a Harry Ramsbottom's) (VTD 13766)	29.76
Marshall v Southampton & South-West Hampshire Health Authority, ECJ Case 152/84; [1986] 1 CMLR 688; [1986] ECR 723; [1986] 2 All ER 584	22.15
Marshall Brown Aluminium Ltd (VTD 6853)	52.138
Marshall Cavendish Ltd, [1973] VATTR 65 (VTD 16)	5.29
Marshall Motor Group Ltd (VTD 19828)	48.74
Marshalls Bathroom Studio Ltd v HMRC, [2020] UKFTT 269 (TC)	62.377
Mart Play Ltd (VTD 9046)	52.286
Martin (JH) (VTD 5543)	50.143
Martin (PJ) (t/a Martin Motors) (VTD 17809)	44.71
Martin (I & N) (t/a Beechwood Studios) (VTD 13805)	52.398
Martin Gibson Ltd (VTD 5473)	10.11
Martin Groundland & Co Ltd (VTD 15696)	18.393
Martin-Jenkins (TD), [2009] SFTD 192; [2009] UKFTT 99 (TC); TC00067	25.32
Martin Weitz Associates Ltd (VTD 17941)	18.531
Martin Yaffe International Ltd, [2005] VATDR 495 (C197)	35.29
Martinez (L), [1999] VATDR 267 (VTD 16320)	44.112
Martins & Martins, CA [2001] STC 1188; [2001] 4 All ER 687	34.5
Martins Properties (Chelsea) Ltd (VTD 14092)	46.225
Martorana (J) (t/a Mr Unique Tyre and Exhaust Centre) (VTD 2557)	18.63
Marvelle Bras (London) Ltd (VTD 9350)	62.30

Table of Cases — K to Z

Maryam (T), [2010] UKFTT 528 (TC), TC00782 .... 57.225
Marylebone Cricket Club (VTD 1074) 5.84
Masa Invest Group plc v Ukraine, ECHR Case 3540/03; 8 ITLR 262 .... 34.26
Mason (C) (VTD 16250) 55.52
Mason (CW) (VTD 3517) 51.116
Mason (I) (VTD 12406) 55.97
Mason (MJ) (t/a Bramble Lodge) (VTD 17405) 15.259
Mason v Boscawen, Ch D 2008, [2009] STC 624; [2008] EWHC 3100 (Ch) 6.59
Massey (Mrs B) (t/a The Basement Restaurant), [2013] UKFTT 102 (TC), TC02520
.... 65.103
Massey (J & B) (t/a Hilden Park Partnership), [2015] UKUT 405 (TCC) 22.77
Masson (AK) (VTD 6542) 18.361
Masstech Corporation Ltd, [2011] UKFTT 649 (TC), TC01491 .... 2.246
Masstech Ltd, [2010] UKFTT 386 (TC), TC00668 .... 36.105
Masstype Properties Ltd (VTD 11124) 52.351
Master Wishmakers Ltd (The), [2017] UKFTT 130 (TC), TC05624 .... 15.39
Masterguard Security Services Ltd (VTD 18631) 44.140
Masterlease Ltd, [2010] SFTD 1243; [2010] UKFTT 339 (TC), TC00621 .... 44.53
Masterscore Ltd (VTD 5611) 52.27
Maston (Property Holdings) Ltd (VTD 6564) 52.386
Matcroft Ltd (VTD 14715) 57.37
Mates Vending Ltd, [1995] VATDR 266 (VTD 13429) 25.38
Mathieson (ID), CS [1999] STC 835 .... 48.135
Matilot Ltd (t/a Hardlife Ladder Co) (VTD 4847) 18.46
Matin (MA) (VTD 17441) 50.145
Matrec Ltd (VTD 6693) 52.219
Matrix Securities Ltd, [2012] UKFTT 320 (TC); [2012] SFTD 1056, TC02006 ...... 62.538
Matthews (E), R v, CA Criminal Division [2008] STC 1999; [2008] EWCA Crim 423
.... 49.27
Matthews (N) (t/a Tradewinds Restaurant) (VTD 5189) 18.424
Matthias (E) & Goode (S) (t/a The Music Warehouse) (VTD 17692) 2.301
Mauritius National Transport Authority v Mauritius Secondary Industry Ltd, PC [2010]
  UKPC 31 .... 67.8
Mauritius Secondary Industry Ltd, Mauritius National Transport Authority v, PC
  [2010] UKPC 31 .... 67.8
Mavisat Ltd, [2012] UKFTT 253 (TC), TC01956 .... 36.140
Mavji, R v, CA Criminal Division [1986] STC 508 .... 49.25
Mawhinney (DN) (VTD 10475) 51.61
Mawji (AW, UK & HK) (VTD 7769, VTD 10829) 65.51
Max Security Ltd (VTD 20892) 18.191
May, R v, HL 2008, [2009] STC 852; [2008] UKHL 28 .... 49.19
May, RCPO v, CA [2010] STC 1506; [2010] EWCA Civ 521 .... 49.23
Mayariya (D & S) (t/a Oaktree Lane Selly Oak Post Office & Stores) (VTD 19049, VTD
  19078) 52.334
Maybeck Llp (VTD 19898) 36.238
Maybourne & Russell (VTD 11289) 17.7
Mayflower Theatre Trust Ltd (The), CA [2007] STC 880; [2007] EWCA Civ 116 .... 46.94
Mayne-Flower (Mrs W) (VTD 6513) 52.71
Mayspark Ltd (VTD 13152) 36.426
Maystore Ltd (VTD 2096) 58.23
MB Metals Ltd (VTD 666) 62.11
MBL Services Ltd (VTD 20488) 18.308
MBNA Europe Bank plc, Ch D [2006] STC 2089; [2006] EWHC 2326 (Ch) 46.186
MBS plc (VTD 7542) 27.60
MBS Rüter Fassadenbau GmbH (VTD 10472) 52.71
MD Design Group Ltd (VTD 10470) 10.5
MD Foods plc (VTD 17080) 29.103
MDDP sp zoo Akademia Biznesu sp Komandytowa, Minister Finansów v, ECJ Case
  C-319/12; [2014] STC 699 .... 20.135
ME Smith (Electrical Engineers) Ltd (VTD 13594) 15.279
Meadow Contracts Group plc (VTD 9431) 52.254

Meadows (R) (VTD 11817) 15.109
Meads (KR) (VTD 7283) 52.6
Meanwell Construction Co Ltd (VTD 10726) 55.61
Mearns (AB) (VTD 16947) 52.410
Mears (D), [1981] VATTR 99 (VTD 1095) 36.292
Mecca Ltd, QB 1978, [1979] STC 406 .... 56.18
Mechanical Engineering Consultants Ltd (VTD 13287) 62.545
Mecsek-Gabona Kft v Nemzeti Adó- és Vámhivatal Dél-dunántúli Regionális Adó
  Főigazgatósága, ECJ Case C-273/11; [2013] STC 171 .... 20.175
Med Trading Ltd (VTD 19355) 36.89
Medcross Ltd (VTD 13080) 18.198
Mediaid Training Services Ltd (VTD 20902) 18.397
Medialift Ltd (t/a Pitman Training Centre) (VTD 18468) 52.315
Medical & Dental Staff Training Ltd (VTD 17031) 11.7
Medical Aviation Services Ltd (VTD 15308) 11.18
Medical Care Foundation, [1991] VATTR 28 (VTD 5411) 11.23
Medical Centre Developments Ltd (VTD 15601) 62.140
Medical Protection Society Ltd, oao, R v HMRC, QB 2009, [2010] STC 555; [2009]
  EWHC 2780 (Admin) 39.12
Medical Services & Equipment (ME) Ltd (VTD 13077) 62.67
Medicare Français (VTD 13929) 11.17
Medicare Research Ltd (VTD 1045) 8.6
Medicom SPRL, État Belge v, ECJ Case C-210/11; 18 July 2013 unreported 22.202
Medivac Healthcare Ltd (VTD 16829) 19.36
Medlam (POH) (VTD 545) 2.92
Mednis SIA v Valsts ieņēmumu dienests, ECJ Cases C-525/11; 18 October 2012
  unreported 20.223
Medway Draughting & Technical Services Ltd, QB [1989] STC 346 .... 18.1
Megahart Ltd, Hostgilt Ltd v, Ch D 1998, [1999] STC 141 .... 67.5
Megaink Sro, [2010] UKFTT 257 (TC), TC00551 .... 23.34
Megalith Ltd (VTD 15207) 25.3
Megantic Services Ltd (No 1), QB [2006] EWHC 3232 (Admin) 36.710
Megantic Services Ltd (No 2), UT [2011] STC 1000 .... 2.258
Megantic Services Ltd (No 3), [2010] UKFTT 125 (TC), TC00436 .... 48.103
Megantic Services Ltd (No 4), [2013] UKFTT 371 (TC), TC02770 .... 2.131
Megantic Services Ltd (No 5), [2013] UKFTT 492 (TC), TC02881 .... 2.241
Megatron Ltd (VTD 9207) 18.366
Megtian Ltd (No 1), Ch D [2010] STC 840; [2010] EWHC 18 (Ch) 36.125
Megtian Ltd (No 2), Ch D 5 November 2009 unreported 2.335
Mehmet (AY) (VTD 16189) 62.278
Mehmet (T & L) (t/a Leyla Dry Cleaners) (VTD 14473) 51.158
Meidl v Austria, ECHR Case 33951/05; 12 April 2011 unreported 34.30
Meiklam, Lord Advocate v, 1860, 22 D 1427 .... 2.100
Meldreth Construction Ltd (VTD 9418) 52.142
Melford Capital General Partner Ltd, [2020] UKFTT 6 (TC), TC07514 .... 32.31
Mellerstain Trust (The Trustees of the), [1989] VATTR 223 (VTD 4256) 7.95
Mellor (GN) (VTD 10703) 52.110, 62.105
Melroad Ltd (t/a Pipework Fabrications) (VTD 9438) 18.323
Melville (EQ) (VTD 10548) 52.274
Memco Engineering Ltd, Ch D [1985] 3 All ER 267 .... 14.66
Mendes (B) (VTD 1192) 67.22
Menendez (C) (t/a La Casona) (VTD 15784) 65.96
Menheneott (BG & Mrs PL) (VTD 10542) 36.341
Mentford Ltd (VTD 16724) 3.83
Menzies (DS) (VTD 15733) 15.223
MEP Research Services Ltd (VTD 16044) 62.524
Mercantile Contracts Ltd (VTD 4357) 62.432
Mercantile Contracts Ltd (VTD 5266) 67.148
Mercedes-Benz Financial Services Ltd (No 1), [2010] UKFTT 332 (TC), TC00617
  .... 46.176

Table of Cases — K to Z

Mills (AD) (VTD 12312) ... 3.80
Mills (BL) (VTD 1686) ... 41.103
Mills (C) (VTD 4864) ... 36.247
Mills (I) (VTD 1893) ... 19.80
Mills (S) (t/a Steve Mills Advertising) (VTD 18292) ... 57.132
Mills-Henning (M), [2012] UKFTT 224 (TC), TC02125 ... 57.28
Mills Marketing Services Ltd (VTD 4861) ... 35.8
Milnathort Golf Club Ltd (VTD 15816) ... 24.55
Milnathort Golf Club Ltd (No 2) (VTD 17889) ... 46.9
Milne & Mackintosh (t/a Jack and Jill), [1981] VATTR 61 (VTD 1063) ... 2.100, 2.101
Milner (KJ) (VTD 13648) ... 36.634
Milton Keynes Hospitals NHS Foundation Trust, [2020] UKUT 231 (TCC) ... 3.143
Milward (W) (VTD 18442) ... 44.145
MIM Construction, [2014] UKFTT 371 (TC), TC03504 ... 55.12
Minder Music Ltd (VTD 2678) ... 18.235
Minerva Kulturreisen GmbH v Finanzamt Freital, ECJ Case C-31/10; [2011] STC 532 ... 22.574
Minister Finansów v Aspiro SA, CJEU Case C-40/15 ... 20.149
Minister Finansów v AvivaTowarzystwo Ubezpieczeń na Życie S.A. w Warszawie, CJEU Case C-605/15 ... 20.130
Minister Finansów v Jan Mateusiak, CJEU Case C-229/15; [2016] All ER (D) 106 (Jul) ... 20.43
Minister Finansów v Kraft Foods Polska SA, ECJ Case C-588/10; [2012] STC 787 ... 20.97
Minister Finansów v MDDP sp zoo Akademia Biznesu sp Komandytowa, ECJ Case C-319/12; [2014] STC 699 ... 20.135
Minister Finansów v Posnania Investment SA, CJEU Case C-36/16; [2017] STC 1764 ... 20.2
Minister Finansów v RR Donnelley Global Turnkey Solutions Poland sp zoo, ECJ Case C-155/12; [2014] STC 131 ... 20.66
Minister Finansów v Wojskowa Agencja Mieszkaniowa w Warszawie, ECJ Case C-42; [2015] All ER (D) 120 ... 22.391
Minister Finansów, Bawaria Motors sp zoo v, ECJ Case C-160/11; [2012] STC 2088 ... 20.272
Minister Finansów, Inter-Mark Group sp zoo sp komandytowa v, ECJ Case C-530/09; [2012] STC 156 ... 20.75
Minister Finansów, Oasis East sp zoo v, ECJ Case C-395/09; 30 September 2010 unreported ... 22.507
Minister Finansów, Slaby v, ECJ Case C-180/10; [2011] STC 2230 ... 20.9
Minister Finansów, TNT Express Worldwide (Poland) sp zoo v, ECJ Case C-169/12; 16 May 2013 unreported ... 20.85
Minister for Social Welfare & Another, Emmott v, ECJ Case C-208/90; [1991] 1 ECR 4269; [1991] 3 CMLR 894 ... 22.46
Minister van Financiën, Rompelman & Rompelman-van-Deelen v, ECJ Case 268/83; [1985] 3 CMLR 202; [1985] ECR 655 ... 22.112
Ministère de l'Économie, des Finances et de l'Industrie, Société Thermale d'Eugénie-les-Bains v, ECJ Case C-277/05; [2008] STC 2470 ... 22.92
Ministère de l'Économie, des Finances et de l'Industrie, Syndicat des Producteurs Indépendants v, ECJ Case C-108/00, [2001] STC 523; [2001] All ER (EC) 564. ... 22.243
Ministère des Finances et des Comptes publics, Air France KLM and another company v, CJEU Case C-250/14 and C-289/14; [2016] All ER (D) 65 (Jan) ... 22.107
Ministère du Budget, des Comptes publics et de la Fonction publique, Graphic Procédé v, ECJ Case C-88/09; [2010] STC 918 ... 22.195
Ministère Public & Ministry of Finance v Profant (V), ECJ Case 249/84; [1985] ECR 3237; [1986] 2 CMLR 378 ... 22.439
Ministère Public & Ministre des Finances du Royaume de Belgique v Ledoux, ECJ Case 127/86; [1988] ECR 3741; [1991] STC 553 ... 22.440
Ministero dell'Economia e delle Finanze v Elsacom NV, ECJ Case C-294/11; [2012] STC 2053 ... 22.631
Ministero dell'Economia e delle Finanze v FCE Bank plc, ECJ Case C-210/04; [2007] STC 165 ... 22.224

Table of Cases — K to Z

Ministero dell'Economia e delle Finanze v Part Service Srl, ECJ Case C-425/06; [2008] STC 3132 .... 22.63
Ministero dell'Economia e delle Finanze, Ampliscientifica Srl & Amplifin SpA v, ECJ Case C-162/07; [2011] STC 566 .... 22.136
Ministero dell'Economia e delle Finanze, Athesia Druck v, ECJ Case C-1/08; [2009] STC 1334 .... 22.252
Ministero dell' Economia e delle Finanze, Banco Antoniana Popolare Veneta SpA v, ECJ Case C-427/10; [2012] STC 526 .... 22.55
Ministero dell'Economia e delle Finanze, Curia (G) v, ECJ Case C-381/09; 7 July 2010 unreported 22.404
Ministero delle Finanze v COGEP Srl, ECJ Case C-174/06; [2008] STC 2744 .... 22.387
Ministero delle Finanze, Edilizia Industriale Siderurgica Srl v, ECJ Case C-231/96; [1998] 1 ECR 4951 .... 22.51
Ministero delle Finanze, Grundig Italiana SpA v, ECJ Case C-255/00; [2003] All ER (EC) 176 .... 22.58
Ministero delle Finanze, Pezzullo Molini Pastifici Mangimifici SpA v, ECJ Case C-166/94; [1996] STC 1236; [1996] 1 ECR 331 .... 22.255
Ministero delle Finanze, Reemtsma Cigarettenfabriken GmbH v, ECJ Case C-35/05; [2008] STC 3448 .... 22.625
Ministero delle Finanze dello Stato, Balocchi (M) v, ECJ Case C-10/92; [1993] 1 ECR 5105, [1997] STC 640; [1995] 1 CMLR 486 .... 22.560
Ministre de de l'Action et des Comptes publics, Sea Chefs Cruise Services GmbH, v CJEU Case C-133/18 .... 36.728
Ministre de l'Économie et des Finances v Morgan Stanley & Co Int plc, CJEU Case C-165/17 .... 22.497
Ministre de l'Économie, des Finances et de l'Industrie v Gillan Beach Ltd, ECJ Case C-114/05; [2006] STC 1080 .... 22.239
Ministre du Budget v Société Monte Dei Paschi Di Siena, ECJ Case C-136/99; [2001] STC 1029 .... 22.622
Ministre du Budget, Régie Dauphinoise-Cabinet A Forest Sarl v, ECJ Case C-306/94; STC 1176; [1996] 1 ECR 3695; [1996] 3 CMLR 193 .... 22.525
Ministre du Budget, des Comptes publics et de la Réforme de l'État, Société le Credit Lyonnais v, ECJ Case C-388/11; [2014] STC 245 .... 22.495
Ministre du Budget, des Comptes publics et de la Réforme de l'État, Veleclair SA v, ECJ Case C-414/10; [2012] STC 1281 .... 22.472
Ministre du Budget, Satam SA v, ECJ Case C-333/91; [1993] 1 ECR 3513; [1997] STC 226 .... 22.520
Ministro della Sanita, Srl CILFIT and Lanificio di Gavardo SpA v, ECJ [1982] ECR 3415 .... 22.3
Ministry of Agriculture, Fisheries & Food, R v (ex p. Hedley Lomas (Ireland) Ltd), ECJ Case C-5/94; [1996] 1 ECR 2553; [1996] 2 CMLR 391; [1996] All ER (EC) 493 .... 22.33
Ministry of Defence, R v (ex p. Smith), CA 1995, [1996] QB 517; [1996] 1 All ER 257 .... 42.8
Ministry of Finance (Belgium), Chaussures Bally SA v, ECJ 1993, [1997] STC 209 .... 22.262
Minstead House Care Management Ltd (VTD 9506) 52.284
Minster Associates, QB 1992 (unreported) 27.46
Mirencliffe, [2020] UKFTT 87 (TC), TC07581 .... 18.278
Mirror Group Newspapers Ltd (VTD 3876) 5.85
Mirror Group Newspapers Ltd, CA [2001] STC 192; [2001] EWCA Civ 65 .... 27.63
Mirror Group plc, ECJ Case C-409/98; [2001] STC 1453; [2002] 2 WLR 288 .... 22.377
Miss Charlie Ltd (VTD 9301) 40.78
Miss Mary of Sweden Cosmetics Ltd, [1985] VATTR 159 (VTD 1921) 67.44
Miss Worth Ltd (VTD 1623) 25.21
Missionfine Ltd (t/a GT Air Services) (VTD 10331) 43.5
Mistral Ltd Promotions & Marketing, [2015] UKFTT 112 (TC), TC04317 .... 14.48
Mistry (G) (VTD 11624) 18.103
Mitchell (HD) (t/a Mitchell & Co) (VTD 16547) 57.41
Mitchell Haselhurst Ltd, [1979] VATTR 166 (VTD 812) 62.3
Mitchells of Hailsham Ltd (VTD 9862) 52.87
Mithras (Wine Bars) Ltd, [2010] UKFTT 622 (TC), TC00864 .... 3.175

clxiii

Table of Cases — K to Z

Mount Edgcumbe Hospice Ltd (VTD 14807)	11.59
Mountfield Software Ltd (VTD 12816)	18.24
Mountford, Street v, HL [1985] 1 AC 809; [1985] 2 All ER 289	41.166
Mowbray (K) (No 1), [1986] VATTR 266 (VTD 2239)	29.51
Mowbray (K) (t/a Maypole Self-Service Station) (VTD 20620)	48.62
Mowbray Properties Ltd (VTD 6033)	7.52
Mowco Ltd (VTD 15657)	36.184
Mower (SJ) (VTD 17210)	44.145
MPH Leisure Ltd (VTD 19778)	65.96
Mr Builder (1987) Ltd (VTD 6265)	52.283
Mr Francis Ltd (VTD 16804)	41.88
MSK (Insulation Services) Ltd (VTD 4198)	18.451
MSS (North West) Ltd, [1980] VATTR 29 (VTD 882)	36.415
Mu (KH & CB) (VTD 17504)	34.2
Muir (KM) (t/a Ken Muir Nurseries) (VTD 6830)	52.71
Muir (B) & Edwards (Ms G) (t/a Muir-McGill Associates) (VTD 7469)	36.343
Muirtown Motel (VTD 7431)	52.13
Mullan v Anderson, CS [1993] SLT 835	50.82
Mullan (B) & Son (Contractors) Ltd (VTD 6833)	52.127
Mullen (WJ) (VTD 3374)	18.508
Mulligan (GA) (VTD 17895)	57.7
Mullis (R) (VTD 18501)	57.82
Mulhearn (LJ) (t/a Sandancer Amusements) (VTD 19188)	46.77
Multiform Printing Ltd, [1996] VATDR 580 (VTD 13931)	5.63
Multiprime Cuisine Ltd (VTD 17399)	6.48
Munday (R), [2012] UKFTT 177 (TC), TC01872	23.28
Mundays Llp, [2012] UKFTT 707 (TC), TC02374	36.567
Munir (K) (t/a Favourite Chicken) (VTD 18612)	65.96
Munn (MS), [1989] VATTR 11 (VTD 3296)	36.686
Munnery (JC) (VTD 17903)	15.67
Munster (IM & PA) (t/a M & M Heating Services) (VTD 7961)	36.500
Murat (MYH) (VTD 14759)	51.193
Murat (MYH), QB [1998] STC 923	3.174
Murden (MB) (VTD 207)	36.160
Murden (NE & RWH) (VTD 9192)	18.109
Murdie Partnership Ltd (The) (VTD 17786)	18.464
Murdoch UK Ltd, [2011] UKFTT 62 (TC), TC00940	28.6
Murphy (JJ) (VTD 5475)	18.103
Murray (B) (t/a Benco Taxis) (VTD 17334)	62.251
Murray (DE) (VTD 3692)	18.437
Murray (Mrs MA) (VTD 13907)	36.291
Murray (N) (VTD 15149)	35.1
Murray Smith (Ms A), [2012] UKFTT 713 (TC), TC02380	15.197
Murrayfield Indoor Sports Club (VTD 6613)	52.315
Murrell (VTD 16878)	34.9
Musashi Autoparts Europe Ltd, CA 2003, [2004] STC 220; [2003] EWCA Civ 1738	17.17
Mushtaq's Food Factory Ltd (VTD 20496)	14.30
Music & Video Exchange Ltd, QB [1992] STC 220	1.7
Music Shop (Romford) Ltd (The) (VTD 4696)	18.68
Music View Ltd (VTD 9122)	36.560
Muster Inns Ltd, [2014] UKFTT 563 (TC), TC03689	39.22
Mutch (DG) (VTD 2559)	36.584
Muys en De Winters's Bouw-en Aannemingsbedrijf BV v Staatssecretaris van Financiën, ECJ Case C-281/91; [1997] STC 665; [1993] 1 ECR 5405; [1995] 1 CMLR 126	22.400
MVM Magyar Villamos Művek Zrt. v Nemzeti Adó- és Vámhivatal Fellebbviteli Igazgatóság, CJEU Case C-28/16	22.477
MW Helicopters Ltd (VTD 16888)	52.210
MW Plant (Contracts) Ltd (E1074)	2.251
My Secrets Ltd, [2012] UKUT 173 (TCC); [2012] STC 2046	36.116
Myatt & Leason, [1995] VATDR 440 (VTD 13780)	36.213

Mydibel SA v Etat Belge, CJEU Case C-201/18 .... 20.227
Myers (JT & Mrs SM) (VTD 3951) 57.66
Myerscough (M) (t/a Summerleaze Beach Hotel) (VTD 17583) 63.15
Mylos of Reading (Catering & Ices) Ltd (VTD 2538) 29.53
MyTravel Group plc (VTD 18940) 63.26
MyTravel plc (No 1), ECJ Case C-291/03; [2005] STC 1617 .... 22.572

N

N & M Walkingshaw Ltd (No 1), [2013] UKFTT 269 (TC); [2013] SFTD 1160, TC02677 .... 44.87
N & M Walkingshaw Ltd (No 2), [2015] UKUT 123 (TCC) 44.90
Nabarro (D), [2014] UKFTT 633 (TC), TC03757 .... 56.15
Nader (R) (t/a Try Us) (VTD 4927) 1.4
Nader & Associated Manufacturing Co (VTD 4746) 18.110
Nadler Enterprises Ltd, Re, Ch D [1980] STC 457; [1981] 1 WLR 23; [1980] 3 All ER 350 .... 32.12
Nagle (SJ) & Kemsley (J) (t/a Simon Templar Business Centre), [2014] UKFTT 131 (TC), TC03271 .... 67.191
Nagra (SS & AK) (VTD 19849) 52.21
Nairn Golf Club, [2015] UKFTT 185 (TC), TC04379 .... 48.66
Namecourt Ltd, [1984] VATTR 22 (VTD 1560) 41.99
Nandera (KS) (VTD 7880) 50.158
Nares International Ltd (VTD 20018) 18.195
Narogauge Ltd (VTD 14680) 66.22
Nash (RJ & J) (VTD 14944) 57.23
Nasim (TS & Y) (t/a Yasmine Restaurant), QB [1987] STC 387 .... 57.209
Nathaniel & Co Solicitors, [2010] UKFTT 472 (TC), TC00734 .... 48.62
Nathoo (t/a Kamona Enterprises) (VTD 6551) 2.346
National & Provincial Building Society (No 1), [1991] VATTR 540 (6293) 46.79
National Association of Funeral Directors (VTD 1989) 64.18
National Bank of Kuwait (International) plc, [2012] UKFTT 345 (TC), TC02031 .... 2.433
National Bus Company (VTD 2530) 1.40
National Business Register plc (VTD 20262) 5.46
National Car Parks Ltd, [2019] EWCA Civ 854 .... 67.147
National Coal Board, QB [1982] STC 863 .... 54.12
National Council of YMCAs Inc (No 1), [1990] VATTR 68 (VTD 5160) 21.50
National Council of YMCAs Inc (No 2), [1993] VATTR 299 (VTD 10537) 48.139
National Council of YMCAs (No 3) (VTD 15247) 48.143
National Exhibition Centre Ltd, CJEU Case C-130/15; [2016] All ER (D) 69 (Jun) 27.55
National Federation of Post Office and British Telecom Pensioners (VTD 17980) 64.27
National Galleries of Scotland (No 1) (VTD 18413) 48.93
National Galleries of Scotland (No 2) (VTD 19372) 48.12
National Galleries of Scotland (No 3), [2007] VATDR 234 (VTD 20253) 48.9
National House Building Council, [2010] UKFTT 326 (TC), TC00611 .... 46.35
National Provident Institution, [2005] VATDR 297 (VTD 18944) 46.182
National Safety Associates of America (UK) Ltd (VTD 14241) 29.110
National Society for the Prevention of Cruelty to Children [1992] VATTR 417 (VTD 9325) 11.53
National Transit Insurance Co Ltd, QB 1974, [1975] STC 35; [1975] 1 WLR 552; [1975] 1 All ER 303 .... 1.89
National Water Council, QB 1978, [1979] STC 157 .... 7.2
National Westminster Bank plc (No 2), [2000] VATDR 484 (VTD 17000) 61.3
National Westminster Bank plc (No 3), [2002] VATDR 414 (VTD 17687) 27.70
National Westminster Bank plc (No 4), Ch D [2002] EWHC 2204(Ch); [2003] 1 All ER (Comm) 327 .... 48.148
National Westminster Bank plc (No 5), Ch D [2003] STC 1072; [2003] EWHC 1822 (Ch) 48.35
Nationwide Anglia Building Society [1994] VATTR 30 (VTD 11826) 27.2

Table of Cases — K to Z

Nationwide Building Society [1993] VATTR 205 (VTD 10117) 61.1
Nationwide Hygiene Supplies Ltd (VTD 5389) 18.22
Nationwide Leisure Ltd (VTD 16482) 18.207
Nationwide Roofing Co (VTD 9861) 52.219
Natt (SS) (VTD 6999) 44.93
Natural Stone Co (The) (VTD 15272) 14.20
Natural World Products Ltd (VTD 11064) 65.69
Naturally Yours Cosmetics Ltd (No 1) [1985] VATTR 159 (VTD 1921) 67.44
Naturally Yours Cosmetics Ltd (No 2), ECJ Case 230/87; [1988] STC 879; [1988] ECR 6365; [1989] 1 CMLR 797 .... 22.257
Nature's Balance Ltd (VTD 12295) 29.108
Nature's Larder (VTD 4856) 18.391
Naughton (T) (VTD 7854) 62.76
Navicon SA v Administración del Estado, ECJ Case C-97/06; [2008] STC 2693 .... 22.446
Navydock Ltd (VTD 18281) 62.227
Nawab Tandoori Restaurant (The) (VTD 6636) 50.114
Nawaz (M) (t/a Elvis Private Hire) (VTD 16017) 57.14
Nawaz (T), QB [1986] STC 484 .... 2.299
Nawrot (JK) (VTD 11775) 62.61
Naylor (R & J) (VTD 17305) 15.229
Nazif (MK & ME) (VTD 13616) 50.5
NCC Construction Danmark A/S v Skatteministeriet, ECJ Case C-174/08; [2010] STC 532 .... 22.531
NCC Developments Ltd (VTD 7388) 52.87
NCJ Electrical Ltd (VTD 6383) 52.248
NCS Associates Ltd (VTD 16007) 50.36
NCS Northern Communication Systems Ltd (VTD 4242) 36.460
NDF Administration Ltd (VTD 18301) 46.181
NDP Co Ltd, [1988] VATTR 40 (VTD 2653) 67.114
Neal (Miss J), QB 1987, [1988] STC 131 .... 51.51
Nealeplan (VTD 3457) 18.543
Needham (A) (VTD 5150) 18.239
Needles Chairlift Co Ltd (VTD 90) 66.31
Neen Design Ltd (VTD 11782) 19.14
Neil MacLeod (Prints & Enterprises) Ltd (VTD 17144) 44.127
Neilson (O) (t/a The News Shop) (VTD 15197) 58.23
Nell Gwynn House Maintenance Fund (Trustees of), HL 1998, [1999] STC 79; [1999] 1 WLR 174; [1999] 1 All ER 385 .... 62.37
Nelsons of Newark Ltd (VTD 1751) 44.63
Nelson Stokes Ltd (VTD 7690) 18.425
Nemzeti Adó- és Vámhivatal Dél-alföldi Regionális Adó Főigazgatósága, Tibor Farkas$v$, CJEU Case C-564/15 .... 22.486
Nemzeti Adó-és Vámhivatal Dél-dunántúli Regionális Adó Főigazgatósága, (NAV), Lajvér Meliorációs Nonprofit Kft and another v, CJEU Case C-263/15; [2016] All ER (D) 135 (Jun) 20.13
Nemzeti Adó-és Vámhivatal Dél-dunántúli Regionális Adó Főigazgatósága, Mahagében kft v, ECJ Case C-80/11; [2012] STC 1934 .... 20.197
Nemzeti Adó-és Vámhivatal Dél-dunántúli Regionális Adó Főigazgatósága, Mecsek-Gabona kft v, ECJ Case C-273/11; [2013] STC 171 .... 20.175
Nemzeti Adó-és Vámhivatal Észak-alföldi Regionális Ado Főigazgatósága, Alakor Gabonatermelő es Forgalmazó kft v, ECJ Case C-191/12; 16 May 2013 unreported 22.651
Nemzeti Adó-és Vámhivatal Észak-magyarországi Regionális Adó Főigazgatósága, Tóth v, ECJ Case C-324/11; [2013] STC 185 .... 20.247
Nemzeti Adó-és Vámhivatal Fellebbviteli Igazgatóság, Glencore Agriculture Hungary v, CJEU Case C-254/16; [2017] All ER (D) 38 (Jul) 20.225
Nemzeti Adó- és Vámhivatal Fellebbviteli Igazgatósága, KrakVet Marek Batko sp. K. v, CJEU Case C-276/18 .... 20.54
Nemzeti Adó-és Vámhivatal Fellebbviteli Igazgatóság, MVM Magyar Villamos Művek Zrt. v, CJEU Case C-28/16 .... 22.477

Nemzeti Adó-és Vámhivatal Kiemelt Adó- és Vám Főigazgatóság, WebMindLicenses Kft
  v, CJEU Case C-419/14, [2016] All ER (D) 105 (Jan) 22.65
Nemzeti Adó-és Vámhivatal Közép-magyarországi Regionális Adó Főigazgatósága, BDV
  Hungary Trading Kft v, ECJ Case C-563/12; [2014] STC 1015 .... 20.183
Nene Packaging Ltd, [2001] VATDR 286 (VTD 17365) 2.134
Neocli (A & T) (VTD 15771) 50.35
NEP Group Ltd (VTD 6751) 52.352
Neruby Computing Services Ltd (VTD 15874) 18.160
Nestlé Co Ltd, Chappel & Co Ltd v, HL 1959, [1960] AC 87; [1959] 2 All ER 701
  .... 67.166
Nestle UK Ltd, [2018] UKUT 29 (TCC) 29.114
Netbusters (UK) Ltd, [2020] UKFTT 438 (TC), TC07915 .... 41.163
Netherlands (Kingdom of), European Commission v, ECJ Case 235/85; [1987] ECR
  1471; [1988] 2 CMLR 921 .... 22.138
Netherlands (Kingdom of), European Commission v, ECJ Case C-408/97; 12 September
  2000 unreported 22.147
Netherlands (Kingdom of), European Commission v, ECJ Case C-338/98; [2003] STC
  1506; [2004] 1 WLR 35 .... 22.462
Netherlands (Kingdom of), European Commission v, ECJ Case C-41/09; 3 March 2011
  unreported 20.104
Netherlands (Kingdom of), Gasus Dosier - und Fördertechnik GmbH Netherlands,
  ECHR Case 15375/89; 20 EHRR 403 v 34.1
Netherlands Board of Tourism (VTD 12935) 36.537
Nettexmedia.com Ltd, [2013] UKFTT 50 (TC), TC02470 .... 27.71
Netto Supermarkt GmbH & Co OHG v Finanzamt Malchin, ECJ Case C-271/06;
  [2008] STC 3280 .... 22.443
Network Data Ltd (VTD 4393) 18.531
Network Insurance Brokers Ltd (VTD 14755) 24.31
Network International Group Ltd (VTD 16554) 8.4
Neurotech International Ltd (VTD 18812) 33.29
Neuvale Ltd, CA [1989] STC 395 .... 46.20
Neville (GM) & Clark (MR) (t/a Trueline Interiors) (VTD 10350) 51.39
Neville (JP) (t/a Neville Engineering) (VTD 10128) 65.66
Neville Russell (a firm), [1987] VATTR 194 (VTD 2484) 62.133
Nevisbrook Ltd, CA [1989] STC 539; [1989] 2 All ER 938 .... 62.458
New Ash Green Village Association Ltd [1976] VATTR 63 (VTD 245) 13.12
New Bengal Tandoori Restaurant (VTD 5211) 18.225
New Deer Community Association, [2015] UKUT 604 (TCC) 15.119
New Forest Agricultural Show Society (VTD 17631) 11.40
New Mansion Pension Managers Ltd (VTD 13527) 36.510
New Miles Ltd, [2012] UKFTT 33 (TC), TC01731 .... 2.274
New Way School of Motoring Ltd, [1979] VATTR 57 (VTD 724) 62.238
New Western (Panels) Ltd (VTD 6990) 52.12
New World Payphones Ltd (VTD 15964) 67.145
New Zealand Commissioner of Inland Revenue, Edgewater Motel Ltd v, PC [2004] STC
  1382; [2004] UKPC 44 .... 14.99
Newall (A & A) (VTD 18074) 41.149
Newall (RJ) (VTD 14109) 62.268
Neways International (UK) Ltd, Ch D [2003] STC 795; [2003] EWHC 934 (Ch) 2.121
Newby (P) (t/a Peter Newby & Co) (VTD 10395) 51.61
Newcastle Double Glazing Ltd (VTD 3026) 2.391
Newcastle Theatre Royal Trust Ltd (VTD 18952) 48.43
Newcastle United plc, Ch D [2007] STC 1330; [2007] EWHC 612 (Ch) 36.175
Newcourt Property Fund (VTD 5825) 6.24
Newell (Simon) t/a Chiltern Young Riders, [2015] UKFTT 535 (TC), TC04689 ..... 21.30
Newett (D & JE) (t/a Stirling Investments) [2010] UKFTT 61 (TC), TC00374 ..... 40.98
Newey (t/a Ocean Finance) (No 1) [2018] STC 1054; [2018] EWCA Civ 791 .... 22.80
Newey (t/a Ocean Finance) (No 2) [2020] UKFTT 366 (TC), TC07844 .... 22.80
Newland Technical Services Ltd (VTD 9294) 36.374, 40.86
Newman (BE) (VTD 191) 3.166
Newman (JJ) (VTD 781, 903) 40.68

Newman (NA & Mrs FAF) [2007] VATDR 276 (VTD 20006) 18.488
Newman Shipping & Agency Co NV v Belgian State, ECJ Case C-435/03; [2006] STC
    158 .... 22.94
Newmir plc [1993] VATTR 55 (VTD 10102) 7.105
Newnham College in the University of Cambridge (Principal & Fellows), HL [2008]
    STC 1225; [2008] UKHL 23; [2008] 2 All ER 863 .... 6.12
Newport County AFC Social Club Ltd (VTD 19807) 62.128
News Corp UK & Ireland Ltd, [2019] UKUT 404 (TCC) 5.115
News Trade Supplies Ltd (VTD 17339) 5.111
Newstar Jeans Co Ltd (C264) 35.31
Newsvendors Benevolent Institution (VTD 14343) 11.35
Newton (RE & RL) (t/a RE Newton) (VTD 17222) 62.387
Newton (SP) (VTD 5367) 18.436
Newton Newton (VTD 11372) 48.115
Newtownbutler Playgroup Ltd (VTD 13741) 15.120
Next Group plc, [2011] UKFTT 122 (TC); [2011] SFTD 511; TC00998 .... 5.37
Next plc, QB [1995] STC 651 .... 58.37
NG International Ltd, UT [2012] UKUT 259 (TCC); [2013] STC 1 .... 36.139
Ng Yuet Sar Restaurant Ltd (VTD 319) 3.156
NGF 90 (Gateshead) Ltd (VTD 9816) 52.169
NGS (Coatbridge) Ltd (VTD 15970) 4.17
NHS Dumfries and Galloway Health Board, [2014] UKFTT 242 (TC), TC03381 .... 48.89
NHS Lothian Health Board, [2020] CSIH 14; [2020] STC 1112 .... 48.90
Niagara Holdings Ltd, [1993] VATTR 503 (VTD 11400) 19.17
Nicholas (PJ & AJ) (t/a A & P Scaffolding) (VTD 15898) 40.78
Nicholas John Aspinal and others, [2015] UKFTT 162 (TC), TC04359 .... 22.645
Nicholls (DT) (VTD 7960) 18.34
Nicholls (PVR) (VTD 11115) 55.78
Nichols (JA) (VTD 14521) 36.75
Nichols (P) (VTD 9304) 51.22
Nicholson (JR) (VTD 6707) 62.200
Nicholson (Dr RW) (VTD 19412) 55.10
Nicol (EG) (VTD 571) 44.54
Nicolaides (K & H) (VTD 15355) 50.147
Nidderdale Building Ltd (VTD 13158) 15.255
Nidderdale Building Ltd, QB [1997] STC 800 .... 50.6
Nield (Mrs M) (t/a Soft Options) (VTD 10677) 51.24
Nielsen (J) (VTD 11852) 36.617
Nigel Lowe Consulting Ltd, [2009] UKFTT 130 (TC), TC00098 .... 18.461
Nigel Mansell Sports Co Ltd [1991] VATTR 491 (VTD 6116) 62.479
Nigel Sullivan Fibres Ltd (VTD 9842) 52.346
Nightfreight plc (VTD 15479) 27.69
Nightingale (Mrs ACS) (t/a Arrowe Rental) (VTD 17750) 44.122
Nightingale Holdings (VTD 16721) 52.404
Nightingale Music Ltd (VTD 5060) 18.372
Nightingale Partnership (The) (VTD 10219) 18.184
Nightingales Motors (Exmouth) Ltd (VTD 6842) 52.346
Nigl and others v Finanzamt Waldviertel, CJEU Case C-340/15 .... 20.22
Nike (SF), [2009] UKFTT 349 (TC), TC00287 .... 15.349
Nimmock (MA) (VTD 13857) 18.70
Nissan Motor Manufacturing (UK) Ltd, [2007] VATDR 1 (C236) 22.72
Nissan UK Ltd (ex p.), R v C & E, CA 1987, [1988] BTC 8003 .... 44.39
Nivek Holdings Ltd (VTD 7383) 52.134
Niven (Y) (VTD 2591) 67.102
Nixon v Freeman, QB 1860, 5 H & N 647 .... 14.61
Nixon (GMB) (VTD 233) 7.43
Nixon (H), [1980] VATTR 66 (VTD 973) 44.62
NK Motors, [2015] UKFTT 201 (TC), TC04393 .... 46.29
NLB Leasing d.o.o. v Republika Slovenija, ECJ Case C-209/14; [2015] All ER (D) 33
    .... 20.101
Noades (VA) (VTD 17152) 57.203

Nobel Biocare Nederland BV, ECJ Case C-160/13 .... 19.11
Noble (KC), [2012] UKFTT 760 (TC), TC02417 .... 40.41
Noble (ME) (VTD 12346) 62.206
Nock (PC) (VTD 10169) 52.340
Nolan (DS) (VTD 2283) 51.108
Nomura Properties Management Services Ltd, QB [1994] STC 461 .... 52.4
Noor (A), UT [2013] UKUT 71 (TCC); [2013] STC 998 .... 22.644
Nor-Clean Ltd, [1991] VATTR 239 (VTD 5954) 52.177
Nora Harris, [2015] UKFTT 265 (TC), TC04460 .... 65.94
Norbury Developments Ltd, ECJ Case C-136/97; [1999] STC 511; [1999] All ER (EC)
  436 .... 22.596
Nordania Finans A/S v Skatteministeriet, ECJ Case C-98/07; [2008] STC 3314 ..... 22.530
Nordea Pankki Suomi Oyi v Finland, ECJ Case C-350/10; [2011] STC 1956 .... 22.411
Nordic Subscription Service UK Ltd (VTD 10705) 5.112
Norfolk & Norwich University Hospital NHS Trust, Simpson v, CA [2012] 1 All ER
  1423 .... 2.275
Norfolk & Suffolk Finance Ltd (VTD 15288) 36.690
Norgate (LJ & H) (t/a Dog's Dinner) (VTD 5241) 29.207
Norglen Ltd v Reeds Rains Prudential Ltd, HL [1999] 2 AC 14 .... 2.272
Normaco Ltd (VTD 11821) 18.533
Normal Films Ltd (VTD 15558) 36.724
Normal Motor Factors Ltd, [1978] VATTR 20 (VTD 499) 62.193
Norman (T) (VTD 3257) 18.454
Norman Adams Artists & Potters (VTD 9964) 51.61
Norman Allen Group Travel Ltd, [1996] VATDR 405 (VTD 14156) 63.4
Norman Lavelle Ltd (VTD 1330) 58.26
Norman Riding Poultry Farm Ltd [1989] VATTR 124 (VTD 3726) 29.206
Norman Wood & Sons (VTD 10558) 50.82
Norpak Engineering Ltd (VTD 7462) 18.219
Norseman Gold plc, [2016] UKUT 69 (TCC), [2016] All ER (D) 94 (Feb) 20.17
North & East Devon Health Authority, R v (ex p. Coughlan), CA [2001] 1 QB 213
  .... 22.643
North Anderson Cars Ltd, CS [1999] STC 902 .... 44.158
North Birmingham & Aldridge Motor Co Ltd (VTD 4014) 18.330
North British Housing Association Ltd (VTD 7195) 46.138
North Cheshire Foods Ltd (VTD 2709) 29.160
North East Direct Access Ltd (VTD 18267) 41.100
North East Media Development Trust Ltd (VTD 13104) 48.133
North East Media Development Trust Ltd (No 2) [1995] VATDR 240 (VTD 13425)
  .... 48.141
North East Media Development Trust Ltd (No 3) [1996] VATDR 396 (VTD 14416)
  .... 48.142
North East Worcestershire College (VTD 16665) 46.1
North Isles Shellfish Ltd [1995] VATDR 415 (VTD 13083) 29.128
North Kent Motor Company (VTD 3735) 67.49
North Lanarkshire CCTV Ltd (VTD 18031) 7.85
North London Business Development Agency Ltd (VTD 17092) 8.27
North of England Zoological Society (No 1), QB [1999] STC 1027 .... 21.6
North of England Zoological Society (No 2), [2015] UKFTT 287 (TC), TC04479 .... 46.15
North of England Zoological Society v Chester Rural District Council, CA [1959] 1
  WLR 773; [1959] 3 All ER 116 .... 21.6
North Scene Video Ltd (VTD 7136) 52.138
North Weald Golf Club, [2014] UKFTT 130 (TC), TC03270 .... 24.49
North West Business Centres Ltd (VTD 4594) 46.22
North West Cash & Carry Ltd (VTD 18177) 23.11
North West Freighters Ltd (VTD 3341) 18.148
North West Leicestershire Youth Training Scheme Ltd, [1989] VATTR 321 (VTD
  4476) 21.20
North Wiltshire District Council, [2010] UKFTT 449 (TC), TC00714 .... 2.140
Northampton Magistrates' Court, R v (ex p. C & E Commrs), QB [1994] BVC 111
  .... 49.8

clxxi

Table of Cases — K to Z

Northampton Theatres Trust Ltd, [2006] VATDR 27 (VTD 19485) 48.44
Northamptonshire Football Association (VTD 12936) 13.7
Northern Clubs Federation Brewery Ltd (VTD 8881) 8.20
Northern Counties Co-operative Enterprises Ltd, [1986] VATTR 250 (VTD 2238)
  .... 36.678
Northern 4 x 4 Centre Ltd (VTD 19811) 40.49
Northern Ireland Council for Voluntary Action, [1991] VATTR 32 (VTD 5451) 11.34
Northern Lawn Tennis Club, [1989] VATTR 1 (VTD 3528) 36.18
Northern Lincolnshire & Goole Hospitals NHS Foundation Trust, [2015] UKFTT 103
  (TC), TC04308 .... 48.163
Northern Renovations Ltd, [2012] UKFTT 409 (TC), TC02086 .... 28.25
Northern Software Consultants Ltd (VTD 9027) 18.323
Northside Management Ltd, [2012] UKFTT 647 (TC), TC02319 .... 15.71
Northumbria & Cumbria Estates Ltd (VTD 10366) 52.351
Northumbria Healthcare NHS Foundation Trust, [2020] EWCA Civ 874; [2020] STC
  1720 .... 36.752
Northwood Garage (Whitstable) Ltd (VTD 4352) 18.263
Norton (EF & Mrs K) (VTD 151) 57.84
Norwich Airport Ltd, [2012] UKFTT 277 (TC); [2012] SFTD 978, TC01965 ...... 62.214
Norwich Camera Centre Ltd (VTD 11629) 11.12
Norwich City Council (VTD 11822) 42.12
Norwich Union Life Insurance Society (VTD 7205) 36.687
Nottingham Fire Service Messing Club, [1977] VATTR 1 (VTD 348) 13.13
Nottinghamshire Wildlife Trust (VTD 19540) 11.61
Noudoost-Beni (B) (VTD 17625) 57.183
Nova Group (London) Ltd (VTD 10252) 18.260
Nova Roofing Co Ltd (VTD 10252, VTD 10409) 18.260
Nova Stamps AB (VTD 15304) 23.33
Novakovic (M) (t/a Novakovic & Co) (VTD 18462) 10.14
Novelminster Ltd (VTD 10314) 18.121
N2J Ltd, Ch D [2009] STC 2193; [2009] EWHC 1596 (Ch) 23.14
NT ADA Ltd, [2016] UKFTT 642 (TC), TC05375 .... 2.8
NT Ada Ltd (formerly Nt Jersey Ltd), [2018] UKUT 59 (TCC) 51.1
NT Advisors Partnership (The), [2017] UKFTT 625 (TC), TC06061 .... 36.172
Nuffield Health, [2013] UKFTT 291 (TC), TC02697 .... 19.4
Nuffield Nursing Homes Trust, [1989] VATTR 62 (VTD 3327) 33.44
Nulmay Ltd (VTD 6627) 2.392
Nuniv Developments Ltd (VTD 17424) 59.3
Nutley Hall Ltd (VTD 18242) 15.152
Nuttall (D & J) (VTD 6343) 52.108
Nuttall (SH) (VTD 5892) 18.434
Nye Saunders & Partners (VTD 11384) 36.53

O

Oak Tree Motor Homes Ltd, [2017] UKUT 27 (TCC) 69.10
Oaks Pavilion Ltd, TC00145 .... 36.669
Oasis East sp zoo v Minister Finansów, ECJ Case C-395/09; 30 September 2010
  unreported 22.507
Oasis Technologies (UK) Ltd, [2010] UKFTT 292 (TC), TC00581 .... 24.26
Oathplan Ltd [1982] VATTR 195 (VTD 1299) 41.125
O'Brien (B), Ch D 2007, [2008] STC 487; [2007] EWHC 3121 (Ch) 2.109
O'Brien (B) (t/a Poster Sites Southern) (No 2), [2009] UKFTT 262 (TC), TC00209
  .... 2.25
O'Brien v Chief Constable of South Wales Police, HL [2005] 2 WLR 1038 .... 2.242
O'Callaghan (TM) (VTD 5981) 18.507
Ocean Charters Ltd, [2011] UKFTT 1688 (TC), TC01688 .... 7.39
Ocean Grown Ltd (VTD 20562) 29.187
Ocean Leisure International Ltd (VTD 13169) 40.6
Oceana Holdings plc (VTD 9961) 52.142

Case	Ref
Oceanteam Power & Umbilical ASA, [2009] UKFTT 361 (TC), TC00299	25.35
O'Connor (JJ, BB & S) (VTD 1170)	47.51
Oddbins Ltd (VTD 9011)	52.29
Oddonetto (P) (VTD 5208)	44.44
Odell (A) & Ogden (M) (VTD 13512)	57.132
O'Dell (CP & EA) (t/a CP Motors) (VTD 13802)	44.29
Odhams Distribution Pergamon Holdings Ltd (VTD 6295)	5.108
Odhams Leisure Group Ltd, QB [1992] STC 332	2.2, 5.87
ODM Ltd (VTD 17484)	46.91
Odvolací finanční ředitelství v Pavlína Baštová, CJEU Case C-432/15	20.7, 62.597
Odvolací finanční ředitelství, Herst s.r.o. v, CJEU Case C-432/15	20.179
O'Donnell (M), [2010] UKFTT 236 (TC), TC00535	15.348
O'Driscoll (N) (VTD 16941)	40.80
O'Driscoll (TR) (t/a Kitchenfit) (VTD 14350)	57.129
Office des Produits Wallons ASBL v Belgium, ECJ Case C-184/00; [2003] STC 1100; [2003] All ER (EC) 747	22.273
Offshore Hydrocarbon Mapping plc (VTD 19438)	2.440
Offshore Marine Engineering Ltd (VTD 6840)	52.250
Ogilvie (JD) (t/a O & D Consultants) (VTD 14536)	40.48
Oglethorpe Sturton & Gillibrand (VTD 17491)	62.173
Ojeh (D) (VTD 15369)	65.96
Old Chelsea Properties Ltd v Isle of Man Treasury (VTD 15230)	46.212
Old Chigwellians' Club (The) [1987] VATTR 66 (VTD 2332)	62.446
Old Farm Service Station Ltd (VTD 4261)	57.53
Old Parkinsonians Association (VTD 10908)	13.42
Old Red Lion Restaurant (The) (VTD 1446)	65.2
Oldbus Ltd (VTD 5119)	27.59
Oldershaw (G & D) (t/a Oldershaw Brewery) (VTD 19011)	28.1
Oldfield (P) (VTD 12233)	36.265
Oldfield (Mrs S) (t/a Merchant's Bistro) (VTD 17352)	57.19
Oldham (J) (VTD 1113)	62.307
Oldrings Development Kingsclere Ltd (VTD 17769)	15.42
Olivant (M) (VTD 15422)	36.52
Olive Garden Catering Company Ltd, [2018] UKFTT 393, TC06595	29.86
Oliver (A) & Sons (VTD 5953)	52.25
Oliver (DG) (Maidstone Sailing Club) (VTD 511)	57.96
Oliver (JG) (VTD 10579)	19.19
Oliver (JRR), QB 1979, [1980] STC 73; [1980] 1 All ER 353	62.177
Olivers of Hull Ltd (VTD 17434)	48.13
Oliver's Village Café Ltd, [2013] UKFTT 386 (TC), TC02783	57.144
Olivieri (Q & M) (VTD 16991)	41.88
Ollerton Hotel (Kirkcaldy) Ltd (VTD 10530)	18.402
Oloyede (WA) (VTD 11944)	40.84
Oluwatyi (J & E) (t/a Lizjohn & Associates) (VTD 18089)	36.718
Olympia Technology Ltd (No 4), Ch D [2009] STC 643; [2009] EWHC 15 (Ch)	36.114
Olympia Technology Ltd (No 5), [2010] UKFTT 45 (TC), TC00358	36.115
Olympia Testing (East Anglia) Ltd (VTD 9260)	18.201
Olympiad Signs Ltd (VTD 14566)	18.535
Olympian Automotive Ltd (VTD 7141)	52.94
OM Properties Investment Co Ltd, [2010] UKFTT 494 (TC), TC00752	38.14
Omega Cars Ltd (VTD 1528)	36.484
Omega Design & Marketing Ltd (VTD 10004)	52.284
100 Per Cent (VTD 6238)	18.66
One For All Ltd, [2010] UKFTT 91 (TC), TC00402	36.209
Onemli (M, B & A) & Karadal (R) (t/a West Kebab) (VTD 13983)	65.100
Ong (LC) (VTD 7460)	62.274
Opal Carleton Ltd, [2010] UKFTT 353 (TC), TC00635	56.13
Open Rule Ltd (VTD 4130)	18.167
Open Safety Equipment Ltd, [2017] UKFTT 261 (TC), TC05743	62.505
Open University, [2016] EWCA Civ 114; [2016] All ER (D) 66 (Mar)	22.343
O-Pro Ltd (VTD 16780)	33.37

Table of Cases — K to Z

Optigen Ltd, ECJ Case C-354/03; [2006] STC 419; [2006] 2 WLR 456	22.125
Optimum Personnel Evaluation (Operations) Ltd (VTD 2334)	57.12
Opto Telelinks (Europe) Ltd (No 1), Ch D [2008] STC 3246; [2008] EWHC 2107 (Ch)	2.334
Opto Telelinks (Europe) Ltd (No 2), CA [2010] STC 1436; [2010] EWCA Civ 517	36.123
Oracle Nederland *v* Inspecteur van de Belastingdienst Utrecht-Gooi, ECJ Case C-33/09; [2010] STC 1221	22.506
Orange Rooms (The) (VTD 19133)	40.15
Orbis Wines & Spirits Ltd, [2014] UKFTT 658 (TC), TC03781	23.19
Orbit Housing Association (VTD 1783)	2.383
Orbvent Ltd (VTD 6602)	52.337
Orchard Associates Ltd (VTD 11576)	52.382
Orchardcrown Ltd, [2012] UKFTT 608 (TC), TC02285	24.3
Orchid Drinks Co Ltd (VTD 14222)	29.192
Orfey Bulgaria EOOD, Direktor na Direktsia Obzhalvane i upravlenie na izpalnenieto grad Burgas *v*, ECJ Case C-549/11; [2013] STC 1239	20.84
O'Reilly (D) (VTD 20945)	15.273
O'Reilly Transport (Newry) Ltd (VTD 2434)	62.384
Organix Brands plc (VTD 19134)	29.151
Oriel Support Ltd (VTD 20930)	1.85
Oriental Delicacy Ltd (VTD 19129)	36.648
Oriental Kitchen (VTD 13736)	50.126
Oriflame UK Ltd, [2014] UKFTT 454 (TC), TC03581	67.34
Orin Engineering (UK) Ltd (VTD 15254)	44.121
Ormac (No 49) Ltd (VTD 6537)	36.242
Orme (CA) (VTD 9975)	55.77
Ormesby St Michael Parochial Council (VTD 17375)	5.51
Ormiston Charitable Trust, [1995] VATDR 180 (VTD 13187)	15.134
Ornamental Design plc (VTD 15364)	23.11
O'Ryan (O), [2014] UKFTT 838 (TC), TC03956	57.118
Osborn (GA) (VTD 13254)	51.156
Osborne's Big Man Shop, Ch D 2006, [2007] STC 586; [2006] EWHC 3172 (Ch)	24.4
Oshitola (ST) (VTD 15487)	57.133
Osman (AB), QB [1989] STC 596	57.40
Osteria Romana Ltd (VTD 20635)	18.389
Ottoman Textiles Ltd (VTD 12795)	17.3
Oughtred & Harrison Ltd, [1988] VATTR 140 (VTD 3174)	67.1
Our Communications Ltd (No 1) (VTD 20903)	36.96
Our Communications Ltd (No 2), UT [2013] UKUT 595 (TCC)	48.107
Out To Lunch (VTD 13031)	29.7
Outis Ltd (VTD 14864)	40.63
Oval (717) Ltd, [2003] VATDR 581 (VTD 17875)	30.11
Oval (1742) Ltd, re, C & E *v* Royal Bank of Scotland plc, CA [2007] EWCA Civ 1262	37.10
Overburn Properties Ltd (VTD 9966)	52.281
Owan Bebb A'I Gwmni (VTD 18047)	18.486
Owen (EC) (VTD 18660)	55.36
Owen (GL) (t/a New Product Research & Development) (VTD 5363)	18.504
Owen (I), [2014] UKFTT 245 (TC), TC03384.	55.43
Owen (KJ) (VTD 17970)	18.504
Owen (T) (VTD 741)	15.15
Owen (R) & Freeman (D) (t/a Worcester Flooring) (VTD 18539)	65.112
Owners Abroad Group plc (VTD 9354)	52.375
Oxbridge Research Group Ltd, [2012] UKFTT 261 (TC), TC01954	18.559
Oxfam, Ch D 2009, [2010] STC 586; [2009] EWHC 3078 (Ch)	11.55
Oxford Film Foundation (VTD 5031)	62.126
Oxford Open Learning (Systems) Ltd (VTD 16160)	21.24
Oxford Open Learning (Systems) Ltd (No 2) (VTD 16890)	5.72
Oxford, Swindon & Gloucester Co-Operative Society Ltd, QB [1995] STC 583	58.9

Oy (A) v Veronsaajien oikeudenvalvontayksikkö, CJEU Case C-33/16; [2017] All ER (D) 133 (May) 20.189
Oysters Fish Bar (VTD 16203) 47.3

P

P & A Fencing & Sheds Ltd (VTD 6089) 18.533
P & C Morris Catering Group Ltd (VTD 19245) 44.49
P & H Pipework Ltd (VTD 4092) 18.219
P & M Marketing (UK) Ltd (VTD 1385) 67.47
P & O European Ferries (Dover) Ltd, [1992] VATTR 221 (VTD 7846) 36.275
P & O Ferries, QB [1992] STC 809 .... 52.467
P & R Fabrics Ltd (VTD 17776) 3.108
P & S Catering (VTD 6382) 29.72
P Burke Construction Ltd (VTD 7222) 52.138
Pace Group (Communications) Ltd (VTD 510) 5.81
Pacific Computers Ltd, [2015] UKFTT 26 (TC), TC04239 .... 36.88
Pacitti (G) (VTD 16759) 62.322
Pack & Moore Builders Co Ltd (VTD 9130) 52.348
Packford (S) (VTD 11626) 41.113
Packwell Cartons Ltd (VTD 14314) 18.267
Pactor Vastgoed BV, Staatssecretaris van Financiën v, ECJ Case 622/11; 10 October 2013 unreported 22.536
Paddon (Mrs HD) (VTD 1987) 41.105
Padglade Ltd, QB [1995] STC 602 .... 65.52
Padmore (M) (VTD 345) 57.6
Page (DJ) (VTD 17142) 19.65
Page (J) (t/a Upledger Institute) (VTD 16650) 21.33
Page Motors (Ferndown) Ltd (VTD 7517) 52.346
Paget (PLA), QB [1989] STC 773 .... 1.67
Paice (PM & JB) (VTD 9649) 36.334
Paine Leisure Products Ltd (VTD 1836) 8.13
Painter (G) (VTD 17530) 33.91
Pal, Pal, Quillen Alonso & El Bouacheri (t/a Tapas Bar Cerveceria), Ch D 2006, [2008] STC 2442; [2006] EWHC 2016 (Ch) 47.5
Palatial Leisure Ltd, [2013] UKFTT 396 (TC), TC02792 .... 46.99
Palatine Hotel Ltd v The Isle of Man Treasury (VTD 6534) 52.348
Palco Industry Co Ltd, QB [1990] STC 594 .... 18.373
Palfry (J) & Rodzian (JD) (VTD 18465) 57.168
Palliser (P) (VTD 6262) 51.39
Palmer (RC) (t/a R & K Engineering) (VTD 11739) 4.4
Palmer (JH) & Sons (VTD 10230) 52.40
Palmers of Oakham Ltd, [2011] UKFTT 82 (TC), TC00959 .... 15.285
Palmun Ltd, [2011] UKFTT 738 (TC), TC01575 .... 18.482
Palotai (E & B) (VTD 656) 62.421
Pan Graphics Industrial Ltd (VTD 13126) 18.486
Panesar (KWS & BK) (t/a KSP Builders and Panesar Building & Plumbers' Merchants) (VTD 16143) 19.55
Panesar Enterprise UK Ltd & Sipp Food Ltd, [2014] UKFTT 289 (TC), TC03428 .... 2.15
Pang (CY) & Kong (SY) (t/a The Peking House) (VTD 17361) 3.100
Pang (P) (t/a Lafite's) (VTD 7065) 50.121
Panini Publishing Ltd (VTD 3876) 5.85
Pank (JF & SD) (VTD 4930) 36.325
Pannon Gép Centrum v APEH Központi Hivatal Hatósági Főosztály Dél-dunántúli Kihelyezett Hatósági Osztály, ECJ Case C-368/09; [2010] STC 2400 .... 20.195
Pantekoek (EM) (VTD 17765) 19.23
Papachristoforou (C & K) (t/a Norton Fisheries) (VTD 17113) 2.356
Paradise Forum Ltd (VTD 8885) 52.127
Paragon Customer Communications Ltd [2018] UKFTT 162 (TC), TC06415 .... 5.25

Table of Cases — K to Z

Parat Automotive Cabrio Textiltetőket Gyártó Kft *v* Adó-és Pénzügyi Ellenőrzési Hivatal Hatósági Főosztály Észak-magyarországi Kihelyezett Hatósági Osztály, ECJ Case C-74/08; 23 April 2009 unreported 22.470
Parcare International Ltd (VTD 9773) 18.176
Parekh (B & N), QB [1984] STC 284 .... 3.77
Parents and Children Together (VTD 17283) 33.75, 39.3
Parfitt (AJ) (t/a Parfitt & Craig Hall) (VTD 5623) 18.167
Parfitt (DA) (VTD 10184) 18.291
Parish (EJ) (VTD 474) 44.63
Park Avenue Methodist Church Trustees (VTD 17443) 36.651
Park Commercial Developments plc [1990] VATTR 99 (VTD 4892) 27.57
Park Hotel (The) (VTD 16959) 18.459
Park Industrial & Commercial Holdings Ltd (VTD 17882) 52.404
Parker (t/a The Roker Park Suite) (VTD 956) 29.38
Parker (B & C) (VTD 2454) 57.124
Parker (BR & JG) (t/a Sea Breeze Café) (VTD 16350) 57.213
Parker (C) (VTD 292) 44.63
Parker (IW) [1989] VATTR 258 (VTD 4473) 50.140
Parker (J) (VTD 18853) 48.62
Parker (PAF) (VTD 3810) 51.87
Parker (H) & Hornsby (M) (t/a Water Two) (VTD 16225) 36.656
Parker Bond Ltd (VTD 13160) 36.586
Parker Car Services, [2010] UKFTT 227 (TC), TC00528 .... 67.132
Parker Hale Ltd, QB [2000] STC 388 .... 62.151
Parker Radio Cars (Sutton Coldfield) Ltd (VTD 2504) 41.38
Parker-Smith (VTD 18497) 3.96
Parkers Motorist Discount (VTD 9545) 18.108
Parkgate Quarries Ltd (VTD 3712) 18.498
Parkhouse (Mrs LA), [2011] UKFTT 677 (TC), TC01519 .... 46.40
Parkinson (Dr J) (VTD 17257) 15.31
Parkinson (Mrs MG) (VTD 6017) 33.3
Paro Ltd (VTD 9414) 17.2
Parochial Church Council of St Andrew's Church Bedford (VTD 19061) 15.266
Parochial Church Council of St Andrew's Church Eakring (VTD 15320) 55.30
Parr (TE, M & IJ), [1985] VATTR 250 (VTD 1967) 58.6
Parr Partnership (The) (VTD 6733) 52.107
Parson (R & GA) (VTD 17137) 62.310
Parsons (CP) (VTD 20033) 51.175
Parsons Green Ltd, [1990] VATTR 194 (VTD 5044) 19.1
Part Service Srl, Ministero dell'Economia e delle Finanze *v*, ECJ Case C-425/06; [2008] STC 3132 .... 22.63
Partridge Homes Ltd (VTD 15289) 52.191
Party Paragon The Shop Ltd (VTD 7242) 18.368
Pasante Healthcare Ltd (VTD 19724) 11.32
Patel (A), [2014] UKUT 361 (TCC) 15.37
Patel (A) (t/a Swami Stores) (VTD 4912) 51.11
Patel (ACK) (VTD 17248) 2.119
Patel (AR) (VTD 1252) 3.158
Patel (BG) (VTD 19634) 48.62
Patel (H & V) (VTD 14956) 7.92
Patel (H & V) (VTD 15328) 36.541
Patel (JM) (t/a Magsons) (VTD 936) 58.16
Patel (K, J & M) (t/a Dhruva Newsagents) (VTD 14843) 58.23
Patel (NG & MG) (VTD 2463) 58.55
Patel (NM & HN) (VTD 11635) 50.145
Patel (R) (t/a AF Fashions) (VTD 19246) 40.40
Patel (RB & MR) (t/a Rama Stores) (VTD 1392) 58.17
Paterson (C & S) (VTD 17323) 44.137
Paterson (KW) (VTD 7423) 51.76
Paterson Arran Ltd (VTD 15041) 29.93
Patrick (E), [1994] VATTR 247 (VTD 12354) 67.75

Table of Cases — K to Z

Patrick (HR & Mrs JR), [2011] UKFTT 865 (TC), TC01699 .... 57.63
Patrick Eddery Ltd, [1986] VATTR 30 (VTD 2009) 62.556
Patterson (RM) (VTD 13669) 23.27
Paul (JS) (C210) 60.13
Paul da Costa & Co, oao, R v Thames Magistrates Court, DC [2002] STC 267; [2002] EWHC Admin 40 .... 14.78
Paul Hoskins Ltd, [2011] UKFTT 538 (TC), TC01385 .... 18.86
Pauline (JD) (VTD 11029) 52.78
Pavigres-Wich Ltd (VTD 13414) 18.504
Pavlína Baštová, Odvolací finanční ředitelství v CJEU Case C-432/15 ...... 20.7, 62.597
Paymex Ltd, [2011] UKFTT 350 (TC); [2011] SFTD 1028, TC01210 .... 20.154
Payne (RB) (VTD 9211) 7.58, 36.627
Paypoint Collections Ltd and others v HMRC, [2017] UKFTT 424 (TC), TC05888 .... 27.15
Payton (M), [1974] VATTR 140 (VTD 89) 2.47, 33.42
PB Golf Club Ltd (t/a Potters Bar Golf Club), [2012] UKFTT 675 (TC), TC02346 .... 2.144
PBK Catering Ltd (VTD 11426) 1.5
PCC Agriculture (VTD 9034) 52.28
PD Concepts Ltd, [2009] SFTD 353; [2009] UKFTT 127 (TC), TC00095 .... 36.127
PDS (Gold Plating) Co Ltd (VTD 5468) 18.398
Peach (FM) (VTD 6499) 51.90
Peachman Building Services (Croydon) Ltd (VTD 5041) 18.65
Peachtree Enterprises Ltd, QB [1994] STC 747 .... 14.40
Pearce (J) (VTD 7860) 36.232, 36.597
Pearl Assurance plc (VTD 15960) 46.113
Pearl Top Services Ltd (VTD 2888) 14.39
Pearlberg, CIR v, [1953] 1 All ER 388 .... 2.162
Pearson (H), [2014] UKFTT 890 (TC), TC04005 .... 15.59
Peart (JL & PA) (t/a The Border Reiver) (VTD 14672) 48.125
Pecheries (SA) Ostendaises v Merchants Marine Insurance Co, CA [1928] 1 KB 757 .... 2.359
Peddars Way Housing Association Ltd (VTD 12663) 15.22
Pedersen Caterers (VTD 10818) 18.380
Peek Catering Ltd (VTD 10628) 29.23
Peffekoven & Horeis, Leichenich v, ECJ Case C-532/11; [2013] STC 846 .... 22.392
Pegasus Birds Ltd, CA [2000] STC 91 .... 3.57
Pegasus Birds Ltd (No 2), CA [2004] STC 1509; [2004] EWCA Civ 1015 .... 3.20
Pegasus Flooring Co Ltd (VTD 17708) 18.463
Pegasus Holdings (Malvern) Ltd (VTD 12539) 14.39
Peking Inn (Cookham) Ltd (VTD 14079) 18.225
Pelix Ltd, [2013] UKFTT 448 (TC), TC02840 .... 36.140
Pelzl & Others v Steiermärkische Landesregierung & Others, ECJ Cases C-338/97, C-344/97 & C-390/97; 8 June 1999 unreported 22.616
Pemberton (KL) (t/a The Sandwich Box Plus) (VTD 19307) 57.70
Pemberton (KL & EM) (t/a Desmond's) (VTD 19307) 57.70
Pembridge Estates Ltd (VTD 9606) 46.4
Pemsel, Special Commissioners v, HL 1891, 3 TC 53 .... 15.109
Pendragon plc and others, [2015] UKSC 37; [2015] STC 1825 ...... 22.75
Penfold (TL) (VTD 524) 44.63
Peninsular & Oriental Steam Navigation Co plc (t/a P & O Ferries), QB [1992] STC 809 .... 52.467
Peninsular & Oriental Steam Navigation Co (The) (No 2), QB [1996] STC 698 ..... 66.20
Peninsular & Oriental Steam Navigation Co (The) (No 3), QB [2000] STC 488 .... 62.508
Penjen Ltd (VTD 5882) 36.626
Pennine Care NHS Trust, [2016] UKFTT 222 (TC), TC04998 .... 15.101
Pennine Carpets Ltd (VTD 5894) 36.704, 65.50
Pennine Industrial Equipment Ltd (VTD 6512) 52.149
Pennington Lee Ltd (VTD 6625) 18.498
Penny (DJW) (VTD 20813) 18.558
Penny (F) (t/a FMS Management Services) (VTD 10398) 62.147

clxxvii

Pennystar Ltd, QB 1995, [1996] STC 163	36.681
Pensionsversicherungstanstalt der Arbeiter, Unterpertinger *v*, ECJ Case C-212/01; [2005] STC 678	22.316
Pentex Oil Ltd (VTD 7989, VTD 7991)	43.2
People Products Ltd (VTD 7379)	52.54
People's Dispensary for Sick Animals, [2012] UKFTT 362 (TC); [2012] SFTD 1142, TC02048	11.82
Peoples Bathgate & Livingston Ltd (VTD 14264)	2.437
Peoples Liverpool Ltd (VTD 14264)	2.437
Pepis (Marina) Ltd (VTD 5879)	52.122
Pepper *v* Hart, HL [1992] STC 898	6.9
Pepper Personnel Ltd (VTD 2175)	51.125
Pereira (A) (VTD 5835)	18.250
Perenco Holdings, [2015] UKFTT 65 (TC), TC04272	36.715
Perez (JA & GL) (VTD 6758)	36.326
Performance Print Ltd (VTD 15810)	18.325
Perks (DA), [2012] UKFTT 236 (TC), TC01930	52.459
Perks (M) (VTD 1556)	40.24
Permacross Ltd (VTD 13521)	15.205
Permanent Way Institution (VTD 17746)	64.5
Perna (V), [1990] VATTR 106 (VTD 5017)	46.86
Perranporth Rugby Football Club (VTD 17422)	36.650
Perry (RC), QB [1983] STC 383	15.29
Perry (T) (VTD 19428)	15.315
Perryman Motor Factors (Greenford) Ltd (VTD 2793)	18.127
Perryman Motor Factors (Greenford) Ltd (VTD 7173)	18.140
Personal Assistance UK Ltd (VTD 17649)	33.16
Pertemps Ltd (No 1), [2015] UKFTT 512 (TC), TC04670	22.645
Pertemps Ltd (No 2), [2019] UKUT 234 (TCC)	62.19
Perth Junior Chamber Conferences (1994) Ltd (VTD 13450)	36.663
Pet Street Ltd, [2010] UKFTT 149 (TC), TC00455	36.660
Peter Anthony Estates Ltd (VTD 13250)	41.57
Peter Arnett Leisure, [2014] UKFTT 209 (TC), TC03349	2.143
Peter Jackson (Jewellers) Ltd (VTD 19474)	44.141
Peter Jones & Son (VTD 2990)	51.119
Peter Oates Ltd (VTD 2576)	44.80
Peter Scott (Printers) Ltd (VTD 6356)	52.37
Peter Turner Associates (VTD 6896)	52.34
Peterborough Diocesan Conference & Retreat House (VTD 14081)	33.76
Peters (B & J), ex p., R *v* City of London Magistrates Court, QB 1996, [1997] STC 141	14.82
Peters (KV) (VTD 14328)	38.11
Peters (P) & Riddles (KP) (t/a Mill Lane Farm Shop) (VTD 12937)	29.208
Peters (SR) (VTD 19876)	62.213
Pethericks & Gillard Ltd (VTD 20564)	41.49
Pet-Reks Southern Ltd (No 1) (VTD 9070)	52.71
Pet-Reks Southern Ltd (No 2) (VTD 9347)	52.284
Petroline Wireline Services Ltd (VTD 9200)	36.454
Petroma Transports SA *v* État Belge, ECJ Case C-271/12; [2013] STC 1466	22.557
Pets Place (UK) Ltd [1996] VATDR 418 (VTD 14642)	65.122
Peugeot-Citroen Automobiles Ltd [2004] VATDR 157 (VTD 18681)	62.196
Peugeot Motor Co plc [1998] VATDR 1 (VTD 15314)	44.68
Peugeot Motor Co plc (No 2), Ch D 2003] STC 1438; [2003] EWHC 2304(Ch)	38.46
Peugeot Motor Co plc (No 3) (VTD 16731)	62.16
Peugeot Motor Co plc (No 4) (VTD 18059)	48.83
Peugeot Motor Co plc (No 5) (VTD 19260)	67.52
Peverley (M) (t/a Lifeline Medical Transport Services) (VTD 15353)	33.90
Pexum Ltd (VTD 20083)	40.56
Pezzullo Molini Pastifici Mangimifici SpA *v* Ministero delle Finanze, ECJ Case C-166/94; [1996] STC 1236; 1996] 1 ECR 331	22.255
PFC Clinic AB, Skatteverket *v*, ECJ Case C-91/12; [2013] STC 1253	20.123

Pharaoh Scaffolding (VTD 20741)	15.244
Pharro (K) (t/a KP Building Services) (VTD 17041)	40.80
Phelps (KR & EM) (VTD 4486)	18.187
PHH Europe plc (VTD 12027)	62.29
Philbin, Abbott v, HL 1960, 39 TC 82; [1961] AC 352; [1960] 2 All ER 763	3.23
Philip Drakard Trading Ltd, QB [1992] STC 568	62.110
Philip Green Education Ltd (VTD 15669)	5.92
Philip Law Ltd (VTD 3466)	18.499
Philip Maddison Haulage Ltd (VTD 6428)	18.312
Philips Exports Ltd, QB [1990] STC 508	25.28
Philipson Studios Ltd (VTD 10488)	18.315
Philips (D) (VTD 7883)	36.525, 52.330
Phillips (E & E) (VTD 1130)	65.1
Phillips (G) (VTD 12184)	44.146
Phillips (I) (VTD 19519)	28.12
Phillips (I), [2011] UKFTT 372 (TC), TC01227	15.53
Phillips (SL), [2010] UKFTT 262 (TC), TC00556	62.365
Phillips (RFS) & Another (VTD 2829)	51.72
Phipps (L) (VTD 19352)	44.71
Phipps (MF), [1996] VATDR 241 (VTD 13839)	36.565
Phoenix Foods Ltd, [2018] UKFTT 18 (TC), TC06296	29.101
Phoenix Optical Technologies Ltd, [2015] UKFTT 463 (TC), TC04631	62.123
Phoenix Safe Co Ltd, [2011] UKFTT 27 (TC), TC00904	18.191
Phone Nation Ltd, [2015] UKFTT 593 (TC), TC04740	1.33
Phonepoint Communications Ltd, [2010] UKFTT 452 (TC), TC00717	36.140
Physical Distribution Services Ltd (VTD 12069)	52.11
Picken & Son Ltd (VTD 10952)	18.203
Pier Aquatics (VTD 7063)	29.117
Piero's Restaurant and Pizzeria (VTD 17711)	3.45
Pierre Leon Ltd (VTD 9794)	52.127
PIGI – Pavleta Dimova PT v Direktsia Obzhalvane I upravlenie na izpalnenieto Varna, ECJ Case C-550/11; [2013] STC 272	20.231
Pigott, RCPO v, CA [2010] STC 1190; [2010] EWCA Civ 285	49.24
Pilgrims Languages Courses Ltd, CA [1999] STC 874	21.16
Pillars Property Cleaning & Maintenance Ltd, [2009] UKFTT 235 (TC), TC00184	18.167
Pilling House Properties Ltd (VTD 12965)	52.469
Pinchdean Ltd (VTD 9796)	6.26
Pinder (SG) (VTD 3582)	51.69
Pine-Coffin (Lt Col TJ & Mrs ST) (VTD 1620)	30.5
Pinevale Ltd, [2014] UKUT 202 (TCC)	56.2
Pinewood Studios Ltd, [2012] UKFTT 370 (TC), TC02054	2.193
Ping (Europe) Ltd, CA [2002] STC 1186; [2002] EWCA Civ 1115	67.81
Pinnacle Tooling Ltd (VTD 18271)	36.638
Pinnock (KS) & Lambden (KJ) (t/a TNT Printed Leisurewear) (VTD 11263)	18.145
Pip Systems (VTD 3413)	18.183
Pipeline Protection Ltd (VTD 10336)	18.216
Pippa-Dee Parties Ltd, QB [1981] STC 495	67.41
Pittam (C) (VTD 13268)	33.27
Pizza Express Ltd (VTD 3340)	18.182
PJG Developments Ltd, [2005] VATDR 215 (VTD 19097)	6.4
PL Schofield Ltd (VTD 7736)	46.126
Placeware Ltd (VTD 17363)	2.366
Planet Sport (Holdings) Ltd, [2013] UKFTT 639 (TC), TC03024	33.84
Plant Repair & Services (South Wales) Ltd, QB [1994] STC 232	8.30
Plantasia Ltd (VTD 3291)	18.91
Plantation Wharf Management Ltd (VTD 12755)	52.261
Plantiflor Ltd, HL [2002] STC 1132; [2002] UKHL 33; [2002] 1 WLR 2287	24.2
Planzer Luxembourg Sàrl v Bundeszentralamt für Steuern, ECJ Case C-73/06; [2008] STC 1113	22.629
Plasma Trading Ltd (No 2) (VTD 19499)	36.155

Plastic Developments Ltd (VTD 17416)	48.4
Plastic Protection Ltd (VTD 9259)	52.158, 52.244
Plat Rör Och vets Service i Norden AB & Others v Sweden, ECHR Case 12637/05; [2009] ECHR 1015	34.12
Platinum Acquisitions Ltd (VTD 20514)	36.534
Platinum Clothing Ltd (VTD 19144)	40.46
Playden Oasts Hotel (VTD 6468)	44.151
Playford & Pope (VTD 13989)	18.19
Plazadome Ltd, [2009] UKFTT 229 (TC), TC00179	40.58
Pleasurama Casinos Ltd (VTD 357)	62.23
Plessey Co Ltd (The) (VTD 12814)	54.11
Plöckl (J) v Finanzamt Schrobenhausen, CJEU Case C-24/15; [2016] All ER (D) 156 (Oct)	22.601
PLR Ltd (VTD 9501)	36.471
Plumb (MD) (VTD 13621)	55.85
Plummer (DJ, J & S) (VTD 16976)	3.150, 57.211
Plymouth Marine Laboratory, [2009] UKFTT 179 (TC), TC00134	66.10
PNC Telecom plc (VTD 19754)	2.12
PNW Computer Services Ltd (VTD 17731)	18.486
Podbury (MD) (t/a Moordown Graphics) (VTD 1906)	57.7
Podium Investments Ltd [1977] VATTR 121 (VTD 314)	36.720
Podolsky (J), [2009] UKFTT 387 (TC), TC00322	15.196
Pody (DA) (VTD 217)	44.60
Pokrivka v Slovakia, ECHR Case C-35933/06; 26 October 2010 unreported	34.29
Poladon Ltd (VTD 16825)	36.80
Poland (BC) (t/a Cameron Electrical Contractors) (VTD 10536)	18.106
Poland (Republic of), European Commission v, ECJ Case C-49/09; 28 October 2010 unreported	20.106
Poland (Republic of), European Commission v, ECJ Case C-193/11; 26 September 2013 unreported	20.266
Polarstar Ltd (VTD 14445)	18.537
Polash Tandoori Restaurant (VTD 10903)	8.21
Pole (AG) (VTD 13225)	47.48
Pollitt (Mr & Mrs A) (VTD 4463)	58.23
Pollock (C) (VTD 6638)	36.318
Pollock (D) & Heath (D) (VTD 20380)	15.268
Polo Farm Sports Club (No 1) (VTD 11386)	46.193
Polo Farm Sports Club (No 2) [2007] VATDR 44 (VTD 20105)	41.167
Poloco SA (VTD 6565)	52.26
Polok (R & J), Ch D [2002] STC 361	62.294
Polysar Investments Netherlands BV v Inspecteur der Invoerrechten en Accijnzen, ECJ Case C-60/90; [1991] 1 ECR 3111; [1993] STC 222	22.115
Ponsonby & Ponsonby, QB 1987, [1988] STC 28	65.115
Pontardawe Inn Ltd, [2014] UKFTT 434 (TC), TC03563	65.121
Ponting (F & A) Ltd (VTD 12595)	18.66
Pook (C) (VTD 2314)	51.44
Poole (GH) (t/a Glenwood Polishing & Manufacturing 1992) (VTD 16339)	18.361
Poole Borough Council [1992] VATTR 88 (VTD 7180)	41.130
Poole General Hospital League of Friends (VTD 10621)	33.53
Poole Shopmobility (VTD 16290)	11.20, 19.82
Popat (DK) (VTD 10452)	52.305
Popcorn House Ltd, QB 1965, [1968] 3 All ER 782	29.158
Popely, ex p., R v C & E, QB [1999] STC 1016	14.77
Popes Lane Pet Food Supplies Ltd, [1986] VATTR 221 (VTD 2186)	29.205
Port (GF) (VTD 3772)	14.39
Port Erin Hotels v Isle of Man Treasury (VTD 5045)	62.136
Portal Contracting Ltd (VTD 10234)	52.251
Porters End Estates Ltd (VTD 15872)	52.403
Portland College (VTD 9815)	19.61, 19.87
Portman Escort Agency (VTD 19728)	62.295
Portnacraig Inn & Restaurant (VTD 11528)	36.647

Portsmouth City Football Club Ltd, Ch D [2010] EWHC 75 (Ch); [2011] STC 683 .... 48.37
Portswood Haulage Contractors (VTD 6556) 18.384
Portugal Telecom v Fazenda Pública, ECJ Case C-496/11; [2013] STC 158 .... 22.494
Portuguese Republic, European Commission v, ECJ Case C-276/98; [2001] BTC 5135 .... 22.295
Portuguese Republic, European Commission v, ECJ Case C-462/05; 12 June 2008 unreported 22.294
Portuguese Republic, European Commission v, ECJ Case C-524/10; 8 March 2012 unreported 20.260
Posnania Investment SA, Minister Finansów v, CJEU Case C-36/16; [2017] STC 1764 .... 20.2
Post Form Products (VTD 9767) 52.245
Post Office (The), QB [1995] STC 749 .... 3.55
Post Office (The) (VTD 14075) 62.116
Post Office, Hitchcock v, EAT [1980] ICR 100 .... 7.92
Post Office, Tanna v, EAT [1981] ICR 374 .... 7.92
Postlethwaite (T) (t/a TP Transport) (VTD 14925) 40.20
Postproof Ltd (VTD 18547) 50.65
Posturite (UK) Ltd (VTD 7848) 19.60
Potter (P & R), CA 1984, [1985] STC 45 .... 1.97
Potterburn Ltd (VTD 15912) 18.81
Potters Lodge Restaurant Ltd (VTD 905) 67.135
Pottie (AD) (VTD 5460) 67.116
Potton (JG & MU) (VTD 2882) 36.49
Potts (G) (t/a Landmark) (VTD 18467) 50.86
Potts (KM) (VTD 17390) 62.311
Pouladdej (A), [2010] UKFTT 592 (TC), TC00842 .... 52.308
Poulett, Berkley v, [1976] 241 EG 911 .... 15.313
Poullais (A & A) (t/a Nightingale Café) (VTD 14140) 65.96
Poulton Park Golf Club Ltd (VTD 4653) 18.539
Poultries Al Hilal Ltd (VTD 20381) 15.341
Powa (Jersey) Ltd, UT [2012] UKUT 50 (TCC); [2012] STC 1476 .... 36.138
Powell (DL) (VTD 7933) 18.361
Powell (GP) (VTD 17380) 2.75, 35.25
Powell (J) (VTD 5261) 51.90
Powell (R & A) (VTD 601) 58.23
Powell (RG) (t/a Anwick Agricultural Engineers) (VTD 14520) 55.51
Power (JW), [2000] VATDR 175 (VTD 16748) 2.206
Power Leasing Ltd, [1984] VATTR 104 (VTD 1661) 36.366
Power TV Ltd (VTD 20565) 36.731
Poyser & Holmes (VTD 7059) 52.138
PPG Publishing Ltd (VTD 3047) 44.80
PPUH Stehcemp sp. j. Florian Stefanek, Janina Stefanek, Jarosław Stefanek v Dyrektor Izby Skarbowej w Łodzi, Case C-277/14 .... 22.118
PR Mitchell Ltd (VTD 9394) 52.284
PR Mitchell Ltd (VTD 9394) 52.284
PR Powersaving Solutions, [2016] UKFTT 386 (TC), TC05140 .... 18.299
Practitioner (A) (VTD 18459) 2.221
Praesto Consulting UK Ltd, [2019] EWCA Civ 353 .... 36.251
Pratt (TJ) (VTD 17718) 51.146
Pre-School Learning Alliance (The) (VTD 17737) 11.46
Prebble (C & H) (t/a Monks Kitchen) (VTD 16631, VTD 19331) 50.138
Precious Metal Industries (Wales) Ltd (VTD 7750) 52.285
Premiair Charter Ltd (VTD 15129) 52.409
Premier Aluminium & Glass Ltd (VTD 6831) 52.219
Premier Despatch Ltd (VTD 20231) 18.415
Premier Family Martial Arts LLP, [2020] UKFTT 1 (TC), TC07509 .... 21.39
Premier Foods (Holdings) Ltd, Ch D 2007, [2008] STC 176 .... 29.173
Premier Joint Ventures Ltd, [2010] UKFTT 135 (TC), TC00444 .... 40.59
Premier Leisure (Events) Ltd (VTD 19320) 18.400

Table of Cases — K to Z

Premier Motor Yacht Charters Ltd (VTD 15506)	7.36
Premspec Group Ltd (The), [2020] UKFTT 167 (TC), TC07653	4.33
Prescott (J) (VTD 529)	7.18
Prescription Eyewear Ltd, [2013] UKFTT 357 (TC), TC02759	20.124
Presentway Ltd (VTD 17383)	51.130
Pressland (D) [1995] VATDR 432 (VTD 13059)	60.10
Prestige Freight (VTD 17614)	4.24
Preston (R) (VTD 5702)	62.335
Preston, ex p., R v CIR, HL [1985] STC 282	2.320
Prestonfield Golf Club Ltd (VTD 14841)	18.197
Pret A Manger (Europe) Ltd (No 1) (VTD 16246)	29.80
Pret A Manger (Europe) Ltd (No 2) (VTD 19755)	29.32
Price (AJ & K) (VTD 20700)	15.353
Price (AK) (VTD 5927)	18.45
Price (AJ & K) (VTD 20700)	15.353
Price (J) [2010] UKFTT 634 (TC), TC00873	15.316
Price (M & D) Bros Ltd (VTD 713)	62.616
Price Legand Offset International Ltd (VTD 7066)	18.58
Pride & Leisure Ltd (VTD 6911)	40.31
Primback Ltd, ECJ Case C-34/99, [2001] STC 803; [2001] 1 WLR 1693; [2001] All ER (EC) 735	22.267
Primboon Ltd (VTD 7757)	18.271
Prime Agency Recruitment Ltd (VTD 18043)	18.287
Princess Louise Scottish Hospital (The) [1983] VATTR 191 (VTD 1412)	19.48
Princess Royal Sports Club (VTD 16227)	15.135
Princi London Ltd, [2014] UKFTT 597 (TC), TC03722	18.297
Principal & Fellows of Lady Margaret Hall, [2014] UKFTT 1092 (TC), TC04181	21.47
Print On Time (Pontefract) Ltd (VTD 11458)	52.204
Prior (MJ & Mrs KE) (VTD 7978)	51.41
Prior Diesel Ltd (VTD 10306)	52.222
Pritchard (P & B) (VTD 18019)	41.169
Private & Confidential Ltd, [2009] UKFTT 59 (TC), TC00038	47.58
Probelook Ltd [1989] VATTR 303 (VTD 4538)	62.301
Probyn (T) (VTD 10679)	17.2
Processed Vegetable Growers Association Ltd [1973] VATTR 87 (VTD 25)	2.42, 62.44
Procter & Gamble UK (No 1) (VTD 18381)	29.201
Procter & Gamble UK (No 2), CA [2009] STC 1990; [2009] EWCA Civ 407	29.201
Profaktor Kulesza Frankowski Józwiak Orlowski sp j, Dyrektor Izby Skarbowej w Bialymstoku v, ECJ Case 188/09; 29 July 2010 unreported	22.561
Profant, Ministère Public & Ministry of Finance v, ECJ Case 249/84; [1985] ECR 3237; [1986] 2 CMLR 378	22.439
Professional Footballers Association (Enterprises) Ltd, HL [1993] STC 86	67.12
Professional Testing Services Ltd (VTD 6689)	18.358
Profile Security Services Ltd, QB [1996] STC 808	18.534
Profitube spol sro, ECJ Case C-165/11; [2013] STC 538	22.103
Progenitive Chemicals Ltd (VTD 6591)	52.71
Project Research & Evaluation Ltd (VTD 13183)	18.292
Promanex Group Ltd (VTD 19500)	18.481
Pro Med Logistik GmbH, ECJ Case C-454/12; 27 February 2014 unreported	20.108
Promociones y Construcciones BJ 200 SL, Re, ECJ Case C-125/11; [2014] STC 237	20.240
Prontobikes Ltd (VTD 13213)	1.29
Proops (J) (t/a JP Antiques) (VTD 16409)	53.5
Propaganda Pictures Ltd (VTD 20613)	52.448
Property Development Company NV v Belgische Staat, ECJ Case C-16/14; [2015] All ER (D) 179	22.276
Property Enterprise Managers Ltd (VTD 7711)	36.530
Property & Investment Centre Ltd (VTD 11686)	52.296
Prospects Care Services Ltd, [1997] VATDR 209 (VTD 14810)	33.64
Prosser (SJ) (VTD 15461)	44.148

Case	Reference
Proto Glazing Ltd (VTD 13410)	4.20
Prottey (GM) (t/a The Lord Nelson) & Brampton (MW) (VTD 16730)	47.61
Provident Direct Sales (Holdings) Ltd (VTD 3952)	18.239
Provident Financial plc (VTD 10215)	67.50
Prudential Assurance Co Ltd (VTD 17030)	27.73
Prudential Assurance Co Ltd (No 2) (VTD 19364)	27.28
Prudential Assurance Co Ltd (No 3), [2006] VATDR 301 (VTD 19607)	32.15
Prudential Assurance Co Ltd (No 4) (VTD 19675)	2.229
Prudential Assurance Co Ltd (No 5), [2008] VATDR 439 (VTD 20957)	3.124
Pryce (RWJB & GH) (VTD 6398)	52.76
PSI Engineering Ltd, [2011] UKFTT 765 (TC), TC01602	2.354
PSL Freight Ltd, Ch D [2001] BTC 5437	35.19
PT Garrett & Sons (Contractors) Ltd (VTD 7073)	52.107
PTE plc (t/a Physique) (VTD 20722)	18.260
Pubblico Ministero v Ratti, ECJ Case 148/78; [1979] ECR 1629; [1980] 1 CMLR 96	22.20
Public & Commercial Services Union, Ch D 2003. [2004] STC 376; [2003] EWHC 2845(Ch)	3.176
Public Relations Co Ltd (VTD 20676)	18.492
Puffer v Unabhängiger Finanzsenat Außenstelle Linz, ECJ Case 460/07; [2009] STC 1693	22.504
Pugh (A) (VTD 17202)	62.306
Pugh (C) (VTD 17093)	18.229
Pugh (JH & H) (VTD 16034)	36.542
Punchwell Ltd, [1981] VATTR 93 (VTD 1085)	59.2
Purdue (Dr BN) (VTD 13430)	2.73
Purdue (JR & S), [1994] VATTR 387 (VTD 11779)	36.532
Pure Atma Ltd (VTD 18716)	29.61
Pure Independence (UK) Ltd, [2011] UKFTT 611 (TC), TC01454	19.35
Purewal (AS) and Others (VTD 2055)	36.339
Purite Ltd (VTD 16161)	18.348
Purple Parking Ltd, ECJ Case C-117/11; [2012] STC 1680	22.598
Purple Telecom Ltd, UT [2013] UKUT 49 (TCC); [2013] STC 1276	2.197
Purshotam M Pattni & Sons, QB 1986, [1987] STC 1	62.411
Pursol Ltd (VTD 5721)	52.26

Q

Case	Reference
Q-Com Maintenance Ltd (VTD 12918)	18.336
Q Inns Ltd (VTD 8929)	29.46
Q & B Motor Accessories Ltd (VTD 6037)	18.402
Qaisar (MS) (VTD 18098)	2.254
Qaisar (MS), Ch D 2004, [2005] STC 119; [2004] EWHC 506 (Ch)	50.57
Qcom Maintenance Ltd (VTD 13933)	14.28
QED Marine [2001] VATDR 534 (VTD 17336)	66.9
QSR Ltd (t/a First Taste) (VTD 19528)	29.26
Quad (Civil Engineering) Ltd (VTD 6093)	18.311
Quaife (R) (VTD 1394)	41.80
Quaker Trading Ltd (VTD 20604)	29.198
Quality Care Homes Ltd (VTD 7391)	36.517
Quality Embryo Transfer Co Ltd (VTD 7538)	18.384
Quantum Learning Curve (VTD 19181)	5.9
Quarriers (No 1), [2008] VATDR 290 (VTD 20660)	15.128
Quarriers (No 2), [2008] VATDR 192 (VTD 20670)	7.71
Quarterman (AD) (VTD 6200)	52.106
Quay Marine Ltd (VTD 9054)	52.166
Quaysiders Club Ltd (VTD 17204)	24.58
Qubit (UK) Ltd (VTD 9073)	18.400
Queen Mary University of London (No 1) (VTD 20960)	2.407
Queen Mary University of London (No 2), [2011] UKFTT 229 (TC), TC01094	62.593

Table of Cases — K to Z

Queen's Club Ltd (The), [2017] UKFTT 700 (TC), TC06119 .... 46.74
Queens Park Football Club Ltd [1988] VATTR 76 (VTD 2776) 41.161
Queensborough Motors (VTD 1139) 44.67
Queenspice Ltd, UT [2011] UKUT 111 (TCC); [2011] STC 1457 .... 3.110
Queghan Construction Co Ltd (VTD 1538) 36.394
Quest Trading Co Ltd (in liquidation) [2006] VATDR 202 (VTD 19909) 2.273
Quex Park Estates Ltd, [2010] UKFTT 126 (TC), TC00437 .... 36.378
Quigley, R v, CA Criminal Division, [2002] BTC 5518; [2002] EWCA Crim 2148 .... 49.14
Quintain Estates Development plc [2005] VATDR 123 (VTD 18877) 48.11
Quintiles (Scotland) Ltd (VTD 18790) 8.39
Quinton (I & L) (VTD 19117) 50.56
Quistclose Investments Ltd, Barclays Bank Ltd v, HL [1970] AC 567 .... 37.9

R

R v Asif, CA Criminal Division 1985, 82 Cr AR 123, [1985] CLR 679 .... 49.3
R v C & E (ex p. BLP Group plc), CA 1993, [1994] STC 41 .... 2.309
R v C & E (ex p. Building Societies Ombudsman Co Ltd), CA [2000] STC 892 .... 48.49
R v C & E (ex p. Cohen), QB 3 December 1998 unreported 2.307
R v C & E (ex p. Dangol t/a The Great Kathmandu Tandoori), QB 1999, [2000] STC 107 .... 2.305
R v C & E (ex p. Greater Manchester Police Authority), CA [2001] STC 406; [2001] EWCA Civ 213 .... 42.10
R v C & E (ex p. Harris), QB [1999] STC 1016 .... 14.77
R v C & E (ex p. Kay & Co Ltd and Others), QB [1996] STC 1500 .... 48.48
R v C & E (ex p. Lacara Ltd), QB [1998] STI 576 .... 36.705
R v C & E (ex p. Littlewoods Home Shopping Group Ltd), CA [1998] STC 445 .... 58.37
R v C & E (ex p. Lunn Poly Ltd & Another), CA [1999] STC 350 .... 22.8
R v C & E (ex p. McNicholas Construction Co Ltd & Others), QB [1997] STC 1197 .... 14.76
R v C & E (ex p. Nissan UK Ltd), CA 1987, [1988] BTC 8003 .... 44.39
R v C & E (ex p. Popely), QB [1999] STC 1016 .... 14.77
R v C & E (ex p. Richmond & another), QB 1988, [1989] STC 429 .... 36.736
R v C & E (ex p. Sims), QB 1987, [1988] STC 210 .... 29.25
R v C & E (ex p. Strangewood), QB [1987] STC 502 .... 36.703
R v C & E (ex p. X Ltd), QB [1997] STC 1197 .... 14.76
R v Chief Constable of Warwickshire Constabulary (ex p. Fitzpatrick & Others), QB [1998] 1 All ER 65 .... 14.77
R v Choudhury, CA Criminal Division [1996] STC 1163 .... 49.4
R v CIR (ex p. Preston), HL [1985] STC 282 .... 2.320
R v Citrone (C & J), CA 1998, [1999] STC 29 .... 49.12
R v City of London Magistrates (ex p. Asif & Others), QB [1996] STC 611 .... 14.81
R v City of London Magistrates' Court (ex p. Peters), QB 1996, [1997] STC 141 .... 14.82
R v Collier, CA Criminal Division 1997 STI 474 .... 49.11
R v Dealy, CA Criminal Division 1994, [1995] STC 217 .... 49.10
R v Eleftheriou & Another, CCA [1993] BTC 257 .... 49.7
R v Epsom Justices (ex p. Bell and Another), QB 1988, [1989] STC 169 .... 14.80
R v Fairclough, CA Criminal Division 1982 (unreported) 49.2
R v Fisher & Others, CA Criminal Division, [1989] STI 269 .... 49.28
R v Flax Bourton Magistrates' Court (ex p. C & E Commrs), QB 1996 unreported 49.9
R v Generalbundesanwalt beim Bundesgerichtshof, ECJ Case C-285/09; [2011] STC 1387 .... 22.609
R v Ghosh, CA [1982] 3 WLR 110; [1982] 2 All ER 689 .... 50.30
R v Goodwin & Unstead, ECJ Case C-3/97; [1998] STC 699; [1998] 3 WLR 565; [1998] All ER (EC) 500 .... 22.88
R v Hashash, CA Criminal Division 2006, [2008] STC 1158; [2006] EWCA Crim 2518 .... 49.13
R v Henn & Darby, HL 1980, [1981] AC 850; [1980] 2 All ER 166 .... 22.2

Table of Cases — K to Z

R v HM Treasury (ex p. British Telecommunications plc), ECJ Case C-392/93; [1996] 1 ECR 1631; [1996] 2 CMLR 217; [1996] 3 WLR 303; [1996] All ER (EC) 401 .... 22.35
R v HM Treasury & Another (ex p. Service Authority for the National Crime Squad and Others), QB [2000] STC 638 .... 42.8
R v Holborn Commrs (ex p. Rind Settlement Trustees), QB [1974] STC 567 .. 52.24, 52.25
R v Ike, CA Criminal Division 1995, [1996] STC 391 .... 49.5
R v Kelsey, 1981, 74 Cr App R 213 .... 49.7
R v McCarthy, CA Criminal Division, [1981] STC 298 .... 49.1
R v McIntosh, CA [2011] EWCA Crim 1501; [2011] STC 2349 .... 49.22
R v Manchester VAT Tribunal (ex p. C & E Commrs), QB 1982 (unreported) 2.224
R v Marsden, CA [2011] EWCA Crim 1501; [2011] STC 2349 .... 49.22
R v Matthews, CA Criminal Division [2008] EWCA Crim 423 .... 49.27
R v Mavji, CA Criminal Division, [1986] STC 508 .... 49.25
R v May, HL 2008, [2009] STC 852; [2008] UKHL 28 .... 49.19
R v Ministry of Agriculture, Fisheries & Food (ex p. Hedley Lomas (Ireland) Ltd), ECJ Case C-5/94; [1996] 1 ECR 2553; [1996] 2 CMLR 391; [1996] All ER (EC) 493 .... 22.33
R v Ministry of Defence (ex p. Smith), CA 1995, [1996] QB 517; [1996] 1 All ER 257 .... 42.8
R v North & East Devon Health Authority (ex p. Coughlan), CA [2001] 1 QB 213 .... 22.643
R v Northampton Magistrates' Court (ex p. C & E Commrs), QB [1994] BVC 111 .... 49.8
R v Quigley, CA Criminal Division, [2002] BTC 5518; [2002] EWCA Crim 2148 .... 49.14
R v Randhawa & Others, CA Criminal Division, [2012] EWCA Crim 1 .... 49.33
R v Redford, CA Criminal Division, [1988] STC 845 .... 49.26
R v Ryan & Others, CA Criminal Division, [1994] STC 446 .... 49.29
R v Sangha & Others, CA Criminal Division, [2008] EWCA Crim 2562; [2009] STC 570 .... 49.20
R v Secretary of State for Employment (ex p. Equal Opportunities Commission), HL [1994] 1 All ER 910 .... 22.37
R v Secretary of State for the Home Department (ex p. Brind), HL [1991] 2 WLR 588; [1991] 1 All ER 720 .... 52.466
R v Secretary of State for Transport (ex p. Factortame Ltd & Others) (No 3), ECJ Case C-48/93; [1996] 1 ECR 1029; [1996] 1 CMLR 889; [1996] 2 WLR 506; [1996] All ER (EC) 301 .... 22.32
R v Stanley, CA 17 September 1998, Times 8 December 1998 .... 49.6
R v Takkar, CA Criminal Division [2011] EWCA Crim 646; [2011] 3 All ER 340 ... 49.21
R v Tower Hamlets London Borough Council (ex p. Chetnik Developments Ltd), HL [1988] AC 858 .... 48.1
R v Uddin, CA Criminal Division [1996] STC 1163 .... 49.4
R v Unstead, CA 1996, [1997] STC 22 .... 62.186
R v VAT Tribunal (ex p. Cohen and others), QB [1984] STC 361 .... 2.304
R v VAT Tribunal (ex p. Conoco Ltd), CA July 1995 unreported 2.310
R v VAT Tribunal (ex p. Jenny Braden Holidays Ltd), QB March 1994 unreported 2.306
R (Criminal Proceedings), ECJ Case C-285/09; 7 December 2010 unreported 22.609
R (oao Accenture Services Ltd) v HMRC, QB [2009] STC 1503; [2009] EWHC 857 (Admin) 2.323
R (oao BMW AG) v HMRC, CA [2009] STC 963; [2009] EWCA Civ 77 .... 59.4
R (oao Brayfal Ltd) v HMRC, QB [2007] EWHC 521 (Admin) 36.708
R (oao Brayfal Ltd) v HMRC (No 2), QB [2009] EWHC 3354 (Admin) 59.5
R (oao British Sky Broadcasting Group plc) v C & E, QB [2001] STC 437; [2001] EWHC Admin 127 .... 2.317
R (oao British Telecommunications plc) v HMRC, QB [2005] STC 1148; [2005] EWHC 1043 (Admin) 48.50
R (oao Capital Accommodation (London) Ltd v HMRC, UT [2012] UKUT 276 (TCC); [2013] STC 303 .... 59.36
R (oao Cardiff County Council) v C & E, CA 2003, [2004] STC 356; [2003] EWCA Civ 1456 .... 48.51
R (oao Clarke and others) [2017] UKUT 379 (TCC) 33.66

Table of Cases — K to Z

R (oao Company of Proprietors of Whitchurch Bridge) *v* HM Treasury, QB [2012] EWHC 3579 (Admin) 42.9
R (oao Corkteck Ltd), QB [2009] STC 1681; [2009] EWHC 785 (Admin) 2.322
R (oao) Durham Company Ltd (The) (trading as Max Recycle), [2016] UKUT 417 (TCC) 20.31
R (oao Elite Mobile plc) *v* C & E, QB 2004, [2005] STC 275; [2004] EWHC 2923 (Admin) 2.442
R (oao ELS Group Ltd)*v* HMRC, 2016] EWCA Civ 663 .... 1.108
R (oao Evolution Export Trading Ltd) *v* HMRC, QB [2007] EWHC 521 (Admin) 36.708
R (oao Federation of Technological Industries & Others) *v* C & E, CA [2004] EWCA Civ 1020; [2004] All ER (D) 612 (Jul) 22.549
R (oao Freeserve.com plc) *v* C & E, QB 2003, [2004] STC 187; [2003] EWHC 2736 (Admin) 2.318
R (oao Greenwich Property Ltd) *v* C & E, Ch D [2001] STC 618; [2001] EWHC Admin 230 .... 2.77
R (oao Greystone Export Trading Ltd) *v* HMRC, QB [2007] EWHC 521 (Admin) 36.708
R (oao GSTS Pathology Llp) *v* HMRC (No 1), QB [2013] EWHC 1801 (Admin); [2013] STC 2017 .... 2.325
R (oao GSTS Pathology Llp) *v* HMRC (No 2), QB 21 June 2013 unreported 2.327
R (oao IDT Card Services Ireland Ltd) *v* C & E, CA [2006] STC 1252; [2006] EWCA Civ 29 .... 67.185
R (oao Indigo Global Trading Ltd) *v* HMRC, QB [2009] EWHC 3126 (Admin) 2.414
R (oao Jersey Minister for Economic Development) *v* HMRC, QB [2012] EWHC 718 (Admin); [2012] STC 1113 .... 20.182
R (oao Just Fabulous (UK) Ltd) *v* HMRC, QB 2007, [2008] STC 2123; [2007] EWHC 521 (Admin) 36.708
R (oao Lower Mill Estate Ltd) *v* HMRC, QB [2008] EWHC 2409 (Admin) 15.355
R (oao Medical Protection Society Ltd) *v* HMRC, QB 2009, [2010] STC 555; [2009] EWHC 2780 (Admin) 39.12
R (oao Metropolitan International Schools Ltd) *v* HMRC, [2019] UKUT 407 (TCC) 2.315
R (oao Mobile Export 365 Ltd) *v* HMRC, QB [2006] STC 1069; [2006] EWHC 311 (Admin) 2.443
R (oao Paul da Costa & Co) *v* Thames Magistrates Court, DC [2002] STC 267; [2002] EWHC Admin 40 .... 14.78
R (oao Premier Foods Holdings Ltd) *v* HMRC, [2015] EWHC 1483 .... 48.46
R (oao Sagemaster plc) *v* C & E, CA [2004] STC 813; [2004] EWCA Civ 25 .... 2.320
R (oao Silicon Graphics Finance SA) *v* HMRC, QB 2006, [2008] STC 1928; [2006] EWHC 1889 (Admin) 2.78
R (oao Spath Holme Ltd) *v* Secretary of State for Transport, the Environment and Regions, HL 2000, [2001] 1 All ER 195 .... 2.110
R (oao States of Guernsey) *v* HM Treasury, QB [2012] EWHC 718 (Admin); [2012] STC 1113 .... 20.182
R (oao Telefonica Europe plc and another), [2016] UKUT 173 (TCC) 2.328
R (oao Teleos plc & Others) *v* C & E, ECJ Case C-409/04; [2008] STC 706 .... 22.606
R (oao Teleos plc & Others) *v* C & E (No 2), CA [2005] STC 1471; [2005] EWCA Civ 200; [2005] 1 WLR 3007 .... 36.709
R (oao TNT Post UK Ltd) *v* HMRC (No 1), ECJ Case C-357/07; [2009] STC 1438 .... 22.305
R (oao TNT Post UK Ltd) *v* HMRC (No 2), QB [2012] EWHC 3380 (Admin); [2013] STC 1306 .... 24.9
R (oao Totel Ltd) *v* First-Tier Tribunal, CA [2012] EWCA Civ 1401; [2013] STC 1557 .... 2.110
R (oao UK Tradecorp Ltd) *v* C & E, QB 2004, [2005] STC 138; [2004] EWHC 2515 (Admin) 36.707
R & F Building Services (VTD 11083) 52.219
R & M International Engineering Ltd (VTD 17278) 65.74
R & M Scaffolding Ltd (VTD 18954, VTD 18955) 15.243
R & N Miller Ltd (VTD 13236) 17.10

R & R Pension Fund, Trustees for, QB [1996] STC 889	6.53
R Burgin Ltd (VTD 5916)	18.148
R Moulding (Contractors Plant) Ltd (VTD 15102)	52.416
R Twining & Co Ltd (VTD 20230)	29.194
R Walia Opticians (London) Ltd (VTD 5085)	18.33
R Walia Opticians Ltd (VTD 15050)	6.55
RA Grendel GmbH v Finanzamt für Körperschaften Hamburg, ECJ Case 255/81; [1982] ECR 2301; [1983] 1 CMLR 379	22.399
Raceshine Ltd (VTD 7688)	36.533
Radcliffe (J), [2015] UKFTT 17 (TC), TC04230	15.40
Radford (M) (t/a Atlantis Trading Co) (VTD 16243)	53.3
Radio Authority (The), [1992] VATTR 155 (VTD 7826)	7.64
RAF Aldergrove Service Institute Fund (VTD 8812)	52.346
Rafferty (ST) (VTD 8911)	52.318
Rahman (MH) (t/a Khayam Restaurant), QB [1998] STC 826	2.285, 3.8
Rahman (MH) (t/a Khayam Restaurant) (No 2), CA 2002, [2003] STC 150; [2002] EWCA Civ 1881	3.9
Rainbow Pools London Ltd (VTD 20800)	15.306
Rainford (JA) (VTD 11011)	18.455
RAL (Channel Islands) Ltd, ECJ Case C-452/03; [2005] STC 1025	22.238
Ram Computercare (Sales) Ltd (VTD 16102)	14.27
Rambla Properties (VTD 13030)	54.3
Ramm (L) (t/a Ramm Louis & Co) (VTD 11242)	36.599
Ramm Contract Furnishing (Northern) Ltd (VTD 9098)	52.243
Rampling (MH), [1986] VATTR 62 (VTD 2067)	62.453
Ramsay (I & Mrs PA) (t/a Kitchen Format) (VTD 12393)	62.349
Ramsey (G & A) (t/a George's Kitchen), [1995] VATDR 484 (VTD 13582)	3.33
Ramsey (MS) (VTD 14280)	18.337
Ramzan (M) (VTD 7725)	52.348
Rana (JD) (VTD 11842)	57.18
Randall Bros (Furs) Ltd (VTD 210)	25.17
Randall Orchard Holdings Ltd (VTD 18046)	55.46
Randhawa (GS & H) (VTD 7704)	52.354
Randhawa (HK) (t/a Mill Hill Food Store) (VTD 16692)	3.149
Randhawa & Others, R v, CA Criminal Division, [2012] EWCA Crim 1	49.33
Randle (Dr MEC) (VTD 9000)	18.530
Rangers Football Club plc (VTD 19159)	2.364
Rank Group plc (The) (No 1), ECJ Case C-259/10; [2012] STC 23	22.428
Rank Group plc (The) (No 2), CA [2015] UKSC 48	22.429
Rank Group plc (No 3), [2019] UKUT 100 (TCC)	48.91
Rank Group plc (No 4), [2020] EWCA Civ 550; [2020] STC 1155	48.155
Rank Group plc and another, [2020] UKUT 117 (TCC), [2020] STC 960	24.21
Rankin (S) (t/a RDR Construction) (VTD 3623)	62.456
Rannoch School Ltd, CS [1993] STC 389	15.232
RAP Group plc, Ch D [2000] STC 980	46.47
Rapid Results College Ltd (The), [1973] VATTR 197 (VTD 48)	5.2
Rapid Sequence Ltd, [2013] UKFTT 432 (TC), TC02826	33.67
Rapide Security & Surveillance Ltd (VTD 20198)	44.154
Raptor Commerce Ltd, [2010] UKFTT 620 (TC), TC00620	48.104
Rashid (Mr & Mrs) (t/a Handy Store) (VTD 13321)	62.108
Rashmi Knitwear & Leisurewear (VTD 20497)	53.10
Rastegar (MR) (t/a Mo's Restaurant), [2010] UKFTT 471 (TC), TC00733	3.112
Rasul, [2017] UKUT 357 (TCC)	3.60
Ratcliffe (TA) (VTD 12396)	18.436
Rathbone Community Industry (VTD 18200)	6.35
Rating Report Ltd, [2011] UKFTT 721 (TC), TC01558	24.28
Ratti, Pubblico Ministero v, ECJ Case 148/78; [1979] ECR 1629; [1980] 1 CMLR 96	22.20
Ravanfar (Mrs C) (VTD 14159)	65.96
Ravenfield Ltd, [2010] UKFTT 359 (TC), TC00641	44.108
Rawlings Bros (GS) Ltd (VTD 7533)	52.261

Table of Cases — K to Z

Rawlings & Lucas (Builders) Ltd (VTD 10252, 10409) 18.260
Ray (Dr KC) (VTD 20516) 36.186
Rayner & Keeler Ltd, QB [1994] STC 724 .... 36.642
Raza (Mrs N) (VTD 17084) 57.26
Razaq (M) & Bashir (M) (t/a Streamline Taxis), [2002] VATDR 92 (VTD 17537) 47.16
Razaq (M), Mushtaq (M) & Azam (M) (t/a Liberty Cars) (VTD 14949) 2.302
Razzak (SA) & Mishari (MA), [1997] VATDR 392 (VTD 15240) 62.529
RBS Deutschland GmbH (No 1), [2004] VATDR 447 (VTD 18840) 2.282
RBS Deutschland GmbH (No 2) (VTD 19055) 2.231
RBS Deutschland GmbH (No 3), CS 2006, [2007] STC 814; [2006] CSIH 10 .... 2.190
RBS Deutschland Holdings GmbH (No 4), ECJ Case C-277/09; [2011] STC 345 ... 22.490
RBS Leasing & Services No 1 Ltd (VTD 15643) 2.39
RBS Leasing & Services No 1 Ltd (and related appeals), [2000] VATDR 33 (VTD 16569) 67.2
RBS Property Developments (VTD 17789) 22.71
RC Frame Erectors Ltd (VTD 7042) 52.258
RCI Europe, ECJ Case C-37/08; [2009] STC 2407 .... 22.230
RCPO v Bowles (P), Oxford Crown Court 7 December 2009, Times 9.12.2009 .... 49.32
RCPO v Chaudhry (EA), QB 2007, [2008] STC 2357; [2007] EWHC 1805 (Admin) 14.49
RCPO v May, CA [2010] STC 1506; [2010] EWCA Civ 521 .... 49.23
RCPO v Pigott, CA [2010] STC 1190; [2010] EWCA Civ 285 .... 49.24
RCPO v Wilmot, Southwark Crown Court 1 July 2008 unreported 49.15
RCPO, Lamb (S) v, CA [2010] EWCA Civ 285 .... 49.24
RCPO, Larkfield Ltd v, CA [2010] EWCA Civ 521 .... 49.23
RDF Management Services Ltd, [2010] UKFTT 74 (TC), TC00387 .... 28.22
RDS Driving Services Ltd, [2017] UKFTT 660 (TC), TC06087 .... 62.607
Read (C) & Smith (D), [1982] VATTR 12 (VTD 1188) 40.70
Reading (R) & Crabtree (R) (t/a Mostyn Lodge Hotel) (VTD 12756) 46.232
Reading Cricket & Hockey Club (VTD 13656) 11.36
Reading Industrial Therapy Organisation Ltd (VTD 15132) 46.85
Readings & Headley Ltd (VTD 1535) 44.10
Readman (M) (VTD 18862) 18.453
Readon Holdings Ltd (VTD 3705) 18.383
Realm Defence Industries Ltd (VTD 16831) 36.21
Really Useful Group (The) plc (VTD 6578) 46.23
Reay (MA) (VTD 20378) 15.76
Reayner (I), Colegate (J) & Reayner (A) (VTD 15396) 57.79
Rebba Construction Ltd, [2009] UKFTT 296 (TC), TC00240 .... 15.258
Rebel Fashions (VTD 15057) 18.388
Recaudadores de las Zonas Primera y Segunda, ECJ Case C-202/90; [1991] 1 ECR 4247; [1993] STC 659; [1994] 1 CMLR 424 .... 22.142
Recolta Recycling SPRL, Belgian State v, ECJ Case C-440/04; 6 July 2006 unreported 22.483
Recreb Srl, Dori (F) v, ECJ Case C-91/92; [1994] 1 ECR 3325; [1994] 1 CMLR 665; [1995] All ER (EC) 1 .... 22.21
Red Barn Contracting Ltd (VTD 6294) 52.281
Red Contractors Ltd, [2011] UKFTT 788 (TC), TC01622 .... 18.495
Red Developments (London) Ltd, [2005] VATDR 215 (VTD 19097) 6.4
Red Giant Promotions Ltd (VTD 15667) 23.2
Red 12 Trading Ltd, Ch D 2009, [2010] STC 589; [2009] EWHC 2563 (Ch) 36.113
Redcats (Brands) Ltd (VTD 19648) 5.36
Redcats (Brands) Ltd (No 2), [2015] UKFTT 376 (TC), TC04558 .... 67.91
Reddrock Ltd, [2014] UKUT 61 (TCC) 2.263
Redford, R v, CA Criminal Division, [1988] STC 845 .... 49.26
Redgrove (R) (VTD 16817) 36.255
Redhead (Mrs WD) (VTD 3201) 29.70
Redington Design Co Ltd (The) (VTD 12656) 36.517
Redland Auto Service Centre Ltd (VTD 15691) 50.46
Redland Timber Co Ltd (VTD 7558) 52.382
Redlihs (A) v Valsts ieņēmumu dienests, ECJ Case C-263/11; [2013] STC 144 .... 20.10

Case	Ref
Redrow Group plc, HL [1999] STC 161; [1999] 1 WLR 408; [1999] 2 All ER 1	36.162
Redwood Birkhill Ltd, [2018] UKUT 189 (TCC)	62.345
Reece (MG) (t/a Mako Consultants) (VTD 13980)	5.19
Reed Employment plc (No 1), [2010] UKFTT 222 (TC), TC00523	2.132
Reed Employment Ltd, CA [2014] EWCA Civ 32	48.41
Reed Personnel Services Ltd, QB [1995] STC 588	33.22
Reeds (E) (VTD 4578)	62.241
Reeds Rains Prudential Ltd, Norglen Ltd v, HL [1999] 2 AC 14	2.272
Reeds School of Motoring (Nottingham) Ltd (VTD 4578)	62.241
Reeds School of Motoring (Sheffield) Ltd (VTD 13404)	62.242
Reemtsma Cigarettenfabriken GmbH v Ministero delle Finanze, ECJ Case C-35/05; [2008] STC 3448	22.625
Rees (C) (VTD 4440)	18.367
Rees (DLG) Partner (t/a Sayes Court Farm) (VTD 6809)	52.69
Reeves (AD), [2016] UKFTT 195 (TC), TC04980	15.271
Reflex Synthesisers Controllers Ltd (VTD 8815)	18.271
Reflexions Market Research Ltd (VTD 4850)	18.190
Refrigeration Spares (Manchester) Ltd (VTD 17852)	2.394
Regalstar Enterprises (VTD 3102)	62.472
Regency Villas Owners Club (The) (VTD 16525)	13.2
Regent Commodities Ltd, UT [2011] UKUT 259 (TCC); [2011] STC 1964	36.129
Regent Investment Fund Ltd (VTD 12152)	52.348
Régie Communale Autonome du Stade Luc Varenne v État Belge, ECJ Case C-55/14; 22 January 2015 unreported	22.393
Régie Dauphinoise-Cabinet A Forest Sarl v Ministre du Budget, ECJ Case C-306/94; [1996] STC 1176; [1996] 1 ECR 3695; [1996] 3 CMLR 193	22.525
Regis Commercial Property (VTD 6617)	52.138
Regular Music Ltd (VTD 15571)	52.147
Reich (L) (VTD 9548)	62.144
Reich (L) & Sons Ltd (VTD 97)	57.224
Reichel Magrath, 1889, 14 AC 665	2.102
Reid (A) (VTD 10403)	52.77
Reid (A) (VTD 10406)	18.66
Reid (BC) (VTD 11625)	62.161
Reid (C) (t/a Glynfield Cleaning Contractors) (VTD 1543)	36.419
Reid (C) (VTD 4103)	18.122
Reid (M), [2013] UKFTT 241 (TC), TC02655	62.496
Reisdorf v Finanzamt Köln-West, ECJ Case C-85/95; [1996] 1 ECR 6257; [1997] STC 180; [1997] 1 CMLR 536	22.555
Reisebüro Binder GmbH v Finanzamt Stuttgart-Körperschaften, ECJ Case C-116/96; [1998] STC 604	22.235
Remlock Design Ltd (VTD 9145)	18.195
Remlock Design Ltd (VTD 9146)	36.571, 36.621
Renaissance Bronzes Ltd (VTD 6849)	52.141
Renco Aviation Ltd (VTD 1646)	36.468
Rendle (JE) (t/a Coventry International English Studies Centre) (VTD 1389)	5.5
Renlon Ltd, [2000] VATDR 442 (VTD 16987)	18.465
Renshall (AP & P) (t/a Kingsway Convenience Store) (VTD 16273)	52.305
Rental Concepts Ltd (VTD 20692)	36.24
Rentexit Ltd (t/a Leadair Technical & Refrigeration) (VTD 10335)	18.455
Renton (WA) (VTD 870)	57.11
Rentorn Ltd (VTD 3334)	46.17
Renwalk Ltd (VTD 1255)	2.291
Republic National Bank of New York [1992] VATTR 299 (VTD 7694)	62.204
Republic of Austria, European Commission v, ECJ Case C-128/05; 28 September 2006 unreported	22.563
Republic of Austria, T-Mobile Austria GmbH and Others v, ECJ Case C-284/04; [2008] STC 184	22.128
Republic of Ireland, European Commission v (No 1), ECJ Case C-358/97; 12 September 2000 unreported	22.146

Table of Cases — K to Z

Republic of Ireland, European Commission *v* (No 2), ECJ Case C-554/07; 16 July 2009 unreported 20.29
Republic of Ireland, European Commission *v* (No 3), ECJ Case C-85/11; [2013] STC 2336 .... 20.25
Republic of Ireland, European Commission *v* (No 4), ECJ Case C-108/11; 14 March 2013 unreported 20.105
Republic of Poland, European Commission *v*, ECJ Case C-639/13; 18 December 2014 unreported 20.114
Republic of Slovenia, SCT dd, bankrupt *v*, CJEU Case C-146/19 .... 20.98
Research Establishment (VTD 19095) 11.11
Resincrest Ltd (VTD 7310) 52.71
Resource Maintenance Ltd (VTD 13204) 6.31
Restaurant Portfolio Ltd (t/a L'Escargot) (VTD 15245) 14.45
Resteel Trading Ltd, [2009] UKFTT 236 (TC), TC00185 .... 4.26
Restorex Ltd, [1997] VATDR 402 (VTD 15014) 14.10
Retro (Scotland) Ltd (VTD 19529) 40.46
Revelstar Ltd (VTD 6734) 51.76
Reverse Osmosis Systems Ltd (VTD 10436) 52.138
Rewe-Zentralfinanz eG & Rewe-Zentral AG *v* Landwirtschaftskammer für das Saarland, ECJ Case 33/76; [1976] ECR 1989; [1977] 1 CMLR 533 .... 22.44
Rey (BE & Mrs CS) (t/a Wood Hall Hotel & Country Club) (VTD 5676) 67.98
Reynolds (B), [2010] UKFTT 40 (TC), TC00354 .... 28.24
Reynolds *v* Commissioner of the Metropolitan Police, CA [1984] 3 All ER 649 ...... 14.77
RGB Contractors (VTD 133) 36.345
RGEX GmbH *v* Finanzamt Neuss, CJEU Case C-374/16 .... 20.251
RHM Bakeries (Northern) Ltd, QB 1978, [1979] STC 72 .... 62.9
Rhodes (DL) (VTD 2883) 62.458
Rhodes (NF) (VTD 14533) 55.45
Rhondda Cynon Taff County Borough Council [2000] VATDR 149 (VTD 16496) 22.155
RHS Structural Engineering Ltd (VTD 7354) 51.16
Rhymney Valley District Council (VTD 6939) 52.382
Rialto Homes plc [1999] VATDR 477 (VTD 16340) 15.325
Ribbans (HV) (VTD 346) 2.91
Rice (BJ) & Associates, CA [1996] STC 581 .... 62.483
Rice (BJ) & Associates (VTD 14659) 2.385
Richard Drewitt Productions Ltd (VTD 11999) 36.455
Richard Haynes Associates (VTD 12300) 46.61
Richard Salmon Ltd (VTD 12126) 5.18
Richards (W) (VTD 11674) 36.231
Richards (WG) (VTD 2355) 62.197
Richards & Goldsworthy (Wales) Ltd (VTD 10346) 65.67
Richardson (D) (VTD 8849) 57.7
Richardson (K) (VTD 18617) 1.35
Richardson (MRW) (VTD 6937) 52.152
Riches (MS) [1994] VATTR 401 (VTD 12210) 36.295
Richford Designs Ltd (VTD 18639) 17.19
Richmond Cars Ltd [2000] VATDR 388 (VTD 16942) 44.69
Richmond Design Interiors Ltd (VTD 13549) 50.88
Richmond Park Maintenance Ltd, [2014] UKFTT 743 (TC), TC03862 .... 41.131
Richmond Resources Ltd (VTD 13435) 40.79
Richmond Theatre Management Ltd, QB [1995] STC 257 .... 62.461
Richmond & Another, ex p., R *v* C & E, QB 1988, [1989] STC 429 .... 36.736
Rickarby (R) [1973] VATTR 186 (VTD 44) 7.91
Ricocrest Ltd (VTD 5179) 18.498
Ridal (Mrs S) (C149) 29.99
Ridgeon (GF) (VTD 17749) 19.74
Ridgeons Bulk Ltd [1992] VATTR 169 (VTD 7655) 62.137
Ridgeons Bulk Ltd, QB [1994] STC 427 .... 3.189
Ridgeway (PJ) (VTD 6140) 52.90
Ridley (A) [1983] VATTR 81 (VTD 1406) 62.157

Ridsdill-Smith (Dr GP) & Partners (VTD 16992)	2.363
Riftmain Ltd (VTD 2819)	36.368
Rightacres Ltd (VTD 19140)	46.110
Riksskatteverket, Förvaltnings AB Stenholmen v, ECJ Case C-320/02; [2004] STC 1041; [2004] All ER (EC) 870	22.578
Riksskatteverket, Hotel Scandic Gasaback AB v, ECJ Case C-412/03; [2005] STC 1311	22.207
Rio Tinto London Ltd, [2014] UKFTT 1059 (TC), TC04152	40.112
Rimland Ltd, QB 1992 (unreported)	2.178
Rimmer (Mrs MA) (VTD 11397)	52.307
Ringer (L) (VTD 20060)	51.154
Ringside Refreshments, Ch D 2003, [2004] STC 426; [2003] EWHC 3043 (Ch)	62.318
Rioni Ltd, QB 7 June 2007, Tax Journal 25.6.2007	36.712
Risbey's Photography Ltd (VTD 20783)	5.33
Risby (BC & ME) (VTD 6544)	46.188
Risktop Consulting Ltd, [2015] UKFTT 469 (TC), TC04636	38.36
Rivella (UK) Ltd (VTD 16382)	29.193
River Barge Holidays Ltd (VTD 572)	67.121
Rivers Machinery Ltd (VTD 7505)	62.476
Riverside Housing Association Ltd, Ch D [2006] STC 2072; [2006] EWHC 2383 (Ch)	15.150
Riverside School (Whassett) Ltd, [1995] VATDR 186 (VTD 13170)	15.105
Riverside Sports & Leisure Ltd, [2008] VATDR 326 (VTD 20848)	67.157
Riverward Ltd (VTD 13094)	65.71
Řízení Letového Provozu ČR sp v Bundesamt für Finanzen, ECJ Case C-335/05; [2007] STC 1509	22.636
RJN Creighton Ltd (VTD 12395)	48.124
RK Enterprises (VTD 17440)	18.254
RLRE Tellmer Property sro v Finanční ředitelství v Ústí nad Labem, ECJ Case C-572/07; [2009] STC 2006	22.389, 62.586
RM Douglas (Roofing) Ltd, Hunt v, HL [1990] 1 AC 398	48.142
RM Education plc (VTD 20911)	21.40
RM Group Services Ltd, [2013] UKFTT 501 (TC), TC02890	18.492
RM Joinery & Double Glazing (VTD 3658)	51.91
RMSG, [1994] VATTR 167 (VTD 11920)	17.5
RMSG (No 2),[1994] VATTR 167 (VTD 11921)	2.225
RMSG (VTD 12520)	52.357
RNIB Properties Ltd (VTD 15748)	11.28
RO Somerton Ltd (VTD 18809)	18.452
Roald Dahl Museum and Story Centre, [2014] UKFTT 308 (TC), TC03445	46.105
Robbie (Mr & Mrs D) (t/a Dunlaw House Hotel), [2009] UKFTT 82 (TC), TC00050	57.29
Robbins (PJ), Ch D 2004, [2005] STC 1103; [2004] EWHC 3373 (Ch)	44.118
Robbins of Putney Ltd (VTD 610)	25.5
Robeda Ltd (VTD 7781)	52.42
Robert Gordon University (Board of Governors), CS [2008] STC 1890; [2008] CSIH 22	21.7
Robert Gordon's College, HL [1995] STC 1093; [1996] 1 WLR 201	22.179
Robert Matthews Ltd (VTD 9801)	52.261
Robert Mullis Restoration Services Ltd (VTD 18501)	57.82
Robert S Monk Ltd (VTD 14346)	52.414
Robert Smith & Sons Ltd (VTD 19010)	48.76
Roberts (AW) (VTD 353)	33.34
Roberts (DM & Mrs PJ) [1992] VATTR 30 (VTD 7516)	41.157
Roberts (J) (VTD 2555)	44.63
Roberts (L) (VTD 15759)	3.116
Robertson (I), [2010] UKFTT 102 (TC), TC00413	15.350
Robertson (J) (VTD 1797)	44.79
Robertson Robertson Construction Co (VTD 2071)	36.413
Robertson's Electrical Ltd, CS 2005, [2007] STC 612; [2005] CSIH 75	62.491
Robin Ellis Contracts Ltd (VTD 18500)	19.45

Robinson (B) (VTD 634)	3.157
Robinson (D) (VTD 12667)	18.103
Robinson (P) (VTD 4063)	55.90
Robinson (P) (VTD 4530)	2.292
Robinson (P) (VTD 12325)	50.23
Robinson (PJ) (VTD 7145)	52.170
Robinson (PJ) (VTD 13102)	52.315
Robinson (S), [1991] VATTR 440 (VTD 6267)	18.10, 18.418
Robinson Cooke (VTD 4040)	18.361
Robinson Family Ltd, [2012] UKFTT 360 (TC), TC02046	65.37
Robotham (KN & DJ) (t/a North Walsham Insurance Services) (VTD 15325)	3.54
Rocco Mana Ltd (t/a Spearmint Rhino Rouge), [2011] UKFTT 153 (TC), TC01027	18.428
Rochdale Drinks Distributors Ltd, CA [2011] EWCA Civ 1116; [2012] STC 186	37.6
Rochdale Hornets Football Club Co Ltd, [1975] VATTR 71 (VTD 161)	41.158
Rock Lambert (VTD 6637)	36.61
Rodcom Europe Ltd (VTD 20874)	18.472
Roden (ND & Mrs RC) (No 1), [2012] UKFTT 586 (TC); [2013] SFTD 44, TC02263	41.110
Roden (ND & Mrs RC) (No 2), [2013] UKFTT 523 (TC), TC02911	41.110
Rodeo Catering Ltd (VTD 11870)	36.675
Roderick Gunkel & Associates Ltd, [2009] UKFTT 308 (TC), TC00252	36.384
Roders BV & Others *v* Inspecteur der Invoerrechten en Accijnzen, ECJ Case C-367/93; [1995] 1 ECR 2229	22.43
Rodopi-M 91 OOD, Teritorialna direktsia na Natsionalnata agentsia za prihodite – Plovdiv *v*, ECJ Case C-259/12; 20 June 2013 unreported	20.252
Roebuck (JB) (VTD 10171)	51.93
Roger Skinner Ltd, [2014] UKUT 204 (TCC)	29.210
Rogers Torbay Ltd (VTD 11389)	48.116
Rok Crete Units Co Ltd (VTD 2660)	18.450
Roman Catholic Diocese of Shrewsbury (VTD 17900)	15.264
Romasave (Property Services) Ltd, [2015] UKUT 254 (TCC)	3.192
Romill Engineering (VTD 3109)	18.44
Romima Ltd and other companies, [2019] UKFTT 736 (TC), TC07494	67.184
Rompelman & Rompelman-van-Deelen *v* Minister van Financiën, ECJ Case 268/83; [1985] 3 CMLR 202; [1985] ECR 655	22.112
Ron Miller Ltd (VTD 5827)	36.225, 62.500
Ronald D Rawcliffe Ltd (VTD 17118)	18.486
Rondini Ltd, [2014] UKFTT 157 (TC), TC03295	11.4
Ronton Haulage Ltd (VTD 2234)	36.675
Rooke (MJ) (VTD 9819)	69.16
Roopers Export Sales Ltd (VTD 10801)	52.203
Roose (BE) (VTD 12350)	52.219
Rootes (TD) (t/a The Shutford Stud) (VTD 6808)	36.298
Roquette Frères SA v Direction des Services Fiscaux du Pas-de-Calais, ECJ Case C-88/99; [2000] All ER(D) 2008	22.53
Rose (K) (t/a KJ Rose Building Services) (VTD 7694)	52.138
Rose Household Textiles Ltd (VTD 7105)	52.155
Rosedew Ltd (VTD 9619)	52.159
Rosenberg (DS) (t/a Crusade) (VTD 14049)	18.291
Rosgill Group Ltd, CA [1997] STC 811; [1997] 3 All ER 1012	67.42
Rosner (FW) (t/a London School of International Business), QB 1993, [1994] STC 228	36.277
Ross & Liddell Ltd (VTD 19559)	46.10
Ross (G) & Metcalfe (S) (VTD 4835)	18.526
Ross Pharmacy Ltd (VTD 20634)	36.74D
Ross Young Holdings Ltd, [1996] VATDR 230 (VTD 13972)	29.136
Rossiter (K & C) (VTD 1452)	7.32
Rotary International, [1991] VATTR 177 (VTD 5946)	64.9
Rotherham Golf Academy, [2009] UKFTT 57 (TC), TC00036	41.40
Rothley Park Golf Club (VTD 2074)	13.33

Round (E) & Son Ltd (VTD 2069)	29.163
Round (K) (t/a Circle Interiors) (VTD 10844)	52.77
Roundhouse Work Ltd (VTD 18595)	52.286
Roundstar Ltd (VTD 15471)	14.4
Rourke (M) (t/a The Market Pantry) (VTD 16671)	29.77
Rouse Kent Ltd (VTD 8862)	52.127
Routledge (KT) (VTD 18395)	41.151
Rowan Timber Supplies (Scotland) Ltd (VTD 16305)	18.458
Rowe (B) (t/a Cheshire Hearing Centre), [2002] VATDR 156 (VTD 17600)	33.13
Rowe & Maw, QB [1975] STC 340; [1975] 1 WLR 1291; [1975] 2 All ER 444	62.54
Rowhildon Ltd v HMRC, [2018] UKFTT 491 (TC), TC06669	6.41
Rowlands (Messrs) (VTD 2752)	18.210
Rowledge (TP) (VTD 12590)	67.149
Rowley (MD) (VTD 5089)	18.530
Roxburgh (JE), [2012] UKFTT 173 (TC), TC01869	50.37
Roy (J) (VTD 9384)	57.58
Roy Conway Industrial Services Ltd (VTD 9439)	18.216
Royal Academy of Music, [1994] VATTR 105 (VTD 11871)	55.15
Royal Agricultural College (VTD 17508)	46.38
Royal & Sun Alliance Insurance Group plc, HL [2003] STC 832; [2003] UKHL 29; [2003] 1 WLR 1387; [2003] 2 All ER 1073	46.221
Royal & Sun Alliance plc (VTD 18842)	46.184
Royal Bank of Canada Trust Corporation Ltd (VTD 20520)	36.702
Royal Bank of Scotland Group plc (No 1), [1999] VATDR 122 (VTD 16035)	48.52
Royal Bank of Scotland Group plc (No 2) (VTD 16418)	3.86
Royal Bank of Scotland Group plc (No 3), CS [2002] STC 575	27.4
Royal Bank of Scotland Group plc (No 4) (VTD 17637)	65.33
Royal Bank of Scotland Group plc (No 5) (VTD 17789)	22.71
Royal Bank of Scotland Group plc (No 6), ECJ Case C-488/07; [2009] STC 461	22.523
Royal Bank of Scotland Group plc (No 7), CS [2008] STC 3301; [2008] CSIH 49	46.170
Royal Bank of Scotland Group plc (No 8), Ch D [2012] EWHC 9 (Ch); [2012] STC 797	38.37
Royal Bank of Scotland plc, re Oval 1742 Ltd, CA [2007] EWCA Civ 1262	37.10
Royal Borough of Kensington & Chelsea, [2014] UKFTT 729 (TC), TC03850	48.162
Royal British Legion Drumnadrochit Branch (VTD 16957)	57.129
Royal British Legion Llandough & Leckwith Club Ltd, [2012] UKFTT 627 (TC), TC02303	2.112
Royal College of Anaesthetists (VTD 18632)	13.21
Royal College of Obstetricians & Gynaecologists (VTD 14558)	48.1
Royal College of Pediatrics and another, [2015] UKUT 38 (TCC); [2015] STC 1243	65.36
Royal Exchange Theatre Trust, QB [1979] STC 728; [1979] 3 All ER 797	7.5
Royal Incorporation of Architects in Scotland (VTD 20252)	38.22
Royal Midland Counties Home for Disabled People, Ch D 2001, [2002] STC 395	11.14
Royal Midland Counties Home for Incurables at Leamington Spa (General Committee), Minister of Health v, CA [1954] 1 Ch 530	15.98
Royal National Lifeboat Institution, [2009] SFTD 55; [2009] UKFTT 39 (TC); TC00017	20.188
Royal Opera House Covent Garden Foundation, [2020] UKUT 132 (TCC); [2020] STC 1170	46.37
Royal Photographic Society, [1978] VATTR 191 (VTD 647)	64.13
Royal Pigeon Racing Association (VTD 14006)	24.57
Royal Scottish Automobile Club (The) (VTD 257)	13.31
Royal Society for the Encouragement of Arts, Manufacture & Commerce (The), QB 1996, [1997] STC 437	11.26
Royal Society for the Prevention of Cruelty to Animals (No 1), [1991] VATTR 407 (VTD 6218)	7.82
Royal Society for the Prevention of Cruelty to Animals (No 2), Ch D 2007, [2008] STC 885; [2007] EWHC 422 (Ch)	2.430

Royal Thames Yacht Club (VTD 14046) 24.45
Royal Troon Golf Club, [2015] UKFTT 121 (TC), TC04326 .... 13.11
Royal Ulster Constabulary Athletic Association Ltd, [1989] VATTR 17 (VTD 3529)
.... 13.26
Royscot Leasing Ltd, ECJ Case C-305/97; [1999] STC 998; [2000] 1 WLR 1151; [1999] All ER (EC) 908 .... 22.501
RPS Consulting Services Limited t/a RPS Business Healthcare, [2020] UKFTT 150 (TC), TC07643 .... 2.41
RR Donnelley Global Turnkey Solutions Poland sp zoo, Minister Finansów v, ECJ Case C-155/12; [2014] STC 131 .... 20.66
RSH Associates Ltd (VTD 19912) 5.40
RSK Newsagents Ltd (VTD 15750) 58.23
RSM Industries Ltd (VTD 2810) 18.243
RSPCA (No 1), [1991] VATTR 407 (VTD 6218) 7.82
RSPCA (No 2) Ch D 2007, [2008] STC 885; [2007] EWHC 422 (Ch) 2.430
RSR Sports Ltd, [2019] UKFTT 678 (TC), TC07453 .... 33.85
RTI Services Ltd (VTD 18512) 10.15
Rubie (S) (VTD 20666) 18.414
Rudd (SP) (t/a Duo's Spa & Sauna) (VTD 16844) 62.289
Rugby Football Union, [2003] VATDR 45 (VTD 18075) 27.66
Rum Runner Casino Ltd (VTD 1036) 24.15
Rumney Rugby Football Club (VTD 19480) 62.127
Rupert Page Developments Ltd (VTD 379) 2.387
Ruse (MH) (VTD 18522) 18.488
Rusedespred OOD v Direktsia Obzhalvane i upravlenie na izpalnenieto Varna, ECJ Case C-138/12; 11 April 2013 unreported 20.243
Rushcombe Ltd (VTD 14727) 36.262
Rushfern Ltd (VTD 1509) 2.302
Rushgreen Builders Ltd (VTD 2470) 36.190
Ruskin College (VTD 16726) 46.203
Rusland Education & Training Ltd (t/a Rusland College) (VTD 19806) 5.40
Russell (A) Heating (VTD 20681) 48.62
Russell (T & GA) (VTD 7534) 52.219
Russguild Ltd (VTD 3321) 51.108
Rustem (EK) (t/a The Dry Cleaners) (VTD 15206) 3.22
Ruttle Plant (Midlands) Ltd (VTD 18048) 65.119
RW Construction (Stockport) Ltd (VTD 3761) 18.6
RW Joinery (Stockport) Ltd (VTD 3761) 18.6
Ryan, R v, CA [1994] STC 446 .... 49.29
Ryan (M) & Townsend (M) (t/a Reliables Fuel Plus) (VTD 12806) 65.43
Ryan Evans Ltd (VTD 5682) 51.11
Ryanair Ltd, CJEU Case C-249/17 .... 22.479
Rye (D) (VTD 7578) 57.170
Rye Mill Garage Ltd (VTD 19060) 48.76
Ryebank Heating Ltd (VTD 7405) 52.107
Ryebank Ltd (VTD 20212) 51.172
Rykneld Thoroughbred Co Ltd (VTD 6894) 7.54

S

S & I Electronics plc (No 3), [2013] UKFTT 296 (TC), TC02702 .... 36.132
S & I Electronics plc (No 4), [2015] UKUT 162 (TCC); [2015] STC 2076 .... 36.133
S & J Property Centres (VTD 16985) 62.425
S & U Stores Ltd (VTD 726) 36.3
S & U Stores plc, QB [1985] STC 506 .... 46.112
S Taylor (Machine Tools) Ltd (VTD 11171) 52.300
SA Belge de Navigation Aerienne Sabena, Defrenne v, ECJ Case 43/75; [1976] ECR 455; [1976] 2 CMLR 98; [1981] 1 All ER 122 .... 22.40
SA Cabinet Diot v France, ECHR Case 49217/99; 22 July 2003 unreported 34.25
SA Dangeville v France, ECHR Case 36677/97; [2003] STC 771; 5 ITLR 604 .... 34.24

Table of Cases — K to Z

SA Gras Savoye v France, ECHR Case 49218/99; 22 July 2003 unreported 34.25
Saab Great Britain Ltd (VTD 20046) 2.404
Sacutia Healthcare Ltd, [2018] UKFTT 699 (TC), TC06844 .... 52.464
Sadiq (MK) (VTD 2160) 44.63
Sadler (R) (t/a Warmfield Group) (VTD 20893) 52.292
Sadri (AA) (t/a Hutosh Commercial) (VTD 694) 25.6
Saeed (M) & Arabian (P) (VTD 1859) 2.161
SAE Education Ltd, SC [2019] UKSC 14 .... 21.13
Safdar (M) (VTD 13646) 53.22
Safeguard Europe Ltd, [2013] UKFTT 145 (TC), TC02543 .... 56.5
Safestore Ltd, [2020] UKUT 322 (TCC) 38.38
Safety Boat Services Ltd (VTD 6487) 65.19
Safeway Stores plc, QB 1996, [1997] STC 163 .... 29.5
Saffron v Australian Federal Commissioners of Tax (No 2), FC(A) [1991] FCR 578
.... 2.175
Saga Holidays plc, [2004] VATDR 94 (VTD 18591) 67.94
Sagar (HS & HK) (t/a AMR Pipeline Products Co) (VTD 12692) 18.508
Sagemaster plc (oao), R v C & E, CA [2004] STC 813; [2004] EWCA Civ 25 .... 2.320
Saheid (M & SN), [2013] UKFTT 38 (TC), TC02458 .... 36.50
Sahib Restaurant Ltd (VTD 20264) 50.104
Sahota (RS) (VTD 14986) 57.197
SAI Jewellers, QB [1996] STC 269 .... 67.64
Saint (WH) (VTD 1147) 21.41
St Andrew's Church Eakring Parochial Church Council (VTD 15320) 55.30
St Andrew's College Bradfield, [2016] UKUT 491 (TCC) 24.60
St Andrew's Motor Homes Ltd (VTD 14100) 19.27
St Andrew's Property Management Ltd (VTD 20499) 15.100
St Anne's Catholic Church [1994] VATTR 102 (VTD 11783) 55.73
St Anne's Distributors Ltd [2010] UKUT 458 (TCC); [2011] STC 708 .... 2.54
St Anne's-on-Sea Lawn Tennis Club Ltd [1977] VATTR 229 (VTD 434) 30.4
St Benedict Trading Ltd [1994] VATTR 376 (VTD 12915) 29.34
St Benedict's School (VTD 7235) 51.40
St Dunstan's [2003] VATDR 634 (VTD 17896) 55.17
St Dunstan's Educational Foundation, CA [1999] STC 381 .... 15.136
St Dunstan's Roman Catholic Church Southborough [1998] VATDR 264 (VTD 15472) 15.129
St George's Healthcare NHS Trust, [2014] UKFTT 170 (TC), TC03308 .... 48.17
St George's Home Co Ltd (VTD 10213) 46.226
Saint Gobain Building Distribution Ltd, [2011] UKFTT 461 (TC), TC01311 ..... 18.558
St Helens School Northwood Ltd, Ch D 2006, [2007] STC 633; [2006] EWHC 3306 (Ch) 46.144
St Honore Mailles (Scotland) Ltd (VTD 18901) 53.10
St James Court Hotel Ltd (VTD 17487) 46.23
St John's College Oxford, [2010] UKFTT 113 (TC), TC00424 .... 46.143
St Martin's Healthcare Ltd (VTD 20778) 3.83
St Martin's Hospital, CA [1997] STC 445 .... 19.3
St Martin's Medical Services Ltd (No 1) (VTD 20778) 3.83
St Martin's Medical Services Ltd (No 2), [2012] UKFTT 485 (TC); [2012] SFTD 1319, TC02162 .... 3.83
St Mary Magdalene College Cambridge (Master & Fellows), [2011] UKFTT 680 (TC), TC01522 .... 46.153
St Mary's Roman Catholic High School, QB [1996] STC 1091 .... 15.247
St Paul's Community Project Ltd, Ch D 2004, [2005] STC 95; [2004] EWHC 2490 (Ch) 15.122
St Petroc Minor Vicar and Parochial Church Council (VTD 16450) 55.58
Sajawal (S) (VTD 10971) 57.186
Saleem (FA) (VTD 12995) 33.46
Saleh (E) (VTD 20288) 58.21
Salevon Ltd, QB [1989] STC 907 .... 18.270
Salisbury (Miss K), [2013] UKFTT 265 (TC), TC02673 .... 65.96

CXCV

Table of Cases — K to Z

Scottish Solicitors' Discipline Tribunal (The), [1989] VATTR 138 (VTD 3539) 7.97
Scottish Tourist Board (VTD 16883) 46.8
Scotts Group Ltd (VTD 20924) 36.208
Scout Association Trust Corporation and Others v Secretary of State for the Environment, CA [2005] STC 1808; [2005] EWCA Civ 980 .... 67.10
Scrace (C) & Keeshan (E), Ch D 2006, [2007] STC 269; [2006] EWHC 2646(Ch) 47.4
Scrimsign (Micro-electronics) Ltd, [2014] UKFTT 866 (TC), TC03982 .... 18.294
SCS Peterbroeck Van Campenhout & Cie v Belgium, ECJ Case C-312/93; [1995] 1 ECR 4599; [1996] 1 CMLR 793; [1996] All ER (EC) 242 .... 22.49
SCSI-Com Ltd (VTD 17644) 23.12
SD Solutions Ltd, [2010] UKFTT 228 (TC), TC00529 .... 28.6
Sea Chefs Cruise Services GmbH v Ministre de l'Action et des Comptes publics, CJEU Case C-133/18 .... 36.728
Sea Containers Services Ltd, QB [2000] STC 82 .... 66.26
Seagar Enterprises Ltd (t/a Ace Security Services) (VTD 15432) 62.211
Seal (JD) (VTD 4586) 62.502
Sealine International Ltd (VTD 10061) 8.4
Sealjet UK Ltd (VTD 6683) 52.150
Seamill Hydro (VAT Tribunal, unreported) 41.112
Searle (D) (VTD 5900) 51.67
Searle (Mrs SA), [2011] UKFTT 679 (TC), TC01521 .... 15.87
Seatechs Ltd, [2009] UKFTT 146 (TC), TC00114 .... 18.269
Seaton Parochial Church Council (VTD 18742) 55.96
Seaton Sands Ltd & Others (No 1) (VTD 13879) 67.77
Seaton Sands Ltd & Others (No 2) (VTD 15381) 2.438
Secret Hotels2 Ltd, [2014] UKSC 16 .... 1.75
Secretary of State for Business, Innovation & Skills v N Singh Potiwal, Ch D [2012] EWHC 3723 (Ch) 36.113
Secretary of State for Employment, R v (ex p. Equal Opportunities Commission), HL [1994] 1 All ER 910 .... 22.37
Secretary of State for the Environment, Scout Association Trust Corporation and Others v, CA [2005] STC 1808; [2005] EWCA Civ 980 .... 67.10
Secretary of State for the Home Department, Khawaja v, HL 1983, [1984] AC 74; [1983] 1 All ER 765 .... 50.73
Secretary of State for the Home Department, R v, (ex p. Brind), HL [1991] 2 WLR 588; [1991] 1 All ER 720 .... 52.466
Secretary of State for Trade & Industry v Frid, HL [2004] UKHL 24; [2004] All ER (D) 180 (May) 37.19
Secretary of State for Transport, Factortame Ltd & Others v (No 2), ECJ Case C-213/89; [1990] 1 ECR 2433; [1990] 3 CMLR 375; [1991] 1 All ER 70 .... 22.27
Secretary of State for Transport, R v (ex p. Factortame Ltd & Others) (No 3), ECJ Case C-48/93; [1996] 1 ECR 1029; [1996] 1 CMLR 889; [1996] 2 WLR 506; [1996] All ER (EC) 301 .... 22.32
Secretary of State for Transport, the Environment and Regions, R (oao Spath Holme Ltd) v, HL 2000, [2001] 1 All ER 195 .... 2.110
Secretary of State for Work & Pensions, Mote v, CA [2007] EWCA Civ 1324 .... 2.187
Secure Areas Ltd (VTD 7969) 18.405
Securenta Göttinger Immobilienanlagen und Vermögensmanagement AG v Finanzamt Göttingen, ECJ Case C-437/06; [2008] STC 3473 .... 22.492
Securicor Granley Systems Ltd, [1990] VATTR 9 (VTD 4575) 40.94
Securities Commission, Meridian Global Funds Management Asia v, PC [1995] 2 AC 500 .... 36.131
Security Despatch Ltd, [2001] VATDR 392 (VTD 17313) 2.400
SED Essex Ltd, Ch D [2013] EWHC 1583 (Ch) 37.7
Sedat (K) (t/a Sherry's Kebab & Burger Bar) (VTD 9566) 50.111
Seddon Investments (VTD 15679) 44.152
See Europe Ltd (VTD 6926) 18.508
Seeff (G) (t/a TPL Associates), [2013] UKFTT 335 (TC), TC02738 .... 28.8
Seeling v Finanzamt Starnberg, ECJ Case C-269/00; [2003] STC 805 .... 22.201
Sefton I-Tec Ltd (VTD 7813) 52.348

Case	Reference
Segger (Mrs GA) (VTD 18673)	50.10
SEH Holdings Ltd, [2000] VATDR 324 (VTD 16771)	6.3
Selbix Ltd (VTD 20473)	36.23
Selected Growers Ltd (VTD 10)	59.1
Selfridges Retail Ltd, [2007] VATDR 264 (VTD 20314)	58.11
Sellhire Autos Ltd (VTD 10568)	44.65
Selmar Burglar Alarms Co Ltd (VTD 7740)	18.380
Selwyn (L), [1986] VATTR 142 (VTD 2135)	51.104
Semec (Engineering) Ltd (VTD 5963)	18.172
Sempra Metals Ltd, CIR v, HL [2007] STC 1559	2.430
Senatex Gmbh v Finanzamt Hannover-Nord, CJEU C-518/14	20.249
Senergy (UK) Ltd (VTD 19727)	36.154
Senes Sportswear Ltd (VTD 5930)	18.195
Senit Steels Ltd (VTD 6898)	52.151
Serebryannay vek EOOD v Direktsia Obzhalvane i upravlenie na izpalnenieto Varna, ECJ Case C-283/12; [2014] STC 427	20.4
Sergeant (BK) (VTD 9039)	52.180
Serpentine Trust Ltd (No 1), [2014] UKFTT 876 (TC), TC03992	62.130
Serpentine Trust Ltd (The) (No 2), [2018] UKFTT 535 (TC), TC06719	2.449
Servbet Ltd, [2015] UKFTT 130 (TC), TC04335	52.463
Servewell Site Services Ltd (VTD 3291)	18.91
Service Authority for the National Crime Squad and Others, ex p., R v HM Treasury & Another, QB [2000] STC 638	42.8
Sessions (DG & Mrs C) (VTD 13162)	52.396
SET (Services) Ltd (VTD 7420)	52.118
Setar Lines Ltd (VTD 316)	36.174
Setlode Ltd (VTD 7765)	36.373
Seto (SY), CS 1980, [1981] STC 698	3.2
Severnside Machinery Ltd (VTD 10828)	52.153
Severnside Siren Trust Ltd, [2000] VATDR 497 (VTD 16640)	11.16
Sew & Go Ltd, [2012] UKFTT 243 (TC), TC01937	18.496
Seward (D) (VTD 14706)	67.83
Sewards (Electrical) Ltd (VTD 9709)	18.267
Seymour Caravan Sales Ltd, Ch D [2007] STC 309; [2007] EWHC 442 (Ch)	48.8
Seymour Hunter Ltd (VTD 18284)	18.488
Seymour Limousines Ltd (VTD 20966)	2.408
SF Express Courier Ltd, [2012] UKFTT 113 (TC), TC01809	36.184
SFU Barbers Ltd (VTD 19851)	57.200
SGS Holding UK Ltd (VTD 13018)	17.9
Shabani (AR) (E482)	34.3
Shad (MA) (t/a MA Shad Newsagents) (VTD 13145)	57.194
Shadow Photographic Ltd, [2010] UKFTT 467 (TC), TC00729	57.155
Shafiq (M) (VTD 18815)	57.222
Shaklee International & Another, CA [1981] STC 776	8.3
Shalden Millennium Committee (VTD 17897)	19.95
Shalloe (M) (VTD 6234)	18.544
Shamrock Leasing Ltd, [1998] VATDR 323 (VTD 15719)	62.536
Shan Trading Ltd (VTD 15726)	18.66
Shanahan (MJ) (t/a MJS Haulage) (VTD 12634)	18.402
Shani Fashion Industries Ltd (VTD 9789)	40.63
Shanklin Conservative and Unionist Club, [2016] UKFTT 135 (TC), TC04923	64.39
Shanks (Mrs F) (VTD 11015)	57.219
Shanks, Lord Advocate v, CS [1992] STC 928	2.162
Sharif (M) (VTD 1701, VTD 1886)	2.161
Sharland (W & B) (t/a Sharlands Fir Tree Café) (VTD 17387)	2.261
Sharp (Mrs JP) (VTD 6795)	62.407
Sharp (S) & Lockwood (B) (t/a Northern Carpet Group) (VTD 18235)	62.352
Sharpe (CG) (VTD 7679)	18.167
Sharpe (K) (VTD 8914)	51.39
Sharples (DY) (VTD 16234)	57.62
Sharples (JFB & FR), [2008] VATDR 618 (VTD 20775)	15.46

Table of Cases — K to Z

Sharuna Jewellers, [1979] VATTR 14 (VTD 709)	67.62
Shaw (GT) & Whilock (MA) (VTD 3530)	18.282
Shaw (MJ) (t/a Shaw Associates) (VTD 15099)	36.506
Shaw (PJR), Ch D 2006, [2007] STC 1525; [2006] EWHC 3699 (Ch)	44.119
Shaw Lane Estates (VTD 4420)	36.246
Shazia Fashion Fabrics (VTD 7184)	2.302
Shazia Fashion Fabrics (VTD 11020)	50.152
Sheard (J) (VTD 6318)	18.42
Shearer (EC) (VTD 10608)	62.616
Shearer Holdings Ltd (VTD 7088)	18.354
Shearing (HT) (VTD 16723)	7.26
Sheet & Roll Convertors Ltd (VTD 7991B)	36.425
Sheffield & Rotherham Nursing Agency (VTD 11279)	33.23
Sheffield Co-Operative Society Ltd, [1987] VATTR 216 (VTD 2549)	46.25
Sheftz (Mrs S), [2009] UKFTT 316 (TC), TC00260	35.20
Sheiling Trust (Ringwood Waldorf School), [2006] VATDR 1(VTD 19472)	15.123
Shek (CY & TY) (t/a The Golden Bowl Café) (VTD 16509)	2.278
Shek (WS & CK) (t/a Wing Lee Carry Out) (VTD 17047)	34.6
Shek (WS & CK) (t/a Wing Lee Carry Out) (No 2) (VTD 17247)	50.109
Sheldon (P) (t/a Nova Gold) (VTD 16551)	31.1
Sheldon School (VTD 15300)	15.299
Sheldrake (JM) (VTD 16119)	18.530
Shelfside Holdings Ltd, [2012] UKFTT 290 (TC), TC01978	52.465
Shell International Petroleum Co Ltd, [2005] VATDR 503 (VTD 19345)	36.27
Shelston (Construction) Ltd (VTD 6616)	52.178
Shendish Manor Ltd, [2004] VATDR 64 (VTD 18474)	65.126
Shephard (WF) (VTD 2232)	51.57
Shepherd (RW), [1994] VATTR 47 (VTD 11753)	25.37
Sheppard (RW & B), [1977] VATTR 272 (VTD 481)	41.120
Sheppard (TH) (VTD 13815)	44.45
Sheraton (Blythswood) Ltd, Villaswan Ltd v, CS 9 November 1998, Times 7.1.1999	32.42
Sherburn Aero Club Ltd (VTD 18540)	24.42
Sherlock & Neal Ltd (VTD 18793)	55.77
Sherman (J) & Perilly (S), Ch D [2001] STC 733	36.64
Sherratt (D & Mrs E), [2011] UKFTT 320 (TC), TC01180; [2011] UKFTT 381 (TC), TC01236	15.77
Sherriff (KJ) (VTD 10820)	18.436
Sherwin (DE) (VTD 3299)	7.19
Sherwin (JS) & Green (RK) (VTD 16396)	15.45
Shields (JW) (VTD 15154)	15.15
Shields (R), [2014] UKUT 453 (TCC)	15.50
Shields & Sons Partnership (No 1), [2014] UKFTT 944 (TC), TC04057	26.2
Shields & Sons Partnership (No 2), CJEU Case C-262/16; [2017] STC 2205	20.263
Shinewater Association Football Club (VTD 12938)	15.110
Shingler Risdon Associates (VTD 2981)	62.198
Shingleton, Ch D [1988] STC 190	51.8
Shipping & Forwarding Enterprise (SAFE) BV, Staatssecretaris van Financiën v, ECJ Case 320/88; [1990] 1 ECR 285; [1991] STC 627; [1993] 3 CMLR 547	22.161
Shipquay Enterprises Ltd (VTD 6741)	52.382
Shire Equip Ltd (VTD 1464)	65.4
Shiri Guru Nanaka Sikh Temple (VTD 14972)	15.260
Shirlaw Allan & Co (VTD 2596)	18.371
Shokar (MS) (t/a Manor Fish Bar), [1998] VATDR 301 (VTD 15674)	17.16
Shokrollahi (B) (t/a BS Mondial) (VTD 13781)	35.16
Shomdul (MSI) (VTD 6348)	18.103
Shoot Super Soccer Ltd (VTD 6882)	52.71
Shore (A) (VTD 5799)	52.132
Short (B) (VTD 6694)	18.361
Short (HR), [1983] VATTR 94 (VTD 1408)	57.97
Short (RK) (VTD 4296)	62.58

Case	Reference
Shorter (MJ) (t/a Ideal Scaffolding) (VTD 17277)	65.73
Showmarch Marketing Ltd, QB 1993, [1994] STC 19	67.173
Showtry Ltd (VTD 10028)	30.10
Shroufi (S & H) (t/a Morris Grange Nursing Home) (VTD 14852)	15.256
Shrowder (W) (VTD 20912)	14.86
Shurgard Storage Centres UK Ltd (VTD 20797)	6.13
Shuttleworth & Co, [1994] VATTR 355 (VTD 12805)	62.356
Sibcas Ltd, [2017] UKUT 298 (TCC)	20.170
Siberian Trading Co Ltd (VTD 14229)	8.4
Siddique (M) (VTD 9244)	52.215
Siddiquee (SH) (VTD 20295)	3.54
Sidgwick (R), [2010] UKFTT 421 (TC), TC00695	15.303
Sig Video Gems Ltd (VTD 12486)	18.9
Sign Specialists Ltd (VTD 4477)	18.384
Silicon 8 Ltd, [2013] UKFTT 361 (TC), TC02761	36.140
Silicon Graphics Finance SA, oao, R v HMRC, QB [2006] EWHC 1889 (Admin); [2006] All ER (D) 311 (Jul)	2.78
Silicon Valley Estates Ltd (VTD 11017)	7.34
Silver (G), [2011] UKFTT 644 (TC), TC01486	15.69
Silver Knight Exhibitions Ltd (VTD 10569)	52.268
Silver Software Consultants Ltd (VTD 19236)	18.197
Silverdale Transport Ltd (VTD 5192)	18.35
Silvergum Solutions Ltd, [2013] UKFTT 397 (TC), TC02793	36.535
Silvermere Golf and Equestrian Centre Ltd, [1981] VATTR 106 (VTD 1122)	40.101
Silversafe Ltd v Hood & Others, Ch D 2006, [2007] STC 871; [2006] EWHC 1849 (Ch)	22.661
Sim (JP) & Co (VTD 2543)	18.332
Simister (AG & Mrs W) (VTD 12715)	15.23
Simkins Partnership (The) (VTD 9705)	52.98
Simmenthal SpA, Amministrazione delle Finanze dello Stato v, ECJ Case 106/77; [1978] ECR 629; [1978] 3 CMLR 263	22.23
Simmons (B & PD) (VTD 7996)	4.3
Simmons (E) (VTD 6622)	19.58
Simon Coates, [2015] UKFTT 460 (TC), TC04628	52.461
Simon Harris Hair Design Ltd, [1996] VATDR 177 (VTD 13939)	41.84
Simon Macczak Transport (VTD 10887)	52.127
Simple Solutions GB Ltd, [2013] UKFTT 415 (TC), TC02809	40.17
Simplelink Ltd (t/a Homecare Exteriors) (VTD 11593)	52.113
Simply Cross-stitch, [1985] VATTR 241 (VTD 1968)	1.100
Simply Travel Ltd, Ch D 2001, [2002] STC 194	63.25
Simpson v Norfolk & Norwich University Hospital NHS Trust, CA [2012] 1 All ER 1423	2.275
Simpson & Marwick, CS [2013] CSIH 29; [2013] STC 2275	4.9
Simpson (M) & Scoffin (G) (VTD 7390)	18.353
Sims (CJ), [2010] SFTD 674; [2010] UKFTT 73 (TC), TC00386	28.7
Sims (Mrs DA) (t/a Supersonic Snacks), (R v C & E, ex p.), QB 1987, [1988] STC 210	29.25
Sims (MJC) (VTD 5928)	18.441
Sinclair (A) (t/a The Magpie Bar) (VTD 6589)	18.384
Sinclair (B) (VTD 18079)	57.212
Sinclair (D & J) (VTD 17961)	3.66
Sinclair (IC) (t/a Ian Sinclair & Son) (VTD 12842)	3.128
Sinclair Collis Ltd, ECJ Case C-275/01; [2003] STC 898	22.382
Sinclair Developments Ltd (1466)	36.392
Singer & Friedlander Ltd, [1989] VATTR 27 (VTD 3274)	62.532
Singh (B) (VTD 7584)	52.332
Singh (B) (t/a BS Construction), [2009] UKFTT 245 (TC), TC00194	57.94
Singh (D & J) (t/a Sandhu Brothers) (VTD 9387)	50.84
Singh (G), [2016] UKFTT 643 (TC), TC05376	36.84
Singh (J) & Kaur (G) (t/a Denim House Clothing Co) (VTD 14532)	65.96
Singh (KA) (t/a Borealis) (VTD 20956)	57.153

Singh (M) (VTD 18179) 57.122
Singh (M & N) (t/a The Food Palace & Wine King) (VTD 16378) 47.33
Singh (R) (t/a Best Buy Conventional Store) (VTD 13011) 58.10
Singh (RK) (VTD 2433) 12.17
Singh (M & J) v HM Advocate, HCJ(S) [2001] STC 790 .... 14.79
Singh & Choudry (VTD 7654) 18.363
Singh Potiwal (N), Secretary of State for Business, Innovation & Skills v, Ch D [2012] EWHC 3723 (Ch) 36.113
Sinnett (AT) (VTD 14201) 36.701
Sir John Astor, [1981] VATTR 174 (VTD 1030) 62.379
Siri Behavioural Health (VTD 19016) 11.56
Sirimi Salons Ltd (t/a the Red Salon), [2016] UKFTT 724 (TC), TC05453 .... 51.139
Sirpal Trading Co Ltd (VTD 13288) 3.105
SIS (Science in Sport) Ltd (No 1), [2000] VATDR 194 (VTD 16555) 29.98
SIS (Science in Sport) Ltd (No 2) (VTD 17116) 29.150
Sisson (RA) (VTD 1056) 36.227
Sitar Tandoori Restaurant v C & E Commrs, QB [1993] STC 591 .... 2.51
Sitta v Slovakia, ECHR Case C-48144/06; 26 October 2010 unreported 34.29
Sittingbourne, Milton & District Chamber of Commerce (341) 36.548
Sixth Gear Experience Ltd (VTD 20890) 44.51
SJ Grange Ltd, CA 1978, [1979] STC 183; [1979] 1 WLR 239 .... 3.120
SJ Grange Ltd (VTD 884) 3.49
SJ Phillips Ltd (VTD 17717) 40.100
Sjelle Autogenbrug I/S v Skatteministeriet, CJEU Case C-471/15 .... 20.273
Skandia America Corp (USA), ECJ Case C-7/13; 17 September 2014 unreported 20.6
Skandinaviska Enskilda Banken AB Momsgrupp, ECJ Case C-540/09; [2011] STC 1125 .... 22.413
Skatteministeren, Envirotec Denmark ApS v, CJEU Case C-550/14; [2016] All ER (D) 76 (Jun) 20.238
Skatteministeriet v Henriksen, ECJ Case 173/88; [1989] ECR 2763; [1990] STC 768; [1990] 3 CMLR 558 .... 22.374
Skatteministeriet, Assurandør-Societetet (on behalf of Taksatorringen) v, ECJ Case C-8/01; [2006] STC 1842 .... 22.367
Skatteministeriet, ATP Pension Service A/S v, ECJ Case C-464/12; 12 December 2013 unreported 22.420
Skatteministeriet, C&D Foods Acquisition ApS v, CJEU Case C-502/17 .... 22.422
Skatteministeriet, Cimber Air A/S v, ECJ Case C-382/02; [2005] STC 547 .... 22.448
Skatteministeriet, CopyGene A/S v, ECJ Case C-262/08; [2010] STC 1799 .... 22.311
Skatteministeriet, Danfoss A/S v (No 1), ECJ Case C-371/07; 11 December 2008 unreported 22.208
Skatteministeriet, Dansk Denkavit ApS & Others v, ECJ Case C-200/90; [1992] 1 ECR 2217; [1994] 2 CMLR 377; [1994] STC 482 .... 22.42, 22.615
Skatteministeriet, De Danske Bilimportører v, ECJ Case C-98/05; [2006] 1 ECR 4945 .... 22.284
Skatteministeriet, Fonden Marselisborg Lystbådehavn v, ECJ Case C-428/02; [2006] STC 1467 .... 22.385
Skatteministeriet, I/S Fini H v, ECJ Case C-32/03; [2005] STC 903 .... 22.114
Skatteministeriet, Jyske Finans A/S v, ECJ Case C-280/04; [2006] STC 1744 .... 22.396
Skatteministeriet, Lady & Kid A/S v, ECJ Case C-398/09; [2012] STC 854 .... 22.653
Skatteministeriet, NCC Construction Danmark A/S v, ECJ Case C-174/08; [2010] STC 532 .... 22.531
Skatteministeriet, Nordania Finans A/S v, ECJ Case C-98/07; [2008] STC 3314 ..... 22.530
Skatteministeriet, Sjelle Autogenbrug I/S v, CJEU Case C-471/15 .... 20.273
Skatteministeriet, Sparekassernes Datacenter v, ECJ Case C-2/95; [1997] STC 932; [1997] 1 ECR 3017; [1997] 3 CMLR 999; [1997] All ER (EC) 610 .... 22.403
Skatteverket v AB SKF, ECJ Case C-29/08; [2010] STC 419 .... 22.412
Skatteverket v David Hedqvist, ECJ Case C-264/14; [2015] All ER (D) 05 (Nov) ... 20.159
Skatteverket v PFC Clinic AB, ECJ Case C-91/12; [2013] STC 1253 .... 20.123
Skatteverket v Srf konsulterna AB, CJEU Case C-647/17 .... 20.70
Skatteverket, Aktiebolaget NN v, ECJ Case C-111/05; [2008] STC 3203 .... 22.218
Skatteverket, Daimler AG v, ECJ Case 318/11; [2013] STC 670 .... 22.620

Skatteverket, Kollektivavtalsstiftelsen TRR Trygghetsrådet *v*, ECJ Case C-291/07; [2009] STC 526 .... 20.77
Skatteverket, Skandinaviska Enskilda Banken AB Momsgrupp *v*, ECJ Case C-540/09; [2011] STC 1125 .... 22.413
Skatteverket, X *v*, ECJ Case C-84/09; [2011] STC 189 .... 20.47
Skellett (CH) (t/a Vidcom Computer Services), CS 2003, [2004] STC 201 .... 44.114
Skelmersdale Centre Ltd (The) (VTD 18813) 62.408
Skelton Waste Disposal (VTD 17351) 62.388
Skeltools Ltd (VTD 968) 36.388
Skilton & Gregory (VTD 11723) 29.47
Skingrade Ltd (VTD 4377) 18.195
Skinner (DL), [2010] UKFTT 64 (TC), TC00376 .... 28.5
Skipton Building Society (TC00146) 46.84
Skripalle, Finanzamt Bergisch Gladbach *v*, ECJ Case C-63/96; [1997] STC 1035; [1997] 1 ECR 2847 .... 22.584
Skywell UK Ltd, [2012] UKFTT 611 (TC), TC02288 .... 2.275
Skyview Ballooning Ltd, [2014] UKFTT 032 (TC), TC03173 .... 67.190
Slaby *v* Minister Finansów, ECJ Case C-180/10; [2011] STC 2230 .... 20.9
Slaby *v* Minister Finansów, ECJ Case C-180/10; [2011] STC 2230 .... 20.9
Slater (D) (VTD 12020) 18.103
Slater (N) (VTD 9865) 51.61
Sleaford Rugby Football Club (VTD 9844) 13.38
Slee Blackwell Solicitors (VTD 7263) 18.395
Slide & Seek Ltd, [2014] UKFTT 512 (TC), TC03639 .... 33.86
Sloan Electronics Ltd (VTD 16062) 53.1
Slot (AC) (VTD 15076) 36.56, 41.149
Slouand Ltd (VTD 11701) 52.284
Slough Motor Co (VTD 11818) 18.483
Slovakia, Pokrivka *v*, ECHR Case C-35933/06; 26 October 2010 unreported 34.29
Slovakia, Sitta *v*, ECHR Case C-4814/06; 26 October 2010 unreported 34.29
SM & E Properties Ltd (VTD 7140) 52.138
SMK kft *v* Nemzeti Adó- es Vámhivatal, ECJ Case C-97/14; [2015] All ER (D) 12 .... 20.74
Smallcorn, Hawthorn *v*, Ch D [1998] STC 591 .... 47.73
Smalley (JH) (No 1) (VTD 3894) 36.245
Smalley (JH) (No 2), [2011] UKFTT 134 (TC), TC01008 .... 36.271
Smallman (JE) (VTD 7228) 52.71
Smallman (R) (VTD 11538) 18.369
Smart (TL) (t/a On Tour Catering) (VTD 10303) 18.549
Smart Alec Ltd (VTD 17832) 12.21
Smart County Personnel Ltd (VTD 3751) 18.121
Smart Organiser Ltd, [2020] UKFTT 335 (TC), TC07815 .... 62.405
Smart Voucher Ltd, [2009] UKFTT 169 (TC), TC00131 .... 62.580
Smarter Money Ltd, [2006] VATDR 296 (VTD 19632) 27.33
Smartone Connect Ltd (VTD 12789) 14.2
Smith (A & IA) (VTD 4995) 2.297
Smith (AD) (VTD 2164) 15.104
Smith (AR & A) (t/a Ginger's Fish & Chip Shop) (VTD 5694) 50.113
Smith (ARM) (VTD 2954) 29.127
Smith (AW) (VTD 19113) 52.429
Smith (Dr DA) (VTD 6598) 51.77
Smith (DA) (VTD 1830) 36.620
Smith (DA) (t/a Varcom Sailplane Computers) (VTD 14196) 67.82
Smith (DB) (VTD 5561) 51.86
Smith (DC) (VTD 11382) 52.351
Smith (DE) (VTD 6668) 10.3
Smith (J) (t/a Morecambe Used Car Centre) (VTD 554) 44.63
Smith (JG) (VTD 2917) 51.59
Smith (JH) (LON/x, 23 June 1999 unreported) 2.185
Smith (J & A) (t/a Ty Gwyn Hotel) (VTD 17406) 47.28
Smith (J & SF) (VTD 16190) 47.27

Table of Cases — K to Z

Smith (L), [2014] UKFTT 831 (TC), TC03949	57.145
Smith (M) (VTD 18393)	57.94
Smith (M, G & N), [2001] VATDR 323 (VTD 17035)	15.239
Smith (Mrs ME) (VTD 6921)	51.82
Smith (N) (Mr & Mrs) (VTD 5579)	15.41
Smith (N) (t/a The Chippy) (VTD 11806)	57.121
Smith (NP) (VTD 19064)	55.5
Smith (P) & Ashton (AR) (VTD 3317)	62.438
Smith (R) (t/a Ray Smith Associates) (VTD 6624)	10.3
Smith (RH) (t/a Robert H Smith Investments & Consulting), [2011] UKFTT 576 (TC), TC01419	45.6
Smith (RM) (t/a Smiths Auto Services) (VTD 19702)	44.168
Smith (S) (t/a Heliops UK), [2015] UKFTT 24 (TC), TC04237	36.668
Smith (T) (VTD 1155)	36.675
Smith (T & M) (VTD 13052)	41.134
Smith v Brough, CA [2005] EWCA Civ 261	2.139
Smith, ex p., R v Ministry of Defence, CA 1995, [1996] QB 517; [1996] 1 All ER 257	42.8
Smith & Byford Ltd, [1996] VATDR 386 (VTD 14512)	50.150
Smith & Williamson [1976] VATTR 215 (VTD 281)	43.14
Smith Kline Beecham plc [1993] VATTR 219 (VTD 10222)	29.148
Smith Kline Beecham plc (No 2) (VTD 13674)	29.181
Smith Parkinson (EH) (Motors) Ltd (VTD 4289)	18.163
Smith Wheeler and Hay (VTD 1208)	36.177
Smithers (MJ) (VTD 16100)	18.435
Smiths Foods Ltd [1983] VATTR 21 (VTD 1346)	29.154
Smitmit Design Centre Ltd, QB [1982] STC 525	15.288
SMS Stores Ltd (VTD 17226)	40.52
Smyth (BA) (VTD 5039)	18.124
Snaddon (J) (VTD 19964)	51.188
Snaith (R) (t/a English Rose Collection) (VTD 16997)	62.250
Snape (CJ & K) (t/a The Homelea Hotel) (VTD 13465)	50.161
Snapple Beverage Corporation (VTD 13690)	29.190
Sneller (HK) (VTD 2556)	3.181
Snook v London & West Riding Investments Ltd, CA [1967] 2 QB 786; [1967] 1 All ER 518	10.6
Snow (FD) (VTD 13283)	51.190
Snow Factor Ltd, [2019] UKUT 77 (TCC)	2.448
Snow Factor Ltd, [2020] UKUT 25 (TCC), [2020] STC 551	56.22
Snow Factor Ltd and another company, [2019] UKFTT 664 (TC), TC07439	22.83
Snugglebundl Ltd, [2014] UKFTT 1121 (TC), TC04209	12.10
Snushall Dalby & Robinson QB, [1982] STC 537	5.99
SOC Private Capital Ltd [2002] VATDR 179 (VTD 17747)	38.17
Social Surveys (Gallup Poll) Ltd (VTD 3775)	18.233
Social Workline Ltd (VTD 10351)	52.18
Société Anonyme Gondrand Freres, Administration des Douanes v, ECJ Case 169/80; [1981] ECR 1931	22.639
Société Comateb & Others v Directeur Général des Douanes et droits indirects, ECJ Case C-192/95; [1997] STC 1006; [1997] 1 ECR 165; [1997] 2 CMLR 649	22.652
Société Financière d'Investissements SPRL (SFI) v Belgian State, ECJ Case C-85/97; [2000] STC 164	22.54
Société Générale des Grandes Sources d'Eaux Minérales Françaises v Bundesamt für Finanzen, ECJ Case C-361/96; [1998] STC 981	22.628
Société Internationale de Télécommunications Aeronautiques (No 1) (VTD 19)	66.45
Société Internationale de Télécommunications Aeronautiques (No 2), [2003] VATDR 131 (VTD 17991)	2.104
Société Internationale de Télécommunications Aeronautiques (No 3), Ch D 2003, [2004] STC 950; [2003] EWHC 3039(Ch)	66.46
Société le Credit Lyonnais v Ministre du Budget, des Comptes publics et de la Réforme de l'État, ECJ Case C-388/11; [2014] STC 245	22.495

Société Monte Dei Paschi Di Siena, Ministre du Budget v, ECJ Case C-136/99; [2001] STC 1029	22.619
Société Thermale d'Eugénie-les-Bains v Ministère de l'Économie, des Finances et de l'Industrie, ECJ Case C-277/05; [2008] STC 2470	22.92
Softhouse Consulting Ltd, [2014] UKUT 197 (TCC)	2.331
Sofitam SA v Ministre chargé du Budget, ECJ Case C-333/91; [1993] 1 ECR 3513; [1997] STC 226	22.520
Soft Solutions Ltd (VTD 4793)	18.455
Softley Ltd (t/a Softley Kitchens) (VTD 15034)	19.33
Software One Ltd (VTD 11090)	52.148
Soka Gakkai International UK (VTD 14175)	41.98
Soldier (A), [2012] UKFTT 388 (TC), TC02072	23.40
Solihull Sports Services Ltd (VTD 2713)	36.403
Sollac SA (VTD 13688)	18.68
Solleveld v Staatssecretaris van Financiën, ECJ Case C-443/04; [2007] STC 71	22.319
Solomon's Kebab House (VTD 13560)	3.132
Solution Seekers Ltd (VTD 20817)	18.126
Somerset Car Sales Ltd (VTD 11986)	23.20
Somerset County Council, Costello v, CA [1993] 1 WLR 256	2.150
Somji (AF) (t/a Akber & Co) (VTD 18443)	18.476
Sonaecom SGPS SA v Autoridade Tributária e Aduaneira CJEU Case C-42/19	22.480
Soni (A & M) (VTD 9919)	52.76
Soni (GR) [1980] VATTR 9 (VTD 897)	29.89
Sonnat Ltd (VTD 5436)	18.34
Sood (BK & Mrs U) (t/a Good News) (VTD 9950)	52.304
Sooner Foods Ltd, QB [1983] STC 376	62.381
Sophia Ltd (VTD 7261)	18.376
Sophie Holdings Ltd, [2009] UKFTT 88 (TC), TC00056	3.83
Sorisi (P) (VTD 15453)	62.287
Sorrell (TG) [1980] VATTR 53 (VTD 913)	47.15
Sosnowska v Dyrektor Izby Skarbowej we Wroclawiu Oœrodek Zamiejscowy w Walbrzychu, ECJ Case C-25/07; 10 July 2008 unreported	22.517
Soul, CIR v, CA 1976, 51 TC 86	2.162
Soundmethods Ltd (VTD 14523)	14.7
Soundvision Ltd (VTD 12977)	18.531
Source Enterprise Ltd (The) (VTD 7881)	45.10
Souter (DJ) (t/a Brodie Duncan Marketing) (VTD 18515)	52.454
South African Tourist Board, [2014] UKUT 280 (TCC)	36.540
South Aston Community Association (VTD 17702)	15.148
South Caernarvon Creameries Ltd (VTD 6230)	52.124
South Hams Nursing Agency (VTD 13027)	62.332
South Herefordshire Golf Club (No 1) (VTD 19653)	24.50
South Liverpool Housing Ltd (VTD 18750)	42.22
South Molton Swimming Pool Trustees (VTD 16495)	15.138
South Tyne Chalets Ltd (VTD 7377)	52.351
South Wales Home Care Ltd (VTD 19170)	36.639
South Wales Industrial Valve Services Ltd (VTD 5222)	18.455
South West Launderettes Ltd (VTD 2608)	57.37
South Yorkshire Style Tile (VTD 20175)	14.56
Southampton & South-West Hampshire Health Authority, Marshall v, ECJ Case 152/84; [1986] 1 CMLR 688; [1986] ECR 723; [1986] 2 All ER 584	22.15
Southampton Leisure Holdings plc, [2002] VATDR 235 (VTD 17716)	46.48
Southchurch Workingmen's Club & Institute Ltd (VTD 613)	13.4
Southcombe Brothers Ltd (VTD 10151)	52.40
Southend United Football Club (VTD 11919)	62.162
Southend United Football Club (No 2), [1997] VATDR 202 (VTD 15109)	41.160
Southern Counties Lighting Ltd (VTD 11438)	62.337
Southern County Taverns Ltd (VTD 18306)	18.167
Southern Cross Employment Agency Ltd, [2015] UKUT 122 (TCC)	48.81
Southern Fabrics Ltd (VTD 4781)	18.254
Southern Groundworks (VTD 5970)	18.508

Table of Cases — K to Z

Southern Primary Housing Ltd, CA 2003, [2004] STC 209; [2003] EWCA Civ 1662 .... 46.30
Southern Ski Enterprises Ltd (VTD 13797) 18.90
Southern UK Breeders (VTD 15303) 44.131
Southill Sawmills Ltd (VTD 17337) 52.130
Southlong East Midlands Ltd (VTD 18943) 55.26
Southport Flower Show Ltd, [2012] UKFTT 244 (TC), TC01938 .... 11.41
Southwest Blasting Ltd (VTD 9657) 52.7
Southwick Community Association, [2002] VATDR 288 (VTD 17601) 15.117
Sovereign Finance plc (VTD 16237) 46.168
Sovereign Street Workplace Ltd (VTD 9550) 41.26
Sozialdemokratische Partei Österreichs Landesorganisation Kärnten v Finanzamt Klagenfurt, ECJ Case C-267/08; [2010] STC 287 .... 22.131
SP Wound Components Ltd (VTD 19836) 18.488
Spa & Resort Operations Ltd (VTD 20979) 67.187
Spain (FP) (VTD 1555) 40.30
Spain (Kingdom of), European Commission v, ECJ Case C-73/92; [1993] 1 ECR 5997; [1997] STC 700; [1995] 2 CMLR 1 .... 22.242
Spain (Kingdom of), European Commission v, ECJ Case C-124/96; [1998] STC 1237 .... 22.352
Spain (Kingdom of), European Commission v, ECJ Case C-414/97; 16 September 1999 unreported 22.111
Spain (Kingdom of), European Commission v, ECJ Case C-83/99; 18 January 2001 unreported 22.293
Spain (Kingdom of), European Commission v, ECJ Case C-204/03; [2006] STC 1087 .... 22.528
Spain (Kingdom of), European Commission v, ECJ Case C-154/08; 12 November 2009 unreported 22.106
Spain (Kingdom of), European Commission v, ECJ Case C-189/11; 26 September 2013 unreported 20.265
Spain (Kingdom of), European Commission v, ECJ Case C-360/11; [2013] STC 2236 .... 20.107
Span Computer Contracts Ltd (VTD 6323, 6461) 18.63
Sparekassernes Datacenter v Skatteministeriet, ECJ Case C-2/95; [1997] STC 932; [1997] 1 ECR 3017; [1997] 3 CMLR 999; [1997] All ER (EC) 610 .... 22.403
Spargo [1873] Ch 407 .... 10.12
Sparkholme Ltd (t/a Top Class Sauna) (VTD 19187) 62.290
Sparrow (UK) Ltd (VTD 16642) 40.80
Spath Holme Ltd, oao, R v Secretary of State for Transport, the Environment and Regions, HL 2000, [2001] 1 All ER 195 .... 2.110
Spearing (QEN) (VTD 16314) 18.237
Spearmint Blue Ltd, [2012] UKFTT 103 (TC), TC01799 .... 36.140
Spearmint Rhino Ventures (UK) Ltd, Ch D [2007] STC 1252; [2007] EWHC 613 (Ch) 62.298
Special Commissioners v Pemsel, HL 1891, 3 TC 53 .... 15.109
Special Metals & Engineering Ltd, [2012] UKFTT 693 (TC), TC02362 .... 40.22
Specialised Cars Ltd (VTD 11123) 44.24
Specialist Rainwater Services Ltd (VTD 7732) 52.281
Specsavers Optical Group, [2003] VATDR 268 (VTD 18025) 48.126
Specsavers Optical Group (No 2), [2003] VATDR 268 (VTD 18186) 48.127
Spectrum Legal Services Ltd, [2012] UKFTT 191 (TC), TC01886 .... 48.62
Speedy Products Ltd (VTD 6754) 18.345
Spellar (JD) (t/a Allied Satellite Systems) (VTD 6829) 52.241
Spelthorne Borough Council (VTD 6958) 52.60
Spence (N) (VTD 20563) 65.110
Spence (WP & Mrs DKM) (VTD 5698) 57.52
Spencer & Harrison (VTD 10697) 52.275
Spencer (D) (VTD 19416) 40.65
Spencer-Churchill (A), [2014] UKFTT 635 (TC), TC03763 .... 62.171
Spiby (JE & K) (t/a Spymore Wall Coverings) (VTD 1812) 2.161
Spicer (RD & EC) (VTD 13858) 44.152

Spicer Kilpatrick Ltd (VTD 18384) 52.351
Spigot Lodge Ltd, QB [1985] STC 255 .... 62.383
Spijkers (JMA) *v* Gevroeders Benedik Abattoir CV, ECJ Case 24/85; [1986] ECR 1119;
  [1986] 2 CMLR 296 .... 22.182
Spillane (M), QB 1989, [1990] STC 212 .... 3.4, 36.278
Spillane and Others, EMI Records *v*, Ch D [1986] STC 374 .... 14.71
Spinnaker MDC Ltd (VTD 7841) 52.17
Spoils Kitchen Reject Shops Ltd (VTD 2200) 36.499
Spokes (JF) (VTD 10191) 51.90
Sport in Desford (VTD 18914) 15.115
Sports and Leisure Group Ltd, [2016] UKFTT 27 (TC), TC04836 .... 27.20
Sportswords Ltd (VTD 11178) 36.407
Springfield China Ltd (VTD 4546) 59.29
Springvale EPS Ltd (VTD 7421) 52.127
Sprintman Ltd (VTD 5810) 18.427
Sprowston Hall Hotel Ltd (VTD 7253) 52.87
Spurtrade Ltd (VTD 2290) 51.58
Square Moves Ltd (VTD 5050) 18.240
Squibb & Davies (Demolition) Ltd (VTD 17829) 44.139
Squire (A) (VTD 5821) 18.431
Squires (Miss D) (VTD 1436) 36.417
Srf konsulterna AB, Skatteverket *v*, CJEU Case C-647/17 .... 20.70
SRI International, UT [2011] UKUT 240 (TCC); [2011] STC 1614 .... 45.2
Srl CILFIT and Lanificio di Gavardo SpA *v* Ministro della Sanita, ECJ Case 283/81;
  [1982] ECR 3415; [1983] 1 CMLR 472 .... 22.3
SSAFA Forces Help (VTD 19832) 19.71
SSL Ltd (VTD 2478) 36.367
SSY Research Services Ltd (VTD 7306) 52.129
Staatssecretaris van Financiën *v* Arthur Andersen & Co, ECJ Case C-472/03; [2005]
  STC 508 .... 22.368
Staatssecretaris van Financiën *v* Coffeeshop Siberië vof, ECJ Case C-158/98; [1999] STC
  742; [1999] All ER (EC) 560 .... 22.89
Staatssecretaris van Financiën *v* Cooperatieve Vereniging 'Cooperatieve
  Aardappelenbewaarplaats GA', ECJ Case 154/80; [1981] ECR 445; [1981] 3 CMLR
  337 .... 22.84
Staatssecretaris van Financiën *v* Facet Holding BV, ECJ Case C-539/08; [2010] STC
  1701 .... 22.471
Staatssecretaris van Financiën *v* Fiscale Eenheid X NV cs, CJEU Case C-595/13;
  [2015] All ER (D) 93 .... 22.421
Staatssecretaris van Financiën *v* Gemeente Vlaardingen, ECJ Case C-299/11; [2013] STC
  478 .... 22.180
Staatssecretaris van Financiën *v* Heerma, ECJ Case C-23/98; [2001] STC 1437 .... 22.117
Staatssecretaris van Financiën *v* Het Oudeland Beheer BV, CJEU Case C-128/14;
  [2016] All ER (D) 45 (May) 22.277
Staatssecretaris van Financiën *v* Hong Kong Trade Development Council, ECJ Case
  89/81; [1982] ECR 1277; [1983] 1 CMLR 73 .... 22.85
Staatssecretaris van Financiën *v* Lipjes, ECJ Case C-68/03; [2004] STC 1592 .... 22.603
Staatssecretaris van Financiën *v* LW Geelen, CJEU Case C-568/17 .... 20.71
Staatssecretaris van Financiën *v* Pactor Vastgoed BV, ECJ Case C-622/11; 10 October
  2013 unreported 22.536
Staatssecretaris van Financiën *v* Shipping & Forwarding Enterprises (SAFE) BV, ECJ
  Case 320/88; [1990] 1 ECR 285; [1991] STC 627; [1993] 3 CMLR 547 .... 22.161
Staatssecretaris van Financiën *v* Stadeco BV, ECJ Case C-566/07; [2009] STC 1639
  .... 22.548
Staatssecretaris van Financiën *v* Stichting Kinderopvang Enschede, ECJ Case C-415/04;
  [2007] STC 294 .... 22.338
Staatssecretaris van Financiën *v* VDP Dental Laboratory NV, ECJ Case C-401/05; [2007]
  STC 474 .... 22.325
Staatssecretaris van Financiën *v* Velker International Oil Co Ltd NV, ECJ Case
  C-185/89; [1990] 1 ECR 2561; [1991] STC 640 .... 22.444
Staatssecretaris van Financiën *v* X, ECJ Case C-536/08; [2010] STC 1701 .... 22.471

Stave-Con Ltd (VTD 5808) 18.209
Stavrinou (Mrs RD) (VTD 12546) 52.308
Stead (T) (VTD 6650) 44.23
Steel Direct Ltd (VTD 15272) 14.20
Steel Services (Great Yarmouth) Ltd (VTD 19575) 18.558
Steel Windows Co Ltd (VTD 19158) 40.46
Steele (Mrs AM) (VTD 9017) 57.7
Steenhorst-Neerings v Bestuur van de Bedrijfsvereniging voor Detailhandel, Ambachten en Huisvrouwen, ECJ Case C-338/91; [1993] 1 ECR 5475; [1995] 3 CMLR 323 .... 22.47
Steiermärkische Landesregierung & Others, Pelzl & Others v, ECJ Cases C-338/97, C-344/97 & C-390/97; 8 June 1999 unreported 22.616
Steliana's and Saphos Ltd, MAN/07/036 (VTD 20387) 65.101
Stella Products Ltd (VTD 5494) 18.65
Stephens (MD) (VTD 3963) 18.71
Stephens Catering Equipment Co Ltd (VTD 10150) 18.214
Stephenson (DP) (t/a Sutton Chauffeuring) (VTD 9914) 18.388
Steptoe (JB), CA [1992] STC 757 .... 18.285
Sterling (Mr & Mrs) (t/a Sally's Sandwich Bar) (VTD 19057) 57.43
Stern (WG) (VTD 1970) 36.241
Steve Hill (Plant Hire) Ltd (VTD 5507) 36.458
Steven (F) (t/a City Ceramic Dental Laboratory) (VTD 16083) 33.36
Stevens (TW & Mrs SM), [2011] UKFTT 835 (TC), TC01671 .... 15.54
Stevenson (C) (VTD 7598) 52.14
Stevenson (CS), CA [1996] STC 1096 .... 50.1
Stevenson, Havering London Borough Council v, [1970] 3 All ER 609 .... 62.22
Steventon & Co Ltd (E) (VTD 11250) 18.323
Stevie's Restaurant Ltd (VTD 12349) 50.123
Stewart (G) & Hammond (T) (t/a GT Shooting), CA 2001, [2002] STC 255; [2001] EWCA Civ 1988 .... 62.152
Stewart (MW) (t/a Sodisk) (VTD 6013) 18.72
Stewart Ward (Coins) Ltd (No 1), [1986] VATTR 129 (VTD 2108) 2.194
Stewart Ward (Coins) Ltd (No 2) (VTD 2134) 40.13
Stewarts Supermarkets Ltd (VTD 13338) 29.66
Steynor (W), [2016] UKFTT 647 (TC), TC05380 .... 15.201
Stichting Centraal Begeleidingsorgaan voor de Intercollegiale Toetsing v Staatssecretaris van Financiën, ECJ Case C-407/07; [2009] STC 869 .... 22.328
Stichting Goed Wonen v Staatssecretaris van Financiën, ECJ Case C-326/99; [2003] STC 1137 .... 22.170
Stichting Goed Wonen v Staatssecretaris van Financiën (No 2), ECJ Case C-376/02; [2006] STC 833 .... 22.641
Stichting Kinderopvang Enschede, Staatssecretaris van Financiën v, ECJ Case C-415/04; [2007] STC 294 .... 22.338
Stichting Regionaal Opleidingen Centrum Noord-Kennemerland/West-Friesland (Horizon College) v Staatssecretaris van Financiën, ECJ Case C-434/05; [2008] STC 2145 .... 22.342
Stichting Schoonzicht v Staatssecretaris van Financiën, CJEU Case C-791/18 ...... 9.3
Stichting Uitvoering Financiële Acties (SUFA) v Staatssecretaris van Financiën, ECJ Case 348/87; [1989] ECR 1737; [1991] 2 CMLR 429 .... 22.326
Stickland (J) (VTD 5971) 18.502
Stikatak Ltd (VTD 20471) 18.488
Stirling (RWK), [1985] VATTR 232 (VTD 1963) 62.79
Stirling Council (VTD 17480) 22.156
Stirlings (Glasgow) Ltd, [1982] VATTR 116 (VTD 1232) 36.7
Stockdale (TBV) (t/a Compass Charters) (VTD 18757) 7.36
Stocken & Lambert (VTD 10527) 18.60, 18.273
Stockham (JF) (VTD 5178) 18.34
Stockholm Lindöpark AB v Sweden, ECJ Case C-150/99; [2001] STC 103 .... 22.353
Stockler (WT) (VTD 15350) 52.295
Stockton Park (Leisure) Ltd (VTD 14548) 36.625
Stockton Plant & Equipment Ltd, [1986] VATTR 94 (VTD 2093) 25.8
Stockwell Carpets Ltd (VTD 7782) 52.364

Stocks Fly Fishery (a partnership), [2016] UKFTT 218 (TC), TC04994 .... 29.134
Stoke by Nayland Golf and Leisure Ltd, [2018] UKUT 308 (TCC) 24.37
Stoke-on-Trent Citizens Advice Bureau (VTD 17296) 52.333
Stone (B) (VTD 12442) 36.63
Stone (Lt-Cmdr C), Ch D [2008] STC 2501; [2008] EWHC 1249 (Ch) 66.5
Stone (M & GA) (VTD 7798) 51.45
Stone (PJ) Ltd (VTD 2241) 36.233
Stonecliff Caravan Park, [1993] VATTR 464 (VTD 11097) 15.207, 69.6
Stonehills Television Ltd (VTD 8993) 52.126
Stoppelkamp (Raab's Administrator), Finanzamt Deggendorf v, ECJ Case C-421/10; [2011] STC 2358 .... 22.544
Storey (G) (VTD 17793) 50.94
Stormseal (UPVC) Window Company Ltd, [1989] VATTR 303 (VTD 4538) 62.301
Storrie (GM & JA) (VTD 14543) 36.328
Stosic (M & P) (t/a Dave & Sidas Fish Bar) (VTD 10728) 57.130
Stott (A) (VTD 15622) 2.2
Stott (JA) (VTD 15061) 50.28
Stourbridge Golf Club Ltd (VTD 3359) 18.545
Strachan (Dr AN) (VTD 2165) 19.53
Strachan (Mr & Mrs JC) (VTD 9568) 7.83
Stradasfalti Srl v Agenzia delle Entrate Ufficio di Trento, ECJ Case C-228/05; [2007] STC 508 .... 22.511
Strand Ship Building Co Ltd (VTD 1651) 41.155
Strangewood Ltd (R v C & E Commrs, ex p.), QB [1987] STC 502 .... 36.703
Strangewood Ltd (No 2), [1988] VATTR 35 (VTD 2599) 2.36
Stratford (DM) (VTD 9621) 52.188
Strathearn Gordon Associates Ltd, [1985] VATTR 79 (VTD 1884) 47.55
Stratton (B) (VTD 13185) 57.7
Stratton (R) (t/a SRG Hire) (VTD 16879) 38.2
Stream International Ltd (VTD 15602) 18.408
Streamline Taxis (Southampton) Ltd (VTD 2016) 29.44
Street v Mountford, HL [1995] 1 AC 809; [1985] 2 All ER 289 .... 41.166
Strobel v Finanzamt Esslingen, ECJ Case C-454/98; [2000] STC 810 .... 22.482
Strollmoor Ltd (VTD 5454, VTD 12765) 62.533, 62.534
Strong (UK) Ltd (VTD 10799) 52.173
Strong & Co of Romsey Ltd v Woodifield, HL 1906, 5 TC 215 .... 36.584
Strowbridge (JMB) (VTD 16521) 15.224
Stroy Trans EOOD v Direktsia Obzhalvane i upravlenie na izpalnenieto Varna, ECJ Case C-642/11; 31 January 2013 unreported 20.241
Stuttard (B & D) (t/a De Wynns Coffee House), QB [2000] STC 342 .... 50.119
Stuart & Co (Motors) Ltd, [1984] VATTR 207 (VTD 1753) 44.85
Sub One (t/a Subway) (No 1), [2009] UKFTT 385 (TC), TC00320 .... 2.6
Sub One (t/a Subway) (No 2), CA [2014] STC 2508 .... 29.84
Subhan (A), Uddin (M) & Mustak (M) (VTD 17110) 3.67
Substantia Invest Ltd, [2015] UKFTT 671 (TC), TC04789 .... 36.288
Sudholz, Finanzamt Sulingen v, ECJ Case C-17/01; [2005] STC 747 .... 22.586
Sue Ryder Care (VTD 18826) 46.174
Suffolk Heritage Housing Association Ltd (VTD 13713) 30.15
Sugar and Spice On Tour Catering (VTD 17698) 62.559
Suhail (A) (VTD 19448) 50.68
Suitmart (UK) Ltd (VTD 10392) 52.368
Suleyman (H, H & M) (t/a Red Rose Dry Cleaners) (VTD 13753) 53.22
Sullivan (J) (VTD 5881) 57.190
Sullivan (P), [1995] VATDR 85 (VTD 13245) 18.28
Sullivan (PT) (t/a Property Trade Services) (VTD 10349) 57.173
Sumitomo Mitsui Banking Corporation Europe Ltd (No 1), [2009] UKFTT 121 (TC), TC00089 .... 62.510
Sumitomo Mitsui Banking Corporation Europe Ltd (No 2), [2010] UKFTT 203 (TC), TC00505 .... 2.418
Summer Institute of Linguistics Ltd (VTD 16159) 15.146
Summer Palace Ltd, Ch D 2004, [2005] STC 564; [2004] EWHC 2804 (Ch) 2.351

Case	Reference
Summerfield (P & M) (VTD 108)	58.13
Summers (C & C), [2012] UKFTT 590 (TC), TC02267	47.65
Summers (M, J & P) (VTD 3498)	57.46
Summit Electrical Installations Ltd, [2018] UKUT 176 (TCC)	15.55
Sumner (TJ) & Kiddle (PS) (t/a The Extravaganza Hair Workshop) (VTD 17784)	51.64
Sun Alliance & London Assurance Co Ltd, Debenhams Retail plc v, CA [2005] STC 1443; [2005] EWCA Civ 868	67.9
Sundeck plc (VTD 14051)	8.19
Sunderland City Council, Thoburn v, QB [2002] EWHC 195 (Admin)	22.29
Sundial International plc (VTD 16698)	40.40
Sunfine Developments Ltd (VTD 6124)	32.13
Sunico ApS, ECJ Case C-49/12; [2013] All ER (D) 144 (Nov)	14.97
Sunlander Outdoor Products Ltd (No 1), [2012] UKFTT 325 (TC), TC02011	2.164
Sunlander Outdoor Products Ltd (No 1), [2013] UKFTT 507 (TC), TC02896	3.64
Sunner & Sons (VTD 8857)	36.508
Sunnyside Property Co Ltd, [2013] UKFTT 447 (TC), TC02839	41.11
Supanet Ltd (VTD 17682)	67.16
Supercar Drive Days Ltd, [2018] UKFTT 31 (TC), TC06311	38.8
Supercook UK Llp, [2010] UKFTT 13 (TC), TC00332	29.94
Superstore Discount Tile Warehouse Ltd (VTD 13393)	14.26
Supplier Ltd (VTD 18247)	11.15
Supreme Petfoods Ltd, [2011] UKFTT 19 (TC), TC00896	29.212
Suregrove Ltd (VTD 10740)	36.376
Surgenor (HJ) (VTD 7223)	52.127
Surgicare—Unidades de Saúde SA, ECJ Case C-662/13; 12 February 2015 unreported	20.256
Surma News Group Ltd (VTD 17585)	11.29
Surrey College Ltd, [1992] VATTR 181 (VTD 9087)	2.360
Survey & Marketing Services (VTD 4455)	18.66
Sussex County Association of Change Ringers (VTD 14116)	11.27
Sussex Police Authority, [2009] UKFTT 188 (TC), TC00143	62.39
Sutherland Commercial Cleaning Services Ltd (VTD 20551)	18.388
Sutton (SA) (t/a Dunchurch Motor Co) (VTD 9987)	65.60
Sutton Housing Trust (The) (No 1) (VTD 1148, 1198)	2.381
Sutton Housing Trust (The) (No 2) (VTD 1279, 1296)	2.382
Sutton Kitchens (VTD 7432)	52.76
'Sveda' UAB v Valstybinė mokesčių inspekcija prie Lietuvos Respublikos finansų ministerijos, ECJ Case C-126/14	20.202
Svenska International plc, HL [1999] STC 406; [1999] 1 WLR 769; [1999] 2 All ER 906	43.20
SW Haulage Ltd (VTD 4108)	18.45
Swaffer Truscott Ltd (VTD 7780)	52.219
Swailes (R & HM) (VTD 16069)	44.134
Swales, [2019] UKFTT 277 (TC), TC07116	15.170
Swain (L), [2013] UKFTT 316 (TC), TC02719	15.73
Swain (R) (VTD 5286)	18.544
Swaine (GT) (VTD 6451)	2.196
Swallowfield plc, [1992] VATTR 212 (VTD 8865)	27.62
Swan Plant Ltd (VTD 20759)	36.207
Swanage Sea Rowing Club, [2020] UKFTT 427 (TC), TC07904	15.158
Swanfield Ltd and others, [2017] UKUT 88 (TCC)	18.32
Swanlion Ltd (VTD 3399)	18.364
Swansea Yacht & Sub Aqua Club, [1996] VATDR 89 (VTD 13938)	24.41
Swanson (RS & DE) (VTD 959)	44.63
Sweden, European Commission v, ECJ Case C-463/02; [2004] All ER (D) 267 (Jul)	22.275
Sweden, European Commission v (No 2), ECJ Case C-480/10; 25 April 2013 unreported	20.24
Sweden, Håkansson & Sturesson v, ECHR 1991, 13 EHRR 1	2.221
Sweden, Plat Ror Och vets Service i Norden AB & Others v, ECHR Case 12637/05; [2009] ECHR 1015	34.12

Taylor's Executors & Taylor (Mrs P) (VTD 20323)	41.83
Taylor Wimpey plc (No 1), [2015] UKFTT 74 (TC), TC04281	36.746
Taylor Wimpey plc (No 2), [2017] UKUT 34 (TCC)	36.747
Taylor Wimpey plc (No 3), [2018] UKUT 55 (TCC)	36.748
Tayside Aviation Ltd (VTD 18241)	62.486
TBS (South Wales) Ltd [1981] VATTR 183 (VTD 1144)	62.7
TC Harrison Group Ltd, ECJ Case C-305/97; [1999] STC 998; [2000] 1 WLR 1151; [1999] All ER (EC) 908	22.501
TC Plastics (Manchester) Ltd (VTD 7684)	52.202
TD Reid (Braids) Ltd (VTD 4638)	36.462
TDA (School) Ltd (VTD 4900)	62.240
TDG (UK) Ltd, [2013] UKFTT 556 (TC), TC02945	25.41
TE Davey Photo-Service Ltd, QB 1995, [1997] STC 889	18.301
TE Penny & Co Ltd (VTD 15329)	11.30
Teamspirit Holdings Ltd (VTD 20337)	18.471
Tecfacs Ltd (VTD 19868)	18.51
Technicolor Ltd (VTD 14871)	25.31
Technip Coflexip Offshore Ltd (VTD 19298)	3.191
Tecnomare (UK) Ltd (VTD 6329)	52.36
Teknequip Ltd, QB [1987] STC 664	67.138
Telecential Communications Ltd (VTD 15361)	62.15
Telemed Ltd, QB [1992] STC 89	67.14
Telent plc [2007] VATDR 81 (VTD 19967)	36.70
Teleos plc v C & E, ECJ Case C-409/04; [2008] STC 706	22.606
Teleos plc & Others, oao, R v C & E (No 2), CA [2005] STC 1471; [2005] EWCA Civ 200; [2005] 1 WLR 3007	36.709
Telequick Ltd (VTD 5319)	36.13
Teletech UK Ltd [2004] VATDR 44 (VTD 18080)	38.18
Televideo (VTD 10052)	18.58
Telewest Communications Group Ltd [1996] VATDR 566 (VTD 14383)	67.154
Telewest Communications plc, CA [2005] STC 481; [2005] EWCA Civ 102	62.389
Telewest Communications (Publications) Ltd, CA [2005] STC 481; [2005] EWCA Civ 102	62.389
Tel-Ka Talk Ltd, HC [2010] EWHC 90175 (Costs); [2011] STC 497	2.371
Temco Europe SA, Belgian State v, ECJ Case C-284/03; [2005] STC 1451	22.383
Temple Avenue Finance Ltd (VTD 9965)	52.284
Temple Finance Ltd and another, [2017] UKUT 315 (TCC)	62.402
Temple House Developments Ltd (VTD 15583)	15.160
Templegate Accounting Services Ltd (VTD 14446)	40.78
Temple Finance Ltd; Temple Retail Ltd, [2016] UKFTT 41 (TC), TC04840	67.90
Temple Retail Ltd, [2014] UKFTT 702 (TC), TC03823	3.88
Tempur Pedic (UK) Ltd (VTD 13744)	19.34
Tennessee Secret (UK) Ltd (VTD 16945)	29.139
Terard Ltd (VTD 16949)	52.318
Teritorialna direktsia na Natsionalnata agentsia za prihodite – Plovdiv v Rodopi-M 91 OOD, ECJ Case C-259/12; 20 June 2013 unreported	20.252
Terra Baubedarf-Handel GmbH v Finanzamt Osterholz-Scharmbeck, ECJ Case C-152/02; [2005] STC 525	22.514
Terracopia Ltd (VTD 11341)	17.13
Territorio Historico de Alava v European Commission, ECJ Case T-346/99; [2002] All ER (D) 338 (Oct)	22.10
Territorio Historico de Guipuzcoa v European Commission, ECJ Case T-269/99; [2002] All ER (D) 337 (Oct)	22.9
Terropol Ltd (VTD 3021)	36.453
Terry (KA) (t/a Advanced Laboratory Techniques) (VTD 9803)	52.77
Terry (WJ) (t/a Wealden Properties), [2009] UKFTT 202 (TC), TC00155	15.343
Terry Cohn Ltd (VTD 15962)	36.220
Terry Shaw Holdings (VTD 11613)	2.302
Tesco Freetime Ltd and another company, [2019] UKUT 18 (TCC)	22.169
Tesco plc, [1994] VATTR 425 (VTD 12740)	58.57
Tesco plc (No 2), CA [2003] STC 1561; [2003] EWCA Civ 1367	67.169

Test Claimants in the FII Group Litigation, SC [2012] UKSC 19	22.418
Tetra International Ltd (VTD 15820)	18.214
TETS Haskovo AD v Direktsia Obzhalvane i upravlenie na izpalnenieto Varna, ECJ Case C-234/11; [2013] STC 243	20.232
Tewkesbury Borough Council (VTD 5773)	52.385
Tex Holdings plc (VTD 10416)	52.71
Texas Touch Dallas Diet Ltd, [1984] VATTR 115 (VTD 1664)	29.144
Tezgel (A) (t/a Master Chef) (VTD 20462)	65.88
TF Mechanical Engineering Ltd (VTD 12975)	2.169
TFA Box Company Ltd (VTD 19771)	53.10
TGE Gas Engineering GmbH — Sucursal em Portugal v Autoridade Tributária e Aduaneira, CJEU Case C-16/17	20.204
TGH (Construction) Ltd, [2014] UKFTT 1039 (TC), TC04132	15.102
Thames Magistrates Court, R (oao Paul da Costa & Co) v, QB [2002] STC 267; [2002] EWHC Admin 40	14.78
Thamesdown Engineering Systems Ltd (VTD 5341)	18.197
Thamesdown Transport Ltd (VTD 19386)	66.50
Thamesview Estate Agents Ltd (VTD 20572)	18.492
Thanet District Council (VTD 9308)	52.33
Thanet District Council (VTD 9308)	52.33
Thathiah (K), [2017] UKFTT 601 (TC), TC06043	14.114
Thayers Ltd (VTD 7541)	27.76
THC Fabricators (UK) Ltd (VTD 11414)	62.465
The Corner Café (Tooting) Ltd (VTD 19057)	57.43
The Wine Portfolio Company Ltd (VTD 19058)	48.5
Theatres Consolidated Ltd, [1975] VATTR 13 (VTD 141)	41.2
Themis FTSE Fledgling Index Trust (VTD 17039)	62.150
Theotrue Holdings Ltd, [1983] VATTR 88 (VTD 1358)	36.676
Thermo Timber Technology Ltd, 2016] UKFTT 237 (TC), TC05013	69.9
Thimbleby Farms Ltd, [2010] SFTD 1216; [2010] UKFTT 320 (TC), TC00607	67.140
Thoburn v Sunderland City Council, QB [2002] EWHC 195 (Admin)	22.29
Thomas (C), [2001] VATDR 307 (VTD 17127)	37.34
Thomas (DN & Mrs JF) (VTD 11040)	52.10
Thomas (HW) (VTD 18680)	57.7
Thomas (IC), [1985] VATTR 67 (VTD 1862)	5.75, 67.125
Thomas Holdings Ltd, [2011] UKFTT 656 (TC), TC01498	2.377
Thomas M Devon & Co (VTD 13098)	48.120
Thomas Moriarty Associates Ltd (VTD 10668)	18.440
Thomas Motors Ltd, [2014] UKFTT 324 (TC), TC03458	48.85
Thompson (A) (t/a AY Cars) (VTD 1043)	36.472
Thompson (G) (VTD 2666)	62.469
Thompson (HAS) (No 1) (VTD 14777)	44.129
Thompson (HAS) (No 2), Ch D [2005] STC 1777; [2005] EWHC 342 (Ch)	44.117
Thompson (P), [1998] VATDR 524 (VTD 15834)	15.62
Thompson (A) & Sons Ltd (VTD 7833)	44.104
Thompson, Thompson & Giblin (VTD 4196)	57.71
Thompson, Giles v, HL 1993, [1994] 1 AC 142; [1993] 3 All ER 321	2.272
Thomson (JT) (VTD 1300)	44.7
Thomson (TAN) (VTD 17489)	50.40
Thorn EMI plc, CA [1995] STC 674	8.30
Thorn EMI plc, [1993] VATTR 94 (VTD 9782)	38.10
Thorn Materials Supply Ltd, HL [1998] STC 725; [1998] 1 WLR 1106; [1998] 3 All ER 384	32.19
Thorn plc, [1998] VATDR 80 (VTD 15283)	32.25
Thorn plc, [1998] VATDR 383 (VTD 15284)	67.15
Thorn Resources Ltd, HL [1998] STC 725; [1998] 1 WLR 1106; [1998] 3 All ER 384	32.19
Thornber (F) (VTD 16235)	50.59
Thorncroft Ltd, [2011] UKFTT 694 (TC), TC01536	29.191
Thorne (LR) (VTD 10175)	51.58
Thorne (TN) (VTD 6231)	18.242

Traidcraft plc [2003] VATDR 583 (VTD 18189)	67.39
Training Technology International Ltd (VTD 6727)	52.128
Trans Medium Ltd (t/a Connectivity), [2009] UKFTT 243 (TC), TC00192	21.9
Trans Tirreno Express SpA v Ufficio Provinciale IVA, ECJ Case 283/84; [1986] ECR 231; [1986] 2 CMLR 100	22.232
Transtrek Ltd (t/a Thropton Motor Co) (VTD 9749)	52.346
Tranter (S) (t/a Dynamic Yoga), [2014] UKFTT 959 (TC), TC04071	21.28
Trathern (D) & Goode (V), [2011] UKFTT 21 (TC), TC00898	15.92
Traum EOOD, ECJ Case C-492/13; 9 October 2014 unreported	20.177
Travel Incentives Meetings Exhibitions Ltd, [2016] UKFTT 24 (TC), TC04833	63.28
Travellers Fare Ltd (VTD 13482)	29.35
Travers (Mrs S) (VTD 7942)	52.346
Trebah Garden Trust (VTD 16598)	16.11
Treetops Hospice Trust, [2011] UKFTT 503 (TC), TC01350	15.262
Tregarn Developments Ltd (VTD 7358)	52.351
Tregenza (WG) (VTD 1907)	36.219
Tremerton Ltd, QB [1999] STC 1039	46.215
Trenchard Management Ltd (VTD 17517)	36.726
Trendadd Ltd (VTD 3222)	18.398
Trendtex Trading Corporation v Credit Suisse, CA [1981] QB 629	2.371
Trent Manor Farms (VTD 11216)	48.94
Trevalyn Estates Ltd (VTD 6749)	52.138
Trevivian (A D), [2014] UKFTT 1011 (TC), TC04107	55.86
Trevor Toys Ltd (VTD 7805)	46.190
Trewby (on behalf of members of Hurlingham Club), QB [1976] STC 122; [1976] 1 WLR 932; [1976] 2 All ER 199	41.78
Triad Timber Components Ltd, [1993] VATTR 384 (VTD 10694)	4.19
Triangle Press Ltd (VTD 9648)	29.44
Triangle Thoroughbreds Ltd (VTD 5404)	7.50
Tribunal Economico-Administrativo Regional de Cataluna, International Bingo Technology SA v, ECJ Case C-377/11; [2013] STC 661	22.265
Tricor plc, [2012] UKFTT 336 (TC), TC02022	2.266
Trident Exhibitions Ltd (VTD 6028)	52.34
Trident Housing Association (VTD 10642)	15.219
Trigg's Plumbing & Heating (VTD 14142)	36.574
Trimming (DJ) Ltd (VTD 7733)	52.196, 52.220
Trina Ltd (VTD 7713)	52.284
Trinity Factoring Services Ltd, CS [1994] STC 504	41.147
Trinity Methodist Church (Royton) (Building Committee) (VTD 807)	7.47
Trinity Mirror plc, CA [2001] STC 192; [2001] EWCA Civ 65	27.63
Trinity Mirror plc, Ch D [2003] STC 518; [2003] EWHC 480(Ch)	62.135
Trinity Mirror plc, [2015] UKUT 421 (TCC)	18.561
Trioport Ltd (VTD 4923)	51.90
Triple Crown Securities Holdings Ltd (VTD 13154)	4.3
Trippitt (S & AJ) (VTD 17340)	57.69
Tritin Ltd (VTD 10354)	52.127
Triton Properties Ltd (VTD 7492)	52.125
Triumph & Albany Car Service (VTD 977, 1004)	62.255
Tron Theatre Ltd (The), CS 1993, [1994] STC 177	67.110
Troop (F) & Son (VTD 18957)	48.72
Trowbridge Trades & Labour Club & Institute Ltd (VTD 6640)	18.254
TRS Cabinet Co Ltd (VTD 11750)	52.288
True Engineers Ltd (VTD 4032)	18.533
Tru-Form Sheet Metal Ltd (VTD 9240)	62.90
Trustcorp Ltd (VTD 13779)	46.119
Trustees for the Macmillan Cancer Trust (VTD 15603)	33.78
Trustee of Sir Robert Geffery's School Charity (VTD 17667)	15.248
Trustees of the Institute for Orthodox Christian Studies, Cambridge, [2015] UKFTT 449 (TC), TC04622	6.7
Trustees of The Langley House Trust (VTD 19749)	51.43

Table of Cases — K to Z

Trustees of The Lyndon David Hollinshead SIPP (and related appeals), [2009] UKFTT 92 (TC), TC00060 .... 41.7
Trustees of The Nell Gwynn House Maintenance Fund, HL 1998, [1999] STC 79; [1999] 1 WLR 174; [1999] 1 All ER 385 .... 62.37
Trustees of The Whitbread Harrowden Settlement (and related appeals) (VTD 16781) 46.107, 52.428
TS Harrison & Sons Ltd (VTD 11043) 43.16
TS International Freight Forwarders Ltd (VTD 7080) 52.88
Tse (M) (VTD 18362) 3.101
Tucker (AM) (t/a Montgomery Canal Cruises) (VTD 17329) 66.25
Tudor Hotel & Restaurant (VTD 9683) 52.76
Tudor Print & Design Ltd (VTD 17848) 5.49
Tui Travel plc, [2013] UKFTT 75 (TC); [2013] SFTD 578; TC02493 .... 63.12
Tulică v Agenţia Naţională de Administrare Fiscală, ECJ Case C-249/12; 7 November 2013 unreported 20.88
Tulip (N & Mrs M) (VTD 3243) 18.266
Tullihallitus v Salumets & Others, ECJ Case C-455/98; [2000] All ER (D) 891 .... 22.109
Tulsidas (K) & Bhatt (MK) (t/a Amazon International) (VTD 16335) 36.55
Tumble Tots UK Ltd, Ch D [2007] STC 1171; [2007] EWHC 103 (Ch) 12.27, 62.601
Tuppen (I) (t/a Kingswood Trading Services) (VTD 18950) 2.211
Turbine Motor Works Ltd, [2011] UKFTT 706 (TC), TC01543 .... 9.7
Turespaña (VTD 14568) 36.539
Turmeau (AC) (VTD 1135) 44.103
Turmeaus Ltd (VTD 6052) 52.74
Turnbull (I) (VTD 9903) 50.16
Turner (AJ) (VTD 1965) 38.2
Turner (K & E) (VTD 19076) 57.83
Turner (Mrs LV) (VTD 12839) 18.361
Turner (M) (VTD 12028) 65.96
Turner (NO) (t/a Turner Agricultural), QB [1992] STC 621 .... 36.51
Turner (P) (t/a Turner Hire & Sales) (VTD 4610) 18.103
Turner Stroud & Burley Construction Ltd (VTD 15454) 15.234
Turnstem Ltd, Re, Ch D [2004] EWHC 1765(Ch); [2005] 1 BCLC 388 .... 37.4
Turn-und Sportunion Waldburg v Finanzlandesdirektion für Oberösterreich, ECJ Case C-246/04; [2006] STC 1506 .... 22.437
Tuscan Food Ltd (VTD 18716) 29.61
TVI Televisão Independente SA v Fazenda Pública, ECJ Case C-618/11; 5 December 2013 unreported 22.270
Twentieth Century Cleaning and Maintenance Co Ltd (VTD 838) 36.445
21st Century Logistic Solutions Ltd (in liquidation) v Madysen Ltd, QB [2004] STC 1535; [2004] EWHC 231(QB) 62.185
22A Property Investments Ltd (VTD 14544) 62.208
24/7 Fuels Ltd, [2009] UKFTT 274 (TC), TC00220 .... 2.302
Twigg (AC) [1983] VATTR 17 (VTD 1329) 67.137
Twin Cleaning Contractors Ltd (VTD 20624) 44.33
Two Oaks Leisure Ltd (t/a The Hyde) (VTD 17276) 4.32
Twoh International BV v Staatssecretaris van Financiën, ECJ Case C-184/05; [2008] STC 740 .... 22.610
2S Airchangers Ltd (VTD 12495) 15.309
Twycross Zoo East Midland Zoological Society (No 1) (VTD 19548) 16.4
Twycross Zoo East Midland Zoological Society (No 2), [2007] VATDR 425 (VTD 20439) 16.5
Twyford v Manchester Corporation, Ch D [1946] Ch 236; [1946] 1 All ER 621 .... 2.47
TY McGuirk Sports Ltd [2003] VATDR 472 (VTD 17599) 3.38
Tyne Valley Motorhomes, [2014] UKFTT 969 (TC), TC04081 .... 19.30
Tynewydd Labour Working Men's Club & Institute Ltd, QB [1979] STC 570 .... 24.12
Tynewydd Labour Working Men's Club & Institute Ltd [1980] VATTR 165 (VTD 1089) 67.122
Typeflow Ltd (VTD 3264) 51.9
Tyre Team Ltd (VTD 6407) 52.382
Tyrrel (JFE) (VTD 11984) 51.23

Wallace (JG) (VTD 7487)	51.29
Wallace (R) (t/a Inn House) (VTD 17109)	62.309
Wallace King plc (VTD 6498)	18.393
Waller (AR) & Associates (VTD 10297)	52.142
Waller (AR) & Associates (No 2), [1993] VATTR 408 (VTD 10712)	17.11
Wallensteiner v Moir (No 2), QB [1975] QB 373	2.371
Walley (NAJ), [2011] UKFTT 120 (TC), TC00996	36.270
Wallis (L), [2013] UKFTT 81 (TC), TC02499	55.35
Wallis Ltd, [2003] VATDR 151 (VTD 18012)	15.107
Wallman Foods Ltd (VTD 1411)	36.283
Walnut Tree at Yalding Ltd (The) (VTD 14551, 15082)	65.96
Walsh (JS) (VTD 3706)	18.375
Walsh Brothers (Tunnelling) Ltd (VTD 7186)	52.194
Walsingham College (Yorkshire Properties) Ltd, [1995] VATDR 141 (VTD 13223)	55.50
Walter E Sturgess & Sons Ltd (VTD 9009)	36.437
Walter Stewart Ltd, [1974] VATTR 131 (VTD 83)	12.12
Walters (H) (t/a St George's Secretarial College) (VTD 602)	62.443
Walthall (DM) & Crisp (LD) (VTD 15979)	36.352
Wan (WC & LT) (VTD 10107)	50.117
Wanklin (A) (Haresfield Court Tenants Association) (VTD 20133)	55.62
Ward (C) (Mr & Mrs), [2012] UKFTT 502 (TC), TC02179	41.108
Ward (MA) (t/a Acorn Garage) (VTD 15875)	44.166
Ward (P) (VTD 11406)	18.207
Ward (WJ) (VTD 15713)	50.64
Ward, Ahsan v, HL [2007] UKHL 51	2.103
Ward-Lee v Lineham, CA [1993] 1 WLR 754; [1993] 2 All ER 1006	2.150
Ward Meadows (Plant) Ltd (VTD 5752)	18.66
Wardhire Ltd (VTD 5622)	18.384
Warehouse & Interior Design Ltd (VTD 5893)	52.34
Waring (P & E) (VTD 15864)	58.23
Warley Denim Services (VTD 10396)	12.8
Warmfield Developments Ltd (VTD 16953)	43.10
Warner (MP & CM) (VTD 2409)	41.132
Warner (GWM) & Others (VTD 1402)	36.578
Warnock (J) (VTD 5396)	51.14
Warren (F) (t/a Sports Network Europe) (VTD 19213)	8.31
Warren (RJ) (t/a WTY Warren & Son) (VTD 19902)	29.64
Warren Bradley Estates (VTD 20672)	48.14
Warren Garage Ltd (VTD 5798)	18.96
Warren Park Hotel (VTD 3508)	18.79
Warriors Social Club (VTD 11146)	18.118
Wartsila NSD Sweden AB (VTD 16921)	52.438
Warwest Holdings Ltd (VTD 14114)	36.635
Warwick Masonic Rooms Ltd (VTD 839)	62.125
Warwick Students Union Services Ltd (VTD 12166)	18.216
Warwick University Union of Students, [1995] VATDR 219 (VTD 13821)	19.107
Warwickshire Private Hospital (VTD 3531)	51.73
Washwood Heath & Ward End Conservative and Unionist Club Ltd (VTD 50)	30.3
Wat (EYS) (t/a Kam Tong Restaurant) (VTD 494, 642)	2.52
Watchet Bowling Club and Watchet Indoor Bowling Club (VTD 1026)	13.40
Watco Design Ltd (VTD 14136)	18.267
Water Hall Group plc, [2003] VATDR 257 (VTD 18007)	36.738
Water Property Ltd, [2016] UKFTT 721 (TC), TC05450	6.14
Waterfields (Leigh) Ltd (VTD 20761)	29.63
Waterford Galleries (VTD 3448)	36.340
Waterhouse Coaches Ltd (VTD 1417)	67.123
Waterhouse Ltd (VTD 17483)	44.167
Waterlink Distribution Ltd (VTD 7913)	52.62
Waterschap Zeeuws Vlaanderen v Staatssecretaris van Financien, ECJ Case C-378/02; [2005] STC 1298	22.535

Table of Cases — K to Z

Waterside (Wakefield) Ltd (VTD 20723) 52.444
Waterways Services, [1990] VATTR 37 (VTD 4643) 15.6
Waterwynch House Ltd (VTD 2734) 57.181
Watford & District Old People's Housing Association Ltd (t/a Watford Help in The
   Home Service), [1998] VATDR 477 (VTD 15660) 33.72
Watkins (AL) (t/a Fence-Tech) (VTD 12819) 18.239
Watkinson (DJ) (VTD 5794) 18.250
Watson (G) (t/a Watson Cleaning Contractors) (VTD 18811) 50.100
Watson (MJ), [2010] UKFTT 526 (TC), TC01024 .... 15.84
Watson (R & L), [2004] VATDR 408 (VTD 18675) 15.337
Watson (RA) (VTD 758) 44.63
Watson Norrie Ltd (VTD 6248) 52.107
Watson of Richmond (Lord and Lady) (VTD 18903) 55.8
Watt (Mrs S) (VTD 15800) 65.107
Watters (J) (VTD 13337) 6.2
Watts (AP) (VTD 4535) 18.75
Waugh (JD) (VTD 5344, 6206) 51.38
Waverley Housing Management Ltd (VTD 11765) 43.6
Way Ahead Group Ltd, [2014] UKFTT 178 (TC), TC03318 .... 27.13
Wayfarer Leisure Ltd, [1985] VATTR 174 (VTD 1898) 4.18
Wayment (C) (VTD 4846) 2.48
Wayment (R), [2014] UKFTT 405 (TC), TC03534 .... 57.33
Wayne Farley Ltd, QB [1986] STC 487 .... 2.249
Weakley (KN) (VTD 56) 57.146
Weald Leasing Ltd, ECJ Case C-103/09; [2011] STC 596 .... 22.62
Weale (KW) (VTD 14654) 57.132
Weatherproof Flat Roofing (VTD 1240) 44.5
Webb (H) (VTD 3788) 18.58
Webcurl Ltd, [2013] UKFTT 612 (TC), TC02999 .... 48.62
WebMindLicenses Kft v Nemzeti Adó- és Vámhivatal Kiemelt Adó- és Vám
   Főigazgatóság, CJEU Case C-419/14, [2016] All ER (D) 105 (Jan) 22.65
Websons 8 Ltd, [2013] UKFTT 229 (TC), TC02643 .... 48.62
Webster Communications International Ltd, [1997] VATDR 173 (VTD 14753) 8.38
Wednesbury Corporation, Associated Provincial Picture Houses v, CA 1947, [1948]
   1 KB 223; [1947] 2 All ER 680 .... 3.30, 14.13, 14.21, 52.468, 52.469, 57.149, 57.160
Weedon (CV) (VTD 10181) 18.544
Weight Watchers (UK) Ltd, CA [2008] STC 2313; [2008] EWCA Civ 715 .... 5.97, 62.600
Weight Watchers (UK) Ltd (No 2), [2010] UKFTT 384 (TC), TC00666 .... 3.59
Weindel Logistik Service SR spol. s ro, Finančné riaditeľstvo Slovenskej republiky v,
   CJEU Case C-621/19 .... 35.12
Weissgerber (G) v Finanzamt Neustadt an der Weinstraße, ECJ Case 207/87;
   [1988] ECR 4433; [1991] STC 589 .... 22.399
Welbeck Video plc (VTD 11383) 36.519
Weldon-Hollingworth (AM) (VTD 13248) 51.50
Weldons (West One) Ltd (VTD 984) 36.674
Weldstruct Ltd, [1977] VATTR 101 (VTD 374) 40.5
Weldwork Ltd (VTD 12953) 18.169
Wellcome Trust Ltd (No 1), ECJ Case C-155/94; [1996] STC 945; [1996] 1 ECR 3013;
   [1996] 2 CMLR 909; [1996] All ER (EC) 589 .... 22.121
Wellcome Trust Ltd (No 2), [1997] VATDR 1 (VTD 14813) 7.106
Wellcome Trust (No 3), [2003] VATDR 572 (VTD 18417) 56.14
Wellcome Trust (No 4), [2008] VATDR 509 (VTD 20731) 46.222
Wellcome Trust Ltd (No 5), [2016] UKFTT 56 (TC), TC04855 .... 22.210
Wellcome Trust Ltd (No 6), [2018] UKFTT 599 (TC), TC06761 .... 20.59
Wellesley-Miller (TCT) (VTD 7691) 18.434
Wellington Private Hospital Ltd (No 1), [1993] VATTR 86 (VTD 10627B) 46.130
Wellington Private Hospital Ltd (No 2), CA [1997] STC 445 .... 19.2
Wellman (R & P) (VTD 4383) 15.217
Wellright Ltd (VTD 14646) 36.380
Wells (MF), QB [1981] STC 588; [1982] 1 All ER 920 .... 14.54
Wells (MP) (Mr & Mrs) (VTD 15169) 55.48

Table of Cases — K to Z

Case	Reference
Wells (R), [2012] UKFTT 495 (TC), TC02172	51.178
Welmory sp. z o.o., ECJ Case C 605/12; 16 October 2014 unreported	20.56
Welsh's Coaches Ltd (VTD 20193)	63.19
Welshback Exercise Ltd (VTD 20310)	28.21
Wendels (Mrs ME), [2010] UKFTT 476 (TC), TC00737	15.47
Wendy Fair Market Club (No 1) (VTD 679, VTD 833)	2.384, 41.4
Wendy's Kitchen (VTD 15531)	29.12
Wenlock Building Centre Ltd (VTD 10893)	36.394
Wentwalk Ltd (No 1), CA [1996] STC 1049	67.178
Wentwalk Ltd (No 2), [1999] VATDR 383 (16118)	62.434
Weru (UK) Ltd (VTD 12738)	18.232
Wesley (AC) (VTD 9074)	19.81
Wesley Barrell (Witney) Ltd (VTD 1087)	58.27
Wessex Continental Travel Co Ltd, [2010] UKFTT 36 (TC), TC00350	57.129
West (JB) (t/a West One) (VTD 19677)	28.26
West (P), Ch D [2008] EWHC 2277 (Ch)	60.14
West (SJ) (t/a Stallard News) (VTD 5802)	58.23
West Central Halifax Partnership Ltd (VTD 16570)	7.99
West Country Vending Service Ltd, [2010] UKFTT 124 (TC), TC00435	29.44
West Devon District Council, Ch D [2001] STC 1282	42.4
West End Health and Fitness Club (VTD 4070)	57.48
West Essex Golf Club, [1992] VATTR 35 (VTD 7321)	13.25
West Heat (Eltra) Ltd (VTD 4742)	18.248
West Herts College, Ch D 2000, [2001] STC 1245	62.118
West London Air Conditioning Ltd (VTD 10797)	52.284
West Lothian College SPV Ltd (VTD 18133)	46.65
West Midlands Motors Ltd (VTD 16512)	52.453
West of Scotland Colleges Partnership, [2014] UKFTT 573 (TC), TC03746	24.61
West Way Garage (Bournemouth) Ltd (VTD 2151)	62.407
West Yorkshire Independent Hospital (Contract Services) Ltd, CA [1989] STC 539; [1990] 1 QB 905; [1989] 2 All ER 938	62.451
Westbourne Domestic Care Agency Ltd (VTD 20947)	1.51
Westbury (BL) (VTD 1168)	62.57
Western Road Properties Ltd (VTD 7304)	52.137
Western Waste Management Ltd (VTD 17428)	44.15
Westinsure Group Ltd, [2014] UKUT 452 (TCC)	38.35
Westland Horticulture Ltd (VTD 18686)	48.5
Westminster (Lord Mayor and Citizens of the City of), [1989] VATTR 71 (VTD 3367)	22.153
Westminster Trading Ltd and others, [2017] UKUT 23 (TCC)	2.195
Westmoreland Investments Ltd, MacNiven v, HL [2001] STC 237	46.154
Westmorland Motorway Services Ltd, CA [1998] STC 431	67.153
Westone Wholesale Ltd (No 1), Ch D 2007, [2008] STC 828; [2007] EWHC 2676 (Ch)	3.140
Westone Wholesale Ltd (No 2), [2009] UKFTT 218 (TC), TC00168	23.17
Westpark Interiors Ltd, [1983] VATTR 289 (VTD 1534)	65.40
Wetheralds Construction Ltd, [2018] UKUT 173 (TCC)	56.4
WF Electrical plc (VTD 17083)	18.267
WF Graham (Northampton) Ltd (VTD 908)	5.12
WF Marston & Son Ltd (VTD 15208)	62.32
WFS Metals Ltd (VTD 12293)	40.78
WG Beynon & Sons Ltd (VTD 10043)	18.407
WGM Decorating (VTD 12401)	18.348
WGM Decorating (No 2) (VTD 13344)	18.315
WH Blatch Investments Ltd (VTD 13727)	36.191
WH Payne & Co, [1995] VATDR 490 (VTD 13668)	62.571
WH Smith Ltd, [2000] VATDR 1 (VTD 16505)	58.40
WH Trace & Sons Ltd (VTD 2306)	67.69
WHA Ltd, SC [2013] UKSC 24; [2013] STC 943; [2013] 2 All ER 907	36.203
Wharmby (CA) (VTD 16436)	67.108
Whatling (PRG) (VTD 9322)	52.21

Table of Cases — K to Z

Whatton (GM), QB [1996] STC 519	2.182
Wheeled Sports 4 Hereford Ltd, [2011] UKFTT 190 (TC), TC01059	15.154
Wheeler (AD) (t/a Wheeler Motor Co) (VTD 13617)	48.122
Wheeler (RJ) (VTD 7366)	52.142
Wheels Common Investment Fund Trustees Ltd (No 1), ECJ Case C-424/11; [2014] STC 495	20.162
Wheels Common Investment Fund Trustees Ltd and others (No 2), [2017] UKFTT 830 (TC), TC05555	2.165
Wheels Private Hire Ltd, [2017] UKUT 51 (TCC)	38.4
Whereat (SJ) (VTD 16751)	51.173
Whiffen (FP) (t/a FP Whiffen Opticians) (No 1) (VTD 18951)	67.85
Whiffen (FP) (t/a FP Whiffen Opticians) (No 2) (VTD 18969)	2.352
Whirlpool UK Ltd (VTD 18427)	18.267
Whiston Hall Golf Club Ltd (VTD 20361)	2.215
Whitbread Group plc, Ch D [2005] STC 539; [2005] EWHC 418 (Ch)	29.17
Whitbread Harrowden Settlement Trustees (and related appeals) (VTD 16781)	46.107, 52.428
Whitchurch Bridge (Company of Proprietors), oao, R v HM Treasury, QB [2012] EWHC 3579 (Admin)	42.9
White (AJ) (VTD 15388)	65.90
White (D) (VTD 4254)	15.16
White (GB) (t/a Chiffon Couture) (VTD 4785)	18.4
White (MJ) (VTD 12360)	36.179
White, Aikman v, CS 1985, [1986] STC 1	59.8
White & Sons (VTD 11680)	8.22
White & White (Mr & Mrs) (t/a The Kings Arms) (VTD 20859)	18.448
White Row Cottages Bewerley (1–4), in re, Ch D [1991] Ch 441; [1991] 4 All ER 50	15.185
Whitechapel Art Gallery (No 1), QB [1986] STC 156; [1986] 1 CMLR 79	11.50
Whitechapel Art Gallery (No 2), [2008] VATDR 530 (VTD 20720)	20.49
Whitefield (JW & MJ) & Osbourne (AJ & JA) (VTD 10926)	52.76
Whitefield & Sons (Builders) Ltd (VTD 11286)	17.3
Whitehall Chase Foundation Trust (VTD 5134)	7.21
Whitehead (AJ) (VTD 10696)	52.72
Whitehead (SJ), [1975] VATTR 152 (VTD 202)	57.86
Whitehead & Wood Ltd (VTD 6341)	52.62
Whitehouse (SP) (VTD 6763)	10.1
Whitelaw (J) (t/a Law Property & Leisure Group) (VTD 17640)	52.405
Whiteley (SA), [1993] VATTR 248 (VTD 11292)	15.61
Whites Metal Company (VTD 2400)	36.692
Whitfield (CSJ & Mrs DJ) (VTD 3506)	36.323
Whitley (DJ) (VTD 2435)	62.240
Whitney v CIR, HL 1925, 10 TC 88	32.25
Whitport plc (VTD 14337)	18.49
Whittaker (DJ) (t/a Cheslyn Hay Fish Bar) (VTD 14585)	65.96
Whittaker (M & H) & Son Ltd (VTD 3554)	36.552
Whittle (RA, DL & GA) (t/a Go Whittle), [1994] VATTR 202 (VTD 12164)	63.13
Why Pay More For Cars Ltd, [2015] UKUT 468 (TCC)	48.32
Whyte (A) (VTD 914)	2.332
Whyte (AA) (VTD 5829)	10.3
Wickford Development Co Ltd, [2020] UKFTT 387 (TC), TC07864	15.317
Widnes Spastic Fellowship (VTD 455)	7.46
Wiener SI GmbH v Hauptzollamt Emmerich, ECJ Case C-338/95; [1997] 1 ECR 6495; [1998] 1 CMLR 1110	22.5
Wigan Metropolitan Development Co (Investment) Ltd (VTD 4993)	46.23
Wiggett Construction Ltd, Ch D [2001] STC 933	46.214
Wigley (NCF) (VTD 7300)	44.2
Wigmore (CH), [1991] VATTR 290 (VTD 6040)	15.308
Wigmore Hall Trust (The) (VTD 13773)	18.152
Wilcock (SP) (t/a The Hi-Fi People) (VTD 9737)	18.436
Wilcox (JW), [1978] VATTR 79 (VTD 546)	7.22

Case	Reference
Wild (MA & AJ) (t/a Audrey's Pianos), Ch D 2008, [2009] STC 566; [2008] EWHC 3401 (Ch)	47.36
Wildfowl & Wetland Trust, [2013] UKFTT 423 (TC), TC02817	16.12
Wilf Gilbert (Staffs) Ltd (VTD 20170)	46.233
Wilkes (S) (t/a Dipton Chippy) (VTD 16652)	57.122
Wilkinson (JDG) (VTD 583, 649)	2.290
Willan (PNDC) (VTD 12563)	18.216
Willant Trust Ltd, [2014] UKFTT 1083 (TC), TC04172	41.117
Willcox & Co (VTD 8813)	36.568
Willerby Manor Hotels Ltd (VTD 16673)	41.113
Willert (PW) (VTD 4970)	51.90
William Cowan & Son Ltd (VTD 1792)	36.398
William Johnson & Sons (Contractors) Ltd (VTD 11028)	52.142
William Matthew Mechanical Services Ltd, [1982] VATTR 63 (VTD 1210)	8.8
William O'Hanlon & Co Ltd (VTD 12309)	18.504
William Peto & Co Ltd (VTD 736)	62.2
William Youngs & Son (Farms) Ltd (VTD 9660)	52.286
Williams (BD) (VTD 15163)	52.346
Williams (E) (t/a Memories on Video) (VTD 14960)	52.440
Williams (Mrs E) (t/a Premier Flowers) (VTD 20639)	57.205
Williams (G), [2009] UKFTT 96 (TC), TC00064	15.348
Williams (GD) (VTD 4810)	18.439
Williams (JO) (VTD 14240)	62.158
Williams (K & D) (VTD 7078)	4.3
Williams (L) (VTD 4261)	57.53
Williams (N), [2017] UKFTT 846 (TC), TC05571	15.38
Williams (NM) (VTD 12876)	4.3
Williams (NR) (VTD 11361)	58.7
Williams (TSD & Mrs ME) (VTD 2445)	57.42
Williams & Glyn's Bank Ltd, [1974] VATTR 262 (VTD 118)	27.1
Williams (JR) & Wallis (RJS) (VTD 7286)	46.189
Williams & Williams (t/a A Williams & Son) (VTD 4191)	18.390
Williams Grand Prix Engineering Ltd, [2010] UKFTT 607 (TC), TC00848	62.557
Williamson (J), [2010] UKFTT 254 (TC), TC00548	15.15
Williamson (RW & AAW), [1978] VATTR 90 (VTD 555)	7.23
Willimaier, Dotter v, ECJ Case C-384/98; [2002] STC 1200	22.314
Willingale (J) (VTD 12029)	36.302
Willis Pension Trustees Ltd, [2005] VATDR 418 (VTD 19183)	62.205
Willpower Garage Ltd (VTD 12114)	36.503
Wilmington (JMB), [2012] UKFTT 287 (TC), TC01975	28.5
Wilmot, RCPO v, Southwark Crown Court 1 July 2008 unreported	49.15
Wilson (DL) (VTD 15803)	55.77
Wilson (GG), [1977] VATTR 225 (VTD 428)	41.143
Wilson (J), [2014] UKFTT 320 (TC), TC03454	15.9
Wilson (K) (VTD 12042)	36.629
Wilson (M) (t/a M & S Interiors) (VTD 17494)	62.350
Wilson (R & Mrs J) (t/a Mountain View Hotel) (VTD 16404)	47.20
Wilson Boyle (Development) Ltd (VTD 17029)	52.21
Wilsons of Rathkenny Ltd, [2011] UKFTT 406 (TC), TC01261	48.62
Wilsons Transport Ltd (VTD 1468)	8.10
Wiltonpark Ltd, [2016] EWCA Civ 1294	27.12
Wiltshire & Gloucestershire Draining Co Ltd (VTD 6559)	18.376
Wimborne Rugby Football Club (VTD 4547)	24.34
Wimpey Construction UK Ltd, [1979] VATTR 174 (VTD 808)	44.101
Wimpey Group Services Ltd, CA [1988] STC 625	15.214
Windeatt (RL) (VTD 6571)	36.658
Winder (A) (t/a Anthony & Patricia) (VTD 11784)	62.286
Windflower Housing Association, QB [1995] STC 860	55.63
Window (J) [2001] VATDR 252 (VTD 17186)	41.16
Window Glazing Consultancy (The) (VTD 6892)	52.138
Windowmaker UPVC Ltd (VTD 9939)	52.367

Case	Reference
Windows Direct Ltd (VTD 4762)	18.224
Windsor (AT) (t/a ATW Transport) (VTD 11241)	52.353
Windsor (M) (VTD 14185)	36.237
Windsor House Investments Ltd (VTD 19666)	6.32
Winfield v Stowmarket Golf Club Ltd, 1995 (unreported)	13.47
Wing Wah Restaurant (Birmingham) Ltd (VTD 17399)	6.48
Wingate Electrical plc (VTD 14078)	18.484
Winser (JDJ) (VTD 19366)	69.3
Winstone (JH) (VTD 11948)	17.3
Winterthur Life UK Ltd (VTD 14935)	38.12
Winterthur Life UK Ltd (No 2) (VTD 15785)	6.9
Winterthur Life UK Ltd (No 3) (VTD 17572)	38.16
Winterthur Swiss Insurance Company, [2006] VATDR 375 (VTD 19411)	22.624
Winturn Ltd (VTD 10699)	3.79
Wiper (C) (VTD 152)	57.9
Wireless Wizards Ltd, [2013] UKFTT 680 (TC), TC03062	36.140
Wirral, Metropolitan Borough of, QB [1995] STC 597	1.80
Wirral, Metropolitan Borough of (No 2) (VTD 14674)	42.13
Wirral Independent Recycling Enterprise Ltd, [2012] UKFTT 267 (TC), TC01960	11.74
Wisebeck Construction Ltd (VTD 6612)	52.91
Wiseman (PH) (VTD 17374)	15.68
Wisker (G) (VTD 9716)	51.58
Witherow (GR) (VTD 20040)	15.162
Withers (RJ) & Gibbs (S) (t/a The General Stores), [1983] VATTR 323 (VTD 1553)	58.19
Withers of Winsford Ltd, QB [1988] STC 431	44.3
Withies Inn Ltd (The) (VTD 14257)	43.9
Witney Golf Club, [2002] VATDR 397 (VTD 17706)	9.6
Witney Town Bowls Club, [2015] UKFTT 421 (TC), TC04598	15.143
Witzemann v Hauptzollamt München-Mitte, ECJ Case C-343/89; [1993] STC 108; [1991] 1 ECR 4477	22.110
Wizard Accounting Solutions Ltd (VTD 12304)	18.181
WJ Brown Toys Ltd (VTD 1684)	36.37
WM Management & Marketing Ltd, [2005] VATDR 242 (VTD 19075)	2.295
WM Morrison Supermarkets Ltd, UT [2013] UKUT 247 (TCC); [2013] STC 2176	30.9, 62.594
WMG Acquisition Co UK Ltd, [2013] UKFTT 219 (TC), TC02629	48.62
WMT Entertainments Ltd (VTD 9385)	24.13
WN Heaton & Son Ltd (VTD 2397)	19.32
Woking Museum and Arts and Crafts Centre, [2014] UKFTT 176 (TC), TC03315	7.63
Wold Construction Co Ltd (VTD 11704)	14.21
Finanzamt Kyritz, Wolf-Henning Peters v, CJEU Case C-700/17	20.121
Wolf Management Services Ltd (VTD 1270)	8.9
Wolfe (M) (t/a Arrow Coach Services) (VTD 171)	62.84
Wolfe Ware Ltd (VTD 20941, VTD 20954)	18.488
Wolfgang und Dr Wilfried Rey Grundstucksgemeinschaft GbR v Finanzamt Krefeld, CJEU Case C-332/14	22.532
Wollny (J & S) v Finanzamt Landshut, ECJ Case C-72/05; [2008] STC 1618	22.278
Wolverhampton & Dudley Breweries plc (The), [1990] VATTR 131 (VTD 5351)	41.50
Wolverhampton Citizens Advice Bureau (VTD 16411)	11.52
Wong (WY) (VTD 17348)	3.56
Wong (YY) (VTD 7591)	52.15
Wong's Chinese Takeaway (VTD 18766)	62.326
Woningstichting Maasdriel v Staatssecretaris van Financiën, ECJ Case C-543/11; 17 January 2013 unreported	20.168
Wood (AJ) (VTD 17518)	36.11
Wood (Mrs EJ) (VTD 17256)	44.70
Wood (J), [2014] UKFTT 532 (TC), TC03659	50.70
Wood (Mrs PD) (VTD 1037)	57.175
Wood (Mrs PD) (No 2) (VTD 4644)	36.482

Wood (Mrs SM) (t/a Moulton Auto Hire) (VTD 9565)	10.5
Wood (T) (VTD 6992)	2.95
Wood (T) (t/a Thomas Wood Associates) (VTD 15028)	18.436
Wood (J) & Riley (P) (VTD 18743)	50.49
Wood Auto Supplies Ltd (VTD 17356)	18.467
Wood Green Animal Shelters, [2012] UKFTT 437 (TC), TC02118	11.58
Woodcock (B) (VTD 7459)	36.659
Woodger (M) (VTD 5402)	3.78
Woodifield, Strong & Co of Romsey Ltd v, HL 1906, 5 TC 215	36.584
Woodings, Rees, Crossthwaite & Jones (Drs), [1999] VATDR 294 (VTD 16175)	19.9
Woodley Baptist Church (VTD 17833)	15.263
Woods (E) (VTD 15485)	65.111
Woods (PJ) (VTD 6134)	18.398
Woods (S) (Mrs) (VTD 19024)	51.166
Woods (TE) (VTD 18049)	50.37
Woods Place Management Ltd (VTD 12812)	52.351
Woodstock Timber Products (VTD 11693)	18.425
Woodward (JJ) (VTD 569)	44.63
Woodward & Stalder Ltd (VTD 10378)	52.351
Woodworth v Conroy, CA [1996] 1 All ER 107	40.81
Woolf (Mrs S) (t/a Sally Woolf Interiors) (VTD 10415)	8.2
Woolfold Motor Co Ltd, QB [1983] STC 715	62.437
Woolwich Equitable Building Society v CIR, HL [1992] STC 657	17.10
Worboys (AS) (VTD 3866)	51.69
Word (UK) Ltd (VTD 5224)	18.63
World Association of Girl Guides and Girl Scouts, [1984] VATTR 28 (VTD 1611)	21.48
World Chief Ltd (VTD 2582)	1.13
World Comm Trading Gfz SRL v Agenţia Naţională de Administrare Fiscală (ANAF), Direcţia Generală Regională a Finanţelor Publice Ploieşti, CJEU Case C-684/18	36.750
Worldstill Ltd (VTD 3796)	18.267
Worldwide Surplus Supplies Ltd (VTD 16198)	36.595
Worsfold (P) (VTD 19968)	44.150
Worshipful Company of Painter-Stainers (The) (VTD 20668)	64.32
Worthington (T, EC, PT & A) (t/a Conochies) (VTD 16228)	36.346
Wosem Communities Development Ltd, [2013] UKFTT 609 (TC), TC02996	7.114
WP Holdings plc (VTD 15134)	4.2
WR Davies Motor Group (VTD 19374)	2.20
WR Ltd (VTD 6968)	8.40
Wrag Barn Golf & Club Country Club, [2013] UKFTT 406 (TC), TC02802	6.37
Wragg (JA) (t/a Take 5 Hair Design) (VTD 10574)	62.284
Wren (S) (t/a Blue & White Car Service)	67.107
Wren v Eastbourne Borough Council, ECJ [1993] 3 CMLR 166	22.28
Wrencon Ltd (VTD 13968)	55.72
Wrenshall (A) (VTD 10963)	65.31
Wright (A & Mrs M), [2011] UKFTT 681 (TC), TC01523	57.104
Wright (D) (VTD 12451)	40.71
Wright (DI) (VTD 9254)	18.254
Wright (DJ & MA) (VTD 14570)	3.114
Wright (F) (VTD 7465)	52.315
Wright (GG) (VTD 5691)	18.104
Wright (JA & Mrs J) (t/a Euro Dec) (VTD 3540)	51.120
Wright (MH) (VTD 10760)	50.83
Wright (MV) (VTD 12701)	57.166
Wright (R) (t/a Gotterson's Fish Bar) (VTD 6732)	18.100
Wright (RS & EM) Ltd (VTD 12984)	36.377
Wright & Partners (VTD 10295)	27.47
Wright & Son (Building Contractors) Ltd (VTD 10055)	52.40
Wright Manley Ltd (VTD 10295)	27.47
Wrights International Leather Ltd (VTD 6399)	52.102
Wroclaw v Minister Finansow, Case C-276/14; [2015] All ER (D) 139	20.11

Table of Cases — K to Z

WS Atkins (Services) Ltd (VTD 10131) 36.39
WS Parsons Ltd (VTD 10693) 4.3
WSJ (Contractors) Ltd (VTD 11602) 52.138
Wyatt (WB) (VTD 263) 8.1
Wyck (DW) (VTD 6619) 52.103
Wydale Hall (VTD 14273) 48.136
Wyld (Mr & Mrs J) (t/a Wyldwood Coppice) (VTD 12420) 30.8
Wynd Consulting (VTD 14773) 18.544
Wyndley Nurseries Ltd (VTD 10269) 52.89
Wynn Realisations Ltd v Vogue Holdings Inc, CA [1999] STC 524 .... 67.6
Wyre Borough Council (VTD 8880) 52.264
Wythe (JC) (VTD 15054) 18.436
Wyvern Shipping Co Ltd, QB 1978, [1979] STC 91 .... 60.18

X

X v Skatteverket, ECJ Case C-84/09; [2011] STC 189 .... 20.47
X, Staatssecretaris van Financiën v, ECJ Case C-334/10; [2012] STC 2288 .... 22.205
X, Staatssecretaris van Financiën v, ECJ Case C-536/08; [2010] STC 1701 .... 22.471
X BV, Staatssecretaris van Financiën v, ECJ Case C-651/11; [2013] STC 1893 ...... 22.186
X Ltd, ex p., R v C & E, QB [1997] STC 1197 .... 14.76
X Holding BV v Staatssecretaris van Financiën, ECJ Case C-538/08; [2010] STC 1221
.... 22.505
Xansa Barclaycard Partnership Ltd, [2004] VATDR 457 (VTD 18780) 32.16
Xentric Ltd (No 1), [2010] UKFTT 249 (TC), TC00544 .... 2.245
Xicom Systems Ltd, Ch D [2008] STC 3492; [2008] EWHC 1945 (Ch) 2.422
XL Refrigerators Ltd (VTD 9763) 18.98
XT v Valstybinė mokesčių inspekcija prie Lietuvos Respublikos finansų ministerijos,
    Vilniaus apskrities valstybinė mokesčių inspekcija prie Lietuvos Respublikos finansų
    ministerijos, CJEU Case C-312/19 .... 20.23
Xtreme Graphics Ltd, [2013] UKFTT 666 (TC), TC03048 .... 53.10

Y

Yaesu Europe BV v Bundeszentralamt für Steuern, ECJ Case C-433/08; [2010] STC
    809 .... 22.635
Yarburgh Children's Trust, Ch D 2001, [2002] STC 207 .... 15.121
Yarl Wines (VTD 17846) 50.11
Yarlett (D) (VTD 1490) 44.9
Yarlett (J), [2011] UKFTT 253 (TC), TC01117 .... 51.56
Yasin (M) & Hussain (M) (VTD 15804) 57.44
Yate (S) (t/a Yummies) (VTD 16943) 18.170
Yavuz (N) (t/a Fosters Off Licence / Supermarket) (VTD 18593) 2.207
Yazaki (UK) Ltd (VTD 7128) 52.281
Yeabsley Financial Solutions Ltd, [2012] UKFTT 358 (TC), TC02044 .... 28.6
Yeastfield Ltd, [2012] UKFTT 201 (TC), TC01896 .... 36.32
Yelland (ED), [2010] UKFTT 340 (TC), TC00622 .... 48.62
Yeovil Golf Club, [2013] UKFTT 490 (TC), TC02879 .... 2.145
Yeung (HC) (t/a Yeung's Garden) (VTD 17574) 50.112
Yeung (YM) (t/a Golden House) (VTD 18017) 57.137
Yip (KH) (t/a Manie Takeaway) (VTD 17163) 52.308
YMCA Birmingham and Ors, [2020] UKUT 143 (TCC); [2020] STC 1866 .... 33.89
Yoga for Health Foundation, QB [1984] STC 630; [1985] 1 CMLR 340 .... 22.329
York Avenue Garage (VTD 3252) 18.120
Yorkhurst Ltd (VTD 14458) 46.195
Yorkshire & Humberside Tourist Board (VTD 4744) 18.217
Yorkshire Co-Operatives Ltd, ECJ Case C-398/99; [2003] STC 234; [2003] 1 WLR
    2821 .... 22.269

Yorkshire Rural Investments Ltd (VTD 15083) 52.20
Young (L) (VTD 14987) 62.308
Young (M) (t/a The St Helens), [2012] UKFTT 702 (TC), TC02371 .... 65.102
Young (Professor RM) (VTD 7922) 57.129
Young Construction (London) Ltd (VTD 14565) 18.535
Young Street Management Services Ltd (VTD 5711) 18.531
Younger (AL) (VTD 1173) 1.99
Younghusband (PR) (VTD 7443) 36.230
Younis (M) (t/a Heaton Private Hire) (VTD 11908) 3.147
Yuen Tung Restaurant Ltd (t/a The Far East Restaurant), [1993] VATTR 226 (VTD 11008) 3.127
Yung (P & A) (t/a Chilli Restaurant & Hong Kong Food) (VTD 16695) 47.34
Yusupoff (L) (VTD 18152) 33.25

Z

Zaman (T) (VTD 18647) 36.673
Zanaco Investments Ltd, [2012] UKFTT 518 (TC), TC02195 .... 2.374
Zanex Ltd (VTD 17460) 67.27
Zargari (S) (VTD 17138) 65.101
Zaveri (S) (t/a The Paper Shop), [1986] VATTR 133 (VTD 2121) 51.106
Zeldaline Ltd, [1989] VATTR 191 (VTD 4388) 29.28
Zemmel (H) (VTD 498) 57.10
Zen Internet Ltd (VTD 18563) 50.127
Zenith Holdings Ltd (VTD 6032) 52.49
Zenith Publishing Ltd (VTD 20973) 36.67
Zetland Garage (Southport) Ltd (VTD 4676) 18.252
Zhiren (J) (t/a Captain's Catch Restaurant) (VTD 17785) 57.19
Zielinski Baker & Partners, HL [2004] STC 456; [2004] UKHL 7; [2004] 1 WLR 707; [2004] 2 All ER 141 .... 55.7
Zimmatore (P) (VTD 10376) 52.107
Zimmermann, Finanzamt Steglitz *v*, ECJ Case C-174/11; 15 November 2012 unreported 22.336
Zipvit Ltd, [2018] EWCA Civ 1515; [2018] STC 1502 .... 24.10
Zita Modes Sàrl *v* Administration de l'enregistrement et des domaines, ECJ Case C-497/01; [2005] STC 1059 .... 22.183
Zombory-Moldovan (t/a Craft Carnival), [2016] UKUT 433 (TCC) 41.43
Zonner Industries Ltd (VTD 6031) 52.33
Zoo Clothing Ltd (VTD 9161) 62.14
Zoological Society of London (The), ECJ Case C-267/00; [2002] STC 521; [2002] All ER (EC) 465 .... 22.362
Zoological Society of Wales (The) (VTD 18786) 16.2
Zoopark Ltd, [2013] UKFTT 441 (TC), TC02833 .... 52.232
Zurich Insurance Company, CA [2007] STC 1756; [2007] EWCA Civ 218 .... 62.537
Zweckverband zur Trinkwasserversorgung und Abwasserbeseitigung Torgau-Westelbien, Finanzamt Oschatz *v*, ECJ Case C-442/05; [2009] STC 1 .... 22.298
Zyna Ltd, [2013] UKFTT 652 (TC), TC03036 .... 2.40

1

Agents

The cases in this chapter are arranged under the following headings.

Definition of agency	1.1
Whether acting as agent or principal	
Cases held to constitute an agency	1.2
Cases held not to constitute an agency	1.34
Supplies through agents acting in own name (VATA 1994, s 47(2A), (3))	1.80
'Disbursements'	1.87
Estate agents	1.92
Nursing agencies	1.94
'Party plan' and direct selling	1.97

Definition of agency

[1.1] In a case concerning zero-rating provisions in *FA 1972*, which have since been superseded, Customs issued an assessment on a woman who had organised educational holidays. She appealed, contending that she was acting as an agent of overseas organisations, so that she was not required to account for VAT under the law then in force. The tribunal accepted this contention but the QB remitted the case to the tribunal for rehearing. Woolf J held that the tribunal had erred in law, and defined agency as 'the relationship which exists between two persons, one of whom expressly or impliedly consents that the other should represent him or act on his behalf and the other of whom similarly consents to represent the former or so to act'. *C & E Commrs v E Johnson*, QB [1980] STC 624. (*Note.* There was no further public hearing of the appeal.)

Whether acting as agent or principal

NOTE

VATA 1994, s 47(2A), introduced by *FA 1995, s 23* with effect from June 1995, provides that where an agent acts in his or her own name in relation to a supply of goods, the goods are treated as having been supplied to and by the agent. If the goods are eligible second-hand goods, the 'margin scheme' may be used provided that the conditions of the scheme are met. Cases relating to periods before June 1995 should be read in the light of the subsequent change in the law.

[1.2] Agents

Cases held to constitute an agency

Art dealers

[1.2] A couple who carried on business as art dealers were approached by a potential customer who wished to purchase an oil painting. They sought advice from a specialist dealer (G) who recommended a painting which he had in stock, which he suggested that they could sell for between £3,000 and £5,000. The couple agreed a price with their customer of £3,300, and received this sum in cash before they had actually purchased the painting from G. They subsequently paid him £2,700 for the painting. Customs issued an assessment on the couple, charging output tax on the full price of £3,300 paid by the customer. They appealed, contending that they had undertaken the transaction as agents for G, and should only be required to account for tax on their profit of £600. The tribunal accepted this contention and allowed their appeal. *JNS Bagshawe & CAE Walker*, LON/84/163 (VTD 1762).

Building company

[1.3] A building contractor (D) was also the controlling shareholder of a company (W) carrying on a similar business. D recruited subcontractors to work for W when required. Customs assessed W on the basis that it had supplied the services of some of these subcontractors to D for work which he had undertaken as a contractor. W appealed, contending that it had merely acted as an agent for D and had not made any supplies to D as an independent principal. The tribunal accepted this contention and allowed W's appeal. *WF Dickinson (Dorset) Ltd*, LON/87/327 (VTD 2778).

Meals delivered by taxi—whether proprietor acting as agent or principal

[1.4] A trader (N) operated a delivery service, whereby food was delivered from restaurants to consumers by taxi. Customers contacted N with orders for food, following which N contacted the restaurant and a taxi driver, and the taxi driver collected the meal and paid for it either by cash or by a voucher debiting the cost to N. The driver received payment from the customer, including a delivery charge, and N received a payment described as an 'agency fee' from the restaurant. N only accounted for output tax on the 'agency fees'. Customs issued an assessment charging output tax on the full amounts paid by the consumers, including the prices of the meals and the delivery charges paid to the drivers. The tribunal allowed N's appeal, holding that the meals were purchased by the taxi drivers rather than by N, and that N was acting as an agent rather than as a principal. *Dr R Nader (t/a Try Us)*, LON/89/1395Y (VTD 4927).

Company providing catering services for charity at residential homes

[1.5] A charity which operated a number of residential homes engaged a company (P) to provide catering services. P was paid a management fee, and also retained discounts which it obtained on the bulk purchase of food. It accounted for VAT on the management fee, but did not account for VAT on the discounts. Customs issued an assessment charging output tax on the discounts, on the basis that P was acting as an agent of the charity and that the discounts were part of the consideration for P's services. The tribunal dismissed

P's appeal, holding that there was a single supply of catering services, and that P was acting as an agent of the charity when it made its purchases of food. Accordingly, the discounts which P retained constituted consideration for P's services, and P was required to account for output tax on them. *PBK Catering Ltd*, LON/91/2688Y (VTD 11426).

Sales of craft pottery

[1.6] A partnership sold craft pottery from a retail shop. The partners purchased some items for resale, but other items were deposited with them by individual potters. In such cases, the partners considered that they were acting as agents for the potters, and only accounted for VAT on their agreed commission. Customs issued an assessment on the basis that the partners were selling the pottery as principals, and should account for VAT on the full sale price. The QB allowed the partners' appeal, holding that they were selling the pottery as agents of the individual potters. *JK Hill & SJ Mansell (t/a JK Hill & Co) v C & E Commrs*, QB [1988] STC 424. (*Note.* For another issue in this case, not taken to the QB, see **36.229** INPUT TAX.)

Second-hand musical equipment

[1.7] A company (M) owned seven shops trading in second-hand musical equipment. It accepted and paid for goods brought into its shops by members of the public, but in such cases it gave the vendors a notice stating that 'these goods are accepted for sale on your behalf by the company acting as your agent' and 'the goods will remain your property until sold'. Customs issued an assessment on M, charging output tax on the full sale price of the goods. M appealed, contending that it was acting as an agent and should only be assessed on its margin. The tribunal accepted this contention and allowed the appeal, and the QB upheld this decision, holding that the terms of the contract agreed between the company and the vendors made it clear that the company was acting as an agent rather than as a principal. *C & E Commrs v Music & Video Exchange Ltd*, QB [1992] STC 220.

Company investing money deposited by clients

[1.8] A company (C) received money from members of the public and invested it in options and futures, dealing through brokers. Customs assessed C on the basis that it was acting as a principal when buying and selling options and futures. C appealed, contending that it was acting as the agent of its clients. The tribunal allowed the appeal, holding that C was acting as the agent of its investors and not as a principal on its own account. *Cornhill Management Ltd*, [1991] VATTR 1 (VTD 5444).

'Party plan' hostesses

[1.9] See the cases noted at **1.98** to **1.100** below.

Musical tuition at universities

[1.10] See *Alberni String Quartet*, **21.2** EDUCATION.

Export of goods

[1.11] See *Geistlich Sons Ltd*, **25.29** EXPORTS.

[1.23] Agents

Taxi and car hire businesses

[1.23] See *Triumph & Albany Car Service*, 62.255 SUPPLY; *Hussain*, 62.257 SUPPLY, and the cases noted at 62.258 to 62.260 SUPPLY.

Taxi drivers

[1.24] See *Hamiltax*, 62.248 SUPPLY; *Knowles*, 62.249 SUPPLY, and *Snaith*, 62.250 SUPPLY.

Taxi account customers

[1.25] Two individuals (L&L) were in partnership owning and maintaining a fleet of cars. They hired out some of the cars to taxi drivers who were self-employed and not VAT registered. The car hire was paid for weekly by reference to the mileage travelled, each driver making payment direct to L&L. No issue arose with regard to customers who paid cash or by credit card. The issue in contention related to customers who had an account with L&L In such cases, customers telephoned L&L, who organised a driver. The driver notified L&L of the fare incurred and the account customer settled their bill with L&L at the end of the relevant period, usually a month; L&L subsequently accounted to the driver for what they had received from the account customer, with the driver bearing any bad debts. L&L appealed against assessments, contending that, in the case of account customers, L&L acted as agents for the drivers, not as principals. The tribunal concluded that L&L acted in regard to account customers as agents for the drivers, albeit perhaps as agents for undisclosed principals. L&L's appeal was allowed. *RF & SC Lafferty v HMRC*, [2014] UKFTT 358 (TC), TC03493.

Lorry driver introducing other drivers to contractors

[1.26] A self-employed lorry driver (H) introduced other drivers to the contractors for whom he worked. In such cases, he invoiced the contractors for the amounts payable to the other drivers. HMRC issued assessments on the basis that the effect of the invoicing arrangements was that H had been acting as an independent principal and was required to account for output tax on the full amount shown on the invoices. H appealed, contending that the invoices had been issued in error, that he had been acting as an agent, and that he should only be required to account for tax on the commission which he retained. The First-tier Tribunal accepted H's contentions and allowed his appeal. Judge Walters observed that 'it was convenient to all parties for (H) to invoice the haulage company customer for the full amount due from that customer and for the driver to invoice (H) for the balance of what the haulage company customer paid which was due to them'. *BA Hubbard v HMRC*, [2013] UKFTT 78 (TC), TC02496.

Escort agency

[1.27] See *Polok*, 62.294 SUPPLY, and *Portman Escort Agency*, 62.295 SUPPLY.

Company trading as pawnbroker

[1.28] A company (L) which traded as a pawnbroker sold quantities of gold coins. Customs formed the opinion that it had sold the coins as a principal and should have accounted for output tax on the full sale price. They issued an assessment accordingly. L appealed, contending that it had sold the coins as an agent of the members of the public who provided the coins, rather than as an independent principal, and was therefore only required to account for output tax on its profit. The tribunal allowed L's appeal, holding on the evidence that 'on the true construction of the contract notes the appellant acted as the seller's agent in the transactions in question'. *Lombard Guildhouse plc*, MAN/93/1417 (VTD 12974).

Motorcycle courier service

[1.29] A company (P) operated a motorcycle courier service. It had about 150 accounts customers. Where work was carried out for such customers, P retained 40% of the receipts and paid the other 60% to the couriers. The company also received occasional requests from people other than accounts customers. In such cases, it allowed the riders who worked for it to accept the work and retain the whole of the payments which they received. It did not account for output tax on such payments. Customs issued an assessment to recover the tax and the tribunal dismissed P's appeal, holding that the couriers were acting as agents of P, even though P made no profit from the cash customers. The tribunal observed that the company had an interest in allowing the couriers to keep sums received for cash work, since 'this meant that the riders could rely on immediate cash receipts to meet their cash needs for such items as petrol and personal expenses'. *Prontobikes Ltd*, LON/94/1198A (VTD 13213).

Company providing parking control services—whether agent of landowner

[1.30] See *Seagar Enterprises Ltd*, 62.211 SUPPLY.

Commission for collecting royalties

[1.31] An individual (J) agreed to collect levies for a group of film-makers, retaining 25% of the fees he collected as his commission. Customs issued an assessment charging tax on this commission. The tribunal upheld the assessment and dismissed J's appeal. *B Jones (t/a Beejay Enterprises)*, MAN/00/181 (VTD 17036).

Input tax reclaimed on supplies for property development

[1.32] A company (H) purchased a property. It engaged another company (B) to develop the property. B arranged for a firm (D) to provide services relating to a planning appeal. D invoiced B for its services. Although the invoices were addressed to B, H reclaimed the input tax. Customs issued an assessment to recover the tax and H appealed, contending that it had paid the invoices even though they had been addressed to B, that B had been acting as its agent, and that it should be treated as the recipient of D's supplies. The tribunal accepted these contentions and allowed the appeal. *Hamstead Holdings Ltd*, LON/06/132 (VTD 19867). (*Note.* No other cases were cited in the decision. Compare *Barnes*, 40.26 INVOICES AND CREDIT NOTES.)

Mobile phones airtime providers

[1.33] The issue was whether companies such as O2 and Vodafone made direct supplies of top-up vouchers to ultimate phone customers and users, with two intermediate companies (one being P Ltd) simply acting as agents or whether the vouchers were supplied to each of those intermediates in turn so that P Ltd was both receiving and making supplies.

The chain of supplies worked as follows. A customer would pay P Ltd, for example, £10. P Ltd would then extract from a machine provided by EP Ltd (a distinct company), a receipt with a code number which the customer keyed into his phone to add the airtime. The machine also enabled EP Ltd to debit P Ltd for £10 which it then paid to 02, Vodafone or other mobile network provider. The network provider then paid EP Ltd a commission, and in its turn EP paid P Ltd a commission. The network provider also accounted for VAT on the voucher when it was redeemed for airtime, in accordance with *VATA 1994, Sch 10A*.

Agreeing with the network providers, the First-tier Tribunal found that P Ltd had been acting as an agent. The First-tier Tribunal relied, in particular, on the facts that the contract between EP Ltd and P Ltd referred to EP Ltd as an agent and that both P Ltd and EP Ltd were paid a commission. The First-tier Tribunal also stressed that the network providers had behaved consistently with this approach, only issuing VAT invoices to customers.

This meant that P Ltd had not made taxable supplies. However, as it had issued VAT invoices to its customers, it had to account for the corresponding VAT (*VATA 1994, Sch 11, para 5*) despite the fact that it could not set off any input tax. *Phone Nation Ltd v HMRC*, [2015] UKFTT 593 (TC), TC04740.

Cases held not to constitute an agency

Sale of vehicles—whether supplier acting as agent

[1.34] A trader obtained black taxicabs from London to sell in Blackpool and accounted for tax only on his profit. Customs assessed him on the full sale price and he appealed, contending that he was acting as agent for the purchasers of the vehicles and that tax should be payable only on his commission. The tribunal rejected this contention and dismissed his appeal. *D Flitcroft*, MAN/86/328 (VTD 2328).

[1.35] Customs discovered that an unregistered trader (R) was selling vehicles from a garage forecourt. They issued a notice of compulsory registration. R appealed, contending that he was acting as an agent, so that his turnover was below the registration threshold. The tribunal rejected this contention and dismissed his appeal, holding that he was acting as an independent principal. *K Richardson*, MAN/03/448 (VTD 18617).

[1.36] A similar decision was reached in *B Morris*, MAN/03/682 (VTD 18741).

Trader providing services to trainee driving instructors

[1.37] A trader provided services to customers who wished to train as driving instructors, including arranging for tuition by experienced instructors and tutors. Customs issued a ruling that he was required to account for VAT on the full amount of his fees (except for the DSA examination and registration fees).

He appealed, contending that where he arranged for other instructors to give tuition, he was acting as an agent and should not be required to account for VAT on the amounts which he passed on to those instructors. The tribunal rejected this contention and dismissed his appeal, holding that he was acting as an independent principal. *ML Harrod (t/a Roadcraft UK)*, LON/05/778 (VTD 19644).

Proprietor of taxi business

[1.38] See *Hussain*, 62.257 SUPPLY.

Taxi drivers

[1.39] See *Jivelynn Ltd*, 62.262 SUPPLY, and *Kearns*, 62.263 SUPPLY.

Food sold by hostesses on buses

[1.40] A company (N) operated long-distance coach services. It arranged for 'hostesses' to sell food to passengers during the journeys. The hostesses were responsible for purchasing the food, and were entitled to retain any profits made. Customs assessed N on the basis that the hostesses were acting as agents, and that N was required to account for tax on the full amounts paid by the passengers. N appealed, contending that the hostesses were acting as independent principals. The tribunal accepted this contention and allowed the appeal. *National Bus Company*, LON/86/622 (VTD 2530).

Catering services

[1.41] A company supplied food and catering services at the US embassy. It accounted for tax on the basis that it was supplying the food as an independent principal but was supplying the catering services as an agent. Customs issued assessments on the basis that the company was supplying the catering services as an independent principal. The tribunal dismissed the company's appeal. *Aramark Ltd*, MAN/05/605 (VTD 20515).

Chiropractor

[1.42] A chiropractor (M) entered into an agreement with another chiropractor (C), whereby C provided chiropractic services at M's premises, using M's equipment. The fees from the patients treated by C were divided equally between C and M. Customs issued an assessment on the basis that the effect of the agreement was that C was treating patients as an agent of M, so that M was accountable for VAT on the whole of the fees charged, and not merely on the 50% which he retained. The tribunal allowed M's appeal, finding that 'none of the provisions in the agreement points conclusively towards the relationship of principal and agent', and holding that C was supplying services to the patients as a principal, rather than as M's agent. Accordingly, M was only required to account for output tax on the amounts which he actually received from C. *Dr SGP Middleton (No 2)*, MAN/90/588 (VTD 11208).

Dealer in industrial mouldings

[1.43] A trader acted as exclusive distributor of a type of polyurethane mouldings manufactured by a German company. Customs issued a ruling that he was acting as an agent of the German company, so that his commission was standard-rated. He appealed, contending that he was an independent principal and that the amounts which he received from the manufacturer were zero-rated under the legislation then in force. The tribunal accepted his evidence and allowed his appeal. *MC Linham*, LON/92/1651A (VTD 11359).

Goods sold at auction organised by fund-raising committee

[1.44] A committee (C) was established to raise funds to aid blood sports, such as stag-hunting and fox-hunting. It organised an auction in connection with a horse-race meeting, at which it sold goods which had been donated to it by supporters of its activities. It did not account for output tax on the sales made at the auction. Customs issued an assessment charging tax on the sales, and C appealed, contending that it was selling the goods as agents for the donors. The tribunal rejected this contention and dismissed the appeal, holding that C was selling the goods as independent principals rather than as agents. *The Cheltenham Countryside Race Day*, LON/93/2877A (VTD 12460).

Auctioneers

[1.45] A company (L) traded as auctioneers. In cases where a successful bidder failed to pay the amount promised, L paid the vendor as if it had received the amount in question, and subsequently offered the goods for sale again, but did not account for output tax on the proceeds of this sale. Customs issued an assessment charging tax on the proceeds, and L appealed, contending that it was selling such goods as agents for the original vendor. The tribunal rejected this contention and dismissed the appeal, holding that L was selling the goods as an independent principal, and was obliged to account for output tax. *Athol Street Auctioneers Ltd*, MAN/93/375 (VTD 12478).

Mail broker

[1.46] A company (M) carried on business as a mail broker. It only accounted for output tax on 20% of the payments which it received from two major clients, treating the remaining 80% as disbursements and as outside the scope of VAT. Customs issued an assessment charging tax on the payments, and M appealed, contending that it was acting as an agent. The tribunal rejected this contention and dismissed the appeal, holding that M was trading as an independent principal and was required to account for output tax on the full amounts which it received. *Mail Brokers International Ltd*, LON/94/1939A (VTD 14188).

Company providing staff for clients

[1.47] A company (H) provided temporary accountancy and banking staff for client companies. It accounted for PAYE, and until 1994 it accounted for VAT on the basis that it was acting as an independent principal. In 1995 its accountants formed the opinion that it should only have accounted for VAT on its commission, and not on the amounts which it passed to the temps as wages. They wrote to Customs requesting permission to issue credit notes on this basis. Customs rejected the claim, and H appealed. The tribunal dismissed the appeal, holding that H had been acting as an independent principal and had been supplying temporary staff for 'a unitary charge', rather than merely introducing staff in return for commission. *Hays Personnel Services Ltd*, LON/95/2610 (VTD 14882).

[1.48] A similar decision was reached in a case where a company (E) provided nursery staff. The tribunal held that E was acting as a principal and was required to account for VAT on the full amount of its consideration. *Eyears Ltd*, MAN/06/559 (VTD 20167). (*Note*. The tribunal also held that the supplies failed to qualify for exemption—see 33.83 HEALTH AND WELFARE.)

[1.49] A company was registered as a 'recruitment agency' and helped clients to find temporary staff. The tribunal held that for VAT purposes, it was acting as an independent principal rather than as an agent. *Helping Hand Asset Management Ltd*, LON/07/775 (VTD 20408).

Partnership providing domestic care workers

[1.50] A partnership (C) provided domestic care workers. Customs issued an assessment charging tax on the charges which C made to its clients. C appealed, contending that it was acting as an agent rather than as a principal, and should only be required to account for tax on the commission which it retained. The tribunal rejected this contention and dismissed the appeal. *Clarina Live-In Care Service*, LON/99/96 (VTD 16434).

[1.51] The decision in *Clarina Live-In Care Service*, 1.50 above, was applied in the similar subsequent case of *Westbourne Domestic Care Agency Ltd*, LON/07/733 (VTD 20947).

Cleaning services

[1.52] A business supplied cleaning services to owners of holiday cottages. The owner of the business (L) appealed against HMRC's decision to compulsorily register her for VAT on the basis that her business turnover exceeded the VAT registration threshold. She contended that she did not supply cleaning services to property owners herself but, acting as their agent, engaged cleaners on their behalf and retained a commission from the total amounts paid by them for doing so. The tribunal decided that given the inconsistencies in the agreement between the business and the property owners, the terms and conditions could not, on their own, be determinative of the commercial and economic reality of the supply and it was therefore necessary to consider the facts as a whole. The tribunal found, on balance, that the economic and commercial reality was that the business itself supplied the property owners with cleaning services and did not engage the cleaners as an agent acting on their behalf. Therefore HMRC's decision to compulsorily register L was correct and her appeal was dismissed. *W Lane v HMRC*, [2013] UKFTT 521 (TC), TC02909.

Property development

[1.53] A company (D) carried on a property development business. It became aware of two sites which were suitable for development, but did not have the resources to finance this. It entered into arrangements with a larger company (C) whereby C acquired the freehold interest in one site and the leasehold interest in the other (the freehold of the latter being retained by the local County Council). D was to build large office buildings on the sites and to receive payment from C to meet the costs of the work. At the completion of the work, C was to pay D the excess of the value of the buildings over their cost. D reclaimed input tax on the expenditure incurred on the work, and Customs

[1.53] Agents

issued assessments to recover the tax, considering that D was acting as an agent for C, rather than as an independent principal. The tribunal allowed D's appeal, holding that the work was a joint venture which was intended to result in an investment for C and a profit for D, which was acting as an independent principal. *Drexlodge Ltd*, MAN/88/705 (VTD 5614).

Magazine distribution company

[1.54] See *Odhams Distribution Pergamon Holdings Ltd*, 5.108 BOOKS, ETC and *Keesing (UK) Ltd*, 5.109 BOOKS, ETC.

Company placing orders for magazines with publishers

[1.55] See *Nordic Subscription Service UK Ltd*, 5.112 BOOKS, ETC.

Group of musicians

[1.56] Customs registered the leader of a group of musicians. He appealed, contending that he should be treated as an agent for the other musicians in the group, so that the amounts paid to the other musicians did not form part of his turnover, and he should not be required to register. The tribunal rejected this contention and dismissed his appeal, holding that he was the sole proprietor of the group, trading as an independent principal rather than as an agent, and was required to register and account for VAT accordingly. *S Dorfman*, MAN/03/578 (VTD 18816).

[1.57] See also *Kirkby*, 51.30 PENALTIES: FAILURE TO NOTIFY.

Nursing agency

[1.58] See *Allied Medicare Nursing Services Ltd*, 33.2 HEALTH AND WELFARE, and *Parkinson*, 33.3 HEALTH AND WELFARE.

Tupperware sub-distributors

[1.59] See *Potter*, 1.97 below.

'Door-to-door' salesmen

[1.60] See *Betterware Products Ltd*, 1.102 below, and *Kelly*, 1.103 below.

Company selling vouchers for services

[1.61] A company (B) sold vouchers entitling the purchasers to certain services (such as a flight in a biplane or a drive in a Ferrari). Customs issued a ruling that it was liable to account for tax on the full amounts it received from its customers. B appealed, contending that it was acting as an agent for the service providers and was only required to account for tax on its commission. The tribunal rejected this contention and dismissed the appeal. *Buyagift Ltd*, LON/05/602 (VTD 19856). (*Note*. A subsequent appeal by the same company was also dismissed, with costs being awarded to Customs (VTD 20774).)

Property conveyancing business

[1.62] See *Culverhouse*, 57.180 REGISTRATION.

Association of taxi drivers

[1.63] See *Eastbourne Town Radio Cars Association*, 62.33 SUPPLY.

Hairstylists at salon

[1.64] See *Ashmore*, 62.283 SUPPLY.

Hostesses at night club

[1.65] See *Leapmagic Ltd*, 62.296 SUPPLY.

Launderette staff providing 'service washes'

[1.66] See *Ivychain Ltd*, 62.330 SUPPLY.

School photographs supplied to school for resale to parents

[1.67] A photographer (P) supplied school photographs to schools which resold the photographs to parents at prices recommended by the photographer. The school retained an agreed percentage of the payments and paid the balance to P. Customs issued an assessment on the basis that the school was acting as an agent and that P was liable to account for VAT on the amounts paid by the parents to the school, rather than just the amounts he received from the school. The tribunal allowed P's appeal, holding that the schools had not entered into an agency agreement and that P's customers were the schools rather than the parents. The QB upheld the tribunal decision, holding that the schools had not been authorised to create contractual agreements between P and the parents. *C & E Commrs v PLA Paget*, QB [1989] STC 773.

Supply of facilities for taking school photographs

[1.68] See *Lancashire County Council*, 62.386 SUPPLY.

Council playground including miniature railway operated independently

[1.69] See *Hemsworth Town Council*, 62.361 SUPPLY.

Whether building company acting as agent for development company

[1.70] A company (L), which traded as a travel agent, agreed to purchase a freehold property for £100,000 from a development company (D), and to pay a construction company (B) £145,000 plus VAT for the renovation of the property. B and D were associated companies. L reclaimed the input tax on the renovation, and Customs issued an assessment to recover the tax, on the basis that there was in reality a single exempt supply of a renovated building. L appealed, contending that there were two separate supplies. The tribunal accepted this contention and allowed L's appeal. On the evidence, the transactions were genuine and were not a sham. B had supplied its services to L as an independent principal, rather than as an agent for D, and L was entitled to credit for the input tax. *Lonsdale Travel Ltd*, MAN/90/535 (VTD 12113).

Tenant of bomb-damaged building arranging for repairs

[1.71] See *Commercial Union Assurance Co plc*, 36.74 INPUT TAX.

[1.72] Agents

Companies advertising loft conversion services

[1.72] Two associated companies advertised loft conversion services. They failed to account for VAT on the full amounts charged to their customers. Customs issued assessments charging tax on the full amounts paid by the customers. The companies appealed, contending that they were acting as agents for the self-employed contractors who carried out the conversion, and that they should only be required to account for tax on their net takings. The tribunal rejected this contention and dismissed the appeals, but the Ch D remitted the case for rehearing. The tribunal duly reheard the case and upheld its previous decision, holding that the agreement was 'not compatible with agency'. *A1 Lofts Ltd v HMRC (and related appeal)*, [2010] UKFTT 581 (TC), TC00831.

Company operating travel club

[1.73] See *The UK Travel Agent Ltd*, 66.17 TRANSPORT.

Amount paid to finance company under sales promotion scheme

[1.74] See *Classic Driveways (UK) Ltd*, 67.54 VALUATION.

Supplies of hotel accommodation

[1.75] A company (S) operated a website through which it marketed hotel accommodation outside the UK. About 94% of its sales were to travel agents and 6% to holidaymakers. S did not account for VAT on its supplies on the ground that it was acting as agent for the hotel owners. HMRC issued assessments on the basis that S was a travel agent dealing with customers in its own name within the meaning of *Directive 2006/112/EC, Article 306.1(a)*. The First-tier Tribunal dismissed S's appeal, holding that it was acting as an independent principal supplying the holiday and was not simply supplying agency services to the hotels; therefore S was required to account for VAT under the tour operators' margin scheme. The Upper Tribunal reversed that decision but the CA unanimously restored it. The Supreme Court allowed S's appeal, holding that it was acting as an intermediary rather than in its own name and so fell within Article 306.1(b). *HMRC v Secret Hotels2 Ltd*, [2014] UKSC 16.

[1.76] H Ltd entered into contracts with suppliers of hotel rooms and displayed details of the hotels on its website. Travellers or travel agents would choose a hotel on the website and a contract would be entered either between a traveller and H Ltd or a travel agent, on behalf of a traveller, and H Ltd.

The issue was whether H Ltd was supplying travel services to travellers as the agent of a disclosed principal or whether it was selling those services as principal. If H Ltd was acting as agent, its supplies were not liable to VAT in the UK. If it was acting as principal, it should account for VAT under the Tour Operators' Margin Scheme ('TOMS').

The First-tier Tribunal referred to *HMRC v Secret Hotels2 Ltd*, 1.75 above ('*SH2*') as authority for the principle that the First-tier Tribunal's task was to start with the agreements themselves and identify the rights and obligations of the parties, in order to characterise the nature of their relationship, and to check whether this characterisation was in accordance with the economic reality.

The First-tier Tribunal noted that the wording of the key provisions in the contracts were virtually identical to the equivalent provisions in the *SH2*, which the Supreme Court ultimately had held established a contract of agency. On the face of the documents and taking account of the commercial context, the First-tier Tribunal found that, prima facie, H Ltd was the disclosed agent of the accommodation provider.

The First-tier Tribunal observed that the facts that the agent's obligations towards the principal were limited (to dealing accurately with bookings and remitting to the principal all monies due to it) and that the principal's obligations to the agent were more onerous, did not, of itself, prevent the contract from being one of agency. It simply represented the commercial reality that the balance of power was with H Ltd which dealt with many single hotels and small chains which were anxious to obtain access to a large part of the UK market through H Ltd's website. H Ltd was therefore able to impose obligations on the hotels in order to protect its reputation and goodwill. Similarly, the fact that the traveller might not always know the correct legal entity with which he was contracting did not mean that H Ltd was acting as principal. The First-tier Tribunal concluded that H Ltd was acting as agent so that no VAT was due in the UK on its supplies.

The First-tier Tribunal therefore allowed the appeal in relation to the categories of contracts submitted. It was however not able to reach a decision in relation to missing contracts and contracts governed by foreign law and left it to the parties to negotiate the quantum of the claims in relation to those other contracts. *Hotels4U.com Ltd v HMRC*, [2016] UKFTT 718 (TC), TC05447.

[1.77] The issue was whether L Ltd provided holiday accommodation to customers as a principal, dealing in its own name, under *Directive 2006/112/EC, Article 306*, and therefore came within the Tour Operators Margin Scheme ('TOMS'), or whether it acted solely as an intermediary or agent, applying the principles set out in *HMRC v SecretHotels2 Ltd*, **1.75** above.

The First-tier Tribunal observed that there was no suggestion that the agreements entered into by L Ltd were shams. They should therefore be used to determine the nature of its legal relationships.

The First-tier Tribunal found that the contracts with customers made it clear that L Ltd was acting as agent. The fact that customers paid funds into L Ltd's bank account did not affect the analysis.

The contracts with accommodation suppliers also provided that L Ltd was acting as agent. Although the First-tier Tribunal accepted that several aspects pointed towards a principal relationship, for instance, the fact that L Ltd set the price charged to customers, it found that, like in *SecretHotels2*, this did not affect the agency relationship. L Ltd was acting as agent and was therefore not within the scope of the TOMS. *Lowcost Holidays Ltd t/a Lowcost Beds; Lowcost Holidays Ltd v HMRC*, [2017] UKTT 463 (TC), TC05926.

[1.78] Agents

[1.78] A Ltd was a travel agent based in the UK and specialising in the online marketing and supply of holiday accommodation to UK travellers. HMRC had assessed A Ltd to under-declared VAT in respect of several accounting periods on the ground that it acted as 'travel agent' for the purpose of *Directive 2006/112/EC, Article 306* so that it should have accounted for VAT under the Tour Operator Margin Scheme ('TOMS'). A Ltd contended that its supplies did not fall within TOMS as it was not acting in its own name but as a disclosed agent between providers and customers. The issue was therefore whether the nature of the arrangements was that the supplies of accommodation were made by the providers to the travellers or by the providers to A Ltd, which then provided them to travellers.

The First-tier Tribunal referred to *HMRC v Secret Hotels2 Ltd*, **1.75** above ('*SH2*') as authority for the proposition that in order 'to determine the legal and commercial nature of the relationship (between the hotels, the appellant and the customer), it is necessary to interpret the agreement in order to identify the parties' respective rights and obligations, unless it is established that it constitutes a sham'.

The First-tier Tribunal found that A Ltd's dealings with travellers were all on the basis that it acted as agent; this was clear from the website terms and invoices and from the accommodation vouchers provided to travellers. Similarly, the standard contractual terms between providers and A Ltd referred to A Ltd as agent.

HMRC also contended that some contracts referred to both English Law and foreign law and that it was not established that A Ltd was acting as agent under foreign law. The First-tier Tribunal found however that the onus was on HMRC to show why foreign law was applicable and why, if so, this would produce a different result. HMRC had not discharged this burden, it was therefore appropriate to construe those contracts in accordance with UK law. A Ltd had not been acting as principal and was not liable to VAT under TOMS. *Alpha International Accommodation Ltd v HMRC*, [2017] UKFTT 778 (TC), TC06185.

Essay writing business

[1.79] A operated an internet-based business through which customers could, in return for payment, order academic work (essays, dissertations, etc.) which were written by third-party writers who tended to be teachers, lecturers or PhD students and who were not employed by A. A would share the fee paid by the customer with the writer (typically retaining about two thirds of the fee for itself). Broadly, the Upper Tribunal found that although the writer contract gave A the authority to enter into contracts on behalf of writers, the core obligations of the customer contract were binding only on A (with the exception of one part of the contracts – a 'no plagiarism guarantee'). Because of the legal relationship between A and the customer, it followed that there was a supply of the academic work by A to the customer. The writer's share of the fee represented consideration for a separate supply made by the writer to A (the service of preparing the academic work). This supply position was not altered by the no-plagiarism guarantee which in reality was rarely (if ever) invoked. *All Answers Ltd v HMRC*, [2020] UKUT 236 (TCC).

Supplies through agents acting in own name (VATA 1994, s 47(2A), (3))

[1.80] A borough council had engaged contractors to carry out building and engineering work. Subsequently the council entered into an agreement with a finance company, whereby the finance company became the contractor and appointed the council as its agent. The subcontractors who performed the work were paid by the council, which was reimbursed by the finance company. (Additionally, the finance company agreed to pay the contractors amounts outstanding under the contracts and the council agreed to reimburse the company for this.) The council reclaimed the input tax charged to it by the contractors, but did not account for output tax on its deemed supplies of building services to the company. Customs issued an assessment on the basis that, by virtue of what is now *VATA 1994, s 47(3)*, the council should have accounted for output tax. The council appealed, contending that it should have been permitted to delay accounting for output tax until it received reimbursement from the finance company (which in some cases was a year after it had reclaimed input tax on its payments to the subcontractors). The tribunal rejected this contention and dismissed the appeal, and the QB upheld this decision. Potts J held that the tax points for the input tax and output tax must be the same, that the tax point was not fixed by the date of reimbursement since these were deemed supplies, and that the only sensible time when the deemed output could take place was simultaneously with the deemed input. *Metropolitan Borough of Wirral v C & E Commrs*, QB [1995] STC 597.

[1.81] The issue was whether Mr C was liable on the supply in the UK of vehicles acquired from dealers in other EU states for his customers. Mr C maintained that he acted as agent.

The First-tier Tribunal found however that the evidence suggested that he had acted as principal, referring to a number of invoices addressed to Engineering Unlimited. The use of the word 'commission' in the documents, although suggestive of an agency role, was not sufficient to establish that Mr C had not acted as principal.

The First-tier Tribunal added that, in any event, the effect of *VATA 1994, s 47(1)* (for imported goods) and *s 47(2A)* (for goods supplied in the UK) is that an agent who acts in his own name in relation to a supply of goods, is treated as principal. *Derek Collings t/a Engineering Unlimited v HMRC*, [2015] UKFTT 81 (TC), TC04288.

[1.82] See also *Tomlinson*, **19.7** DRUGS, MEDICINES, AIDS FOR THE HANDICAPPED, ETC.

[1.83] A phone trading company (S) acquired newly-issued iPhones by engaging approximately 80 employees to buy the phones on its behalf from the Apple retail stores, in order to circumvent Apple's policy precluding the sale of phones to traders that might on-sell them. S sought to recover the VAT that had been charged on all the retail sales by Apple, duly recorded in the till receipts provided by Apple to the individual purchasers, all of which receipts had been handed to and retained by S. HMRC decided that S was not entitled to an input deduction. The tribunal concluded that the effect of *VATA 1994,* *s 47(2A)* was that where supplies were made by Apple to agents for an undisclosed principal, the supplies were deemed for VAT purposes to be by Apple to the individuals who had purchased the iPhones in the Apple stores, with those individuals then being deemed to supply the phones to S, on whose behalf they had been purchased. Since a VAT input deduction could plainly not flow through those deemed transactions involving non-registered individuals, S's claim had to fail. If that conclusion was wrong, S still had no valid VAT invoice, and HMRC acted perfectly reasonably in refusing to accept the limited evidence that it was given in corroboration of the claimed transactions. S's appeal was dismissed. *Scandico Ltd v HMRC*, [2015] UKFTT 36 (TC), TC04249.

Nursing homes ordering incontinence pads for specific residents

[1.84] A company (E) supplied incontinence pads to various nursing homes, on behalf of specific named residents. The supplies were billed to the nursing homes, which obtained payment from the residents. E treated the supplies as zero-rated under *VATA 1994, Sch 8, Group 12, Item 2(g)*. Customs issued an assessment on the basis that the nursing homes were agents acting in their own names, within *VATA 1994, s 47(2A)*, so that the supplies were not made to the residents but to the nursing homes, and E was obliged to account for output tax. E appealed. The tribunal allowed the appeal, holding that 'if an agent signs a contract "for and on behalf of" his principal we consider that he is not acting in his own name, but in that of his principal. In the present case the declarations which were clearly contractual documents expressly stated that the nursing home was acting "on behalf of" its handicapped residents and was using their funds'. The tribunal observed that *s 47(2A)* was apparently intended to implement *Article 5(4)(c)* of the *EC Sixth Directive*, but observed that 'the English version of *Article 5(4)(c)* differs radically from the French version' and that *s 47(2A)* appeared to be 'a very poor rendition'. Since the UK legislation failed 'to implement the *Directive* properly', Customs could not 'rely on the direct effect of *Article 5(4)(c)*'. The tribunal concluded that 'the words "acts in his own name" in *section 47(2A)* do not cover an agent who is expressly acting on behalf of named principals. The wording of *section 47(2A)* cannot be reconciled with *Article 5(4)(c)* in the English version. The English version is wholly different from the French version. *Section 47(2A)* treats goods in the same way as services, whereas they are covered by different articles of the *Directive* with totally different wording. *Section 47(2A)* did not apply to the supplies.' *Express Medicare Ltd*, [2000] VATDR 377 (VTD 16969). (*Note*. The relevant supplies took place in 1996. With regard to the rating of the supplies, see now *VATA 1994, Sch 8, Group 12, Note 5B*, introduced by *VAT (Drugs, Medicines and Aids for the Handicapped) Order 1997 (SI 1997/2744)*, with effect from 1 January 1998. This provision is designed to ensure that supplies to individuals who are patients in, or attending at the premises of, a relevant institution are excluded from zero-rating, and that it is not possible to arrange for third parties to make zero-rated supplies. For Customs' interpretation of this provision, see Business Brief 29/97, issued on 16 December 1997. For a case where it was held to apply, see *First Medical Ltd*, **19.77** DRUGS, MEDICINES, AIDS FOR THE HANDICAPPED, ETC.)

'Outsourcing service'—whether within VATA 1994, s 47(3)

[1.85] A company (OS) provided an 'administrative and financial outsourcing service' for various employment agencies. It registered for VAT, and subsequently issued the employment agencies with invoices, enabling them to reclaim input tax. Customs formed the opinion that OS and the agencies were accounting for VAT incorrectly. They issued a ruling that OS was not making supplies of staff to its customers. OS appealed, contending firstly that it should be treated as making supplies of staff, and alternatively that it was making supplies which fell within *VATA 1994, s 47(3)*. The tribunal reviewed the evidence in detail, rejected these contentions, and dismissed the appeal, distinguishing the earlier decision in *Helping Hand Asset Management Ltd*, **1.49** above. The tribunal held that it was the employment agencies, rather than OS, which was providing the services of suitable workers for the agencies' customers. The economic purpose of the contract between the agencies and OS was to provide payroll and invoicing services. It also improved the agencies' cash-flow 'by payment (or set-off against other amounts due) in advance of the time of actual payment by the customer'. The tribunal held that the employment agencies were acting as independent principals. They were entitled to input tax for the amounts which they paid OS for outsourcing services, but were still required to account for output tax in the normal way. Furthermore, OS was not supplying the services of the workers, either as a principal or as an agent, for the purposes of *s 47(3)*. VAT was not chargeable on the 'payroll invoices' which OS issued, and accordingly the employment agencies were not entitled to reclaim input tax on these invoices. *Oriel Support Ltd*, LON/07/001 (VTD 20930).

Article 6(4) of EC Sixth Directive—agents acting in own name

[1.86] See *État Belge v Henfling & Others*, **22.212** EUROPEAN COMMUNITY LAW.

'Disbursements'

Reimbursement of director's expenses—whether made as agent

[1.87] Two companies (C and F) formed a third company (E) as a joint venture. C had a 25% shareholding in E, and F had a 75% shareholding. One of C's directors was appointed as a director of E. His travelling expenses were reimbursed by C. Customs issued an assessment to C on the basis that the reimbursement of his expenses constituted consideration for a supply, on which output tax was chargeable. C appealed, contending that it had been acting as an agent of E when it made the reimbursements, so that no VAT was chargeable. The tribunal accepted this contention and allowed the appeal. *Alpha International Coal Ltd*, LON/92/79Y3 (VTD 9795). (*Note.* For a subsequent application for costs, see **2.367** APPEALS.)

[1.88] Agents

Reimbursements of expenses—other cases

[1.88] See the cases noted at **62.54** SUPPLY to **62.73** SUPPLY.

Fee for handling insurance claim—whether a disbursement

[1.89] A company (N) failed to account for fees which it received for handling insurance claims. Customs issued an assessment charging output tax on the fees, and N appealed, contending that the fees were disbursements and that output tax was not chargeable. The tribunal rejected this contention and dismissed the appeal, and the QB upheld this decision. *National Transit Insurance Co Ltd v C & E Commrs*, QB 1974, [1975] STC 35; [1975] 1 WLR 552; [1975] 1 All ER 303.

Company trading as 'mail broker'

[1.90] See *Mail Brokers International Ltd*, **1.46** above.

Fees for arranging MoT vehicle tests—whether disbursements

[1.91] See *Ward*, **44.166** MOTOR CARS; *Waterhouse Ltd*, **44.167** MOTOR CARS, and the cases noted at **44.168** MOTOR CARS.

Estate agents

Estate agents—expenses charged to clients

[1.92] See *Lea*, **62.59** SUPPLY.

Estate agents—time of supply

[1.93] See *Cooke*, **62.424** SUPPLY, and the cases noted at **62.425** and **62.426** SUPPLY.

Nursing agencies

Nursing agency—whether acting as independent principal

[1.94] See *Allied Medicare Nursing Services Ltd*, **33.2** HEALTH AND WELFARE; *Parkinson*, **33.3** HEALTH AND WELFARE; *British Nursing Co-Operation Ltd*, **33.21** HEALTH AND WELFARE; *Reed Personnel Services Ltd*, **33.22** HEALTH AND WELFARE; *Sheffield & Rotherham Nursing Agency*, **33.23** HEALTH AND WELFARE; *BUPA Nursing Services Ltd*, **62.331** SUPPLY, and *South Hams Nursing Agency*, **62.332** SUPPLY.

Employment agency supplying care workers

[1.95] See *Wood*, 36.11 INPUT TAX.

Nursing services partly provided by unqualified staff

[1.96] See *Elder Home Care Ltd*, 33.4 HEALTH AND WELFARE.

'Party plan' and direct selling

'Party plan' sales—whether hostess acting as agent or principal

[1.97] A company (D) established a 'party plan' system for the sale of tupperware to the public. Under the system, D appointed a number of distributors. The distributors purchased the tupperware from D, which fixed a recommended retail price for it. Each distributor then appointed a number of 'sub-distributors', who persuaded friends or acquaintances to act as 'hostesses', arranging parties at their homes, at which the 'sub-distributor' displayed tupperware and obtained orders from the guests. The sub-distributors passed these orders to the distributors, who delivered the goods to the sub-distributors for onward supply to the customers. The sub-distributor paid the distributor 70% of the recommended retail price of the goods, retaining the remaining 30% as commission. Customs assessed the distributors on the full amount paid by the customers, considering that the sub-distributors were acting as agents of the distributor. A married couple acting as distributors appealed, contending that they had sold the goods to the sub-distributors, who in turn had acted as a principal rather than as an agent in selling them to the customers, so that the distributors were only liable to account for tax on the price paid to them by the sub-distributor. The CA accepted this contention and allowed the appeal. *P & R Potter v C & E Commrs*, CA 1984, [1985] STC 45.

[1.98] A company (C) sold wickerwork goods, etc., using the 'party plan' system. Through its agents, it found individuals, usually housewives, to act as hostesses at parties held in private houses at which the company's goods were displayed and orders taken. In return for her services, the hostess was given a 'reward' dependent on the value of the goods ordered. This 'reward' could be taken either in cash or goods. Customs issued an assessment on the basis that C was liable to account for tax on the full value of all the goods ordered at the party. C appealed, contending that the amount of the reward paid to the hostess should be deducted in computing the consideration. The tribunal rejected this contention and dismissed the appeal, holding that the hostess was acting as an agent rather than as an independent principal. *Churchway Crafts Ltd (No 1)*, LON/78/143 (VTD 782).

[1.99] A similar decision was reached in *AL Younger*, LON/81/278 (VTD 1173).

[1.100] A similar decision was reached in a case concerning the sale of embroidery kits under a 'party plan'. The tribunal held that the distributors were liable to account for tax on the full amount paid by the ultimate

[1.100] Agents

customer, with no deduction for the commission retained by the hostess. *Simply Cross-stitch*, [1985] VATTR 241 (VTD 1968).

Value of consideration for goods supplied to hostess

[1.101] See *Pippa-Dee Parties Ltd*, 67.41 VALUATION, and *Churchway Crafts Ltd (No 2)*, 67.43 VALUATION.

Whether salesmen agents or independent contractors

[1.102] A company (B) manufactured household goods, which it sold through catalogues distributed by self-employed part-time salesmen. The salesmen obtained orders from customers and passed these orders to B, paying B 80% of the catalogue price for the products. Customs issued an assessment on the basis that B should account for VAT on the full amount paid to the salesman by the customer, rather than on the amount paid to B by the salesman. The tribunal allowed B's appeal, holding that the salesmen were acting as independent contractors. *Betterware Products Ltd*, LON/83/384 (VTD 1951).

[1.103] The decision in *Betterware Products Ltd*, 1.102 above, was applied in the similar subsequent case of *D & D Kelly*, LON/87/173 (VTD 2452).

Mail order goods supplied to agents for promotional purposes

[1.104] See *GUS Merchandise Corporation Ltd*, 58.1 RETAILERS' SPECIAL SCHEMES.

Mail order goods sold to agents—application of Retail Scheme

[1.105] See *GUS Merchandise Corporation Ltd (No 2)*, 58.51 RETAILERS' SPECIAL SCHEMES.

Commission received by agents

[1.106] Appeals against assessments charging tax on commission received by agents were dismissed in *I & L Ball*, MAN/91/985 (VTD 9251) and *Merlin HC Ltd*, MAN/92/743 (VTD 9251).

[1.107] A couple sold second-hand children's clothing as agents. They did not account for output tax on their commission. Customs issued an assessment and the tribunal dismissed the couple's appeal, holding that tax remained due on the commission even though the sales of clothing were zero-rated. *RJ & JM Farrimond*, MAN/92/278 (VTD 10831).

Employment agency

[1.108] ELS supplied lecturers to colleges. It applied for judicial review of the decision of HMRC not to allow it to take advantage of an extra-statutory concession (outlined in Business Brief 10/04 and now withdrawn) which limited the amount of VAT which a business was required to charge when seconding its own staff. The concession applied provided that the client paid the salaries of the staff supplied directly to the personnel involved. It meant that employment bureaux who provided self-employed staff, as principals, to their hirer clients could opt to be treated as agents and so limit the VAT payable for their services to the commission element of their charges.

ELS had re-structured its business in 2006 by establishing PNL as an employment bureau which would take over the supply of lecturers to the colleges. It continued to supply some colleges, and HMRC considered that ELS's supplies were non-exempt educational services supplied by a non-eligible body. The aim of the arrangements was that PNL would be able to take advantage of Business Brief 10/04 so as to limit its VAT liability to the commission it charged. However, HMRC told the group that it could see no difference between the supplies made by ELS and those made by PNL to the colleges it was now contracted with. It therefore refused PNL the relief claimed under Business Brief 10/04. Following the CJEU's decision in *Stichting Regionaal Opleidingen Centrum* (C-434/05), HMRC informed PNL that it accepted that the company was making supplies of staff and was entitled to take advantage of Business Brief 10/04. PNL wrote to HMRC claiming that there were no differences between the supplies made by PNL and those made by ELS, accordingly, ELS should benefit from Business Brief 10/04 to the same extent as PNL. HMRC's position was however that the choice to be taxed as an agent required to be made no later than the date of the relevant supply and could not be made with retrospective effect.

ELS sought permission to apply for judicial review of HMRC's decision on two grounds: HMRC was wrong about Business Brief 10/04 not being capable of being applied retrospectively, and even if the choice to be taxed as an agent had to be made by the date of the relevant supply, that had in fact occurred in this case as part of the arrangements made in 2006-7 for the transfer of the ELS colleges to PNL.

In relation to the first ground, the Court of Appeal found that nothing in the language of the concession indicated that the necessary choice was capable of being made with retrospective effect after the date of the relevant supply. Furthermore, Business Brief 10/04 was a decision by HMRC not to collect tax that became statutorily due; it should therefore not be given too great a scope. The Court of Appeal also dismissed the second ground of appeal; ELS had not made a choice to be treated as providing supplies of staff as an agent at the relevant time. *R (oao ELS Group Ltd) v HMRC*, [2016] EWCA Civ 663, A3/2015/0964.

2

Appeals

The cases in this chapter are arranged under the following headings.

The making of the appeal

The tribunal's jurisdiction (*VATA 1994, s 82(2), 83*)	2.1
Whether the recipient of a supply may appeal	2.42
The notice of appeal (*SI 2009/273, rule 20*)	2.50
Miscellaneous	2.52

Matters within the discretion of the Commissioners — 2.66
Estoppel and allied matters — 2.89
The requirements of VATA 1994, s 84(3)

Payment of assessed tax	2.107
Hardship applications (*VATA 1994, s 84(3B); SI 2009/273, rule 22*)	2.110

Allocation of cases to categories (SI 2009/273, rule 23) — 2.115
Statements of Case, etc. (SI 1986/590, rules 7–9; SI 2009/273, rule 25) — 2.119
Applications for the admission of late appeals — 2.136
Application to amend grounds of appeal — 2.165
Whether HMRC can raise a new question of fact — 2.166
New point argued on appeal — 2.167
Settlement of appeals by agreement (VATA 1994, s 85) — 2.168
Applications for adjournments — 2.178
The hearing of the appeal before the tribunal (SI 2009/273, rules 29–33)

Onus of proof	2.202
Tribunal powers	2.206
Whether appeal to be heard in private (*SI 2009/273, rule 32*)	2.219
Disclosure of documents	2.226
Witness statements	2.236
Evidence at hearing	2.249
Miscellaneous	2.265

The tribunal decision (SI 2009/273, rules 34–42) — 2.285
Applications for reinstatement of appeals (SI 2009/273, rule 17(3))

Cases where the application was successful	2.290
Cases where the application was unsuccessful	2.298

Resurrecting the appeal — 2.303
Applications for judicial review — 2.304
The award of costs (SI 1986/590, rule 29; SI 2009/273, rule 10)

Applications by HMRC	2.331
Costs where the appellant was successful: general principles	2.339
Costs where the appellant was partly successful	2.346
Costs where HMRC's decision or assessment is withdrawn	2.359
Costs where the appellant was not legally represented	2.378
Costs where company appellant represented by director	2.387
Application for costs on indemnity basis	2.395

Miscellaneous	2.415
The award of interest (VATA 1994, s 85A)	
Applications under *VATA 1994, s 84(8)*	2.427
Whether interest may be compounded	2.429
Whether interest payable under *VATA 1994, s 78 or s 84*	2.437
Claim to interest under *Supreme Court Act 1981, s 35A*	2.442
Miscellaneous—appeals	2.444
Alternative Dispute Resolution	2.449

CROSS-REFERENCE

For appeals by partnerships see 47.1 PARTNERSHIP *et seq.*

The making of the appeal

The tribunal's jurisdiction (VATA 1994, s 82(2), 83)

NOTE

For appeals against decisions on matters within HMRC's discretion, including those involving *VATA 1994, s 84(10)*, see **2.66** *et seq.* below.

Future supplies

[2.1] In a case where the substantive issue is no longer relevant, a company appealed to the QB against a tribunal decision. The tribunal hearing had related to supplies under contracts which had already been made but not yet executed. The QB struck out the appeal, holding that the tribunal had no jurisdiction in relation to future supplies. *Allied Windows (South Wales) Ltd v C & E Commrs*, QB April 1973 unreported.

[2.2] Similar decisions were reached in *DC Morgan (for Emmanuel Church, Northwood Parochial Church Council)*, [1973] VATTR 76 (VTD 21), *V McCulloch*, LON/90/1512Y (VTD 5949), *Odhams Leisure Group Ltd v C & E Commrs*, QB [1992] STC 332 (*Note.* For another issue in this case, see **5.87** BOOKS, ETC.), *Church of Christ the King*, LON/93/2029A (VTD 12783), *Anglia Energy Conservation Ltd*, LON/95/2862 (VTD 14216) and *A Stott*, LON/98/352 (VTD 15622).

[2.3] A recreational trust was formed in 1999 to build a pavilion for two village sports clubs. Customs issued a ruling that the construction would not qualify for zero-rating, as the pavilion would be used for commercial purposes as well as for charitable purposes. The VAT office responsible for the decision advised the trust that it had the right of appeal to the VAT tribunal. The trust appealed. Customs applied for the appeal to be struck out on the grounds that the tribunal had no jurisdiction, since construction had not commenced and the tribunal had no jurisdiction in relation to future supplies. The tribunal granted Customs' application and struck the appeal out, holding that 'there is no right of appeal in the present circumstances under the framework of the

VATA'. The tribunal observed that the trust could apply for judicial review of Customs' decision, and held that 'whilst the Commissioners have undoubtedly acted in such a way as to cause the appellant hardship both in terms of time wasted and money spent', it was 'not possible to construe the primary legislation in such a way as to give the appellant a right of appeal to the Tribunal'. The tribunal awarded costs to the trust, and noted that the trust had the right to apply to the Adjudicator. *Elstead (Thursley Road) Recreational Trust*, LON/04/828 (VTD 18852).

[2.4] A US company, which supplied dental prostheses to orthodontists in the UK, incorporated a UK company (AU) to act as an intermediary. AU requested Customs to give a ruling as to whether supplies via AU would qualify for exemption from VAT. Customs advised AU that the supplies would still be standard-rated if the prostheses were manufactured outside the UK. AU lodged a notice of appeal. The tribunal struck out the appeal, observing that AU had not yet made any supplies and holding that it had no jurisdiction with regard to future supplies. *Align Technology UK Ltd*, LON/02/1109 (VTD 18426).

[2.5] A company (F) wrote to Customs asking for a ruling as to the VAT liability of a promotion scheme which it was hoping to introduce. A Customs officer sent a reply indicating that output tax would be payable. F lodged an appeal against this letter. Customs applied for the appeal to be struck out as it related to supplies which had not yet taken place. The tribunal dismissed Customs' application, distinguishing *Allied Windows (South Wales) Ltd*, 2.1 above, and *Odhams Leisure Group Ltd*, on the grounds that in those cases there had been no supply at the time of the appeal hearing. In the present case, however, F had made supplies between the original decision letter and the date of the hearing. The chairman (Dr. Avery Jones) held that 'a tribunal could not rule on a hypothetical supply, but if Customs were willing to give a decision I see no reason in principle why such a decision could not be appealed so long as by the time of the tribunal hearing there had been a supply'. *Ford Motor Company Ltd (No 1)*, [2006] VATDR 114 (VTD 19424). (*Note*. For subsequent developments in this case, see **44.159 MOTOR CARS**.)

Appealable matters (VATA 1994, s 83)

VATA 1994, s 83—whether any appealable decision

[2.6] In *European Independent Purchasing Co Ltd*, **29.84 FOOD**, the tribunal held that the sale of toasted sandwiches was standard-rated. Following this decision, an HMRC officer wrote to a large number of franchisees making similar supplies, stating that they were 'failing to declare the correct rate of VAT on some of their sales' and that the toasted sandwiches 'have always been standard-rated supplies'. The franchisees appealed. HMRC applied for the appeals to be struck out, contending that the officer's letter was not an appealable decision. The tribunal rejected this contention and dismissed HMRC's application. Judge Tildesley held that the officer's letter was an appealable decision, within *VATA 1994, s 83(1)(b)*. Judge Tildesley also directed that one of the appeals should be treated as a 'lead appeal' under *Tribunal Procedure (First-Tier Tribunal) (Tax Chamber) Rules 2009 (SI 2009/273), rule 18(2)*. *Sub One Ltd (t/a Subway) v HMRC (No 1) (and related*

[2.6] Appeals

appeals), [2009] UKFTT 385 (TC), TC00320. (*Note*. The lead appeal was subsequently dismissed—see **29.84** FOOD.)

[2.7] HMRC had refused to exercise their discretion in favour of the taxpayer (in relation to a self-billing matter) and they had upheld their decision as part of the review process. The review decision suffered from a process defect. The issue was the jurisdiction of the First-tier Tribunal.

The Upper Tribunal noted that the starting point must be that an assessment is valid unless and until it is shown that the taxpayer is entitled to have HMRC's discretion exercised in his favour. This can be done by establishing a merits defect but not a process defect.

Here, the process had been defective and so HMRC should be allowed to reconsider the exercise of their discretion, against which, the taxpayer could appeal on the basis of a merits defect. If HMRC 'sat on their hands and did nothing', the taxpayer could appeal on the basis of a merits defect, claiming that no reasonable body of Commissioners could refuse to exercise its discretion in his favour.

It followed that the First-tier Tribunal should not have allowed the company's appeal against the assessment on the basis of a process defect.

The Upper Tribunal added that, in circumstances where the review decision was flawed because of a process defect, the original decision must be treated as upheld with the consequence that the taxpayer could appeal against it on a merits basis. The appeal would then be an appeal against an assessment. The mere fact that HMRC would have failed to make a decision on review would not mean that the appeal must be allowed. However, when reaching its decision, the First-tier Tribunal would have access to information made available to HMRC at the time of the review.

The appeal was therefore remitted to the First-tier Tribunal for it to reach a decision in accordance with the principles set out by the UT. *HMRC v G B Housley Ltd (No 2)*, [2015] UKUT 71 (TCC), FTC/65/2013.

[2.8] HMRC had decided that NT Ltd should be registered for VAT and informed the company by letter dated 29 October 2012. NT Ltd contended however that the letter did not fall within either *VATA 1994, s 83(1)(a)* or *s 83(1)(b)* as it had not been in relation to actual registration but only to the threat of registration and there had been no decision on the amount chargeable. This was therefore not an 'appealable' decision.

The First-tier Tribunal found that the issue between the parties was whether, as stated in the letter, NT Ltd should be registered. This issue, stated in writing, was not 'in the abstract or on a hypothetical basis'; it was sufficiently crystallised to constitute a decision 'in respect to' the registration of NT Ltd within *s 83(1)(a)*. Similarly, the issue of a registration certificate on 29 February 2016 (and the subsequent issue of its cancellation) were appealable decisions. This was irrespective of the fact that the certificate had originally been sent to the wrong address as notification was not a pre-requisite to VAT registration.

The position was however different in relation to a penalty for failure to notify imposed by HMRC, notification of which had also been sent to the wrong address. *VATA 1994, s 76(4)* contained a requirement to notify penalties. However, following *Grunwick Processing Laboratories Ltd v HMRC* ([1986] STC 441), although not enforceable, the penalty could be valid and therefore appealable decision within *s 83(1)(q)*. The penalty was nonetheless invalid because the notification letter had indicated that the appellant could 'ask for a review' when it should have said that the appellant had the statutory right to a review. The appeal regarding the *s 67* penalty was therefore struck out. *NT ADA Ltd v HMRC*, [2016] UKFTT 642 (TC), TC05375.

Assessment to recover input tax—whether appeal within VATA 1994, s 83

[2.9] See *R v C & E Commrs (oao Greenwich Property Ltd)*, **2.77** below.

VATA 1994, s 83(1)(c)*—claim for repayment of input tax

[2.10] A company (T) submitted a VAT return claiming a repayment of more than £715,000. Customs requested further information. T lodged a notice of appeal. Customs applied for the appeal to be struck out on the basis that they had not made any appealable decision. The tribunal accepted Customs' application and struck out the appeal. T appealed to the Ch D, which upheld the tribunal decision. Lindsay J held that there had been no appealable decision, and that, if Customs were unduly slow in making an appealable decision, the appropriate remedy was judicial review. *Touchwood Services Ltd v HMRC*, Ch D [2007] STC 1425; [2007] EWHC 105 (Ch).

[2.11] A company (M) submitted two VAT returns claiming substantial repayments. Customs requested further information. M lodged a notice of appeal. Customs applied for the appeal to be struck out on the basis that they had not made any appealable decision. The tribunal rejected the application but the Ch D reversed this decision, applying the principles laid down in *Touchwood Services Ltd v HMRC*, **2.10** above. *HMRC v Mobilx Ltd*, Ch D 2007, [2008] STC 3071; [2007] EWHC 1769 (Ch). (*Note*. For a subsequent appeal by the same company, see **36.137** INPUT TAX.)

[2.12] Similar decisions were reached in *PNC Telecom plc*, LON/06/685 (VTD 19754); *Cotswold Computer Components Ltd*, LON/06/557 (VTD 19833), and *First Class Communications Ltd (No 1)*, LON/08/1073 (VTD 20779).

[2.13] See also *Royal College of Obstetricians and Gynaecologists*, **48.1** PAYMENT OF TAX.

Application by HMRC to strike out appeal—VATA 1994, s 83(1)(p)

[2.14] A company (E) submitted VAT returns for the periods from February to October 2000, showing substantial VAT liability. In 2010 E sought to adjust the returns, contending that they overstated its liability. HMRC rejected the claim and E appealed to the tribunal. HMRC applied for the appeal to be struck out on the grounds that it had no reasonable prospect of success. Judge Brooks accepted this contention and struck out E's appeal, observing that *VAT Regulations, reg 34* 'limits the period during which any overstatement in a return may be corrected to four years from the end of the prescribed accounting period for which the return was made'. *Enviroengineering Ltd v HMRC (No 2)*, [2011] UKFTT 366 (TC), TC01221.

[2.15] Appeals

[2.15] Two companies were franchises of Burger King. When they were set up, they installed a software system recommended by Burger King. The system was pre-programmed to distinguish between standard and zero-rated sales. Unknown to the companies, some of the products had been mis-coded, resulting in incorrect VAT figures and under-declarations of output VAT. The companies appealed against assessments on the grounds that the under-declarations had not been caused by any fault of theirs, and neither company was in a position to pay the amount demanded. The tribunal said that a taxpayer could appeal against the fact of an assessment or against its amount, neither of which were challenged in this case. The only challenge here was that the error did not lie with the companies and that they could ill afford to pay the assessments. Neither of those grounds were issues which fell within the tribunal's jurisdiction. HMRC's application to strike out both appeals was allowed. *Panesar Enterprise UK Ltd & Sipp Food Ltd v HMRC*, [2014] UKFTT 289 (TC), TC03428.

[2.16] Two companies appealed against HMRC's decision to deny input tax deduction on the basis that the companies' transactions were connected with the fraudulent evasion of VAT and that they knew, or should have known, of the connection. HMRC applied to strike out the part of each company's appeal in which it put in issue whether there was a VAT loss and, if so, whether the loss resulted from a fraudulent evasion. The First-tier Tribunal (FTT) decided that it had jurisdiction under *Rule 8(3)(c)* of the *Tribunal Procedure (First-tier Tribunal) (Tax Chamber) Rules, SI 2009/273* to strike out part of the companies' appeal, but that it should not exercise that power on the facts of the case. The companies challenged the first part of that decision and HMRC challenged the second part. The Upper Tribunal said that while it might not have approached the application in the same way as the FTT, it did not accept that either in its analysis or in its conclusion the FTT erred in law or in the exercise of his discretion. *HMRC v Fairford Group plc & Fairford Partnership Ltd*, [2014] UKUT 329 (TCC).

[2.17] The appellants had failed to submit VAT returns for the five consecutive periods from 09/07 to 09/08 inclusive. HMRC had therefore assessed the VAT for those periods. Some years later, the assessments had been withdrawn upon receipt by HMRC of the appellants' VAT returns for the relevant periods. There had been an overpayment of VAT of £20,971.51 and a claim for repayment was made. HMRC refused to credit the overpaid amount, on the basis that each of the returns had been submitted more than four years after the end of the prescribed accounting period (*VATA 1994, s 80(4)*). The taxpayers appealed and HMRC applied to strike-out the appeal.

The First-tier Tribunal found that all assessments by HMRC had been made to best judgment in the absence of figures provided by the taxpayer, using centrally stored data relating to the trader's business and tax history, in comparison with the average liability and average taxable turnover of the other traders within the same trade group. Any alleged deficiency in the empirical information available to HMRC was due to the fact that the taxpayer had not submitted returns. The appeal was struck-out. *P Doherty and another v HMRC*, [2016] UKFTT 672 (TC), TC05408.

The making of the appeal [2.21]

Application of VATA 1994, s 83(1)(t)

[2.18] In the case noted at 48.48 PAYMENT OF TAX, two associated companies lodged substantial repayment claims under *VATA 1994, s 80*. On 18 July 1996 the Paymaster-General stated in Parliament that legislation was to be included in the 1997 Finance Bill to introduce a three-year limit for retrospective repayment claims, and to amend the law on unjust enrichment, with retrospective effect from 18 July 1996. Following this announcement, Customs rejected the claims, and the companies appealed. Customs applied for the appeals to be struck out, contending that the tribunal had no jurisdiction. The tribunal rejected this application, holding that there was a dispute concerning 'a claim for the repayment of an amount under *s 80*', within *VATA 1994, s 83(1)(t)**. *Kay & Co Ltd and Others*, MAN/96/859 (VTD 14557).

[2.19] A similar decision was reached in *Marks & Spencer plc*, [1998] VATDR 93 (VTD 15302). (*Note*. For the substantive appeal, see 22.56 EUROPEAN COMMUNITY LAW.)

[2.20] A group of companies submitted a repayment claim, backdated to 1973, relating to sales of demonstration cars, which should have been treated as exempt from VAT, applying the ECJ decision in *EC Commission v Italian Republic*, 22.395 EUROPEAN COMMUNITY LAW. Customs rejected the claim on the basis that it was outside the three-year time limit laid down by *VATA 1994, s 80(4)*. The companies appealed. Customs applied for the appeal to be struck out, contending that their decision was not an appealable matter within *VATA 1994, s 83*. The tribunal dismissed Customs' application, holding that 'the subject matter of the appeal is the overpayment of tax which falls within the tribunal's jurisdiction by reason of *section 83(t)* and so it follows that the tribunal has jurisdiction'. *WR Davies Motor Group*, MAN/04/728 (VTD 19374).

[2.21] A company (J) made a repayment claim in 2003. After correspondence, a Customs officer sent J an email in August 2004, agreeing to repay some of the tax in question, but stating that most of the tax was not repayable. After further emails, J's accountants sent Customs a letter in February 2005 reiterating that J considered that it was entitled to a larger repayment. Customs rejected this on the grounds that the email sent in August 2004 had been an appealable decision, and that the letter of February 2005 was a new claim which was outside the statutory time limits. J appealed to the tribunal, contending that the letter of February 2005 was an amendment to the original claim rather than a new claim. The tribunal accepted this contention, holding that the email which Customs had sent in August 2004 was 'not a decision letter' since 'it contains no reference to the matter of finality or of appeal'. Furthermore, 'no letter from the respondents in this case purported to be either final or to comply with the internal guidelines for officers of the respondents in relation to decisions or reconsiderations'. The tribunal observed that HMRC Internal Guidance, V1-29, para 12.1 stated that a letter from HMRC 'must be issued within the appropriate time' and must 'contain a statement that if the appellant wishes to appeal it has 30 days from the date of the letter to appeal to an independent VAT and Duties Tribunal. Nowhere in that guidance is it contemplated that a letter could properly be issued which could be asserted by HMRC to be a decision which did not contain intimation of the

[2.21] Appeals

right to appeal nor, even, that a decision could be communicated other than by letter. This tribunal does not consider that email chat can constitute such a significant communication as will contain intimation of the need to appeal and as a consequence be significant in relation to time limits and capping provisions.' Accordingly, J's letter of February 2005 was 'not a new claim but an adjustment of an existing claim'. *The John Martin Group*, EDN/05/44 (VTD 19257).

Rejection of repayment claim—whether an appealable decision

[2.22] A company (C) submitted a return claiming a repayment of more than £2,000,000. Customs formed the opinion that C had wrongly treated certain supplies as zero-rated, and requested further information. C did not provide the information, but lodged an appeal with the Tribunal Centre. Customs lodged an application for the appeal to be struck out on the grounds that there had been no appealable decision. The tribunal rejected the application, holding that Customs had made a decision not to make a repayment until they had received further information, and that this was 'an appealable decision'. With regard to the substantive appeal, the tribunal observed that the burden of proof was on C, and that C 'would have been much wiser' to have given 'reasonable particulars of the claims'. *Colaingrove Ltd (No 2)*, LON/00/765 (VTD 16981).

[2.23] See also *City of Sunderland College Supplies Ltd*, **2.50** below.

'Statement of Account' issued by HMRC

[2.24] A trader (H) formed the opinion that he had overpaid VAT. Customs issued a 'Statement of Account', indicating that he had underpaid. H lodged a Notice of Appeal. Customs applied for the appeal to be struck out on the grounds that there was no appealable decision within *VATA 1994, s 83*. The tribunal accepted this contention and struck out the appeal. The chairman observed that 'the correct analysis of (H's) position is that he is trying to assert a money claim against the Commissioners'. The tribunal had 'no jurisdiction over such money claims (save where they raise issues specifically covered by one or other of the heads in *section 73*). The right venue for such a claim may be the civil courts, eg the "county court".' *KG Hickey*, LON/04/815 (VTD 18711).

[2.25] A similar decision was reached in *B O'Brien (t/a Poster Sites Southern) v HMRC (No 2)*, [2009] UKFTT 262 (TC), TC00209.

Miscellaneous

Extra-statutory concessions

[2.26] See the cases noted at **2.66** to **2.79** below.

VATA 1994, s 33—whether tribunal has jurisdiction to hear appeal

[2.27] See *Conservators of Ashdown Forest*, **42.7** LOCAL AUTHORITIES AND STATUTORY BODIES.

Special Provisions Order 1995, Article 12—whether tribunal has jurisdiction

[2.28] See *JH Corbitt (Numismatists) Ltd*, **60.1** SECOND-HAND GOODS, and *Christopher Gibbs Ltd*, **60.2** SECOND-HAND GOODS.

Special Provisions Order 1995, Article 13—whether tribunal has jurisdiction

[2.29] See *McCord & Alford*, **60.3** SECOND-HAND GOODS.

Decision of Commissioners as to period of returns—whether appealable

[2.30] See *Selected Growers Ltd*, **59.1** RETURNS; *Punchwell Ltd*, **59.2** RETURNS, and *Nuniv Developments Ltd*, **59.3** RETURNS.

Requirement to file return online

[2.31] A company purported to appeal against a letter received from HMRC which stated that it was required to file its VAT return online. The tribunal decided that it did not have jurisdiction under *VATA 1994, s 83(1)(zc)* to hear the dispute as HMRC had made no decision against which an appeal could lie. The requirement on the company to file VAT returns online, to which the company objected, was contained in legislation (*SI 1995/2518, reg 25A(3)* from 1 April 2012) and applied directly, without the need for any decision on the part of HMRC. HMRC's letter was no more than notification to the company of its liability under the legislation. As the tribunal only had jurisdiction to entertain appeals against decisions made by HMRC, it has no jurisdiction to consider the company's complaint and the appeal was struck out. *Le Bistingo Ltd v HMRC*, [2013] UKFTT 524 (TC), TC02912. (*Note.* See *LH Bishop Electric Company Ltd*, **59.24** RETURNS for jurisdiction where HMRC had made decisions that taxpayers should file online.)

Appeal against default interest—effect of VATA 1994, s 84(6)*

[2.32] See the cases noted at **17.1** to **17.3** DEFAULT INTEREST.

Appeal against surcharge liability notice before any surcharge incurred

[2.33] A company which had been served with a surcharge liability notice lodged an appeal to the tribunal. Customs applied for the appeal to be struck out, contending that it was premature and that no appeal could be lodged until a surcharge had been imposed. The tribunal granted Customs' application, holding that it had no jurisdiction to entertain an appeal against the issue of a surcharge liability notice. *Expert Systems Design Ltd*, MAN/92/367 (VTD 7974).

[2.34] Similar decisions were reached in *The Fraser Bruce Group Ltd*, EDN/02/48 (VTD 17763), *SR Auld*, LON/93/108P (VTD 11956) and *Castrue Ltd*, LON/94/712P (VTD 12681).

VATA 1994, Sch 11 para 5(2)(3)—whether tribunal has jurisdiction

[2.35] In the case noted at **51.143** PENALTIES: FAILURE TO NOTIFY, a deregistered trader (G) had issued eleven invoices purporting to charge VAT, although he was no longer registered. Customs sought to recover the amount in question under *VATA 1994, Sch 11 para 5(2)(3)*. G appealed. Customs applied for the appeal to be struck out, on the grounds that the tribunal had

[2.35] Appeals

no jurisdiction to hear the appeal under *VATA 1994, s 83*. The tribunal granted Customs' application, observing that, since the facts of the case had been fully explored in the appeal against the penalty (where the tribunal had jurisdiction under *VATA 1994, s 83(q)*), 'the lack of jurisdiction to hear an appeal against the amount due has not, in this appeal, meant that the appellant has been unable to put forward all his arguments'. *GE Alm*, LON/98/961 (VTD 15863).

VATA 1994, Sch 11 para 4(1)*—whether appealable decision

[2.36] Customs had served a notice requiring a company (S) to give security of £170,801 under what is now *VATA 1994, Sch 11 para 4(1)* in a case where S had reclaimed input tax of approximately £80,000. S sought to appeal against this requirement. Customs applied to strike out the appeal on the grounds that no such appeal lay under *VATA 1994, s 83*. The tribunal allowed Customs' application, holding that it had no jurisdiction to entertain the appeal, on the grounds that no express right of appeal lay against a notice requiring security under *Sch 11 para 4(1)*. *Strangewood Ltd (No 2)*, [1988] VATTR 35 (VTD 2599). (*Note. VATA 1994, s 83(l)* only allows an appeal against a requirement to give security under *Sch 11 para 4(2)*.)

[2.37] See also *Ali & Begum*, 34.16 HUMAN RIGHTS.

Retrospective cancellation of registration—jurisdiction of tribunal

[2.38] A woman had registered for VAT in 1982 as a breeder of racehorses. She regularly made claims for repayment of VAT. In 1991 a VAT officer formed the opinion that she was not carrying on a business. Customs issued a ruling that her registration should be cancelled with retrospective effect, and issued an assessment to recover input tax which she had reclaimed in the years 1986 to 1991 inclusive. She appealed, contending that Customs' decision to backdate the cancellation of her registration was unreasonable. Customs applied for a direction that the appeal should be struck out as it did not relate to an appealable matter within what is now *VATA 1994, s 83*, and thus was outside the jurisdiction of the tribunal. The tribunal dismissed Customs' application, holding that the tribunal had 'a supervisory jurisdiction to review any decision to deregister'. *Anne Brookes*, [1994] VATTR 35 (VTD 11752).

Application to transfer appeals from Scottish tribunal to English tribunal

[2.39] A Scottish company had four English subsidiaries. The VAT affairs of all five companies were dealt with in Scotland. The English subsidiaries appealed to the Edinburgh VAT Tribunal against directions issued by Customs. The companies subsequently applied for the appeals to be heard by the London Tribunal Centre, contending that since the appeals involved the application of English law to English contracts, they should be heard by an English tribunal. The Edinburgh Tribunal granted the application, holding that it had jurisdiction to hear the appeals, since 'delivery to any Tribunal Centre should be sufficient to instigate proceedings, particularly when there is one UK respondent'. However, 'in the present case where the companies are registered in England, where the contracts with which the application is concerned concern matters of English law, it is plain that the matter should be appropriately dealt with under the control of an English Tribunal Centre, from which there is an

English appeal route'. *RBS Leasing & Services (No 1) Ltd (and related appeals)*, EDN/98/58-61 (VTD 15643). (*Note*. For the substantive appeal, see **67.2 VALUATION**.)

Discretion based on personal circumstances

[2.40] N traded as a grocer and also let property. He claimed repayment of the VAT element of contractor's bills for work done and materials used in the refurbishment of his properties which were used for both taxable and exempt businesses. N was unable to provide HMRC with evidence that would enable them to apportion the VAT inputs between his taxable and exempt businesses. N did not seek to dispute the factual basis upon which HMRC had raised the assessment. He sought the exercise of discretion by the tribunal given his difficult personal and business circumstances, which were his wife's serious illness and his financial difficulties. The tribunal explained that it did not have such discretion as N sought. The tribunal could not seek to exercise a judicial review function which might enable it to give consideration to wider issues of fairness. There was no suggestion that HMRC had done other than to act strictly according to law exercising their best judgment based on the facts known to them. The tribunal had no power to do other than to confirm the assessment. N's appeal was dismissed. *Zyna Ltd v HMRC*, [2013] UKFTT 652 (TC), TC03036.

Whether tribunal has jurisdiction to consider questions not put forward by parties

[2.41] In a case involving supplies relating to health care, both parties agreed that there was a single supply; HMRC argued that the supply was exempt, the appellant that it was standard-rated. The parties considered that the Tribunal did not have the jurisdiction to consider whether the view that there was a single supply was correct; it could only rule on the liability of that supply. The Tribunal held, however, that 'a tribunal cannot decide an appeal on a basis which it considers to be wrong in law'. It was therefore at liberty to consider the question of whether there were in fact multiple supplies. *RPS Consulting Services Limited t/a RPS Business Healthcare v HMRC*, [2020] UKFTT 150 (TC), TC07643.

Whether the recipient of a supply may appeal

Cases where the recipient was permitted to appeal

[2.42] In the case noted at **62.44 SUPPLY**, a company which was the recipient of a supply appealed against Customs' decision that tax was payable on the supply. Customs did not object to the hearing of the appeal but the tribunal considered as a preliminary matter whether the appellant had any *locus standi*. It concluded that what is now *VATA 1994, s 83* does not require the appellant to be the taxable person accountable for the tax in dispute, but that the appellant must have a sufficient legal interest in maintaining the appeal. This was clearly so in the case in question but might not apply to, for example, a member of the public buying an article from a retailer. The tribunal held that, where the appellant was the recipient of a supply, he should 'wherever possible seek the consent of the supplier to the appeal being brought by them jointly,

[2.42] Appeals

upon such terms as to costs as they may agree'. *Processed Vegetable Growers Association Ltd*, [1973] VATTR 87 (VTD 25).

[2.43] In the case noted at 15.310 CONSTRUCTION OF BUILDINGS, ETC., where the appellant was the recipient of the relevant supply, the tribunal held that he had sufficient interest to maintain the appeal. The decision in *Payton*, 2.47 below, was distinguished, on the grounds that the appellant had deposited with Customs an amount equal to the tax in dispute, on condition that it would be refunded if the appeal succeeded. *B Gilbourne*, [1974] VATTR 209 (VTD 109).

[2.44] In a case noted at 27.1 FINANCE, the tribunal held that the appellant company, which was the recipient of the relevant supplies, had sufficient interest to maintain the appeal. The decision in *Payton*, 2.47 below, was not followed (and was implicitly disapproved). The tribunal observed that if the appeal succeeded, and was not reversed by the courts, the Commissioners would be bound to observe it and repay or credit to the supplier the tax which he had accounted for. *Williams & Glyn's Bank Ltd*, [1974] VATTR 262 (VTD 118).

[2.45] Customs issued a ruling that VAT was chargeable on affiliation fees to the English Hockey Association (EH). EH initially appealed against this ruling, but subsequently withdrew its appeal. However, two affiliated clubs lodged appeals, contending that the fees qualified for exemption under *VATA 1994, Sch 9, Group 10, Item 3*. Customs applied for the appeals to be struck out on the grounds that the clubs did not have 'sufficient interest'. The tribunal rejected this contention and dismissed Customs' application. The tribunal chairman (Mr. Oliver) held that 'the words of *section 83(b)* are equally applicable to the recipient of a supply as they are to the supplier; the fact that a decision that supplies are to be standard-rated has been issued to the supplier does not disqualify the recipient, who has to bear the tax, from appealing'. *Canterbury Hockey Club; Canterbury Ladies Hockey Club*, LON/04/823 (VTD 19086). (*Note*. For the substantive appeal, see 22.355 EUROPEAN COMMUNITY LAW.)

[2.46] There have been a very large number of other cases in which the tribunal has entertained an appeal by the recipient of a supply. In the interests of space, the cases are not listed individually in this book. For a list of such cases decided up to and including 31 December 2000, see Tolley's VAT Cases 2001.

Cases where the appeal was struck out

[2.47] A woman had been supplied with a surgical belt for an amount which included VAT of 96p. She paid the amount 'under protest' and lodged an appeal. The tribunal held that she did not have sufficient interest to maintain the appeal, applying the principles laid down by Romer J in *Twyford v Manchester Corporation*, Ch D [1946] 1 All ER 621. Although she had paid 'under protest', she had paid the tax voluntarily without compulsion or threats and accordingly had no right to recover the tax should her appeal succeed. The tribunal observed that the appeal would have succeeded (see 33.42 HEALTH AND WELFARE). *M Payton*, [1974] VATTR 140 (VTD 89). (*Note*. The decision here was distinguished in *Gilbourne*, 2.43 above, and was not followed in

The making of the appeal [2.50]

Williams & Glyn's Bank Ltd, **2.44** above. Romer J's decision in *Twyford v Manchester Corporation* was subsequently disapproved by Lord Goff of Chieveley in *Woolwich Equitable Building Society v CIR*, HL [1992] STC 657. Lord Goff observed that Romer J had overlooked that 'in cases of compulsion, a threat which constitutes the compulsion may be expressed or implied'.)

[2.48] An individual (W) booked a holiday with a large company which was registered for VAT and accounted for tax under a Retail Scheme. W considered that the VAT included in the cost of the holiday was excessive, and appealed to a tribunal. The tribunal directed that the appeal be struck out, holding that the appeal was outside the scope of what is now *VATA 1994, s 83*, since W was the recipient of the supply and was not a taxable person. Previous decisions in which appeals by recipients of supplies had been entertained were distinguished, as in those cases the rating of the supply had been in issue, whereas in the present case it was accepted by all parties that the supply of the holiday was standard-rated. *C Wayment*, LON/89/1854Y (VTD 4846).

[2.49] A Scottish golf club (E) did not own a golf course, but paid another club (G) an annual fee for the right to use G's course at specific times. Following the ECJ decision in *HMRC v Canterbury Hockey Club*, **22.355** EUROPEAN COMMUNITY LAW, E submitted a repayment claim on the grounds that the fees charged by G should have been treated as exempt from VAT. HMRC rejected the claim, but made a repayment to G, which in turn made a repayment to E. In 2011, following the First-tier Tribunal (FTT) decision in *HMRC v Bridport & West Dorset Golf Club Ltd*, **20.141** EC DIRECTIVE 2006/112/EC, E submitted a further claim. HMRC again rejected the claim and E lodged an appeal with the FTT, contending that there was an appealable matter, within *VATA 1994, s 83(1)(b)*. HMRC applied for the appeal to be struck out but the FTT dismissed HMRC's application. The FTT observed that the Upper Tribunal had referred the case of HMRC v Bridport & West Dorset Golf Club Ltd to the ECJ, and directed that E's appeal should be stood over pending the ECJ decision in that case ([2013] UKFTT 187 (TC), TC02602). HMRC appealed against the FTT's refusal to strike out E's appeal. The Upper Tribunal held that the ECJ ruling in Bridport had no bearing upon the preliminary question of whether the FTT had jurisdiction to hear a claim for payment made outwith the statutory appeal regime by the recipient of a supply. HMRC's appeal was allowed. *HMRC v Earlsferry Thistle Golf Club*, [2014] UKUT 250 (TCC).

The Notice of Appeal (SI 2009/273, rule 20)

[2.50] A company (S) submitted a return claiming a repayment of more than £149,000. Following a visit by a VAT officer, Customs informed S that they were 'of the opinion that the supplies amount to tax avoidance' and needed 'to be satisfied that the terms of the leasing agreement are consistent with the supply being at open market value'. They therefore requested 'confirmation from a duly authorised representative of the board of directors' that the purchase of computer equipment and its proposed onward leasing 'is not part of some wider tax avoidance motive which involves the leases being terminated prior to the expiry of its five-year term'. S did not provide this confirmation, but lodged an appeal with the Tribunal Centre. Prior to the hearing of the

[2.50] Appeals

appeal, Customs sent S four letters requesting further information, which S refused to provide. Customs lodged an application for the appeal to be struck out on the grounds that there had 'been no appealable decision'. The tribunal held that Customs had 'made a decision not to make a repayment to the appellant at least unless and until certain information is provided', but that S's Notice of Appeal did not comply with *VAT Tribunals Rules (SI 1986/590), rule 3(2)*. The tribunal directed that S should 'provide particulars whether in an amended Notice of Appeal or otherwise, in accordance with *rule 3(2)* of the *VAT Tribunals Rules*, of the decision with respect to which the appeal is made'. *City of Sunderland College Supplies Ltd*, MAN/98/252 (VTD 15701).

Appeal procedure where assessment reduced by HMRC

[2.51] A partnership which operated a restaurant appealed against an estimated assessment, but did not pay the tax of £35,000 charged by the assessment. The partnership lodged a hardship application under *VAT Tribunals Rules (SI 1986/590), rule 11*. The application was heard in April 1991, and the partnership was given three months to pay the tax charged. Meanwhile, in May 1991 Customs reduced the assessment to £25,000. In July 1991 the partnership submitted a further notice of appeal. The Tribunal Centre allocated a new reference number to this notice of appeal, and Customs applied for the appeals to be consolidated. In September 1991 the tribunal consolidated the appeals, finding that the grant of a second reference number had been an administrative error, and dismissed the appeals on the grounds that the tax charged had not been paid. The partnership appealed to the QB, contending that the appeals should not have been consolidated and that the time for paying the tax charged by the amended assessment should therefore have been extended. The QB dismissed the appeal, holding that where an assessment, against which an appeal had been lodged, was reduced, there was no need for any further appeal, nor was there any statutory provision for such an appeal. The grant of a separate reference number was of no significance and did not mean that the appeal should be treated as two separate appeals. Since the partnership had not paid the sum charged by the assessment, the tribunal had been entitled to dismiss the appeal. *Sitar Tandoori Restaurant v C & E Commrs*, QB [1993] STC 591.

Miscellaneous

Whether notebooks of investigating VAT officer privileged

[2.52] A trader, whose VAT affairs were under investigation, applied to a tribunal for notes of interviews made by a VAT officer to be made available to his solicitors. The tribunal rejected the application, holding that the notes were privileged. *EYS Wat (t/a Kam Tong Restaurant)*, LON/76/82 (VTD 494).

[2.53] The proprietors of a restaurant applied for records made by VAT officers carrying out observations at the restaurant to be made available to them. The tribunal granted the application, applying *dicta* in *Moti Mahal Indian Restaurant*, 50.146 PENALTIES: EVASION OF TAX, and observing that there was 'no basis upon which contemporaneous records of the kind with which this case is concerned and which are central to the assessment in question should be protected from disclosure in the ordinary way'. *F Karim, M Ali & A Majid (t/a Dhaka Tandoori Restaurant)*, MAN/92/1642 (VTD 10987).

Whether appeal may be withdrawn by email

[2.54] A company (S) appealed against an assessment charging VAT, and against the rejection of a substantial claim for repayment of input tax. On 7 September 2009 it sent an email to the Tribunal Centre purporting to withdraw the appeals. On 24 September 2009 it sent a message to the Tribunal Centre stating that, despite its previous email, it wished to proceed with the appeals. The First-Tier Tribunal treated this as an application to reinstate the appeals, and dismissed it, but the Upper Tribunal allowed S's appeal against this decision. Sir Stephen Oliver QC held that the email of 7 September had simply been a 'proposal', and had not been a 'written notice of withdrawal', as required by *Tribunal Procedure (First-Tier Tribunal) (Tax Chamber) Rules 2009 (SI 2009/273), rule 17(1)*. Accordingly S's subsequent message should not have been treated as an application for reinstatement. He observed that 'the scheme of *rule 17(1)* and *(2)* is to give an appellant the unilateral right to withdraw the appeal without permission of the tribunal and without the intervention of HMRC. The formalities for withdrawal are required to enable the tribunal and anyone with an interest in the outcome of the proceedings to satisfy themselves that a notice describing itself as a "notice of withdrawal" means what it says. *Rule 17(3)* and *(4)* are there to protect the appellant who for some reason has, deliberately and in good faith, withdrawn his appeal but, for an acceptable reason (e.g. because he has insufficient funds to continue the fight or has come to see the implications of withdrawal), has applied to reinstate the appeal within the 28-day cooling-off period. *Rule 17* is not a weapon to enable the tribunal to cull unmeritorious appeals of non-cooperative traders.' *St Anne's Distributors Ltd v HMRC*, UT [2010] UKUT 458 (TCC); [2011] STC 708.

Whether former shareholders of company can be enjoined in appeal

[2.55] Following the sale of a company, the new shareholders discovered, and informed Customs, that some cash receipts and other transactions had not previously been reported. Customs issued an estimated assessment and the company appealed. The vendors, who were liable to indemnify the company for any tax liabilities relating to the time before the sale, deposited the tax demanded but did not provide the new owners of the company with information to enable them to pursue the appeal, and lodged an application to be enjoined in the appeal. The tribunal rejected the application and the QB dismissed the vendors' appeal against this decision, holding that there would be no injustice if they were excluded because they could in the future dispute any liability under the indemnity. If the necessary information was provided to the company, the tribunal could allow the applicants to join in the appeal at a later date under *VAT Tribunals Rules (SI 1986/590), rules 13, 14* and *19*. *Schwarcz & Others v Aeresta Ltd & C & E Commrs*, QB 1988, [1989] STC 230.

[2.56] Appeals

Company in liquidation—whether former director has right of appeal

[2.56] In the case noted at 37.4 INSOLVENCY, Customs had presented a petition for the winding-up of a company which owed substantial amounts of VAT and excise duty. The company went into liquidation, and the liquidator began legal proceedings against the company's controlling director (B), alleging that he had been involved in the fraudulent evasion of the payment of VAT and excise duties. B subsequently lodged a purported appeal against the assessments. The tribunal struck out the appeal, holding that since the company was in liquidation, B had no *locus standi*. *H Bhanderi*, LON/03/8066 (E814).

Application to have deceased trader's executrix joined or substituted as appellant

[2.57] A trader (RL) died in January 2002, without leaving a will. After RL's death, his common law wife (TM) took over the business and registered for VAT, although RL's estate devolved to his sister (IL), who acted as RL's executrix. TM failed to submit returns, and HMRC issued estimated assessments. TM appealed, but subsequently applied for IL to be joined or substituted as the appellant. The First-tier Tribunal rejected this application. Judge Mure found that TM had taken over the running of the business and had voluntarily chosen to register for VAT. *Ms TA Mooney v HMRC*, [2012] UKFTT 714 (TC), TC02381.

Whether appeals by supplier and recipient should be heard together

[2.58] A company (V) issued credit cards and made related supplies to banks. Its supplies had been treated as exempt, but it considered that they should be standard-rated. In 1990 Customs accepted V's contention, and issued a ruling accordingly. A bank (B), to which V supplied services, objected to the ruling, since it was partly exempt and would be unable to recover much of the input tax which it would have to pay in respect of the supplies it received from V. In 1991 B lodged a formal appeal against the ruling. V applied for a direction under *VAT Tribunals Rules (SI 1986/590), rule 19(3)* that it should be joined as a party to the appeal. Customs supported the application, but B objected to it. The tribunal granted the application, holding that it had power to grant the application, applying *dicta* in *Schwarcz & Others v Aeresta Ltd*, 2.55 above, and that 'it would be much better equipped to do justice to the matter if (V) were joined as a party'. It was 'both necessary and expedient to have (V) as a party to the appeal'. *Barclays Bank plc v C & E Commrs and Visa International Service Association*, [1992] VATTR 229 (VTD 7911).

[2.59] See also *RBS Deutschland Holdings GmbH*, 2.282 below.

Whether appeals by associated partnerships should be heard together

[2.60] Customs issued estimated assessments on two partnerships which operated restaurants. Three of the four members of each partnership were the same. Both partnerships appealed. Customs applied for a direction that the appeals should be heard together. The tribunal made a direction accordingly, under *VAT Tribunals Rules (SI 1986/590), rule 19(3)*, applying the CA decision in *Johnson v Walden*, CA 1995, [1996] STC 382. One of the partnerships appealed to the QB, contending that the appeals should not be heard together. Turner J rejected this contention and dismissed the appeal, holding on the evidence that the tribunal had been entitled to make the direction in question. The tribunal's decision was 'entirely rational', and it would 'have been a mischievous result if there had been two separate hearings and witnesses whose evidence was believed in one case in relation to the same evidential matters were not believed in the other, or the other way about'. *Maharani Restaurant v C & E Commrs*, QB [1999] STC 295. (*Note*. At a subsequent hearing, the appeals were dismissed and penalties under *VATA 1994, s 60* were upheld—see **50.84** PENALTIES: EVASION OF TAX.)

Whether two appeals by same company should be heard together

[2.61] A company (F) appealed against the rejection of a claim for input tax for the period ending March 2006. Subsequently it also appealed against the rejection of claims for input tax for the periods ending June and September 2006. HMRC applied for the appeals to be consolidated. F opposed the application but the First-tier Tribunal granted it, applying the principles laid down by Turner J in *Maharani Restaurant v C & E Commrs*, **2.60** above. *First Class Communications Ltd v HMRC (No 3)*, [2013] UKFTT 342 (TC), TC02745. (*Note*. For another issue in this case, see **2.217** below.)

Whether appeals by related companies should be heard together

[2.62] The decision in *Maharani Restaurant*, **2.60** above, was applied in an insurance premium tax case where the tribunal held that appeals by six related companies should be heard together. *Cresta Holidays Ltd (and related appeals)*, LON/00/9000-4 (VTD 16857). (*Note*. For subsequent developments in this case, concerning the interpretation of *FA 1994, s 59*, see the CA decision reported at [2001] STC 386.)

[2.63] A similar decision was reached in a case where two associated companies had appealed against notices requiring security. *F2 Leisure Ltd*, MAN/05/228 (VTD 19253); *Virtual Leisure Ltd*, MAN/05/303 (VTD 19253).

[2.64] A similar decision was reached in a case where two associated companies had reclaimed substantial amounts of input tax, and HMRC formed the opinion that the transactions were connected to MTIC fraud. *First Talk Mobile Ltd v HMRC (and related appeal)*, [2011] UKFTT 423 (TC), TC01276.

Group registration—right of appeal

[2.65] See *J & W Waste Management Ltd*, **32.11** GROUPS OF COMPANIES.

Matters within the discretion of the Commissioners

Whether a concession can be the subject of an appeal

[2.66] A company (D) applied to Customs for a concession that services which it supplied under long-term contracts made before January 1973 should not be chargeable to VAT. Customs rejected the claim, notifying D by letter. D and two associated companies appealed. The tribunal struck out the appeals, holding that the question of whether a concession should be made was not a subject of appeal within what is now *VATA 1994, s 83*. *Davis Advertising Service Ltd*, [1973] VATTR 16 (VTD 5). (*Note*. The tribunal also held that the associated companies had no *locus standi* as the decision was not communicated to them. The decision on this point was disapproved by a subsequent tribunal in *J & W Waste Management Ltd*, **32.11** GROUPS OF COMPANIES.)

Special Provisions Order 1995—tribunal jurisdiction

[2.67] In the case noted at **60.1** SECOND-HAND GOODS, the HL held that a tribunal's jurisdiction was restricted to considering whether a trader's records complied with the statutory requirements, and that where the records did not meet those requirements, the tribunal could not consider whether Customs should have used their discretion to permit the use of the scheme. *C & E Commrs v JH Corbitt (Numismatists) Ltd*, HL [1980] STC 231; [1981] AC 22; [1980] 2 All ER 72. (*Note*. This case was decided before the introduction of what is now *VATA 1994, s 84(10)* by *FA 1981*. The decision should be read in the light of *s 84(10)* — see *Christopher Gibbs Ltd*, **60.2** SECOND-HAND GOODS — but is still frequently cited as an authority.)

[2.68] In the case noted at **60.2** SECOND-HAND GOODS, the tribunal considered that it had jurisdiction to overrule a decision by Customs that a company was not entitled to use the margin scheme for sales of antiques, since its records did not comply with the scheme requirements. The tribunal specifically declined to follow *JH Corbitt (Numismatists) Ltd*, **60.1** SECOND-HAND GOODS, since that case had been decided before the enactment of what is now *VATA 1994, s 84(10)*. *Christopher Gibbs Ltd*, [1992] VATTR 376 (VTD 8981).

[2.69] See also *McCord & Alford*, **60.3** SECOND-HAND GOODS.

HMRC refusing to operate 'Sheldon statement'

[2.70] See *Animal Virus Research Institute*, **2.98** below.

HMRC refusing to backdate extra-statutory concession

[2.71] Before April 1983, the VAT liability on the sale of a security depended on the 'place of belonging' of the purchaser. Customs agreed with the Investment and Unit Trust Associations that, with effect from April 1983, members of the Associations should have the option of treating the country in which the sale took place as the 'place of belonging' of the purchaser, in any case where the identity (and thus the place of belonging) of the purchaser was unknown, and also in any case where it was not known where the sale took place. An investment trust (S) submitted a claim that the concession should be backdated to 1 April 1978. Customs rejected this claim and S lodged an appeal. The tribunal struck out the appeal, holding that it had no jurisdiction and that there had been no decision within what is now *VATA 1994, s 84(10)*. *Scottish Investment Trust plc*, EDN/92/77 (VTD 9368).

Extra-statutory concession—whether within VATA 1994, s 84(10)

[2.72] In the case noted at 25.37 EXPORTS, the tribunal held that it could consider the application of an extra-statutory concession, since the effect of what is now *VATA 1994, s 84(10)* was 'to allow the tribunal to review whether, as a matter of fact, the taxpayer has acted in accordance with guidelines prescribed by the Commissioners in the exercise of a discretion conferred on them, but not to review the laying down of the guidelines or requirements themselves'. *RW Shepherd*, [1994] VATTR 47 (VTD 11753). (*Note*. Compare now, however, the subsequent cases noted at **2.73** to **2.74** below.)

[2.73] An individual who had converted an old church into a dwelling appealed against Customs' refusal to apply an extra-statutory concession which would have entitled him to reclaim input tax. (The concession took effect from 21 April 1994, and Customs refused to apply it to the appellant since the work in question had been completed before that date.) The tribunal dismissed the appeal, holding that it had 'no jurisdiction in regard to the operation of extra-statutory concessions'. *Dr BN Purdue*, EDN/94/511 (VTD 13430). (*Notes*. (1) The decision here was approved by the QB in *Arnold*, **2.74** below. (2) An alternative contention by the appellant, that the work had not been completed until after 21 April 1994, was also rejected by the tribunal — see **15.198** CONSTRUCTION OF BUILDINGS.)

[2.74] In a subsequent case in which the application of the same concession was in dispute, the QB held that the tribunal had no jurisdiction in relation to the concession, which was a matter for Customs. Hidden J held that the provisions of *VATA 1994, s 84(10)* only applied to a case where there were two separate decisions (as had been the case in *JH Corbitt (Numismatists) Ltd*, **60.1** SECOND-HAND GOODS) and did not apply in the present case where there had only been one decision. He approved the decisions in *G McKenzie & Co*, LON/92/2015A (VTD 11992) and *Purdue*, **2.73** above, and disapproved *obiter dicta* of the tribunal chairman in *British Teleflower Service Ltd*, **40.63** INVOICES AND CREDIT NOTES. *C & E Commrs v SH Arnold*, QB [1996] STC 1271.

[2.75] The decision in *Arnold*, **2.74** above, was applied in *GP Powell*, **35.25** IMPORTS and *Lady Nuffield Home*, **19.101** DRUGS, MEDICINES, AIDS FOR THE HANDICAPPED, ETC.

Legitimate expectation and VATA 1994, s 84(10)

[2.76] The school provided distance learning courses. In a letter of 2000, HMRC had accepted that course fees should be apportioned on the basis that the school was making both standard-rated supplies of educational services and zero-rated supplies of books. The letter also warned that the method 'could be reviewed at any time'. In 2009, following the decision of the House of Lords in *HMRC v The College of Estate Management*, **5.39** BOOKS ETC., HMRC informed the school that they had discovered that all the school's supplies were in fact taxable. HMRC decided that, with effect from September

[2.82] Appeals

Retrospective group registration—nature of tribunal's jurisdiction

[2.82] In the case noted at 32.4 GROUPS OF COMPANIES, the QB held that Customs had power under what is now *VATA 1994, s 43(7)* to admit group registration retrospectively. However the discretion to admit retrospective treatment was that of Customs and could not be exercised by the tribunal. *C & E Commrs v Save and Prosper Group Ltd*, QB 1978, [1979] STC 205.

Cash accounting scheme—nature of tribunal's jurisdiction

[2.83] See *Mainline Fabrications*, 10.4 CASH ACCOUNTING SCHEME.

VATA 1994, Sch 1 para 1(3)—nature of tribunal's jurisdiction

[2.84] See *Hare*, 57.22 REGISTRATION, and *Timur & Timur*, 57.24 REGISTRATION.

VATA 1994, Sch 1 para 2*—nature of tribunal's jurisdiction

[2.85] See *Chamberlain*, 57.36 REGISTRATION, and *Gregorio & Sons*, 57.56 REGISTRATION.

VAT Regulations 1995, reg 29*—nature of tribunal's jurisdiction

[2.86] See *Vaughan*, 40.72 INVOICES AND CREDIT NOTES.

Definition of 'tax year' for partial exemption calculations

[2.87] See *Yorkhurst Ltd*, 46.195 PARTIAL EXEMPTION.

VAT Regulations 1995, regs 185–197—jurisdiction of tribunal

[2.88] In the case noted at 45.4 OVERSEAS TRADERS, the tribunal held that it had 'no jurisdiction to review the exercise by Customs & Excise of any discretion it may have in its management of the collection and refund of VAT'. *Jersey Telecoms*, LON/95/1965 (VTD 13940).

Estoppel and allied matters

HMRC's practice where taxpayer misled by VAT officer

[2.89] In a Parliamentary question and answer on 21 July 1978, the then Financial Secretary to the Treasury, Mr Robert Sheldon stated: 'When it is established that an officer of Customs & Excise, with the full facts before him, has given a clear and unequivocal ruling on VAT in writing; or it is established that an officer knowing the full facts has misled a trader to his detriment, the Commissioners of Customs & Excise would only raise an assessment based

Estoppel and allied matters [2.97]

on the correct ruling from the date the error was brought to the attention of the registered person concerned'. (*Hansard Vol. 161, col. 426; C & E Notice No 48, Extra-Statutory Concession 3.5.*)

[2.90] In December 1973 a company (C) which manufactured and installed built-in wardrobes for new houses was informed by Customs that its supply of such wardrobes was zero-rated under the legislation then in force. In May 1975 Customs informed C that they had changed their view, and now considered that such supplies were standard-rated. C accepted this ruling but appealed against an assessment charging tax on supplies made before May 1975. The tribunal dismissed the appeal, holding that there was no question of estoppel against Customs. *Cupboard Love Ltd*, LON/76/40 (VTD 267).

[2.91] A similar decision was reached in *HV Ribbans*, LON/76/200 (VTD 346).

[2.92] In a similar case, the tribunal held that 'on the existing state of the authorities we are bound to hold that no estoppel can arise against the mandatory provisions of a taxing statute'. *POH Medlam*, LON/77/304 (VTD 545).

[2.93] In the case noted at **58.1** RETAILERS' SPECIAL SCHEMES, the tribunal held that an inspection of a trader's records, and a general assurance that they were in order, was insufficient to form the basis of an estoppel. *GUS Merchandise Corporation Ltd*, [1978] VATTR 28 (VTD 553).

[2.94] In the case noted at **65.18** TRANSFERS OF GOING CONCERNS, Lord Grantchester held that 'there can be no estoppel against the Crown in the person of the Commissioners of Customs & Excise which prevents them from recovering tax which is lawfully due under the provisions of an Act of Parliament and Regulations made thereunder'. *Farm Facilities (Fork Lift) Ltd*, [1987] VATTR 80 (VTD 2366).

[2.95] A builder had carried out work on a protected building which did not qualify as an 'approved alteration' and was therefore not eligible for zero-rating. However he did not charge VAT on the work and appealed against a subsequent assessment, contending that he had been told by a VAT officer that tax would not be chargeable. The tribunal dismissed his appeal. Applying *dicta* of Finlay J in *Williams v Grundy's Trustees*, KB 1933, 18 TC 271, 'nothing is better settled than the principle that there is no estoppel as against the Crown'. *PT Wood*, MAN/91/513 (VTD 6992).

[2.96] There are a large number of other cases in which tribunals have held, applying one or more of the preceding decisions, that Customs cannot be estopped from collecting VAT. Such cases appear to raise no point of general importance, and in the interests of space, are not reported individually in this book. For a list of such cases decided up to and including 31 December 1993, see Tolley's VAT Cases 1994.

[2.97] A company, which had wrongly treated certain animal feeding stuffs as zero-rated rather than standard-rated, appealed to the tribunal, contending that Customs should have applied Extra-Statutory Concession 3.5, applying the principles laid down in *C & G Developments Ltd*, LON/86/682 (VTD

2384). The tribunal rejected this contention and dismissed the appeal, observing that *C & G Developments Ltd* 'was decided in 1987. There is now a fully fledged official complaints procedure which there was not then and the appropriate avenue to the appellant would be to take his case to the Adjudicator. This option was not open to *C & G*.' The tribunal held that it had 'no jurisdiction to consider the issue of misdirection and it would not be an appropriate course of action for the tribunal to act as an unofficial arbitrator'. *Vetplus Ltd*, MAN/04/312 (VTD 19850).

[2.98] Customs made an application for an appeal to be struck out on the grounds that it pertained to what is now Extra-Statutory Concession 3.5 (see 2.89 above) and that estoppel was not one of the grounds of appeal under what is now *VATA 1994, s 83*. The tribunal dismissed the application, holding that the grounds of the appeal made it clear that the appeal was brought under what is now *VATA 1994, s 84(10)* and that, in the alternative, the appeal was against a decision by Customs relating to the assessment, such appeal being under *s 83(p)*. While an appeal was unlikely to succeed under either *subsection*, that was insufficient to justify a conclusion that no appeal lay to the tribunal. *Animal Virus Research Institute*, [1988] VATTR 56 (VTD 2692).

Whether HMRC estopped from treating return as valid

[2.99] See *AB Gee of Ripley Ltd*, 52.30 PENALTIES: MISDECLARATION.

Scottish appeals—whether HMRC personally barred

[2.100] In a Scottish case, a partnership contended that it had been misled by VAT officers and that Customs were personally barred (the Scottish equivalent of estoppel) from demanding the assessed tax. The tribunal accepted that the partners had been wrongly advised, but dismissed the appeal, holding that in Scotland the plea of personal bar does not operate against the Crown in taxation matters, applying *Lord Advocate v Meiklam* 1860, 22 D 1427 and other authorities. *Milne & Mackintosh (t/a Jack and Jill)*, [1981] VATTR 61 (VTD 1063).

[2.101] The decision in *Milne & Mackintosh*, 2.100 above, was applied in the similar subsequent cases of *Lincars Radio Taxis*, EDN/81/17 (VTD 1118); *J & E McClymont*, EDN/82/15 (VTD 1253); *G Brown*, EDN/92/76 (VTD 7718) and *St. Andrew's Motor Homes Ltd*, 19.27 DRUGS, MEDICINES, AIDS FOR THE HANDICAPPED, ETC.

Issue estoppel per rem judicatum

[2.102] A trader (F) had been convicted at a Crown Court under *Criminal Law Act 1977, s 1(1)*, for conspiracy to cheat the public revenue by failing to account for VAT on takings from gaming machines. Customs issued assessments on him, charging tax on the takings from the machines. He appealed, contending that, notwithstanding the conviction in the Crown Court, he had not been the operator of the machines in question. Customs applied for a direction under *rule 19(3)* of the *VAT Tribunals Rules* that F should not be

Estoppel and allied matters [2.105]

permitted to reopen issues which had been determined against him in the Crown Court. The tribunal granted Customs' application, holding held that it had inherent jurisdiction to prevent abuse of process. The present case fell within the doctrine of *'issue estoppel per rem judicatum'*. Applying *dicta* of Lord Halsbury LC in *Reichel Magrath*, HL 1889, 14 AC 665, 'it would be a scandal to the administration of justice if, the same question having been disposed of by one case, the litigant were to be permitted by changing the form of the proceedings to set up the same case again'. The tribunal chairman (Mr. Potter) held that the issue had been 'effectively covered by the criminal proceedings'. Furthermore, the fact that 'neither the learned judge nor either counsel appears to have considered those parts of the law relating to VAT' and that the judge had appeared 'sometimes to take it for granted that VAT should have been charged' was not sufficient to alter this conclusion, since 'it was open to the defence, if it saw fit, to raise all relevant matters of law; and the defence did not do so'. The criminal proceedings had found as a fact that the appellant had made the supplies in question, and the tribunal had no discretion to reach a different conclusion. *MJ Feehan*, [1993] VATTR 266 (VTD 10154). (*Note.* For the substantive appeal, see **24.23** EXEMPTIONS: MISCELLANEOUS.)

[2.103] In a subsequent (non-tax) case, Lord Hoffmann held that 'the whole point of an issue estoppel on a question of law is that the parties remain bound by an erroneous decision'. *Ahsan v Ward*, HL [2007] UKHL 51.

Whether tribunal bound by decision reached several years earlier

[2.104] In the case noted at **66.46** TRANSPORT, Customs issued a ruling to a company (S) in 1997. S appealed, contending that the issue had been decided by a previous tribunal decision in 1973. The tribunal rejected this contention and dismissed the appeal, holding that the 1973 decision did not give rise to any estoppel, and observing that 'the public policy behind the general application of issue estoppel is to ensure the finality of litigation. In taxation and rating cases, however, that aspect of public policy has been overridden by a different element of public policy. Recurring business transactions, which fall to be assessed period by period, as is the case of supplies of a VAT-registered trader, are involved here. Administrative flexibility is needed to enable the even-handed management of the revenue. To impose on a trader the unalterable privilege or disadvantage of a particular tax treatment of his supplies as the result of a decision of a tribunal or court might lead to inequity as between him and other traders making similar supplies the liability of which had been determined at a later date. The principle of public policy that applies in that situation, and in particular through the taxation of business transactions, is that of ensuring that the tax operates uniformly.' *Société Internationale de Télécommunications Aeronautiques (No 2)*, [2003] VATDR 131 (VTD 17991). (*Note.* For a subsequent case in which this decision was distinguished, see *University College London*. **46.154** PARTIAL EXEMPTION.)

'Res judicata'

[2.105] In the case noted at **41.87** LAND, the tribunal held that supplies by the owners of a hairdressing salon failed to qualify for exemption, and that the

49

[2.105] Appeals

owners had been required to register for VAT from 1996. The proprietors subsequently sought to lodge a further appeal against the date of registration. The tribunal struck out the second appeal, applying *dicta* of Lord Bingham in *Johnson v Gore Wood*, HL 2000, [2001] 1 All ER 481, and holding that the issue was *res judicata*. *LW & A Broadley (t/a Professional Haircare)*, [2001] VATDR 271 (VTD 17153).

Whether HMRC estopped from issuing replacement assessment

[2.106] Following the tribunal decision in the case noted at **3.21** ASSESSMENT, Customs issued a replacement assessment in 1998. The trader (B) applied for the assessment to be struck out, contending that the principle of '*res judicata*' estopped Customs from issuing a replacement assessment. The tribunal rejected this contention and dismissed the application. The tribunal observed that another issue in the case had been considered by the High Court (for which see **57.13** REGISTRATION) and had been remitted to a new tribunal for reconsideration. The tribunal reviewed the evidence and held that 'the interests of justice require that this appeal should be determined on its merits bearing in mind the views of the High Court'. Although the tribunal could not 'now consider the original assessment and the supplementary assessment (as they have been withdrawn), the interests of justice would best be served by referring all the outstanding issues (including the new assessment) to a newly constituted tribunal for a decision on the merits'. B appealed to the Ch D, which upheld the tribunal decision. Patten J held that the assessment was valid. There was 'no good reason in principle or of policy why Parliament should have intended to prevent Customs & Excise from waiting until after a determination by the tribunal so as to be able to base a new corrective assessment on the tribunal's own finding of what is due'. The doctrine of '*res judicata*' did not apply here, since 'the only determination made by the tribunal in respect of the central assessment was that it was not made to best judgment. Customs accepted that and have withdrawn the assessment. The tribunal did not decide that £9,853 of (B's) alleged tax liability was not due.' B had 'lost nothing by the withdrawal of the 1996 assessments other than the ability to take advantage of a technical defect in the central assessment. All the points about registrability, the transfer of his business and quantum which he wished to be able to raise at the new tribunal hearing ordered by Carnwath J will be open to him on the appeal from the 1998 assessment.' *A Bennett v C & E Commrs (No 2)*, Ch D [2001] STC 137. (*Note*. The Ch D also held that the delays in determining B's liability did not involve any breach of *Article 6* of the *European Convention on Human Rights* — see **34.14** HUMAN RIGHTS.)

The requirements of VATA 1994, s 84(3)

Payment of assessed tax

Date from which appeal 'entertained'

[2.107] A Foundation was established with the main object of furthering the instruction and study of Scientology. It appealed against ten assessments without paying the tax charged. Customs applied to the tribunal for the appeals to be dismissed under what is now *VATA 1994, s 84(3)(a)*. The tribunal initially rejected the application, considering that an appeal was not entertained until it was heard on the merits, but the CS overruled this decision and remitted the case to the tribunal with a direction to it to order the Foundation to pay the tax within 14 days. The CS held that there was a distinction between an appeal being 'entertained' and an appeal being 'heard'. An appeal begins to be entertained when the tribunal sets in motion the requisite procedure for its determination. *C & E Commrs v Hubbard Foundation Scotland*, CS [1981] STC 593. (*Note*. For subsequent proceedings in this case, see **2.298** below.)

Assessment to recover input tax—application of VATA 1994, s 84(3)

[2.108] T Ltd was liable to pay nearly £1.5 million of VAT, which HMRC considered it had wrongly treated as input tax in its VAT returns, and it had appealed against HMRC's determination. T Ltd contended that the prepayment rule (under which it had to pay the contested VAT before appealing) infringed the EU equivalence principle.

The Supreme Court found that the Court of Appeal had been correct to conclude that none of the domestic taxes (namely income tax, CGT and SDLT) referred to by T Ltd constituted true comparators with VAT for the purpose of deciding whether the imposition, in the VAT context, of a pay-first requirement constituted less favourable treatment contrary to the principle of equivalence. The Court observed that a trader seeking to appeal a VAT assessment is typically in a significantly different position from a taxpayer seeking to appeal an assessment to any of those other taxes. The economic burden of VAT falls on the ultimate consumer; it is only collected by the trader from the consumer, and accounted for by the trader to HMRC. By contrast, taxpayers seeking to appeal an assessment to income tax, CGT and SDLT are being required to pay the tax from their own resources.

The Court concluded that it was appropriate that traders assessed to VAT should be required (in the absence of proof of hardship) to pay or deposit the tax in dispute, which they have, or should have, collected, while no similar requirement is imposed upon other taxpayers. *Totel v HMRC*, [2018] UKSC 44.

Assessment charging output tax—application of VATA 1994, s 84(3)

[2.109] A trader failed to account for output tax on his supplies. Customs issued an assessment charging tax on them, and he appealed. The tribunal struck out his appeal on the grounds that he had not complied with *VATA*

1994, s 84(3). He appealed to the Ch D, contending that the provisions of *s 84(3)* contravened the *European Convention on Human Rights*. The Ch D rejected this contention and dismissed his appeal. *B O'Brien v HMRC*, Ch D 2007, [2008] STC 487; [2007] EWHC 3121 (Ch).

Hardship applications (VATA 1994, s 84(3B); SI 2009/273, rule 22)

[2.110] A company (T) appealed against two assessments to recover input tax, and applied under *VATA 1994, s 84(3B)* for the appeals to be entertained without paying or depositing the tax. The First-tier Tribunal (FTT) rejected the applications, finding that T had not submitted sufficient evidence to show that payment of the tax would cause hardship. T applied for judicial review, contending that it was unfairly denied the right of appeal against the FTT decision. The QB dismissed the application but the CA unanimously allowed T's appeal, holding that *VATA 1994, s 84(3C)*, which had been inserted by the *Transfer of Tribunal Functions and Revenue & Customs Appeals Order 2009 (SI 2009/56)* and had removed the right of appeal against an FTT decision on a hardship application, was ultra vires and unlawful. Applying dicta of Lord Cooke of Thorndon in *R (oao Spath Holme Ltd) v Secretary of State for Transport, the Environment and Regions*, HL 2000, [2001] 1 All ER 195, 'Parliament does not lightly take the exceptional course of delegating to the executive the power to amend primary legislation. When it does so the enabling power should be scrutinised, should not receive anything but a narrow and strict construction and any doubts about its scope should be resolved by a restrictive approach.' Moses LJ held that *FA 2008, s 124* 'does not clearly confer the power to revoke the right of appeal from First-tier Tribunal to Upper Tribunal in relation to hardship applications'. Arden LJ held that 'to bring to an end a right of appeal in existing proceedings has been held to constitute retrospective legislation even where the decision sought to be appealed has not yet been made and the right has not in that sense crystallised'. *R (oao Totel Ltd) v First-Tier Tribunal (and related application)*, CA [2012] EWCA Civ 1401; [2013] STC 1557. On T's appeal to the Upper Tribunal against the FTT's decision on the hardship applications, the Upper Tribunal held that none of T's challenges to that decision succeeded. T's appeal was dismissed. *Totel Ltd v HMRC*, [2014] UKUT 485 (TCC).

[2.111] The First-tier Tribunal had found that the requirement to pay or deposit the amount of assessed VAT in dispute, over £770,000, (under *VATA 1994, s 84*), would cause E Ltd to suffer hardship. HMRC appealed to the Upper Tribunal.

The Upper Tribunal observed that it could only interfere with the First-tier Tribunal's finding if the tribunal had made a legal error. The tribunal also noted that *s 84* is intended 'to strike a balance between, on the one hand, the desire to prevent abuse of the appeal mechanism by employing it to delay payment of the disputed tax, and on the other to provide relief from the stricture of an appellant having to pay or deposit the disputed sum as the price for entering the appeal process, where to do so would cause hardship.' It referred to *Totel Ltd v HMRC* (**2.110** above) as authority for the proposition that it would not be appropriate for the First-tier Tribunal, on a hardship

Statements of Case, etc. (SI 1986/590, rr 7–9; SI 2009/273, rule 25)

SI 1986/590, rule 7(1)

[2.119] In an appeal against penalties under *VATA 1994, s 60*, the tribunal held that *VAT Tribunals Rules (SI 1986/590), rule 7(1)(b)* was incompatible with the *Human Rights Act 1998*. The tribunal stated that 'we do not see how the requirements of *rule 7(1)(b)* can be reconciled with *Article 6(1)* (of the *European Convention on Human Rights*) and the implicit right to silence except on the footing that the appellant is not obliged to state any matters or facts which do not advance his case. We do not consider that admissions obtained without any reference to the right to silence can be utilised. Nor can we reconcile the unqualified obligation on an appellant to serve a List of Documents pursuant to *rule 20(1)* and *rule 20(2)(a)* with the right to silence'. The tribunal therefore held that certain evidence submitted by Customs was inadmissible. (However, on the admissible evidence, the tribunal held that the only reasonable conclusion was that the appellant had 'deliberately and regularly understated his sales', and upheld the penalties with regard to 16 of the 17 periods in question.) *ACK Patel*, LON/99/1144 (VTD 17248).

Application for extension of time to serve Statement of Case

[2.120] A company director (J) lodged an appeal against a penalty which had been apportioned to him under *VATA 1994, s 61*. Customs applied for an extension of time to serve their Statement of Case. The tribunal chairman granted 'Customs' application, observing that 'this seems to me to be a case of some complexity and importance for which the time taken to prepare the statement of case seems entirely reasonable'. J appealed to the Ch D, contending that the tribunal decision was unreasonable. The Ch D rejected this contention, holding that the tribunal had been entitled to grant Customs an extension of time. *TF Jackson v C & E Commrs*, Ch D 2003, [2004] STC 164; [2003] EWHC 3219 (Ch). (*Note*. The tribunal subsequently dismissed J's appeal against the penalty—see 50.21 PENALTIES: EVASION OF TAX.)

HMRC's failure to submit Statement of Case

[2.121] On 23 May 2002 Customs had applied for an extension of time to submit their statement of case. The tribunal granted an extension to 23 August 2002. On 16 August 2002 Customs applied for a further extension to 23 September 2002. The appellant company did not receive notice of this, and the tribunal did not grant the application. Nevertheless, Customs failed to submit their statement of case until 8 October. The tribunal allowed the company's appeal, applying the principles laid down by the CS in *C & E Commrs v C Young*, CS [1993] STC 394. The Ch D upheld the tribunal decision. Lloyd J held that he could only 'overturn the tribunal's decision if, on the material before it, its decision was erroneous in law and the result of either an apparent or a latent misdirection'. That was not the case here, and the

[2.121] Appeals

tribunal had been entitled to exercise its discretion to allow the appeal. *C & E Commrs v Neways International (UK) Ltd*, Ch D [2003] STC 795; [2003] EWHC 934(Ch).

[2.122] The decision in *Neways International (UK) Ltd*, 2.121 above, was applied in the similar subsequent cases of *UK Tradecorp Ltd (No 2)*, [2004] VATDR 438 (VTD 18879) and *Deluni Mobile Ltd (No 1)*, 2.401 below.

[2.123] A partnership had claimed a substantial repayment of input tax. Customs rejected the claim and the partnership appealed. In May 2000, Customs asked the tribunal to postpone the appeal on the grounds that they were considering criminal proceedings against the partnership. At a subsequent hearing on 3 July, Customs informed the tribunal that they 'withdrew the allegation of fraud', and the tribunal directed that Customs should serve a Statement of Case by 1 August. On 31 July Customs made a written application that they should 'be permitted to assert' that the transactions in question were not genuine. The partnership made a cross-application that Customs' application should be struck out and that the appeal should be allowed. The tribunal allowed the partnership's appeal, observing that 'the tribunal expected the Commissioners strictly to comply with directions as to time limits, and there was put forward no explanation or excuse for non-compliance'. Customs appealed to the Ch D, which upheld the tribunal decision,. applying the principles laid down in *C & E Commrs v C Young*, CS [1993] STC 394 and holding the tribunal had 'exercised its discretion reasonably and in a judicial way'. *C & E Commrs v A & D Goddard*, Ch D [2001] STC 725.

[2.124] A company (F) appealed against an assessment and a misdeclaration penalty. On 10 June 1992 Customs applied for an extension of time to serve their Statement of Case. The tribunal directed that Customs should serve their Statement of Case by 8 August. Customs did not comply with this direction, and were granted a further extension of time until 8 October. Again Customs failed to comply, and on 9 October they applied for a further extension to 8 December. On 19 October F lodged an application for the appeal to be allowed, since Customs had not complied with the tribunal's direction to serve their Statement of Case. The tribunal heard F's application on 17 November, by which time the Commissioners had (on 2 November) served their Statement of Case. The tribunal held that it had jurisdiction under *VAT Tribunals Rules, rule 19(4)* to allow the appeal on the grounds of Customs' late service of their Statement of Case, applying *C & E Commrs v C Young*, CS [1993] STC 394. However, the tribunal declined to exercise its jurisdiction in such a way, observing that 'the approach of the Scottish courts to delays and failure to comply with directions is not necessarily the same as in England and Wales'. *Faccenda Chicken Ltd*, [1992] VATTR 395 (VTD 9570).

[2.125] A similar decision was reached in *Charles F Hunter Ltd*, MAN/93/231 (VTD 11619).

[2.126] In the case noted at 48.45 PAYMENT OF TAX, a company (B) lodged an appeal in September 2003. Customs were granted an extension of time until 28 January 2004 to serve their Statement of Case. They did not serve the Statement of Case until 29 January. B applied for a direction that its appeal should be allowed. The tribunal dismissed this application but awarded a penalty of £500 against Customs under *VATA 1994, Sch 12 para 10*. *Baines & Ernst Ltd*, MAN/03/661 (VTD 18516).

Whether HMRC may amend their Statement of Case

[2.127] At the start of an appeal hearing, Customs applied to amend their Statement of Case. The amendment raised a new alternative ground for the assessment, and required the admission in evidence of two further documents. The appellant company (V) objected, contending that it had been taken by surprise. The tribunal rejected Customs' application, finding that the material facts and documents had been known to Customs at the date on which the assessment was issued, and holding that the application was unfair to V. *Vorngrove Ltd*, MAN/84/55 (VTD 1733).

[2.128] However, in the case noted at **62.299** SUPPLY, Customs were allowed to amend a Statement of Case by introducing an alternative contention. The tribunal held that the appellant company was not prejudiced by this, since there was no rule prohibiting a party to an action from raising alternative contentions. Lord Grantchester observed that 'an assessment for a net amount of tax payable will normally involve a consideration both of output tax and input tax'. *The Football Association Ltd*, LON/83/484 (VTD 1845).

[2.129] A company (S) claimed a substantial repayment of input tax. Customs rejected the claim on the grounds that they believed that the relevant transactions formed part of a carousel fraud. S appealed. While the appeal was pending, Customs applied to amend their Statement of Case to take account of the ECJ decisions in *Optigen Ltd v C & E Commrs*, **22.125** EUROPEAN COMMUNITY LAW, and *Kittel v Belgian State*, **22.483** EUROPEAN COMMUNITY LAW. The tribunal granted Customs' application, finding that 'Customs have sufficiently pleaded the facts and matters on which Customs intend to rely to establish that the appellant knew or had the means to know that the transaction so identified was vitiated by fraud'. *Synectiv Ltd*, [2006] VATDR 183 (VTD 19698).

[2.130] Two associated companies claimed substantial repayments of input tax in relation to transactions in mobile telephones. Customs rejected the claims, and the companies appealed. Customs subsequently applied for leave to amend their Statement of Case to make a specific allegation of fraud against one of the companies (B). They also applied for the appeals to be consolidated. The tribunal chairman (Mr. Wallace) rejected Customs' applications, and directed that 'all allegations in the Statement of Case that the appellant "knew" that the purchases on which input tax is in dispute formed part of transaction chains in which one or more of the transactions was connected with the fraudulent evasion of VAT should be disregarded so that the sole issue is whether the appellant "should have known" of that fact'. *Blue Sphere Global Ltd (No 1)*, LON/07/934; *DDR Distribution Ltd*, LON/08/349 (VTD 20694). (*Note*. The Ch D subsequently allowed B's appeal—see **36.97** INPUT TAX. For subsequent developments in the other appeal, see **2.267** below.)

[2.131] In another case where HMRC considered that a company (M) had been involved in MTIC fraud, HMRC applied to amend their Statement of

[2.131] Appeals

Case to include 'evidence that (M) either paid incomplete consideration for its purchase of the relevant goods or made no payment at all'. M opposed the application but the First-tier Tribunal granted it, observing that HMRC had requested relevant information from M eleven months previously, so that M had 'been given sufficient warning so as not to put it in this respect on an unequal footing or add an excessive burden to (M's) task of preparing for the hearing in this appeal'. *Megantic Services Ltd v HMRC (No 4)*, [2013] UKFTT 371 (TC), TC02770. (*Note*. For subsequent developments in this case, see 2.241 below.)

[2.132] In the case noted at 48.41 PAYMENT OF TAX, a company (R) which operated an employment agency had claimed a substantial repayment of VAT. HMRC rejected the claim and R appealed. While the appeal was pending, HMRC applied to amend their Statement of Case to include a contention that, notwithstanding the QB decision in the related case of *C & E Commrs v Reed Personnel Services Ltd*, 33.22 HEALTH AND WELFARE, R had in some instances been acting as an independent principal rather than as an agent. R opposed HMRC's application but the tribunal accepted it, observing that R had substantially increased the amount of its claim in March 2009, while the appeal was pending, and holding that HMRC had been entitled to review the case in response to R's introduction of 'a further significant claim'. *Reed Employment plc v HMRC (No 1)*, [2010] UKFTT 222 (TC), TC00523.

Application for 'further and better particulars'

[2.133] Customs imposed a penalty on a partnership which operated a restaurant. The partnership appealed, stating that its grounds of appeal were 'basis of assessment unsafe'. Customs submitted an application under *Tribunals Rules, rule 9* for the partnership to serve 'further and better particulars of the grounds of appeal', requesting 'the precise grounds of appeal and the basis on which the Commissioners' decision is disputed'. The tribunal dismissed Customs' application, observing that 'given that the matters and facts relied on must be pleaded in the defence, it is difficult to see what is to be gained from asking for precise grounds at this stage. The main effect of the request is to delay the procedure and to involve paperwork which will be duplicated in the defence.' *Kashmir Tandoori*, [1998] VATDR 104 (VTD 15363).

Premature application for disclosure of documents

[2.134] In six cases heard together, concerning appeals against penalties under *VATA 1994, s 60*, the appellants applied to the tribunal for a ruling that Customs should disclose, *inter alia*, 'copies of all statements, exhibits and records of interview to be used in evidence' and 'copies of, or access to, all unused material relating to the appellants and/or relevant to the appeal'. The tribunal rejected the applications, holding that they were 'premature' and 'may well prove to be completely unnecessary'. The tribunal observed that the effect of the *VAT Tribunals Rules* was that Customs had to serve a List of Documents within 78 days of the service of a Statement of Case. *Nene Packaging Ltd (and related appeals)*, [2001] VATDR 286 (VTD 17365).

[2.135] See also *Lai*, 2.227 below, and *Miah*, 2.228 below.

Applications for the admission of late appeals

Application for late appeal granted by Court of Appeal

[2.136] In the case noted at 67.167 VALUATION, the tribunal referred the case to the ECJ for a ruling. The appellant company (C) applied for judicial review of the terms of reference, but this application was rejected by the QB and the CA. Following the QB decision dismissing this application, C applied for an extension of time to appeal against the tribunal decision under *Tribunals and Inquiries Act 1992, s 11*. The CA granted the application. Sir Thomas Bingham MR observed that 'it seems to me quite clear that (C) intended to do all it could to challenge the tribunal's decision on this point. It has not been in any sense playing the system or behaving in a mischievous manner. It has merely adopted an understandable (though in my view incorrect) means of seeking to mount the challenge.' Schiemann LJ observed that 'it is, as has been recognised by the Law Commission in its paper on judicial review, one of the defects of our law at the moment that there can be situations in which there is some doubt as to which procedural route should be adopted'. *Conoco Ltd v C & E Commrs*, CA 19 July 1995 unreported. (*Note*. For subsequent developments in this case, see **2.288** below.)

HMRC's application for late appeal granted by High Court

[2.137] Customs applied to the High Court for an extension of time to appeal against the tribunal decision noted at **32.9** GROUPS OF COMPANIES. Lightman J granted the application, holding that an extension of time should be granted since the delay had been short, there had been no prejudice to the company, the subject matter of the appeal was important, and there were strong arguments in support of Customs' case. *C & E Commrs v Eastwood Care Homes (Ilkeston) Ltd and Others*, QB 18 January 2000, Times 7.3.2000. (*Note*. The Ch D subsequently allowed Customs' appeal.)

HMRC's application for late appeal rejected by High Court

[2.138] In the case noted at **66.49** TRANSPORT, the tribunal decision was released on 18 September 1991. On 13 March 1992 the successful appellant company went into voluntary liquidation. On 18 March Customs made an application to lodge a late appeal to the High Court against the tribunal decision. The QB rejected the application, observing that tribunal decisions were not binding precedents, and that since the company had gone into liquidation, Customs were unlikely to receive any money even if a late appeal was successful. *C & E Commrs v Facthaven Incentive Marketing Ltd*, QB [1992] STC 839.

[2.139] The Ch D rejected an application by Customs to lodge a late appeal against the decision noted at **48.59** PAYMENT OF TAX. Morgan J held that there was no justification for the delay in appealing, applying the principles laid down in *Smith v Brough*, CA [2005] EWCA Civ 261. *HMRC v Church of Scientology Religious Education College Inc*, Ch D [2007] STC 1196; [2007] EWHC 1329 (Ch).

[2.140] Appeals

Application for late appeal—general principles

Application granted

[2.140] A district council had accounted for VAT on its receipts from car parks. It claimed a repayment on the basis that it should have treated these receipts as outside the scope of VAT. HMRC rejected the claim, The council failed to appeal within the statutory time limit, but subsequently applied for an extension of time in which to appeal against the decision. The First-tier Tribunal granted the application, observing that the council's appeal appeared to have a strong chance of success, applying the ECJ decision in *HMRC v Isle of Wight Council (No 2)*, ECJ Case C-288/07; [2008] STC 2964. Although the council had been 'seriously culpable' in failing to appeal within the statutory time limit, the appeal here was 'additional to the appeals of other local authorities which raise the same general issue'. The fact that many similar appeals were still open significantly reduced 'the prejudice to HMRC in terms of the public interest in good administration and legal certainty'. *North Wiltshire District Council v HMRC*, [2010] UKFTT 449 (TC), TC00714. (*Note*. For further developments in the *Isle of Wight* case, see *Isle of Wight Council and others v HMRC*, **22.159** EUROPEAN COMMUNITY LAW.)

[2.141] A company applied to lodge a late appeal against a protective assessment which HMRC had issued pending the outcome of the long-running litigation in *HMRC v The Rank Group plc*, **22.428** EUROPEAN COMMUNITY LAW. The tribunal granted the application. Judge Raghavan held that 'in the particular context of this protective assessment the prejudice to the appellant outweighs the prejudice to the respondents'. *Cascade Amusements v HMRC*, [2012] UKFTT 259 (TC), TC01952.

[2.142] In 2006 a company (H) which operated a social club claimed a repayment of VAT on takings from gaming machines. HMRC rejected the claim. In 2011, following the CA decision in *HMRC v The Rank Group plc*, **22.428** EUROPEAN COMMUNITY LAW, H applied to lodge a late appeal. HMRC opposed the application but the First-tier Tribunal granted it. Judge Blewitt found that an HMRC officer had previously advised H's accountants that the claim would be accepted if HMRC lost the *Rank Group* case. *Heald Green Social Club & Institute Ltd v HMRC*, [2013] UKFTT 209 (TC), TC02623.

[2.143] See also *Peter Arnett Leisure v HMRC*, [2014] UKFTT 209 (TC), TC03349.

[2.144] Following the ECJ decision in *HMRC v Canterbury Hockey Club (and related appeal)*, **22.355** EUROPEAN COMMUNITY LAW, a company which operated a golf club submitted a repayment claim on the grounds that it should have treated its green fees as exempt from VAT. HMRC rejected the claim. Following the First-tier Tribunal decision in *HMRC v Bridport & West Dorset Golf Club Ltd*, **20.141** EC DIRECTIVE 2006/112/EC, the company applied to lodge a late appeal. HMRC opposed the application but the First-tier Tribunal granted it. Judge Radford observed that the Upper Tribunal had referred the *Bridport & West Dorset Golf Club* case to the ECJ, so that 'allowing this appeal out of time would cause no serious prejudice to HMRC'. *PB Golf Club Ltd (t/a Potters Bar Golf Club) v HMRC*, [2012] UKFTT 675 (TC), TC02346.

[2.145] Judge Short reached a similar decision in *Yeovil Golf Club v HMRC*, [2013] UKFTT 490 (TC), TC02879.

[2.146] H Ltd applied for permission to extend the time in which to appeal a decision to provide a security deposit in respect of VAT. Proceedings against H Ltd and its director were pending before the criminal courts. H Ltd said that its delay in appealing was due to its director's confusion as to its ability to appeal and that it was only upon receiving professional tax consultants' advice that it became aware it was possible and advisable to appeal. H Ltd argued that the balance of prejudice, given the serious consequences of the criminal proceedings which were stayed, pointed to it being fair and just that it should have its chance to have its arguments dealt with at a substantive hearing. HMRC argued that the delay of at best 11 months and at worst over a year was significant; when considering a VAT security decision, time limits were particularly critical and the delay had severely prejudiced HMRC. The tribunal took into account the severity of outcome in terms of the director's exposure to criminal proceedings if H Ltd was not allowed the chance to challenge the VAT security decision. The length of delay was not insignificant, but the combination of the fact that H Ltd did have some explanation for the delay and the prejudice in terms of the potential criminal liability faced by the director outweighed the prejudice that arose to HMRC. It was in the interests of justice for H Ltd to be allowed to have its appeal heard. Permission to appeal out of time was granted. *Helianthus (London) Ltd v HMRC*, [2014] UKFTT 052 (TC), TC03192.

[2.147] On 6 December 2010 HMRC wrote to a company (S) stating that underpayments of import VAT had occurred. The letter was accompanied by a Post Clearance Demand Note addressed to B as consignee of the goods and S as declarant/representative in respect of the goods, and requiring payment of the VAT. S's contention was that B, rather than S, was liable to pay any additional VAT due, since S was acting solely as import agent. There followed correspondence between HMRC and S, and the request and provision of further information. On 12 February 2013 S requested a review of the decision of 6 December 2010. On 18 April 2013 HMRC replied stating that no 'out of time' review could be carried out since there was no reasonable excuse for the review request being out of time. S appealed against the 2010 decision. The notice of appeal was dated 15 May 2013. S applied for the tribunal's permission to make the appeal out of time. S's principal submission was that it was never clear that HMRC had reached a concluded decision until early 2013, at which point S asked for a review. The tribunal concluded that *FA 1994, s 16(1D)* entitled S to appeal against the 2010 decision within the period of 30 days beginning with 18 April 2013, that being the date on which HMRC decided not to undertake a review of the decision. Since S lodged its notice of appeal within that 30 day period, the notice of appeal was valid and S's appeal could proceed in the normal way. If that conclusion was wrong, the tribunal exercised its discretion conferred by *FA 1994, s 16(1F)* to allow the appeal out of time, as there were material matters of fact which S should have the opportunity to prove, and if proved, could perhaps be determinative of its liability. *Scanwell Freight Services Ltd v HMRC*, [2014] UKFTT 106 (TC), TC03246.

[2.148] Appeals

[2.148] The taxpayer had applied for permission to lodge a late appeal and HMRC had applied to strike out the appeal on the basis that the appeal was made four years and ten months out of time (*Tribunal Procedure (FTT) Rules 2009, Rule 8*).

In February 2009, the club's accountants had written to the club recommending the making of protective claims pending the ECJ's decision in *Bridport and West Dorset Golf Club*, 20.141 EC DIRECTIVE 2006/112/EC. The club had duly instructed its accountants to submit a claim which had been rejected by HMRC in July 2009 in an incorrectly addressed letter which the club claimed never to have received. Following the decision in *Bridport* in favour of the taxpayer, the club had lodged a repayment claim in 2014, which HMRC had rejected as out of time. HMRC alleged that they had no record of any mail being returned as undelivered and that therefore the July 2009 letter must have been delivered.

Having established that, at the time of the July 2009 letter, HMRC had been inundated with claims for repayment following *HMRC v M Fleming*, **48.6 PAYMENT OF TAX** whilst the club was a small organisation with a 'hands on' management, the FTT concluded that HMRC's decision letter had not been received by the club.

The First-tier Tribunal also accepted that the club had been entitled to simply wait for the outcome of the litigation in *Bridport*. As for its accountants, once they had ensured that their client's claim had been received by HMRC, they had had no reason to be in contact with HMRC. This therefore amounted to a reasonable excuse.

Finally, the First-tier Tribunal noted that, although the delay had been very long, the taxpayer had acted promptly on receipt of the decision in 2014. Furthermore, to 'shut out' the taxpayer from effective litigation would cause it substantial prejudice whereas, even if the appeal had been lodged on time, HMRC would not have reached any certainty until the outcome of the *Bridport* litigation. Permission for a late appeal was granted. *North Berwick Golf Club v HMRC*, [2015] UKFTT 82, TC04289.

[2.149] A company submitted an appeal dated 28 August 2019 against an assessment dated 27 November 2018. HMRC asked the Tribunal to dismiss an application for the appeal to be heard out of time; however, it transpired that an appeal had originally been lodged in January 2019 and HM Tribunals Service had failed to notify HMRC of the appeal. The application for an extension to the time for the submission of the appeal was granted. *Lincoln Yurts Ltd v HMRC*, [2020] UKFTT 418 (TC), TC07895.

Application dismissed

[2.150] A company (J) applied in 1996 for leave to appeal against assessments which had been issued in January 1993. The tribunal held that J had failed to give a satisfactory explanation for its failure to act within the time limit, applying the principles laid down in *Costello v Somerset County Council*, CA [1993] 1 WLR 256 and *Ward-Lee v Lineham*, CA [1993] 1 WLR 754; [1993] 2 All ER 1006. *J Walter Thompson UK Holdings Ltd*, [1996] VATDR 145 (VTD 14058).

Applications for the admission of late appeals [2.155]

[2.151] In December 2006 a company (B) submitted a repayment claim relating to output tax on income from gaming machines, claiming that it should have treated this income as exempt by virtue of the ECJ decision in *Finanzamt Gladbeck v Linneweber*, 22.425 EUROPEAN COMMUNITY LAW. In January 2007 HMRC rejected the claim. B did not appeal against this decision, but in May 2010 it wrote to HMRC requesting that its claim should be reconsidered in the light of the Ch D decision in *HMRC v The Rank Group plc*, 22.428 EUROPEAN COMMUNITY LAW. In June 2010 HMRC replied stating that B's claim 'would not be processed' because B had not appealed against the original refusal of its claim in January 2007. In August 2010 B appealed to the tribunal for permission to lodge a late appeal. The tribunal dismissed the application. Judge Connell observed that B's 'failure to lodge or pursue an appeal was entirely intentional'. *Black Pearl Entertainments Ltd v HMRC*, [2011] UKFTT 368 (TC), TC01223.

[2.152] A company (D) applied to lodge a late appeal against the disallowance of a substantial claim for repayment of input tax. The First-tier Tribunal rejected the application and the Upper Tribunal dismissed D's appeal against this decision, applying the principles laid down in *Smith v Brough*, CA [2005] EWCA Civ 261, and *HMRC v Church of Scientology Religious Education College Inc*, 2.139 above. *Data Select Ltd v HMRC*, UT [2012] UKUT 187 (TCC); [2012] STC 2195.

[2.153] The appellants made voluntary disclosures, by which they claimed repayment of VAT alleged to have been overpaid on income from gaming machines. HMRC did not accept the claim. The First-tier Tribunal rejected the appellants' applications to bring their appeals out of time, and granted HMRC's applications to strike out the appeals. The Upper Tribunal concluded that it had not been shown that the First Tier Tribunal took into account the irrelevant, failed to take into account the relevant, acted irrationally, perversely or unreasonably or in a disproportionate manner. It applied the correct test and there was no procedural impropriety. Accordingly, the Upper Tribunal had not been persuaded that the First Tier Tribunal erred on a point of law. The appeal was dismissed. *Graham (J&E) v HMRC*, [2014] UKUT 75 (TCC).

[2.154] There are a very large number of cases in which tribunals have dismissed applications for late appeals, and where the decision appears to raise no point of general interest. In the interests of space, such cases are not reported in this book. For a list of such cases decided up to and including 30 September 1989, see Tolley's VAT Cases 1990.

[2.155] Mr K was the director of a company, MDM Ltd, which traded in metal. HMRC disallowed claims that MDM Ltd made for credit for input VAT and charged MDM Ltd penalties for inaccuracies in its VAT returns. MDM Ltd became insolvent and did not pay the penalties and HMRC issued personal liability notices ('PLNs') to Mr K. He eventually appealed late and sought permission for a late appeal.

As the First-tier Tribunal had made an error of law in ignoring 'the importance of respecting statutory time limits', the Upper Tribunal set aside the First-tier Tribunal's decision.

Like the First-tier Tribunal, the Upper Tribunal accepted that Mr K's adviser had not given him competent advice and had misled him as to what steps were

[2.155] Appeals

being taken, and needed to be taken, to appeal against the PLNs. Mr K's adviser had also failed to appeal against the PLNs.

However, the Upper Tribunal also accepted HMRC's general point that, in most cases, when the First-tier Tribunal is considering an application for permission to make a late appeal, failings by a litigant's advisers should be regarded as failings of the litigant, because of the importance of complying with statutory time limits. The Upper Tribunal added that this remained true even where the adviser's incompetence was 'spectacular'. Finally, the Upper Tribunal pointed to 'warning signs' which should have alerted Mr K. For instance, although he was assured that his appeal was 'in hand', he still received threats of enforcement action. The 'spectacular' incompetence of the taxpayer's adviser was not a 'good reason' for a late appeal. *HMRC v Katib*, [2019] UKUT 189 (TCC).

Late appeal following tribunal decision in similar case

[2.156] A trader (K) had reclaimed input tax relating to the training of a racehorse. In July 1977 Customs issued an assessment to recover the tax, on the basis that the expenditure had not been incurred for the purposes of K's business. K paid the tax charged by the assessment. In March 1978, following the tribunal decision in *British Car Auctions Ltd*, **36.410** INPUT TAX, K applied to the tribunal for an extension of time in which to appeal against the assessment. The tribunal rejected the application. *R Kyffin*, [1978] VATTR 175 (VTD 617).

Partnership appeal delayed by illness of one partner

[2.157] A husband and wife carried on a hotel in partnership. They failed to appeal against an estimated assessment until, five months after it was issued, Customs threatened distraint proceedings. They then paid the tax and applied for an extension of the time in which to make an appeal. The tribunal granted the application, holding that Customs would not be prejudiced as the tax had already been paid. *WW & JH Hornby*, MAN/74/28A (VTD 155).

Late appeals during collection proceedings

[2.158] A trader (H) failed to make returns and Customs issued assessments charging tax of £2,106 under what is now *VATA 1994, s 73(1)*. H did not appeal and Customs applied for summary judgment. H sought leave to defend, contending that the tax was not due. The QB held that it was not open to H to raise this defence in the High Court and that Customs were entitled to summary judgment. *C & E Commrs v J Holvey*, QB 1977, [1978] STC 187; [1978] QB 310; [1978] 1 All ER 1249.

[2.159] A similar decision was reached in a case where an accountant had failed to pay a VAT assessment, and Customs had issued a statutory demand. The CA held that there were no grounds for setting aside the statutory demand. Mummery LJ held that the effect of *VATA 1994, s 73(9)* was that the amount assessed was 'recoverable as a debt due to the Crown. The sum mentioned in the assessment remains a debt due, until that assessment is successfully appealed to the Tribunal.' *JA Cozens v C & E Commrs*, CA [1999] BPIR 252. (*Note*. At a subsequent hearing, the tribunal dismissed a late appeal and ordered the accountant to pay costs to Customs—see LON/99/94 (VTD 16545).)

[2.160] Customs obtained a final judgment with costs, for the tax charged by an assessment against which no appeal had been made. The defendant (D) then applied under *Tribunals Rules, rule 19* for an extension of the period in which he could appeal against the assessment. The tribunal dismissed this application. D subsequently applied under *rule 26* for the *rule 19* application to be reinstated. The tribunal dismissed this application, holding that, in view of the High Court judgment, it had no jurisdiction to entertain the appeal. *TS Digwa*, [1978] VATTR 119 (VTD 612).

[2.161] The decision in *Digwa*, 2.160 above, was applied in *G & I Hall*, MAN/78/55 (VTD 623); *Glen & Padden (t/a Shieldfield Processors & Refiners)*, MAN/79/140 (VTD 917); *N Hewitt*, MAN/81/93 (VTD 1149); *LR Back*, MAN/82/154 (VTD 1306); *M Sharif*, MAN/84/188 (VTD 1701, 1886); *JE & K Spiby (t/a Spymore Wall Coverings)*, MAN/83/72 (VTD 1812) and *M Saeed & P Arabian*, MAN/85/143 (VTD 1859).

[2.162] In a Scottish case, the Lord Advocate took proceedings, on behalf of Customs, in the Sheriff Court in respect of three assessments against which no appeal had been made to a tribunal. The defendant (S) contended that one of the assessments had been made outside the time limit of what is now *VATA 1994, s 73*. The Sheriff Court allowed S's appeal in respect of the disputed assessment, holding that although the amount of the assessment was (applying *Holvey*, 2.158 above), exclusively a matter for the tribunal, the question of whether the assessment had been made out of time was a matter of law which could be raised in collection proceedings. The CS upheld this decision, holding that, since the assessment had been made out of time, it was a nullity and did not fall within what is now *VATA 1994, s 83(p)*. The defence that the assessment was a nullity could be taken before the court even though the point had not been taken before a tribunal. *Lord Advocate v J Shanks (t/a Shanks & Co)*, CS [1992] STC 928. (*Note*. The decision here appears to conflict with the established case law relating to direct tax, where it has consistently been held that the validity of assessments cannot be disputed in collection proceedings. See *CIR v Pearlberg*, CA [1953] 1 All ER 388; *CIR v Soul*, CA 1976, 51 TC 86 and *CIR v Aken*, CA [1990] STC 497. None of these three cases were cited in *Shanks*. In the subsequent case of *Bennett*, 57.13 REGISTRATION, the tribunal chairman expressed the view that the principle laid down in *Shanks* should be confined to cases where the issue was whether the assessment had been issued within the statutory time limit, and did not extend to cases where the point at issue was whether the assessment had been made to the best of Customs' judgment.)

Company in liquidation—late appeal permitted

[2.163] In February 2007 HMRC issued a substantial assessment on a company (B). Six months later B went into liquidation, without having appealed against the assessment. In 2009 B's former directors applied to lodge a late appeal, contending that they had been under the impression that B's former accountant had lodged an appeal. The tribunal granted the application. Judge Berner observed that 'there has been a very considerable delay' but B had been 'under a reasonable and mistaken misapprehension that its accountant had appealed', B had a 'prima facie case' and there would be 'demonstrable injustice if the appeal is not heard'. *B Fairall Ltd (in liquidation) v HMRC*, [2010] UKFTT 305 (TC), TC00592.

[2.164] Judge Raghavan reached a similar decision in *Sunlander Outdoor Products Ltd v HMRC*, [2012] UKFTT 325 (TC), TC02011. (*Note*. The appeal was subsequently dismissed—see 3.64 ASSESSMENT.)

Application to amend grounds of appeal

[2.165] W, a benefit pension fund, had received investment management services and a claim for repayment under *VATA 1994, s 80* had been submitted. W's case was that the failure to treat them as special investment funds was inconsistent with the principle of fiscal neutrality because pension funds were carrying out the same transactions as authorised unit trusts, investment trust companies and open ended investment companies, which were treated as special investment funds by the UK. The CJEU had found (*Wheels Common Investment Fund Trustees Ltd v HMRC (and related appeals)* 20.162, EC DIRECTIVE 2006/112/EC) that an investment fund pooling the assets of a retirement pension scheme was not a 'special investment fund'.

On the case's return to the First-tier Tribunal, W applied for a stay of proceedings pending the determination in the High Court of *United Biscuits (Pension Trustees) Ltd v HMRC* (HC14A01221). The First-tier Tribunal required however that W amend their grounds of appeal to incorporate the arguments put forward in *United Biscuits*.

The First-tier Tribunal noted that refusing the application would, in effect, be dismissing W's appeal without consideration of the new argument. It also observed that W was not seeking to enlarge its original claim by extending it to supplies that were not originally included in it. The supplies in respect of which W claimed a repayment remained the same as did the method of calculating the amount of the repayment. The balance of 'fairness and justice' was therefore in favour of allowing W to amend its grounds of appeal. *Wheels Common Investment Fund Trustees Ltd and others v HMRC*, [2017] UKFTT 830 (TC), TC05555.

Whether HMRC can raise a new question of fact

[2.166] VWFS provides hire purchase ('HP') finance for the sale of vehicles. The issue was whether any of the residual input tax paid by VWFS in respect of general overheads was deductible against the output tax paid on the taxable supply of vehicles to customers. HMRC's contention was that the overheads were all attributable to the exempt supplies of finance so that the input tax was irrecoverable. VWFS contended that the residual input tax should be split in proportion to the ratio of taxable transactions to the whole (50/50). The Court of Appeal had decided to refer the main substantive issue to the CJEU. The Supreme Court only had to decide the secondary issue; whether HMRC's challenge to the apportionment formula itself should be considered.

The Fist-tier Tribunal had stated that the dispute did not relate to the 50/50 weighing proposed by VWFS and the Supreme Court held that it had no material which would justify going behind the tribunal's statement. HMRC's ground of appeal was therefore dismissed. *Volkswagen Financial Services (UK) Ltd v HMRC (No 4)*, [2017] UKSC 26; [2017] STC 824.

New point argued on appeal

[2.167] This was a case management decision relating to an appeal to the Upper Tribunal. The issue was whether either or both parties should be permitted to argue a point on appeal which had not been taken by either party before the First-tier Tribunal.

The substantive issue was whether the construction of a pavilion by a cricket club should be zero-rated (*VATA 1994, Sch 8, Group 5, Item 2*). This depended on whether the pavilion was used 'by a charity', either 'otherwise than in the course or furtherance of a business' or 'as a village hall or similarly in providing social or recreational facilities for a local community'. The First-tier Tribunal found that the club was established for 'charitable purposes', which was the main point of contention between the parties, but it also found that the club was established for the subsidiary purpose of providing social facilities to the residents of Eynsham and dismissed the appeal.

The club appealed on the ground that the 'subsidiary purpose' point had not been relied on by either party and the First-tier Tribunal had not heard any submissions on it. The club also argued, that, in any event, the subsidiary purpose was a charitable purpose (*CA 2011, ss 3 and 5*).

HMRC accepted that the basis on which the First-tier Tribunal had decided the relevant issue was wrong in law, and both parties agreed that the First-tier Tribunal had decided the point on a basis which was 'entirely unprompted and of its own volition'.

However, in their response to the appellant's grounds of appeal to the Upper Tribunal, HMRC sought to introduce a new argument on the basis of which they contended that the First-tier Tribunal's conclusion on the issue could stand so that the appeal could be dismissed. HMRC's argument was, essentially, that the club's constitution was drafted too broadly for it to be 'established for charitable purposes only'. This was the 'establishment point'. In front of the First-tier Tribunal, HMRC had solely argued that the club did not meet the public benefit test.

The Upper Tribunal found that the club was 'hoisted by its own petard': 'It clearly stated in its own ground of appeal that it wished to raise the establishment point and it would not be in the interests of justice to enable it to do so in circumstances where HMRC was precluded from raising it.' The Upper Tribunal therefore decided to remake the First-tier Tribunal's decision by allowing the club's appeal on the issue of whether it was 'established for charitable purposes'. *Eynsham Cricket Club v HMRC*, [2019] UKUT 47 (TCC).

Settlement of appeals by agreement (VATA 1994, s 85)

[2.168] A construction company (L) carried out construction work for a manufacturing company (P). P withheld payment of some of the invoices issued by L, considering that the work in question should have been zero-rated, and L did not account for output tax on the disputed invoices. Subsequently L issued a credit note to P in respect of the invoices which remained unpaid. L later went into receivership. The receiver formed the opinion that all the work done for P should have been zero-rated, and issued a credit note in respect of the invoices which P had paid. The receiver submitted a VAT return on behalf of L claiming a repayment of more than £1.5 million, being the amount of VAT which L had charged to P and had accounted for to Customs. Customs refused to repay the VAT in question, considering that the credit note should be disallowed since it had been issued for an improper purpose and that repayment would result in the 'unjust enrichment' of L. (Since L was by now in liquidation, the amount in question would have been divided between all its creditors rather than being returned to P, which had actually suffered the tax.) Customs offered to repay the money directly to P, rather than to the liquidator of L. The liquidator rejected this proposal and lodged an appeal against the refusal to make the repayment. A VAT officer wrote to the liquidator on 3 January 1991 to inform him that Customs 'have reconsidered their decision on the validity of the credit note issued by L' and that 'it is now agreed that L are entitled to a refund of the VAT overpaid in error'. A few days later another officer reviewed the case. He considered that his colleague had acted incorrectly, and that the money in question should be paid to P, as Customs had originally intended, rather than to L, as his colleague had subsequently promised. He wrote to the liquidator on 14 January, informing him that his colleague's letter was 'hereby withdrawn' and that the money should be repaid to P rather than to L. The liquidator refused to agree to this and the tribunal heard his appeal against the original refusal. The tribunal held that the letter dated 3 January 1991 constituted the settlement of the appeal by agreement, within what is now *VATA 1994, s 85(1)*. Under what is now *VATA 1994, s 85(2)*, an appellant could resile from such an agreement within 30 days, but there was no such provision whereby Customs could resile from such an agreement. The letter dated 14 January, whereby Customs purported to withdraw from the agreement, was therefore ineffective. *Lamdec Ltd (in receivership and liquidation)*, [1991] VATTR 296 (VTD 6078). (*Notes*. (1) The tribunal chairman also considered that, since L was in liquidation, the repayment of the tax would not result in 'unjust enrichment'. However, the chairman's *obiter dicta* with regard to 'unjust enrichment' were not followed, and were implicitly disapproved, in the subsequent case of *Creative Facility Ltd*, MAN/92/1157. (2) For a subsequent case where this decision was distinguished, see *Discover Travel & Tours International Ltd*, **2.171** below.)

[2.169] A company (T) reclaimed substantial amounts of input tax. Customs rejected the claim, considering that the relevant supplies had not been made to T, but to one of its associated companies. T appealed, and the case was set down for hearing by the tribunal in January 1994. After its counsel had made a long opening statement the case was adjourned for lunch, and during the adjournment T's counsel and Customs' solicitor came to a provisional agreement, as a result of which they jointly asked the tribunal to adjourn the case indefinitely. T's counsel formed the opinion that Customs' solicitor had agreed that £53,000 could be repaid to T. In February 1994 T's solicitors wrote to Customs formally requesting the repayment. Customs responded in May, rejecting the claim and stating that while the solicitor had agreed in principle that T might be entitled to bad debt relief, this would only be possible if output tax had previously been accounted for on the transactions in question. T's counsel replied disputing the terms of this letter, and in June the solicitor with whom he had originally discussed the case replied stating *inter alia* that 'I am happy to confirm that we agreed that (T) would be allowed the credit for input tax calculated at £53,000 odd' and concluding 'that appears to me to dispose of the appeal. The question of (T's) entitlement to bad debt relief is a separate matter.' In the interval between these two letters, the Customs' officer responsible for the original assessment had formed the opinion that, if T had genuinely received the supplies in question and thus been entitled to reclaim input tax, it had also made an onward supply on which it was required to account for output tax. He therefore arranged for the issue of an assessment charging output tax of £53,000. T applied to the tribunal for a direction that the original appeal be recorded as having been settled by agreement under what is now *VATA 1994, s 85*. The case was relisted for hearing in January 1995. The tribunal dismissed T's application, finding that the provisions of what is now *s 85(3)(a)* had not been complied with, since the agreement had not been confirmed in writing. (The tribunal observed that the assessment to output tax which had been issued in June 1994 was apparently not under appeal, but expressed the opinion on the available evidence that it had been made outside the one-year time limit of what is now *VATA 1994, s 73(6)(b)*.) *TF Mechanical Engineering Ltd*, MAN/93/718 (VTD 12975).

[2.170] In July and October 1992 a company (M) submitted returns claiming credit for substantial amounts which it had previously accounted for as output tax. It had originally treated the relevant supplies as standard-rated and had issued invoices to the recipients of the supplies, which had reclaimed the amounts in question as input tax. One of M's directors subsequently formed the opinion that, notwithstanding the invoices which M had issued, the supplies in question should have been treated as zero-rated under the law then in force. However, M failed to issue credit notes to the recipients. In November 1992 Customs issued an assessment to recover £829,726 from M (this being the amount reclaimed in the return submitted in July 1992). M appealed. The appeal was settled by agreement under *VATA 1994, s 85* in May 1995. Under the agreement, M was required to issue a credit note in respect of the tax of £829,726 to the recipients of the supplies. However, although M issued a document, described as a credit note, to one of the recipients (C), it failed to refund the tax which it had charged C in respect of the supplies in question. (It had previously threatened to take legal proceedings against C in relation to

[2.170] Appeals

another dispute concerning the contract in question.) In October 1995, having discovered that M had not made a refund to C, Customs issued a further assessment to collect the tax of £829,726 from M. M appealed, contending firstly that the note it had issued to C was not a credit note and that it was under no obligation to make a refund to C, and secondly that the assessment was invalid. The tribunal rejected these contentions, upheld the October 1995 assessment, and dismissed M's appeal. The effect of the *s 85* agreement had been to uphold the November 1992 assessment. Under the agreement, M had been required to adjust its VAT account under what is now *reg 38* of the *VAT Regulations 1995*. That adjustment 'required the issue of a *bona fide* credit note, and the giving of value to (C)'. For a credit note 'to give value to the customer, it must represent a genuine entitlement by the recipient either to a refund or to some type of offset'. Such a refund or offset was 'a mandatory requirement of a person issuing a credit note'. On the evidence, the tribunal was 'quite satisfied that (M) intended neither to refund to (C) the sum for which the note was issued nor to offset such sum'. Consequently, 'the credit note issued to (C) was not valid for VAT purposes'. Furthermore, the October assessment was a valid assessment under *VATA 1994, s 73(2)*. (The tribunal also held that M had been required to give credit to C in its accounting period ending 31 May 1995, and the assessment was issued within two years of that accounting period.) *McNulty Offshore Services Ltd*, MAN/96/119 (VTD 14824).

[2.171] Customs issued an assessment on a company (D) in May 2002. D appealed. On 19 November 2002 Customs sent a notice to the Tribunal Centre stating that they were withdrawing the assessment. On 22 November they sent a fax to the Tribunal Centre stating that this notice had been issued in error and that the appeal should proceed. However the Tribunal Centre ignored this fax, and on 28 November the Tribunal Centre informed D that the assessment had been withdrawn. Meanwhile, on 21 November, Customs had written to D requesting copies of certain documents in connection with the appeal. D claimed that the notice issued on 19 November 2002 was binding and that the appeal had been settled by agreement, within *VATA 1994, s 85*. The tribunal reviewed the evidence and rejected this contention, distinguishing *Lamdec Ltd*, **2.168** above. The tribunal observed that 'the language of the 19 November Notice is not that of withdrawal; it is at best that of notification'. Accordingly 'the assessment under appeal was not withdrawn; it remains extant as does (D's) appeal against it'. *Discover Travel & Tours International Ltd*, MAN/02/411 (VTD 18665).

[2.172] See also *The Mayflower Theatre Trust Ltd*, **46.94** PARTIAL EXEMPTION; *C & E Commrs v DFS Furniture Co plc (No 1)*, **48.80** PAYMENT OF TAX, and *Tourick*, **57.171** REGISTRATION.

[2.173] A company (M) withdrew its appeal against HMRC's decision to deny recovery of input tax. M appealed against misdeclaration penalties in respect of overstated claims for input tax. HMRC applied to strike out that appeal. The tribunal decided that once M had withdrawn its original appeal, that appeal was deemed, by virtue of *VATA 1994, s 85(4)*, to have been settled by agreement. Therefore, in accordance with *s 85(1)*, HMRC's decision was to be treated 'as upheld without variation' for 'all purposes' as if the tribunal had determined the appeal. As no evidence was adduced by M that it had a reasonable excuse or had furnished information in regard to the inaccuracy, the tribunal found that the misdeclaration penalties were correctly imposed. Given that either M was estopped from advancing the arguments raised in its withdrawn appeal, or it would be an abuse of process if it was permitted to do so as the issues raised had been determined in accordance with *s 85*, the tribunal found that there was no reasonable prospect of M's appeal against the misdeclaration penalties succeeding. M's appeal was struck out. The tribunal directed that M should pay HMRC's costs. *Meridian Defence & Security Ltd v HMRC*, [2014] UKFTT 300 (TC), TC03437.

Compounding agreement—whether within VATA 1994, s 85

[2.174] Customs considered that the proprietor of a taxi business (C) had been evading VAT. In 1994 they issued an assessment on him, charging VAT of more than £350,000. C appealed. In 1995 C signed an agreement with Customs, under *CEMA 1979, s 152*. Under the agreement, C undertook to pay £500,000 by instalments, to include 'all arrears, interest and penalties'. Customs undertook not to institute criminal proceedings against C provided that he paid the £500,000 by July 1997. When the appeal was first listed for hearing, Customs applied for it to be struck out on the grounds that it had been settled by the compounding agreement. The tribunal chairman (Dr. Brice) dismissed this application and directed that the appeal should be heard in the usual way. The appeal was subsequently heard by a different chairman (Mr. Palmer), who dismissed the appeal, holding that the effect of the compounding agreement was that the appeal had been settled by agreement, within *VATA 1994, s 85*. The chairman observed that the agreement was 'clearly intended to be an agreement affecting the assessment and finally resolving any dispute between the parties relating to it'. The purpose of *s 85* was 'to encourage settlement by agreement of disputes between Customs & Excise and taxpayers'. Those agreements were 'intended to be given finality', so that 'the assessment is therefore effectively treated as discharged by the agreement'. *C Cummings*, LON/94/1128 (VTD 14870).

Appeals following criminal proceedings—whether any agreement

[2.175] In 1997 two individuals pleaded guilty at a Crown Court to charges of fraudulent evasion of VAT. The Crown Court adjourned sentencing, thus giving the defendants the opportunity to pay the evaded tax. Following negotiations, Customs formed the opinion that they had reached agreement with the defendants' accountants, and issued a notice purporting to be a confirmation of the agreement under *VATA 1994, s 85(3)*. The defendants' solicitors issued a notice under *VATA 1994, s 85(2)* resiling from the agreement (and contending alternatively that Customs' notice was void as there had never been a formal agreement of the appeals). The appeals in question were then set down for hearing by the tribunal, and Customs applied for the appeals to be struck out on the grounds that they had already been settled by agreement under *s 85*. The tribunal observed that the defendants' position appeared to be 'particularly unmeritorious', but held on the evidence that the appeals had not been settled by agreement and directed that Customs' application be struck out. The tribunal also directed that the appeals would be

[2.175] Appeals

dismissed unless the appellants registered for VAT and rendered returns to Customs in respect of the periods covered by the assessments under appeal. *GM & CW Citrone*, MAN/97/1187 & MAN/98/215 (VTD 15702). (*Note.* The assessments were subsequently reduced—(VTD 16662).)

Appeal settled by agreement—subsequent application for costs

[2.176] See *McGinty*, 2.361 below.

Agreement of appeal concerning 'partial exemption'

[2.177] See *University College London*, 46.154 PARTIAL EXEMPTION.

Applications for adjournments

Application for adjournment of High Court hearing

[2.178] The tribunal dismissed an appeal against an estimated assessment and the company (R) appealed to the High Court. The case was listed for a High Court hearing in March 1992, but the hearing was adjourned because R's controlling director was in prison. The case was relisted for hearing in July 1992. R's solicitors applied for a further adjournment, contending that R needed time to obtain sufficient funds to proceed with the appeal. The QB rejected the application, holding that lack of funds was not a proper basis for an adjournment, and dismissed the appeal. *Rimland Ltd v C & E Commrs*, QB 10 July 1992 unreported.

[2.179] A defendant, who had been charged with fraud, applied for an adjournment of the High Court hearing, contending that he was suffering from ill-health. The Ch D dismissed his application, holding that the medical reports which his solicitors had submitted did not contain sufficient information to justify an adjournment. *C & E Commrs v D'Souza*, Ch D 27 February 2001 unreported.

HMRC applying for stay of High Court proceedings

[2.180] In the case noted at 22.658 EUROPEAN COMMUNITY LAW, several retail companies had claimed repayments of VAT. HMRC applied for the proceedings to be stayed pending a decision in a similar case brought by a group of car dealers (see *John Wilkins (Motor Engineers) Ltd v HMRC*, 2.432 below). The QB rejected HMRC's application, holding that the proposed stay would be unfair to the retail companies, and directed HMRC to serve their substantive defences to the claims. *Littlewoods Retail Ltd v HMRC (and related applications) (No 1)*, QB 2008, [2009] STC 22; [2008] EWHC 2622 (QB).

Adjournment refused by tribunal—whether courts should interfere

[2.181] Customs issued an assessment on a partnership which operated a restaurant, covering the period from April 1973 to January 1975. When the appeal was set down for hearing, the partnership requested an adjournment. The tribunal rejected this request and held that it could not entertain the appeal as the tax had not been paid or deposited, and a return for one of the periods covered by the assessment had not been made. The partnership appealed to the QB, which upheld the tribunal's decision. Neill J held that a court should interfere with a tribunal's refusal to grant an adjournment only if the refusal would cause an injustice. *Abedin & Abedin v C & E Commrs*, QB 1978, [1979] STC 426.

[2.182] In April 1989 Customs issued a 'global' assessment on a builder (W), covering the period from June 1985 to 1988. In October 1989 W was convicted of two charges of fraudulent evasion of VAT, and received a sentence of imprisonment. In April 1991 W lodged a late appeal against the assessment. The hearing of the appeal was delayed, at W's request, until April 1994. W did not attend the hearing but was represented by an accountant who requested a further adjournment until September 1994, stating that W was outside the UK. The tribunal rejected this application and confirmed the assessment. W appealed to the QB, contending that the tribunal had been wrong to refuse a further adjournment. The QB rejected this contention and dismissed the appeal, observing that in view of the history of the case, the tribunal had been 'perfectly entitled to say that enough is enough' and to exercise its discretion to refuse a further adjournment. *GM Whatton v C & E Commrs*, QB [1996] STC 519.

[2.183] See also *R v VAT Tribunal (ex p. Cohen & Others)*, **2.304** below.

Application for standover pending criminal prosecution

[2.184] A company (M) appealed against an assessment covering six years and charging tax of more than £1,000,000. Customs applied for the hearing of the appeal to be stood over for six months on the grounds that they were considering criminal proceedings against M. The tribunal chairman (Mr. Oliver, sitting alone) rejected the application, observing that M wished the appeal to be heard and stating 'I fully recognise that there is a public interest in bringing perceived criminals to trial. I am not, however, persuaded that the hearing of a civil VAT appeal, before criminal proceedings based on a similar subject-matter take place, can frustrate that public interest.' Mr. Oliver held that Customs had not 'shown that there would be any real risk of serious prejudice leading to injustice — either to the Commissioners or to (M) — as the result of holding the VAT tribunal appeal before any criminal proceedings are concluded'. *McNicholas Construction Co Ltd*, [1997] VATDR 73 (VTD 14975). (*Notes.* (1) For subsequent developments in this case, see **2.220** below, **3.106** ASSESSMENT, and **14.76** COLLECTION AND ENFORCEMENT. (2) Despite Mr. Oliver's decision that the hearing of the appeal would not jeopardise the criminal proceedings, the Harrow Crown Court subsequently determined that

[2.184] Appeals

'the evidence disclosed in public at the VAT tribunal and later published was an abuse of process, and the various defendants could not receive a fair trial'. See Taxation, 22 April 1999, p 103.)

[2.185] The decision in *McNicholas Construction Co Ltd*, 2.184 above, was not followed, and was implicitly disapproved, in a subsequent case in which the tribunal held that the hearing of the appeal should await the outcome of the related criminal prosecution. *JH Smith*, LON/x, 23 June 1999 unreported.

[2.186] The decision in *McNicholas Construction Co Ltd*, 2.184 above, was also not followed in a subsequent case where a company (T) had reclaimed substantial input tax on the purchase of a large quantity of mobile telephones. Customs rejected the claim on the basis that the transaction formed part of a 'carousel fraud'. T appealed. Customs applied for the hearing of the appeal to be adjourned as it was taking criminal proceedings against both T's directors, relating to transactions in computer processing units (in which T was not involved). The tribunal observed that although there were 'factual differences' between the cases, it was 'clear that both relate to alleged carousel frauds. It is possible therefore that for example a finding in this appeal (should such finding be made) that the appellants knew that they were engaged in carousel frauds could prejudice their criminal trial even though the criminal trial relates to an earlier period.' Accordingly the tribunal granted Customs' application for the appeal to be stood over for nine months (or until the conclusion of the criminal proceedings if earlier). *Global Active Holdings Ltd; Global Active Technologies Ltd*, [2006] VATDR 190 (VTD 19715). (*Note.* For another issue in this case, see 2.272 below.)

[2.187] A company (T) treated several supplies as zero-rated exports. HMRC formed the opinion that the supplies failed to qualify for zero-rating, and issued assessments charging tax on them. T appealed. HMRC applied for the hearing of the appeal to be stood over pending the outcome of criminal proceedings against a former director of T. The tribunal rejected this application, applying the CA decisions in *V v C*, CA [2001] EWCA Civ 1509, and *Mote v Secretary of State for Work & Pensions*, CA [2007] EWCA Civ 1324. (The tribunal proceeded to dismiss the substantive appeal.) *Traderco Ltd v HMRC*, [2010] UKFTT 632 (TC), TC00871.

[2.188] A company appealed against a VAT assessment, and applied for the hearing of its appeal to be stayed because its controlling shareholder had been arrested on suspicion of a conspiracy to cheat the public revenue. The tribunal rejected the application. Judge Clark observed that the shareholder had not yet been charged with any offence, and HMRC had not decided whether to take criminal proceedings against him. *Absolute Bond Ltd v HMRC (No 1)*, [2012] UKFTT 603 (TC), TC02280. (*Note.* For the hearing of the substantive appeal, see 68.2 WAREHOUSED GOODS AND FREE ZONES.)

Application for standover pending ECJ decision

[2.189] A company (F) claimed repayment of a substantial amount of input tax. Customs applied for the appeal to be stood over for six months pending the ECJ decision in *Optigen Ltd*, 22.125 EUROPEAN COMMUNITY LAW. The tribunal dismissed Customs' application, observing that the Advocate-General's Opinion had already been delivered, and that it would be wrong to deny F an 'early hearing'. The tribunal directed both parties to serve witness statements. *F Options Ltd (No 2)*, LON/04/830 (VTD 19033).

[2.190] A company (R) submitted a claim for a substantial repayment of input tax (taking advantage of the different treatment of certain transactions in Germany and the UK). Customs rejected the claim, considering firstly that the transactions in question had not been entered into for business purposes, and alternatively that R had 'artificially created conditions in order to obtain a tax advantage against the spirit and purpose of the value added tax legislation, amounting to an abuse of rights'. R appealed. Customs applied for the appeal to be stood over pending the ECJ decision on 'abuse of rights' in *Halifax plc*, **22.61** EUROPEAN COMMUNITY LAW. The tribunal rejected Customs' application but the CS reversed this decision. Lord Osborne observed that the tribunal chairman appeared to have reached 'a firm conclusion about the abuse of rights element in the appellants' case, without holding a full hearing on that matter'. He had 'prejudged that issue on an unsound basis'. The CS directed that the proceedings should be halted pending the *Halifax* decision, and remitted to a different tribunal chairman. *HMRC v RBS Deutschland Holdings GmbH (No 3)*, CS 2006, [2007] STC 814; [2006] CSIH 10. (*Note*. For preliminary issues in this case, see **2.231** and **2.282** below. For the substantive appeal, see **22.490** EUROPEAN COMMUNITY LAW.)

[2.191] A company (C) reclaimed input tax of more than £5,000,000 relating to transactions in mobile telephones. HMRC rejected the claim, considering that the transactions were connected to MTIC fraud. C appealed, and applied for the proceedings to be stood over pending the ECJ decision in the Bulgarian case of *Bonik EOOD v Direktor na Direktsia 'Obzhalvane i upravlenie na izpalnenieto'*, **22.484** EUROPEAN COMMUNITY LAW. The tribunal rejected the application. Judge Berner held that C had not shown that the decision in *Bonik* 'will materially assist this tribunal in its own consideration of this appeal'. Furthermore, it was not 'expedient for a fact-finding tribunal to order a stay in circumstances where very material findings of fact fall to be made'. *Coast Telecom Ltd v HMRC*, [2012] UKFTT 307 (TC), TC01993.

[2.192] Similar decisions were reached in *M Daryanani & Others (t/a Teletape) v HMRC (and related appeals)*, [2012] UKFTT 319 (TC), TC02005, and *Gandalf IT Ltd v HMRC (and related appeals)*, [2012] UKFTT 573 (TC), TC02250.

Application for standover pending Upper Tribunal decision

[2.193] A company (P) claimed a substantial repayment of input tax, relating to supplies which had wrongly been treated as exempt. HMRC rejected the claim on the grounds that it did not comply with *VATA 1994, s 81(3)*. P appealed, and HMRC applied for the appeal to be stood over pending the Upper Tribunal decision in *Birmingham Hippodrome Theatre Trust Ltd v HMRC*, **48.154** PAYMENT OF TAX. The First-tier Tribunal rejected HMRC's application. Judge Raghavan observed that the facts in this case (where taxable supplies had wrongly been treated as exempt) differed from the *Birmingham Hippodrome* case (where exempt supplies had wrongly been treated as taxable). He concluded that while there was 'a likelihood that the decision in *Birmingham Hippodrome* will give guidance that may well be of assistance, in view of the materially different circumstances of this appeal, the likelihood of guidance, and any beneficial impact on the way the case is conducted are not in my view significant enough to outweigh the appellant's right to proceed with its appeal'. *Pinewood Studios Ltd v HMRC*, [2012] UKFTT 370 (TC), TC02054.

Application by HMRC to consider granting immunity to witness

[2.194] In the case noted at **40.13** INVOICES AND CREDIT NOTES, Customs produced as a witness a trader (C) who had been convicted of registering in a false name. Customs' case rested on the assumption that there had been collusion between C and the appellant company, and the company's solicitor submitted that C should be cautioned that he need not answer incriminating questions. C then asked for an opportunity to consult a solicitor, and Customs requested an adjournment to consider whether they should grant C immunity from prosecution. The tribunal refused Customs' request, holding that Customs should have foreseen the course of events and that the adjournment requested would be unfair to the company. *Stewart Ward (Coins) Ltd*, [1986] VATTR 129 (VTD 2108).

Application for adjournment for medical reasons

[2.195] The issue was whether the First-tier Tribunal had been right to refuse an application for adjournment on the ground of illness. The substantive appeals related to HMRC's denial of input tax claims on the ground that the relevant transactions were connected with MTIC fraud.

The Upper Tribunal noted that in deciding whether to grant the adjournment, the First-tier Tribunal had to have regard to the overriding objective set out in the *Tribunal Procedure (First-tier Tribunal) (Tax Chamber) Rules 2009 (SI 2009/273)*, *rule 2*; 'to deal with cases fairly and justly'. The Upper Tribunal also cited *Goldman Sachs Services Ltd v HMRC* ([2009] UKUT 290 (TCC)) as authority for the proposition that it would need to be satisfied that the First-tier Tribunal's decision was plainly wrong in order to set it aside.

The Upper Tribunal observed that the question as to whether allegations of fraud or dishonesty have been fairly pleaded, or would be fairly put to a witness, was the question in *Ingenious Games Ltd and others v HMRC* ([2015] UKUT 105 (TCC)), whereas in the present case, the question was whether it was appropriate to continue with a hearing in circumstances where the witness to whom those allegations were to be put was not going to be present during the proceedings. The Upper Tribunal added that the fact that the relevant witness would not be able to answer these allegations if an adjournment was refused was an important factor to take into account when deciding whether to adjourn and it noted that the First-tier Tribunal had clearly considered this factor.

The Upper Tribunal also pointed out that the First-tier Tribunal had rightly placed considerable weight on the appellants' failure to comply with earlier directions and to cooperate with HMRC. Finally, the First-tier Tribunal had been correct to give weight to the uncertainty of the witness's medical condition, which might have made him unfit to attend the proceedings at any time in the future. The Upper Tribunal therefore dismissed the appeal against the First-tier Tribunal's refusal to grant an adjournment. *Westminster Trading Ltd and others v HMRC*, [2017] UKUT 23 (TCC).

[2.196] See also *GT Swaine*, MAN/90/543 (VTD 6451), *The Curry Garden Tandoori Restaurant*, LON/91/12 (VTD 10766) and *A & T Barr (Electrical) Ltd*, EDN/93/200 (VTD 13848).

Upper Tribunal reversing First-tier decision to grant adjournment

[2.197] In 2006 a company (P) reclaimed substantial amounts of input tax. HMRC rejected the claim on the grounds that the transactions appeared to be connected to MTIC fraud. P appealed, and the appeal was listed for hearing in February 2013. In December 2012 P applied for the hearing of its appeal to be adjourned on the grounds that its controlling director (W) was undergoing psychiatric treatment. The First-tier Tribunal granted the application but HMRC appealed to the Upper Tribunal, which reversed this decision and directed that the substantive appeal should be set down for hearing. Proudman J observed that a report from an independent psychiatrist had contradicted some of the claims made by W's own psychiatrist, and had indicated that 'although (W) does suffer from a moderate depressive disorder, it is not a severe one'. There had already been substantial delay, and 'this appeal cannot go on for ever'. *HMRC v Purple Telecom Ltd*, UT [2013] UKUT 49 (TCC); [2013] STC 1276.

Accountant not ready to present appeal

[2.198] On the morning of the day fixed for hearing an adjourned appeal, the appellant telephoned to say that he had recently appointed an accountant who had not had time to prepare the appeal and accordingly he would not attend or be represented. The tribunal treated the telephone call as an application for a further adjournment, and in view of the circumstances, it dismissed both the application and the appeal. *J Butterfield*, [1977] VATTR 152 (VTD 404).

[2.199] In the case noted at 52.216 PENALTIES: MISDECLARATION, the partnership's accountant applied for an adjournment on the grounds that he had only been instructed two days before the hearing and had not had time to prepare his case. The tribunal rejected the application, observing that the hearing had previously been adjourned because one of the partners had been ill, and stating that 'it is clearly unreasonable to instruct a new adviser two days before the second hearing date which had been fixed and expect the tribunal to grant an adjournment because the appellants did nothing earlier'. *Hounslow Sweet Centre*, LON/92/271X (VTD 10026).

Application by former partners

[2.200] In an appeal by a firm of solicitors which was in receivership, the tribunal allowed an application for an adjournment made on behalf of former partners in the firm so that they could serve concurrent notice of appeal. *Blyth Elfords*, [1985] VATTR 204 (VTD 1939).

Other cases

[2.201] There have been a large number of other cases involving applications for adjournments, in which the decision appears to raise no point of general interest. In the interests of space, such cases are not summarised individually in this book.

The hearing of the appeal before the tribunal (SI 2009/273, rules 29–33)

Onus of proof

[2.202] In the case noted at **3.62** ASSESSMENT, the QB and CA held that, in the hearing of an appeal against an assessment to VAT, the burden of proof was on the appellant to show, on the balance of probabilities, that the assessment was wrong, rather than on Customs to show that it was correct. Macpherson J held that 'at no time do the Commissioners have any burden to prove anything before the tribunal'. It was 'up to the taxpayer company, if it can, to attack the assessment in whole or in part'. *Grunwick Processing Laboratories v C & E Commrs*, CA [1987] STC 357.

[2.203] The decision in *Grunwick Processing Laboratories Ltd*, **2.202** above, was applied in a subsequent case in which the proprietor of a pizza restaurant appealed against an estimated assessment. The tribunal held that the burden of proof remained on the appellant notwithstanding the fact that the assessment under appeal had been computed on the assumption that he had deliberately underdeclared takings. While an allegation of fraud or dishonesty should be included in the Statement of Case and should be supported by evidence, Customs were not required to prove that the appellant had acted dishonestly. *Dicta* of the tribunal in *Stewart Ward (Coins) Ltd*, **40.13** INVOICES AND CREDIT NOTES, were specifically disapproved. *E Halil*, [1992] VATTR 432 (VTD 9590)

[2.204] The decision in *Grunwick Processing Laboratories Ltd*, **2.202** above, has been applied in a very large number of subsequent cases in which tribunals have held that the burden of proof is on the appellant. In the interests of space, such cases are not reported individually in this book.

[2.205] Arrangements had been redefined by HMRC under the *Halifax* doctrine. The First-tier Tribunal had dismissed the taxpayer's appeal and its decision had been upheld by the Upper Tribunal. The appellant had then sought leave to appeal which had been refused by both the Upper Tribunal and the Court of Appeal.

Ahead of a decision on a 'second iteration of the arrangements', the First-tier Tribunal had to decide who bore the burden of proof. The tribunal noted that the burden of proof normally lies on the taxpayer as he has control of the evidence but there are exceptions. For instance, HMRC must establish liability to penalties, as penalties are not liability to tax. Additionally, the *Grunwick* rule (see *Grunwick Processing Laboratories v C & E Commrs* at **2.202** above) provides that the burden of proof is displaced where the liability to an assessment depends on fraud or dishonesty being established.

The First-tier Tribunal found on balance, that the obiter comments made by the Upper Tribunal should be followed; allegations of *Halifax*-abuse should be treated in the same way as allegations of fraud or sham in the sense that they are allegations that HMRC should not make without evidence amounting to a prima facie case of what is alleged. HMRC therefore had the burden of proof when alleging that the *Halifax* doctrine applied to the arrangements. *Hilden Park v HMRC*, [2017] UKFTT 217 (TC), TC05707.

Tribunal powers

SI 1986/590, rule 18(2)—appeal dismissed 'for want of prosecution'

[2.206] In 1998 a publican (P) appealed against a ruling that he had acquired his business as a going concern. Subsequently he left the premises, and Customs were unable to trace him. They applied, under *VAT Tribunals Rules (SI 1986/590), rule 18(2)*, for his appeal to be dismissed 'for want of prosecution'. The tribunal dismissed the appeal, holding on the evidence that P had 'wilfully refused to correspond with the tribunal' and had 'deliberately made it impossible for the tribunal to communicate with him'. *JW Power*, [2000] VATDR 175 (VTD 16748).

[2.207] An appeal was also dismissed 'for want of prosecution' in *N Yavuz (t/a Fosters Off Licence/Supermarket)*, LON/03/219 (VTD 18593).

SI 1986/590, rule 19(1)—application for extension of time

[2.208] See the cases noted at **2.140** to **2.163** above.

SI 1986/590, rule 19(3)—recipient of supply joined as party to appeal

[2.209] See *Barclays Bank plc v C & E Commrs and Visa International Service Association*, **2.58** above.

SI 1986/590, rule 19(3)—related appeals to be heard together

[2.210] See *Maharani Restaurant*, **2.60** above.

SI 1986/590, rule 19(3)—application for appeal to be allowed

[2.211] A trader (T) submitted a return claiming a substantial repayment of input tax. Customs formed the opinion that the relevant transactions formed part of a 'carousel fraud', of the type at issue in *Optigen Ltd (and related appeals)*, **22.125** EUROPEAN COMMUNITY LAW. T appealed. Customs failed to lodge their Statement of Case within the 30-day time limit laid down by *VAT Tribunals Rules (SI 1986/590), rule 8*, and T applied for the appeal to be allowed under *VAT Tribunals Rules (SI 1986/590), rule 19(3)*. The tribunal rejected the application, holding that 'there is nothing in that subrule which empowers the tribunal to allow an appeal for a failure by the Commissioners

[2.211] Appeals

simply to comply with the Rules, in the absence of a direction'. The tribunal also observed that this was 'a complicated appeal', and that there were 'some hundreds of documents involved'. In a case of this nature, a time limit of 30 days was 'inadequate for drafting the Statement of Case'. Customs had needed 'to liaise with foreign tax authorities', which was clearly 'a time-consuming exercise'. Accordingly, Customs' delay in submitting their Statement of Case had not been excessive. *I Tuppen (t/a Kingswood Trading Services)*, LON/03/1245 (VTD 18950).

SI 1986/590, rule 19(3)— 'issue estoppel' direction

[2.212] See *Feehan*, 2.102 above.

SI 1986/590, rule 19(4)—failure to comply with direction

[2.213] A company (U) appealed against the rejection of a claim to repayment of input tax. The tribunal directed that Customs should serve witness statements and provide U with copies of documents which were included in Customs' Statement of Case. Customs failed to comply with the tribunal direction and the tribunal allowed U's appeal, applying the principles laid down by Ward LJ in *Hytec Information Systems Ltd v Coventry City Council*, CA [1997] 1 WLR 1666. *UK Tradecorp Ltd (No 3)*, [2005] VATDR 82 (VTD 18992).

[2.214] See also *Neways International (UK) Ltd*, 2.121 above; *Faccenda Chicken Ltd*, 2.124 above, and *Kingpin European Ltd (No 1)*, 2.243 below.

[2.215] An appeal was dismissed in a case where a company (W) had persistently failed to comply with directions by the tribunal. The tribunal observed that W appeared 'to have shown wholesale disregard of whatever directions the tribunal has made with a view to progressing the appellant's appeal'. *Whiston Hall Golf Club Ltd*, LON/04/1255; LON/05/356 (VTD 20361).

[2.216] A similar decision was reached in *Global Marketing (WM) Ltd*, MAN/06/647 (VTD 20377).

SI 2009/273, rule 8—HMRC failure to comply with direction

[2.217] A company (F) submitted returns claiming substantial repayments of input tax. HMRC rejected the claims on the grounds that it appeared that the transactions were connected to MTIC fraud. F appealed. The hearing of the appeals were delayed for several years because criminal proceedings were being taken against two people allegedly involved in the transactions, both of whom were convicted and one of whom (R) was sentenced to 17 years' imprisonment. R appealed to the CA, which upheld his conviction. Following the dismissal of R's appeal, F applied to the tribunal for HMRC to be barred from the proceedings, under *SI 2009/273, rule 8*, for failing to comply with a tribunal direction. The tribunal rejected this application. Judge Mosedale observed that 'a four-month delay, in a case which has already taken five years to get to this point, is not particularly large'. *First Class Communications Ltd v HMRC (No 2)*, [2013] UKFTT 90 (TC), TC02508. (*Note*. For another issue in this case, see **2.61** above.)

contrasting decisions with regard to witness statements by S, and held that the challenged statement contained matters of relevance which were 'appropriate to be considered by the tribunal', although the statement also contained expressions of opinion which should be disregarded, and which HMRC should not rely on. F's evidence concerning the grey market was expert evidence, and was admissible. *Megantic Services Ltd v HMRC (No 5)*, [2013] UKFTT 492 (TC), TC02881.

[2.242] A company (E) reclaimed input tax of more than £1,000,000 on the purchase of a large number of mobile telephones. HMRC rejected the claim on the basis that the transactions formed part of an MTIC fraud, and E appealed. HMRC applied for several witness statements to be admitted in evidence. E objected to some of the statements. The First-tier Tribunal directed that statements by two of HMRC's witnesses should be excluded. HMRC appealed to the Upper Tribunal, which upheld the First-tier decision in respect of one of the witnesses. Judge Bishopp observed that 'this was evidence HMRC wished to put in after the expiry of the time limit imposed by tribunal directions, already extended several times, and when they knew that an application for permission would be necessary. A litigant wishing to put in late evidence has a duty to make the application promptly and, in a case such as this where the evidence is being compiled, to forewarn his opponent: it is not a case in which doing so would undermine the purpose of the evidence. HMRC did not forewarn, and took an unexplained amount of time to produce the evidence.' However Judge Bishopp allowed HMRC's appeal in respect of their other witness, whose statement related to the conviction of one of the people involved in the transactions on two counts of conspiracy to cheat the revenue. Applying the principles laid down by Lightman J in *Mobile Export 365 Ltd v HMRC*, **2.248** below, 'the presumption must be that all relevant evidence should be admitted unless there is a compelling reason to the contrary'. E appealed to the CA, which unanimously upheld Judge Bishopp's decision. Arden LJ observed that the statement was 'relevant to explicate the convictions', and that 'HMRC would be prejudiced by its exclusion'. *Atlantic Electronics Ltd v HMRC (No 4)*, CA [2013] EWCA Civ 651; [2013] STC 1632. (*Note*. For another issue in this case, see **2.338** below.)

Delay in HMRC lodging witness statements

[2.243] A company (K) submitted a VAT return claiming a substantial repayment of VAT. Customs requested further information concerning the claim. K failed to provide the requested information, and Customs rejected the claim on the basis that 'no evidence had been adduced to support the claim for input tax'. K appealed. The tribunal issued a direction for K to provide 'further and better particulars of the appeal'. K produced photocopies of invoices. Customs formed the opinion that these invoices did not relate to 'genuine onward supplies' to customers in other Member States of the EU. In November 2002 the tribunal issued a direction for Customs to serve witness statements. Customs subsequently made three successive applications for an extension of time for the service of these statements. In January 2004 K lodged an application for its appeal to be allowed in view of the delays by Customs. The tribunal reviewed the evidence and dismissed the application, observing that K had been slow in providing information and had not been prejudiced by

[2.243] Appeals

Customs' delay in producing witness statements. The tribunal observed that K 'now has the Commissioners' amended Statement of Case and witness statements' and 'should now be in a position to proceed with the appeal'. *Kingpin European Ltd*, LON/01/712 (VTD 18695).

[2.244] In the case noted at **36.124** INPUT TAX, Customs applied for leave to serve six late witness statements. The tribunal granted leave in respect of four of the statements, but refused leave in respect of the other two, applying the principles laid down by Lewison J in *HMRC v Brayfal Ltd*, **2.256** below. *Europeans Ltd*, LON/07/811 (VTD 20796). (Note. For subsequent developments in this case, see **2.336** below.)

[2.245] In one of the cases noted at **36.142** INPUT TAX, HMRC applied for leave to serve nine late witness statements. The tribunal granted leave in respect of one of the statements, but refused leave in respect of the other eight. *Xentric Ltd v HMRC (No 1)*, [2010] UKFTT 249 (TC), TC00544.

[2.246] HMRC rejected a claim to input tax on the grounds that it appeared that the relevant transactions were connected with MTIC fraud. The company (M) appealed, and HMRC applied to submit seven late witness statements, four of which related to a information about the appellant company which had been discovered on the server of a Curacao bank, which had been the subject of a investigation by the UK and Netherlands authorities (see *Megantic Services Ltd v HMRC (No 2)*, **2.258** below). Judge Mosedale held that the evidence obtained from the bank 'was likely to be of important probative value. It is alleged to show that the movement of money on a significant proportion of a sample of alleged deal chains in this case was circular. A judge is likely to draw the conclusion from this (if proved) that the deal chains (if proved) were orchestrated for the purposes of fraud.' After reviewing conflicting earlier decisions, she observed that 'each case is decided on its own particular facts and in this case the crucial distinction is the potentially highly probative nature of the evidence sought to be admitted.' She directed that the four statements relating to the Curacao bank should be admitted on condition that HMRC gave an undertaking to make good the extra costs arising out of the late admission of this evidence', and that if the case were to be adjourned to enable M to consider this evidence, one of the other three statements should also be admitted. However, the other two statements 'did not contain new evidence', and should be excluded. *Masstech Corporation Ltd v HMRC*, [2011] UKFTT 649 (TC), TC01491.

[2.247] In the case noted at **2.337** below, the tribunal admitted seven late witness statements by Customs, but excluded two other statements (including a generic statement concerning MTIC fraud). *Hawkeye Communications Ltd v HMRC (No 2)*, [2011] UKFTT 720 (TC), TC01557.

Delays by both parties

[2.248] A company (M) reclaimed input tax of more than £5,000,000 in respect of purported supplies of mobile telephones. M's major shareholder had twice been convicted for VAT fraud, and Customs rejected the claim on the basis that it appeared that the transactions formed part of a 'carousel fraud'. M appealed. M did not serve two witness statements until three weeks after the date set by the tribunal. However, at the hearing of the appeal, M's barrister

(P) applied as a preliminary point for the appeal to be allowed under *rule 19(4)* of the *Tribunals Rules* on the grounds that Customs had not served 'a further list of documents listing the documents exhibited to the three late served witness statements'. The tribunal rejected this application and the Ch D dismissed M's appeal against this decision. Lightman J strongly criticised P for his conduct of the case. He held that an appeal would only be allowed under *rule 19(4)* of the *Tribunals Rules* as 'a last resort where a party's misconduct is of a serious nature and the prejudice to the applicant is not otherwise remediable'. He criticised P for 'springing surprises' on Customs and the tribunal, and commented that 'such tactics are not acceptable conduct today in any civil proceedings. They are clearly repugnant to the Overriding Objective laid down in CPR 1.1' and to 'the duty of the parties and their legal representatives to help the court to further that objective'. *Mobile Export 365 Ltd v HMRC (and related appeal)*, Ch D [2007] STC 1794; [2007] EWHC 1737 (Ch). (*Note.* For subsequent proceedings in this case, see **2.262** below.)

Evidence at hearing

Admissibility of hearsay evidence

[2.249] In a case where no witness statements had been served, the QB held that it was permissible for a tribunal to admit hearsay evidence provided that there was no objection to the admission of such evidence and that the tribunal did not decide of its own volition that such evidence should be excluded. *Wayne Farley Ltd & Another v C & E Commrs*, QB [1986] STC 487. (*Note.* With regard to the use of hearsay evidence, see now *Civil Procedure Rules 1998 (SI 1998/3132), rule 33.*)

[2.250] Hearsay evidence concerning the alleged dishonesty of an employee of the appellant company was ruled inadmissible in *Deeds Ltd*, **40.19** INVOICES AND CREDIT NOTES.

Definition of 'expert witness'

[2.251] In a Scottish excise duty case, the tribunal held that a representative of the appellant company did not qualify as an 'expert witness'. *MW Plant (Contracts) Ltd*, EDN/05/8007 (E1074). (*Note.* Although the case concerned excise duty, the principles also seem to be relevant to VAT. See also the income tax case of *Liverpool Roman Catholic Archdiocesan Trustees Incorporated v Goldberg (No 2)*, Ch D [2001] 1 WLR 2337; [2001] 4 All ER 950.)

Hearing in private—whether expert witness may be excluded

[2.252] See *R v Manchester VAT Tribunal (ex p. C & E Commrs)*, **2.224** above.

Exclusion of evidence—public interest immunity

[2.253] Customs issued estimated assessments on a partnership, and imposed a penalty under *VATA 1994, s 60(1)*. The partnership appealed. During the hearing of the appeal, Customs applied for a direction that witnesses should not be required to answer questions in cross-examination which might serve to identify an informant, claiming public interest immunity. The tribunal granted the application, observing that 'in the case of public prosecutions, it has been settled since the eighteenth century that witnesses cannot be asked questions tending to disclose the identity of an informant. In civil cases, the rule has been applied to a range of situations where the effective functioning of an organisation established under Act of Parliament might be adversely affected by allowing the identity of informants to be disclosed.' Applying *dicta* of Lord Cross in *Alfred Crompton Amusement Machines Ltd v C & E Commrs (No 2)*, HL 1972, [1974] AC 405; [1972] 2 All ER 353 (a purchase tax case), 'in a case where the considerations for and against disclosure appear to be fairly evenly balanced', the courts should 'uphold a claim to privilege on the ground of public interest and trust to the head of the department concerned to do whatever he can to mitigate the ill-effects of non-disclosure'. On the evidence, the partnership had not shown that 'the withheld evidence is at all likely to be relevant to its determination of the issues in the appeals in this case'. The tribunal was obliged to observe 'the legitimate public interest of protecting the identity of informers and the contents of information obtained from them'. *CT, C & P Ellinas (t/a Hunts Cross Supper Bar)*, MAN/96/692 (VTD 15346). (*Note.* For subsequent developments in this case, see **50.135** PENALTIES: EVASION OF TAX.)

Evidence obtained from Insolvency Service—whether admissible

[2.254] In the case noted at **50.57** PENALTIES: EVASION OF TAX, Customs sought to introduce as evidence various documents provided by the Insolvency Service, including a statement which the appellant (Q) had made to the Insolvency Service under compulsion. The tribunal held that the statement which Q had made under compulsion was not admissible as evidence. Applying the decisions in *Saunders v United Kingdom*, ECHR 1996, 23 EHRR 313 and *Attorney-General's Reference No 7 of 2000*, CA [2001] EWCA Crim 888, there was a distinction 'between statements made under coercion in defiance of the will of the accused and other material obtained through the use of compulsory powers which has an existence independent of the will of the suspect (for example documents acquired pursuant to a warrant)'. To admit statements made under coercion would infringe *Article 6* of the *European Convention on Human Rights*, whereas 'admitting into evidence material so obtained which has an existence independent of the will of the suspect' would not. *MS Qaisar*, LON/00/400 (VTD 18098).

Whether tribunal should admit late evidence

[2.255] In the case noted at **58.51** RETAILERS' SPECIAL SCHEMES, the tribunal refused to admit as evidence certain correspondence which Customs had sought to introduce on the third day of the hearing. Customs appealed to the QB, contending as a preliminary point that the tribunal should have considered the correspondence. The QB accepted this contention and remitted the case to the tribunal. The tribunal had acted unreasonably and had been wrong in law in refusing to consider the correspondence as evidence. *C & E Commrs v GUS Merchandise Ltd*, QB [1992] STC 776.

[2.256] However, in a subsequent case concerning a claim to input tax in relation to transactions in mobile telephones, Lewison J held that the tribunal

The hearing of the appeal before the tribunal [2.260]

had been entitled to exclude evidence which Customs had sought to admit at a late stage. He strongly criticised one of Customs' officers, observing that she had indicated that she wished to correct her evidence, and had indicated that 'the evidence that she gave to the tribunal in chief was wrong'. To allow the officer to submit new evidence under cross-examination would be unfair to the appellant company. *HMRC v Brayfal Ltd*, Ch D 4 March 2008 unreported. (*Note.* For the substantive appeal, see **36.95** INPUT TAX.)

[2.257] During the hearing of an appeal, HMRC applied to admit further evidence (consisting of copies of emails sent to and from the company's principal director, which had been contained in a file of documents which HMRC had temporarily mislaid). The company opposed the application but the tribunal granted it. Applying *dicta* of Lightman J in *Mobile Export 365 Ltd v HMRC*, **2.248** above, 'the presumption must be that all relevant evidence should be admitted unless there is a compelling reason to the contrary'. Since the company had sent or received the emails in question, this was 'not new evidence as far as the appellant is concerned', and there was no question of the company being taken by surprise. The tribunal distinguished the Ch D decision in *HMRC v Brayfal Ltd*, **2.256** above, observing that 'the facts were distinctly different'. *Earthshine Ltd v HMRC (No 1)*, [2010] UKFTT 67 (TC), TC00379. (*Notes.* (1) For a subsequent application for costs, see **2.410** below. (2) The appeal was subsequently dismissed, see **36.147** INPUT TAX.)

[2.258] A company (M) claimed a substantial repayment of VAT. HMRC rejected the claim on the basis that it appeared that the relevant transactions formed part of a MTIC fraud. M appealed. HMRC made an application to admit evidence relating to certain transactions with a Curacao bank (F). M opposed the application but the tribunal granted it. Judge Berner observed that F's business had been 'effectively closed down' following an investigation by the UK and Netherlands authorities, and a raid on its premises. The delay in reviewing and processing the evidence obtained as a result of this investigation had not been unreasonable. The transactions at issue in this case were complex, and the time taken in analysing the evidence was not disproportionate. The Upper Tribunal upheld this decision. Applying the principles laid down by Lawrence Collins LJ in *Fattal v Walbrook Trustee (Jersey) Ltd*, CA [2008] EWCA Civ 427, 'an appellate court should not interfere with case management decisions by a judge who has applied the correct principles and who has taken into account matters which should be taken into account and left out of account matters which are irrelevant'. *Megantic Services Ltd v HMRC (No 2)*, UT, [2011] STC 1000. (*Notes.* (1) For a preliminary issue in this case, see **36.710** INPUT TAX. (2) For subsequent developments in this case, see **2.131** above and **2.241** above.)

[2.259] In another case where HMRC made a late application to admit new evidence, the tribunal rejected the application, applying the principles laid down by Lewison J in *HMRC v Brayfal Ltd*, **2.256** above, and specifically distinguishing the tribunal decision in *Earthshine Ltd v HMRC (No 1)*, **2.257** above. *Sceptre Services Ltd v HMRC (No 2)*, [2010] UKFTT 315 (TC), TC00602.

[2.260] In another case involving MTIC fraud, where HMRC made a late application to admit new evidence, the First-tier Tribunal granted the application and the company appealed to the Upper Tribunal. The Upper Tribunal upheld the First-tier decision, applying the principles laid down by Lightman J in *Mobile Export 365 Ltd v HMRC*, **2.248** above, and distinguishing *C & E Commrs v GUS Merchandise Ltd*, **2.255** above, and *HMRC v Brayfal Ltd*, **2.256** above. *Connect Global Ltd v HMRC*, UT [2010] UKUT 372 (TCC); [2011] STC 51.

Whether tape-recorded interviews admissible as evidence

[2.261] A married couple who operated a café appealed against a penalty under *VATA 1994, s 60*. The couple's solicitor contended, as a preliminary point, that the effect of the *Human Rights Act 1998* was that tape-recorded interviews between the couple and a VAT officer should not be admitted in evidence. The tribunal rejected this contention, holding that the interviews had been 'properly conducted in accordance with *Notice 730*' and were admissible. *Dicta* of Potter LJ in *Han & Yau*, 34.5 HUMAN RIGHTS, applied. *W & B Sharland (t/a Sharlands Fir Tree Café)*, LON/99/1361 (VTD 17387). (*Note*. The tribunal dismissed the couple's appeal against the penalty.)

Whether evidence of French law admissible

[2.262] Two companies reclaimed substantial amounts of input tax relating to purported transactions in mobile telephones. HMRC rejected the claims on the basis that the transactions formed part of a 'missing trader intra-Community fraud'. The companies appealed to the tribunal. At the hearing of their appeals, HMRC applied to introduce a witness statement from an accountant who was employed by a major accountancy firm. The companies objected to this witness statement, and applied to introduce evidence of French law, with regard to the French interpretation of the ECJ decision in *Kittel v Belgian State*, **22.483** EUROPEAN COMMUNITY LAW. The tribunal chairman (Dr. Williams) rejected this application and admitted the witness statement from the accountant. The companies lodged an interlocutory application in the Ch D, objecting to both of the relevant decisions. The Ch D rejected this application and upheld Dr. Williams' decisions. Sir Andrew Park held that the tribunal had been entitled to treat the accountant as an expert witness, and to decline to admit the evidence of French law. He observed that it was clear that the companies 'wished to use the French law in support of arguments presented to the Tribunal in the United Kingdom that the French approach to the interpretation of *Kittel* is correct and that the approach of HMRC is wrong'. He held that 'where a tribunal in the United Kingdom is concerned to determine the ambit of the *Kittel* decision it should do so on the basis of the decision of the ECJ taking account, if it wishes to do so and if it is invited to do so, of the text of that decision not just in English but in other languages'. However, 'an opinion of the VAT administrative authority in another member state about the meaning of an ECJ decision is not material which can be legitimately prayed in aid where the issue is one for the United Kingdom tribunal or court and concerns the meaning of the decision'. *Mobile Export 365 Ltd v HMRC (No 3) (and related appeal)*, Ch D [2009] EWHC 797 (Ch). (*Notes*. (1) For another issue in this case, see **2.248** above. (2) At a subsequent hearing, the tribunal dismissed the appeals, finding that the companies' witnesses 'were less than open and honest in their evidence to the tribunal' and fact at the same time as it considers the other issues, rather than for the issue to be left in abeyance pending the possibility that a higher court may resolve the issue in a way which requires further findings of fact by the tribunal'. *CGI Group (Europe) Ltd v HMRC (No 1)*, [2010] SFTD 1001; [2010] UKFTT 224 (TC), TC00525.

[2.271] See *North Weald Golf Club*, 24.49 EXEMPTIONS: MISCELLANEOUS.

Assignment of appeal

[2.272] In the case noted at 2.186 above, the tribunal noted that the appellant company (T) had been struck off the Register of Companies for not filing the returns required by the *Companies Act*. The tribunal directed that an associated company (H) which had funded the appeal could be substituted as the appellant, rejecting Customs' contention that this 'assignment' of the appeal was 'champertous and accordingly illegal as being contrary to public policy'. *Global Active Holdings Ltd; Global Active Technologies Ltd*, [2006] VATDR 190 (VTD 19715). (*Note*. For the principle of 'champerty', see the judgment of Lord Mustill in *Giles v Thompson*, HL 1993, [1994] 1 AC 142; [1993] 3 All ER 321 and the judgment of Lord Hoffmann in *Norglen Ltd v Reeds Rains Prudential Ltd*, HL [1999] 2 AC 1.)

[2.273] A company (Q) claimed a substantial repayment of input tax. Customs rejected the claim on the grounds that 'the invoices represented part of a circular chain of transactions which did not in their view constitute an economic activity'. Q appealed, but subsequently went into creditors' voluntary liquidation. Q's liquidator entered into a deed of assignment, purporting to assign its interest in the appeal to another company (C). C applied to the tribunal to be substituted as the appellant. The tribunal granted the application, observing the deed of assignment was badly drafted but holding there was 'no reason why the assignment should be treated as void or unenforceable'. *Quest Trading Co Ltd (in liquidation); Cotswold Computers Components Ltd (No 2)*, [2006] VATDR 202 (VTD 19909). (*Note*. See now, however, the subsequent CA decision in *Simpson v Norfolk & Norwich University Hospital NHS Trust*, CA [2012] 1 All ER 1423.)

[2.274] In a case where a company had claimed an award of compound interest, Judge Kempster agreed that the appeal could be assigned to one of its creditors under *SI 2009/273, rule 9*. B *Hilton-Foster v HMRC (re New Miles Ltd)*, [2012] UKFTT 33 (TC); [2012] SFTD 695; TC01731.

[2.275] A company (S) claimed a repayment of input tax. HMRC rejected the claim on the grounds that it appeared that the transactions were connected with MTIC fraud. S appealed and subsequently applied for the appeal to be assigned to another company (R). The tribunal rejected the application. Judge McKenna held that, applying the principles laid down by Moore-Bick LJ in *Simpson v Norfolk & Norwich University Hospital NHS Trust*, CA [2012] 1 All ER 1423, the purported assignment was 'void on the grounds that it is champertous and unenforceable for reasons of public policy'. *Skywell UK Ltd v HMRC*, [2012] UKFTT 611 (TC), TC02288.

SI 1986/590, rule 21(4)

[2.276] See *Murrell*, 34.9 HUMAN RIGHTS.

[2.277] Appeals

SI 1986/590, rule 22—summons to company's accountant

[2.277] A company (H), which operated a car hire and taxi business, appealed against an assessment. Customs applied for a witness summons, under *VAT Tribunals Rules (SI 1986/590), rule 22*, to require H's accountant (C) to attend the hearing. The Tribunal Registrar granted the application. C applied for a direction to set the summons aside, contending that to compel him to give evidence would breach his duty of confidentiality to his client and would contravene the *European Convention on Human Rights*. The tribunal rejected these contentions, dismissed C's application, and upheld the summons. The chairman observed that, while *Notice 700/47/93* 'contemplates the duty of confidentiality which a tax adviser has to his client, the circumstances in this appeal are such that it appears to me to be reasonable that that duty should be over-ridden by the requirement to place before the tribunal the unusual evidential situation that has come about'. Furthermore, there was no breach of *Article 6* of the *European Convention on Human Rights*. *Home Or Away Ltd; JF Chance*, LON/99/1133 (VTD 17623). (*Note*. For subsequent developments in this case, see **62.265** SUPPLY.)

Attendance of interpreter

[2.278] In an appeal by a partnership which operated a Chinese restaurant, the appellants presented as an interpreter an accountant who was a partner in the firm dealing with the restaurant's affairs. Customs objected to the use of the accountant as an interpreter on the basis that he 'could not be seen to be independent'. The tribunal accepted this contention and ruled that the hearing should be adjourned 'so that the name of an independent linguistic interpreter can be submitted'. *CY & TY Shek (t/a The Golden Bowl Café)*, EDN/99/89 & 113 (VTD 16509).

[2.279] A similar decision was reached in *TS Cheung (t/a May Wah Takeaway)*, EDN/99/123 (VTD 16670).

Failure to comply with SI 1986/590, rule 23

[2.280] A company (G) applied for an award of compound interest. HMRC rejected the application and G appealed. HMRC applied to the tribunal for the appeal to be struck out on the grounds that it had been made out of time and the tribunal had no jurisdiction to hear it. In May 2008 the tribunal informed G that this application would be heard in July 2008. However, there was no evidence that the tribunal informed HMRC of this. The tribunal allowed G's application and HMRC appealed to the Ch D, contending that the decision should be set aside as the tribunal had failed to comply with *VAT Tribunals Rules (SI 1986/590), rule 23*. The Ch D accepted this contention and set aside the tribunal decision. Lewison J held that there had been 'a serious procedural irregularity' in the tribunal's proceedings. *HMRC v Grattan plc (No 3)*, Ch D [2009] STC 882; [2009] EWHC 364 (Ch).

SI 1986/590, rule 27—procedure at hearing

[2.281] In the case noted at **50.108** PENALTIES: EVASION OF TAX, counsel for HMRC claimed the right to make the closing submission, in accordance with *VAT Tribunals Rules (SI 1986/590), rule 27(2)(a)*. The tribunal rejected this contention, holding that notwithstanding the provisions of *rule 27(2)(a)*, there was a 'convention that has developed in our civil courts and tribunals whereby, when the advocate who should be last to address the tribunal has raised matters not dealt with in the closing address of the advocate who has previously made his closing address, the previous advocate is permitted a *limited* right of reply to deal with any points that he has not previously dealt with. This practice is not provided for in *rule 27*, but it is a useful one, and can be extremely helpful to the tribunal, which otherwise might not have heard full argument.' The reality was that 'an appellant in an evasion penalty appeal is in the position of a defendant to a quasi-criminal charge, because in practice the element of dishonesty, or the lack of it, tends to be decisive. In a criminal jury trial, he or his advocate would address the jury last. There is a danger that, in his closing address, if given first in order, an appellant or his advocate might omit to deal with matters raised by HMRC in their closing address, simply because, speaking first, he would not know precisely what HMRC will say. That could create an adverse impression, because it may look as though those matters were deliberately not dealt with. It is moreover not in the interests of a fair trial that submissions which fully cover the ground might not have been presented. For those reasons we feel that, generally speaking, an appellant ought to make the second closing address in civil evasion appeals, despite what the *Tribunal Rules* provide.' Counsel for HMRC should then have 'a final limited right of reply by way of amplification of his previous address'. *M Arif (t/a Trinity Fisheries)*, MAN/00/162 (VTD 19296).

Whether appeal should be transferred from Scotland to England

[2.282] A German company (G) agreed to purchase a number of vehicles from a UK company (V), and reclaimed input tax. Customs issued assessments on G to recover the input tax, and also issued alternative assessments on V charging output tax. G lodged an appeal with the Edinburgh tribunal, and V lodged an appeal with the London tribunal. Customs applied to the Edinburgh tribunal for G's appeal to be transferred to the London tribunal, so that the appeals could be heard together, contending that 'it is in the interests of justice for the same tribunal to consider both appeals to ensure legal certainty and also to reduce the cost to the public purse'. The tribunal rejected this application, observing that V did not want the appeals to be heard together, and that there were issues of confidentiality. *RBS Deutschland Holdings GmbH*, [2004] VATDR 447 (VTD 18840). (*Notes.* (1) For subsequent developments in this case, see **2.190** above and **22.490** EUROPEAN COMMUNITY LAW. (2) For an English case where the tribunal ruled that appeals by a supplier and recipient should be heard together, even though one of the parties objected, see *Barclays Bank plc v C & E Commrs and Visa International Service Association*, **2.58** above.)

Appellant not legally represented—whether any unfairness

[2.283] See *Qaisar*, 50.57 PENALTIES: EVASION OF TAX.

Counsel for appellant also acting as tribunal chairman in separate appeal

[2.284] A partnership appealed against assessments. At the hearing of their appeal, the partners were represented by a barrister (B) who also sometimes acted as a VAT tribunal chairman. The tribunal hearing their appeal comprised a chairman and two other members. The hearing of the appeal was adjourned

[2.284] Appeals

at the end of the second day. Before the third day of the hearing, one of the tribunal members (W) sat with B at the hearing of another tribunal appeal. The tribunal held that the effect of W and B having sat together as tribunal members, and of B then continuing to represent the partnership, was that W was disqualified from continuing to hear the partnership appeal. The remaining two tribunal members proceeded to hear the remainder of the appeal (which was dismissed). *Mr & Mrs M Hurst (t/a Park Fisheries)*, MAN/01/796 (VTD 19546).

The tribunal decision (SI 2009/273, rules 34–42)

Difference of opinion between tribunal members

[2.285] A restaurant proprietor (R) appealed against estimated assessments. His appeal was heard by a tribunal consisting of a chairman and one other member. The chairman concluded that the assessments had been made to the best of the Commissioners' judgment, and should be upheld. However, the lay member formed the opinion that the assessments had not been made to the best of the Commissioners' judgment, as required by *VATA 1994, s 73(1)*, and should be discharged. The tribunal held that, by virtue of *VATA 1994, Sch 12 para 5(2)*, which provides for the chairman to have a casting vote, 'the chairman's conclusion determines the outcome of this appeal', and dismissed the appeal. R appealed to the QB, which directed that the case should be remitted to a new tribunal for re-hearing. Carnwath J held that a tribunal should not treat an assessment as invalid merely because it disagreed as to how the Commissioners' judgment should have been exercised. An assessment should only be held to fail the 'best judgment' test of *s 73(1)* where it had been made 'dishonestly or vindictively or capriciously', or was a 'spurious estimate or guess in which all elements of judgment are missing', or was 'wholly unreasonable'. Short of such a finding, there was no justification for setting aside an assessment. Carnwath J observed that 'it is only in a very exceptional case that an assessment will be upset because of a failure by the Commissioners to exercise best judgment. In the normal case the important issue will be the amount of the assessment.' On the evidence, the approach of the lay member had been wrong, and the tribunal chairman had been entitled to conclude that the assessment had been issued to the best of the Commissioners' judgment. His reasoning on this point was 'clearly set out' and 'impeccable'. However, having concluded by virtue of *Sch 12 para 5(2)* that the assessment had been made to the best of the Commissioners' judgment, both the chairman and the lay member should then have given further consideration, acting jointly, to the amount of the assessment. It appeared that the lay member had 'taken no part in the decision on the amount of the assessment', having 'regarded his function as discharged when he had expressed his view on the best judgment issue'. There was 'at least a possibility that, if he had taken part, the decision would have been more favourable to the appellant'. *MH Rahman (t/a Khayam Restaurant) v C & E Commrs*, QB [1998] STC 826. (*Note.* For subsequent developments, see **3.9** ASSESSMENT.)

Tribunal delaying release of decision

[2.286] See *R v C & E Commrs (ex p. Dangol)*, 2.305 below.

Failure by Commissioners to comply with direction of tribunal

[2.287] See *AR Waller & Associates*, 17.11 DEFAULT INTEREST.

Appeal against tribunal refusal to refer question to ECJ

[2.288] In the case noted at **67.167** VALUATION, the tribunal referred the case to the ECJ for a ruling, but rejected a request by the appellant company to refer an additional question to the ECJ seeking a ruling on whether the company was entitled to reclaim input tax. The company obtained leave from the CA to lodge a late appeal against this refusal (see **2.136** above) and, at a subsequent hearing, the QB held that the input tax question was not '*acte claire*' and that the tribunal should have referred the input tax question to the ECJ. Applying *dicta* of the ECJ in *Srl CILFIT and Lanificio di Gavardo SpA v Ministro della Sanita*, **22.3** EUROPEAN COMMUNITY LAW (the leading authority on the legal principle of '*acte claire*'), the point in dispute was not 'so obvious as to leave no scope for any reasonable doubt as to the manner in which the question raised is to be resolved'. The QB remitted the case to the tribunal to make the reference in question. *Conoco Ltd v C & E Commrs*, QB [1995] STC 1022.

Appeal referred to ECJ—late attempt to raise alternative contention

[2.289] See *Kuwait Petroleum (GB) Ltd v C & E Commrs*, **22.288** EUROPEAN COMMUNITY LAW.

Applications for reinstatement of appeals (SI 2009/273, rule 17(3))

Cases where the application was successful

[2.290] An appellant (W) failed to attend a hearing and his appeal was dismissed. W subsequently applied for the appeal to be reinstated, contending that he had been under the impression that his solicitors were dealing with the appeal. The tribunal directed that the appeal should be reinstated on condition that W paid costs of £300 to Customs. *JDG Wilkinson*, MAN/77/303 (VTD 583, VTD 649).

[2.291] In a case where a company's managing director had suffered from illness, the tribunal allowed an application for the reinstatement of an appeal on condition that the company paid £5,000 on account of the tax and £75 on account of Customs' costs. *Renwalk Ltd*, MAN/80/119 (VTD 1255).

[2.292] Appeals

[2.292] The unsuccessful appellant in the case noted at **55.90** PROTECTED BUILDINGS subsequently applied under *rule 26(2)* of the *Tribunals Rules* to have the decision set aside, on the grounds that he had been let down by accountants who had not attended the hearing. The tribunal stated that it was 'reluctant to deny anyone a chance to argue his rights especially when problems have existed about representation', and reinstated the appeal on condition that the appellant should pay costs of £300 to Customs. *P Robinson*, MAN/89/131 (VTD 4530).

[2.293] Customs issued an assessment on the proprietor of a kebab shop, covering a period of four years. The proprietor appealed but did not pay the tax charged by the assessment. In November 1993 Customs made an application for the appeal to be struck out, and the application was set down for hearing on 13 January 1994. On receiving notification of the hearing, the proprietor applied under *rule 11* of the *Tribunals Rules* for the appeal to be heard without payment of the tax assessed, on the grounds that payment would cause him hardship. On 31 December 1993 Customs served a notice opposing the hardship application. The appellant did not attend the hearing on 13 January, and in his absence the tribunal chairman gave a direction that the appeal be dismissed in accordance with *rule 19(4)*. This direction was notified to the appellant, who served a notice of application for the appeal to be reinstated under *rule 26(1)* of the *Tribunals Rules*, contending that on 11 January a member of the tribunal staff had told him by telephone that the hearing scheduled for 13 January had been adjourned and that he need not attend. The tribunal chairman accepted the appellant's evidence, set aside the previous direction, and reinstated the appeal. The chairman awarded costs against the Commissioners, observing that the notice which Customs had served on 31 December had been accompanied by a letter stating that the hardship application would not be listed for 30 days, and commenting that it was 'the duty of the advocate of HM Customs & Excise' to ensure that 'any direction dismissing an appeal by virtue of (*VATA 1994, s 82**) is validly given and that the tribunal is aware of any potential problem'. *C Akar (t/a Akar Kebabs)*, [1994] VATTR 176 (VTD 11873).

[2.294] An application for reinstatement of an appeal was allowed in a case in which the tribunal applied *dicta* of Roskill LJ in *Samuels v Linzi Dresses*, CA [1980] 2 WLR 836; [1980] 1 All ER 803 and observed that Customs had not 'suffered any substantial prejudice through the delay'. *Empress of India Restaurant*, [1997] VATDR 242 (VTD 15087). (*Note.* Costs of £300 were awarded to Customs.)

[2.295] A company (W) made an application under *VAT Tribunals Rules, rule 11* for an appeal to be entertained without payment of the assessed tax, on the grounds that payment would cause it hardship. It was not represented at the hearing of this application. The tribunal dismissed the application and struck out the substantive appeal. W subsequently applied for its 'hardship' application to be reinstated. Customs opposed this application but the tribunal allowed it. The chairman (Mr. Wallace) held that there was 'considerable doubt as to whether an immediate dismissal of the appeal without time to pay was compatible with Community law'. *WM Management & Marketing Ltd*, [2005] VATDR 242 (VTD 19075).

Applications for reinstatement of appeals (SI 2009/273, rule 17(3)) [**2.300**]

[**2.296**] A company which traded in computer components and mobile telephones claimed repayments of input tax. HMRC rejected the claims on the grounds that the transactions appeared to be connected with MTIC fraud. The company appealed, but failed to comply with a direction by the VAT tribunal. In November 2008 the VAT tribunal dismissed the appeals. The company subsequently applied for the appeals to be reinstated, contending that its directors had been badly let down by the company's accountant, who had not informed them that the appeals had been heard and dismissed. The First-tier Tribunal rejected the application but the Upper Tribunal granted it. Briggs J observed that there had been 'an extraordinary level of incompetence' on the part of the accountant, and the company had subsequently dispensed with his services. The company's directors had been 'entirely unaware of what had previously been done or omitted in the company's name'. If the company were 'permanently disabled from pursuing the appeals', it would 'have no realistic remedy for a very large financial loss, or be able to clear its or its directors' names, from an allegation of, and administrative action based on, alleged tax fraud'. *ATEC Associates Ltd v HMRC*, UT [2010] STC 1882.

[**2.297**] Applications for the reinstatement of an appeal were also allowed in *A & IA Smith*, LON/87/588X (VTD 4995); *Maharani Restaurant*, LON/x (VTD 15088); *W Rankin*, EDN/00/149 (VTD 17059); *BP Davis*, LON/99/684 (VTD 17245); *NP Close*, MAN/07/1333 (VTD 20801), *Harleyford Golf Club Ltd (No 2)*, **27.65** FINANCE, and *Blackburn Bros Cattle Co Ltd*, [2014] UKFTT 047 (TC), TC031987.

Cases where the application was unsuccessful

[**2.298**] An appeal by an unincorporated association was dismissed on the grounds that the association had failed to pay the tax in dispute. (It had sent a cheque for the amount in question, but the cheque had been dishonoured.) Subsequently the association paid the tax and applied for the appeal to be reinstated. The tribunal rejected the application, observing that the association had a history of dilatory tactics and that a letter it had sent indicated that it desired to change its grounds of appeal. *Hubbard Foundation Scotland*, EDN/81/23 (VTD 1194). (*Note*. For other proceedings involving this association, see **2.107** above.)

[**2.299**] In a case where the tribunal had dismissed appeals by an accountancy partnership against assessments, the partners failed to pay the tax charged and Customs issued writs against the partners. One of the partners (N) obtained a stay of proceedings by order of a Master of the Queen's Bench, conditional upon his entering a fresh appeal. He did so but the tribunal dismissed his appeal, holding that there were no grounds for reinstatement. N appealed to the QB, which upheld the tribunal decision, holding that there was no matter of principle involved and observing that N's only real purpose in seeking to reinstate the appeal appeared to be to delay the enforcement proceedings. *T Nawaz v C & E Commrs*, QB [1986] STC 484.

[**2.300**] In a case where an appeal had been settled by agreement under what is now *VATA 1994, s 85*, the tribunal dismissed a subsequent application for reinstatement, holding that it had no jurisdiction to reinstate the appeal. *Abbey Life Japan Trust*, LON/91/1889 (VTD 11205).

[2.301] Appeals

[2.301] A partnership appealed against an assessment. In June 2000, less than four weeks later, it withdrew the appeal. In July 2001 it applied for the appeal to be reinstated. The tribunal rejected the application, applying the HL decision in *Johnson v Gore Wood*, HL 2000, [2001] 1 All ER 481, and observing that 'there is a public interest in the finality of litigation'. *E Matthias & S Goode (t/a The Music Warehouse)*, LON/01/877 (VTD 17692).

[2.302] Applications for the reinstatement of appeals were dismissed in *A Moss*, MAN/79/91 (VTD 919, VTD 953); *Rushfern Ltd*, MAN/83/35 (VTD 1509); *TE Formstone*, MAN/88/559 (VTD 3693); *Shazia Fashions Fabrics*, LON/91/627 (VTD 7184); *Terry Shaw Holdings*, MAN/92/671 (VTD 11613); *Highacre (Cambridge) Ltd*, LON/93/819A (VTD 12060); *Express Pipework Co*, EDN/93/261 (VTD 12108); *TL Dunning*, LON/93/2027 & LON/94/784 (VTD 12739); *IT Anderson*, LON/94/1006P (VTD 13226); *M Razaq, M Mushtaq & M Azam (t/a Liberty Cars)*, MAN/94/877 (VTD 14949); *MW Morgan*, LON/95/2893 (VTD 16968); *C Cullen*, LON/00/446 (VTD 17169); *AP Davey*, LON/00/1319 (VTD 17427); *TA Brennan*, MAN/05/426 (VTD 19982); *24/7 Fuels Ltd*, [2009] UKFTT 274 (TC), TC00220; *Janice Traders Ltd*, [2010] UKFTT 513 (TC), TC00768; *Globalised Corporation Ltd*, [2012] UKFTT 556 (TC), TC02233, *M Jan*, [2012] UKFTT 605 (TC), TC02282 and *Foneshops Ltd*, [2013] UKFTT 675 (TC), TC03057.

Resurrecting the appeal

[2.303] BB Ltd ran a bingo business. The dispute between BB Ltd and HMRC had arisen when HMRC changed their policy and required taxpayers to account for VAT on a session basis, instead of a game by game basis. According to BB Ltd, this had reduced the proportion of the amounts paid by participants which constituted participation fees, subject to VAT. BB Ltd had therefore sought to recover output tax that it considered it had wrongly overpaid. Following extensive correspondence, HMRC issued a decision letter in July 2012 rejecting the claim for repayment. In September 2012, its agent confirmed in writing, to HMRC, that BB Ltd would not challenge HMRC's decision.

However, in September 2016, its new agent wrote to *HMRC referring to KE Entertainments v HMRC* ([2016] UKFTT 508 (TC)) as authority for the proposition that BB Ltd was due a repayment. In a letter dated January 2017 (the '2017 letter') HMRC refused to undertake a late statutory review of its 2012 decision and BB Ltd appealed.

BB Ltd argued, referring to *John Wilkins and others v HMRC* ([2010] EWCA Civ 923) that because there was no time limit for making an adjustment under the *VAT Regulations 1995, reg 38*, it was entitled to make multiple repayment claims, following its *reg 38* adjustment. Therefore, HMRC's 2017 letter was an appealable decision and BB Ltd had exercised its right of appeal within 30 days.

The Upper Tribunal first observed that *reg 38* did not involve an 'informal process' of the kind analysed in *John Wilkins*. *Regulation 38* imposed 'a mandatory requirement to reflect increases or decreases in consideration for supplies made previously in a taxpayer's VAT return, a formal document which, if completed inaccurately, could attract penalties'. In any event, it did not follow from the absence of a time limit to make a *reg 38* adjustment, that once BB Ltd had made the adjustment in a return, and HMRC had refused to make the repayment, BB Ltd could continue indefinitely to request HMRC to make the repayment and treat each successive affirmation of the original refusal as a new appealable decision.

The Upper Tribunal also found that the First-tier Tribunal had been correct to find that the 2017 HMRC decision was not an appealable decision; it was the reaffirmation of their 2012 decision which was appealable. Finally, the Upper Tribunal found that the First-tier Tribunal had made no error of law when refusing to exercise its discretion to allow a late appeal. In particular, the fact that KE Entertainments may have given BB Ltd a good prospect of success, did not remove the First-tier Tribunal's entitlement to refuse the late appeal in circumstances where more than four years had passed since HMRC's original decision. *Buckingham Bingo Ltd v HMRC*, [2019] UKUT 140 (TCC).

Applications for judicial review

Application for judicial review of tribunal decision

[2.304] Customs issued estimated assessments on two companies which had not submitted VAT returns, and which were the subject of an investigation by VAT officers. Customs had begun criminal proceedings against the companies' directors, alleging conspiracy to defraud. The companies appealed against the assessments and applied for the appeals to be adjourned until the criminal proceedings had been completed. The tribunal granted an adjournment of the appeals for one month only, to enable the companies to submit the outstanding returns. The directors applied for judicial review of the tribunal decision. The QB rejected the application. McCullough J held that the company should have appealed under the *Tribunals and Inquiries Act. R v VAT Tribunal (ex p. Cohen & Others)*, QB 1983, [1984] STC 361.

[2.305] A restaurant proprietor (D) appealed against estimated assessments. The tribunal began hearing the appeals for three days in September 1996. It then adjourned until April 1997, when it sat for a further three days, and did not conclude the hearing until August 1997. The tribunal then did not release its decision until May 1998. It held that the assessments had been made to the best of the Commissioners' judgment, but were excessive, and reduced them by one-third. D applied for judicial review, contending that the effect of the delay was that the tribunal would have forgotten parts of the evidence and that its decision was unsafe. The QB criticised the tribunal for the delays, but dismissed D's application. Moses J held that the delay in releasing the decision was 'unjustified and unjustifiable'. However, 'unless an unsuccessful party can show that the delay has tainted the conclusion and the findings, it would be wrong to say that he is entitled as of right to have the case remitted to be heard

[2.305] Appeals

again depriving the other side, who after all is equally not responsible for the delay, of the fruits of victory'. *R v C & E Commrs (ex p. Dangol)*, QB 1999, [2000] STC 107.

[2.306] The appellant company in the case noted at **63.9 TOUR OPERATORS AND TRAVEL AGENTS** applied for judicial review of the tribunal decision. The QB rejected the application. Popplewell J held that the company should have appealed under the *Tribunals and Inquiries Act*. *R v VAT Tribunals (ex p. Jenny Braden Holdings Ltd)*, QB 10 March 1994 unreported.

[2.307] A similar decision was reached in *R v C & E Commrs and VAT Tribunal (ex p. Cohen)*, QB 3 December 1998 unreported.

[2.308] For a case where the QB granted judicial review of a tribunal decision, see *R v C & E Commrs (ex p. Sims)*, **29.25 FOOD**.

Application for reference to ECJ

[2.309] In the case noted at **22.457 EUROPEAN COMMUNITY LAW**, the QB rejected an application by the company for a reference to the ECJ. The company appealed to the CA, which reversed the QB decision and directed that the case should be referred to the ECJ. *R v C & E Commrs (ex p. BLP Group plc)*, CA 1993, [1994] STC 41.

Application for judicial review of terms of reference to ECJ

[2.310] See *R v VAT Tribunal (ex p. Conoco Ltd)*, **2.136** above.

Application for judicial review of validity of legislation

[2.311] See *C & E Commrs v Federation of Technological Industries & Others*, **22.549 EUROPEAN COMMUNITY LAW**, and *Teleos plc & Others v C & E Commrs*, **22.606 EUROPEAN COMMUNITY LAW**.

Application for judicial review of VATA 1994, s 80(4)

[2.312] See *R (oao British Telecommunications plc) v HMRC*, **48.76 PAYMENT OF TAX**.

HMRC withdrawing previous ruling

[2.313] In the case noted at **67.174 VALUATION**, a company (F) sold books of vouchers to car dealers, who then passed the books of vouchers to the purchasers of second-hand cars. F accounted for output tax on the amounts which it received from the car dealers for the vouchers, but the car dealers did not account for tax on their onward supply of the vouchers to their customers. In March 1998 a local VAT officer ruled that no tax was chargeable on these onward supplies, on the basis that they fell within *VATA 1994, Sch 6 para 5*. However, the scheme came to the attention of a regional office, and in June 1998 Customs withdrew the first ruling and ruled that the sale of the vouchers was not within *Sch 6 para 5*, so that VAT was chargeable. F applied for judicial review of Customs' decision to withdraw their original ruling. The QB held that there was no legal basis for any claim for compensation, and F appealed to the CA, which upheld the QB decision. Robert Walker LJ held that Customs were 'bound (both by Community law and by domestic law) to administer the VAT system correctly and to collect all tax which is properly due. They have no general dispensing power, and taxpayers cannot have any legitimate expectation that they will administer VAT in any way which is contrary to law'. F's 'only legitimate expectation was that it would not be asked to pay tax in respect of past transactions'. The 30-day breathing space which Customs allowed for existing customers was 'reasonable in all the circumstances'. Sedley LJ observed that a public authority could not 'create a legitimate expectation which defeats the law'. The *Bill of Rights 1688* confirmed that the Crown did not have a 'dispensing power'. *F & I Services Ltd v C & E Commrs*, CA [2001] STC 939.

[**2.314**] In the case noted at **22.78** EUROPEAN COMMUNITY LAW, HMRC issued assessments on two companies on the basis that they were supplying grants of a major interest in leasehold holiday accommodation, which was chargeable to VAT at the standard rate. The companies applied for judicial review, contending that in 1998 a VAT officer had agreed that such supplies would be zero-rated. The QB directed that the application for judicial review should be adjourned until the First-tier Tribunal had heard appeals against the disputed assessments. *R (oao Lower Mill Estate Ltd) v HMRC (and related application)*, QB [2008] EWHC 2409 (Admin).

[**2.315**] The school supplied home study distance learning materials which included the supply of training manuals. The supply of the training manuals would (viewed in isolation) have been zero-rated for VAT purposes, but to the extent that the school was supplying education or training services, its supplies were standard-rated, ie there were multiple supplies of zero-rated manuals and standard-rated education/training services.

Following a meeting between HMRC and the school in December 1999, HMRC had confirmed an agreed method, to apportion its fees between standard and zero-rated supplies, in a letter dated 14 January 2000. The method resulted in a material proportion of the school's turnover being treated as consideration for zero-rated supplies. HMRC terminated the arrangement in August 2009 following the House of Lords decision in *HMRC v The College of Estate Management* (**5.39** BOOKS, ETC).

The school sought an order precluding HMRC from collecting VAT on a basis different from that set out in the 2000 letter: (i) during a 'reasonable' notice or transition period; and/or (ii) in respect of supplies made under contracts which the school concluded on or before 26 August 2009.

The Upper Tribunal observed that the main issue was whether HMRC should be held to the terms of a concession even though that concession involved HMRC agreeing not to collect tax lawfully due. HMRC's public law duty to collect tax conflicted with its public law duty to 'deal straightforwardly and consistently' with the public.

The Upper Tribunal noted that, in order to succeed, the school had to establish that HMRC had made a clear unambiguous and unqualified representation that they would not collect tax that was arguably due as a matter of law. It was therefore not enough for the school to simply point to the clarity of the 2000 letter, or to HMRC's repeated affirmation of the terms of that letter. It was arguable that HMRC had made a clear, unambiguous and unqualified representation that, unless and until it withdrew from the arrangement, it would apply the 2000 letter even if that resulted in the school paying less VAT than would have been due if HMRC applied the letter of the law. However, it was not possible to argue that HMRC had made any clear representation that, after they terminated the 2000 letter, they would nevertheless continue to apply that letter in periods after termination so as to result in the school paying less tax than HMRC considered the law required. The Upper Tribunal added that the letter gave HMRC the right to review, amend or withdraw the arrangement at any time. The school did not have a legitimate expectation that HMRC would allow a transitional period on withdrawal of an agreement relating to the VAT rate applicable to supplies of manuals. *R (oao Metropolitan International Schools Ltd) v HMRC*, [2019] UKUT 407 (TCC).

[2.316] See also *R (oao Medical Protection Society Ltd) v HMRC*, **39.12** INTERNATIONAL SERVICES.

Claim that HMRC treating taxpayers unequally

[2.317] In the case noted at **5.103** BOOKS, ETC., the tribunal held that a company (S) which supplied satellite broadcasting services was not entitled to treat part of the subscriptions which it received as attributable to the zero-rated supply of magazines. S subsequently applied for judicial review, contending that Customs had acted unfairly because it had to account for tax in this way from June 1998, but Customs had not issued similar rulings to suppliers of cable broadcasting services until July 1999 (after the tribunal decision). The QB dismissed the application. Elias J held that Customs were entitled to have formed the opinion that there were material differences between S and the suppliers of cable services. The fact that Customs had subsequently decided that the cable suppliers should be treated in the same way as S did not mean that their previous policy was unfair or unreasonable. *R (oao British Sky Broadcasting Group plc) v C & E Commrs*, QB [2001] STC 437; [2001] EWHC Admin 127.

[2.318] A company (F) carried on business as an internet service provider in the UK, and was required to account for VAT accordingly. Its directors formed the opinion that it was at a disadvantage by comparison with a competitor (AOL) which was based in the USA and which, under the legislation in force prior to 1 July 2003, was not required to account for VAT on supplies to UK customers. It applied for judicial review of Customs' decision not to require AOL to account for VAT on such supplies. The QB dismissed the application. Evans-Lombe J held that Customs had not acted unreasonably in not requiring AOL to account for UK VAT before 1 July 2003 (when *EC Directive 2002/38/EC*, under which AOL was required to account for VAT, came into force). He also observed that F had no standing to bring its complaint, since there was a general principle that 'one taxpayer has no right to bring judicial review proceedings against the taxing authorities with relation to the tax affairs of another'. *R (oao Freeserve.com plc) v C & E Commrs*, QB 2003, [2004] STC 187; [2003] EWHC 2736 (Admin).

Delay in repayment of input tax pending enquiries

[2.319] See *R v C & E Commrs (ex p. Strangewood Ltd)*, **36.703** INPUT TAX, and the cases noted at **36.705** to **36.710** INPUT TAX.

Assessments to recover input tax—application for judicial review

[2.320] Customs formed the opinion that a company (S) had reclaimed input tax to which it was not entitled. They issued two assessments to recover the tax. S applied for judicial review, contending *inter alia* that a VAT officer had given it a legitimate expectation that it was entitled to reclaim input tax. The QB dismissed the application, holding that S should have appealed to the tribunal, but the CA allowed S's appeal against this decision. Tuckey LJ (sitting alone) held that the question of 'legitimate expectation' should be considered on judicial review, rather than by a VAT tribunal. *R (oao Sagemaster plc) v C & E Commrs*, CA [2004] STC 813; [2004] EWCA Civ 25. (*Notes.* (1) There was no further public hearing of the case. (2) Customs were not represented at the hearing. Compare the HL decision in *R v CIR (ex p. Preston)*, HL [1985] STC 282, where Lord Scarman held that 'a remedy by way of judicial review is not to be made available where an alternative remedy exists' and that 'where Parliament has provided by statute appeal procedures, as in the taxing statutes, it will only be very rarely that the courts will allow the collateral process of judicial review to be used to attack an appealable decision'. This case was not referred to in Tuckey LJ's decision. Tuckey LJ's judgment also does not discuss the principle of estoppel, under which (in the words of Lord Grantchester) 'there can be no estoppel against the Crown in the person of the Commissioners of Customs & Excise which prevents them from recovering tax which is lawfully due under the provisions of an Act of Parliament and Regulations made thereunder'. For cases concerning this principle, see **2.89** *et seq.* above.)

Failure to make repayments for previous accounting periods

[2.321] See *R v C & E Commrs (ex p. Kay & Co Ltd and Others)*, **48.48** PAYMENT OF TAX.

Application for judicial review of assessment

[2.322] A UK company (C) sold a large quantity of beverages to a Belize company (S) which had an office in Poland. S then sold the beverages to a Polish company (K). C failed to account for VAT on its supplies to S, treating them as zero-rated. HMRC issued an assessment charging tax on them, and C applied for judicial review, contending firstly that the transactions should be treated as a 'standard triangulation procedure' and that no VAT should be due, and alternatively that it had been misled by a VAT officer when its director (M) had telephoned HMRC's National Advice Service. The QB rejected these contentions and dismissed the application for judicial review. Sales J held that the transactions could not benefit from the triangulation arrangements because the supplies had been to S, which was not registered for VAT. Furthermore, it appeared that the VAT officer to whom M had spoken by telephone had specifically drawn M's attention to the requirements of *Notice 725, section 3*. Sales J observed that M appeared to have shown 'a degree of wishful thinking' in interpreting what had been said to him on the telephone, and had not 'put all his cards face upwards on the table'. *R (oao Corkteck Ltd) v HMRC*, QB [2009] STC 1681; [2009] EWHC 785 (Admin).

[2.323] A company (AS) failed to account for VAT on supplies of staff to a bank. HMRC issued an assessment charging tax on the supplies. AS and the bank applied for judicial review, contending that the effect of *Leaflet 700/34/94* was that no VAT was due. The QB rejected this contention and dismissed the applications for judicial review. Sales J observed that the concession set out in *Leaflet 700/34/94* had been significantly amended by Business Brief 07/97 with effect from 1 April 1997. Furthermore, there was a 'need for HMRC to avoid departing too far from the requirements of EU law on VAT, according to which VAT should be charged on the full amount of consideration in relation to the supply of staff, since departure from those requirements would tend to undermine the need for equal application of EU law throughout the EU Member States and could give rise to difficulties with the EU Commission'. On the evidence, the arrangements between AS and the bank were 'a considerable distance from any situation likely to be regarded as deserving to benefit from the policy underlying the concession'. AS 'retained predominant control over its employees', and HMRC had been entitled to conclude that its supplies did not fall within the scope of the concession. *R (oao Accenture Services Ltd) v HMRC (and related application)*, QB [2009] STC 1503; [2009] EWHC 857 (Admin).

[2.324] See also *R (oao DFS Furniture Co plc) v C & E Commrs*, 48.80 PAYMENT OF TAX.

Application for judicial review of ruling that supplies exempt

[2.325] A limited liability partnership (G) had reclaimed input tax relating to its supplies of pathology services. In 2013 HMRC issued a ruling that the effect of the ECJ decision in *L.u.P. GmbH v Finanzamt Bochum-Mitte*, 22.310 EUROPEAN COMMUNITY LAW, was that the supplies were exempt under *VATA 1994, Sch 9, Group 7, Item 4*. G appealed, and also applied for an injunction preventing HMRC from implementing the ruling pending the hearing of its appeal, contending that previous rulings which HMRC had issued in 2008 and 2010 had given it a legitimate expectation that it could reclaim input tax. The QB granted an interim injunction. Leggatt J held that, as a matter of UK law, it appeared that the services were simply the provision of information which G's customers could use for therapeutic purposes, and were not themselves exempt. He described the ECJ's reasoning in *L.u.P. GmbH v Finanzamt Bochum-Mitte* as 'opaque'. He also held that the reasoning expressed in HMRC's decision letter 'could not command confidence'. The implementation of HMRC's ruling would have serious financial effects on G, and if it were applied retrospectively, it would render G insolvent. Furthermore, this was not a case where G had 'withheld any relevant information or

Applications for judicial review [2.328]

failed to put their cards face up on the table when they requested a ruling'. It appeared that there had been 'a change in the personnel within HMRC responsible for dealing with (G)'. It would be 'wholly unreasonable to expect the claimants to restructure their business before the true legal position has been established by the decision of the tribunal'. Therefore 'the balance of convenience clearly favours granting an interim injunction so as to preserve the status quo in terms of tax treatment until after the tax appeal has been determined'. *R (oao GSTS Pathology Llp) v HMRC (and related applications) (No 1)*, QB [2013] EWHC 1801 (Admin); [2013] STC 2017. (*Note.* For subsequent developments in this case, see **2.327** below.)

HMRC directing companies to make quarterly returns

[**2.326**] See *R (oao BMW AG) v HMRC*, 59.4 RETURNS, and *R (oao Brayfal Ltd) v HMRC (No 2)*, 59.5 RETURNS.

Partnership applying for information to be omitted from judgment

[**2.327**] In the case noted at **2.325** above, a limited liability partnership (G) had applied to the QB for judicial review of HMRC's proposal to alter the tax treatment of certain supplies. Following the hearing, it applied for certain information to be omitted from the published judgment, on the grounds that it was commercially sensitive. The QB rejected the application. Leggatt J observed that the information had been 'contained in witness statements which were in evidence at the hearing', and that 'the entire hearing took place in open court'. He held that there was 'no good reason to restrict publication of any information contained in (G's) unaudited accounts'. On the evidence, it appeared that G 'would prefer competitors and customers not to know that, if the proposed tax treatment of its supplies is implemented, (G) will be unable to continue to trade for long unless its business is restructured in a way that will itself have certain detrimental consequences'. However, it was 'important in the interests of open justice to explain the facts which justify the conclusion'. *R (oao GSTS Pathology Llp) v HMRC (and related applications) (No 2)*, QB 21 June 2013 unreported.

Application for judicial review of decision to change calculation method

[**2.328**] Under *VATA 1994, Sch 4A para 8*, where a supply of telecommunications services would otherwise be regarded as made in the UK but the services are 'effectively used and enjoyed' in a non-EU country, the supply is treated as made in the non-EU country and thus not chargeable to UK VAT. T Plc (trading as O2) challenged a decision by HMRC that it should change the way it calculated the proportion of the monthly charge to customers for the supply of access to the mobile telephone network that related to such access used and enjoyed by customers outside the EU.

T Plc used a 'revenue methodology'. It first determined what proportion of the charges paid by the customer for additional services in a month, related to additional services used in non-EU countries as compared with total charges

[2.328] Appeals

paid by that customer in that month for the time spent and number of texts sent. T Plc then applied that proportion to the network access charge and treated the amount so determined as not subject to VAT. HMRC considered however that the revenue methodology was distortive because the difference in the tariff for EU and non-EU additional services meant that the charges for non-EU additional services were a much higher proportion of the total cost of additional services than the volume of non-EU additional services compared with the overall volume of additional services. HMRC therefore thought that T Plc should calculate the proportion of the monthly network access charge that related to non-EU access by reference to actual usage of the supply; the 'usage methodology'.

T Plc challenged the HMRC's decision, by way of judicial review, on three grounds:

- The usage methodology that HMRC required T Plc to use was unlawful because it was contrary to EU and domestic VAT legislation as VAT is a tax on consumption based on value and not usage. The Upper Tribunal found that for the purpose of determining the place of supply, 'effective use and enjoyment' required some actual use of the network. The usage methodology was therefore not unlawful.
- The decision constituted a breach of T Plc's substantive legitimate expectation, based on a clear assurance given by HMRC in 2008, that it could continue using the revenue methodology until there was a material change in the law or in T Plc's business, which there had not been. The Upper Tribunal found that HMRC's correspondence had not contained any unqualified assurance that T Plc could use the revenue methodology forever.
- The decision had been taken without adequate consultation to enable T Plc to explain to HMRC the fundamental difficulties inherent in the adoption of the usage methodology. The Upper Tribunal accepted that the financial benefit attaching to the revenue methodology gave T Plc sufficient interest to found a legitimate expectation that HMRC would not require it to use another methodology, substantially reducing that benefit, without consultation. It also found that HMRC had consulted properly as they had provided T Plc with an adequate opportunity to make representations and explain why they could not implement the usage methodology.

The application for judicial review was dismissed. *R (oao Telefonica Europe plc and another) v HMRC*, [2016] UKUT 173 (TCC), UTJR/2015/003.

Application for judicial review of decision to change calculation method

[2.329] Under *VATA 1994, Sch 4A para 8*, where a supply of telecommunications services would otherwise be regarded as made in the UK but the services are 'effectively used and enjoyed' in a non-EU country, the supply is treated as made in the non-EU country and thus not chargeable to UK VAT. T Plc (trading as O2) challenged a decision by HMRC that it should change the way it calculated the proportion of the monthly charge to customers for the supply of access to the mobile telephone network that related to such access used and enjoyed by customers outside the EU.

T Plc used a 'revenue methodology'. It first determined what proportion of the charges paid by the customer for additional services in a month, related to additional services used in non-EU countries as compared with total charges paid by that customer in that month for the time spent and number of texts sent. T Plc then applied that proportion to the network access charge and treated the amount so determined as not subject to VAT. HMRC considered however that the revenue methodology was distortive because the difference in the tariff for EU and non-EU additional services meant that the charges for non-EU additional services were a much higher proportion of the total cost of additional services than the volume of non-EU additional services compared with the overall volume of additional services. HMRC therefore thought that T Plc should calculate the proportion of the monthly network access charge that related to non-EU access by reference to actual usage of the supply; the 'usage methodology'.

T Plc challenged the HMRC's decision, by way of judicial review, on three grounds:

- The usage methodology that HMRC required T Plc to use was unlawful because it was contrary to EU and domestic VAT legislation as VAT is a tax on consumption based on value and not usage. The Upper Tribunal found that for the purpose of determining the place of supply, 'effective use and enjoyment' required some actual use of the network. The usage methodology was therefore not unlawful.
- The decision constituted a breach of T Plc's substantive legitimate expectation, based on a clear assurance given by HMRC in 2008, that it could continue using the revenue methodology until there was a material change in the law or in T Plc's business, which there had not been. The Upper Tribunal found that HMRC's correspondence had not contained any unqualified assurance that T Plc could use the revenue methodology forever.
- The decision had been taken without adequate consultation to enable T Plc to explain to HMRC the fundamental difficulties inherent in the adoption of the usage methodology. The Upper Tribunal accepted that the financial benefit attaching to the revenue methodology gave T Plc sufficient interest to found a legitimate expectation that HMRC would not require it to use another methodology, substantially reducing that benefit, without consultation. It also found that HMRC had consulted properly as they had provided T Plc with an adequate opportunity to make representations and explain why they could not implement the usage methodology.

The application for judicial review was dismissed. *R (oao Telefonica Europe plc and another) v HMRC*, [2016] UKUT 173 (TCC), UTJR/2015/003.

Application for judicial review of decision not to apply a Business Brief

[2.330] V Ltd acted as a booking agent between holidaymakers and property owners. This involved collecting payment from holidaymakers on behalf of the property owners. When payment was made by credit or debit card, V charged an additional fee for 'card handling services'. In *Bookit Ltd v HMRC*, [2006] STC 1367, the Court of Appeal clarified the treatment of such fees, holding that they were exempt services and following the decision, HMRC issued Business Brief 18/06. V Ltd relied on the Brief to treat its supplies as exempt; however HMRC refused to apply the terms of the Brief to these supplies.

The Upper Tribunal found that the guidance in Business Brief 18/06 was 'clear, unambiguous and unqualified' and it rejected HMRC's contention that the Brief had to be read by reference to *Bookit* so that the exemption should be limited to the precise facts of that case. The Brief created a legitimate expectation for V Ltd and HMRC had not established any overriding interest that justified the frustration of that expectation. In particular, the fact that V Ltd was a 'sophisticated taxpayer' did not mean that it should have ignored the Brief and relied on the relevant case law instead. The Upper Tribunal allowed the claim for judicial review, and quashed HMRC's decision not to apply its Business Brief. *R (oao Vacation Rentals (UK) formerly known as Hoseasons Group Ltd) v HMRC*, [2018] UKUT 383 (TCC).

The award of costs (SI 1986/590, rule 29; SI 2009/273, rule 10)

NOTE

The cases under this heading are those which appear to raise points of general interest and are mainly separate applications for costs after the hearing of the appeal. In general a decision as to costs at the conclusion of the hearing is not referred to either here or in the note on the hearing, unless it raises a point of general interest in relation to costs.

Applications by HMRC

[2.331] A company (S) appealed against HMRC's refusal to give credit for input tax on the ground that S knew or should have known that its transactions were connected with fraud. The First-tier Tribunal dismissed the appeal. S applied unsuccessfully to the First-tier Tribunal for permission to appeal. S then renewed its application to the Upper Tribunal, which was refused on paper. S exercised its right to an oral hearing, at which the Upper Tribunal refused permission to appeal. HMRC applied for their costs of attending the oral hearing. The Upper Tribunal decided that HMRC had not discharged the burden of demonstrating that it was reasonable for them to incur the costs of attending the hearing. HMRC's application was dismissed. *Softhouse Consulting Ltd v HMRC*, [2014] UKUT 197 (TCC).

HMRC' representatives travelling from London to Scotland

[2.332] An appeal was listed for hearing in Edinburgh. The appellant (W) did not attend and was not represented. The tribunal therefore dismissed the appeal. Customs applied for costs in respect of two officers, one of whom was legally qualified, who had travelled from London to present their case. The tribunal held that W should not be made 'liable for more than these services would cost locally, as both are available locally', and awarded total costs of £150. *A Whyte*, EDN/79/4 (VTD 914).

[2.333] A similar decision was reached in another Scottish case, where the appellant had telephoned on the morning of the hearing to state that he would not be attending. Customs, who were represented by a member of their Solicitor's Office, were awarded costs of £320, but the expenses of travelling from London were not awarded, since Customs could have obtained local legal representation. *WM Dempster*, EDN/82/7 (VTD 1316).

HMRC applying for security for costs of appeal

[2.334] In the case noted at **36.123** INPUT TAX, the tribunal found that two companies, which had reclaimed substantial amounts of input tax, had been involved in 'carousel fraud'. The tribunal dismissed the companies' appeals and awarded costs to Customs. The companies appealed to the Ch D. Customs applied, under *Civil Procedure Rules 1998 (SI 1998/3132), rule 25.12*, for security for the costs of the pending appeal and for security in respect of the order for costs made by the tribunal. The Ch D granted the application, applying the principles laid down in *Hammond Suddard Solicitors v Agrichem International Holdings Ltd*, CA [2001] All ER (D) 258 (Dec). Briggs J held that the evidence showed that it was 'probable that the appellants will not be able to pay the Revenue's costs if they lose the appeal'. He observed that the companies' appeals to the tribunal had been 'funded at very large expense', and that they had 'retained leading tax counsel and a new firm of solicitors to prosecute the appeal'. The evidence indicated that the companies' controlling shareholder had 'both the means and the motive to provide the necessary security if necessary as the price of being able to pursue this appeal'. *Calltell Telecom Ltd v HMRC; Opto Telelinks (Europe) Ltd v HMRC (No 1)*, Ch D [2008] STC 3246; [2008] EWHC 2107 (Ch).

[2.335] A similar decision was reached in the case noted at **36.125** INPUT TAX. *Megtian Ltd v HMRC (No 2)*, Ch D 5 November 2009 unreported.

HMRC applying for costs against third party

[2.336] In the case noted at **36.124** INPUT TAX, the Ch D had struck out an appeal by a company (E) and awarded costs to HMRC. Six days after the Ch D decision, E went into liquidation. HMRC applied for a third party costs order against E's controlling director (M). The Ch D granted the order. Proudman J observed that the tribunal had found that M had given dishonest evidence 'and that he had actual knowledge of the chain of fraudulent transactions. Those findings impacted directly on his personal reputation. He had a clear incentive of his own to clear his name by reversing the effect of the tribunal's findings that he had masterminded a serious VAT fraud'. Applying the principles laid down by Briggs J in *Calltell Telecom Ltd v HMRC*, 2.334

[2.336] Appeals

above, 'it is hard to escape the conclusion that the appeal was brought on a speculative "heads I win, tails the Revenue get no cost recovery" basis'. M had treated E as his 'cypher', and had carried on its business for his personal benefit. He had 'lied in evidence to the tribunal and failed to cooperate with either HMRC or the joint liquidators of the company'. Accordingly HMRC were entitled to costs against M. *Europeans Ltd v HMRC (No 3)*, Ch D [2011] EWHC 948 (Ch); [2011] STC 1449.

HMRC applying for 1986 Rules to continue to apply to appeal

[2.337] A company (H) reclaimed input tax. HMRC rejected the claim on the basis that the relevant transactions were connected to MTIC fraud. H appealed in June 2008. While the appeal was pending, HMRC applied to the First-tier Tribunal for a direction that the *VAT Tribunal Rules 1986 (SI 1986/590), rule 29* should apply to the proceedings rather than the *Tribunal Procedure (First-tier Tribunal) (Tax Chamber) Rules 2009 (SI 2009/273), rule 10*. Judge Berner rejected the application, finding that H had 'a reasonable and legitimate expectation' that the 2009 rules would apply. He observed that 'there is no explanation for the failure of HMRC to seek a direction of the tribunal to apply the 1986 Rules at an earlier stage. The longer the period from 1 April 2009 during which no application is made, and no other indication is given that the tribunal will be asked to make a direction, the greater the weight that must be attached to the reasonable expectation that the other party will have as to the applicability of the 2009 Rules to the entire appeal.' *Hawkeye Communications Ltd v HMRC (No 1)*, [2010] UKFTT 636 (TC); [2011] SFTD 250, TC00875. (*Note*. For subsequent developments in this case, see 2.247 above.)

[2.338] In the case noted at 2.242 above, a company reclaimed input tax of more than £1,000,000 on the purchase of a large number of mobile telephones. HMRC rejected the claim on the basis that the transactions formed part of an MTIC fraud, and the company appealed. HMRC applied for a direction that the 1986 Rules should apply to the appeal, but Judge Wallace accepted the company's contention that the 2009 Rules should apply. The Upper Tribunal upheld this decision. Warren J held that it was reasonable for Judge Wallace 'to have reached the conclusion that the lapse of time in the present case was such that HMRC should not obtain the prospective costs order which they sought in relation to the entire proceeding including the costs in the VAT Tribunal'. Warren J also expressed the view that judges 'ought to consider, when faced with rival applications for prospective directions, whether fairness and justice might better be achieved by making a direction which applies different regimes over different periods, rather than by fixing prospectively a costs shifting regime or a no costs shifting regime for the entire proceedings.' *HMRC v Atlantic Electronics Ltd (No 3)*, UT [2012] UKUT 276 (TC); [2012] STC 931.

Costs where the appellant was successful: general principles

[2.339] The partnership which was successful in *Mr & Mrs J King (t/a Barbury Shooting School)*, LON/02/228 (VTD 17822) subsequently applied for costs of more than £22,000. This included an hourly rate of £375 for a

The award of costs (SI 1986/590, rule 29; SI 2009/273, rule 10) **[2.348]**

partner in an accountancy firm, and an hourly rate of £225 for a chartered tax advisor employed by the firm. Customs objected to the claim on the grounds that these hourly rates were excessive. The tribunal awarded costs on the basis that the appropriate hourly rate was £280 for the partner and £160 for the advisor. *Mr & Mrs J King (t/a Barbury Shooting School)*, [2003] VATDR 471 (VTD 18313).

[2.340] In one of the cases noted at **18.402** DEFAULT SURCHARGE, the appellant company applied for costs but the tribunal dismissed the application, finding that HMRC had not acted unreasonably. *G Wilson (Glaziers) Ltd v HMRC (No 2)*, [2012] UKFTT 387 (TC), [2012] SFTD 1117; TC02071.

[2.341] For a case where the First-tier Tribunal held that HMRC had acted unreasonably, see *Roden v HMRC*, **41.110** LAND.

Company applying for 1986 Rules to continue to apply to appeal

[2.342] In a case where the facts were similar to those in *Harrier Llc v HMRC*, **5.27** BOOKS, the successful appellant company applied for a direction that the *VAT Tribunal Rules 1986 (SI 1986/590), rule 29* should apply to the proceedings rather than the *Tribunal Procedure (First-Tier Tribunal) (Tax Chamber) Rules 2009 (SI 2009/273), rule 10*. The First-tier Tribunal dismissed the application, applying the principles laid down by Warren J in *HMRC v Atlantic Electronics Ltd (No 3)*, **2.338** above. *Hewlett Packard Ltd v HMRC*, [2013] UKFTT 39 (TC); [2013] SFTD 409, TC02459.

Award of costs where appellant not legally represented

[2.343] See the cases noted at **2.378** *et seq.* below.

Award of costs where company appellant represented by director

[2.344] See the cases noted at **2.387** *et seq.* below.

Application for costs on indemnity basis

[2.345] See the cases noted at **2.395** *et seq.* below.

Costs where the appellant was partly successful

[2.346] An estimated assessment was reduced from £4,082 to £20, and the trader (N) applied for costs. The tribunal rejected his application, observing that the The reduction in the assessment had been the result of the production by N, at a late stage, of records which had not been available at the time of the control visits which resulted in the assessment. In the circumstances an award of costs was not appropriate. *Nathoo (t/a Kamona Enterprises)*, LON/91/1692 (VTD 6551).

[2.347] A similar decision was reached in a case where an estimated assessment was reduced from £83,000 to £32,000. The tribunal held that, as the appellant had 'systematically concealed sales' and 'wilfully concealed relevant material', his conduct had 'disqualified him from any award of costs'. *A Kocak (t/a Mediterranean Fish Bar)*, LON/98/605 (VTD 17282).

[2.348] The First-tier Tribunal reached a similar decision in *M Afzal (t/a Kingston Furniture) v HMRC*, [2012] UKFTT 211 (TC), TC01906.

[2.349] Following the case noted at **50.122 PENALTIES: EVASION OF TAX**, the appellant (K) applied for costs. The tribunal rejected his application, observing that the validity of the assessment and penalty had been upheld and that K had been found to have acted dishonestly. Therefore, despite the mitigation of the penalty, an award of costs was not appropriate. *JO Kyriacou*, LON/92/2098A (VTD 12003).

[2.350] In the case noted at **67.167 VALUATION**, the appellant company (C) applied for costs. Customs opposed the application, contending firstly that there should be no award of costs since the appeal should have been stood over pending the ECJ decision in *Elida Gibbs Ltd*, **22.259 EUROPEAN COMMUNITY LAW**, and alternatively that the award of costs should be restricted since, although C had been successful on the issue relating to its output tax, it had been unsuccessful on an alternative contention relating to input tax (which had been the subject of the court decisions noted at **2.136** above and **2.288** above). The tribunal rejected Customs' first contention, observing that the facts in *Elida Gibbs Ltd* were distinguishable and might not have been determinative of the case. However, the tribunal accepted Customs' second contention and awarded C only 75% of its costs. The tribunal held that the input tax issue had been 'a separate issue' on which C had failed. Applying the principles laid down by Nourse LJ in *Re Elgindata (No 2)*, CA [1992] 1 WLR 1207; [1993] 1 All ER 232, C should therefore 'be deprived of that part of its costs which related to the time spent in arguing (that) issue'. *Conoco Ltd*, [1997] VATDR 47 (VTD 14814).

[2.351] Customs issued an estimated assessment on a company (S) which operated a restaurant. The tribunal reduced the amount of the assessment, finding that S had suppressed some of its takings but that the amount of the assessment was excessive. The tribunal made no award of costs to either side. S appealed, contending that it should have been awarded 50% of its costs. The Ch D rejected this contention and dismissed the appeal. Lawrence Collins J held that, since the tribunal had found that S had suppressed some of its takings, there was 'an entirely rational basis for the decision not to award the appellant part of its costs'. *Summer Palace Ltd v C & E Commrs*, Ch D 2004, [2005] STC 564; [2004] EWHC 2804 (Ch).

[2.352] In the case noted at **67.85 VALUATION**, where an assessment was substantially reduced, the tribunal held that the appellant was entitled to an award of the costs, but that the award should be restricted because of time wasted by his adviser. The chairman (Mr. Oliver) held that 'litigation demands a focused and disciplined approach by both parties. This is not evident from the correspondence originating from the appellant's adviser.' Accordingly, the costs should be 'restricted to the costs attributable to two days in court, the cost of the time spent agreeing and preparing the bundle, the cost of (the appellant's) attendance and the costs of complying with any directions given by this Tribunal'. On the evidence, the chairman held that 'the costs incurred in corresponding with the Commissioners can properly be described as costs of and incidental to and consequent on the hearing'. *FP Whiffen (t/a FP Whiffen Opticians) (No 2)*, LON/01/1351 (VTD 18969).

[2.353] In the case noted at **36.95 INPUT TAX**, the First-tier Tribunal awarded the company (B) 90% of its costs. B appealed to the Ch D, which upheld the tribunal decision. Lewison J observed that 'a tribunal is entitled to make a partial costs order when a party has not been wholly successful; and it is equally well-known that a party who exaggerates his case or who gives false evidence may be deprived of part of his costs'. *Brayfal Ltd v HMRC (No 5)*, Ch D [2011] EWHC 407 (Ch); [2011] STC 1482.

[2.354] A company, which had been represented by a VAT consultant, applied for costs of £12,779. The tribunal awarded costs of £7,000. Judge Nowlan observed that 'there were some unsatisfactory aspects to the claim'. *PSI Engineering Ltd v HMRC*, [2011] UKFTT 765 (TC), TC01602.

[2.355] HMRC withdrew from L's appeal as a result of new information being provided by L. L applied for an award of costs of £10,800 plus VAT. The issue was whether HMRC had acted unreasonably in defending or conducting the appeal. The tribunal held that HMRC had acted unreasonably for the very short period between provision of new information and HMRC's delayed decision to withdraw from the appeal. It made an award of costs in respect of that period, summarily assessed at £150. *PK Lam v HMRC*, [2014] UKFTT 079 (TC), TC03219.

HMRC refusing to give trader details of suppliers' records

[2.356] Customs issued an assessment on the proprietors of a fish and chip shop, after discovering that their purchase records did not include a number of transactions indicated in the records of the relevant suppliers. The tribunal reviewed the evidence in detail and upheld the assessment in principle, but reduced it in the case of two of the suppliers, holding that the relevant suppliers' records were unreliable. The tribunal expressed concern that Customs had 'failed to deal with the appellants' requests for information about supplies made to them', and observed that there appeared to be 'an assumption by the Commissioners that all suppliers whose sales records differed from their customers' purchase records were trading honestly, whilst all their customers were doing just the opposite'. The tribunal held that the effect of *FA 1989, s 182* was that Customs should authorise the disclosure of information to one taxpayer about another 'where a supplier claims to have made more supplies to a taxpayer than the taxpayer admits to having received. If disclosure is restricted to the suppliers' sales record, there can surely be no objection to it for the suppliers' sales record should simply mirror the taxpayer's purchase record.' In such cases, 'disclosure by the Commissioners of their evidence is an absolute requirement in best judgment cases where the assessment is based on undisclosed purchases. Only in that way can the person supplied hope to obtain justice; in human rights terms, there must be equality of arms.' The tribunal directed that Customs should pay 'those expenses which were necessarily incurred on behalf of the appellants to obtain that information which the Commissioners held but refused to disclose', and which 'ought to have been disclosed'. *C & K Papachristoforou (t/a Norton Fisheries)*, MAN/96/209 (VTD 17113). (*Note.* For other cases where suppliers' records were held to be unreliable, see *Qaisar*, 50.57 PENALTIES: EVASION OF TAX; *Andreucci*, 50.153 PENALTIES: EVASION OF TAX, and *Mann*, 50.154 PENALTIES: EVASION OF TAX.)

[2.357] Appeals

Appeal against assessment dismissed but appeal against penalty allowed

[2.357] In the case noted at 52.198 PENALTIES: MISDECLARATION, a trader (G) had appealed against an assessment charging output tax and a misdeclaration penalty. The tribunal dismissed his appeal against the assessment in principle, but reduced the amount of the assessment, and allowed his appeal against the penalty on the grounds that he had a 'reasonable excuse' for the misdeclaration. G applied for costs of £3,700. Customs opposed the application, firstly on the grounds that the appeal had only succeeded in part, and alternatively on the grounds that G's accountants had agreed that, if the appeal was unsuccessful, they would only charge him a total fee of £1,000. The tribunal rejected Customs' contentions and allowed G's application in full, holding that it was 'irrelevant that only a short amount of time was spent arguing the issue of a serious misdeclaration penalty'. The fact that the accountants had agreed to reduce their fee if the appeal was unsuccessful was not relevant, since the appeal had been partly successful and they had therefore charged a fee of £3,700. *PJ Guntert (t/a Abingdon Scaffolding Co)*, LON/92/2183A (VTD 12127).

Assessment reduced but penalty upheld

[2.358] In the case noted at 50.8 PENALTIES: EVASION OF TAX, a partnership which operated a restaurant appealed against an assessment and a penalty under *VATA 1994, s 60*. The tribunal directed that the assessment should be reduced, but upheld the penalty. Customs applied for costs. The tribunal observed that much of the evidence given by Customs' officers 'was of little or no use to us in coming to our decision', and directed that the appellants should only pay 85% of Customs' costs. *Standard Tandoori Nepalese Restaurant*, [2000] VATDR 105 (VTD 16597).

Costs where HMRC's decision or assessment is withdrawn

[2.359] Customs issued an assessment on a partnership on 13 November 1990. On receipt of the assessment, the partnership telephoned its local VAT office to arrange a meeting to discuss the matter. The meeting was arranged for 23 November. On 20 November the partnership submitted a formal appeal against the assessment. At the meeting the partnership satisfied the VAT officers that the assessment was incorrect, and it was withdrawn. The partnership applied for costs in respect of its accountant's time in preparing for and attending the meeting. Customs opposed any award, but the tribunal awarded costs of £309.70. The appeal had not been premature and costs incurred prior to proceedings were allowable, applying *dicta* of Lord Hanworth MR in *SA Pecheries Ostendaises v Merchants Marine Insurance Co*, CA [1928] 1 KB 757 and *Frankenberg v Famous Lasky Film Service*, [1931] 1 Ch 428. *RM & DJ Jarrett*, [1991] VATTR 435 (VTD 6670). (*Note.* See now, however, the subsequent Ch D decision in *Dave*, 2.365 below.)

[2.360] The decision in *Jarrett*, 2.359 above, was applied in a case where Customs had sought to register a college on the basis that it was conducted on a profit-making basis and was therefore ineligible for exemption under the legislation then in force, but had subsequently accepted that the college's supplies were exempt from VAT. Customs contended that an award of costs was inappropriate since draft accounts which they had inspected indicated that the college was making substantial profits, and that the college had not initially indicated that the profits would be reinvested rather than distributed to its shareholders. The tribunal rejected this contention, holding that the college had not acted unreasonably and was entitled to an award of costs. *Surrey College Ltd*, [1992] VATTR 181 (VTD 9087). (*Note*. The relevant supplies would now qualify for exemption under *VATA 1994, Sch 9, Group 6*.)

[2.361] Customs issued an assessment on a trader (M) who operated a removals business. He appealed, and Customs subsequently withdrew the assessment. M applied for costs. Customs refused to pay any costs and M appealed to the tribunal. The tribunal dismissed his application, holding that the appeal had been settled by an agreement within what is now *VATA 1994, s 85*, and stating that 'if agreements are reached before any appeal is heard, then costs, if appropriate, would normally form part of any concluded agreement'. The tribunal chairman (Miss Plumptre, sitting alone) observed that she could 'find nothing' which would 'give this tribunal jurisdiction to hear this appeal'. *JJJ McGinty (t/a Alton Transport)*, LON/94/912A (VTD 12671). (*Note*. No cases were cited in the decision. Compare *Jarrett*, **2.359** above, and *Surrey College Ltd*, **2.360** above.)

[2.362] In a subsequent appeal by the same trader, the tribunal again refused to make an award of costs. The tribunal held that, although it had jurisdiction under *Tribunals Rules, rule 29* to make an order for costs when an appeal had been determined under *VATA 1994, s 85*, any agreement to conclude an appeal should have the effect of disposing of the dispute between the parties. Accordingly, any application for costs should either have been incorporated in the agreement, or brought to the attention of the tribunal at the time the agreement was recorded, or dealt with within the 30-day 'cooling-off' period provided by *s 85(2)*. *JJJ McGinty (t/a Alton Transport)*, [1995] VATDR 193 (VTD 13463). (*Note*. The decision here does not refer to *Jarrett*, **2.359** above, or *Surrey College Ltd*, **2.360** above.)

[2.363] A medical partnership appealed against a ruling by Customs. After correspondence, Customs withdrew the ruling. The partnership's accountant claimed costs of £7,500 plus VAT. Customs considered that the claim was excessive, and offered to pay £2,864 plus VAT. The tribunal awarded costs of £4,250 plus VAT. The accountant also claimed further costs of £5,235 plus VAT in respect of the hearing. The tribunal held that this was 'excessive', and awarded £1,500 plus VAT. *Dr GP Ridsdill-Smith & Partners*, LON/99/1250 (VTD 16992).

[2.364] In a Scottish case where Customs withdrew an assessment shortly before the hearing of the appeal, the tribunal held that 'Customs' conduct in belatedly withdrawing the assessment, and failing to provide any rational explanation to justify doing so, falls well below the standard the Tribunal has come to expect of Customs. We mark our disapproval by finding Customs liable in expenses on an agent client basis.' *Rangers Football Club plc*, EDN/04/155 (VTD 19159).

[2.365] Appeals

Costs relating to correspondence prior to issue of assessment

[2.365] In an excise duty case, Customs informed a garage proprietor (D) in June 1998 that they were considering issuing an assessment. Following further enquiries, they issued assessments in October 1998 and confirmed them (on review) in December 1998. D appealed in January 1999. Following prolonged correspondence, Customs withdrew the assessments before the hearing of the appeal. They agreed to pay D's costs from the date of their review in December 1998, but refused to pay costs of £9,975, incurred between June and December 1998. The tribunal allowed D's appeal but the Ch D reversed this decision. Burton J held that costs incurred prior to the date of the review were not allowable. *C & E Commrs v M Dave*, Ch D [2002] STC 900; [2002] EWHC 969(Ch). (*Note*. Although this is an excise duty case, the principles are clearly also relevant to VAT.)

Accountant's time charged at £695.75 per hour—whether unreasonable

[2.366] In two cases which were heard together, two companies appealed against decisions by Customs. After correspondence, Customs withdrew the decisions and each of the companies applied for costs of £7,312, relating to work carried out by a major accountancy firm. The claim included an hourly rate of £695.75 for a partner in the firm and £561.20 for a senior employee, while an 'assistant consultant' was charged at £126.50 per hour. Customs considered that the claim was excessive, and offered to pay £3,334. Customs contended that the maximum allowable rate would be £375 per hour in respect of a partner and £95 per hour in respect of an assistant consultant. Customs also considered that the number of hours claimed was excessive, and that some of the work need not have been done by a partner but could have been done by 'somebody less senior'. The tribunal reviewed the evidence in detail and held that the fees charged by the firm were not 'excessive or disproportionate' but disallowed some elements of the claim, holding that 'the amount of time spent in relation to the costs claim is disproportionate'. *Avantgo Ltd*, LON/00/1006; *Placeware Ltd*, LON/00/1007 (VTD 17363).

Award of costs to sole trader—appropriate hourly rate

[2.367] Customs withdrew a statutory demand which had been issued to a sole trader (C). The registrar held that there should be no award of costs. C appealed to the CA, claiming costs of £8,000 (computed as 8 hours at £1,000 per hour). The CA held that C was entitled to costs, but that the sum which he had claimed was excessive. Robert Walker LJ observed that the effect of the *Civil Procedure Rules* was that 'a litigant in person is entitled to whichever is the lowest of, first, his actual loss of earnings or wages, as proved by his evidence; second, two-thirds of what lawyers of appropriate standing would have charged; and, third, the sum of £9.25 per hour'. Sedley LJ observed that 'not even the most overpaid partner, in the most prestigious firm of City solicitors, would be allowed to claim £1,000 an hour for his services'. The CA awarded costs of £160 (computed as 17.3 hours at £9.25 per hour). *DL Chitolie v C & E Commrs*, CA 30 November 1999 unreported. (*Note*. For a subsequent appeal involving the same appellant, where costs were awarded to the Commissioners, see **68.1** WAREHOUSED GOODS AND FREE ZONES.)

Tribunal concluded that adoption of the correct approach would not lead to any different result. T's appeal was dismissed. *S Tarafdar (t/a Shah Indian Cuisine) v HMRC*, [2014] UKUT 362 (TCC).

[2.376] A company (M) appealed against HMRC's rejection of its claim to input tax. The appeal was allowed on the second day of the hearing. M applied for costs. The First-tier Tribunal (FTT) rejected the application, holding that HMRC had not acted unreasonably. The Upper Tribunal could discern no error of law in the FTT's approach, and there was no basis to interfere with the FTT's decision in this respect. M's appeal was dismissed. *Market & Opinion Research International Ltd v HMRC (No 3)*, [2015] UKUT 12 (TCC).

[2.377] A company (T) claimed a substantial repayment of VAT, relating to supplies which had been treated as taxable under UK law, but should have been treated as exempt under *Article 13B(f)* of the *EC Sixth Directive* (see HMRC Business Brief 20/06). HMRC initially rejected the claim on the basis that the relevant supplies had been made by one of T's subsidiaries, rather than by T itself. T appealed, contending that as the representative member of the relevant VAT group, it was entitled to the repayment. Shortly before the hearing of the appeal, HMRC withdrew the disputed decision. T applied for costs. The tribunal granted the application. Judge Clark held that 'HMRC had acted unreasonably in defending and conducting the proceedings'. *Thomas Holdings Ltd v HMRC*, [2011] UKFTT 656 (TC), TC01498.

Costs where the appellant was not legally represented

Company appellant represented by director

[2.378] See the cases noted at 2.387 *et seq.* below.

Appellant represented by chartered accountant

[2.379] In the case noted at 3.25 ASSESSMENT, the trader, who had successfully appealed against an estimated assessment, applied for costs of £2,201, comprising the costs of the services of the chartered accountant who had conducted the matter on her behalf, plus the costs of the application itself. Customs opposed the application, contending that 'costs' in *Tribunals Rules, rule 29* should be confined to 'legal costs', i.e. costs recoverable in the High Court and amounts charged by solicitors. The tribunal rejected this. Under *Tribunals Rules, rule 25* 'any person' may represent an appellant and it would be 'contrary to natural justice and to the construction of *rules 25* and *29* to hold that a party is entitled to recover the taxed costs of his solicitor for conducting an appeal on his behalf whereas he is precluded from recovering the taxed costs of his accountant for performing precisely the same task, and possibly with more expertise so far as figures are concerned.' Accordingly the tribunal awarded the amount claimed (except for the costs relating to the unsuccessful interlocutory application). *K Taylor (t/a Jeans)*, MAN/75/5 (VTD 163B).

[2.380] The successful appellant company in the case noted at 1.87 AGENTS applied for costs of £944. The company had been represented at the hearing by its secretary, a certified accountant who was not a shareholder in the company.

[2.380] Appeals

Customs opposed the application, contending that since the accountant held the post of company secretary, the company should be treated as a litigant in person, so that, applying *Rupert Page Developments Ltd*, [1993] VATTR 152 (VTD 9823), costs should only be awarded in respect of out-of-pocket expenses. The tribunal rejected this contention, holding that the accountant was acting as an 'independent adviser', so that the company was not subject to the restrictions imposed upon a litigant in person. The tribunal awarded the company costs of £944 in accordance with its claim, together with a further £318 in respect of the hearing of the application. *Alpha International Coal Ltd*, LON/92/79 (VTD 11441).

Housing Association represented by one of its officers

[2.381] A Housing Association, which was a registered charity, provided rented accommodation for people on low incomes. Customs issued a ruling that tax was chargeable on certain work done on houses owned by the Association. The Association appealed, contending that the work was zero-rated under the legislation then in force. The Association was represented by a surveyor (K), who was an Associate of the Royal Institute of Chartered Surveyors. The appeal was successful and the Association applied for costs, made up mainly of amounts for the time spent by K in preparing and presenting the appeal. The hours and hourly rates were not disputed, but Customs contended that K's costs were not allowable as he was not a qualified solicitor. The tribunal rejected this contention and allowed the claim in full, applying the principles laid down in *Re Eastwood (decd)*, CA [1974] 3 All ER 603, and *K Taylor*, **2.379** above. *The Sutton Housing Trust (No 1)*, LON/81/160 (VTD 1198).

[2.382] The applicant in the case noted at **2.381** above later made a similar application (for costs of £829) following its success in a subsequent appeal. The Commissioners again contended that K's time in preparing (as distinct from presenting) the appeal was not allowable. The tribunal again rejected this and awarded costs of £763, applying *British Institute of Management (No 2)*, **2.370** above. *The Sutton Housing Trust (No 2)*, LON/82/149 (VTD 1296).

[2.383] A similar decision was reached in *Orbit Housing Association*, LON/84/73 (VTD 1783).

Club represented by committee member

[2.384] In the case noted at **41.4** LAND, a club had successfully appealed against the disallowance of input tax. The club's appeal had been conducted by one of its committee members (H). The club applied for costs of £1,643, of which £1,600 represented H's 'remuneration' for preparing and attending the appeal at £10 per hour. The tribunal rejected this claim, holding that in the circumstances of the case H should be treated as a litigant in person and could only recover his out-of-pocket expenses. The tribunal noted that the *Litigants in Person (Costs and Expenses) Act 1975* did not apply to appeals to a VAT tribunal. *Wendy Fair Market Club (No 1)*, LON/77/400 (VTD 679; VTD 833).

The award of costs (SI 1986/590, rule 29; SI 2009/273, rule 10) **[2.396]**

[2.393] Following a successful appeal in one of the cases noted at 52.52 PENALTIES: MISDECLARATION, the appellant company, which had been represented by its director, applied for costs of £426.40, including £280 in respect of time spent by its director in preparing for the appeal (computed on the basis of 6 hours at £35 per hour). Customs opposed the application, contending that it was not appropriate to make any award in respect of the time spent by the director in preparing for the hearing. The tribunal granted the application in full, holding that the amount claimed was reasonable. (The tribunal awarded a further £146.40 in respect of the hearing of the application.) *GA Boyd Building Services Ltd*, [1993] VATTR 26 (VTD 9788). (*Note*. Compare, however, the subsequent tribunal decision in *Refrigeration Spares (Manchester) Ltd*, **2.394** below, where the tribunal held that the effect of the CA decision in *R Nader (t/a Try Us) v C & E Commrs*, CA [1993] STC 806, was that it had no jurisdiction to make such an award.)

[2.394] In the case noted at in *Refrigeration Spares (Manchester) Ltd*, LON/01/276 (VTD 17603), the successful appellant company (R) applied for costs. R had been represented by its managing director. Customs agreed to pay the entire costs charged by R's accountants, plus the director's travelling expenses, plus £480 (representing 16 hours at £30 per hour) for the director's time when attending the tribunal. R claimed a further £4,490, representing 131 hours of its director's time at £30 per hour and 56 hours of an employee's time at £10 per hour. The tribunal rejected this claim, holding that R should be treated as a litigant in person, that the effect of the decision in *R Nader (t/a Try Us) v C & E Commrs*, CA [1993] STC 806, was that the *Litigants in Person (Costs and Expenses) Act 1975* did not apply to VAT tribunals, and that it had no jurisdiction to award the amount claimed. *Refrigeration Spares (Manchester) Ltd*, LON/01/276 (VTD 17852).

Application for costs on indemnity basis

Application granted

[2.395] A company (K) which carried on a retail clothing business successfully appealed against an estimated assessment. The tribunal awarded costs on the indemnity basis. The VAT officer responsible for the assessment had suggested that there had been large-scale defalcations, but the tribunal considered that this allegation was 'without foundation and not reasonably capable of belief'. K's records were good, and the assessment had not been made to the best of the Commissioners' judgment. There had been 'a level of competence in the investigation and assessment below that which the taxpaying public has a right to expect'. *KTS Fashions Ltd*, LON/90/505 (VTD 6782).

[2.396] In 1988 Customs issued an assessment, charging VAT of more than £104,000, on a partnership which had operated five garages. The assessment was based on allegations made by a former member of the partnership, who had not taken any active part in the running of the business, and had taken High Court proceedings against his former colleagues. The partnership appealed against the assessment, contending that it was excessive and had not been made to the best of the Commissioners' judgment. In March 1992, after prolonged correspondence and several meetings, Customs reduced the assess-

[2.396] Appeals

ment to £3,152. The partnership accepted this liability and withdrew the appeal. However, the partnership applied to the tribunal for an award of costs on the indemnity basis, contending that Customs' conduct 'had throughout been so unreasonable and exceptional that an order for costs on an indemnity basis was appropriate'. The tribunal reviewed the evidence and held that the assessment had not been made to the best of the Commissioners' judgment, applying *dicta* of Woolf J in *Van Boeckel*, 3.1 ASSESSMENT. The officer responsible for the assessment 'had not fairly considered' information supplied by the partnership's accountants. On the evidence, 'if he had fairly considered the material put before him he would have realised that the assessment was for an amount in excess of any that could possibly be due'. Medd J held, applying *dicta* of Glidewell LJ in *Burgess v Stafford Hotel Ltd*, CA [1990] 3 All ER 222, that costs should only be awarded on an indemnity basis if Customrs had 'acted disgracefully to such an extent as to make this a wholly exceptional case'. In this case, the officer responsible for the assessment had not fairly considered information supplied by the partnership, either before the issue of the assessment or on a number of subsequent occasions 'both in writing and at meetings'. It appeared 'that he had convinced himself that a massive fraud had taken place and that any argument put forward which suggested to the contrary could not be sound and therefore need not be considered with care'. The officer who succeeded him was not trained in investigation work, and had 'adopted the same approach'. As a result, the partnership had incurred costs which were 'enormous' and 'very much larger than they need have been'. The conduct of the two VAT officers had been 'so exceptional that an order for costs on an indemnity basis was appropriate'. *H & B Motors (Dorchester)*, LON/88/821 (VTD 11209).

[2.397] In the case noted at 14.1 COLLECTION AND ENFORCEMENT, a company (V) successfully appealed against a notice requiring security. The tribunal awarded costs to V on the indemnity basis. The tribunal chairman held, on the evidence, that Customs 'did not take reasonable steps to ascertain the full and correct facts before issuing the notice'. Customs' Statement of Case had contained factual inaccuracies, and had not 'set out accurately and fully all the grounds on which the decision was taken'. On the evidence, it appeared that the notice had been issued 'for an unauthorised purpose', namely to recover money owed by a company in a different ownership, the trade of which V had taken over. The tribunal observed that 'if Customs and Excise have used the power for an unauthorised purpose, they must bear all the financial costs borne by the taxpayer in getting the decision set aside'. *VSP Marketing Ltd (No 1)*, LON/94/794A (VTD 12636).

[2.398] Following the decision noted at 2.397 above, Customs paid V costs of £30,000 relating to work done by its accountants. V applied for further costs relating to work done by its solicitors. Customs opposed the application on the grounds that V had been represented by its accountants and that the costs sought in respect to the solicitors related to periods before the issue of the notice which was the subject of the appeal. V applied to the tribunal for a ruling that Customs should pay the costs sought in respect of its solicitors. The tribunal dismissed the application, holding that, if the parties were unable to agree on the amount of costs to be awarded, the matter should be the subject of a further hearing before the tribunal chairman who had determined the original appeal, and that it would not be proper to make any such preliminary ruling as V had sought. *VSP Marketing Ltd (No 2)*, LON/94/794A (VTD 13167).

[2.399] Following the decision noted at 2.398 above, V applied for costs of more than £26,000 relating to work done by its solicitors and more than £38,900 in relation to work done by its accountants. The solicitors' costs were based on 58 hours at £450 per hour. The accountants' costs were based on £200 per hour for work done by an employed barrister, £250 per hour for an employed solicitor, and £469 per hour for a partner. Some of the costs which V claimed related to work done before the date on which the disputed notice requiring security was issued. Customs objected to the claim, contending that it was unreasonable to have incurred the costs of three lawyers and that the hourly charging rates of the solicitors' firm, and the partner in the accountancy firm, were unreasonable. They also contended that no costs should be awarded in respect of work done before the notice requiring security was issued. The tribunal upheld this contention, holding that its 'only jurisdiction is to award a sum of costs of and incidental to and consequent on the appeal'. Until Customs had made a decision against which an appeal could be lodged, there was no appealable matter so that costs incurred before then could not be costs of the appeal. The tribunal also held on the evidence that this was not 'a case which at any stage warranted the services of lawyers from two different firms', and observed that 'by the time the security notice was issued the accountancy firm were so firmly in charge of the proceedings that the services of the law firm partner were not reasonably warranted save and so far as specific research was required in order to assist the accountancy firm in the presentation of the case'. With regard to the charging rates, the tribunal held that the rate charged for the partner in the accountancy firm should not have exceeded £320 per hour (i.e. a basic rate of £200 per hour with a 60% mark-up), and that the rate charged by the solicitors' firm should not have exceeded £300 per hour. The result was that the tribunal awarded costs of £26,834 in respect of the work done by the accountancy firm and £3,600 in respect of the work done by the solicitors' firm. *VSP Marketing Ltd (No 3)*, [1995] VATDR 328 (VTD 13587).

[2.400] In May 1999 Customs issued an assessment on a company (S), charging tax of £31,709. In February 2000 they issued an amended notice of assessment, purporting to increase the assessment to £292,784. In April 2000 a VAT officer informed S that the February 2000 assessment was being withdrawn because it had not taken account of information which S had supplied in October 1999, and thus was not 'made in best judgment' (*sic*). S subsequently submitted a claim for costs of £21,207 in respect of work done by its accountants. In August 2000 Customs requested a detailed analysis of the claim. In March 2001 their Solicitor's Office rejected the claim. S appealed to the tribunal. The tribunal reviewed the evidence in detail and awarded costs on the indemnity basis in respect of the work done after August 2000, holding that Customs had acted unreasonably in seeking a detailed analysis of the claim to costs. *Security Despatch Ltd*, [2001] VATDR 392 (VTD 17313).

[2.401] A company (D) reclaimed significant amounts of input tax. Customs rejected the claims on the basis that the transactions were part of a 'carousel fraud'. D appealed. At the hearing of the appeal, Customs accepted that D 'was not itself a fraudulent trader, so that its involvement in the carousels, if such

[2.401] Appeals

they were, was innocent'. The tribunal allowed D's appeal. The tribunal also noted that D had to cease trading and make its employees redundant, and that Customs had persistently failed to agree convenient dates for the hearing of the appeal. Furthermore, Customs had made 'an untrue statement as the basis of an application to these tribunals to vary a direction with which, when the application was made, they could not possibly have complied'. The tribunal chairman observed that 'it is essential that these tribunals, including the supporting administrative staff, be able to rely on the word of those representing Customs in all matters concerned with taxpayers' appeals. If they cannot do so, and that would now appear to be in doubt, it bodes ill for the future professional relationship between Customs and the tribunals'. The tribunal concluded that Customs had failed 'throughout the appeal to deal with matters in accordance with the tribunal rules and its directions'. Accordingly the tribunal awarded costs to D on the indemnity basis. *Deluni Mobile Ltd (No 1)*, MAN/04/149 (VTD 19205). (*Note.* For a subsequent appeal by the same company, see **36.111** INPUT TAX.)

[2.402] Following a CA decision in 1996, a company (H) submitted a repayment claim on the basis that it should not have accounted for output tax. (The CA decision in question was subsequently overruled by the ECJ and HL—see *Primback Ltd*, **22.267** EUROPEAN COMMUNITY LAW.) Customs made the repayment, but subsequently issued an assessment under *VATA 1994, s 80(4A)* to recover the tax. H paid the sum assessed. However, following the CA decision in *DFS Furniture Co plc (No 2)*, **3.117** ASSESSMENT, H claimed a repayment on the basis that the assessments were invalid. Customs rejected the claim and H lodged a late appeal with the tribunal. Following further correspondence, Customs eventually decided not to oppose the appeal, and to make the repayment claimed. H applied to the tribunal for costs to be awarded on the indemnity basis. The tribunal granted the application, holding that there had been 'no justification' for Customs' delay in conceding the appeal. H had incurred substantial costs as a result of Customs having 'unjustifiably dragged out' the litigation. *Harrods (UK) Ltd*, LON/05/355 (VTD 19318).

[2.403] A finance company (F) used the standard partial exemption method to calculate its recoverable input tax. Customs issued an assessment on the basis that F should have made a 'standard method override' adjustment under *VAT Regulations 1995 (SI 1995/2518), reg 107B*. F appealed, accepting that an adjustment was required but contending that the assessment was excessive. On the second day of the hearing, the VAT officer responsible for the assessment was taken ill while being cross-examined, and the appeal was adjourned. Customs subsequently accepted that the assessment was excessive. The tribunal awarded costs to F on the indemnity basis, finding that 'admissions made by (the VAT officer) under cross-examination had undermined his calculations' and holding that 'in the administration of VAT it is incumbent on the Commissioners to facilitate so far as they reasonably can achievement of finality and certainty for a trader in the disputed area giving rise to an appeal to the tribunal'. In this case, 'more ought to have been done by the Commissioners to ensure that, however the instant litigation was decided, it would afford some certainty for the future VAT treatment of the appellant. As it is, having effectively won this litigation, the appellant is no further forward in respect of further potential standard method override disputes. This is an avoidable and unfair aspect of the outcome for the appellant and, in the tribunal's view, justifies the award of costs against the Commissioners on the indemnity basis.' *The Funding Corporation Ltd*, LON/04/932 (VTD 19525).

[2.404] In 2004 two companies made repayment claims under *VATA 1994, s 80* relating to overpayments of output tax on demonstrator cars. Customs rejected the claims and the companies appealed. After substantial delays, the appeals were set down for hearing by the tribunal in February 2007. On 31 January, shortly before the hearing, Customs agreed to accept the claims. The companies applied to the tribunal for costs to be awarded on the indemnity basis. The tribunal granted the applications, finding that there had been 'no apparent justification for the delay by the Commissioners settling this matter'. *Vauxhall Motors Ltd (No 2)*, LON/04/1618; *Saab Great Britain Ltd*, LON/04/1619 (VTD 20046).

[2.405] Following the CA decision noted at 36.97 INPUT TAX, the company (B) applied for indemnity costs. The CA directed that B should receive its costs on the indemnity basis with effect from 23 July 2009 (the date on which the company had made an offer under *Part 36* of the *Civil Procedure Rules*). Moses LJ observed that 'where a claimant's Part 36 offer is refused the claimant is compelled to continue in order to recover at least the sum for which the claimant is prepared to settle. In those circumstances it is to be expected that the Rule would acknowledge the predicament of a claimant whose only choice is either to abandon the appeal or to press on.' He held that 'the fact that HMRC was pursuing the appeal for the public good does not mean that (B), having maintained its success both before the Chancellor and this Court, should be regarded as an appropriate sacrificial lamb. If anyone should suffer as a result of HMRC's laudable persistence, it is the taxpayer at large, on whose behalf HMRC fought this particular appeal. It lost, and it is difficult to see why, in those circumstances, a particular trader which vindicated its rights to repayment of input tax should be deprived of the effect of its Part 36 offer.' He observed that 'the purpose of awarding costs on an indemnity basis and interest at an enhanced rate is not in order to penalise the claimant but is part of the culture of the CPR to encourage parties to avoid proceedings unless it is unreasonable for them to do otherwise'. *HMRC v Blue Sphere Global Ltd (No 3)*, CA [2010] EWCA Civ 1448; [2011] STC 547. (*Note*. For a further hearing with regard to the amount of the company's costs, see [2011] EWHC 90217 (Costs).)

Application rejected

[2.406] Customs refused to register a couple who provided fostering services, on the basis that they were not making any taxable supplies. The couple appealed. Customs subsequently withdrew their decision and agreed to pay the couple's costs. However, the couple applied to the tribunal for a ruling that Customs should pay their costs on the indemnity basis. The tribunal dismissed this application, holding that Customs had not acted unreasonably. The tribunal also ordered the couple to pay Customs' costs of £1,050 in respect of the hearing of the application. *KAJ & Mrs BM Fosberry*, LON/02/530 (VTD 19189).

[2.407] Appeals

[2.407] A university claimed a VAT repayment of more than £2,000,000, relating to the building of a laboratory. Customs rejected the claim on the grounds that the effect of *VATA 1994, Sch 4 para 5(4A)* (which was subsequently repealed by *FA 2007*) was that the tax was not reclaimable. The university appealed, contending that *Sch 4 para 5(4A)* was invalid under EC law. Shortly before the hearing of the appeal, Customs accepted the university's claim. The university applied for costs on the indemnity basis. The tribunal rejected this application, holding that Customs' conduct of the case had not been 'so unreasonable as to warrant a direction for indemnity costs'. Accordingly costs should be awarded on the standard basis. *Queen Mary University of London*, LON/07/794 (VTD 20960).

[2.408] A company (S) provided security personnel to the Saudi Arabian military attaché. In 2003 Customs issued an assessment charging tax on the supplies. S appealed, contending that the supplies were within *VAT (Place of Supply of Services) Order 1992 (SI 1992/3121), article 16*, so that for VAT purposes, they were made where the recipient belonged, and no UK VAT was due. Customs did not accept this contention until 2006, when they withdrew the assessment shortly before the hearing of the appeal. S applied for costs on the indemnity basis, contending that there had been a 'significant level of unreasonableness' in Customs' conduct, and that it had been 'objectively hopeless to resist the appeal'. The tribunal chairman observed that Customs' stance had been 'clearly wrong and it is surprising to put it at its lowest that it was maintained for so long'. However although Customs' stance had been 'unreasonable in that it was lacking in common sense', it had not been 'unreasonable to such a high degree as to justify an order for indemnity costs'. *Seymour Limousines Ltd*, LON/04/1217 (VTD 20966).

[2.409] The liquidator of a company (M) claimed an input tax credit of more than £900,000. HMRC rejected the claim and M appealed. After the appeal had been set down for hearing, HMRC lodged their skeleton argument, contending that the effect of *VAT Regulations 1995 (SI 1995/2518), reg 25(3)* was that the tax was not reclaimable. M accepted this argument and withdrew its appeal. However M lodged an application for indemnity costs, contending that HMRC had acted unreasonably by not putting this argument forward when they initially rejected the claim. The tribunal rejected this contention and dismissed the application. The tribunal observed that the claim had been 'improbable and unlikely', and that allowing the claim would have violated 'the principle of neutrality'. M's liquidator had spent money in pursuit of a claim that should have been 'dropped earlier had the strength of HMRC's case been revealed at that earlier date. The other side of the coin is that the liquidator chose to pursue the dud claim and to run up the fees because he had failed to spot that the claim was flawed. The skeleton argument from HMRC alerted the liquidator at the last minute to something he should have known all along. But the skeleton did not cause additional costs.' M's professional advisers 'should have recognised the weakness of their case at a much earlier time'. Accordingly M was not entitled to any costs, 'let alone indemnity costs'. *MG Rover Group Ltd (in liquidation)*, LON/06/997 (VTD 20871).

[2.410] In the case noted at **2.257** above, where HMRC had successfully applied to admit late evidence, the company applied for indemnity costs. The tribunal rejected this application, holding that there was no reason to award indemnity costs, and made an interim award of £5,000. *Earthshine Ltd v HMRC (No 2)*, [2010] UKFTT 314 (TC), TC00601.

[2.411] HMRC issued rulings that two shooting syndicates were required to register for VAT. They also issued assessments and imposed penalties. The syndicates appealed. HMRC subsequently accepted that the supplies by the syndicates qualified for exemption under *VATA 1994, Sch 9, Group 10*. The syndicates applied for costs on the indemnity basis. The tribunal rejected the applications. Judge Berner held that 'nothing in HMRC's conduct both before the taking of proceedings nor during the proceedings' had been 'unreasonable enough to merit an award of costs on the indemnity basis'. *Bowcombe Shoot v HMRC (and related appeal)*, [2011] UKFTT 64 (TC), TC00942.

[2.412] A Ltd made arranged for individuals known as 'property guardians' to occupy vacant properties owned by third party clients. These were tripartite arrangements involving property owners, A Ltd and the property guardians, with property guardians paying fees to A Ltd in return for a right to occupy the premises.

HMRC considered that supplies made by A Ltd to property guardians were not exempt lettings of immovable property. The appeal was determined in favour of A Ltd, following the withdrawal of the assessments by HMRC.

The appeal had been categorised as a complex case and the parties agreed that HMRC should pay A Ltd's costs. The issue was the basis on which the appellant's costs should be assessed. A Ltd contended that HMRC's conduct had been unreasonable to 'a high degree' so that it was outside the norm, and costs should be awarded on an indemnity basis, which was more generous to A Ltd, rather than on a standard basis. A Ltd pointed to the fact that HMRC had failed to address the evidence until a very late stage in the proceedings.

The First-tier Tribunal found however that the key substantive issue was the commercial reality of the arrangements with property guardians. This was a value judgment and 'different people could reach different conclusions'. Although the advice of HMRC's counsel had been that HMRC were likely to lose the appeal, their case was not hopeless. *Ad Hoc Property Management Ltd v HMRC*, [2019] UKFTT 315 (TC), TC07143.

High Court awarding costs to HMRC on indemnity basis

[2.413] In the case noted at 48.76 PAYMENT OF TAX, where a company (BT) had made an application for judicial review, Lightman J awarded costs to Customs on the indemnity basis, finding that BT had failed 'to lend proper attention to the factual basis on which the application was made', and had involved the court in a 'futile exercise'. *R (oao British Telecommunications plc) v HMRC*, QB [2005] STC 1148; [2005] EWHC 1043 (Admin).

[2.414] A company applied for a repayment of input tax of more than £2,000,000. HMRC rejected the claim on the grounds that it appeared that the transactions were connected with MTIC fraud. The company applied for judicial review, but withdrew its application during the course of the hearing. The QB awarded HMRC costs on the indemnity basis. Stadlen J observed that the company had pursued 'a claim for judicial review which the claimant accepts has no real prospect of success, and the fact that that was only openly

[2.414] Appeals

acknowledged in the context of a late, and, in my judgment, hopeless application to amend and adjourn, does not alter the fact that it is a matter that was there on the documents for all to see'. *R (oao Indigo Global Trading Ltd) v HMRC*, QB [2009] EWHC 3126 (Admin).

Miscellaneous

Costs when parties compromise

[2.415] A company (H) which carried on business as an optician treated 33% of its supplies as standard-rated and 67% as exempt. HMRC formed the opinion that H had understated the value of its standard-rated supplies, and issued an assessment charging tax of £68,723. H appealed, and following correspondence, the assessment was reduced to £49,396. H applied for costs, and also applied for a direction that the *VAT Tribunal Rules 1986 (SI 1986/590), rule 29* should apply to the proceedings rather than the *Tribunal Procedure (First-Tier Tribunal) (Tax Chamber) Rules 2009 (SI 2009/273), rule 10*. The tribunal rejected H's applications, applying the principles laid down by Warren J in *HMRC v Atlantic Electronics Ltd (No 3)*, **2.338** above. *AK Optical Ltd (t/a Hale Eyecare) v HMRC*, [2012] UKFTT 372 (TC), TC02056.

Court of Appeal imposing restrictions as to costs

[2.416] In the case noted at **3.91** ASSESSMENT, the QB found in favour of the appellant company (R), and Customs appealed to the CA. R applied to the CA for a ruling that the QB award of costs to R should not be disturbed, and that Customs should bear the costs of both parties in the CA. The CA rejected the application, holding that the costs of the appeal to the QB should follow the result of the appeal to the CA, in accordance with normal principles. Sir Thomas Bingham MR observed that the CA 'would not wish to countenance a general rule that tax-collecting bodies can only collect small sums of revenue at their own expense'. However, in the circumstances of the case the CA imposed a condition that Customs should not seek to disturb the award of costs to R in respect of the tribunal hearing, and that, if Customs' appeal to the CA was successful, each side should pay its own costs in respect of that appeal. *C & E Commrs v Le Rififi Ltd*, CA [1994] STC 383. (*Note*. The CA subsequently allowed Customs' appeal on the substantive issue.)

Appeal dismissed but costs awarded to appellant

[2.417] In the case noted at **67.131** VALUATION, the tribunal awarded costs to the unsuccessful appellant company (C), observing that C had been acting in accordance with a previous tribunal decision (see **62.264** SUPPLY) and that a VAT officer had advised C that she would not seek to assess for periods before 1998, but that despite this assurance, Customs had in fact issued assessments dating back to 1995. The chairman observed that the VAT officer who had decided not to issue retrospective assessments had been 'absolutely correct', and criticised her 'superior officers' for having 'reneged on the deal'. *Camberwell Cars Ltd (No 3)*, LON/00/303 (VTD 17566).

[2.418] In the case noted at **62.510** SUPPLY, the unsuccessful appellant company (S) applied for costs of more than £300,000, contending that HMRC had acted unreasonably in that the reasons given in their Skeleton Argument were significantly different from those given in their Statement of Case, and that it had only received HMRC's Skeleton Argument three days before the hearing of the appeal. The tribunal found that 'there was a material and substantive difference between HMRC's skeleton argument and its statement of case', but held that the amount claimed by S was excessive. The tribunal ordered that HMRC should pay S costs of £20,000 plus VAT. *Sumitomo Mitsui Banking Corporation Europe Ltd v HMRC (No 2)*, [2010] UKFTT 203 (TC), TC00505.

[2.419] See also *Elstead (Thursley Road) Recreational Trust*, 2.3 above, and *Law*, 3.173 ASSESSMENT.

HMRC verifying repayment claim before making repayment

[2.420] A company (L) submitted a claim for a repayment of £1,979,000. Customs wrote to L on 5 June, requesting clarification of its entitlement to the repayment. L provided the information which Customs had requested. On 12 July Customs agreed to repay £1,970,000 (ie £9,000 less than L had originally claimed). L subsequently applied for costs. The tribunal rejected the application, holding that there had been no 'appealable decision' and that Customs had been entitled to make enquiries before making the repayment. The tribunal observed that 'if the Commissioners need to know certain facts without which they would not be justified in making the repayment, it is only reasonable that they should be permitted to pursue them without finding that they have made an appealable decision not to repay'. *Lilac Property Services Ltd*, LON/01/1245 (VTD 17876).

HMRC failing to comply with directions by tribunal

[2.421] See also *Faccenda Chicken Ltd*, 2.124 above.

HMRC applying for set-off of costs against unpaid tax

[2.422] The tribunal awarded costs to a successful appellant company (X). HMRC had obtained a county court judgment against X for unpaid PAYE and NIC. They applied for the costs payable by them to be set against the tax payable to them. X opposed the application, contending that the court had no jurisdiction to make such a set-off. The Ch D rejected this contention and granted the application. *HMRC v Xicom Systems Ltd*, Ch D [2008] STC 3492; [2008] EWHC 1945 (Ch).

Former company director applying for costs against provisional liquidator

[2.423] In May 2002 a company was placed in provisional liquidation. Customs issued three VAT assessments on the basis that the company had been involved in substantial evasion of VAT and excise duty. The company appealed. In November 2002 a winding-up order was made (see **37.2** INSOLVENCY). The liquidator decided not to proceed with the appeals, and obtained a 'freezing order' under *Civil Procedure Rules 1998 (SI 1998/3132)* against the company's former director (F). F applied to the tribunal for a direction that the provisional liquidator should pay costs which the company

[2.423] Appeals

had incurred between May and November in relation to the appeals. The tribunal rejected this contention and dismissed the director's application, holding that he had no power to make an application for costs. The tribunal also observed that 'the position in a VAT appeal when a provisional liquidator is appointed is confused and unsatisfactory. Once a winding-up order is made, the assets including rights of appeal pass to the liquidator. Before then the rights do not automatically pass.' *N Forrester v RAJ Hooper (formerly provisional liquidator of Anglo-Breweries Ltd)*, LON/02/966 (VTD 18008).

Allocation of cases to categories—application for costs

[2.424] See *Capital Air Services Ltd v HMRC*, **2.115** above.

Costs where no appealable matter

[2.425] In a case concerning a company (B)'s right to recover input tax incurred when refurbishing its clubhouse, the First-tier Tribunal (FTT) decided that there was nothing for it to adjudicate upon; there was no appealable matter; and it had no jurisdiction to deal with the appeal. B accepted that decision but asked for an order for costs to be made in its favour. The FTT dismissed the application, recording that B had throughout its appeal been professionally advised and should have been aware of the lack of jurisdiction. The Upper Tribunal held that the FTT was amply justified in taking the view that HMRC had not behaved unreasonably; there is no question of the FTT having arrived at a perverse or unreasonable conclusion. B's appeal was dismissed. *Bedale Golf Club Ltd v HMRC*, [2014] UKUT 99 (TCC).

Failure to apply for a stay of proceedings

[2.426] F Ltd supplied the use of pitches and league management services for small competitive football matches. It had been accounting for VAT on the basis that the supplies were standard-rated, and following *Goals Soccer Centres plc v HMRC* (**41.162**, LAND), it had requested a repayment which had been denied by HMRC. It had appealed against the decision.

In the meantime, HMRC started a policy review of the VAT treatment of supplies of pitches and league management services which led to the issue of a *Revenue & Customs Brief* in February 2014 and the settlement of the appeal. F Ltd contended that HMRC should have applied for a stay of its appeal as soon as it was lodged on the basis that it was carrying out a review. Alternatively, HMRC should have informed F Ltd about the review and it would have applied for a stay. F Ltd was therefore applying for an award of costs.

In October 2013, HMRC had written to F Ltd, explaining their policy following the *Goals* decision and the First-tier Tribunal considered that the policy set out in the Brief published in February 2014 was not different to that set out in the October letter. Furthermore, *Goals* had involved two separate contracts whereas F Ltd had a single contract and its appeal was on the basis of a single exempt supply, or a single supply which was partly exempt and partly standard-rated.

The First-tier Tribunal also noted that the October letter ought to have been viewed as an invitation to enter into negotiations with HMRC about multiple supplies and apportionment and it was unfortunate that the appellants had not seen it as such – although they had eventually put the multiple supply argument forward when amending their statement of claim. HMRC had not acted unreasonably by not applying for a stay of proceedings while it conducted its review and the application for cost failed. *Football Mundial Ltd v HMRC*, [2016] UKFTT 736 (TC), TC05464.

The award of interest (VATA 1994, s 85A)

Applications under VATA 1994, s 84(8)

NOTE

VATA 1994, s 84(8) was repealed with effect from 1 April 2009 and replaced by *VATA 1994, s 85A*. The cases in this section should be read in the light of this change.

[2.427] In the case noted at **36.100** INPUT TAX, the tribunal allowed a company's appeal against the rejection of a repayment claim. HMRC made the repayment in 2011, with a repayment supplement under *VATA 1994, s 79*. The company applied to the tribunal for an award of interest under *VATA 1994, s 84(8)*. The tribunal dismissed the application, observing that *s 84(8)* had been repealed with effect from 1 April 2009, and that although the company had made its repayment claim before that date, the appeal had not been decided until after that date, so that *s 84(8)* no longer applied. *The Hira Co Ltd v HMRC (No 2)*, [2012] UKFTT 610 (TC), TC02287. (*Note*. The effect of *s 85A(5)* was that the company had no entitlement to interest under the current provisions.)

[2.428] On 13 April 2006 a company (G) submitted a VAT return for accounting period 03/06 in which it claimed a repayment of £8,444,651 in respect of input tax incurred on purchases of mobile phones. HMRC refused the claim on the ground that G knew or should have known that its transactions were connected with fraud. G appealed against that refusal. After being placed into administrative receivership, all of G's rights, interest and title in the appeal were assigned to another company (E). The First-tier Tribunal allowed the appeal, **36.99** INPUT TAX. The litigation was concluded in part by a consent order dated 18 July 2011 under which HMRC agreed to pay E £6,911,433.66 in respect of the repayment claim, plus a repayment supplement. Following a hearing in the High Court, **37.20** INSOLVENCY, HMRC were ordered to pay the balance of the repayment claim to E, which they did on 9 May 2012. E applied for an award of interest under *VATA 1994, s 84(8)*. The tribunal found that E had a right to interest under *s 84(8)* before 1 April 2009. That right was not affected by the repeal of *s 84(8)* by the *Transfer of Tribunal Functions and Revenue and Customs Appellants Order, SI 2009/56* with effect from that date. The *Interpretation Act 1978, s 16(1)* applied to preserve E's right to interest under *s 84(8)*, notwithstanding its repeal, in the absence of any contrary intention in *SI 2009/56*, and no such contrary intention could be discerned. This interpretation of *SI 2009/56* was supported by the conclusion that the removal of E's right to interest under s 84(8) with retrospective effect would be contrary to EU law. E was entitled to interest under s 84(8) from 28 April 2006 until 21 July 2011 in respect of £6,911,434 and from 28 April 2006 until 9 May 2012 in respect of £1,533,217 at the Bank of England base rate plus 1.75% calculated on the simple basis (less a deduction for the repayment supplement). Although the tribunal could and must direct that interest under s 84(8) should be calculated on a compound basis where that was required in order to provide an adequate indemnity, simple interest at an appropriate rate would provide an adequate indemnity in this case. *Emblaze Mobility Solutions Ltd v HMRC*, [2014] UKFTT 679 (TC), TC03801.

Whether interest may be compounded

[2.429] In a Scottish case where the substantive issue has been overtaken by changes in the legislation, the successful appellant company (M) applied for interest to be awarded at 2.5% over the base rate of the Bank of Scotland, compounded quarterly. Customs accepted the rate as reasonable, but objected to the compounding of the interest. The tribunal allowed M's application, observing that 'where the taxpayer can show the specific amount which it has cost him in interest due to the non-payment of input tax', he was 'entitled to an award at least approximating to that loss'. The compounding of the interest was reasonable and appropriate. *Margrie Holdings Ltd*, EDN/85/69, February 1992 unreported. (*Note*. See now, however, the subsequent Ch D decisions in *HMRC v Royal Society for the Prevention of Cruelty to Animals*, **2.430** below, and *HMRC v Totel Ltd*, **2.431** below.)

[2.430] A charity appealed against the rejection of a repayment claim. Customs subsequently agreed that a repayment was due, and made the repayment, together with repayment supplement under *VATA 1994, s 79*. The charity applied for interest under *VATA 1994, s 84(8)*. The tribunal directed that interest under *s 84(8)* should be paid at 4.3%. Customs appealed to the Ch D. Lawrence Collins LJ held that, in awarding interest, 'the overriding principle is that interest should be awarded to the claimant not as compensation for the damage done but for being kept out of money which ought to have been paid to him'. The conventional practice in commercial cases was 'to award simple interest at base rate plus 1%'. *VATA 1994, s 84(8)* 'should not be judicially interpreted to include the power to award compound interest'. On the evidence, the tribunal appeared to have sought 'to achieve the same effect as an award of compound interest by increasing the rate of simple interest payable to reflect compound rates'. This had been 'an error of principle'. *HMRC v Royal Society for the Prevention of Cruelty to Animals (No 2)*, Ch D 2007, [2008] STC 885; [2007] EWHC 422 (Ch).

[2.431] A company submitted VAT returns which claimed substantial repayments. Customs delayed repayment in order to investigate the possibility that the relevant transactions had formed part of a 'carousel fraud'. Subsequently they accepted that repayment was due. The tribunal ordered Customs to pay compound interest at 3% above base rate, from 30 days after the date on which they received the relevant return. Customs appealed to the Ch D, contending that the tribunal had been wrong to award compound interest. The

The award of interest (VATA 1994, s 85A) [2.436]

Ch D accepted this contention and allowed Customs' appeal. Lawrence Collins LJ held that *VATA 1994, s 84(8)* 'should not be judicially interpreted to include the power to award compound interest' and that 'Community law does not require the award of compound interest'. *HMRC v Totel Ltd*, Ch D 2007, [2008] STC 885; [2007] EWHC 422 (Ch). (*Note.* The Ch D heard the case with *HMRC v Royal Society for the Prevention of Cruelty to Animals*, **2.430** above.)

[2.432] Five companies which traded as car dealers had accounted for output tax on sales of 'demonstrator cars' on which input tax had been 'blocked' and which should have been treated as exempt (applying the ECJ decision in *EC Commission v Italian Republic*, **22.395** EUROPEAN COMMUNITY LAW) and on payments from manufacturers which should have been treated as discounts on the sale price of the cars (applying the ECJ decision in *Elida Gibbs Ltd*, **22.259** EUROPEAN COMMUNITY LAW). HMRC made the repayments, together with simple interest under *VATA 1994, s 78*. The companies appealed to the Upper Tribunal, contending that the effect of the HL decision in *CIR v Sempra Metals Ltd*, HL [2007] STC 1559 was they were entitled to compound interest. The Upper Tribunal dismissed the appeals, holding that they were out of time, and that there were insufficient grounds for extending the statutory time limit. The CA allowed the companies' appeal against this decision (by a 2-1 majority, Etherton LJ dissenting), but without deciding the substantive question of whether the companies were entitled to compound interest. At a subsequent hearing, the CA accepted HMRC's contention that the proceedings should be stayed pending the ECJ decision in *Littlewoods Retail Ltd v HMRC (and related applications) (No 2)*, **22.658** EUROPEAN COMMUNITY LAW. *John Wilkins (Motor Engineers) Ltd v HMRC (and related appeals)*, CA [2011] EWCA Civ 429; [2011] STC 1371.

[2.433] In 1999 a bank claimed a substantial repayment of input tax. In 2001 Customs made the repayment, with interest. In 2011 the bank submitted a claim that the interest should have been compounded. HMRC rejected the claim on the grounds that it had been made outside the statutory three-year time limit. The tribunal dismissed the bank's appeal against this decision. Judge Geraint Jones observed that 'it is an important principle of law that there should be finality to litigation'. *National Bank of Kuwait (International) plc v HMRC*, [2012] UKFTT 345 (TC), TC02031.

[2.434] In the case noted at **22.290** EUROPEAN COMMUNITY LAW, the First-tier Tribunal directed that there should be a reference to the ECJ on the question of whether interest should be compounded. The Upper Tribunal dismissed HMRC's appeal against this decision, but following the ECJ decision in *Littlewoods Retail Ltd v HMRC*, **22.658** EUROPEAN COMMUNITY LAW, the ECJ ordered that the case should be remitted to the First-tier Tribunal for reconsideration in the light of that decision. *HMRC v Grattan plc (No 6)*, ECJ Case C-606/11; 2 October 2012 unreported.

[2.435] See also *FJ Chalke Ltd v HMRC*, **48.145** PAYMENT OF TAX.

[2.436] L Ltd distributed catalogues to customers and sold goods shown in the catalogues. It employed agents, who it paid a 10% commission in cash, or a 12.5% commission in kind (ie in the form of goods normally sold by L Ltd). Between 1973 and 2004, it accounted for VAT on supplies made to their

[2.436] Appeals

agents, as commission paid in kind, on the basis that the taxable amount of those supplies was reduced by the enhancement in the commission, 2.5%. However, the taxable amount of the supplies should have been reduced by the entire 12.5% which constituted the agents' commission. L Ltd submitted a repayment claim under *VATA 1994, s 80* and between 2005 and 2008, HMRC repaid £205 million as well as simple interest under *s 78*, amounting to £268 million.

The issue was whether L Ltd was also entitled to compound interest under common law, totalling £1.25 billion, following the CJEU's decision in *Littlewoods Retail Ltd v HMRC,* **22.658** EUROPEAN COMMUNITY LAW.

The first question was whether the Court of Appeal had been correct to hold that L Ltd's claims were excluded by *VATA 1994, ss 78* and *80*, regardless of EU law. L Ltd argued that *s 78* provides a statutory right to interest, which is of a residual character, and leaves common law claims unaffected. Like the lower courts before it, the Supreme Court found that *s 78* is inconsistent with the availability of concurrent common law claims to interest, and must therefore be interpreted as impliedly excluding such claims.

The CJEU had endorsed a general entitlement to interest, but had left it to Member States to determine whether compound interest should be paid to provide an 'adequate indemnity'. The second question was therefore whether HMRC should reimburse in full the use value of the money, which over an exceptionally long period of time L Ltd had paid by mistake. The Supreme Court found that there was no requirement in the CJEU's jurisprudence that the value which the Member State, by the award of interest, places on the use of money, should make good in full the loss which a taxpayer has suffered by being kept out of his money. It added that, consistently with a widespread practice among member states of the EU, the UK had treated the award of simple interest as an appropriate remedy for being held out of money over time whether the claimant was HMRC or a taxpayer. L Ltd was not entitled to compound interest on the repayment of VAT wrongly paid. *Littlewoods Retail Ltd and others v HMRC,* [2017] UKSC 70.

Whether interest payable under VATA 1994, s 78 or s 84

[2.437] Until 1993, Customs required car dealers, in accounting for VAT, to reduce the purchase price of cars which they had purchased by the amount of any refund of the relevant road fund licence. They subsequently accepted that this requirement had been incorrect, and made repayments to four dealers with interest under *VATA 1994, s 78*. The dealers appealed to the Edinburgh tribunal, contending that they should have been entitled to compound interest under *VATA 1994, s 84(8)* rather than to simple interest under *VATA 1994, s 78*. The tribunal rejected this contention and dismissed the appeals, holding that *VATA 1994, s 84(8)* was inapplicable. The tribunal observed that 'the purpose of *s 84(8)* was to empower the tribunal, on proof of the exceptional circumstances in *s 84(8)(b)* or if consequently upon a determination that a payment or deposit had to be made before the appeal could be entertained and the taxpayer had to either borrow money or incur costs or lose the benefit of funds which he should not have lost, that the tribunal had a very wide

The award of interest (VATA 1994, s 85A) **[2.442]**

discretion in the interests of justice to make such an award by way of interest as was appropriate in the circumstances'. The tribunal also held that 'compounding interest unless specifically sanctioned by Statute would be a most unusual course to follow'. The fact that the appellants had incurred overdraft interest was not conclusive. *Peoples Bathgate & Livingston Ltd*, EDN/93/260; *John Martin Holdings Ltd*, EDN/93/262; *Goulds of Glasgow*, EDN/94/22; *Peoples Liverpool Ltd*, EDN/96/20 (VTD 14264).

[2.438] The decision in *Peoples Bathgate & Livingston Ltd*, **2.437** above, was applied in the similar subsequent case of *Seaton Sands Ltd & Others*, LON/95/2609 (VTD 15381).

[2.439] The decision in *Peoples Bathgate & Livingston Ltd*, **2.437** above, was not followed in a subsequent case in which a company (B) had submitted a repayment claim in December 1996 and Customs had not made the repayment until July 1997. Customs subsequently made a payment of repayment supplement under *VATA 1994, s 79*. B claimed a further payment of interest under *VATA 1994, s 84(8)*. Customs rejected this claim on the basis that the effect of *VATA 1994, s 78(2)* was that no further payment of interest was due. The tribunal allowed B's appeal, holding that 'the words of *s 78* make it clear that it is subordinated to claims for interest under other sections' and that 'interest claimed under *s 84* prevails over an interest claim under *s 78*'. The tribunal observed that repayment supplement was 'not a payment in lieu of interest' but was 'a penalty on Customs for refusing to pay that which was due'. The tribunal directed that the company should be paid simple interest at 8% for the period from January to March 1997 and at 6% from April to July 1997 (the rates applied for). *Bank Austria Trade Services Gesellschaft mbH*, EDN/97/39 (VTD 16918).

[2.440] The decision in *Bank Austria Trade Services Gesellschaft mbH*, **2.439** above, was applied in the similar subsequent case of *Offshore Hydrocarbon Mapping plc*, EDN/05/24 (VTD 19438).

[2.441] See also *National Galleries of Scotland*, **48.93** PAYMENT OF TAX.

Claim to interest under Supreme Court Act 1981, s 35A

[2.442] A company (E) claimed a VAT repayment of more than £5,000,000. Customs initially informed E that they intended to set this amount against an assessment, against which E had appealed. Following correspondence, they agreed to make the repayment claimed, together with interest under *VATA 1994, s 78* (the rate of which, at the relevant period, ranged from 2% to 3%, in accordance with *Air Passenger Duty and other Indirect Taxes (Interest) Rate Regulations 1998 (SI 1998/1461), reg 5*). E applied for judicial review, contending that it was entitled to interest under *Supreme Court Act 1981, s 35A*, and that the rate of interest should be 8%. The QB held that in principle E was entitled to interest under *Supreme Court Act 1981, s 35A(3)*, but that there was no justification for awarding interest at 8%. The rates of interest laid down by *VATA 1994, s 78* were not 'so materially out of step with current commercial rates' as to be unjust, and the interest to be awarded under *Supreme Court Act 1981, s 35A(3)* should be at the same rates as would have

[2.442] Appeals

been awarded under *s 78*. *R (oao Elite Mobile plc) v C & E Commrs*, QB 2004, [2005] STC 275; [2004] EWHC 2923 (Admin).

[2.443] A company (M) submitted two VAT returns claiming substantial repayments. Customs delayed repayment in order to investigate the possibility that the relevant transactions had formed part of a 'carousel fraud'. Subsequently they accepted that a repayment was due. The QB held that M was entitled to interest under *Supreme Court Act 1981, s 35A* at 7% (ie 2.5% above base rate). Collins J held that since the transactions in question were commercial transactions, the award of interest should 'reflect the cost of borrowing the sums which have not been paid'. With regard to the date from which interest should run, a reasonable period was needed to enable Customs to investigate the claims. That would amount to 30 days in respect of these two returns, and 16 days for subsequent returns. *R (oao Mobile Export 365 Ltd) v HMRC*, QB [2006] STC 1069; [2006] EWHC 311 (Admin). (*Note*. For a subsequent appeal involving the same company, see **2.130** above.)

Miscellaneous—appeals

Reference to the CJEU

[2.444] This was a joint application by C, a charity, and HMRC, for an order that a reference be made to the CJEU for a preliminary ruling. The First-tier Tribunal had dismissed C's appeal against HMRC's ruling that supplies in the course of construction of a conference hall used by C for its activities were not zero-rated.

The Upper Tribunal first noted that it was for the referring tribunal to determine whether it required the guidance of the CJEU and that the fact that the parties were agreed that a reference should be made, whilst a factor that must be carefully considered, was not determinative of the need for a reference. Under *TFEU, Article 267*, a question should be referred to the CJEU only if a decision on it was necessary in order that the referring tribunal could give judgment. The Upper Tribunal therefore considered that for a reference to be made, it needed to be satisfied that a tribunal would not be able to resolve the relevant issues with complete confidence.

Having reviewed each of the relevant issues as well as the body of European jurisprudence relating to them, it concluded that that 'it was more likely than not' that the tribunal hearing the substantive appeal would be able with complete confidence to decide the answers. The Upper Tribunal therefore declined to make a reference to the CJEU. *Capernwray Missionary Fellowship of Torchbearers v HMRC (No 2)*, [2015] UKUT 368 (TCC), UT/2014/0088.

Admissibility of evidence

[2.445] D LLP had applied for permission to admit expert evidence on the insurance industry practice and regulation of payment protection insurance ('PPI') mis-selling. The issue in the substantive appeal was whether services which D LLP provided to a loan provider in relation to PPI policies, which the loan provider had sold, fell within the exemption for relevant related services performed by insurance brokers and agents under *VATA 1994, Sch 9, Group 2, Item 4*.

The expert evidence was a report by a chartered intermediary and a fellow of the Chartered Insurance Institute which, in D LLP's submission, explained the complex regulatory framework applicable to insurance contracts. HMRC argued that the report gave views on the law and on interpretation of contract, which were contested issues and as matters of law were for submission, and that it sought to answer the very questions of VAT law, which it was for the tribunal to decide.

Having reviewed the case law, the First-tier Tribunal made the following four points. Relevant evidence should be admitted unless there are compelling reasons not to. An expert's evidence of opinion is admissible because it is the product of a special expertise, which the tribunal does not possess, or even if it does, which is not its function to apply. Expert reports are not rendered inadmissible because they refer to legislation, matters of law or indeed the very issue before the tribunal. Finally, even if reports contain inadmissible expert evidence of fact they can be admitted and should be admitted without requiring excision.

Agreeing with HMRC, the First-tier Tribunal found that the report contained contested matters of law, which were more efficiently addressed through submission rather than expert evidence. It added that the difficulty with simply excising the matters appropriate for legal submission and leaving the remainder was 'with the coherence of explanation and usefulness to the tribunal of what would remain of the report'. The tribunal therefore rejected admission of those sections of the report which contained matters more appropriate for legal submission but permitted D LLP to serve evidence covering the matters of fact that would otherwise be lost. *Deloitte LLP v HMRC*, FTT [2016] UKFTT 479 (TC), TC05231.

[2.446] This was an appeal against a case management decision of the Upper Tribunal which related to a group of conjoined appeals. The first group ('the Invalid Invoice Appeals') arose from HMRC's refusal to allow I Ltd to deduct VAT allegedly paid by it in relation to taxable supplies to it of mobile phones on the ground that the relevant VAT invoices did not comply with the *VAT Regulations 1995 (SI 1995/2518), reg 14(1)(g)(h)*. In particular, the invoices did not contain a sufficient description of the goods and of the quantities. Although the invoices did contain a description, HMRC contended that none of the alleged supplies could have occurred because at the relevant time either none, or an insufficient number of, the types of phone described had been manufactured and put onto the market.

The second group, ('the Zero Rated Appeals'), arose from the refusal of HMRC to allow I Ltd to zero rate its own supplies of mobile phones, on the basis that they were exported* to another Member State, on the ground that there had actually been no such export. HMRC's case and evidence was that the export documents were unreliable as they had been issued by a notoriously fraudulent freight forwarding agent, MT.

[2.446] Appeals

In relation to the Invalid Invoice Appeals, HMRC had served a witness statement from one of their case officers which sought to prove criminal convictions of various named individuals for conspiracy and cheating the public revenue in connection with the supply of mobile phones, some of whom were said to be beneficially interested in, or involved in the management of one of I Ltd's suppliers of mobile phones. The Court of Appeal found that this statement was 'manifestly irrelevant; it sought to prove certain convictions of fraud without any connection with the transactions at issue and did not advance HMRC's case that mobile phones of the types identified in the relevant invoices could not have been available in the market in sufficient quantities for there to have been genuine supplies to which the invoices related.' This part of the appeal was therefore dismissed.

As for the Zero-rated Appeals, the Court of Appeal noted that HMRC's evidence relating to MT did not, on its own, expressly or by any necessary implication, contain any allegation of participation in or knowledge of fraud, bad faith or failure to take reasonable steps by I Ltd. The Court of Appeal therefore rejected the argument that HMRC was also trying to prove a case of misconduct by I Ltd. The First-tier Tribunal had struck out the MT evidence because it regarded it as being deployed not for the purpose of challenging the reliability of consignment documents issued by MT, but for the purpose of proving a positive case that I Ltd had not acted in good faith, which HMRC had declined to plead.

The Court found however that it could not be an objection to the deployment of evidence in support of a positive case that did not allege fraud or misconduct against a party to proceedings, that the same evidence was supportive of such a case, merely because that additional case was not being pursued. The MT evidence was plainly supportive of a positive case that no real reliance could be placed on consignment documents issued by MT as evidence of export. *HMRC v Infinity Distribution Ltd (In Administration)*, CA [2016] EWCA Civ 1014.

*The Court used the term 'export' rather than 'dispatch' despite the fact that the transaction clearly related to an intra-Community movement.

Implication of HMRC's failure to exercise its discretion

[2.447] Both the First-tier Tribunal and the Upper Tribunal had held that HMRC's failure to consider exercising their discretion under the *VAT Regulations 1995 (SI 1995/2518), reg 29(2)* to accept, in the absence of proper self-billing invoices, alternative evidence in support of input tax deductions, was unreasonable. However, disagreeing with the First-tier Tribunal, the Upper Tribunal had held that the First-tier Tribunal should not have allowed the appeal but should have directed HMRC to exercise its discretion in relation to the relevant material. The Upper Tribunal therefore allowed HMRC's appeal and remitted the matter to the First-tier Tribunal. The taxpayer challenged this decision, contending that once it was established that HMRC had acted unreasonably, the taxpayer's appeal should have been allowed.

The Court noted that the relevant decision was a failure by HMRC to consider the exercise of their discretion and that on the findings of fact by the First-tier Tribunal, HMRC could not have suggested that, if they had properly considered or re-considered the exercise of their discretion under *reg 29*, they would have inevitably come to the same result and refused to allow the credit for the input tax. The Court concluded that once the earlier decision to raise the assessment had been found to be flawed, the appeal against the assessment should have been allowed, the assessment should have been discharged and HMRC 'if they were so minded and entitled' should have started again. *GB Housley Ltd v HMRC*, [2016] EWCA Civ 1299, [2016] All ER (D) 110 (Dec).

Financial extremity application (VATA 1994, s 85B)

[2.448] The First-tier Tribunal had found that the standard rate applied to supplies of lift passes by S Ltd, which operated a snow dome (see **22.83** EUROPEAN COMMUNITY LAW). S Ltd had then obtained permission to appeal to the Upper Tribunal.

S Ltd had not paid any of the disputed VAT before appealing the assessments made by HMRC. HMRC decided (on an application to it) that to require the payment of the VAT would cause hardship to the applicant. However, following the First-tier Tribunal's decision, the effect of *VATA 1994, s 85A(3)* was that S Ltd was now required to pay the amount of VAT that the First-tier Tribunal had determined to be payable. But, *s 85B* entitled S Ltd to apply to HMRC for a decision to stay the requirement to pay where the decision was the subject of a further appeal. HMRC decided that to pay the whole amount (over £450,000) might cause financial extremity but considered that a lesser amount of £300,000 should be paid in instalments.

The issue was whether 'financial extremity', as required by *s 85B*, would result from the payment of the VAT. It was accepted that 'financial extremity' is a more onerous test to satisfy than 'hardship'. The Upper Tribunal also noted that 'the statutory question is more nuanced than what would otherwise be a binary choice of viewing a financial state of affairs (financial extremity or not): the question is whether the circumstances are such that financial extremity "might be reasonably expected" to result from HMRC's decision.'

In the Upper Tribunal's view, the critical issue was the extent to which (if at all) it was reasonable, before the determination of the substantive appeal, to expect steps to be taken so that S Ltd was in a position to meet some or all of the liability to pay the disputed VAT without financial extremity resulting. The Upper Tribunal found that if S Ltd had taken the necessary steps to make the £300,000 payment demanded by HMRC, its accounts would have showed a 'significant deficit' which would have constituted 'financial extremity'. The Upper Tribunal found however that the company could pay £155,000 without facing 'financial extremity' and it replaced the amount demanded by HMRC with this lower amount. *Snow Factor Ltd v HMRC*, [2019] UKUT 77 (TCC).

Alternative Dispute Resolution

[2.449] A trust registered as a charity operated several schemes under which supporters made payments to the Trust and received a range of benefits. In July 2013, the Trust and HMRC held an Alternative Dispute Resolution ('ADR')

[2.449] Appeals

meeting about the schemes. The First-tier Tribunal agreed with the parties that it had jurisdiction to decide the following substantive issues:

- whether the documents exchanged at the end of the ADR meeting formed a contract;
- if so, whether the contract was void, either because HMRC had made a unilateral mistake or because it was ultra vires on the basis that it did not reflect the legal position under VAT law.

On the first issue, the First-tier Tribunal found that the document exchanged at the end of the ADR meeting had 'clearly been intended by the parties to be a binding contract'. The First-tier Tribunal referred in particular to the opening statement of the document: 'this document records the agreement reached by close of discussions on 31 July 2013'. The Tribunal commented that it was not possible for HMRC 'to go behind the words of the document' to which both parties had agreed. It also referred to a letter from HMRC stating: 'HMRC accept that there is an ADR agreement in place . . . '. The First-tier Tribunal added that the lack of term as to the duration of the agreement did not prevent the agreement from existing.

HMRC also contended that if the First-tier Tribunal found that the parties had made a binding contract, and the meaning of the words were those contended for by the Trust, then (a) the contract contained a mistake, and (b) the Trust knew, or ought reasonably to have known, that HMRC did not intend to agree to those terms. The First-tier Tribunal observed that the HMRC officer had made extensive changes to the document, including clarificatory amendments, yet no changes had been made to the disputed paragraph. The First-tier Tribunal concluded that the Trust had 'no reason to suppose the existence of a mistake'. The contract was not void because of a unilateral mistake.

Finally, HMRC contended that the contract was ultra vires because it was a 'forward or future agreement'. Referring to case law, the First-tier Tribunal considered that HMRC only have the power to make forward agreements of two types; those for which a specific vires is given by Parliament and published extra-statutory concessions.

The Tribunal observed that contracts between individual taxpayers and HMRC which prevent HMRC from applying a taxing provision (other than in circumstances where the reason for that concession is for the purpose of HMRC's overall task of collecting taxes) are ultra vires, and a change of position by HMRC can only be challenged by judicial review. The only way for the trust to challenge HMRC's change of position was therefore by judicial review action on the ground of legitimate expectation. *The Serpentine Trust Ltd v HMRC*, [2018] UKFTT 535 (TC), TC06719.

3

Assessment

The cases in this chapter are arranged under the following headings.

Whether assessment made to best of Commissioners' judgment (VATA 1994, s 73(1))	
Cases where the assessment was upheld	**3.1**
Cases where the appellant was partly successful	**3.20**
Cases where the appellant was successful	**3.25**
Time limit for assessment (VATA 1994, s 73(6))	
Whether assessment made within two years of end of accounting period (*VATA 1994, s 73(6)(a)*)	**3.40**
Whether assessment made within one year of 'evidence of facts' (*VATA 1994, s 73(6)(b)*)	**3.47**
Whether assessment issued within four-year time limit (*VATA 1994, s 77(1)*)	**3.90**
Whether twenty-year time limit applicable (*VATA 1994, s 77(4)*)	**3.105**
Supplementary assessments (*VATA 1994, s 77(6)*)	**3.116**
Assessments for overpayments (*VATA 1994, s 78A(2)*)	**3.117**
Assessment where purchases cannot be reconciled with sales (VATA 1994, s 73(7))	**3.119**
The validity of the assessment	
Cases where the assessment was upheld	**3.120**
Cases where the appellant was successful	**3.144**
The amount of the assessment	**3.155**
Miscellaneous—assessment	**3.180**

CROSS-REFERENCE

For partnership assessments see 47.1 PARTNERSHIP *et seq*.

Whether assessment made to best of Commissioners' judgment (VATA 1994, s 73(1))

Cases where the assessment was upheld

Court decisions

[3.1] Customs issued an estimated assessment, covering a three-year period, on a publican. He appealed, contending that the assessment had not been made to the best of the Commissioners' judgment, because it was based on a sample period of only five weeks. The tribunal rejected this contention and upheld the assessment in principle, but reduced the amount of the assessment to allow for theft of stock. The QB upheld the tribunal decision. Woolf J held that Customs should 'fairly consider all material placed before them and, on that material, come to a decision which is one which is reasonable and not arbitrary as to the

[3.1] Assessment

amount of tax which is due. As long as there is some material on which the Commissioners can reasonably act, then they are not required to carry out investigations which may or may not result in further material being placed before them'. Applying *dicta* of Lord Donovan in *Argosy Co Ltd v Guyana Commissioner of Inland Revenue*, PC [1971] 1 WLR 514, 'once a reasonable opinion that liability exists is formed, there must necessarily be guess-work at times as to the quantum of liability'. Furthermore, the fact that the original assessment had not made any allowance for pilferage did not render it invalid or unreasonable. *CPM Van Boeckel v C & E Commrs*, QB 1980, [1981] STC 290; [1981] 2 All ER 505.

[3.2] Customs issued an estimated assessment on a restaurant proprietor (S). The assessment had been computed by assuming that the average mark-up on sales of drinks was 130%, and that takings from sales of drinks were 12% of total takings. S appealed, contending that the assessment had not been made to the best of the Commissioners' judgment. The tribunal rejected this contention and dismissed the appeal, and the CS upheld this decision. *SY Seto v C & E Commrs*, CS 1980, [1981] STC 698.

[3.3] Customs issued an estimated assessment on two publicans, computed on the basis of an average mark-up of 67% on drink and 100% on sales of food. The publicans' accountant had informed a VAT officer that the publicans had made supplies of accommodation, and an estimated figure of receipts from accommodation was also included in the assessment. The publicans appealed, contending that the mark-up used in the assessment was excessive and that they had ceased to make supplies of accommodation before the start of the period covered by the assessment. The tribunal allowed their appeal in part, accepting the mark-up of 100% on sales of food but directing that the assessment be recomputed on the basis that the average mark-up on sales of drink was 62%, and that the estimate for supplies of accommodation should be reduced to nil. The result was that the tax charged by the assessment was reduced from £25,372 to £19,345. The QB upheld the tribunal decision, holding that the assessment had been made to the best of the Commissioners' judgment. *C & GP Holder v C & E Commrs*, QB [1989] STC 327.

[3.4] A trader (S) carried on a clandestine business of manufacturing and selling counterfeit cassettes. He did not register for VAT and kept no accounting records. Customs issued assessments, and S appealed, contending that they were not to the best of the Commissioners' judgment. The tribunal rejected this contention and the QB dismissed S's appeal. Simon Brown J observed that 'in a case of this sort where the taxpayer's dishonesty deprives the Commissioners of most of the critical information needed for a proper assessment', there was 'a wide bracket represented at the top end by the very most which could possibly be payable'. There was 'no possible reason why the Commissioners should decide on some figure beneath the upper end of the bracket'. *M Spillane v C & E Commrs*, QB 1989, [1990] STC 212. (*Note.* For another issue in this case, see 3.53 below.)

[3.5] Customs issued an estimated assessment on the proprietors of a restaurant, covering a five-year period. The assessment was based on a review of the restaurant's records for a period of three months, and computed by applying a weighted mark-up (of 163.07%) to sales of drinks and treating sales of drinks as 30.95% of total sales. The tribunal dismissed the proprietors' appeal and the CS upheld this decision, holding that the assessment had been made to the best of the Commissioners' judgment. *A & B Farnocchia v C & E Commrs*, CS [1994] STC 881.

[3.6] Customs issued an estimated assessment on a couple who operated a fish and chip shop. The couple appealed, admitting that they had suppressed some of their takings but contending that the assessment was excessive and had not been made to the best of the Commissioners' judgment. The tribunal reviewed the evidence in detail and upheld the validity of the assessment but directed that the amount of the assessment should be reduced. The CA upheld this decision, holding that the tribunal had been entitled to find that the assessment had been made to the best of the Commissioners' judgment, notwithstanding that the amount of the assessment had been reduced. The tribunal had not misdirected itself and its decision was a finding of fact with which the court could not interfere. *M & A Georgiou (t/a Mario's Chippery) v C & E Commrs*, CA [1996] STC 463. (*Note.* An appeal against a penalty was also dismissed— see **50.116** PENALTIES: EVASION OF TAX and **34.1** HUMAN RIGHTS.)

[3.7] Customs issued estimated assessments on the proprietor of a fish and chip shop, covering accounting periods from December 1993 to August 1995. In computing the last of these assessments, the officer responsible for the assessment inadvertently included purchase invoices from the period from 1 September 1995 to 11 September 1995. The proprietor appealed, contending that this error meant that the assessment had not been made to the best of the Commissioners' judgment. The tribunal rejected this contention and upheld the validity of the assessment while reducing it in amount. The proprietor appealed to the QB, which upheld the tribunal decision. Burton J observed that 'the only legitimate grievance that the appellant could have had was that 11 days' worth of purchases were included which should not have been, and that grievance was removed by the tribunal'. *G Ahmed (t/a Lister Fisheries) v C & E Commrs*, QB [1999] STC 468.

[3.8] In the case noted at **2.285** APPEALS, Carnwath J held that a tribunal should not treat an assessment as invalid merely because it disagreed as to how the Commissioners' judgment should have been exercised. An assessment should only be held to fail the 'best judgment' test of *s 73(1)* where it had been made 'dishonestly or vindictively or capriciously', or was a 'spurious estimate or guess in which all elements of judgment are missing', or was 'wholly unreasonable'. Short of such a finding, there was no justification for setting aside an assessment. Carnwath J observed that 'it is only in a very exceptional case that an assessment will be upset because of a failure by the Commissioners to exercise best judgment. In the normal case the important issue will be the amount of the assessment.' *MH Rahman (t/a Khayam Restaurant) v C & E Commrs (No 1)*, QB [1998] STC 826. (*Note.* For subsequent developments in this case, see **3.9** below.)

[3.9] Following the decision noted at **3.8** above, a new tribunal reheard the appeal and reduced the assessment from £17,249 to £7,683. The trader (R) lodged a further appeal to the Ch D and the CA, contending that the tribunal decision was unreasonable, and that the reduction in the amount of the assessment indicated that the original assessment had not been made to the best of the Commissioners' judgment. The Ch D and CA unanimously rejected this contention and dismissed R's appeal. Chadwick LJ held that, although there had been errors in the computation of the assessment, it had been 'an honest and genuine attempt to make a reasoned assessment of the VAT payable'. Accordingly, it had still been made to the best of the Commissioners' judgment. *MH Rahman (t/a Khayam Restaurant) v C & E Commrs (No 2),* CA 2002, [2003] STC 150; [2002] EWCA Civ 1881.

[3.10] Customs issued an estimated assessment on a couple who operated a fish and chip shop. They appealed, contending that the assessment had not been made to the best of the Commissioners' judgment. The tribunal rejected this contention and dismissed their appeal, finding that the wife had acted dishonestly. The Ch D upheld this decision as one of fact (and held that Customs had been entitled to register the couple from 1 October 1991). *MA & JS Henderson (t/a Tony's Fish and Chip Shop) v C & E Commrs,* Ch D 2000, [2001] STC 47.

[3.11] The Commissioners issued an estimated assessment on a retailer. The tribunal upheld the assessment, and the Ch D upheld this decision as one of fact. *JP Cunningham v C & E Commrs,* Ch D [2001] STC 736.

[3.12] A married couple began to operate a café in 1994. They subsequently divorced, and the husband (H) operated the café as a sole trader from October 1996. Neither the couple, nor the husband, registered for VAT. Customs subsequently issued an assessment on the partnership covering the period from December 1995 to September 1996; a notice of compulsory registration to H from October 1996, and an assessment on H covering the period from October 1996 to July 1999. They also imposed a penalty on H under *VATA 1994, s 60*. H and the partnership appealed. The tribunal reviewed the evidence in detail and dismissed the appeals, and the Ch D upheld this decision. Neuberger J held that the tribunal had been entitled to accept Customs' estimates of the turnover of the café, and to hold that the assessments had been made to the best of the Commissioners' judgment. *D & A Hindle (t/a DJ Baker Bar) v C & E Commrs,* Ch D 2003, [2004] STC 426; [2003] EWHC 1665 (Ch). (*Note.* For another issue in this case, see **3.123** below.)

[3.13] Customs issued an estimated assessment on a restaurant proprietor (H). The tribunal upheld the assessment in principle, but reduced the amount of the assessment by 10%. H appealed to the Ch D, contending that the assessment had not been made to the best of the Commissioners' judgment. The Ch D rejected this contention and upheld the tribunal decision. *H Hossain (t/a Balti House Tandoori) v C & E Commrs,* Ch D [2004] STC 1572; [2004] EWHC 1898 (Ch).

[3.14] Customs issued an assessment on a partnership which operated a fish and chip shop. The assessment was computed on the basis that 40% of takings had been suppressed. The tribunal upheld the assessment, holding that it had been made to the best of the Commissioners' judgment and had been made within the statutory one-year time limit of *VATA 1994, s 73(6)(b)*. The partners appealed to the QB, contending that the tribunal should have also considered the amount of the assessment. The QB dismissed the appeal. As a matter of principle, a tribunal should consider the amount of an assessment as well as deciding that it had been made to the best of the Commissioners' judgment. However, in the case in question, the partners had denied that there had been any suppression of takings whatsoever. As the partners had not challenged the amount of the assessment before the tribunal, there was nothing which would have enabled the tribunal to reach a different conclusion with regard to the percentage of takings that had been suppressed. Accordingly, there would be no purpose in remitting the case to the tribunal to consider the amount of the assessment. *Majid & Partners v C & E Commrs*, QB 1998, [1999] STC 585.

Tribunal decisions

[3.15] Customs issued an estimated assessment on a publican. He appealed, contending that the assessment had not been made to the best of the Commissioners' judgment. The tribunal rejected this contention and dismissed the appeal, applying the principles laid down in *Van Boeckel v C & E Commrs*, 3.1 above. The tribunal chairman (Dr. Brice) also held that 'in addition to the conclusions drawn by Woolf J in *Van Boeckel*, earlier tribunal decisions identified three further propositions of relevance in determining whether an assessment is reasonable. These are, first that the facts should be objectively gathered and intelligently interpreted; secondly, that the calculations should be arithmetically sound; and, finally, that any sampling technique should be representative and free from bias.' *CA McCourtie*, LON/92/191 (VTD 12239). (*Note*. An appeal against a misdeclaration penalty was also dismissed.)

[3.16] The Commissioners issued a 'global' assessment on a company director (G) who had bought and sold a number of cars. The assessment covered the period from July 1988 to April 1993, but the officer responsible for computing the assessment mistakenly included some outputs relating to previous periods. G appealed, contending as a preliminary point that the assessment was invalid as it had not been made to the best of the Commissioners' judgment. The tribunal chairman (Mr. de Voil) rejected this contention, holding that although the officer responsible for the assessment had undoubtedly made an error, the error was not one of 'judgment', since 'judgment' connoted a deliberate choice between possible alternatives. The fact that, in computing the assessment, the officer had 'showed a want of care' was not sufficient to render the assessment invalid. Mr. de Voil observed that 'the purpose of the "best judgment" provision is to prevent an unfair onus from being placed on an appellant—to prevent the perpetuation of an injustice which cannot be properly remedied on appeal. There is no unfair onus here; there is no irremediable injustice; there is a simple error.' *MV Gauntlett*, [1996] VATDR 138 (VTD 13921).

[3.17] The proprietors of a fish and chip shop appealed against an estimated assessment. The tribunal reviewed the evidence in detail and found that, owing to an arithmetical error by the officer responsible for the assessment, the assessment had in fact understated the amount of underdeclared tax. The tribunal observed that 'it would offend against the obvious mischief at which s 73 is aimed, and would be offensive to common sense, if a trader should be able to escape the consequences of his misdeclarations by reason of an arithmetical mistake on the Commissioners' part resulting in an underdeclaration of the tax properly due from him'. The tribunal directed that the observations therein would necessarily be followed in Scotland'. Mr. Coutts directed that the assessment under appeal should be substantially reduced. *R Cameron (t/a RC Bookmakers)*, EDN/98/8001 (E96). (*Notes.* (1) Although this was an excise duty case, Mr. Coutts' observations are clearly also relevant to VAT. (2) The decision in *Rahman* has been approved and applied in a large number of subsequent English cases. With regard to the inter-relationship between English and Scottish courts in tax cases, see the judgment of Lord Reid in *Abbott v Philbin*, HL 1960, 39 TC 82; [1961] AC 352; [1960] 2 All ER 763. Mr. Coutts' decision in *Cameron* fails to refer to the guidelines laid down by Lord Reid.)

Other cases

[3.24] There have been a number of other cases in which the tribunal has held, on the particular facts, that an assessment has been excessive, and has allowed the appeal in part, reducing the amount of the assessment. In the interests of space, such cases are not summarised individually in this book. For summaries of such cases decided up to 31 December 1993, see Tolley's VAT Cases 1994.

Cases where the appellant was successful

[3.25] Customs issued an estimated assessment on a shopkeeper (J) whose accounts had showed a gross profit rate of 34%. The assessment charged tax of £441 and was based on a gross profit rate of 47%. The tribunal reviewed the evidence in detail and allowed J's appeal, finding that she had 'discharged the onus of proof' that her records and accounts were accurate. *Mrs K Taylor (t/a Jeans)*, [1975] VATTR 86 (VTD 163). (*Note.* For the award of costs, see **2.379** APPEALS.)

[3.26] An appeal against an estimated assessment was allowed in a case where the officer responsible for the assessment agreed that he had wrongly used tax-inclusive figures for purchases and tax-exclusive figures for takings. The tribunal held that the assessment had not been made to the best of the Commissioners' judgment. *P Friel*, [1977] VATTR 147 (VTD 396).

[3.27] Customs issued an estimated assessment, covering a period of more than four years, on a café proprietor (H), who had treated 30% of his sales as zero-rated. The assessment, which was issued after two days' observation of the café by VAT officers, was computed on the basis that only 15% of the sales were zero-rated. The tribunal allowed H's appeal, holding on the evidence that it was unreasonable to issue an assessment covering more than four years on the basis of two days' observations, and that the assessment had not been made to the best of the Commissioners' judgment. *GA Harrison*, [1981] VATTR 164 (VTD 1125). (*Note.* For the award of costs, see **2.386** APPEALS.)

[3.28] A VAT officer conducting a control visit discovered that, through a clerical error, a company (W) had overclaimed input tax by £119. She issued an estimated assessment charging tax of more than £22,000, computed on the assumption that there had been a large number of similar errors. W appealed, contending that the error of £119 was the only large error of its type and that the total of overclaimed input tax for the relevant period was £153. The

Assessment made to best of Commissioners' judgment [3.32]

tribunal accepted W's evidence and reduced the assessment to this amount. The officer had not made the assessment to the best of her judgment, as it was not reasonable to suppose that the error of £119 which she had discovered was typical of other errors. There was 'no element whatsoever of evasion'. *WM Low & Co plc*, EDN/91/78 (VTD 7162).

[3.29] An appeal was allowed in a case where the tribunal found that the officer responsible for an assessment had failed to apply the rules relating to tax points correctly, and had charged tax twice in respect of continuous supplies of services (firstly when invoices were raised and again when payments were made in respect of those invoices). The tribunal held that the assessment must be viewed as a whole, and that the result of these errors was that the whole assessment was invalid as it had not been made to the best of the Commissioners' judgment. *Fresh Pasta Products*, [1993] VATTR 238 (VTD 9781). (*Note. Dicta* of the tribunal were disapproved by the QB in the subsequent case of *Dollar Land (Feltham) Ltd*, **18.563** DEFAULT SURCHARGE.)

[3.30] A builder (C) made supplies to a brewery company, and issued three invoices in respect of these services. He accounted for output tax in his return for December 1990. Subsequently the brewery company questioned the invoices, and asked C to cancel the three original invoices and issue six replacement invoices, with more details of the work which he had carried out. He issued the replacement invoices in January 1991. In June 1992 a VAT officer discovered that C had issued two sets of invoices and had not issued a credit note to cancel the original set. The officer formed the opinion that C should have accounted for output tax on the January 1991 invoices, and should issue a credit note to recover the output tax on the original invoices, which he had accounted for in December 1990. He issued an assessment, including a charge to default interest for the period from January 1991 to June 1992. The tribunal allowed C's appeal, holding that the assessment had not been issued to the best of the Commissioners' judgment. Furthermore, in raising the interest charge, Customs had not acted 'reasonably', applying *Associated Provincial Picture Houses v Wednesbury Corporation*, CA 1947, [1948] 1 KB 223; [1947] 2 All ER 680. The tribunal chairman commented that 'the tax liability arising on the replacement invoices, and the lack of any credit note in respect of the original invoices, did not alter the fact that the amount of tax due was already in the hands of the Commissioners'. *C Callaway*, LON/92/2978A (VTD 12039).

[3.31] Customs issued an estimated assessment on the proprietors of a kebab and pizza shop. The tribunal upheld the assessment and the proprietors appealed to the QB. Latham J held that the tribunal had erred in its reasoning by failing to appreciate that the proprietors had not sold pizzas for the whole of the period assessed, and by taking purchases of pizza boxes into account without making allowances for the closing stock of such boxes. On the evidence, the tribunal had 'misdirected itself or misunderstood the true nature of the issue'. Its reasoning was fundamentally flawed and the case should be remitted to a new tribunal for rehearing. *V & S Koca v C & E Commrs*, QB 1995, [1996] STC 58. (*Note*. There was no further public hearing of the appeal.)

[3.32] An appeal was allowed in a case involving an upholstery business, where the tribunal found that the VAT officer responsible for the assessment

[3.32] Assessment

had failed to take account of wastage. The chairman observed that 'it is not enough to go through the motions of a mark-up exercise, however faultless one's arithmetic, merely on the basis of what one is told; one should apply some common-sense to the analysis of the situation'. To assess an upholsterer without taking wastage into account 'does not constitute the exercise of best judgment'. *DJ Milliner & RF Burt,* [1995] VATDR 255 (VTD 13438).

[3.33] A partnership operated a sandwich bar which provided hot and cold food for consumption on and off the premises, so that some of its supplies were standard-rated whereas others were zero-rated. From July 1989 to September 1994 the partnership treated 60% of its sales as zero-rated. Following a control visit in September 1994, the partners agreed that this figure should be reduced to 50%. Customs issued an assessment on the basis that the figure of 50% should be backdated to October 1989. The tribunal allowed the partnership's appeal, holding that the assessment was based on 'wholly inadequate material' and was not to the best of the Commissioners' judgment. *G & M Ramsey (t/a George's Kitchen),* [1995] VATDR 484 (VTD 13582).

[3.34] The Commissioners issued an estimated assessment on a shopkeeper (B) who sold newspapers, confectionery and tobacco. B had been using a Retail Scheme (Scheme B2, which has subsequently been withdrawn) but the assessment had not been based on a Retail Scheme calculation. The tribunal allowed B's appeal, holding that the assessment had not been made to the best of the Commissioners' judgment, since Customs had entered into a legally binding agreement to permit B to use a Retail Scheme. Applying *dicta* in *Tesco plc,* 58.57 RETAILERS' SPECIAL SCHEMES, 'a scheme which has been agreed cannot be altered retrospectively'. The effect of the agreement was that any estimated assessment must be based on the agreed Retail Scheme calculation. *I Briggs,* [1995] VATDR 386 (VTD 13603).

[3.35] Customs issued estimated assessments on a builder (M) who used the same bank account for business and private transactions. In the assessment, lodgments into M's bank account were treated as business receipts. M appealed, contending that his business records were accurate and that the lodgments in question were not business takings. The tribunal accepted M's evidence and allowed his appeal, finding that M had shown on the balance of probabilities that the relevant lodgments were non-business items. The tribunal observed that 'there is no statutory obligation on a taxable person to keep a separate business bank account' and held that 'the appellant is not required to provide written evidence that each and every one of the items which go to make up the appealed assessment are private receipts rather than business receipts'. *A Moon (t/a Craft Master Construction),* LON/96/1435 (VTD 14855).

[3.36] See also *University Court of the University of Dundee,* 11.43 CHARITIES; *Moti Mahal Indian Restaurant,* 50.146 PENALTIES: EVASION OF TAX, and *Li (t/a Summer Palace Restaurant),* 50.147 PENALTIES: EVASION OF TAX.

Assessment partly duplicating previous assessment

[3.37] Following a control visit, Customs issued a 'global' assessment on a trader (B) covering the twelve months ending 29 February 1988. In 1990 another VAT officer made a control visit to B, and arranged for the issue of

Time limit for assessment (VATA 1994, s 73(6)) **[3.61]**

penalise Customs for failing to spot some fact which, for example, may have become available to them in a document obtained during a raid'. On the evidence, Customs had needed to establish the appropriate mark-up figure, which had occurred at the meeting on 30 January 1997. The one-year time limit therefore ran from that date, and the assessments had been made within the statutory time limit. *Pegasus Birds Ltd v C & E Commrs (No 1)*, CA [2000] STC 91. (*Notes.* (1) At a separate hearing, the director was convicted of evasion of VAT and sentenced to 12 months' imprisonment. (2) For subsequent developments in this case, see **3.20** above.)

[3.58] The CA decision in *Pegasus Birds Ltd v C & E Commrs (No 1)*, 3.57 above, was applied in a similar subsequent case where Customs made an assessment in February 2007 and the tribunal held that they had not obtained the necessary 'evidence of facts' until October 2006, so that the assessment was within the statutory time limit. *Kidz R Us Children Centre Ltd*, MAN/07/814 (VTD 20882).

[3.59] A similar decision, also applying the principles laid down in *Pegasus Birds Ltd v C & E Commrs (No 1)*, 3.57 above, was reached in *Weight Watchers (UK) Ltd v HMRC (No 2)*, [2010] UKFTT 384 (TC), TC00666.

[3.60] The issue was whether assessments issued by HMRC on 9 March 2011 for VAT due for periods ending before 9 March 2009 were made within the time limit of *VATA 1994, s 73(6)(b)*.

The First-tier Tribunal had found that the last piece of evidence of sufficient weight of the fact that the 'total' column in the taxpayer's diaries did not include the mobile phone and top up takings was the information given at a meeting between the taxpayer and HMRC on 20 April 2010. The taxpayer appealed on the ground that the First-tier Tribunal's conclusion, that HMRC did not have evidence of facts sufficient in their opinion to justify the making of the assessments in question prior to the meeting of 20 April 2010 was perverse in the light of the fact that HMRC were told on 4 September 2009 (during an informal visit at the taxpayer's shop) that, as a general rule, mobile phone cards and top up sales were accounted for separately.

The Upper Tribunal found that it had no basis on which it should interfere with the First-tier Tribunal's finding that it was not wholly unreasonable or perverse of HMRC's inspector to have formed the opinion that he did not have evidence of sufficient weight to make the assessment until after the meeting on 20 April 2010. The Upper Tribunal observed that *VATA 1994, s 76(b)* focuses on whether the evidence obtained is of sufficient weight so the fact that no new material had emerged from the meeting of 20 April 2010 was 'of no concern'. The inspector was of the opinion that the evidence obtained on 4 September 2009 did not have sufficient weight to make an assessment, but considered that the fact that it was repeated in a more formal setting gave that same information sufficient weight on which he could base his assessment. The Upper Tribunal saw 'nothing unreasonable or perverse in that opinion'. The one-year clock for the making of the assessment had only started ticking on 20 April 2010. *Rasul v HMRC*, [2017] UKUT 357 (TCC).

[3.61] There are a large number of other cases in which tribunals have upheld the validity of assessments and have rejected appellants' contentions that

Cases where the appellant was partly successful

[3.73] A trader made some exempt supplies, necessitating an apportionment of his input tax. He used a method approved by Customs for his accounting periods up to February 1974, but thereafter switched to an alternative method without obtaining Customs' approval as required by the regulations then in force, although the change was apparent from his returns. The alternative method gave him a greater credit for input tax than the method which he had originally used. In June 1976 Customs issued an assessment covering the period from 1 April 1973 to 31 March 1975. The tribunal held that as the returns were in Customs' possession, the assessment was out of date with regard to the periods up to February 1974, having been made outside the two years of what is now VATA 1994, s 73(6)(a) and no evidence of new facts having reached Customs to bring the case within VATA 1994, s 73(6)(b). *V Lord (t/a Lords Electrical and Fancy Goods)*, MAN/76/113 (VTD 320).

[3.74] In the case noted at 62.25 SUPPLY, Customs issued an assessment on a company (C) in March 1980, covering the periods from April 1974 to December 1979 inclusive. C appealed, contending that the assessment had been issued outside the one-year time limit of what is now VATA 1994, s 73(6)(b). The tribunal allowed the appeal in part, holding that the assessment was out of time with regard to the accounting periods ending in 1974 and 1975, since Customs had received full information for these years before the end of 1976, but that the assessment was valid with regard to the periods from 1976 to 1979 inclusive, since Customs did not have sufficient information to quantify the assessment until 1980. C appealed to the QB, which upheld the tribunal decision as one of fact. Sir Douglas Frank QC observed that 'the tribunal cannot substitute its own view of what facts justify the making of an assessment but can only decide when the last of those facts was communicated or came to the knowledge of the officer'. *Cumbrae Properties (1963) Ltd v C & E Commrs*, QB [1981] STC 799.

[3.75] A trader (H) had been registered for VAT when carrying on a business of retailing and wholesaling poultry. In about 1975 he and his wife decided that she should start up a business of dealing in second-hand furniture. This business was duly started but, because of illness, H's wife was unable to take any part in it and it was carried on by the appellant. H did not disclose the existence of this business in his returns, and in December 1980 Customs issued an assessment covering the period from April 1977 to September 1980, on the basis that H was liable to account for the tax on the takings of the furniture-dealing business. The tribunal found that a VAT officer had been informed of the existence of the business iin June 1979, and held that in view of this, the assessment was out of date as regards periods ending more than two years before it was made. *M Head*, MAN/80/242 (VTD 1119). (*Note.* Compare the subsequent QB decision in *Cutts*, 3.52 above.)

[3.76] See also *Hospitality Training Foundation*, 11.54 CHARITIES.

Cases where the appellant was successful

[3.77] Two relatives, B and N, carried on business as goldsmiths from 1975 to March 1976, when N left the business leaving B as the sole proprietor. They did not apply for registration for VAT, but were registered by Customs in

Time limit for assessment (VATA 1994, s 73(6)) [3.79]

February 1979. In May 1979 Customs issued assessments, against which they appealed. They subsequently submitted returns showing no tax due. Customs were not satisfied by the returns, and in December 1981 they withdrew the original assessments and issued new assessments for the same periods. B and N appealed against the replacement assessments, contending that they were out of time. The QB accepted this contention and allowed the appeals. Woolf J held that the submission of returns showing no tax due did not constitute 'evidence of facts' within *s 73(6)(b)*, so that the assessments had been made outside the time limits of *s 73(6)*. Woolf J observed that 'the Commissioners were not obliged to withdraw the previous assessments which were made prior to the making of the returns, and they should have continued to rely on them'. Woolf J also observed that where the two-year period had not elapsed, 'the language of the section does not appear to prevent an assessment being withdrawn and replaced by another assessment'. *B & N Parekh v C & E Commrs*, QB [1984] STC 284.

[3.78] A trader (W) who owned a fish and chip shop was deregistered in June 1985 on the basis that his turnover had declined. However, Customs received information that his turnover continued to exceed the registration threshold, and made control visits in June and July 1987. In July 1988 W was informed that he was being re-registered for VAT with retrospective effect. In August 1988 Customs sent W a schedule of estimated sales and tax due. In January 1990 Customs issued an estimated assessment, based on the figures in this schedule, covering the period from June 1985 to January 1990. W appealed, contending that the assessment was out of time, as Customs had had all the information necessary for the issue of the assessment in August 1988 but had not issued the assessment until after the expiry of the one-year time limit laid down by *s 73(6)(b)*. The tribunal accepted this contention and allowed the appeal. *M Woodger*, MAN/90/127 (VTD 5402).

[3.79] In December 1989 a company (W) purchased a property from another company (M), which had made an election to waive exemption. W paid a deposit of £36,000, and M issued a completion statement requesting payment of £378,000, and a VAT invoice stating the sale price as £414,000 (i.e. £360,000 plus VAT of £54,000). However, in January 1990 M issued a revised completion statement (for reasons that are not fully set out in the decision) showing a sale price of £326,400 plus VAT of £48,960. In its return for the period ending 31 January 1990, W reclaimed input tax of £48,960. At a control visit in May 1990 a VAT officer saw the earlier completion statement and the VAT invoice, and pointed out that W appeared to have underclaimed input tax by £5,040. He arranged for this amount to be repaid to W in June 1990. In May 1992 a different VAT officer saw the subsequent completion statement and formed the opinion that the £5,040 should not have been repaid to W, and in June 1992 Customs issued an assessment to recover this amount. W appealed, contending that the assessment was out of time. The tribunal allowed the appeal, finding that the VAT officer who had made the May 1990 control visit had been presented with all the relevant information concerning the transaction, so that no further facts had come to Customs' knowledge after that control visit and the assessment issued in June 1992 was outside the statutory time limit. *Winturn Ltd*, MAN/92/1128 (VTD 10699). (*Notes*. (1)

[3.86] Assessment

of administrative action or on the merits could be stopped or altered at any time prior to the notice going out', there was 'insufficient evidence to establish that an assessment was made prior to 5 January 1999'. The tribunal observed that 'it would be manifestly unsatisfactory if, say, eleven months after an officer made some calculation, which he then dignifies with the title "assessment", it was then issued to the taxpayer'. The tribunal declined to follow the English decisions in *Babber*, 3.63 above, or *Classicmoor Ltd*, 3.65 above. *Royal Bank of Scotland Group plc (No 2)*, EDN/99/22 (VTD 16418). (*Notes*. (1) The decision refers to *dicta* of Potts J in *The Post Office*, 3.55 above, and to *dicta* of Millett LJ in *Le Rififi Ltd*, 3.91 below, but fails to refer to the CA decision in *Grunwick Processing Ltd*, 3.62 above. (2) A subsequent tribunal specifically declined to follow this decision in *Ali*, 3.64 above, on the grounds that it was inconsistent with the CA decision in *Grunwick Processing Ltd*, 3.62 above. The decision was also specifically not followed in *Subhan, Uddin & Mustak*, 3.67 above; *University of Huddersfield*, 3.97 below; *Staffquest Group Holdings Ltd*, 3.98 below, and *Hicks & Hicks*, 3.99 below.)

[3.87] Customs issued a notice of assessment on a trader (C), covering the periods from January 1991 to January 1995. C appealed, contending that Customs had had all the necessary facts in July 1995, but had not made the assessments until September 1996, so that 15 of them had been made outside the statutory time limit. Customs gave evidence that the assessments had actually been made in March 1996, although they had not been notified until September. The tribunal accepted this evidence but the Ch D allowed C's appeal. Lawrence Collins J observed that 'assessment of VAT is an important step, and it is unsatisfactory that the process is not transparent, and not defined by legislation or even by clear administrative practice'. On the evidence in this case, although a form VAT 641 had been prepared in March 1996, it had not been signed by a 'check officer'. A further form VAT 641 had been prepared in September 1996. The relevant notification (form VAT 655) was based on the form VAT 641 which had not been completed until September 1996, rather than on the one which had been completed in March. Accordingly the assessments were outside the one-year time limit of *s 73(6)(b)*, so that only those assessments which had been issued within the normal two-year time limit were valid. *G Cheeseman (t/a Well In Tune) v C & E Commrs*, Ch D [2000] STC 1119. (*Note*. For Customs' practice following this decision, see *Notice No 915*, issued on 1 March 2001.)

[3.88] In 2011 a company (T) accepted that it had made an error by not recharging certain costs to an associated company. Correspondence ensued between T and HMRC as to the amount of VAT underpaid. On 25 October 2011 HMRC set out what they needed as a minimum to make an assessment. On 30 November 2011 T provided them with the information by letter. HMRC asked for no more information. HMRC raised an assessment on 31 January 2013. T appealed on the ground that the assessment was out of time under *VATA 1994, s 73(6)(b)* as it was made more than one year after 'evidence of facts, sufficient in the opinion of the Commissioners to justify the making of the assessment, came to their knowledge'. The tribunal decided that evidence of facts which was, in HMRC's opinion, sufficient to assess T was provided in its letter of 30 November 2011. The one year period set by *s 73(6)* began to run from the date that letter was received by HMRC. As a result, the assessment was out of time when issued on 31 January 2013. T's appeal was allowed. *Temple Retail Ltd v HMRC*, [2014] UKFTT 702 (TC), TC03823.

[3.89] See also *Monica Bircham v HMRC*, **3.163** where the First-tier Tribunal accepted that HMRC had issued the assessment within one year of obtaining 'essential bank records'.

Whether assessment issued within four-year time limit (VATA 1994, s 77(1))

NOTE

VATA 1994, s 77(1), as amended by *FA 2008* with effect from April 2009, provides that the normal time limit for assessment is four years after the end of the relevant accounting period. Between 1997 and April 2009, the time limit was three years. Before the enactment of *FA 1997*, the time limit was six years. (The extended time limit under *s 77(4)* has continued to be twenty years.) The cases in this section should be read in the light of these changes.

[3.90] In March 1987 Customs issued an assessment on a company (B) covering the period from 1 January 1980 to 31 December 1986. B appealed, contending that the assessment was invalid because it was made more than six years after the start of the period assessed. The tribunal accepted this contention and allowed B's appeal, holding that the assessment was a nullity. *Barratt Construction Ltd*, [1989] VATTR 204 (VTD 4230).

[3.91] In August 1989 Customs issued three forms VAT 191 to a company (L), assessing the periods from 1 May 1983 to 30 April 1989 inclusive. The tax due for each quarterly period was separately stated. L appealed, contending as a preliminary point that the assessment was a single global assessment and was wholly invalid because it was made more than six years after the start of the period assessed. The tribunal accepted this contention but the CA reversed this decision, holding that the notice comprised 24 separate quarterly assessments and that only the earliest period was out of time. The decision in *Don Pasquale*, CA [1990] STC 556, was unanimously disapproved. Millett LJ observed that 'the case has no *ratio decidendi* (and) Dillon LJ appears to have treated the question as one of first impression'. Balcombe LJ observed that 'the assessment of the amount of tax considered to be due, and the notification to the taxpayer, are two separate operations'. *C & E Commrs v Le Rififi Ltd*, CA 1994, [1995] STC 103. (*Note.* For a preliminary issue in this case, see **2.416** APPEALS.)

[3.92] The CA decision in *Le Rififi Ltd*, **3.91** above, was applied in the subsequent cases of *Baltex Clothing Manufacturers*, MAN/92/108 (VTD 13777); *SCM Parker-Smith*, LON/03/273 (VTD 18497) and *Copeland*, **50.145** PENALTIES: EVASION OF TAX.

[3.93] In July 1992 Customs issued a notice of assessment on a partnership which carried on business as architects. The notice of assessment covered the period from May 1985 to May 1990. Accompanying schedules indicated that the assessment comprised three distinct elements of underdeclaration. One schedule covered the period from May 1985 to April 1988. A second schedule covered the period from June 1987 to February 1990, and fifteen further

[3.100] Assessment

sioners as arrears of tax'. Accordingly, the assessment here had been made within the statutory time limit. *CY Pang & SY Kong (t/a The Peking House)*, LON/99/1012 (VTD 17361).

VAT Regulations 1995, reg 107(1)(c)—failure to make annual adjustment

[3.101] A partly exempt trader (T) failed to make his annual adjustment, as required by *VAT Regulations 1995, reg 107(1)(c)*, for the year ending March 1999. Customs did not discover this until 2001. In April 2002 they issued an assessment to recover the input tax which T had overclaimed. He appealed, contending that the assessment was outside the three-year time limit of *VATA 1994, s 77*. The tribunal rejected this contention and dismissed his appeal, observing that *reg 107(1)(c)* had required him to make the adjustment in April 1999, and holding that the three-year time limit did not therefore expire until 30 April 2002, so that the assessment had been issued within the time limit. *M Tse*, MAN/02/297 (VTD 18362).

Tour Operators' Margin Scheme—failure to make annual adjustment

[3.102] A company (D) operated the Tour Operators' Margin Scheme. It failed to make its prescribed annual adjustment for the year ending March 2001. Customs discovered this in 2004. In June 2004 Customs issued a notice of assessment, expressed to be for the two years ending 31 March 2003, but including an annual adjustment for the year ending 31 March 2001. D appealed, contending that since the assessment for the period ending 30 June 2001 included the annual adjustment for the year ending 31 March 2001, it had been made outside the statutory three-year time limit and was invalid. The CA unanimously rejected this contention and upheld the assessment. Rix LJ observed that the 'difference between what is due and what had been previously paid has to be adjusted on the VAT return "for the first prescribed accounting period ending after the end of the financial year during which the supplies were made"'. The company should have made such a calculation in the period ending 30 June 2001 but had failed to do so. Accordingly its return for that period had been incorrect, and the assessment to correct this had been within the statutory time limit. *HMRC v Dunwood Travel Ltd*, CA [2008] STC 959; [2008] EWCA Civ 174.

Whether assessment authorised by VAT Regulations, reg 25(1)

[3.103] See *Hindle*, 3.123 below; *Antoniou*, 59.13 RETURNS, and the cases noted at 59.14 to 59.18 RETURNS.

Whether assessment authorised by VAT Regulations, reg 25(5)

[3.104] See *Inchcape Management Services Ltd*, 59.20 RETURNS.

Whether twenty-year time limit applicable (VATA 1994, s 77(4))

Cases held to be within s 77(4)

[3.105] In December 1991 Customs issued a 'global' assessment on a company (S) covering the period from August 1985 to January 1990, together with assessments for the five subsequent three-month periods, charging tax of more than £90,000. S appealed, contending that the global assessment was

Time limit for assessment (VATA 1994, s 73(6)) [3.106]

invalid since the start of the period was outside the six-year time limit of what is now *VATA 1994, s 77*. Customs defended the assessment on the basis that S's conduct fell within *VATA 1994, s 60(1)*, so that the extended 20-year time limit of *VATA 1994, s 77(4)* applied. (Customs had not in fact imposed a penalty under what is now *VATA 1994, s 60*, and explained this in correspondence as 'an oversight on the part of the case officer'. The hearing of the appeal against the assessment was delayed pending criminal proceedings against some of S's suppliers.) The tribunal chairman observed that, since there was nothing in *VATA 1994, s 77(4)* which required Customs to have made a penalty assessment in order to bring the 20-year limitation period into operation, 'it follows that there need be no such penalty assessment to extend the limitation period'. The chairman also observed that the Customs officer dealing with the case seemed to have been under the misapprehension that the time limit for imposing a penalty had expired, and commented that the officer 'appeared to have little or no knowledge of the limitation period applicable to penalty assessments'. Accordingly, the tribunal held that Customs were entitled to rely on the 20-year time limit for the making of assessments 'subject to their proving fraud or dishonesty to a high degree of probability on the part of (S) at the substantive hearing'. (The tribunal also rejected a contention by S that the assessments were invalid since the period assessed was not stated on a notice of amendment—see **3.137** below.) *Sirpal Trading Co Ltd*, MAN/92/37 (VTD 13288).

[**3.106**] In March 1997 Customs issued 24 assessments, covering the period from April 1990 to March 1996, on a company (M) in the construction industry. The assessments were issued to recover input tax which M had claimed on the basis of invoices issued in the names of 12 VAT-registered subcontractors, for services which the purported subcontractors had not in fact supplied, and on the basis that the circumstances fell within *VATA 1994, s 77(4)*, since certain senior employees of M had acted fraudulently and that fraudulent conduct could be attributed to M. M appealed, contending firstly that the assessments had not been made to the best of the Commissioners' judgment, and additionally that the conditions of *s 73(6)(b)* and *s 77(4)* were not satisfied and that the pre-1995 assessments had been made outside the statutory time limit. The tribunal reviewed the evidence in detail and upheld the assessments with regard to nine of the twelve subcontractors, finding that M had wrongly obtained credit for input tax, under *VATA 1994, s 26(1)*, for the purpose of evading VAT. (The tribunal accepted that the invoices issued by one of the subcontractors represented genuine supplies, and found that there was insufficient evidence that M's conduct with regard to the other two subcontractors fell within *VATA 1994, s 60(1)*, as required by *VATA 1994, s 77(4)(a)*.) It followed from the fact that the alleged subcontractors did not make genuine supplies to M that M 'had no right to deduct, as its input VAT, the amounts purporting to be VAT in the VAT invoices'. M had 'through its employees provided its self-employed workforce with the facility of payment without proper deduction of income tax'. The means by which the facility was provided were 'fraudulent and dishonest, and (M's) acts of claiming relief for input tax for the amounts shown as VAT on the VAT-only invoices issued in the names of the bogus subcontractors in respect of non-existent supplies were equally fraudulent and dishonest.' Although M had not actually benefited

[3.106] Assessment

from the fraud in terms of cash, 'it achieved the commercial advantage of satisfied gangmasters and a contented workforce who regarded themselves as entitled to expect that lump fraud facilities would be available to them'. M appealed to the QB, which upheld the tribunal decision (except that the amount of the assessments for 1992 and 1993 was slightly reduced to take account of the tribunal's finding that there was insufficient proof of dishonest conduct with regard to one of the subcontractors, deleting sums relating to that subcontractor from the assessments). Dyson J held that the tribunal had been entitled to find that there was dishonest conduct on the part of two site managers and of a contract manager who reported directly to M's chief executive, that the organisers of the fraud were not acting as agents of the nominal subcontractors, and the nominal subcontractors had not in fact supplied any labour to M. The transactions were 'shams'. Furthermore, the tribunal was correct to hold that the relevant statutory provisions required 'the attribution to (M) of the knowledge, acts and omissions of site managers and site agents', and that the conditions of *s 77(4)(a)* were satisfied. The fact that some of M's directors may have been unaware of the fraud was not conclusive. Dyson J observed that failing to attribute the site agents' knowledge to M 'would encourage those prepared to engage in fraud or turn a blind eye to fraud to set up separate VAT accounts departments for that purpose' and 'would discriminate against small companies that do not have separate accounts departments insulated from what happens on site or in contracts departments'. Additionally, the assessments had been made to the best of the Commissioners' judgment, as required by *s 73(1)*, and Customs had not had sufficient 'evidence of facts' to justify an assessment until March 1996, less than twelve months before the actual issue of the assessments, so that the conditions of *s 73(6)(b)* were also satisfied. *McNicholas Construction Co Ltd v C & E Commrs*, QB [2000] STC 553. (*Note.* For preliminary issues in this case, see **2.184** APPEALS and **14.76** COLLECTION AND ENFORCEMENT.)

[3.107] In November 1997 Customs issued an assessment on a company (G) for the period ending 31 May 1991, charging tax on a sale of property which had not been declared in G's return. G appealed, contending that the assessment was invalid since the start of the period was outside the three-year time limit of what is now *VATA 1994, s 77*. Customs defended the assessment on the basis that G's conduct fell within *VATA 1994, s 60(1)*, so that the extended 20-year time limit of *VATA 1994, s 77(4)* applied. The tribunal accepted Customs' contentions and dismissed G's appeal, finding that G's return for the relevant period had wrongly stated that it had no VAT liability, that G's accountants had acted 'irresponsibly', and that G's controlling director had signed the return 'without checking its contents and ensuring that they were complete and correct'. Applying *Howroyd*, **50.14** PENALTIES: EVASION OF TAX, it was dishonest if a company officer signed 'a return containing a mis-statement and he has no honest belief in the truth of the statement he has made, and in particular if he makes the statement recklessly, not caring whether it is true or false'. *Adam Geoffrey & Co (Management) Ltd*, MAN/98/324 (VTD 16074). (*Note.* The tribunal also upheld a penalty imposed on the director under *VATA 1994, s 61*—see **50.15** PENALTIES: EVASION OF TAX.)

Time limit for assessment (VATA 1994, s 73(6)) [3.114]

[3.108] In February 2001 a company's financial controller was convicted of fraud. After his conviction, Customs issued two assessments on the company under the extended 20-year time limit of *VATA 1994, s 77(4)*. The tribunal upheld the assessments. *P & R Fabrics Ltd*, MAN/02/156 (VTD 17776). (*Note*. The case was heard with *Dashmore Clothing Ltd*, **3.69** above.)

[3.109] In 1999 Customs issued an assessment, covering the period from 1993 to 1998, on a company (C) which operated a night club and restaurant. They also took criminal proceedings against one of the directors, the bookkeeper, and a consultant. All three were subsequently convicted of 'conspiracy to fraudulently evade VAT, contrary to *Criminal Law Act 1977, s 1*'. The tribunal upheld the assessment, finding that there had been a substantial underdeclaration of C's takings. On the evidence, C had acted dishonestly, so that the assessment was within the extended 20-year time limit of *VATA 1994, s 77(4)*. *Coolbreeze Ltd*, MAN/99/0288 (VTD 18933).

[3.110] HMRC formed the opinion that a company (Q) which operated a restaurant had substantially underdeclared its takings. They issued additional assessments covering the period from March 2002 to May 2008, under the extended 20-year time limit of *VATA 1994, s 77(4)*. The First-Tier Tribunal upheld the assessments and dismissed Q's appeal, finding that there had been 'systematic suppression of the correct turnover'. The Upper Tribunal upheld this decision, applying the principles laid down by the CA in *Pegasus Birds Ltd v C & E Commrs (No 2)*, **3.20** above. *Queenspice Ltd v HMRC*, [2011] UKUT 111 (TCC); [2011] STC 1457.

[3.111] The Upper Tribunal reached a similar decision, also applying the principles laid down by the CA in *Pegasus Birds Ltd v C & E Commrs (No 2)*, **3.20** above, in *ERF Ltd v HMRC*, **50.93** PENALTIES: EVASION OF TAX.

[3.112] A restaurant proprietor (R) failed to register for VAT. HMRC issued assessments covering a period of nine years. R appealed, contending as a preliminary issue that the assessments were invalid. The tribunal rejected this contention, holding that the assessment was within the extended 20-year time limit of *VATA 1994, s 77(4)*. *MR Rastegar (t/a Mo's Restaurant) v HMRC*, [2010] UKFTT 471 (TC), TC00733.

[3.113] A sole trader (L) registered for VAT in 2001. In 2008 HMRC discovered that deposits into his bank account exceeded his declared turnover. They issued assessments covering the periods from August 2001 to August 2008. The tribunal upheld the assessments, finding that L had dishonestly evaded VAT, within *VATA 1994, s 77(4)*. *P Lord (t/a PML Building Services) v HMRC*, [2012] UKFTT 489 (TC), TC02166.

Cases held not to be within s 77(4)

[3.114] In July 1995 Customs issued an assessment on a married couple who operated a launderette. The assessment covered the period from 21 July 1985 to 28 February 1995. The couple appealed, contending that the extended time limit imposed by *VATA 1994, s 77(4)* was inapplicable. The tribunal accepted this contention and allowed the appeal. The assessment in question was a single 'global' assessment. The couple did not fall within *VATA 1994, s 77(4)(a)* as they had not been guilty of dishonest conduct within *VATA 1994,*

[3.114] Assessment

s 60(1). The assessment could not be validated under *VATA 1994, s 77(4)(b)* because the assessment had been backdated to 21 July 1985, whereas *VATA 1994, s 67* derived from provisions in *FA 1985* which had not come into force until 25 July 1985. For the purposes of *VATA 1994, s 77(1)*, the prescribed accounting period was a three-month period beginning in July 1985, rather than the whole of the extended period covered by the assessment. Customs had not issued a direction under *VAT Regulations 1995, reg 25(1)(c)*, and in any event it would not 'be a proper exercise of the power to give such a direction to use it to get round the time limit in *s 77(1)*'. The officer responsible for the assessment had misunderstood the law and had not given 'proper consideration' to her power to backdate the assessment. Furthermore, applying *dicta* in *Van Boeckel*, 3.1 above, the assessment had not been issued to the best of Customs' judgment. *DJ & MA Wright*, MAN/95/135 (VTD 14570).

[3.115] Customs were investigating a trader (B) who owned a road haulage business. In January 1996 they issued an assessment covering more than six years. B appealed, contending that the assessment was invalid because the conditions of *VATA 1994, s 77(4)* were not satisfied. The tribunal allowed the appeal in part. With regard to *VATA 1994, s 77(4)(a)*, the tribunal held on the evidence that there was 'no question of a *s 60* civil penalty' because B's affairs had been handled by his wife, who was not herself a taxable person. (The wife had stated at interview that she 'did everything but drive the lorries'. Customs had begun criminal proceedings against B's wife for furnishing false documents, but had not taken proceedings against B himself.) Furthermore, at the time the assessment was raised, B's wife had not been convicted of fraud. The fact that a fraud trial may be 'in prospect' did not meet the requirements of *s 77(4)(a)*, which referred to a person who 'has been convicted of fraud'. It followed that the assessment was invalid in so far as it related to accounting periods ending before January 1990. (The appeal was dismissed with regard to the six years for which the assessment was within the normal time limit of *s 77(1)* as then in force.) *RD Brooker*, LON/x (VTD 15164).

Supplementary assessments (VATA 1994, s 77(6))

[3.116] On 4 September 1996 Customs issued an assessment on a building contractor (R), covering the periods from May 1994 to July 1996. On 10 October 1996 they issued a further assessment covering the period from 1 May 1994 to 31 July 1994. It was accepted that Customs had obtained no further evidence since the issue of the September assessment, and the assessment was issued on the basis that items had been omitted from the September assessment. R appealed, contending that the October 1996 assessment was invalid on the grounds that it was not authorised by *VATA 1994, s 73(6)(b)*, since Customs had obtained no further evidence since the issue of the September assessment, and that the effect of *VATA 1994, s 77(6)* was that the assessment could only be issued within the two-year time limit of *VATA 1994, s 73(6)(a)*. The tribunal chairman (Mr. Heim) accepted this contention and allowed the appeal, holding that the September 1996 assessment was valid and that the result of its issue was that Customs could not issue an additional assessment under *VATA 1994, s 73(6)* unless further evidence came to their knowledge after it had been made. As Customs had obtained no 'further such evidence', the assessment could only be treated as a supplementary assessment under *VATA 1994, s 77(6)* and could only be made 'within the period of two years after the end of the prescribed accounting period specified in *s 73(6)(a)*'. *L Roberts*, LON/98/31 (VTD 15759).

Assessments for overpayments (VATA 1994, s 78A(2))

Assessment under VATA 1994, s 80(4A)

[3.117] A company (D) sold furniture and arranged interest-free credit for customers. Initially, it accounted for VAT on the full purchase price. However, following a CA decision in April 1996, it submitted a repayment claim on the basis that it should not have accounted for output tax on the commission which it paid to the finance company. (The CA decision in question was subsequently overruled by the ECJ and HL—see *Primback Ltd*, **22.267** EUROPEAN COMMUNITY LAW.) Customs accepted that, on the basis of the CA decision, D was entitled to a repayment, which they made in September 1996. In January 1997 they also paid interest on the repayment. However, in 2001, following the ECJ decision in *Primback*, Customs issued assessments to recover the tax relating to the periods from April 1993 to June 1996. D appealed, contending that the assessments were invalid as they had been made outside the two-year time limit laid down by *VATA 1994, s 78A(2), 80(4B)*. The Ch D rejected this contention and held that the assessments were valid, since they had been made within two years of the ECJ decision in *Primback*. However, the CA reversed this decision and allowed D's appeal. Jonathan Parker LJ held that *s 78A(2)* 'does not extend to the effect of a subsequent judicial decision'. *C & E Commrs v DFS Furniture Co plc (No 2)*, CA [2004] STC 559; [2004] EWCA Civ 243; [2004] 1 WLR 2159. (*Notes*. (1) The HL rejected an application by Customs to lodge an appeal against this decision: see Business Brief 25/2004, issued on 14 September 2004. See now, however, the amendments introduced by *FA 2008, s 120*. (2) For an application for judicial review, relating to the periods prior to April 1993, see **48.80** PAYMENT OF TAX.)

[3.118] For cases where assessments under *VATA 1994, s 80(4A)* were held to be valid, see *Laura Ashley*, **3.44** above; *Bremen Fitted Furniture Ltd*, **48.82** PAYMENT OF TAX, and *Peugeot Motor Co plc (No 4)*, **48.83** PAYMENT OF TAX.

Assessment where purchases cannot be reconciled with sales (VATA 1994, s 73(7))

[3.119] A trader (G), who was based in England, carried on a business of dealing in second-hand agricultural machinery. He made his purchases in the UK but sent most of the machinery to premises he owned in the Irish Republic, and sold the machinery in the Irish Republic. Customs issued an assessment under what is now *VATA 1994, s 73(7)* in relation to some 300 of his purchases over the three years to 31 March 1979. G appealed, contending that the 'missing' 300 items had been resold in the Irish Republic and that Customs were estopped from assessing because his records had been inspected at a control visit in 1975. The tribunal rejected this contention and dismissed the appeal (except for one item of machinery), finding that G had not produced an adequate record of the actual machinery alleged to have been sold in the Irish Republic'. *P Gutherie*, [1980] VATTR 152 (VTD 986).

The validity of the assessment

Cases where the assessment was upheld
Validity of assessment covering more than one accounting period

[3.120] In the case noted at **3.49** above, the company contended as a preliminary point that the assessment was invalid as it covered more than one accounting period. The tribunal rejected this contention and the CA dismissed the company's appeal. *SJ Grange Ltd v C & E Commrs*, CA 1978, [1979] STC 183; [1979] 1 WLR 239.

[3.121] The CA decision in *SJ Grange Ltd v C & E Commrs*, **3.120** above, was applied in a similar subsequent case in which the tribunal held that the judgments in that case should not be construed 'as limiting the powers of the Commissioners to make an assessment for more than one prescribed accounting period to those cases where the facts known to them are insufficient to enable them to split up the assessment into the prescribed accounting periods'. *Heyfordian Travel Ltd*, [1979] VATTR 139 (VTD 774).

[3.122] A company (F) which was partly exempt reclaimed the whole of its input tax. Customs issued an assessment, covering a period of 20 months, to recover the overclaimed tax. F appealed, contending that the assessment should only cover a period of 12 months. The tribunal rejected this contention and dismissed the appeal. *FC Milnes (Bradford) Ltd*, MAN/77/62 (VTD 478).

[3.123] In the case noted at **3.12** above, Customs issued an assessment on a partnership covering a period of ten months. The partnership contended that the assessment was invalid. The Ch D rejected this contention and dismissed the appeal. Neuberger J held that Customs were entitled to form the opinion that the partnership had become liable to VAT from 1 December 1995, and were entitled to issue an estimated assessment covering the period from that date to the cessation of the partnership on 30 September 1996. The issue of returns and assessments covering more than one accounting period was authorised by *VAT Regulations 1995 (SI 1995/2518), reg 25(1)(c)*. The fact that the partnership had not submitted a return was not conclusive, since it would be 'unreal to treat *reg 25(1)(c)* as only applicable where there has been a return'. *D & A Hindle (t/a DJ Baker Bar) v C & E Commrs*, Ch D 2003, [2004] STC 426; [2003] EWHC 1665 (Ch).

[3.124] In January 2007 Customs formed the opinion that a company (E) should have registered for VAT from 1 June 2004 (by virtue of *VATA 1994, Sch 1 para 1(1)(b)*). They issued a notice of compulsory registration, and in June 2007 they issued an assessment covering the period from 1 June 2004 to 30 April 2007. The representative company of E's VAT group appealed, contending as a preliminary point that an assessment could not be made for a period exceeding twelve months. The tribunal rejected this contention, applying the CA decision in *Bjellica (t/a Eddy's Domestic Appliances) v C & E Commrs*, **57.92** REGISTRATION, and holding that in view of E's late registration, 'the Commissioners could lawfully require a VAT return to be made for a period of 34 months'. *Prudential Assurance Co Ltd (No 5)*, [2008] VATDR 439 (VTD 20957).

[**3.125**] See also *Hopcraft*, **59.18** RETURNS.

Undated assessment—whether valid

[**3.126**] A partnership appealed against an assessment which had been delivered by hand by a VAT officer, contending that the assessment was invalid since it had not been dated. The tribunal dismissed the appeal, holding that although it was advisable for an assessment to be dated, there was no statutory requirement for this. *AK & AR Din (t/a Indus Restaurant)*, [1984] VATTR 228 (VTD 1746).

Assessment to rectify error in previous assessment—whether valid

[**3.127**] In April 1991 Customs issued four estimated assessments to a company (Y) which operated a restaurant. The first assessment covered the period from 1 December 1987 to 31 March 1990, and the other three assessments covered the three succeeding quarters. Through a clerical error, the period covered by the first assessment was not stated on the Notice of Assessment. Y appealed, and following the appeal the case was reviewed by a VAT officer who formed the opinion that the omission of the dates covered by the first assessment rendered it invalid. Customs wrote to Y stating that the first assessment was being withdrawn, and issued a replacement assessment dated 31 May 1991. Y appealed against the replacement assessment, contending as a preliminary point that it was invalid since no new facts had come to the Commissioners' knowledge since the issue of the first assessment. The tribunal rejected this contention, holding that the effect of the withdrawal of an assessment was that Customs were 'entitled to proceed as if the assessment had not been made' and that they were 'entitled, until the expiration of the time limit which applied to the withdrawn assessment, to make another assessment on the same basis'. *Jeudwine*, **3.144** below, was distinguished on the basis that, in that case, the first assessment had not been withdrawn at the time when the second assessment was issued. *Yuen Tung Restaurant Ltd (t/a The Far East Restaurant)*, [1993] VATTR 226 (VTD 11008). (*Note.* The company and the Commissioners agreed that the first assessment could have been considered valid since the period assessed was stated on accompanying schedules. Compare *House*, **3.133** below.)

[**3.128**] The decision in *Yuen Tung Restaurant Ltd*, **3.127** above, was applied in the similar case of *IC Sinclair (t/a Ian Sinclair & Son)*, EDN/94/55 (VTD 12842).

[**3.129**] A VAT officer visited a hotel in August 1993, and formed the opinion that the hotel records were incomplete and incorrect. Following his visit Customs issued an assessment to the hotel proprietors in January 1994. In February 1994 the officer responsible for the assessment wrote to the proprietors to inform them that the assessment contained an error and would

[3.129] Assessment

be withdrawn and replaced by a corrected assessment. A replacement assessment was issued in March 1994. The proprietors appealed, contending that the assessment was invalid. The tribunal rejected this contention and dismissed the appeal, holding that 'the result of the withdrawal of an assessment is that it has no further effect. It does not therefore limit the Commissioners' powers or their duties under *CEMA 1979, s 6* to continue to exercise those powers and to carry out those duties.' The tribunal specifically declined to follow *Jeudwine*, **3.144** below, on the grounds that that case had been decided before the enactment of what is now *VATA 1994, s 77* by *FA 1985*. *RA & Mrs JC Foster (t/a The Watersplash Hotel)*, LON/94/582A (VTD 12723).

[3.130] Similar decisions were reached in *PC Eccles*, LON/93/2503A (VTD 13372) and *Classicmoor Ltd*, **3.65** above.

Assessment to rectify omission from previous assessment

[3.131] See *Judd*, **3.48** above.

Error in notice of assessment—start of period incorrectly stated

[3.132] A partnership which operated a restaurant became liable to register in 1989 but failed to do so. One of the partners left the partnership in December 1990. The remaining partners continued to operate the restaurant and belatedly registered for VAT in January 1992. Subsequently Customs issued an assessment which covered the period from 8 December 1990 (the date of the partnership change) to 31 March 1992. Because of an error in programming the VAT Central Unit computer at Southend, the form VAT 655 described the assessment as covering the period from 9 October 1989 (the date when the original partnership had become liable to register) to 31 March 1992. The partnership appealed, contending as a preliminary issue that the effect of the error on the form VAT 655 was that the assessment was invalid. The tribunal rejected this contention and held that the assessment was valid. The result of the error was that the assessment had not been validly notified. However, applying *Grunwick Processing Laboratories Ltd*, **3.62** above, a delay in notification did not render the assessment invalid, but merely rendered it unenforceable until it was notified properly. Applying *dicta* of Balcombe LJ in *Le Rififi Ltd*, **3.91** above, 'the assessment of the amount of tax considered to be due, and the notification to the taxpayer, are separate operations'. The tribunal decisions in *Younis*, **3.147** below, and *SAS Fashions Ltd*, **3.148** below, were not followed, and were specifically disapproved on the grounds that they had been decided without reference to the High Court decision in *Grunwick Processing Laboratories Ltd*, **3.62** above, and were inconsistent with the subsequent CA decision in *Le Rififi Ltd*, **3.91** above. *Solomon's Kebab House*, MAN/94/2107 (VTD 13560).

Period assessed stated on accompanying schedules

[3.133] Customs issued an assessment on a car dealer (H), covering the period from 1 November 1984 to 31 January 1990. On the formal notice of assessment (form VAT 655), the dates covered by the assessment were left blank, but the period assessed was indicated by accompanying schedules. H appealed, contending that the assessment was invalid since the period assessed was not stated on the form VAT 655. The tribunal rejected this contention and dismissed the appeal, distinguishing *Bell*, **3.146** below, because in that case the notice of assessment and the schedules were inconsistent with each other, whereas in the present case there was no inconsistency. The CA upheld this decision. Applying *SJ Grange Ltd*, **3.49** above, and *Le Rififi Ltd*, **3.91** above, the fact that the assessment was a 'global' assessment did not render it invalid. The CA specifically disapproved *obiter dicta* of Woolf J in *International Language Centres Ltd*, **3.41** above. The CA also held that a notification could be contained in more than one document provided that it was clear which document or documents were intended to contain the notification and that document or documents contained the necessary details. In the present case, the schedules contained with the assessment showed with complete clarity how the assessment had been computed, so that the notification was valid. *PJ House (t/a P & J Autos) v C & E Commrs*, CA 1995, [1996] STC 154.

[3.134] The tribunal decision in *House*, **3.133** above, was applied in the similar subsequent case of *DJ Freeland*, LON/92/2349 (VTD 11358).

[3.135] The CA decision in *House*, **3.133** above, was also applied in a case in which the tribunal chairman (Mr. Bishopp) observed that 'the assessment process is not a kind of challenge in which, regardless of the merits, the Commissioners have to comply with rigid but inconsequential matters of form, and run the risk that if they make a mistake, however unimportant and however obvious to the taxpayer, he secures an adventitious escape from his liability'. *A Corston*, MAN/04/273 (VTD 19991). (*Note*. The tribunal also dismissed an appeal against a penalty under *VATA 1994, s 60*.)

Period assessed not stated on notice of amendment

[3.136] In July 1991 Customs issued an assessment, covering more than one return period, on a partnership, charging output tax of £15,344. In July 1993 they issued a notice of amendment, indicating that the assessments had been reduced to £8,586. This notice did not specifically state the period covered by the assessments. The partnership appealed, contending as a preliminary issue that the amended assessment was invalid, and applying for a direction that the appeal should be allowed on this basis. The tribunal rejected this contention and dismissed the application, holding that the assessment contained the necessary minimum requirements 'in unambiguous and reasonably clear terms'. *SP & A Fairbairn (t/a Ruffles)*, MAN/92/1475 (VTD 12825).

[3.137] A similar decision was reached in *Sirpal Trading Co Ltd*, **3.105** above.

[3.138] See also *Monica Bircham v HMRC*, **3.163**, where an assessment for period '00/00' was held to be valid.

Validity of alternative assessments

[3.139] A university entered into a leasing arrangement and reclaimed input tax relating to these transactions. Customs issued an assessment to recover part of the tax, on the basis that the transactions were partly attributable to exempt supplies. They also issued an alternative assessment on the basis that the transactions had no commercial purpose and were not in the course or furtherance of any business. The university appealed, contending as a preliminary point that the assessments were invalid. The tribunal rejected this

[3.139] Assessment

contention, holding that 'the intimation of alternative assessments is little more than appropriate pleading given an appropriate situation. The taxpayer is put on notice as to possible analyses of the trading situation which can result in different sums being considered as the "correct amount" of tax.' It would be unreasonable 'so to construe legislation and the concept of "best judgment" as to force the Commissioners to opt for a situation which may turn out to result from an inappropriate legal analysis.' The CS unanimously upheld this decision. Lord Hamilton held that 'alternative assessments for VAT provide in appropriate cases a practical and workable machinery for the ultimate recovery of the tax properly due. In the present case, where the preferred assessment and the alternative assessment in each case proceeded on different calculations with different results, the use of distinct but alternative assessments' was within the power of assessment conferred on the Commissioners and was to the best of their judgment. *University Court of the University of Glasgow v C & E Commrs*, CS [2003] STC 495. (*Note*. For subsequent developments in this case, see **14.72 COLLECTION AND ENFORCEMENT**.)

[3.140] A company (W) claimed substantial repayments of VAT on the basis that it had purchased goods from a registered UK trader and sold them to a Spanish customer. Customs received information indicating that the goods had never been delivered to Spain. They issued assessments charging tax on the basis that W's supplies did not qualify for zero-rating. Subsequently Customs formed the opinion that W's alleged purchases were fictitious, and issued alternative assessments to recover the input tax which W had claimed. W appealed, contending that the assessments were invalid. The tribunal rejected this contention and the Ch D dismissed W's appeal, applying the principles laid down by the CS in *University Court of the University of Glasgow v C & E Commrs*, **3.139** above. Patten J observed that the assessments related to different transactions. The original assessments related to supplies which W claimed to have made, while the subsequent assessments related to supplies which W claimed to have received. The facts of what had happened were disputed, and Customs were entitled to raise alternative assessments in order to 'recover unpaid tax and prevent fraud'. *Westone Wholesale Ltd v HMRC (No 1)*, Ch D 2007, [2008] STC 828; [2007] EWHC 2676 (Ch). (*Note*. For subsequent developments in this case, see **23.17 EUROPEAN UNION: SINGLE MARKET**.)

Validity of notification of assessment

[3.141] A school had applied against an assessment for period '00/00' in the sum of £1,442, 597 for the recovery of an amount of money repaid to it by HMRC representing incurred VAT.

The issue was whether the notification of the assessment, comprising VAT Form 655, a letter from HMRC dated 4 September 2012 and a letter from HMRC dated 9 September 2010 (to which the September 2012 letter referred) was valid. This in turn depended on establishing the correct prescribed accounting period for the purposes of an assessment made under *VATA 1994, s 73(2)* and deciding whether an assessment specifying a date which fell within a prescribed accounting period, rather than specifying a prescribed accounting period, was sufficient to make the notification of the assessment valid.

The First-tier Tribunal found that *DFS* ([2004] STC 559) was binding so that 'prescribed accounting period' in *s 73(2)* referred to the prescribed accounting period in which the repayment had taken place.

Furthermore, *s 73(2)* must be interpreted with common sense and in line with what Parliament had intended. If the prescribed accounting period to which the notification of assessment related could be deduced from the information provided in the notification, the notification was valid even thought the start date and end date of the prescribed accounting period were not explicitly stated. *London School of Economics and Political Science v HMRC*, [2015] UKFTT 291 (TC), TC04484.

Meaning of 'assessment'

[3.142] HMRC notified the appellant of its decision to deny input tax of some £759,000, with the result that a repayment claim of £445,000 became an amount owing to HMRC of over £313,000. The notification took the form of two letters; one denying the input tax and stating that the amount of tax 'now due' was stated in the accompanying letter; the other setting out what HMRC regarded as the correct figures for Box 4 (input tax) and Box 5 (net tax due to HMRC). Both the First-tier Tribunal and the Upper Tribunal had dismissed the appellant's claim that the two letters did not amount to an assessment. The CA agreed; in summarising the principles, it held that there was no statutory definition of 'assessment', and no requirement for it to take a particular form. A reasonable reader would have construed the letters as the notification by HMRC of an amount of tax found to be due; it was not simply a correction of the VAT return, and consequently was a valid assessment. *Aria Technology Ltd v HMRC*, [2020] EWCA Civ 182.

NHS Trust

[3.143] A NHS trust submitted a claim for a refund of VAT under *VATA 1994, s 41* (Application to the Crown). HMRC repaid the claim, but subsequently concluded that the trust was only entitled to a proportion of the amount claimed, and issued an assessment under *VATA 1994, s 73(2)* for the excess amount repaid. The trust claimed that VAT claimed under *s 41* was not input tax and therefore could not be the subject of an assessment under *s 73(2)* since the VAT system was only concerned with taxable persons; the trust's claim had not been made as a taxable person. The Upper Tribunal said that *s 73(2)* permits an assessment where 'there has been paid or credited to any person as being . . . a refund of VAT . . . an amount which ought not to have been so credited'. There was no indication that 'person' should be construed as 'taxable person'. The appeal was dismissed. *Milton Keynes Hospitals NHS Foundation Trust v HMRC*, [2020] UKUT 231 (TCC).

Cases where the appellant was successful

Assessment to rectify error in previous assessment—whether valid

[3.144] A trader (J) failed to account for tax on sales of 168 prints at auction sales in 1974–1976, treating them as zero-rated. A VAT officer, on examining his records in September 1976, considered that there was no proof of export.

[3.144] Assessment

J then obtained and forwarded to the VAT officer a letter from the auctioneers, identifying certain prints which had been sold to foreign buyers, and another letter from a New York gallery stating that certain prints, which its director had purchased at one of the auctions, were for export to New York. In November 1976 Customs issued an assessment charging tax of £187, covering the only three items sold which were not referred to in the two letters. However, Customs subsequently considered that the letters were not adequate proof of export, and issued a further assessment in December 1976 in respect of all the items sold, charging tax of £1,605 with a set-off for the £187 assessed in the first assessment. J appealed against the second assessment, contending that it was invalid as no further evidence to justify it had come to light since the first assessment. The tribunal accepted this contention and allowed the appeal, holding that a further assessment could only be raised where new evidence had come to the knowledge of the Commissioners since the previous one. *WRH Jeudwine*, [1977] VATTR 115 (VTD 376). (*Notes*. (1) *Dicta* of the tribunal chairman were disapproved by the QB in the subsequent case of *Parekh*, 3.77 above. Woolf J observed that 'the language of the section does not appear to prevent an assessment being withdrawn and replaced by another assessment'. (2) In *Foster & Foster*, **3.129** below, the tribunal declined to follow the decision in *Jeudwine* on the grounds that it had been decided before the enactment of what is now *VATA 1994, s 77* by *FA 1985*.)

[3.145] The decision in *Jeudwine*, 3.144 above, was applied in the similar subsequent cases of *R Scott*, MAN/76/181 (VTD 517); *A Christofi*, LON/77/258 (VTD 550); and *V Scarfe & J Cowley*, LON/77/28 (VTD 703).

Assessment not showing start of period covered—whether valid.

[3.146] Customs issued an estimated assessment which was intended to cover a period of 33 months ending on 30 April 1978. However, the Notice of Assessment (form VAT 191) described the period assessed as 'period 61 ended 30 April 1978'. The tribunal held that the assessment was only valid for the three months ending on that date, found that there had been no underdeclaration for those three months, and allowed the appeal. *RE Bell*, [1979] VATTR 115 (VTD 761). (*Notes*. (1) Form VAT 191 has subsequently been superseded by form VAT 655. (2) *Obiter dicta* of the tribunal chairman (Mr. Shirley) were disapproved by the CA in the subsequent case of *House*, **3.133** above. Sir John Balcombe observed that Mr. Shirley's decision gave to the form VAT 191 'an importance which it cannot properly bear'.)

Start of period incorrectly stated on notice of assessment.

[3.147] Customs issued an assessment on a trader (Y), which was intended to cover the period from 1 March 1986 to 30 November 1990. However, the notice of assessment was incorrectly typed, and stated that the assessment was for the period from 1 March 1985 to 30 November 1990. The tribunal allowed Y's appeal, holding that the effect of the typing error was that the assessment was invalid. *M Younis (t/a Heaton Private Hire)*, MAN/92/739 (VTD 11908). (*Note*. The decision in this case was disapproved in the subsequent case of *Solomon's Kebab House*, **3.132** above, on the grounds that it had been decided without reference to the High Court decision in *Grunwick*